David A. Jackson

Zwischen Kriegern, Küche, Kirche und Kraut

Die Manöver einer südhessischen Mutter im Ersten Weltkrieg

KLARTEXT

Autor und Verlag danken der Stadt Griesheim
für die Unterstützung bei der Drucklegung.

1. Auflage März 2014

Lektorat:
Sibylle Brakelmann, Hagen

Satz und Gestaltung:
Klartext Medienwerkstatt GmbH, Essen

Umschlaggestaltung:
Volker Pecher, Essen

Umschlagabbildung:
Motiv einer Postkarte (Archivmaterial)

Druck und Bindung:
Strauss GmbH, Mörlenbach

ISBN 978-3-8375-1016-4

www.klartext-verlag.de

Inhalt

Vorwort
von Christof Dipper

Die Konjunktur der Kriegsbriefeditionen liegt lange hinter uns. In postheroischen Zeiten sind andere Dinge wichtiger als das letztlich begrenzte Repertoire der Deutungs- und Wahrnehmungsmuster zumeist junger Menschen, die plötzlich dem Grauen und Unfasslichen einer modernen Schlacht ausgeliefert sind. Auch sind uns Erbauung oder Patriotismus, einstmals Hauptmotive für die Lektüre dieses Genres, fremd geworden. Warum also dieses Buch?

David Jackson weiß das natürlich, es ist ja nicht seine erste Edition von Kriegsbriefen. Es gibt aber sehr gute Gründe für sein Vorhaben. Denn erstens ist es eine ganz große Seltenheit, dass die Briefe beider Seiten erhalten sind, des Soldaten Wilhelm Müller und seiner Eltern Maria und Ferdinand. Weitere Briefe kommen noch hinzu, und zwar nicht nur von Verwandten, denn die Müllers in Griesheim, die Mutter, um genau zu sein, veranlasste Nachbarn, Freunde, in Griesheim Stationierte und bei ihr Einquartierte, die sie mit Päckchen gewissermaßen dazu bestach, zum Briefeschreiben, denn damit steigerte sie ihr Ansehen im Ort. Es handelt sich somit um den ganz ungewöhnlichen Fall eines regen Briefwechsels von Leuten, die nicht zu den Gebildeten zählten und die sich, wie man ihren Texten ansehen kann, schwer mit dem Schreiben taten. Für die Geschichte praktizierter Schriftlichkeit kleiner Leute in Deutschland vielleicht sogar eine singuläre Quelle, zu deren Merkmalen auch die sprachliche Beschaffenheit zählt, nämlich der hohe Anteil der direkten Rede und Verwendung des Dialekts.

Ein zweites kommt hinzu. David Jackson druckt die Briefe nicht einfach ab, es handelt sich also streng genommen gar nicht um eine Edition. Er macht etwas, was dem Historiker, ja überhaupt dem Wissenschaftler eigentlich verboten ist, und erhöht genau dadurch Aussagekraft und Wirkung des Textes ungemein. Er komponiert nämlich aus den ausschnittweise zitierten Briefinhalten eine ausgesprochen aspektreiche Alltagsgeschichte der Kriegszeit, deren Mittelpunkt die sich entwickelnde – oder eher nicht entwickelnde – Beziehung zwischen Mutter und Sohn bildet. Jackson wendet also die alte literarische List an, derzufolge die Wahrscheinlichkeit der Wahrheit überlegen ist. Wie der ganz normale Autor eines fiktionalen Textes weiß er mehr als die Protagonisten, in diesem Falle die Schreibenden, und erzeugt dadurch einen Spannungsbogen, wie es niemals beim bloßen Abdruck der Briefe der Fall sein könnte.

Ein paar Worte zu Land und Leuten. 1914 war Griesheim, im Westen der Residenzstadt Darmstadt gelegen und mit dieser durch eine Dampfstraßenbahn verbunden, ein Dorf mit 6.800 Einwohnern. Sie teilten sich dieses mit ca. 20.000 Soldaten, die in Lehrgängen auf dem nahe gelegenen Artillerieschießplatz einen Teil ihrer militärischen Ausbildung absolvierten. Deshalb verfügte diese Gemeinde über nicht weniger als 55 Gaststätten, Cafés und Hotels, zu denen noch die sechs Kantinen und das Offizierskasino auf dem Übungsplatz kamen. Für Griesheim bis heute wichtig ist die schon seit dem späten 18. Jahrhundert nachweisbare Spezialisierung der Landwirtschaft auf Gemüseproduktion, dank derer Bauern und vor allem Händler in regelmäßigem Kontakt mit den Märkten in Frankfurt, Mainz und Mannheim standen, während die Marktfrauen ihre Waren in Darmstadt und Umgebung anboten, teilweise noch ambulant wie seit Hunderten von Jahren. Die Müllers lebten also in einem Dorf mit vielen Möglichkeiten und Verbindungen und sie nutzten sie entschieden. Wilhelms Eltern verließen nämlich ihre hergebrachten Lebenskreise – Maria war Bauerntochter, Ferdinand Formstecher – und machten sich bald nach der Hochzeit (1893) selbständig. Sie betrieben ganz offensichtlich den wirtschaftlichen Aufstieg. Ob sie auch den gesellschaftlichen anstrebten, ist ungewiss und jedenfalls haben weder sie noch ihr Sohn ihn erreicht – nicht zuletzt weil Maria im Laufe des Krieges ihren Wilhelm, der vor 1914 in Darmstadt eine kaufmännische Lehre im Textilgroßhandel gemacht und dabei sogar angefangen hatte, Französisch zu lernen, im Verlauf des Krieges ans Haus zu binden vermochte und ihm schließlich sogar eine rechtschaffene, aber sicher nicht mit ihrem Milieu unzufriedene Bauerntochter als Frau besorgte.

Wirtschaftlich aber waren die Müllers erfolgreich. Im eigenen Haus betrieben Maria einen »Spezereiladen« und Ferdinand ein »Einmachgeschäft« für Obst, vor allem aber für Gurken und Kraut, Keimzelle einer möglichen Konservenfabrik, von denen es in der Region etliche gab, doch konnte oder wollte Ferdinand den Sprung auf die nächste Stufe gewerblicher Produktion nicht tun. Auch Wilhelm scheint ihn nach seiner Rückkehr aus dem Krieg, als er seinen erlernten Beruf aufgab, um dem Vater zu helfen – er war einziges Kind –, nicht angestrebt zu haben. Trotzdem reichte es zu Statussymbolen einer gewissen Wohlhabenheit, hatten sie doch ein Dienstmädchen, einen Handlanger oder Hilfsarbeiter fürs Geschäft und, Gipfel der Exklusivität, ein Telefon. Auch rauchte Frau Müller Zigaretten, was für eine Person ihres Standes ganz ungewöhnlich war. Im Krieg entwickelten sich die beiden Betriebe entgegengesetzt. Der Laden verlor mit Beginn der Blockade so gut wie alle Nachschubwege für »Spezereien«, aber dafür begann Ferdinands Einmachgeschäft zu florieren, denn er war nicht nur ein geschickter Kaufmann, sondern lieferte gute Qualität für einen Markt, dessen traditionelle Angebotsvielfalt geradezu täglich zugunsten der von den Müllers bereitgehaltenen Gemüsesorten zurückging. Seine Steuererklärung für 1917 weist Ferdinand als einen rechtschaffenen Kriegsgewinnler, wenn man so sagen darf, aus, der sich 1918 eine langsamere Gangart, auch dank neu angeschaffter Maschinen, leisten und seiner Frau einen Gasherd, einen der ersten im Ort, kaufen kann.

Das alles wissen wir nur, weil es diese Briefe gibt. In ihnen geht es zwar auch um den Krieg, viel mehr jedoch um »Küche, Kirche und Kraut«, wie David Jackson anschaulich schreibt. Im Mittelpunkt steht allerdings die Beziehung zwischen Mutter und Sohn, der hinhaltende, aber vergebliche Widerstand des trägen und keinesfalls zu Rebellion geneigten Wilhelm gegen eine dominante, jedem Müßiggang abholde und ihre Ziele nie aus den Augen verlierende Mutter. Liebe geht bekanntlich durch den Magen und so sind es die in großer, trotz schwerer werdenden Zeiten nie nachlassender Fülle über Wilhelm sich ergießenden Liebesgaben, die den widerstrebenden, aber verfressenen Wilhelm – »Wie Ihr wißt ich fresse doch auch alles zusammen was ich nur haben kann als kalt als warm ist«, schreibt er den Eltern am 8. Juli 1918 – letzten Endes immer wieder zum Nachgeben veranlassen. Was will die Mutter – und im weiteren Sinne auch der Vater, der natürlich ebenso von Maria beherrscht und gesteuert wird und sich, von ihr angetrieben, schließlich auch zum Briefschreiber entwickelt? Man könnte es auf die knappe Formel bringen: dass ihr Sohn immer satt und sauber ist. Wie bei Babys? Genau. Maria Müller möchte im Grunde ihres Herzens ihren Sohn nicht erwachsen – und entsprechend selbständig – werden lassen, sondern als »kleinen Stinker«, so eine öfters gebrauchte liebevoll gemeinte Anrede, behalten, der der Mutter gehorcht und sich von ihr steuern lässt. »Sauber« meint deshalb letztlich, dass Wilhelm sich auf keine Abenteuer mit Frauen einlässt und tatsächlich scheint es, als habe er vor dem weiblichen Teil der Schöpfung fast mehr Angst als vor dem Feind. Ehrgeiz entwickelt er jedenfalls nicht. Aber er ist natürlich eine gute Partie, was die alerte, etwas überkandidelte Pfälzer Bauerntochter Dina Sauer – die Eltern sind Geschäftsfreunde –, sofort erkennt und ab 1915 hartnäckig in die Familie einzudringen versucht. Bei Frau Müller läuten sämtliche Alarmglocken und es ist interessant zu verfolgen, wie sie ihrem Wilhelm das Mädchen auszureden versucht, ohne den Geschäftskontakt zu gefährden, denn Sauers liefern selten gewordene Produkte zum Freundschaftspreis. Um so mehr möchte sie ihren Sohn veranlassen, mit der Griesheimer Bauerntochter Margarete Keller, der »dicken Gretel«, Briefe zu wechseln und sonst Kontakt zu halten, was der aber nur sehr sporadisch tut, so dass auch dieserhalb Frau Müller immer wieder in größter Sorge ist, denn schließlich hat sie dieses bescheidene und friedfertige Mädchen als Schwiegertochter ins Auge gefasst. Wilhelm fügt sich, als er 1919 endlich nach Hause kommt, wie er sich auch Vaters Wunsch – oder war das auch Marias Wille? – fügt, das Einmachgeschäft gemeinsam mit ihm fortzuführen.

Das Reizvolle an dieser Geschichte ist der Kontrast zwischen Jacksons psychologisch informierter Kommentierung und den Briefen, in denen die Mutter ihre Strategie stets als gottgewollt darstellt. Der Kontrast ist nicht einfach gewollt, sondern reflektiert hundert Jahre Geschichte, in denen einerseits die Psychologie zur Leitwissenschaft aufgerückt und andererseits Gott abhanden gekommen ist. Bei Müllers stellt er noch die entscheidende Quelle ihrer normativen Ordnung dar, neben dem allenfalls der Kaiser und Hindenburg widerspruchslos akzeptierte Orientierung bieten. Frau Müller geht jeden Sonntag in die Kirche und berichtet ihrem Sohn oft im unmittelbaren Anschluss daran ausführlich über die Predigt des entschieden deutschnational gesinnten Pfarrers Gerhard. Ihre Briefe zeigen, wie sehr die protestantische Kriegstheologie auch von den sogenannten kleinen Leuten rezipiert und verinnerlicht werden konnte. Der Krieg ist letzten Endes die Prüfung der Deutschen, wie sie es mit ihrem (protestantischen) Gott halten – der Griesheimer Rabbiner Strauß sieht das ganz anders –, und wird als reinigendes Gewitter verstanden. Er kann demzufolge gar nicht zu Ende gehen, solange das Reinigungs- und Bekehrungswerk noch nicht vollendet ist (23.12.1917). Verzagt sind nur die Gottlosen und wer fällt, bringt ein Gott wohlgefälliges Opfer für Deutschland. Bekehrungserlebnisse registriert Frau Müller entsprechend dankbar und meldet sie umgehend ihrem Sohn: »Lautenschlägers Georg [...] sagte nämlich, [...] er hätte jetzt gesehen daß sein Heiland bei Ihm wäre« (12.10.1916). »Lieber Wilhelm, fügt sie an, werden die Menschen zur Erkenntnis kommen, & wenn sie alle solche Bekenntnisse ablegen würden & den Herrn anrufen täten, wär der grausame Krieg vieleicht zu Ende, natürlich wir wissen gar nichts, Gott ist unbegreiflich wie er regiert«. Der Schluss ist natürlich theologische Konvention, denn im Normalfall weiß Frau Müller ziemlich genau, ›wie er regiert‹. Das schließt Wandel nicht aus, zumal wenn er im Unterbewusstsein stattfindet. David Jackson ist jedenfalls aufgefallen, dass bei immer mehr Korrespondenten der Gott von 1914, der als strenger Richter gilt und dessen Ratschlüsse man als Christ einfach akzeptieren muss, im Laufe der Zeit sich zum Gott, der Gnade walten lässt, wandelt, den man entsprechend »auf den Knieen [an]flehen« kann, dass er »ein baldiges Ende macht« (Wilhelm Herzberger, 1.10.1916).

Parallel machen sich die Etappen der Desillusionierung hinsichtlich des Kriegscharakters bemerkbar. Sie finden bei den Müllers mit großer Verzögerung statt, was einerseits an ihrer Kriegstheologie liegt, andererseits natürlich auch dem Umstand geschuldet ist, dass Wilhelm große Teile des Krieges als Bursche oder in der Schreibstube verbringt, die ›Hölle von Verdun‹ aus einiger Entfernung mitmacht, die noch mörderischere Schlacht an der Somme aber wie überhaupt den Krieg völlig unbeschadet übersteht. Er gehört ja zu den ganz wenigen, die im Krieg an Gewicht zunehmen. Während in den Briefen anderer Griesheimer schon Anfang 1915 erste Anzeichen eines Stimmungsumschwungs zu erkennen sind, bemerkt Wilhelm zur selben Zeit nur, dass dieser Krieg beispiellos (28.3.1915) und der Einsatz von Giftgas zwar völkerrechtswidrig, aber gerechtfertigte Vergeltung sei (22.4.1915). Nach der britischen Offensive im Herbst jenes Jahres liest man dann immerhin von »fürchterlicher Schlächterei« (27.10.1915). Als er sich an Ostern des folgenden Frühjahrs fragt, »wie lange die Mörderei noch dauert« (22.4.1916), widerspricht seine Mutter dieser Wortwahl. Genau ein Jahr später schreibt sie aber genauso, wenn auch in einem den heutigen Leser überraschenden Zusammenhang: »Nun jetzt weiter von Sauerkraut, also unser Sauerkraut wird in der ganzen Stadt gelobt, das ist doch etwas Schönes & das allerschönste wär wenn das große Morden bald aufhören würde« (30.4.1917) – natürlich nur zu den deutschen Bedingungen. Bis ganz zuletzt können sich die Müllers Frieden nicht anders vorstellen als die Oberste Heeresleitung und Pfarrer Gerhard, letzterer sich vermutlich auch nicht ein Leben ohne Müller'sches Sauerkraut.

Die sogenannte Heimatfront, und da sind die Müllers keineswegs die ganz große Ausnahme, hat ein anderes Bild von Deutschlands Gegnern als die Soldaten. Reisen bildet, könnte man fast sagen, denn was auf den ersten Blick zynisch klingt, trifft die Wahrnehmung vieler Soldaten vor dem Zeitalter des Massentourismus: der Krieg (auch) als Reise in ferne Länder, als erste und zumeist einzige. Vor 1914 war Wilhelm Müller niemals über Frankfurt hinausgekommen, nun bringt er Jahre in Frankreich und Belgien zu, andere in Russland oder auf dem Balkan. Der tägliche Kontakt mit einer fremden Welt, so wenig er mit normalem Reisen zu tun hatte, verschob bei vielen die abstrakten, oft genug ideologiegeprägten Bilder rasch in den Hintergrund, wo sie freilich, wie die Zeit nach 1919 zeigt, weiterhin abrufbar blieben. Oft jedoch produzierte der gelebte Alltag andere Vorstellungen. Während etwa der »Griesheimer Anzeiger« herablassend vom »Moskowitertum« (4.9.1914) spricht, hat Heinrich Müller noch 1915 Mitleid mit den russischen Bauern und kritisiert stattdessen die Soldaten beider Länder. Er ist kein Bauer und sieht vielleicht deshalb schärfer als andere, wenn er seinem Freund Ferdinand schreibt: »Denn wie es hier aussieht ist unbeschreiblich und so würde es auch bei uns aussehn, wenn sich der Krieg bei uns abspielte. Hier ist kein Mensch Herr über sein Eigentum Die Besitzer sind alle geflüchtet Die Russen die vor uns da waren haben schon alles ausgeplündert und was noch an Bedarfsartikel Heu u Stroh usw. da ist wird von uns einfach aufgebraucht und wie stehen die Leute da wenn sie zurückkommen. Vieh läuft herrenlos herum und wird einfach aufgefangen, es sind ja traurige Zustände andernfalls muß man wieder sagen wie haben die Russen in Deutschland gehaust« (14.9.1915). Russland ist das »Lausland« (11.10.1915) und über die primitiven Lebensumstände im ganzen Osten zeigen sich die Briefschreiber immer wieder schockiert, aber von minderwertigen Menschen ist nicht die Rede. Wilhelm schreibt anfangs häufig von sittlichen Mängeln der Franzosen und Belgier, ganz so wie es im deutschen kollektiven Bewusstsein verankert war, erlaubt sich aber keine abfälligen Urteile über Lebensweise und Lebensstandard. In einem Privatquartier in Frankreich erleichtern es ihm seine gewiss spärlichen Französischkenntnisse, die Hausherrin um Papier und Feder zu bitten, und anschließend ließ er sich von »der guten Frau ihren Namen auf der letzten Seite schreiben« (5.9.1914). Als er in Belgien wieder einmal bei einer Familie einquartiert ist, entsteht gar alsbald ein so herzliches Verhältnis, dass er ihr beim Abschied – mit Küssen, zum Entsetzen seiner Mutter – einen Besuch mit seinen Eltern nach Kriegsende verspricht. Für keinen der Feinde hat Wilhelm Spottnamen mit der bezeichnenden Ausnahme der Italiener, die er einmal als »Magarronibrüder« bezeichnet. Das war direkt nach deren katastrophaler Niederlage in der Schlacht von Karfreit/Caporetto und Wilhelm fügt, beiläufig seine Bildung demonstrierend, hinzu: »Ihren Triumphbogen in Rom können sie einstweilen anstatt ihren Truppen den deutschen u Österreichern überlassen« (31.10.1917).

Ganz anders seine Eltern, die ausländische Soldaten nur als Gefangene erleben, auf die sie naturgemäß, möchte man fast sagen, herunterschauen. Belgier sind für Maria bloß »Frantiers«, Franctireurs also, und Franzosen bezeichnet sie bestenfalls als »Rothosen«, ganz am Anfang jedenfalls, d.h. solange sie noch die traditionelle Uniform tragen, unter denen es »viele Geschlechtskranke« gebe. Als Wilhelm von seiner guten Aufnahme bei der alten Französin schreibt, repliziert seine Mutter umgehend: »Nehme Dich wol in Acht vor guten alten oder jungen Frauen, den dieselben spielen im Feindesland die listige Schlange« (11.9.1915). Je länger der Krieg dauert und je verhungerter die Gefangenen, die ja zu Arbeiten auch außerhalb des Lagers eingesetzt waren, aussahen, desto seltener werden solche Aussagen. Der ganze Hass der Eltern richtet sich ohnedies gegen die Nationen als ganzes – die »Saubriten« beispielsweise, wie es immer wieder beim Vater heißt (21.3. u. 2.4.1915) – und besonders gegen deren führende Politiker. Inspirationen liefern die Zeitung, Pfarrer Gerhards Predigten und natürlich der Stammtisch im »Hahlgarten«, zu dem Ferdinand geht, wenn die Geschäfte es erlauben. Dann kommt es in Briefen an den Sohn schon mal zum Rundumschlag, zumal wenn die Entente sich den deutschen Friedensvorschlägen wieder einmal nicht beugt. So am 31. Oktober 1917: »Was macht der großmäulige Engländer ich glaube er würde schon Frieden gemacht haben, wenn er nicht auf die Wildsau hoffen würde was hält man bei Euch von den Schweinehunden die das ganze Unglück heraufbeschworen auch der Franzose der rachsichtige stolze gehört dazu«. Mit »Wildsau« war übrigens Woodrow Wilson gemeint, der kaum je anders von den Müllers bezeichnet wird; Sir Edward Grey, dem englischen Außenminister, ging es nicht besser.

Ein Wort noch zum Verhältnis von Lokalem und Nationalem. Der primäre Horizont aller dieser Briefschreiber ist Griesheim, die Heimat. Dass die Eltern in jedem Brief Griesheimer Dorftratsch berichten, versteht sich von selbst, das ist schließlich einer der Hauptzwecke der Briefe überhaupt. Dass für Soldaten Heimat eine andere und zugleich viel größere Bedeutung hat, liegt ebenfalls auf der Hand. Wilhelm bedeutet Griesheim alles und über den ›Rest‹ der Welt verliert er nicht allzu viele Worte. Mit großer Freude berichtet er stets, wenn er irgendwo auf Griesheimer gestoßen ist und dann natürlich mit ihnen gesprochen, gar zusammengesessen und etwas getrunken hat, und es scheint, dass ihn Kameraden aus anderen Teilen Deutschlands, ja selbst Hessens nicht sonderlich interessiert haben. Heimat ist für Soldaten nur ein anderes Wort für Frieden. Heinrich Müller jun., der soeben sechzehn Tage bei Verdun in Stellung gelegen und Entsprechendes mitgemacht drückt das besser aus als viele andere: »Liebe nachbarn hier sieht mann so richtig was einem die liebe Heimat weit ist, mann soll viel doch nicht beklagen, den mann weiß zu Hause nicht, wie schön manns hat« (29.9.1917).

Daneben existiert ein zweiter Horizont, und das ist der nationale. Ihn gibt es noch nicht allzu lange, Leute wie die Müllers haben sich ihm erst im 19. Jahrhundert geöffnet. Was genau sie damit verbunden haben, ist schwer zu ermitteln. Wir wissen immerhin, dass Kaiser Wilhelm und Hindenburg neben Pfarrer Gerhard die einzigen Hausgötter waren. Viel mehr lässt sich jedoch nicht sagen. Ein Beleg, wie sehr die Müllers bereits 1894 den nationalen Horizont verinnerlicht hatten, ist ihre damalige Entscheidung, den Sohn nach dem Kaiser zu nennen. In Hessen war der Name Wilhelm bis dahin eher selten. Erwarten müsste man vielmehr Ludwig, Ernst Ludwig oder Georg – so hieß einer der Brüder Ferdinands, vor der Reichsgründung geboren und später seinen ältesten Sohn ebenfalls Georg nennend –, wie die Landesherren eben. Aber vom Großherzogtum ist in keinem der Briefe jemals die Rede, es ist die bemerkenswerteste Leerstelle im Weltbild aller drei Müllers – und zugleich ein Beleg für den Kompetenz- und Bedeutungsverlust der deutschen Bundesstaaten nach 1866. Wilhelm ging ja auch zur preußischen Artillerie. Sie war in Griesheim stationiert, aber Darmstadt mit seinen vielen Garnisonen wäre ja nicht weit gewesen.

Was ist denn nun eigentlich, so sei am Schluss gefragt, die Botschaft dieses Buches? Dass die Feldpostbriefe nur ausnahmsweise vom Krieg handeln, ist seit langem bekannt. Das war eigentlich niemals ihre Kernaufgabe, so dass die Volkspädagogen aller Länder um so glücklicher waren, wenn ihnen dann wirklich einmal politisch verwertbare Briefe von der Front in die Hände fielen. 1915 erschienen erstmals die 2012 zum bislang letzten Mal aufgelegten »Kriegsbriefe gefallener Studenten« des Freiburger Germanisten Philipp Witkop, denen der Historiker Manfred Hettling »arrangierte Authentizität« bescheinigt hat. Die Müllers hatten für so etwas keinen Bedarf, der Name des Buches fiel nie. Wilhelm las durchaus, nämlich Romane und manchmal Lyrik – für seine Mutter »dummes Zeug« (20.8.1916) –, aber weder Gerhart Hauptmann (er hatte 1912 den Nobelpreis erhalten) noch Thomas Mann (von ihm war 1913 die schlüpfrige Novelle »Tod in Venedig« erschienen) dürften darunter gewesen sein, eher Gustav Freytag. Auch wenn das Vermutungen bleiben müssen, machen die Briefe deutlich: Bei den Müllers herrschte eine verhaltene Moderne. Technisch waren sie zweifellos modern, moderner als ihre Nachbarn, das belegen Maschinen zur Verarbeitung von Kraut und Rüben, der Gasherd und ganz besonders das Telefon. Das waren alles Dinge, die das Leben erleichterten. Die Moderne, im Vollsinne verstanden, pflegt das Leben aber schwerer zu machen, weil sie die Zeit beschleunigt, die Einsichten in buchstäblich alles dramatisch erweitert, mehr Wahlmöglichkeiten anbietet und für jede Entscheidung, aber auch Nichtentscheidung einen Preis verlangt. Im nahen Heidelberg hatte Max Weber gerade 1913 seine entsprechende zeitdiagnostische Erkenntnis auf den resignativen Begriff »Entzauberung« gebracht. Von alledem ist in diesen Briefen nichts zu spüren. Die maßgebliche normative Ordnung der Müllers war und blieb die christliche, der Patriotismus den Freiheitskriegen abgeschaut – Frau Müller schickt am 25. September 1914 ihrem Sohn Theodor Körners »Schlachtgebet während der Schacht«, das sie ausgeschnitten hat, und fügt hinzu: »Das waren die großen Männer vor 100 Jahren sei auch groß & stark mein lieber Wilhelm & halte Dich nur zu dem Lenker der Schlachten, so wird er sich auch zu Dir halten & Dich segnen & alle die mit Dir sind«. Zum Gesellschaftsgefüge ist kein kritischer Ton überliefert, bis 1918 der Burgfrieden in die Brüche geht. Dann beginnt der Vater, freilich im gemütlichen hessischen Tonfall, gegen »unsere Sozze« (3.2.1918) zu wettern, weil sie zu Streiks aufgerufen haben. Immer häufiger polemisiert er nun gegen die Arbeiterschaft: »Besonders aber die Arbeiterwelt wollte fast nicht mehr arbeiten sie glaubten nicht mehr an einen Gott u ob's jetzt besser wird, das wird sich lehren« (23.6.1918). Etliche Aussagen deuten, so David Jackson, auf eine spätere Anfälligkeit für die kurz nach dem Umsturz in die Welt gesetzte Dolchstoßlegende, auch wenn Ferdinand am 10. November 1918 seinem Sohn die »große Umwälzung« vom Vortage unaufgeregt mitteilt und ihn naiverweise auffordert, nun Urlaub zu nehmen »so viel Du haben kannst u. so oft Du haben kannst«.

In einer Hinsicht waren die Müllers jedoch ausgesprochen modern: im Briefeschreiben. Vor allem die Briefe zwischen Eltern und Sohn offenbaren neben allem anderen eine Aufmerksamkeit für seelische Befindlichkeiten und Gefährdungen und für psychologische Steuerungsversuche, die als solche natürlich alles andere als modern sind. Aber dass diese Dinge schriftlich verhandelt werden konnten, dass man insoweit die Distanz von hunderten von Kilometern unterlaufen konnte, ja dass letztlich die Beziehung von Mutter und Sohn das zentrale Thema dieses Briefwechsels sind, darin liegt etwas unverkennbar Modernes. Die Müllers wussten natürlich nicht, dass die Psychologie seit dem Ende des 19. Jahrhunderts im Aufstieg zu einer neuen Leitdisziplin begriffen war, und sie wussten ebensowenig, wieviel an Vorbereitung die Literatur dazu geleistet hatte. Sie gingen unbewusst mit der Zeit – schon das Mit-der-Zeit-Gehen ist, wie Reinhart Koselleck gezeigt hat, modern – und machten ihr Inneres zum Thema ihrer Briefe. Gewiss, im Bürgertum war so etwas schon lange üblich. Hier aber handelt es sich um ›kleine Leute‹, die schon vom Lebenszuschnitt her wenig auf dieses Innere, soweit es sich dabei nicht um das christlich gesteuerte Gewissen handelte, zu achten gewohnt waren. Das änderte sich nun ein Stück weit, bei den Müllers jedenfalls. ›Ein Stück weit‹ meint, dass man das noch nicht offen aussprechen konnte. Wer das tat, wie Dina Sauer zum Beispiel, verstieß gegen den Comment und wurde geächtet – jedenfalls von der Mutter und in ihrem Schlepptau vom Vater. Aber die direkten Steuerungs- und meist indirekten Abwehrversuche, das Ansprechen von Befindlichkeiten und das Aushandeln seelischer Gleichgewichtslagen, alles per Brief, das ist unbestreitbar modern. Insofern stellt dieser umfangreiche Briefwechsel ein echtes »document humain« dar, das als solches allerdings erst dank der Aufbereitung durch David Jackson zu leuchten begonnen hat.

Danksagung

Dieses bereits 2005 konzipierte Buch wäre ohne die großzügige Unterstützung Einzelner nie erschienen. Der Historiker Klaus Böhme war es, der alles ins Rollen brachte, indem er Kontakt zu Claudia Stehle vom *Darmstädter Echo* aufnahm. Ferdinand Müller meldete sich bei uns, nachdem er ihren Artikel über unser Vorhaben, auf unser kleines Buch über drei im Zweiten Weltkrieg gefallene Brüder aus dem Odenwald ein umfangreicheres Werk über einige hessische Soldaten im Ersten Weltkrieg folgen zu lassen, gelesen hatte, und stellte uns die Briefe und Karten seiner Urgroßeltern und seines Großvaters zur Verfügung. Indem er mir später erlaubte, sämtliches Material nach Cardiff mitzunehmen, verkürzte er die Zeit, die ich benötigte, um alles zu ordnen und zu entziffern, erheblich. Ihm und seiner Frau sei hiermit für das in mich gesetzte Vertrauen herzlich gedankt.

Mein Dank gilt ebenso Gudrun Hausl vom *Darmstädter Echo* für ihren Artikel über das Projekt. Besondere Förderung erfuhr meine Arbeit durch die Leiterin des Griesheimer Archivs Dr. Ines Wagemann. Die fachmännische Leistung ihres Mitarbeiters Herrn Raabe, der für mich Zeitungsartikel und Karten einscannte und bearbeitete, schätze ich sehr. Der Buch- und Zeitungsverleger Wolfgang Bassenhauer zeigte großes Interesse an dem Projekt und erlaubte mir, die einzigen erhaltenen gebundenen Exemplare des *Griesheimer Anzeiger* aus den Jahren 1914–1919 nach Bickenbach zu bringen und dort auszuwerten. Karl Knapp, der profunde Kenner der Geschichte Griesheims, war von meinem Anliegen begeistert und bot mir spontan seine Hilfe an. Nach einigen Turbulenzen, die das Projekt beinah zum Erliegen gebracht haben, nahmen sich mein ehemaliger Kollege Professor Stefan Berger, inzwischen Direktor des Instituts für soziale Bewegungen in Bochum, und Professor Christof Dipper von der Technischen Universität in Darmstadt des Vorhabens an. Ohne diese beiden, meine Kollegin Elke Oerter, die mir geduldig mit der deutschen Sprache half, sowie Friederike Knobling, die die erste Fassung durchlas, hätte es der Text nicht zur Druckreife gebracht. Ihnen allen sei gedankt – ebenso dem Klartext Verlag für seine Übernahme der Veröffentlichung.

Während der langen Entstehungszeit habe ich die Gastfreundschaft und höchst anregende Gesellschaft der Zwillingsschwestern Anne-Marie Franz (Lengfeld) und Liselotte Heiss (Nauheim) wiederholt genossen. Fritz Mangold in Ober-Ramstadt steuerte Informationen über militärische Fragen bei. Andrew Smith gab sich unendliche Mühe, das umfangreiche Bildmaterial zu bearbeiten und die endgültige Bilddatei zu erstellen. Ansgar von den Osten las die Endfassung durch. Für ihre guten Dienste möchte ich auch Mark Cooper, Friedrich Kessler, Gerhard Nestler, Martin Sander und Georg Stockschlaeger danken.

Last but not least. Für die sehr willkommene Unterstützung seitens der Stadt Griesheim bin ich Frau Bürgermeisterin Gabriele Winter sehr verpflichtet.

Klaus kann das Erscheinen des Buches leider nicht mehr erleben: Er starb im April 2010. Ihm als Forscher und Freund während mehr als 45 Jahren verdanke ich unendlich viel. Hoffentlich wird das Buch seine Lebenspartnerin Susanne Glatz nicht enttäuschen. Trotz ihrer vielen Sorgen und ihrer vielen Arbeit war sie immer bereit, alles zu tun, um das Projekt voranzubringen. Susi, Dir widme ich dieses Buch.

Für die Fehler und Schwächen hafte ich allein.

David Jackson
Cardiff, Juli 2013

1. Die Müller-Briefe

Ein unerwarteter Schatz

Zu allen Zeiten und in allen Gesellschaften ist das Schicksal der Briefe und Karten der »kleinen Leute« höchst prekär gewesen. Entdeckt man fast 100 Jahre nach dem Ausbruch des Ersten Weltkrieges eine längere, geschlossene Reihe von Feldpostbriefen, vor allem von einem gemeinen Soldaten aus den unteren Schichten, ist das ein Glücksfall ohnegleichen. Noch seltener tauchen, vollständig oder nahezu vollständig erhalten, die an den betreffenden Soldaten gerichteten Briefe aus der Heimat auf. In der Regel spielen bei der Frage, ob Briefe überhaupt geschrieben, geschweige denn sorgfältig aufgehoben worden sind, Dienstgrad, soziale Herkunft und Bildungsstand des Soldaten und seiner Korrespondenten eine entscheidende Rolle. Nur wenige gemeine Soldaten aus den unteren Klassen sind entweder willens oder imstande, anderen ihre Erlebnisse, Gedanken und Gefühle über ein karges Minimum hinaus schriftlich anzuvertrauen. Selbst der schreibfähigste und schreibwilligste gemeine Soldat hat im Zelt, im Mannschaftsquartier oder im Unterstand im Schützengraben kaum ein Ambiente, das dem Schreiben längerer

Der vorschriftsmäßig gehandhabte Tornister sieht das Aufbewahren von Briefen nicht vor.

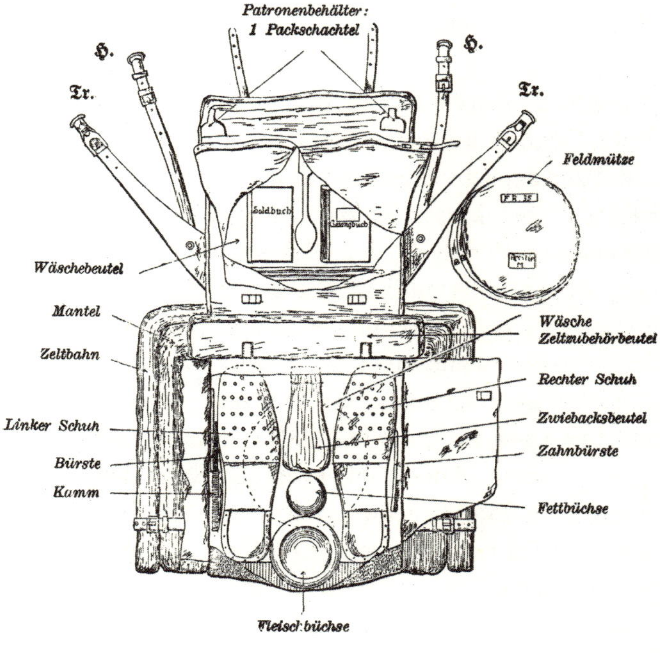

Humoristische, im Zweiten Weltkrieg kaum vorstellbare Darstellung eines schwer beladenen, nicht mehr jungen Infanteristen. Was Max in seinen Tornister und seine Taschen nicht hineinstopfen kann, muss irgendwie an-, ab-, um- und übergehängt werden. Die Überlebenschancen von Briefen und Postkarten sind gering.

Briefe förderlich ist. Es fehlt ihm oft einfach an den nötigen Werkzeugen – Tisch, Stuhl, Licht, Feder, Papier. Der Offizier – noch dazu mit einem höheren Bildungsstand und einer anderen Einstellung schriftlichem Verkehr gegenüber – hat es hier leichter. Noch krasser ist der Unterschied, wenn man die Aufbewahrungsmöglichkeiten bedenkt, die dem Offizier und dem gemeinem Soldaten je zur Verfügung stehen. Jener muss seine gesamte Habe im Tornister unterbringen und kann höchstens einige besonders hoch geschätzte Briefe und Karten neben Soldbuch, Militärpass und anderen kleinen teuren Andenken mit sich herumtragen.

Selbst wenn er relativ viel Post nach Hause schickt, ist deren Schicksal alles andere als gesichert. Bunte Ansichtskarten haben die besten Überlebenschancen; denn sie sind als Andenken bevorzugte Kandidaten für das stolz angelegte Kriegsalbum. Die überwiegende Mehrheit der normalen Feldpostbriefe und -karten dagegen wird zwar mit großem Interesse gelesen, jedoch nach kurzer Zeit vernichtet. Familienarchive, in denen Aristokraten die Fortsetzung einer seit Jahrhunderten bestehenden militärischen Tradition festhalten, besitzen »kleine« Leute nicht.

Ihnen fehlt auch das Büro bzw. Studierzimmer, in dem Bürger und Beamte in einer extra dafür angelegten Aktenmappe die eintreffende Feldpost deponieren, um die Verdienste ihrer Söhne um die große vaterländische Sache für spätere Generationen zu dokumentieren. Briefe und Karten in einer Schublade, egal ob zusammengebündelt oder lose herumliegend, gehen leicht verloren. Auch die in Kartons aufgehobenen sind, nachdem sie auf den Speicher oder in den Keller abgeschoben worden sind, nur in relativer Sicherheit, solange die sie aufhebenden Personen im selben Haus bleiben. Sterben diese oder ziehen sie um, besiegelt dies häufig ihr Schicksal. Staubige, verblichene, in deutscher Schrift geschriebene und deshalb für die jüngeren Generationen nicht mehr lesbare Briefe und Karten werden bei Modernisierungs- und Entsorgungsmaßnahmen meist bedenkenlos im Müllcontainer entsorgt. Rechnet man zu diesen Faktoren die ungeheueren Verluste hinzu, die die Bombenangriffe des Zweiten Weltkrieges verursacht haben, überrascht es nicht, dass man sich bei Suchaktionen nach der Post der »kleinen Leute« aus dem Ersten Weltkrieg meist mit einer recht bescheidenen Ausbeute begnügen muss.

Angesichts dieser für einen Forscher deprimierenden Lage lässt sich gut nachvollziehen, welche Emotionen der Anruf des gebürtigen Griesheimers Ferdinand Müller bei meinem Freund Klaus Böhme und mir hervorrief. Müller hatte einen Aufruf im *Darmstädter Echo* gelesen und erzählte, er besitze noch die Korrespondenz zwischen seinem Großvater und dessen Eltern. Bei der Umsiedlung der elterlichen Firma in den 1960er Jahren habe seine Mutter die schätzungsweise 600 Briefe mitgenommen und diese sortieren wollen. Sie habe dieses Vorhaben jedoch nicht zu Ende bringen können. Leider könne er selbst mit den Briefen nichts anfangen, da er die deutsche Schrift nicht lesen könne. Er würde uns jedoch sämtliche Briefe – zwei große Kartons voll – gern zur Verfügung stellen.

Bei näherer Durchsicht erwies sich schnell, dass es sich um viel mehr als 600 Schriftstücke handelte. Sowohl Wilhelm, Ferdinand Müllers Großvater, als auch seine Eltern hatten nicht nur alle zwischen ihnen ausgetauschte Post aufgehoben, sondern auch sämtliche Briefe und Karten von Verwandten, Nachbarn und Freunden aufbewahrt – und darüber hinaus reichlich Post von Griesheimer Soldaten sowie einer Reihe Soldaten, die bei den Müllers einquartiert gewesen waren oder die Frau Müllers Tante-Emma-Laden betreten hatten.

Die imponierende Vielzahl der erhaltenen Briefe und Karten wäre nur aufgrund ihres Vorhandenseins keine Garantie für deren Anregungspotenzial und Aussagewert gewesen. Es hätte sich leicht um fade, letzten Endes nichtssagende Äußerungen handeln können, die höchstens den Verfasser einer Familienchronik interessiert hätten. Zum Glück bestätigte sich diese Befürchtung nicht. Im Gegenteil: Vor allem beim Lesen der meist vollgeschriebenen Quarto-Blätter der elterlichen Briefe stellte sich schnell heraus, dass sich hier zwei sehr unterschiedliche Persönlichkeiten buchstäblich über Gott und die Welt ungeniert ausließen. Betrachtungen über den Platz des Weltkrieges in einem von Gott verhängten Straf- und Erlösungsschema, laufende Reaktionen auf die in der Zeitung berichteten militärischen und internationalen Nachrichten, detaillierte Angaben über alle mögliche Aspekte des ständig zunehmenden Mangels an Nahrungsmitteln und Rohstoffen alternierten z. B. mit Kritik an der Haushaltsführung und den Erziehungspraktiken anderer Familien, mit bissigen Bemerkungen über Drückeberger und Miesmacher und mit Auskünften über Eingezogene, Vermisste und Gefallene. Von Hamster- und Radfahrten, Skandälchen und Unfällen und noch vielem anderen mehr wird berichtet. Als Ladenbesitzer ebenso wie als Einmacher für die Stadt Darmstadt waren die Müllers, die außerdem ihre Kontakte zu verschiedenen Wachtmeistern geflissentlich pflegten, mit den zunehmenden Engpässen, Beschlagnahmungen und Rationierungsmaßnahmen der Kriegswirtschaft bestens vertraut. Was ihre inhaltsreichen Briefe noch faszinierender macht, ist deren Stil: Die Müllers waren keine gebildeten Leute, die sich syntaktisch komplizierte Sätze erlaubten. Beide schreiben, wie sie reden. Ihre Ausdrücke sind oft recht derb und ohne ihre Sprüche und Volksweisheiten käme Frau Müller nicht aus.

Bietet die Post an Wilhelm einen facettenreiches Einblick in die elterliche Welt, so liefern die in Griesheim eintreffenden Feldpostbriefe und -karten der Soldaten ein Bild von deren Alltag und Sorgen, das in vielem von den Klischees sowohl des heldenhaften Verdun-Kämpfers als auch des armen »Frontschweins« stark abweicht.

Aber wie konnte man diesem vielfältigen Stoff am besten gerecht werden? Nach etlichen Erwägungen über die Vor- und Nachteile verschiedener Möglichkeiten fiel die Entscheidung zugunsten einer Variante, die – hoffentlich – ein möglichst breites Spektrum von Lesern anspricht. Bei Briefausgaben fehlt häufig für einen richtigen Lesegenuss eine bei allen Nebenhandlungen vorwärtsstrebende Haupthandlung. Doch den vorliegenden Briefwechsel zwischen Eltern und Sohn durchzieht ein klar erkennbarer roter Faden – der Kampf zwischen Mutter und Sohn. Sie will ihn weiter dominieren, er will sich von ihr abnabeln und seine eigene Identität entdecken. Vor allem bei der Frage seiner Brautwahl spitzt sich der Konflikt dramatisch zu. Er muss zwischen zwei ganz unterschiedlichen Frauentypen wählen. Dieser Kampf ist kein rein persönlicher ohne weitere soziale Relevanz. Vielmehr verdeutlicht er die vielen Spannungen zwischen der elterlichen Generation, die an einer im Grunde traditionellen, bäuerlichen Existenzform festhält, und ihren Kindern, die, wenn auch mit manchem Blick nach hinten, nach neuen Ufern streben.

Wichtig war, den Protagonisten möglichst viel Raum zu geben, damit sie sich selbst zu Wort melden können. Erst dann können ihre Motivationen und Mentalitäten einprägsam hervortreten. Ihr Deutsch sollte weder modernisiert noch korrigiert werden. Von ganz wenigen Ausnahmen abgesehen – da, wo der Leser sich sonst im Stich gelassen fühlen könnte – werden die Briefe und Karten demnach genauso wiedergegeben, wie sie geschrieben worden sind. Eckige Klammern innerhalb der kursiv gedruckten Zitate deuten von mir hinzugefügtes Material an.

Die Gestaltung der Erzähl- und Kommentarteile bewegt sich auf einem Mittelweg zwischen dem gehobenen, wissenschaftlichen Deutsch und dem geschriebenen und gesprochenen Alltagsdeutsch. In der Hauptsache geht es darum, den Gefühlen und Gedanken dieser »einfachen« Leute gerecht zu werden. Der Kommentar sollte aus diesem Grund zwar einfühlsam, aber durchaus auch kritisch sein.

Sinn des reichlichen Bildmaterials ist es, gerade durch seine Anschaulichkeit den Band anregender und aufschlussreicher zu machen. Die kurzen Kommentare zu den Bildern und Postkarten sollen den Lesern den Blick für gewisse Zusammenhänge schärfen, die vielleicht im Laufe der Jahrzehnte aus dem kollektiven Bewusstsein verschwunden sind.

2. Der Rahmen

Die Lage vor Kriegsbeginn

8. August 1914. Der Zug bummelt an der südhessischen Bergstraße entlang in Richtung Süden. Überall stehen Leute am Gleis und winken den vorbeifahrenden Truppen jubelnd zu. Unter den aufgeregten Artilleristen sitzt der 20-jährige Wilhelm Müller. Hätte man ihm gesagt, dass er erst viereinhalb Jahre später heimkehren wird, hätte er dies für einen schlechten Witz gehalten. Auch Ferdinand und Maria Müller, die nach dem Abschied sorgenvoll, aber stolz heimgehen, hätten damals nie geglaubt, dass ihr Sohn in ein von französischen Truppen besetztes Griesheim in einer parlamentarischen Republik zurückkehren wird. Hessischer Großherzog fort – Kaiser fort – Friedrich Ebert, einer der von ihnen verabscheuten Sozis, Reichskanzler. Etwas ist schiefgegangen. Aus einer vermeintlich heilen Welt ist eine (aus ihrer Sicht) verkehrte geworden.

Zwar steht es nicht in den Sternen geschrieben, dass 1914 ein Weltkrieg ausbrechen wird, aber seit längerer Zeit liegt Krieg in der Luft. Sowohl auf internationaler Ebene als auch im Innern der europäischen Staaten nehmen die Spannungen zu. Monarchen, Politiker und einflussreiche Interessengruppen empfinden die herrschenden Staatsgrenzen als ein sie schmerzhaft einengendes Korsett. Nur die Engländer[1] mit ihrem globalen Empire haben genug Spielraum für ihre imperialistischen Ambitionen. Wenn aber alles nach ihrem Willen gehen soll, darf niemand am europäischen Status quo rütteln. Der deutscher Kaiser Wilhelm II muss deshalb im Zaum gehalten werden.

Diesen jedoch wurmt es, als lästiger, auftrumpfender Störenfried behandelt zu werden, der bei der Aufteilung der Welt leider zu spät gekommen ist. Auch er will eine mächtige Flotte, ein Kolonialreich, will sein wirtschaftlich dynamisches Reich aus der zweiten Großmächteliga in die Eliteliga der Weltmächte emporheben. Das allein bringt Brisanz genug mit sich. Der eigentliche Stein des Anstoßes ist jedoch, dass er – und mit ihm viele deutsche Politiker, Militärs, Großagrarier, Industrielle und Publizisten jeglicher Couleur – diese Ambitionen teilweise auf dem euro-

1 Damals spricht man meist von Engländern, nicht von Briten. Dieser Sprachgebrauch wird für den vorliegenden Text beibehalten.

päischen Festland erfüllen will. Deutschland soll dort eine Hegemonialstellung einnehmen. Geängstigt rücken nach 1900 der aus deutscher Sicht rachdurstige Erbfeind Frankreich und das als expansionslustiger panslawischer Koloss gefürchtete Russland näher aneinander – was wiederum die Angst deutscher Politiker schürt, eine Welt von lauernden Feinden wolle Deutschland einkreisen. Soll es sich im Kampf ums Dasein bewähren, muss es, so heißt es, diese Fesseln über kurz oder lang sprengen. Fest steht ebenfalls, dass Deutschland mit dem königlich-kaiserlichen Vielvölkerstaat Österreich-Ungarn Schulter an Schulter zusammenstehen muss, auch wenn dies Spannungen mit Russland unvermeidlich nach sich zieht; denn auf dem Balkan rechnen die Serben zur Verwirklichung ihres Traums eines Großserbiens mit der Unterstützung ihrer Mitslawen.

Es knistert und kriselt ohne Unterlass. Die Dauerspannungen werden dadurch noch intensiviert, dass manche Großmacht bei der anvisierten Zerstückelung des osmanischen Reiches ihren Anteil beanspruchen will. Dass England seine *Splendid Isolation* aufgegeben hat, steigert deutsche Phobien. Zwei Staatenblöcke stehen einander gegenüber: die Entente – genauer: die Triple-Entente, d.h. Frankreich, Russland und England – und der Dreibund – Deutschland, Österreich-Ungarn und Italien. Italien ist jedoch wegen seiner Ambitionen in Tirol und an der adriatischen Küste ein unsicherer Kantonist. Krise folgt auf Krise. Säbelrasseln, protzige Großmannssucht und argwöhnisch-paranoide Eifersucht sind kein Monopol der Deutschen – sie grassieren überall unter den europäischen Eliten, die ihre Bevölkerungen mit ihrem oft lärmenden Chauvinismus anstecken. Sie inszenieren militärische Spektakel, veranstalten prunkvolle nationale Gedenkfeiern, prägen und verbreiten krasse negative Stereotypen von ihren Rivalen. Die Hemmschwelle gegen Krieg als legitimes Mittel der Politik sinkt derart, dass das Attentat eines serbischen Terroristen auf den österreichischen Thronfolger und seine Frau in Sarajevo am 28. Juni 1914 genügt, um die Lunte anzuzünden, die Ende Juli, Anfang August das ganze Pulverfass zur Explosion bringt und den Ersten Weltkrieg entfesselt.

Der Beginn des Krieges

Dieses Buch nimmt nicht die Perspektive der »hohen«, staatspolitisch-diplomatischen, nationalen Geschichtsschreibung ein. Im Gegenteil: Es bevorzugt die Sicht von unten, den Standpunkt des »kleinen Mannes« und bietet das, was man heute Alltags- und Mentalitätsgeschichte nennt. Selbstverständlich bedeutet das nicht, dass die Monarchen, Staatsmänner und Generäle von der Bühne verschwinden.

Keineswegs. Die hier zur Sprache kommenden »kleinen Leute« leben doch in einer Welt, die die Großen gestalten. Mit dieser Welt müssen sie sich arrangieren. Selten ergreifen sie selbst das Heft. Vielmehr reagieren sie auf Ereignisse und Entwicklungen, die nicht nur von den Machthabern verursacht werden, sondern deren Deutung ihnen von Schule, Kirche und amtlich gelenkter Presse vermittelt wird. Sie genießen nicht die kritische Distanz, deren sich heutige Historiker und Leser erfreuen. Diese fragen z. B. seit längerer Zeit, ob 1914 alle europäischen Staaten gleichsam in den Krieg hineingeschlittert sind oder ob die deutsche Regierung wenn nicht, wie der Hamburger Historiker Fritz Fischer[2] in den 1960er Jahren behauptete, die alleinige Schuld, so doch zumindest die Hauptschuld daran trägt.

Heute wird weitgehend akzeptiert, dass die deutsche Regierung 1914 ein eklatantes Risikospiel treibt. Auch wenn sie einen großen europäischen Krieg nicht bewusst ansteuert, nimmt sie einen solchen doch in Kauf, sollte sich der Krieg zwischen Serbien und Österreich-Ungarn nicht lokal begrenzen lassen. Und sie tut es, weil es ihr aus militärischen Gründen unerlässlich scheint, lieber früher als später loszuschlagen. In diese Überlegungen sind nur wenige eingeweiht. Ja, der Erfolg des ganzen Unternehmens erfordert, dass die Öffentlichkeit hinters Licht geführt wird, sollen breite Schichten willig sein, beim blutigen Spiel mitzumachen.

Das Tarnungsmanöver gelingt der Regierung blendend. Nicht nur unkritische, konservative Zeitungsleser wie die Müllers in Griesheim, sondern auch fast alle sozialdemokratischen Abgeordneten im Reichstag schenken der ihnen gebotenen Deutung der Ereignisse Glauben. Sie ist einfach, eindeutig: Nach dem schurkischen Attentat in Sarajevo sei der österreichische Kaiser zweifelsohne im Recht gewesen, von den darin verwickelten Serben Satisfaktion zu verlangen. Der russische Kaiser, wäre er friedfertig gewesen, hätte sich aus der Sache herausgehalten. Da er aber sein Heer mobilisiert habe, habe dem deutschen Kaiser trotz seines immer wieder offenbarten Friedenswillens nur die eine einzige ehrenvolle Option offengestanden: die Kriegserklärung gegenüber Russland und seinem Verbündeten Frankreich. Deren Truppen hätten die Grenzen Deutschlands bereits überschritten. Die Behauptung der Engländer, sie hätten Deutschland wegen seines Einmarsches in das neutrale Belgien den Krieg erklärt, sei bloß ein fauler Vorwand, ein typischer Beweis der Heuchelei des perfiden Albions[3]. In Wirklichkeit hätten die falschen

2 Fritz Fischer, Der Griff nach der Weltmacht. Die Kriegspolitik des kaiserlichen Deutschland 1914–1918, Düsseldorf 1961; ders., Krieg der Illusionen. Die deutsche Politik von 1911 bis 1914, Düsseldorf 1969.

3 Antiker Name für die Britischen Inseln oder Großbritannien, obwohl der Begriff meist auf England bezogen wird.

Belgier den Franzosen und Engländern im Geheimen die Genehmigung erteilt, bei ihrem seit Langem geplanten Angriffskrieg gegen Deutschland ihr Land als bequeme Einfallspforte zu benutzen.

Auch in anderer Hinsicht sorgt die Regierung vor. Indem der Kaiser einen Burgfrieden verkündet und erklärt, er kenne keine Parteien mehr, verschwinden die letzten Bedenken der allermeisten SPD-Abgeordneten und Gewerkschaftsführer. Die als vaterlandslose Gesellen denunzierten Genossen ergreifen mit beiden Händen diese Chance, sich endlich als voll integrierte, loyale Untertanen zu zeigen. Die SPD-Fraktion im Reichstag bewilligt die Kriegskredite und ermächtigt – zusammen mit den anderen Parteien – den von preußischen Konservativen dominierten Bundesrat, während der Kriegsdauer ohne die Zustimmung des Reichtages Verordnungen zu erlassen. Von dem ihr zustehenden Vetorecht macht sie später keinen Gebrauch. Der Kampf um eine echte parlamentarisch-demokratische Staatsform wird vertagt. Ihrerseits verzichten die Gewerkschaftsführer während der Kriegsdauer auf ihre wirksamste Waffe: Streik. Das schon lange von Konservativen gehegte Ideal einer konfliktlosen, einigen Volksgemeinschaft ohne parlamentarischen Hader und ohne Klassenkämpfe ist anscheinend verwirklicht worden. Kleinbürgerlichen Konservativen wie den Müllers ist dies nur recht.

An nationalen Legenden mangelt es in keinem Land und in Deutschland galt es lange als eine unumstößliche Wahrheit, dass das deutsche Volk geschlossen den Ausbruch des Krieges mit lauter Begeisterung begrüßt hat. Inzwischen hat sich ein differenzierteres Bild herauskristallisiert, eines, das einer Studie über Darmstadt viel verdankt.[4] Ende Juli 1914, so der heutige Konsens, ergreift die Kriegseuphorie in erster Linie das Bildungsbürgertum, vor allem Studenten. Junge ledige Angestellte werden eher als Arbeiter davon gepackt. In den Großstädten und Garnisonsstädten entsteht unter den ausrückenden Soldaten leicht ein kollektiver Rausch. Auf dem Land, in den kleineren Städten und bei den unteren Klassen dagegen kommen eher Sorgen, Beklommenheit und Niedergeschlagenheit auf. SPD-Anhänger veranstalten im Juli Friedensdemonstrationen mit massenhafter Beteiligung. Schriftsteller und Professoren mögen sich bei ihren fast ekstatischen Evokationen des »August-Erlebnisses« hervorgetan und die »Ideen von 1914« gegen die freiheitlich-demokratischen, aufgeklärten »Ideen von 1789« ausgespielt haben, aber ihre hochtrabenden, oft schwülstigen Ausführungen zielen auf akademisch geschulte Köpfe. Erst nachdem ihre Thesen etwa von kriegsbegeisterten

4 M. Stöcker, Augusterlebnis 1914 in Darmstadt. Legende und Wirklichkeit, Darmstadt 1994.

Pfarrern wie Pfarrer Gerhard in Griesheim in einen vertrauten biblischen Ton verwandelt worden sind, kommen sie bei vielen einfachen Leuten besser an. An Vermittlern des neuen Geistes gibt es keinen Mangel: Beide Kirchen, die evangelische wie die katholische, wetteifern bei der Heiligsprechung eines Krieges, der Deutschland erlösen und erneuern soll. Ohne diese Kriegstheologie wäre in Griesheim der Durchhaltewille von Frau Müller kaum intakt geblieben.

Nur einer kleinen Elite ist bekannt, warum dem Kaiser, dem Kanzler und dem Chef des Generalstabes Helmuth von Moltke so viel daran liegt, der russischen Mobilisierung die deutsche gleich folgen zu lassen. Vor seiner Pensionierung hinterlässt der damalige Chef des Generalstabes Alfred Graf von Schlieffen 1905 seinen Nachfolgern einen strategischen Plan, dessen Befolgung allein Deutschland bei dem gefürchteten Zweifrontenkrieg gegen Frankreich und Russland den Sieg bescheren soll. Trotz seiner akribischen Gründlichkeit im Einzelnen ist das Gesamtkonzept in Wirklichkeit ein atemberaubendes Hasardspiel. Innerhalb von sechs Wochen müssen die französischen Armeen umzingelt und in einer Riesenschlacht vernichtet werden, damit die dann frei verfügbaren Truppen schnellstens in den Osten transportiert werden können, um die dort noch immer schwerfällig mobilisierenden Russen zu schlagen.

Dass England mit von der Partie sein wird, hat Schlieffen nicht vorausgesehen. Seine Nachfolger hoffen, dass den Engländern nach der Niederlage ihrer beiden Verbündeten der gesunde Menschenverstand raten wird, mit Deutschland einen für beide Seiten akzeptablen Deal auszuhandeln. Anfangs scheint die Rechnung aufgehen zu wollen. Nur leisten die Belgier einen zäheren Widerstand als erwartet. Frustriert gehen deutsche Truppen gegen angebliche Franktireurs (Freischärler) brutal vor. Geiseln werden erschossen, Städte wie Dinant und Löwen verwüstet. Das Ganze ist ein gefundenes Fressen für die feindliche Propaganda. Sind diese Soldaten nicht Hunnen, *boches* (Schweine) und Barbaren? Von den zuständigen Behörden gespeist und gelenkt, kolportieren deutsche Zeitungen ihre eigenen »amtlich« verbürgten Horrorgeschichten. Dieser Krieg wird nicht nur mit Waffen, sondern auch durch Propaganda geführt werden. Die Moral – der Sieges- bzw. der Durchhaltewille der kleinen Leute – wird in beträchtlichem Maß davon abhängen, wie gut diese Propaganda bei ihnen ankommt. Bei den Müllers dringen solche Schreckensmeldungen mit ihren ethnischen Klischees tief ein.

Anfang September sammeln sich die Franzosen und Engländer an der Marne und drängen die Deutschen bis zur Oise und zur Aisne zurück. Auf eine solche Situation sind die deutschen Heerführer nicht vorbereitet. Von jetzt an muss improvisiert werden. Manchen Politiker und manchen Generalstäbler beschleicht schon früh ein unbehagliches Gefühl, das kaum begonnene Spiel sei eigentlich schon aus. Die amtliche Propaganda dagegen verwandelt die Niederlage in ein bloß kurzfristiges Hinausschieben des doch unvermeidbaren Sieges. Beim »Wettrennen zum Meer« versuchen die beiden Gegner vergebens, einander zu überflügeln. Als der neue Generalstabschef Erich von Falkenhayn bei Langemarck in Flandern die britische Linie zu durchbrechen sucht, um den Pas de Calais zu besetzen, werden die angreifenden Deutschen – unter ihnen viele angeblich das Nationallied singende Studenten – niedergemäht. Der Langemarck-Mythos ist geboren. Bei diesem Stellungskrieg ist aber mit Bildern von vorwärtsstürmenden Reitern und heroischen Einzelkämpfen Mann gegen Mann wenig anzufangen. Die Desillusionierung, die bei diesen begeisterten bürgerlichen Freiwilligen rapide einsetzt, ist gut dokumentiert worden. Ob viele gemeine Soldaten aus den unteren Schichten mit einer solchen Katerstimmung fertigwerden müssen, ist dagegen nicht genügend erforscht worden. Der schroffe Kommisston und die brutale Behandlung seitens ihrer Vorgesetzten, die manchen bürgerlichen Freiwilligen so abstoßen, werden sie weniger schockiert haben. Solche Töne sind sie aus dem Zivilleben gewohnt. Aber reife Familienväter wie den Griesheimer Weißbinder Heinrich Müller kränkt solches Gehabe tief.

Im Westen wird trotz aller Versuche, von beiden Seiten einen Durchbruch zu erzielen, der Stellungskrieg bis März 1918 andauern. Im Osten gestalten sich die Dinge anders. Nach anfänglichen Rückschlägen in Ostpreußen wird die Lage durch den aus der Pensionierung geholten General Paul von Hindenburg und seinen Stabschef Erich von Ludendorff gerettet. Ihre Truppen erringen einen großen Sieg über die zweite russische Armee bei Tannenberg (27.–30. August) und anschließend (5.–9. September) wird in Masuren auch die erste russische Armee aus Ostpreußen hinausgedrängt. Die Presse jubelt. Schnell entwickelt sich der Hindenburg-Mythos. Obwohl es von Anfang an um die königlich-kaiserlichen Armeen schlecht bestellt ist – die Serben werden nicht geschlagen, während in Galizien die Russen Lemberg einnehmen und die Schlüsselfestung Przemyśl belagern –, darf die deutsche Öffentlichkeit nichts davon erfahren. Die Zeitungen übernehmen, ohne zu hinterfragen, die Heeresberichte aus Wien, die von lauter Siegen mit Zigtausend russischen Gefangenen schwärmen.

Und wie steht es 1914 mit dem Kampf auf den Meeren? Auch hier tischt der Heeresbericht »glänzende« Erfolge auf, selbst wenn seeräuberähnliche Einzeleskapaden weder die sofortige englische Blockade der deutschen Atlantikhäfen brechen und den englischen Seehandel zerstören noch die englische Hochseeflotte ernsthaft gefährden. Die Siegeshoffnungen verlagern sich langsam, aber sicher auf eine neue »Wunderwaffe«: die U-Boote, deren Leistungen man schon in den ersten Monaten feiert. Die von Ferdinand Graf von Zeppelin erfundenen Luftschiffe

»Skizze der neuesten Witzkarte«, vom Griesheimer Jugendlichen Jacob Müller gezeichnet und an seinen Freund Wilhelm geschickt. Der Kriegseintritt Japans dämpft seine Kriegsbegeisterung nicht.

erfreuen sich ebenfalls eine Zeit lang großer Beliebtheit – bis sich deren Anfälligkeit für Maschinengewehrfeuer offenbart. Als Japan auf der Seite der Entente in den Krieg eintritt, soll die Öffentlichkeit sich deswegen keine Sorgen machen; viel wichtiger – so wird verbreitet – sei es, dass die Mittelmächte im Herbst die Türken als Verbündete gewinnen.

Die Versorgungslage

Während die deutsche Mobilisierung nach einem aufs Sorgfältigste ausgetüftelten Schema verläuft, ist auf anderen Gebieten überhaupt keine Vorsorge getroffen worden. Der Grund: Man nimmt einfach an, kein Staat könne und wolle sich eine lange Unterbrechung des Handels leisten – der Krieg werde mithin von kurzer Dauer sein. Etwas anderes hätte seine Dauer abkürzen können: Schon im November sind die deutschen Munitionsvorräte verfeuert. Die Geschütze hätten bald schweigen müssen, hätten nicht der Präsident der AEG Walther Rathenau und ihr

Direktor Wichard von Moellendorf die Regierung auf diese Gefahr aufmerksam gemacht. Ohne Weiteres wird Rathenau beauftragt, eine Kriegsrohstoffabteilung zu gründen, um kriegswichtige Rohstoffe aufzukaufen, zu lagern und zu verteilen. Ihm gelingt es, die Bedenken der Großindustriellen gegen jeglichen staatlichen Eingriff in ihren Machtbereich zu überwinden, indem er ihnen das Geschäft schmackhaft macht: Sie sollen in den Vorständen der einzelnen Kriegsrohstoffgesellschaften sitzen, die die Rohstoffe an vertraglich verpflichtete Firmen – oft ihre eigenen! – in der Chemie-, Metall- und Textilindustrie usw. verteilen. Da diesen Firmen keine Kostengrenzen bei der Produktion auferlegt werden und ihnen ein Gewinn von mindestens 5 % garantiert wird, der zunächst gar nicht und dann nur sehr leicht versteuert wird, erweist sich diese Konstruktion als ein für sie sehr lukratives Geschäft. Je länger der Krieg andauert, umso mehr werden sie jedoch von immer breiteren Kreisen als Kriegsgewinnler und Schwindler denunziert, die kein ehrliches Interesse an einem Friedensvertrag hätten und den Krieg lediglich aus Profitgier fortsetzten. Rathenau sorgt auch dafür, dass die durch die englische Blockade abgeschnittene Einfuhr von chilenischem Salpeter weitgehend wettgemacht wird durch den Bau neuer Fabriken, die mithilfe des Haber-Bosch-Verfahrens künstlichen Stickstoff (Ammoniak) herstellen. Aber selbst er kann die Spannung zwischen den unersättlichen Bedürfnissen des Heeres nach Eisen, Stahl, Holz, Leder, Gummi, Bekleidungsstoffen, Lebensmitteln, Futter usw. und denen der Zivilbevölkerung nach denselben Waren nicht lösen.

Von vornherein wird gefordert und auch allgemein akzeptiert, dass die Ansprüche des Heeres Vorrang vor denen der Heimat genießen müssen. Selbst im militärischen Bereich fehlt aber eine effiziente Koordinierung aller Anstrengungen. Gewisse Länder halten an ihrem Recht hartnäckig fest, die Beschaffung von Munition und Kriegsmaterial selbst zu organisieren. Was Effizienz und Übersichtlichkeit anbelangt, ist die Verhängung des auf ein Gesetz aus dem Jahr 1851 zurückgehenden Belagerungszustandes gleich bei Kriegsbeginn potenziell noch bedenklicher. Dieses Gesetz teilt das Reich in 24 Bezirke auf, von denen jeder einem Stellvertretenden Kommandierenden General untersteht. Diese Generäle sind nicht nur für alles Militärische in ihrem Bezirk verantwortlich (z. B. für Musterung, Bildung des Ersatzheeres, Versorgung der Soldaten), sondern auch für Ordnung und Sicherheit im Allgemeinen, einschließlich der Zensur. Sie unterstehen einzig und allein dem Kaiser als Oberbefehlshaber, nicht dem Kriegsminister, nicht dem Chef des Generalstabes. Sie schalten und walten höchst autokratisch und höchst unterschiedlich in ihren Bezirken, deren Grenzen meistens von denen der Länder und der zivilen Verwaltungsbehörden abweichen, auf deren Personal sie jedoch für die Ausführung ihrer Anordnungen angewiesen sind.

Ein weiterer Umstand sorgt für Spannung: Während die Generäle daran interessiert sind, die Anzahl der gemusterten und eingezogenen Rekruten zu maximieren, wollen die Großindustriellen möglichst viele Facharbeiter behalten, weil sie andernfalls den Forderungen des Militärs nach Material schwerlich nachkommen können. 1914 werden in den ersten Kriegswochen Soldaten eingezogen ohne Rücksicht auf die oft verheerenden Folgen für die Fabrik oder den Betrieb, in denen sie entweder Arbeiter, oft Facharbeiter, sind oder leitende Stellen innehaben. Es entsteht ein nie endendes Gerangel zwischen dem Militär, den Industriellen und den Gewerkschaften um die Zahl der Arbeiter, die »reklamiert«, d.h. nicht eingezogen, sondern zurück- bzw. freigestellt werden[5]. Je länger der Krieg andauert, umso häufiger kommt es bei den dienenden Soldaten und deren Angehörigen zu bitteren Ressentiments gegen reklamierte Männer, da sie nicht nur den Gefahren und Strapazen des Frontlebens entzogen sind, sondern in den Kriegsindustrien höhere Löhne und oft auch bessere Lebensmittelrationen erhalten.

Wenn laut Napoleon eine Armee auf ihrem Magen marschiert, so hängt bei einem längeren Krieg auch die Moral in der Heimat in hohem Maß davon ab, ob die Zivilbevölkerung ausreichend zu essen hat. Die deutsche Regierung wird es im Verlauf des Krieges immer schwieriger finden, Heer und Heimat gleichzeitig einigermaßen adäquat zu versorgen. Aber wie groß sind die Entbehrungen und Opfer, die sie der Zivilbevölkerung zugunsten des Heeres und der Marine abverlangen darf? Kennt der geforderte Opfergeist nicht doch Grenzen? Auf dem Gebiet der Volksernährung gibt es keinen Rathenau. Auch steht man hier vor ganz anderen, fast unlösbaren Problemen. Vor dem Krieg ist Deutschland für ein Drittel seiner Lebensmittel auf Importe angewiesen. Die von der englischen Regierung verhängte – illegale – Blockade schneidet es nicht nur von vielen kriegswichtigen Rohstoffen, sondern auch von einer großen Menge der bisher importierten landwirtschaftlichen Erzeugnisse wie Getreide, Milch, Eier, Futterhafer ab. Die landwirtschaftliche Produktivität sinkt schnell um 25%. Da die Bauern und die Soldaten, die ca. ein Viertel der Bevölkerung ausmachen, ihren Vorkriegskonsum an Nahrungsmitteln weiter erhalten sollen, bedeutet dies für die übrigen 75% der Bevölkerung, dass sie sich mit nur 50% der Vorkriegsproduktion begnügen müssen.

5 Die Männer wurden nicht in Heer oder Marine eingezogen, weil sie typischerweise in einer kriegswichtigen Industrie tätig waren und als unabkömmlich eingestuft wurden, oder im Falle, dass sie bereits dienten, aus diesem Grund an ihre frühere Stelle zurückbestellt.

Das Haber-Bosch-Verfahren wird, so hofft die Regierung, den Ertrag bei der Kartoffelernte bedeutend steigern. Sonst ist der Tisch ziemlich leer!

Eine Zeit lang werden Importe aus Schweden, Dänemark, Holland und Rumänien, den besetzten Ländern und – über neutrale Häfen – auch aus den USA diese Lücke einigermaßen ausfüllen, aber bei Weitem nicht ganz; und die neutralen Staaten werden von England unter einen derartigen Druck gesetzt, dass sie spätestens 1916 ihre Lieferungen einstellen. Vom ersten Tag an ist die Lage in Deutschland prekär. Sind Bauer und Knecht eingezogen worden, müssen die Bäuerin und alte oder ganz junge Arbeitskräfte den Hof weiterführen. Sind die besten Pferde fürs Heer ausgehoben worden, fehlen gute Zugpferde für das Pflügen und Ernten. Auch lässt sich der schwindende Vorrat an Dünger nicht durch künstlichen Dünger wettmachen, da das Heer den Stickstoff weitgehend für sich selbst beschlagnahmt.

Mit zunehmender Dauer des Krieges verschleißen die ungenügend oder gar nicht gewarteten Geräte und können weder repariert noch ersetzt werden. Öle und Fette, Gummiteile, Treibriemen usw. werden zu Mangelwaren. Kartoffel- und Getreidefelder liegen oft brach oder werden in Weidewiesen verwandelt, weil die Viehzucht einen größeren Gewinn verspricht – meistens ein Trugschluss: Ohne adäquate Mengen an Kraft- und Rohfutter (Heu und Stroh), ohne genügend Dünger und angesichts des Verbotes, Getreide und Kartoffeln zu verfüttern, sinkt die Produktivität: In den vier Kriegsjahren geht die Gesamtagrarproduktion um mehr als ein Drittel zurück, die Viehproduktion um 40, die Getreideproduktion um 36 und die Kartoffelproduktion um 35 %.

Gleich nach Kriegsbeginn erfolgen Panikkäufe von Waren wie Salz, Brot, Mehl und Fleisch. Die Preise steigen an. Der Reichstag ermächtigt den Bundesrat schon am 4. August, Maßnahmen zu verordnen, die sich zur Abwendung wirtschaftlicher Schädigungen als notwendig erweisen, und Höchstpreise festzusetzen. Solange der Bundesrat dies nicht getan hat, steht es den einzelnen Landeszentralen frei, selbst einzugreifen. Das tun sie auch, aber in unterschiedlichem Maß und mit unterschiedlichen Höchstpreisen – was Erzeugern und Herstellern sowie Groß- und Kleinhändlern einen willkommenen Spielraum gewährt, um für ihre Waren den profitabelsten Absatzmarkt auszusuchen. Der Bundesrat erteilt sich selbst das Recht, zu jeder Zeit Bestandserhebungen zu verordnen, macht aber vorerst keinen Gebrauch davon.

Erst gegen Ende Oktober wird ein reichsweiter Höchstpreis für Brotgetreide festgesetzt. Der Verkäufer muss es zum festgesetzten Preis verkaufen, darf es nicht in der Hoffnung auf eine Preissteigerung zurückhalten. Um die Getreidevorräte zu sichern, wird das Verfüttern von Brotgetreide verboten. Brotgetreide muss stärker als vorher ausgemahlen werden. Weizenbrot muss durch mindestens 10 % Roggenmehl, Roggenbrot (Schwarzbrot) durch mindestens 5 % Kartoffelmehl gestreckt werden. Beträgt der Kartoffelgehalt mehr als 5 %, muss das Brot mit dem Buchstaben K bezeichnet werden, bei einem Gehalt von mehr als 20 % mit einem K und der Zahl der Gewichtsteile in arabischen Ziffern. Später wird die Verordnung dahin geändert, dass Roggenbrot durch mindestens 10 % Kartoffelzusatz gestreckt werden muss, während Brot mit mehr als 20 % Kartoffelgehalt mit KK bezeichnet werden muss. Natürlich will die Regierung, dass das gestreckte Brot Kriegsbrot heißt; viele enttäuschte Konsumenten nennen es aber schlicht Kartoffelbrot. Da Kartoffeln knapp werden, lässt man im Laufe der Zeit die Streckung mit Hafer-, Reis-, Gersten-, Bohnen-, Sojabohnen- und Erbsenmehl, sogar mit Kastanien, Eicheln und Nüssen zu. Die Ausmahlprozente werden mehrmals angehoben.

Mitte Dezember wird in Berlin eine Kriegsgetreidegesellschaft gegründet. Sie ist die erste der Reichsgesellschaften mit begrenzter Haftung, mittels deren die Regierung in Berlin lenkend in den freien Markt eingreifen will, ohne ihn jedoch aufzuheben. Oft nimmt der Prozess folgenden Verlauf: Nach Durchführung einer Bestands- und einer Bedarfserhebung – konkret: das Ausfüllen, Sammeln und Bewerten oft komplizierter Fragebögen – versucht man in Berlin, die von Sachverständigen geschätzten Bedürfnisse – eher: Minimalbedürfnisse – der Verbraucher und die vorhandenen bzw. geschätzten Vorräte aufeinander abzustimmen. Die Effizienz dieser Zentral- und Reichsverteilungsstellen mit ihren oft aufgeblähten Beratungsgremien und Geschäftsabteilungen leidet stark darunter, dass sie für die Durchführung ihrer Entscheidungen auf Landesbehörden angewiesen sind. Diese konkurrieren oft mit Heeresbeschaffungsstellen wie dem militärischen Lebensmittelamt in Darmstadt, deren Bedürfnisse Vorrang haben und die häufig die festgesetzten Höchstpreise überschreiten. Landeszentralen mit anderen Prioritäten sind ebenfalls nicht gerade eifrig bei der Ausführung gewisser Verordnungen, während mächtige kriegswichtige Großunternehmen große Handlungsfreiheiten genießen. Anders als die englische und französische Regierung muss sich die Reichsregierung mit einer bundesstaatlich verbürgten »bürokratischen Polykratie«, auf gut Deutsch: einem heillosen Neben- und Durcheinander von Reichs-, Landes-, Stadt-, Kommunal- und Ortsbehörden, auseinandersetzen. Private und öffentliche, zivile und militärische Einrichtungen streiten sich um einen ständig schrumpfenden Bestand an Lebensmitteln. Ein kleiner Sauerkrauthändler wie Ferdinand Müller wird sich 1916/17 in ein nicht durchschaubares bürokratisches Geflecht verwickelt finden, das ihn zu einer frustrierenden Untätigkeit verurteilt.

Theoretisch hätte die Regierung die Option gehabt, den Krieg durch eine Erhöhung des Steueraufkommens zu finanzieren. Einfach wäre dies jedoch nicht gewesen, da die Reichsregierung nur indirekte Steuern erhebt und Einkommensteuern Sache der Einzelstaaten sind. Die rechten Parteien lehnen Kriegssteuern strikt ab und die Regierung ist sich darüber im Klaren, dass erhöhte Steuern bei den Besserverdienenden im Allgemeinen unbeliebt sein würden. Sie verlässt sich deshalb auf Staatsanleihen, die alle sechs Monate mit großem propagandistischen Aufwand ausgegeben werden. Später im Krieg wird Soldaten suggeriert, dass sie leichter Urlaub bekämen, wenn ihre Angehörigen zeichneten. Schulkinder werden von Haus zu Haus geschickt, um für die Staatsanleihen zu werben. Familien wie die Müllers zeichnen gern aus einer Mischung von Patriotismus und finanziellem Kalkül. Die Hoffnung auf eine gute Rendite macht sie umso geneigter, denjenigen recht zu geben, die behaupten, dass ein Frieden ohne Kontributionen ein Unding wäre.

Um ihre laufenden Ausgaben zu decken, versieht die Reichsbank die Reichsregierung mit Krediten, während die Darlehenskassen dies für die Länder und Gemeinden übernehmen. Die Notenpressen laufen auf Hochtouren. Obwohl durch die Staatsanleihen etwas abgeschöpft, jagt das viele Geld einer schrumpfenden Zahl an hoch begehrten Waren nach. Die Folge: eine ständige Teuerung. Selbst die hohen Löhne der Facharbeiter in der Rüstungsindustrie können damit nicht Schritt halten; Rentner, Arbeiter in den Konsumgüterindustrien, Beamte

Das berühmte Werbeplakat für die sechste Anleihe. Die Postkarte wurde Anfang Mai 1917 von Franz Müller an Familie Müller geschickt, um für gespendete Äpfel zu danken. Hier sieht die Propaganda von jedem Versuch ab, den Frontsoldaten als munteren, an einem großen Abenteuer teilnehmenden Kameraden darzustellen.

und Angestellte sehen ihre Einkünfte progressiv die Kaufkraft einbüßen. Die von Anfang an höchst bescheidene finanzielle Unterstützung, die Frauen von Soldaten, Kriegswitwen, wegen ihrer Wunden entlassene Soldaten, mittellose Eltern ohne die übliche Unterstützung durch den Sohn und sonstige als »minderbemittelt« bezeichnete Personen erhalten, hinkt der Teuerung noch schlimmer hinterher. Diese Personen sind vom sich schnell etablierenden Schwarzmarkt weitgehend ausgeschlossen. Zunehmend nagen sie am Hungertuch.

Zwischen Front und Heimat

In den letzten Jahrzehnten haben Historiker dem Verhältnis zwischen Front und Heimat viel Aufmerksamkeit gewidmet. Man erkennt jetzt, wie eng diese scheinbar getrennten Welten eigentlich miteinander verbunden sind. Die Schlüsselrolle dieses Verhältnisses erkennt die Regierung klar. Möglichst schnell wird

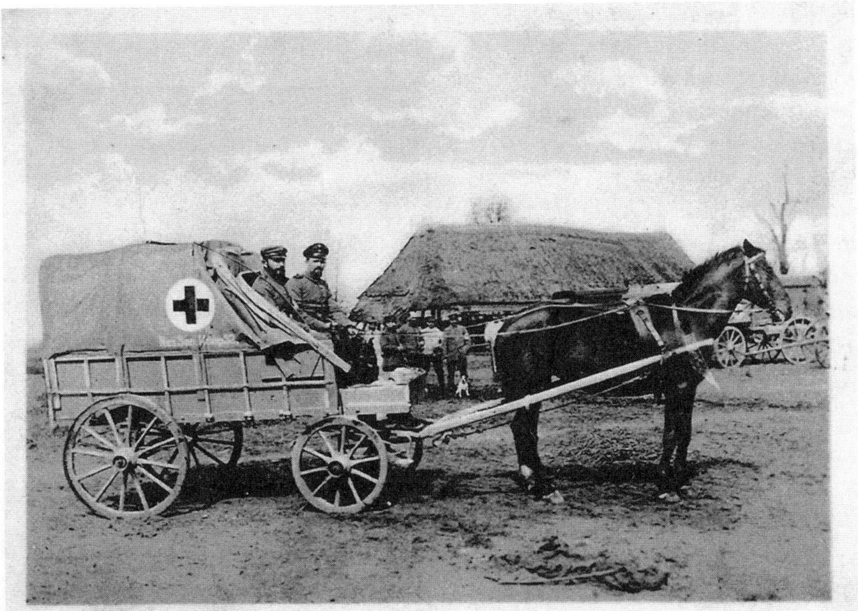

Ein sehnlichst erwarteter Wagen, der die Post holt.

Bleibt der sehnlichst erwartete Postwagen länger als erwartet aus oder bringt er nichts, leidet die Moral des Einzelsoldaten stark.

Das Feldpostamt, wie hier in Kolno, ist die Schaltstelle, die die ausgehende Post sammelt und die eingehende verteilt.

ein gut funktionierendes Feldpostsystem auf die Beine gestellt, das im Laufe des Krieges Millionen von Briefen, Karten und Paketen an den Mann bringt. 1914 tun vor allem kleinere Städte und Gemeinden alles, um ihren »Kriegern« durch Liebesgaben und aufmunternde Worte das Gefühl zu vermitteln, ihre Anstrengungen und Opfer würden von denen in der Heimat gebührend gewürdigt. Nicht nur Konfekt, Schokolade und Tabakwaren, sondern auch Hemden, Unterhosen, Hosenträger und Socken werden an die verschiedenen Fronten geschickt. An allem ist anfangs kein Mangel. Vollgestopfte Pakete erfreuen den ungeduldig wartenden Empfänger. Die Lage wird sich Schritt für Schritt dadurch ändern, dass gewisse Waren kaum aufzutreiben sind bzw. unerschwinglich werden. Die Pakete, die Frau Müller an die früher einquartierten Soldaten schickt, spiegeln diese Entwicklungen wider. Der allgemeine altruistische Hilfswille wird merklich ermatten. Die Kluft zwischen Arm und Reich, zwischen denen mit Zugang zu Lebensmitteln auf der einen Seite und armen Großstädtern ohne solche Kontakte auf der anderen wird immer größer werden und von den Benachteiligten immer schmerzhafter empfunden.

»Hurra! Die Feldpost war da!« Für den Aus- und Durchhaltewillen des Soldaten sind Briefe und Pakete gleich wichtig. Je länger der Krieg dauert, umso schwieriger wird es, solche fettreichen Fresspakete zusammenzustellen.

Für die Moral des Soldaten im Feld ist es wichtig zu wissen, dass für seine Angehörigen in der Heimat gut gesorgt wird. Im Idealfall bieten Feldpostbriefe und -karten von der Front ebenso wie die Post aus der Heimat den jeweiligen Empfängern bei aller Sorge und Unsicherheit doch ein gewisses Quantum an innerer Ruhe. Strotzen sie aber von Sorgen und Problemen, leidet darunter beim Soldaten der Kampfwille und bei seinen Angehörigen der Durchhaltewille. Um einander nicht zu beunruhigen, spielen beide oft ein Versteckspiel miteinander. Dieser Austausch von Post und Paketen nicht nur zwischen Offizieren und ihren Familien, sondern auch zwischen Mannschaftssoldaten und ihren Familien ist eine der charakteristischen Novitäten dieses langen Krieges. Was auch immer die feindliche Propaganda von der angeborenen kriegerisch-aggressiven Mentalität der Deutschen behauptet: Bei den hier zur Sprache kommenden Zivilisten und Soldaten kommt sehr früh und sehr verbreitet das Gefühl auf, der Krieg habe schon zu lange gedauert und der Frieden solle so bald wie möglich kommen. »Mörderischer Spaß« an Krieg und Kampf kommt in den hier behandelten Feldpostbriefen gemeiner Soldaten selten zum Ausdruck. Trotz der ständigen Motivierung und Stärkung des Durchhaltewillens durch »amtliche« Meldungen in der Zeitung, durch Vorträge, musikalische Veranstaltungen und Predigten nehmen angesichts der zunehmenden Zahl an Toten, Verwundeten und Vermissten auch innerhalb der Zivilbevölkerung Ängste und Sorgen zu. Ohne die gewaltigen Anstrengungen von Pfarrern und Priestern, Publizisten und Presse drohen schon viele zu »Miesmachern« und Defätisten zu werden – und das, obwohl der Krieg erst fünf Monate zuvor begonnen hat.

1915 – immer wieder Erfolge

Vom Standpunkt des deutschen Generalstabes aus gesehen ist das Jahr 1915 ein erfolgreiches. Die Durchbruchversuche der Franzosen und Engländer im Artois und in der Champagne werden abgewiesen. Aus den ungeheuren Verlusten lernen die Generäle nichts. Dem Offensivgeist treu fahren sie fort, ihre schwer beladenen, mit Gewehren bewaffneten Soldaten stolpernd über das Niemandsland zu beordern; die Maschinengewehre der hinter einem meist noch intakten, dichten Drahtverhau gut eingeschanzten Verteidiger haben leichtes Spiel. Der Anblick so vieler Leichen schockiert tief einen Frontneuling wie Arthur Bonrath, der bei den Müllers einquartiert gewesen ist. Zwar bringt der von Wilhelm Müller festgehaltene erste große Gebrauch von Giftgas in der zweiten Ypern-Schlacht den deutschen Truppen den erhofften Durchbruch nicht, aber im Westen erfreut sich das deutsche Heer meistens der besseren Stellungen. In den Schützengräben werden die Unterstände oft wie für eine permanente Besetzung recht komfortabel eingerichtet. Im Osten fällt die Jahresbilanz noch besser aus. Hat die Moral in der Heimat darunter gelitten, dass die Soldaten nicht wie gehofft bis Weihnachten siegreich zurückgekehrt sind, frischt sie der Tannenbergsieger Hindenburg im Februar gewaltig auf. In der zweiten Masurenschlacht erzielen seine Truppen einen »glänzenden« Sieg, den die Propaganda ausschlachtet. Die Glocken läuten, die Müllers jubeln mit.

In den Karpaten trägt im Frühjahr die deutsche Südarmee unter Alexander von Linsingen zusammen mit den Österreichern eine von der Presse beschönigte Remispartie mit den Russen aus. Dort kämpfende Griesheimer Soldaten klagen über die furchtbare Kälte und die Läuse. Vielversprechender ist der durch die Truppen August von Mackensens erzielte Durchbruch bei Tarnow-Gorlice in Galizien Anfang Mai. Plötzlich kommt hier ein Bewegungs-, ja ein Verfolgungskrieg in vollen Gang. Die Festung Przemyśl, von den Österreichern am 23. März übergeben, wird wieder besetzt, Lemberg eingenommen. Überall in Deutschland läuten die Glocken. Andere deutsche Armeen besetzen Lublin, Cholm, Iwangorod und Warschau. Brest-Litowsk fällt. Die Presse feiert eine berauschende, anscheinend nie endende Reihe von Siegen. Fritz Ermert und Willy Israel beschreiben den Müllers diese Verfolgung, die endlich bei Wilna zum Stillstand kommt. Ihre Post spiegelt die ersten Reaktionen deutscher Soldaten auf osteuropäische Völker. Ende des Jahres erstreckt sich die Frontlinie von Riga im Norden über Baranowitschi nach Czernowitz im Süden. In Kurland und Litauen beginnt Ludendorff, einen neuen germanischen Staat »Ober Ost« seinen rassistischen Kategorien gemäß zu gestalten. Zeitungsleser werden durch den Kriegseintritt Bulgariens auf der Seite der Mittelmächte zu noch größeren Siegeshoffnungen ermuntert. Der Sieg über Serbien im Winter erhöht die optimistische Stimmung noch mehr. Da die schwankenden Rumänen angesichts dieses Sieges vorerst neutral bleiben, ist man zuversichtlich, beträchtliche Mengen an Getreide und Öl jetzt leichter von dort importieren zu können.

Der Kriegseintritt Italiens auf der Seite der Entente im Mai 1915 hätte einen Grund zu ernsthaften Sorgen abgeben können, da er die zahlenmäßige Überlegenheit der Entente noch vergrößert. Dessen Bedeutung wird aber unter Nutzung abschätziger ethnischer Klischees von der Presse systematisch heruntergespielt. Der Gott, der England strafen soll, werde dieses treulose Volk auch gehörig strafen! Anscheinend hat der christliche Gott keine Bedenken, die Türken als seine Werkzeuge bei der Bestrafung der heuchlerischen Engländer zu benutzen; denn deren Versuch, den Türken die Halbinsel Gallipoli zu entreißen und damit die Dardanellen für den Austausch kriegswichtiger Produkte zwischen den westlichen Mächten und Russland zu öffnen, läuft katastrophal ab. Die Zeitungen suggerieren Uneinigkeit und Zwist innerhalb des englischen Kabinetts; Deutschland dagegen sei einig und immer noch fest entschlossen, den Sieg herbeizuzwingen. Bunte Postkarten feiern die Festigkeit seiner Allianz mit den Österreichern und Türken.

Dass die kaiserliche Hochseeflotte in den Kriegshäfen untätig vor sich hin dümpelt und kaum Stoff zu erhebenden Meldungen bietet, macht es umso notwendiger, die Erfolge der U-Boote großzuschreiben. Nur ruft die Versenkung des Passagier-

Alle Staaten nehmen Gott für sich in Anspruch. Der U-Boot-Kapitän darf wohl ein Schiff versenken, das von der Konstruktion her primär ein Passagierschiff ist, weil der heuchlerische Feind es in Wirklichkeit dazu benutzt, um Waffen, Munition, sogar Soldaten darin zu befördern.

dampfers *Lusitania*, bei der mehr als 100 US-Bürger ums Leben kommen, so heftige Proteste bei der amerikanischen Regierung hervor, dass Kanzler Theobald von Bethmann Hollweg solche Versenkungen vorerst einstellt. Trotz des Drängens der Heeres- und Marineleitung sowie wichtiger Interessengruppen hält der Kanzler am Verbot jeder öffentlichen Diskussion der deutschen Kriegsziele fest. Die neutralen Staaten, vor allem die Vereinigten Staaten, sollen durch das Ausmaß dieser Forderungen nicht erschreckt werden. Zudem weiß Bethmann Hollweg, dass die sozialdemokratische Reichtagsfraktion seine Politik nur unterstützt, solange ihre Führer glauben, er führe einen gerechten Verteidigungs-, keinen Eroberungskrieg. Die Öffentlichkeit muss sich mit vagen Äußerungen über die Notwendigkeit eines »gerechten« Friedens und einer neuen europäischen Ordnung begnügen, die es Deutschlands Nachbarn permanent unmöglich macht, je wieder einen Angriffskrieg zu starten, und die Deutschland angemessene Selbstentwicklungsmöglichkeiten garantiert. Dem individuellen Zeitungsleser wie Herrn Müller steht es frei, diese vagen Formulierungen nach seinem Geschmack mit konkretem Inhalt zu füllen.

Beginn der Planwirtschaft

Fällt es der Propaganda relativ leicht, der deutschen Öffentlichkeit das Jahr 1915 aus militärischer Sicht als Erfolg versprechend zu verkaufen, muss sie sich sehr viel mehr Mühe geben, ihr die Entwicklungen in der Nahrungsmittelversorgung als Erfolg zu präsentieren. Nicht dass der Bundesrat untätig ist: Die Reihe von Verordnungen, Bekanntmachungen und Bestimmungen ist lang. Allein im Januar 1915 treten 16 Verordnungen zur Regulierung der Lebensmittelversorgung in Kraft. Es lohnt sich, die Verordnung vom 25. Januar, in der die Beschlagnahmung aller Getreidebestände veranlasst wird, näher anzuschauen, denn sie stellt in einem gewissen Sinn den eigentlichen Anfang der Plan- oder Zwangswirtschaft dar, die sich Schritt für Schritt weiter ausdehnt, bis 1918 fast alle Lebensmittel erfasst sind. Hier kann man gut beobachten, wie die Propaganda dem Publikum solche Maßnahmen darbietet. Davon ausgehend, dass Zeitungsleser, die sich über die neuesten Bekanntmachungen informieren wollen, auch den Heeresbericht zu lesen pflegen, bietet derjenige vom 2. Februar ihren Kommentar dazu.[6] Ziel der Verordnung sei es, den Versuch des »von keinen Gewissenskrupeln geplagte[n] England« zu vereiteln, die Deutschen auszuhungern, um ihnen »den Frieden abzuzwingen«. Die Beschlagnahmung sei wegen der Sorglosigkeit nötig, mit der viele mit den Getreidevorräten umgegangen seien. Jetzt müsse sich wieder einmal das von allen Ausländern bewunderte deutsche Organisationstalent bewähren. Gerade dieses angebliche Organisationstalent der Deutschen wird zu einem der Eckpfeiler der Propaganda. Eingestanden wird, dass es an irgendeiner Stelle vorübergehend zu einer Knappheit an Getreide oder Mehl kommen könne, aber zu irgendwelcher Besorgnis gebe eine solche örtliche und nur teilweise Knappheit keinen Anlass. Ruft eine solche Beteuerung beim aufmerksamen Leser schon Zweifel hervor, so werden diese mit der folgenden Aussage weiter genährt: Es sei zwar genügend Mehlgetreide vorhanden; nur müsse sich das deutsche Volk eine gewisse, etwa auf zwei Drittel des Friedenskonsums zu bemessende Beschränkung auferlegen.

Die Bauern werden zunächst mit dem in diesen Kriegsjahren so beliebten Bild vom Heer in der Heimat lobend hervorgehoben: »Unsere Landwirtschaft hat [...] einen Sieg hinter der Front gewonnen.« Doch anschließend trifft sie die volle Härte der Verordnung: Ihnen werde außer dem Saatgut und dem bis auf zwei Drittel des Friedenskonsums beschränkten Bedarf für den eigenen Haushalt und das Gesinde – d.h. 9 kg Brotgetreide oder für jedes Kilo 800 g Mehl pro Person und Monat – alles Getreide abgenommen. Strenge Strafen werden angedroht: Wer innerhalb der bestimmten Frist nicht alle Vorräte anzeige oder falsche bzw. ungenaue Angaben mache, soll entweder mit Gefängnis bis zu sechs Monaten oder mit einer Geldstrafe bis zu 1.500 Mark bestraft werden. Darüber hinaus müssen sie wegen Mangel an Futter einen beträchtlichen Teil des insgesamt zwischen 23 und 25 Millionen betragenden Schweinebestandes schlachten. Hintergrund dieser Maßnahme ist, dass die Bauern trotz aller Verbote Getreide und Kartoffeln

6 »Über die Tätigkeit der Kriegsgetreide GmbH«, www.stahlgewitter.com/15_02_02.htm.

weiter verfüttert haben. An beidem muss jetzt dringend gespart werden. Auch soll Dauerfleisch für den Winter gesichert werden. Erst nach den angedrohten Strafen wird an den Sinn für Fairness und den Opfergeist der Bauern appelliert:

> *Aber in einer Zeit, wo Hunderttausende ihr Liebstes hingeben, darf niemand klagen, sondern die Daheimgebliebenen müssen an Opferfreudigkeit mit unseren Truppen im Feld wetteifern.*

Geopferte Schweine und menschliche Opfer überlagern sich! Bei weiterer Lektüre verstärkt sich der Eindruck, ein unheilvolles Chaos sei im Anmarsch.

> *Die Aufgabe der Kriegs-Getreidegesellschaft kann man sich gar nicht groß und schwierig genug vorstellen. Um sie zu lösen, müssen sich Sachverständige aus den einschlägigen Gewerben die Hände reichen. Mit fünf Millionen Landwirten muß eine Verbindung angeknüpft werden. Nicht weniger als drei Millionen Tonnen Getreide müssen in der Zeit vom 1. Februar bis 31. März von der Kriegs-Getreidegesellschaft übernommen werden und bewegt werden, und es ist ausgerechnet worden, daß hierzu alle vier Minuten ein Eisenbahnzug mit vierzig Waggons Getreide bei täglich zehn Stunden Arbeitszeit expediert, abgefertigt und eingelagert werden muß. Der Einkauf und die Begutachtung geschieht in jedem Bezirk von zwei Kommissionären und dem zuständigen Gemeindevorsteher, die dafür eine Höchstprovision von vier Mark für die Tonne sich teilen. Mühelos ist ihre Arbeit nicht.*

Wahrlich nicht! Kreisämter wie das Dieburger fühlen sich schlicht überfordert. Das Verwaltungspersonal, das durch den Einzug etlicher Mitarbeiter ins Heer gelichtet worden ist, hat bereits alle Hände voll zu tun. Zu seiner Entlastung helfen Lehrer und Oberschüler den Bäuerinnen, die meist ohne männliche Unterstützung die Höfe führen müssen, beim Feststellen der Getreidebestände und beim Ausfüllen der oft recht detaillierten Formulare. Der Bericht gibt selbst zu, dass mancher Bauer in den Behörden einen Feind sieht, weil es »dem freien Mann auf der Scholle« zuwider ist, dass ihm mit Zwang etwas genommen wird. Er und die anderen kaiserlichen Untertanen werden sich in den kommenden Jahren bei immer mehr Waren an solche Bestandsaufnahmen und Beschlagnahmungen gewöhnen müssen. Millionen von Formularen werden verteilt, ausgefüllt und eingesammelt. Auf Bürgermeistereien sorgfältig nachgeprüft und in Zähllisten eingetragen gehen die Zahlen ihren Weg, bis sie ihr letztes Ziel erreichen: die für die betreffende Ware zuständige Reichs- bzw. Reichsverteilungsstelle. Dieser fällt es zu, nach der aktuell geltenden Formel die Mengen festzustellen, die den einzelnen Landesverteilungsstellen, Landesstellen oder Kommunalverbänden (meist Vereinigungen von Städten und Gemeinden) zustehen. Deren Aufgabe ist es, dafür zu sorgen, dass den einzelnen Familien entweder über Metzger, Bäcker und Kleinhändler wie Frau Müller oder, was zunehmend der Fall wird, direkt von der Bürgermeisterei selbst die ihnen zustehende Rationsmenge ausgehändigt wird – eine zusätzliche Arbeitsbelastung für die Bürgermeister. Leicht ist dieses Verfahren wahrhaftig nicht!

Schon im Januar sind in Berlin Brotkarten eingeführt worden; in den kommenden Monaten werden sie nach und nach überall eingeführt. Einheitsbrote, Kuchenverbote – man gewöhnt sich an alles. Um den Konsum von Frühstücksbrötchen aus (allerdings gestrecktem) Weizenmehl zu bremsen, dürfen Bäcker zwischen 7 Uhr abends und 7 Uhr morgens nicht arbeiten. Selbst in Ausnahmefällen dürfen sie nicht vor 6 Uhr morgens anfangen. Brote dürfen erst 24 Stunden nach dem Backen feilgeboten werden, denn sonst wird das leckere frische Brot wohl allzu rasch verschlungen. Die Polizei und von dieser damit beauftragte Personen werden dazu autorisiert, zu jeder Zeit Bäckereien zu betreten, um zu prüfen, ob alles vorschriftsmäßig vor sich geht. Sie dürfen Proben mitnehmen. Läden und Betriebe jeder Art müssen solche Kontrollen über sich ergehen lassen. Später kommen diese unwillkommenen Gäste auch in Privathaushalte. Haushaltsvorstände, deren Angaben über die in ihrem Besitz befindlichen Lebensmittel Verdacht erregen oder von denen man glaubt, sie hielten beschlagnahmte Waren zurück, müssen mit hohen Geldstrafen, sogar mit Gefängnis rechnen.

Schon im Januar 1915 wird für den kommenden Winter vorgesorgt. Städte und Gemeinden mit mehr als 5.000 Einwohnern werden verpflichtet, dafür zu sorgen, dass genügend Dauerfleisch für den Winter vorliegt. Die erforderliche Vorgehensweise wird nicht vorgegeben. Die oben erwähnte Massenschlachtung von Schweinen soll hier helfen. Nur schafft diese bald despektierlich als »Schweinemord« bezeichnete Maßnahme neue Probleme, statt die vorliegenden zu lösen. Schweinefleisch wird knapp, die Preise steigen an – und damit auch der Ärger der Verbraucher. Die im April durchgeführte Bestandsaufnahme von Kartoffeln – ein weiterer aufwendiger Akt – zeigt klar, dass der Schweinemord viel zu drastisch gewesen ist. Das Vertrauen in das Organisationstalent der Behörden mag bei den Müllers und dem Griesheimer Schullehrer Friedrich Boller intakt bleiben; bei anderen keimen Zweifel. Eine Reichsstelle für Kartoffelversorgung mit einem Reichskommissar und einem Beirat wird geschaffen. Im Herbst mausert sie sich zur Reichskartoffelstelle. Die ihr auferlegten Aufgaben sind typisch für die ständig zunehmende Zahl an Reichsstellen. Wenn ein Kommunalverband in seinem Bezirk nicht über genügend Kartoffeln verfügt und mit eigenen Mitteln nicht zukaufen kann, soll die Zentralstelle eingeschaltet werden. Entweder wird sie selbst die fehlende Menge auf dem freien Markt kaufen oder sie bei Kommunalverbänden mit einem Überschuss an Kartoffeln beschlagnahmen. Man kann sich gut vorstellen, wie umständlich die Prozedur wird und wie viel Zeit verstreicht, ehe die Kartoffeln auf den Tellern der hungernden Familien landen. Welcher Versuchung müssen die Bauern widerstehen, ihre Angaben nicht ein bisschen zu »frisieren«. Auch die einzelnen Länder sind oft nicht gerade geneigt, ihren »Überfluss« an andere abzugeben.

Bei Fleisch tastet man sich nach dem peinlichen Schweinefiasko vorsichtig vor, da man weiß, wie empfindlich selbst die eifrigsten Patrioten auf eine einheitliche, konkret: der Menge nach drastische, Rationierung ihres Fleischkonsums reagieren werden. Führt man sie ein, ehe sie unbedingt notwendig ist, entsteht leicht der Eindruck, die allgemeine Ernährungslage verschlechtere sich und die Regierung habe alles nicht im Griff. Von der Einführung von Fleischkarten sieht man daher vorerst ab. Ende Oktober müssen jedoch fleischlose Tage eingeführt werden. Verordnet wird, dass dienstags und freitags Fleisch, Fleischwaren und -gerichte nicht gewerbsmäßig an den Verbraucher abgegeben werden dürfen. Samstags darf kein Schweinefleisch ausgegeben werden. Um die kostbaren Vorräte an Fett zu schützen, dürfen montags und freitags Wild, Geflügel und Fische, die mit Fett oder Speck gebraten, gebacken oder geschmort werden, ebenso wie zerlassenes Fett in Wirtschaften aller Art nicht auf der Speisekarte stehen.

Die Essgewohnheiten der Bevölkerung werden nach und nach der zunehmenden Mangelsituation angepasst. Man gewöhnt sich wohl oder übel an eine magerere, grünere Kost. Maßnahmen werden ergriffen, die zur Gewinnung aller Sorten von Öl und Fett dienen. Lehrer werden angehalten, ihre Schüler Bucheckern sammeln zu lassen; die Mühen von Sammlern und Betreuern werden bescheiden honoriert. Die Butterpreise werden geregelt. Vollmilch und Sahne dürfen in gewerblichen Betrieben nicht zum Backen gebraucht werden, Sahne darf weder in Konditoreien noch Gastwirtschaften oder Bäckereien angeboten werden. Zucker gehört ebenfalls zu den Schlüssellebensmitteln, da sowohl das Heer als auch die Zivilbevölkerung riesige Mengen davon benötigen. Im Juli wird deshalb eine Bestandsaufnahme von Verbrauchszucker angeordnet. Die bei der Herstellung von Schokolade und Kuchen erlaubten Zuckermengen werden stark reduziert. Ende des Jahres wird für den 3. Januar 1916 eine Bestandsaufnahme von Kaffee, Tee und Kakao angeordnet. Bei Kaffee sind Mengen von 10 kg und mehr, bei Tee Mengen von zweieinhalb, später 5 kg anmeldepflichtig. Gegen Ende 1915 werden auch Höchstpreise für Gemüse und Sauerkraut eingeführt. Trotz sämtlicher von der Regierung ergriffenen Maßnahmen verhindert jedoch nur der Import von Getreide aus Rumänien eine Ernährungskatastrophe. Die fetten Jahre sind vorbei – immer magerere kommen.

Angesichts wachsenden Unmuts über die rapide steigenden Preise wird im Juli eine Verordnung gegen Preistreiberei erlassen. Den Gerichten wird im Konfliktfall die Möglichkeit gegeben, den letzten Preis zu Friedenszeiten für verbindlich zu erklären. Im Herbst wird eine Reichspreisprüfungsstelle geschaffen. Diese Versuche, zwischen einem »Wucherpreis« und einem »angemessenen Preis« zu unterscheiden, finden zwar Beifall bei den Verbraucherverbänden und den Stellvertretenden Kommandierenden Generälen, die Ruhe im Land wollen, werden aber von den kleinen Händlern und Ladenbesitzern scharf kritisiert. Sie fühlen sich benachteiligt im Vergleich zu den Großindustriellen, deren Gewinnspannen viel entgegenkommender behandelt werden. Ladenbesitzern wie Frau Müller fällt es immer schwerer, vom Hersteller und vom Großhändler genügende Mengen zu beziehen – wenn es überhaupt etwas gibt. In Berlin kommt es im Oktober in Lichtenberg und Friedrichshain zu Demonstrationen gegen die steigenden Butterpreise.

1916 – zunehmende Lebensmittelknappheit

1916 intensivieren sich die Probleme auf dem Ernährungssektor. Im Frühling drohen die Altkartoffeln auszugehen. Die durchgeführte Bestandsaufnahme zeigt, wie groß der Mangel in den Großstädten ist. Die Erzeuger werden wieder ermahnt, Kartoffeln nicht zu verfüttern, und daran erinnert, welche Menge sie für sich behalten dürfen. Für den freiwilligen Verkauf des Restes an den Konsumverband wird ihnen ein besserer Preis in Aussicht gestellt als im Falle der Enteignung. Auch geringe Mengen würden gern erstanden: »denn viele Wenig machen ein Viel.« (GA,[7] Nr. 49 vom 16.6.) Bei Fleisch und Fleischwaren ist die Lage noch kritischer. Die neu geschaffene Reichsstelle für die Versorgung mit Vieh und Fleisch verkündet, es sei die Pflicht der einzelnen Landeszentralen, für die rechtzeitige und vollständige Beschaffung des zur Deckung des Bedarfs des Heeres, der Marine und der Zivilbevölkerung aufzubringenden Schlachtviehs zu sorgen. Wie dies zu bewerkstelligen ist, bleibt ihnen überlassen.

7 Griesheimer Anzeiger.

Alle Sorten von Fett und Öl werden immer kostbarer. Im Mai wird das Fetten von Brotlaiben vor dem Backen verboten. Eine Bekanntmachung schreibt vor, wie Knochen, Rinderfüße und Hornschläuche zu verwerten sind. Innenfette (Nierenfett ohne Fleischnieren, Darm-, Netz-, Magen-, Herzbeutel-, Brust- und Schlossfett) und Abfallfette (die beim Reinigen und Schleimen der Därme gewonnenen Fette) müssen laut Anweisung vom 5. Februar gleich nach der Schlachtung gesalzen und ausgekühlt werden, um unverzüglich, spätestens am Tag nach der Schlachtung, getrennt und in Körben, deren Geflecht eine gute Durchlüftung gewährleistet – notfalls in durchbrochenen Kisten oder Säcken –, an die vom Kriegsausschuss für pflanzliche und tierische Öle und Fette benannten Schmelzen geschickt zu werden. Fettbrocken, soweit sie sich beim Verkauf von Fleisch ergeben, sind während der Geschäftszeit zu sammeln, kühl zu lagern und zusammen mit den anderen Fetten, aber von ihnen getrennt, an die Schmelzen zu versenden. Bei Verspätungen und bei warmem Wetter könnte leicht eine übel riechende Masse entstehen. Zuwiderhandlungen gegen diese Vorschriften werden mit Gefängnisstrafe bis zu sechs Monaten oder mit Geldstrafe bis zu 1.500 Mark belegt. Um Fett zu sparen, wird Seife rationiert.

Bei Zucker wird die Lage so kritisch, dass eine weitere Reichsstelle, die Reichszuckerstelle, eingerichtet wird. Sie überweist Bezugsscheine für die ihnen zustehende Zuckermenge an die Kommunalverbände, die selbst entscheiden können, ob sie Zuckerkarten einführen und Höchstpreise festsetzen wollen. Ende des Jahres werden sie dazu verpflichtet. In Griesheim bekommt Frau Müller von der Bürgermeisterei eine Zuckermenge zugewiesen, die der Zahl der auf ihrer Kundenliste eingetragenen Familien und der ihnen zustehenden Zuckermenge entspricht.

Der Schwarzhandel blüht. Viele Bauern bringen ihre Waren nicht mehr auf den Markt. Bequemer und einträglicher ist es, die Ankunft der hungrigen Großstädter abzuwarten. Diese, die scharenweise kommen, bieten trotz aller Strafandrohungen Preise weit über dem festgesetzten Höchstpreis. Zwar verteidigen Pfarrer in ihren Kirchenchroniken die überwiegende Mehrheit ihrer Bauern vor der oft wiederholten Anklage, Wucherpreise zu fordern. Etliche greifen aber nicht gerade zimperlich zu. Wer knapp bei Kasse ist, bleibt entweder zu Hause oder kehrt mit leeren Händen, bestenfalls mit einer Minimalbeute heim. Arbeitende Frauen haben weder die Zeit noch das Geld, Hamsterfahrten aufs Land zu unternehmen. Deren Wut gegen die Behörden und alle Kriegsgewinnler wächst. In Griesheim stellt der Kriegslieferant Georg Budesheim einen solchen skrupellosen Typen dar.

Die Reichsernährungsstelle

Um dem offensichtlich trotz allem Selbstlob nicht gerade optimal funktionierenden deutschen Organisationstalent noch eine Chance zu geben, sich brillant zu bewähren, wird Ende Juni eine weitere, alle anderen Reichsstellen übergreifende Reichsernährungsstelle ins Leben gerufen. Die Botschaft ihres Leiters Freiherr von Batocki ist in ihrer Vagheit kurz und bündig: Sein Wirtschaftsplan soll »eine Einheitlichkeit der Dispositionen« sicherstellen. (GA, Nr. 43 vom 31.5.) Der Brotpreis werde nicht steigen und nach der Ernte könnten die Brotrationen für die »schwerarbeitende« Bevölkerung vielleicht erhöht werden. Mit anderen Worten: Wer zu dieser amtlichen Kategorie nicht gehört, wird sich mit seiner bisherigen miserablen Ration weiterhin begnügen müssen.

Bei Fleisch ist Batockis Botschaft ebenfalls nicht besonders erfreulich. Obwohl es knapp sei, solle die Bevölkerung nicht auf den Fleischgenuss verzichten müssen, »so gering die Mengen für die einzelnen Personen auch sind«. Zugeben muss er, »dass Erwägungen über die allgemeine Rationierung des Fleischbedarfs der Zivilbevölkerung schweben« und dass eine Reichsbutter- sowie eine Reichsfettkarte eingeführt werden. Denjenigen Zeitungslesern, die wie die Müllers ihre Fleischration durch das Mästen eines Schlachtschweines verbessern, wird für den Fall der Einführung von Fleischkarten die Anrechnung solcher Vorräte angekündigt. Tatsächlich eingeführt wird die Fleischkarte im August. Batocki sorgt jedoch dafür, dass die bei Hausschlachtungen entstehenden Gewichtsmengen zwar angerechnet werden, aber nach einer so günstigen Formel, dass der Hausschlachter gut auf seine Kosten kommt. Das Einlegeschwein muss außerdem mindestens sechs Wochen lang im eigenen Haushalt gemästet werden – was bei den allermeisten Großstädtern unmöglich ist und deren Ressentiments gegen Landbewohner nur noch steigert.

Bei Kartoffeln ist Batockis Botschaft eine gemischte. Obwohl die noch verfügbaren Altkartoffeln nach einem sorgsam ausgearbeiteten Plan mit Schnellzügen an die Bedarfsorte geschickt werden sollen, sei es bei der Knappheit unvermeidlich, dass dabei Stockungen eintreten, die eine zeitweise Herabsetzung der Kartoffelration an dem einen oder anderen Ort notwendig machen werden. Möglicher Angst vor Hunger wird vorgegriffen:

> *Für diesen Fall hat das Kriegsernährungsamt angeordnet, der Bevölkerung für die fehlenden Kartoffeln eine vermehrte Brotration zu verabfolgen.*

Dem kommenden Jahr kann Batocki nur bedingt zuversichtlich entgegensehen. Bei Körnerfrüchten verspricht er lediglich eine Durchschnittsernte und dies auch nur bei günstiger Witterung und gutem Erntewetter. Erst dann dürfte der Mangel an Raufutter (Heu und Stroh) beseitigt sein. Im Klartext: Erst dann dürfte auf einen nicht gerade abgemagerten Rindvieh- und Schweinebestand gehofft werden. Auch der Schlusssatz des Artikels ist nicht dazu angetan, Hoffnungen zu wecken:

> *Eine stärkere Verarbeitung der Nebenprodukte ist beabsichtigt, um die nahrhaften und sehr begehrten Grützen und Graupen, auch Kaffeeersatz, der Bevölkerung geben zu können.*

Später im Jahr werden Bestimmungen über Milch, Eier und Obst erlassen. Eine Viehzählung und eine Volkszählung finden am selben Tag statt. Schon im Herbst ist vielen klar, dass der Winter eine Qual sein wird, denn das nasse Frühjahr hat der Kartoffelernte sehr geschadet. Eicheln und Rosskastanien müssen als Futtermittel herhalten. Die Preise steigen weiter.

Die heile Heimatwelt, von der viele Soldaten träumen und die viele bunte Postkarten heraufbeschwören, wird von immer mehr Problemen heimgesucht. Zunehmend wird beklagt, dass Kinder und vor allem männliche Jugendliche, deren Väter im Heer sind, verwahrlosen. Meistens fehlt jegliches Verständnis für das Verhalten dieser Teenager, denen die Schrecken des Soldatenlebens bevorstehen. Schwer schaffende Mütter werden mit ihnen nicht fertig. Der wegen Krankheit aus dem Heer entlassene Weißbinder Heinrich Müller und seine Frau kommen weder mit ihren beiden Söhnen noch ihrer Tochter zurecht. Dina Sauer, Wilhelm Müllers Brieffreundin im ländlichen Studernheim, lehnt sich zum Entsetzen von Frau Müller gegen ihre Eltern auf, will keine fromme, fleißige Bäuerin werden. Die Zeitungen berichten von Einbrüchen Jugendlicher in Läden oder Gasthäuser, um Brot, Zigaretten oder Wurst zu stehlen. Die Stellvertretenden Kommandierenden Generäle schreiten ein: Jugendliche unter 17 Jahren dürfen an öffentlichen Orten nicht rauchen. Die entgeltliche sowie die unentgeltliche Abgabe von Tabakwaren an sie wird verboten. Wirtschaften, Cafés, Automatenestaminets und Konditoreien dürfen sie nur in Begleitung ihrer Eltern, ihrer gesetzlichen Vertreter oder der mit ihrer Überwachung Betrauten betreten. Das Kino dürfen sie nur zu polizeilich zugelassenen Jugendveranstaltungen besuchen. Auf der Straße dürfen sie sich im Winter nach 8 Uhr abends, im Sommer nach 9 Uhr nicht aufhalten, es sei denn, sie gehen zur Arbeit, besuchen wissenschaftliche Vorträge oder nehmen an Veranstaltungen der Jugendwehr teil. Die Diebstähle nehmen zu. Gemüse wird aus

Gärten entwendet, Wäsche von der Wäscheleine abgehängt. Da teure Maschinenteile verschleißen und nicht mehr ersetzt werden können, werden sie gestohlen und auf dem Schwarzmarkt verkauft. In Griesheim kommt es zu einem brutalen Raubmord.

Eltern, Ehefrauen und Bräute sind zu einem nie endenden Hoffen und Bangen verdammt. Bleibt der übliche Brief länger als üblich aus, kann man nur das Schlimmste befürchten. Wird der Soldat als vermisst gemeldet, kann es Monate, sogar Jahre dauern, bis sein Schicksal aufgeklärt wird, wenn überhaupt. In Griesheim sind die Eltern von Wilhelm Ewald, Ludwig und Philipp Feldmann, Philipp Rotenberger und vielen anderen zu einer solchen Qual verurteilt. Für den Soldaten rangiert an erster Stelle die Hoffnung zu überleben, ohne verkrüppelt bzw. verstümmelt zu werden, ohne zu erblinden oder einem Gasangriff zum Opfer zu fallen. Immer stärker wird bei ihm sowie bei seinen Angehörigen die Hoffnung auf Urlaub. Viele der Briefe Wilhelm Müllers und seiner Eltern kreisen um das Problem, wie ein Urlaub zu bewerkstelligen sei. Dass Bauern und Offiziere in dieser Hinsicht bevorzugt werden, sorgt für Ärger und Frust. Wenn die Feldpostbriefe der gemeinen Soldaten ebenso wie die Post aus der Heimat schon 1914 für den Krieg das Adjektiv »schrecklich« bevorzugen und von »Elend« reden, greift man jetzt zu Begriffen wie Schlachterei, Mord und Mörderei. Mit gutem Grund! Pfarrer registrieren in ihren Chroniken eine wachsende Kriegsmüdigkeit.

Im Westen

Das zunehmende Elend in der Heimat entfaltet sich vor einem militärischen Hintergrund, der an Grauen und Gräueln die vorhergehenden Jahre noch übertrifft. Im Frühjahr 1916 weiß jeder, der nicht völlig ahnungslos ist, dass mit Riesenschlachten im Westen zu rechnen ist. Dass die Franzosen noch einen Versuch machen werden, ihr besetztes Land zu befreien, liegt auf der Hand. Von den Engländern ist zu erwarten, dass ihr Oberbefehlshaber Haig, inzwischen Herr über ein Riesenheer von Freiwilligen, einen Durchbruch erzielen will. Seinerseits weiß der deutsche Generalstabschef Falkenhayn, dass eine rein defensive Strategie im Westen den Deutschen auf die Dauer nichts bringt; denn je länger der Krieg dauert, desto mehr wird die Überlegenheit des Gegners an menschlichen sowie materiellen Ressourcen ins Gewicht fallen. Ein zeitiges Handeln ist demnach vonnöten. Dem Feind zuvorkommend entfesselt Falkenhayn am 21. Februar die Verdun-Schlacht. Er rechnet damit, dass die französischen Politiker und Militärs die schwersten Opfer nicht scheuen werden, um diese Festung zu verteidigen. Ihre

Truppen will man durch Artilleriebeschuss ausbluten lassen, ohne selbst hohe Verluste zu erleiden. Das angestrebte Endresultat: Frankreich wird aus dem Krieg ausscheren, während die durch den U-Boot-Krieg geschwächten Engländer für einen Friedensvertrag, der Deutschlands Interessen entspricht, höchst dankbar sein werden. Falkenhayns Rechnung geht nicht auf. Innerhalb kurzer Zeit werden französische und deutsche Soldaten in der »Blutmühle« von Verdun regelrecht abgeschlachtet. Bilanz der deutschen Angriffe, die Anfang September eingestellt werden: 282.000 Tote auf deutscher, 317.000 auf französischer Seite.

In den Briefen von dort kämpfenden Soldaten an die Müllers ist vom glorreichen Heldentod für das Vaterland keine Rede. Andererseits kann man aufgrund dieser Briefe kaum von Abgestumpftheit und schlichtem Funktionieren reden. Diese Soldaten werden kaum zu Verdun-Kämpfern, zu Kriegsarbeitern. Sie bleiben Zivilisten in Uniform. Für sie ist der Krieg ein Zwischenspiel, ein schreckliches. Die Feldpostbriefe von der Front, auch wenn sie aus Rücksicht auf die Adressaten bzw. die Zensur manches verschweigen oder auch wenn sie sprachlich einfach nicht imstande sind, den allgegenwärtigen Horror einzufangen, drohen, die Moral in der Heimat zu schwächen. Zusammen mit den Berichten von Fronturlaubern und Verwundeten und der steigenden Zahl von Toten und Vermissten machen sie es den Verfassern des täglichen Heeresberichtes immer schwerer, ihre optimistischen Berichte glaubwürdig erscheinen zu lassen. Die Angehörigen von Soldaten müssen ihrerseits ermahnt werden, keine Jammerbriefe über die Zustände in der Heimat zu schreiben; sonst könnten sie die Moral der Soldaten an der Front beeinträchtigen. Der Burgfrieden droht zu zerbröckeln.

Schon im März stimmen 18 sozialdemokratische Reichstagsabgeordnete gegen die neueste Kriegsanleihe. Von ihren Führern angepöbelt und aus der Partei ausgewiesen bilden sie eine neue Fraktion, die Sozialdemokratische Arbeitsgemeinschaft, gründen aber vorerst keine neue Partei. Die Risse in Staat und Gesellschaft lassen sich nicht mehr mit den üblichen Slogans hinwegreden. Am 1. Mai 1916 werden auf einer großen Demonstration in Berlin Forderungen nach Brot, Freiheit und Frieden laut. Der SPD-Abgeordnete Karl Liebknecht, von jeher ein prominenter Kriegsgegner, der zusammen mit Rosa Luxemburg den Spartakusbund gründet, wird zu einer Gefängnisstrafe von vier Jahren verurteilt. Die Gewerkschaftsführer, die alle Streiks abgesagt hatten, können nicht verhindern, dass anschließend in einigen Großstädten Sympathiestreiks ausbrechen.

Während die Schlacht um Verdun tobt, fängt Haig Ende Juni an der Somme sein eigenes blutiges Hasardspiel an. Bis er im November die Angriffe einstellt, haben die Engländer 420.000 Mann Verluste, die Franzosen 200.000, die Deutschen 465.000. Der Gewinn an strategisch wichtigem Gelände ist gleich null. Hier

Das Gesicht des modernen Krieges.

wie vor Verdun offenbaren sich alle Merkmale dieses industrialisierten, immer totaler werdenden Krieges. Menschen, die von Professoren und Publizisten als die Waffenträger der Zivilisation bzw. der Kultur bezeichnet werden, verlangt man Handlungen und Verhaltensweisen ab, die nicht nur barbarisch sind, sondern auch in körperlicher und seelischer Hinsicht die Grenzen des menschlich Zumutbaren durchbrechen. Die Kriegsneurosen und -psychosen nehmen zu. »Zitterer« werden jedoch oft als Feiglinge, Simulanten, Drückeberger verunglimpft. Tausende und Abertausende von Soldaten werden durch Maschinengewehrfeuer und Artilleriebeschuss zerfetzt. »Vermisst« ist die beschönigende Umschreibung für diesen restlosen Heldentod. Zum ersten Mal setzen die Engländer Panzer ein. Die Deutschen haben ihre eigene neue, grausame Spezialität: Flammenwerfer. Gasangriffe gehören inzwischen zum grauenhaften Kriegsalltag.

Im Osten

Die militärische Lage im Osten bietet kein Gegengewicht zum blutigen Patt im Westen. Dort wiederholen sich die deutschen Erfolge des Vorjahres nicht. Am 4. Juni greift der russische General Brussilow die Österreicher in Galizien an und rollt die dortige Front auf. Erst mit deutscher Hilfe kann der russische Vormarsch Ende September gestoppt werden. Die russischen Erfolge ermutigen Rumänien, sich Ende August den Ententemächten endlich anzuschließen – was die dringend notwendigen Importe von Getreide und Öl eine Zeit lang zum Stillstand bringt.

Die deutsche Propaganda ist froh, dass sie im Juni einen großen Sieg zur See feiern kann. In der Seeschlacht am Skagerrak verliert die englische Marine zwar mehr Schiffe und Tonnage als die deutsche, nur traut sich die deutsche Flotte danach nicht mehr aus ihren Kriegshäfen heraus.

Aus Falkenhayns Hoffnung, der uneingeschränkte U-Boot-Krieg würde die Engländer in die Knie zwingen, ist ebenfalls nichts geworden. Ein zweites Mal, am 24. April, hat Bethmann Hollweg angesichts heftiger amerikanischer Proteste alles abgeblasen. Er ist noch nicht bereit, alles auf eine so gefährliche Karte zu setzen. Noch nicht! Falkenhayns Tage sind gezählt. Mit dem Kriegseintritt der Rumänen spüren seine Rivalen Hindenburg und Ludendorff, dass ihre Stunde endlich gekommen ist. Da Bethmann Hollweg befürchtet, Deutschland müsse sich vielleicht doch mit einem Verständigungsfrieden begnügen, liegt ihm sehr viel daran, in diesem Falle den Tannenbergsieger Hindenburg gleichsam an Bord zu haben. Dieser könnte einen Kriegsausgang absegnen, der so viele bitter enttäuschen würde. Entsprechend eingeredet wird auf den Kaiser, der inzwischen zu einer Schattenfigur herabgesunken ist, die nur Paraden abnimmt, Eisenkreuze anhängt und schwülstige Reden hält. Am 29. August wird Falkenhayn als Generalstabschef durch Hindenburg ersetzt, Ludendorff wird Erster Generalquartiermeister. Damit wird die 3. Oberste Heeresleitung (OHL) ins Leben gerufen. Ohne es zu wissen, hat Bethmann Hollweg sein eigenes Schicksal besiegelt, denn die neuen Herren denken nicht im Entferntesten daran, als Feigenblatt für einen Verständigungsfrieden zu fungieren. Auch scheint ihre Siegeszuversicht berechtigt zu sein, denn Bukarest wird am 6. Dezember besetzt und bis Januar ist der größte Teil Rumäniens fest in deutscher Hand. Riesige Mengen an Getreide und Erdöl winken Deutschland.

Das Hilfsdienstgesetz

Die 3. OHL hat Radikales vor. Im sogenannten Hindenburg-Programm entwirft Ludendorff einen höchst ambitionierten Plan, der Deutschlands sämtliche menschlichen und materiellen Ressourcen in den Dienst militärischer Zwecke stellen soll. Ein im Kriegsministerium angesiedeltes Kriegsamt soll für die Produktion und Beschaffung von Kriegsrohstoffen, Waffen und Munition verantwortlich gemacht werden. Die Macht der Stellvertretenden Kommandierenden Generäle soll gekappt werden, was die wirtschaftliche Mobilisierung anbelangt, indem sie dem Leiter des Kriegsamtes General Wilhelm Groener unterstellt werden. In der Rüstungsindustrie sollen drei Millionen zusätzliche Arbeiter beschäftigt werden, neue Fabriken gebaut und schon existierende zu kriegswichtigen Zwecken umgestellt werden, während andere Fabriken und Betriebe stillgelegt oder deren Belegschaft stark reduziert werden. Dadurch wird, so das Kalkül, die Pulverproduktion binnen weniger Monate verdoppelt, die Herstellung von Maschinengewehren und Geschützen verdreifacht werden.

Sofort wird die Kehrseite dieses titanischen Projektes spürbar. Der Bauboom verschlingt Riesenmengen an kostbaren Materialien und verursacht Chaos im schon überlasteten Transportsystem. Für die hungrige Bevölkerung ist die Folge, dass die Lieferung von Lebensmitteln, die bereits durch die außerordentliche Kälte erschwert wird, oft noch mehr ins Stocken gerät. Die großen Kohlenmengen, die die neuen Fabriken benötigen, nehmen das Transportsystem stark in Anspruch und müssen der frierenden Bevölkerung entzogen werden. Was aber vor allem für Wirbel sorgt, ist das sogenannte Hilfsdienstgesetz. Für so wichtig halten der Kanzler und die 3. OHL es, die Zustimmung des Reichstages zu diesem radikalen Vorhaben zu gewinnen und dadurch den Burgfrieden nicht zu gefährden, dass sie auf den üblichen Verordnungsweg verzichten und stattdessen dem Reichstag einen Gesetzesentwurf vorlegen, der nach einer heftigen Debatte mit einer großen Mehrheit verabschiedet werden soll. Jeder männliche Deutsche vom vollendeten 17. bis zum vollendeten 60. Lebensjahr, soweit er nicht schon zum Dienst in der bewaffneten Macht einberufen ist, soll zum vaterländischen Hilfsdienst verpflichtet werden. Ursprünglich hätte diese Bestimmung auch Frauen gegolten. Außerdem hätten alle männlichen Jugendlichen eine vormilitärische Ausbildung erhalten und die Universitäten den Lehrbetrieb einstellen müssen. Sonntags wäre auch gearbeitet worden. Die neue Regelung gilt nicht für Männer im Dienst bei Behörden und behördlichen Einrichtungen, insbesondere nicht für Arbeiter in der Kriegsindustrie, in der Landwirtschaft, in der Krankenpflege und in kriegswirtschaftlichen Organisationen jeder Art. Ein ängstlicher Herr Müller fragt sich, ob seine eigene Tätigkeit als kriegswichtig klassifiziert wird. Zuwiderhandlungen können mit Gefängnis bis zu einem Jahr und mit Geldstrafen bis zu 10.000 Mark bestraft werden.

Die von der Regierung gebotene Begründung für das Gesetz exerziert viele der von der Propaganda immer wieder betonten Themen durch. In einer Welt von Feinden, die Deutschland vernichten wollten, sei es geboten, die Kraft des gesamten Volkes in den Dienst des Vaterlandes zu stellen. Die aus den Daheimgebliebenen bestehende Heimatarmee könne noch beträchtlich verstärkt werden. Der Kriegsarbeit fehle bisher die erforderliche straffe, einheitliche Zusammenfassung und Regelung. Bis jetzt habe jeder nicht Einberufene frei darüber entscheiden dürfen, ob, in welchem Umfang und in welcher Art er seine Arbeitskraft verwenden wolle. Dies könne nicht in gleichem Maß so bleiben. Jetzt werde jeder zum Hilfsdienst herangezogen. Wer selbst keine passende Stelle finde, werde eine Beschäftigung zugewiesen bekommen. Mehr noch: Wer in einem kriegswichtigen Betrieb beschäftigt oder in letzter Zeit beschäftigt gewesen sei, dürfe nicht ohne eine Bescheinigung seitens seines gegenwärtigen oder vorherigen Arbeitgebers zu einer anderen Beschäftigung gehen. Bethmann Hollwegs Worte bringen den industriellen Charakter des Krieges klar zum Ausdruck:

> *An Menschenzahl sind* [unsere Feinde] *uns weit überlegen und fast die ganze Welt liefert ihnen Kriegsmaterial. Was das heißt, zeigen die Kämpfe an der Somme. Industrie und Organisation werden mit jedem Tag, den der Krieg länger dauert, immer entscheidender für das Ende. Jede Hand, die daheim feiert, hilft dem Feind* [...] *Eherne Notwendigkeit verlangt eisernen Willen.*

Hinter den kämpfenden Armeen werde eine Armee der Arbeit organisch aufgebaut. Dr. Helferich, der Staatssekretär im Innern, unterstreicht noch stärker die wechselseitige Abhängigkeit von Heimat und Front:

> *Heimat und Feld reichen sich in diesem Gesetz die Hand. Hinter seinen Paragraphen rollt der Donner der Somme-Schlacht. Dieser Kampf um unser Dasein und unsere Zukunft ist nicht nur ein Kampf der Waffen, sondern auch ein Kampf der Wirtschaft, nicht nur ein Kampf der bewaffneten Streitmächte, sondern eine Kraft des ganzen Volkes* [...] *Der Mobilisierung der Arbeit gilt das Gesetz.*

Helferich wendet sich dann der Ernährungsfrage zu:

> *Die Ernährungsgrundlage steht außer jeder Gefährdung durch die Feinde. Trotz der schlechten Kartoffelernte kann man angesichts der guten Ernte an Körnerfrüchten und Futtermitteln zuversichtlich in die Zukunft blicken. (Sehr wahr. Rechts) Aber, meine Herren, keine Illusionen, weder hier noch draußen im Feld. Wir bleiben knapp. Die sorgfältigste Wirtschaft und peinlichste Sparsamkeit, ja selbst empfindliche Einschränkungen und Entbehrungen sind und bleiben unerläßlich* [...] *Die Soldaten leiden und dulden. Unsere Heimat verlangt Opfer und Leistungen bis zur Selbstentäußerung, bis zum Aufgeben des Einzellebens und des Einzelschicksals in dem höheren Daseinkampf der Gesamtheit.*[8]

8 Verhandlungen des deutschen Reichstags, Bd. 320, Nr. 509, www.reichstagsprotokolle.de.

Gerade solche Ermahnungen, die von Pfarrern und Priestern in ihre Predigten eingebaut werden, finden immer noch einen starken Anklang bei Menschen wie Frau Müller. Nur sind die Kirchen zunehmend leer. Das Zutrauen zu einer allweisen göttlichen Regierung, wie zu der weltlichen, nimmt ab.

Paradoxerweise – und das hatten Hindenburg und Ludendorff nicht im Sinn – führt das Hilfsdienstgesetz zu einer Neuaufwertung der Rolle des Reichstages und der Gewerkschaften. Diese erstreiten sich wichtige Konzessionen. Das uneingeschränkte Herr-im-Haus-Prinzip der meisten Großindustriellen erleidet erhebliche Einbußen. Andererseits darf darüber nicht vergessen werden, dass das Kalkül des Kanzlers aufgeht: Die SPD-Führer und die Gewerkschaftsführer sind jetzt umso mehr bereit, bei den Kriegsanstrengungen weiterhin brav mitzumachen. Obwohl die Zahl der für die neuen Fabriken reklamierten Männer steigt – was beim Heer die Kampfstärke der Bataillone schwächt –, müssen polnische und belgische Zwangsarbeiter sowie Kriegsgefangene noch intensiver herangezogen werden. Auch der Trend, dass Frauen, die früher in den Textilindustrien, in der Landwirtschaft oder in der Haushaltung beschäftigt gewesen sind, in kriegswichtige Industrien eintreten, wo sie zudem besser verdienen können, setzt sich fort. Viele arbeiten bei der Bahn. Regierung und Gewerkschaften sind sich darin einig, dass nach Kriegsende die Frauen möglichst schnell entlassen werden sollen, damit die heimkehrenden Soldaten und Matrosen ihre alten Jobs erneut besetzen können. Fraglich ist auch, ob solche nur von Frauen aus den unteren Schichten verrichtete dreckige, oft gefährliche Knochenarbeit eine so große Wohltat darstellt.

Die Griesheimerin Margarete Scheib, geb. Müller, 1917 im Darmstädter Lokomotivenwerk.

Da die Kriegsmüdigkeit und die Friedenssehnsucht im Volk merklich wachsen, hält Bethmann Hollweg es für angeraten, das von der Propaganda immer wieder betonte Bild Wilhelms II als Friedenskaiser aufzufrischen. Am 12. Dezember lässt er ihn der Entente Friedensverhandlungen anbieten. Die Vorbedingungen sind aber sehr vage: Existenz, Ehre und Entwicklungsfreiheit der Mittelmächte müssten gewährleistet werden. Historiker streiten sich darüber, ob dahinter ein echter Friedenswille gestanden hat oder ob Bethmann Hollweg, wohl wissend, dass die Entente das Angebot ablehnen wird, sich der Weltöffentlichkeit in einem günstigen Licht zeigen will, ehe er einen mit der 3. OHL und den Marinechefs schon vereinbarten, ganz und gar unfriedlichen Kurs einschlägt: die Wiederaufnahme und Intensivierung des uneingeschränkten U-Boot-Krieges. Viele – darunter die Müllers – nehmen das Angebot für bare Münze und betrachten dessen Ablehnung als einen weiteren klaren Beweis für den Willen der Ententemächte, Deutschland zu vernichten. Diese von der Propaganda beabsichtigte Deutung macht sie geneigter, den neuen Kurs gutzuheißen und trotz aller Not bis zum endgültigen Sieg auszuhalten. In einem kaiserlichen »Aufruf an das deutsche Volk« ist die Rede davon, dass die Feinde Deutschlands die Maske haben fallen und ihre schändliche Eroberungssucht blicken lassen. Ihr Ziel sei die Niederwerfung Deutschlands, die Zerstückelung von Deutschlands Verbündeten und die Knechtschaft der Freiheit Europas und der Meere:

> *Hellflammende Entrüstung und heiligster Zorn werden jeden deutschen Mannes und Weibes Kraft verdoppeln, ob sie dem Kampf der Arbeit oder dem opferbereiten Dulden geweiht ist.*

Gott werde den Deutschen den vollen Sieg über alle feindliche Machtgier und Vernichtungswut geben.

1917 – die Steckrübe

Trotz Batockis Prognose wird die Steckrübe zum verhassten Symbol für die miserable Kost, die während dieses Winters das Los vieler Großstädter ist. Aus dieser Zeit stammt die noch heute weithin bestehende deutsche Antipathie gegen diese Gemüsesorte. Ein vom Kriegsernährungsamt im Frühjahr veröffentlichter Lagebericht[9] fordert, dass die Heimat die Disziplin und die Kameradschaft der Front und der kämpfenden Truppen zum Vorbild nehme. »Fronteinigkeit« soll im Innern herrschen. Die allgemeine Brotration sei zwar nicht erhöht worden, aber jetzt sei Brot mit Gerste, nicht mehr mit Kartoffelmehl gestreckt. Ein kleiner Trost! Später wird Roggenbrot durch – ja, durch Rüben gestreckt. Als große Leistung soll es wohl gelten, dass die Mühlen und Fabriken dazu angehalten worden sind, möglichst viel Grieß, Graupen, Grütze und Haferflocken herzustellen. Im Laufe des Winters wird die Brotration auf 170 g pro Kopf und Tag gesenkt. Im Winter 1915/16 waren es 200 g. Die Fleischration, so der Bericht, sei bei 250 g geblieben. In Griesheim sinkt sie einmal sogar auf 40 g. Im Januar werden Krähen als nahrhafte Kost empfohlen. Obwohl Vollmilch nur an werdende und stillende Mütter, Kranke und Kinder unter sechs Jahren verabreicht werden darf, hofft mancher Deutsche wenigstens in den Genuss von Magermilch zu kommen. Oft täuscht er sich: Weil Magermilch für Kälber und Schweine sowie für die Herstellung von Käse erforderlich sei, sei eine genügende Belieferung der Städte damit nicht möglich, zumal sie bei weiten Transporten leicht verderbe. Was Zucker anbelangt, ist die Prognose auch nicht gerade ermunternd. Im Sommer und Herbst 1916 sei er aufgebraucht worden, weil der Verbrauch nicht genügend geregelt worden sei; aber selbst jetzt sei ein großer Teil davon für das Heer bestimmt und gewisse Mengen für Aufstrichmittel und Marmelade vorgesehen. Saccharin wird als Ersatz dafür empfohlen.

Heute schätzt man, dass die durchschnittliche Kalorienzuteilung auf 1.000 Kalorien pro Tag fällt. Der Vorkriegsdurchschnittsverbrauch hatte bei mehr als 3.000 Kalorien gelegen. Selbst die Soldaten bekommen jetzt nur 2.200 Kalorien. Bei Gemüse und Obst – das gibt der Bericht zu – hätten die angewandten Maßnahmen nicht immer den gewünschten Erfolg gehabt, aber man habe den Bedarf des Heeres an Marmelade, Sauerkraut und Dörrgemüse doch decken können und einiges sei für die Bevölkerung übrig geblieben. Wiederum ein schwacher Trost! Die Hausfrau sei an der Kriegsführung beteiligt; sie solle mit den vorhandenen Lebensmitteln haushälterisch umgehen, in ihrer ganzen Kochkunst umdenken lernen und auf manches Gericht verzichten. Massenspeisungen, auf gut Deutsch: Volksküchen, seien für arbeitende Frauen in den Großstädten geschaffen worden. Eine schädliche Rückwirkung auf die Volksgesundheit sei nicht wahrzunehmen. Die Einschränkung des Fleischkonsums, die Herabsetzung der Fettaufnahme und die Bevorzugung von Pflanzenkost bewirkten vielleicht eine Abmagerung,

9 Die Kriegsernährungswirtschaft, hrsg. vom Kriegsernährungsamt, Leipzig 1917.

aber diese sei, vorausgesetzt, dass der Eiweißbestand des Körpers nicht abnehme, erträglich bei Personen mit zu reichlichem Fettansatz. Eine schonende Umschreibung für verordneten Verzicht! Der Bericht endet vollmundig:

> *Eine große Zeit kann in zwei Jahren schaffen, was Jahrzehnte nicht möglich gemacht hätten: ein Heimatheer, das in Einmütigkeit und Vertrauen den Feldzugsplan gegen den Aushungerungskrieg siegreich ausführt und so den Erfolg der militärischen Waffen sichert.*

Alles beherrschender Mangel

1917 herrscht Mangel an allen Ecken und Enden. Hier können nur einige Beispiele herausgegriffen werden. Die Ernennung eines Reichskommissars für Kohlenverteilung kommt zu spät, um die furchtbare Not zu lindern. Bei Versteigerungen von Gemeindeholz klettern die Preise in die Höhe. Auf dem Land hat man wenigstens die Hoffnung, eine bescheidene Menge davon zu bekommen; in den Großstädten friert man weiter. Vor allem alte, kranke, arme Leute leiden darunter. Da immer mehr Großstadtkinder furchtbar unterernährt sind und allerlei Krankheitssymptome aufweisen, werden etliche von ihnen im Rahmen eines Landverschickungsprogramms aufs Land geschickt. Zwei Welten prallen aufeinander. Kinder und Ersatzeltern kommen nicht immer miteinander zurecht. Junge Rekruten müssen förmlich gemästet werden. Eier bekommen Goldes Wert und der Handel mit ihnen wird streng geregelt. Für Gänse und sogar für Grieß, Graupen und Grützen, die nur in winzigen Mengen und in höchst unregelmäßigen Abständen ausgehändigt werden, werden Höchstpreise eingeführt. Man muss sich an immer mehr Ersatzprodukte gewöhnen. Hamsterfahrten nehmen dramatisch zu. In seiner Kirchenchronik berichtet der Griesheimer Pfarrer von den »reinen Karawanen« von Hamsterern, die die Straßenbahnzüge nach Griesheim bringen:

> *Einer überbot den Andern (40–50–69–80 Pfg für 1 Pf grüne Bohnen; 2 M für Blumenkohl; 35 Pf das Pf Rotkraut usw. Zwiebeln zuletzt das Pf 1,20–1,50 M). Überall machte sich der Mangel an Fett bemerkbar. Die sogenannten »Hamsterer« gaben auf den Randdörfern bis 25 M für 1 Pf Butter. Obst gab es sehr viel, aber 40–50 M den Zentner. Es war schwer nicht zu murren.* [...] *Die sog. »Hamsterjäger« (Wachtmeister)* [hatten] *viel zu tun. Hatte so eine arme Frau für ihre zahlreiche Familie sich Kartoffeln oder Äpfel zusammengebettelt (gegen viel Geld), so nahm es ihr ob. ge. »Hamsterjäger« am Bahnhof einfach ab. Wilde*

Auftritte kamen vor. Auch manche ergötzliche. »Sie haben Butter in Ihrem Korb, ausleeren! Wo haben Sie diese her?« »Ei, Herr Wachtmeister, wo Sie Ihre Butter auch her haben. Sie bekommen sie von der Hausfrau in der Stube und ich in der Küche!«

Leder, eine für das Heer dringend nötige, beschlagnahmte Mangelware, soll dadurch gespart werden, dass man bei der Herstellung von Schuhen den Ledergehalt auf ein Minimum beschränkt. Holzsohlen werden wärmstens empfohlen. Verboten werden aber Pappsohlen! Abgetragene Kleidungsstücke werden gesammelt und recycelt. Um die schwindenden Kupfervorräte aufzustocken, müssen Gebäude ihre Blitzableiter verlieren. Bei Kirchenglocken aus Bronze überlebt oft nur eine. Sie wird jetzt seltener geläutet, um Siege zu feiern. Um Aluminium für die Rüstungsindustrie zu gewinnen, wird eine lange Liste von Haushaltsgegenständen beschlagnahmt: Bettschütteler, Bettwärmer, Bidets, Bierwärmer, Cocktailbecher, Eidotterfänger, Leberkäseformen, Leibwärmer, Mundwasserwärmer, Nachtgeschirre, Quirle, Sandwichbüchsen, Schlesische Bratpfannen, Schmarrenschaufeln, Zwiebelkasten. Bei Gegenständen aus Kupfer und Zinn erfolgt dasselbe. Bierkrüge verlieren den Deckel.

Kriegseintritt der USA

Angesichts der immer desolater werdenden Lage wächst selbst bei dem entweder besonnen oder ängstlich-zaudernd zu nennenden Bethmann Hollweg die Versuchung, zu radikalen, riskanten militärischen Maßnahmen zu greifen. Obwohl ihm, dem Auswärtigen Amt und allen Militärs klar ist, dass dieser Schritt den Kriegseintritt Amerikas unvermeidbar macht, trifft er eine verhängnisvolle Entscheidung: Ab dem 1. Februar 1917 sollen alle alliierten und neutralen Handelsschiffe in den Gewässern rund um England ohne Warnung angegriffen werden. Am 3. Februar lässt US-Präsident Woodrow Wilson die diplomatischen Beziehungen zu Deutschland abbrechen und am 6. April erklären die Vereinigten Staaten dem Deutschen Reich den Krieg. Ein tödliches Wettrennen läuft an. Alles kommt darauf an, ob die U-Boote innerhalb der von den Marinechefs zuversichtlich angegebenen Frist von fünf Monaten die Engländer in die Knie zwingen können, ehe die Amerikaner imstande sind, ein großes Heer von jungen, frischen Soldaten auszubilden, nach Europa zu transportieren und an der Westfront einzusetzen.

Anfangs scheint es aus deutscher Sicht gut zu laufen. Den Zeitungslesern, denen die Amerikaner schon seit Jahren als die angeblichen Handlanger der Engländer denunziert worden sind, werden berauschende Zahlen übermittelt. Steht ein Siegfrieden nach so vielen bitteren Enttäuschungen vielleicht doch vor der Tür? Selbst als die Versenkungszahlen sich nicht in dem vorhergesehenen Maß fortsetzen, vor allem nachdem die englische Marine das sogenannte Geleitsystem einführt, fahren die Zeitungen fort, Triumphtöne anzustimmen. Die Öffentlichkeit wiegt sich zwangsläufig weiterhin in Illusionen. Diese Chimären werden durch Entwicklungen im Westen genährt. Die Offensive der Franzosen am Chemin des Dames westlich von Reims scheitert völlig und im französischen Heer wird gemeutert. Bei Arras setzen die Engländer im April und Mai ihre Panzer wieder ein und brechen durch. Das gewonnene Gelände müssen sie aber bald wieder abgeben. Die Schlagzeile: »Ein voller deutscher Sieg«.

Spannungen im Innern

Alle Schlagzeilen können die im Innern Deutschlands lang aufgestauten Spannungen nicht übertönen. Im April erfasst eine Streikwelle das Land. Hugo Haase und andere linke Sozialisten, darunter Karl Liebknecht und Rosa Luxemburg, gründen im April 1917 die Unabhängige Sozialistische Partei Deutschlands (USPD). Deren Ziel: der Kampf um den Frieden und die Abschaffung des Dreiklassenwahlrechtes in Preußen. Bethmann Hollweg erkennt, dass demokratische Konzessionen unumgänglich sind, wenn die Arbeiterschaft die Politik der Regierung weiterhin unterstützen soll. Deshalb lässt er den Kaiser in seiner Osterbotschaft, trotz des Widerstandes der 3. OHL und der Konservativen, die Einführung eines geheimen und direkten Wahlrechtes nach dem Krieg verkünden. Erwähnt wird jedoch nicht, ob jede Stimme gleich gewertet werden soll. Im Mai bilden die katholische Zentrumspartei, Eberts und Scheidemanns Mehrheitssozialdemokratische Partei Deutschlands (MSPD) und die Fortschrittspartei einen Interfraktionellen Ausschuss und machen damit die Mehrheit im Reichstag aus. Hier malt Matthias Erzberger (Zentrum) am 6. Juli die militärische Lage in düsteren Farben. Entrüstet drohen Hindenburg und Ludendorff zurückzutreten, wenn der Kaiser Bethmann Hollweg nicht entlässt. Dass der Kanzler den Kaiser am 11. Juli verkünden lässt, dass der nächste preußische Landtag nach dem gleichen Wahlrecht gewählt werden soll, macht seine Entlassung nur noch notwendiger. Der Kaiser gibt nach. Am 13. Juli tritt Bethmann Hollweg zurück. Am 19. Juli nimmt der Reichstag eine Friedensresolution an, die einen Frieden ohne territoriale Eroberungen und ohne Entschädigungen verlangt. Der Reichstag, so heißt es, erstrebe einen Frieden der Verständigung und der dauernden Versöhnung der Völker. Nicht dass der neue

Kanzler, ein farbloser preußischer Beamter namens Georg Michaelis, von dem die 3. OHL nichts zu fürchten hat, danach zu handeln braucht. Auch stellt die Friedensresolution keine neue radikale, geschweige denn revolutionäre Wendung der Dinge dar. Sie erinnert stark an die von der SPD 1914 angestimmten Töne:

> *Solange jedoch die feindlichen Regierungen auf einen solchen Frieden nicht eingehen, solange sie Deutschland und seine Verbündeten mit Eroberung und Vergewaltigung bedrohen, wird das deutsche Volk wie ein Mann zusammenstehen, unerschütterlich ausharren und kämpfen, bis sein und seiner Verbündeten Recht auf Leben und Entwicklung gesichert ist. In seiner Einigkeit ist das deutsche Volk unüberwindlich. Der Reichstag weiß sich darin eins mit den Männern, die in heldenhaftem Kampf das Vaterland schützen. Der unvergängliche Dank des ganzen Volkes ist ihnen sicher.*

Die USDP, die ein sofortiges Ende des Krieges will, die Nationalliberalen und die Konservativen stimmen gegen die Resolution. Auf Ludendorffs Drängen wird das Verbot der Diskussion von Deutschlands Kriegszielen aufgehoben. Die konservativen und rechtsradikalen Interessengruppen, die von sich ins Uferlose ausdehnenden Annexionen und Reparationssummen träumen, bekommen Auftrieb. Im September wird die Vaterlandspartei gegründet, um gerade solche Zukunftsvisionen zu verwirklichen und allem Gerede von einem Verständigungsfrieden und einem parlamentarisch-demokratischen Deutschland den Garaus zu machen. Der sogenannte »vaterländische Unterricht« wird eingeführt: Höhere Beamte, Professoren und sonstige Honoratioren werden eingespannt, um auf öffentlichen Vorträgen ihren Zuhörern den patriotischen Rücken zu stärken. Im November lässt die 3. OHL Michaelis durch Georg Graf von Hertling ersetzen.

Auch wenn der U-Boot-Krieg den Sieg nicht nach dem aufgestellten zeitlichen Programm herbeigeführt hat, scheinen andere Entwicklungen die vorgetragenen Siegeshoffnungen zu rechtfertigen. Ende Juli startet Haig noch eine Großoffensive, die sogenannte dritte Ypern-Schlacht. Im flandrischen Schlamm werden Abertausende von britischen Soldaten zusammengeschossen. Viele ertrinken in der widerlichen Brühe in den Kratern. Der Gewinn? Gleich null. Die Zeitungen können noch einen deutschen Sieg austrompeten: Im Herbst wird den Italienern in der Schlacht von Caporetto am Isonzo eine demütigende Niederlage beigebracht. Auch im Osten nehmen die Dinge einen Verlauf, der den weitgespannten Ambitionen Hindenburgs und Ludendorffs voll entspricht. Der Ausbruch der russischen Revolution im März, der in Deutschland sehr unterschiedliche Hoffnungen und

Ängste hervorruft, führt zwar nicht zum erhofften Separatfrieden. Die bürgerliche Provisorische Regierung setzt den Krieg fort. Die sogenannte Kerenski-Offensive zeigt aber unmissverständlich, dass mit Russland als ernsthaftem Gegner nicht mehr zu rechnen ist. Die 3. OHL kann es sich leisten, Truppen in den Westen zu transportieren. Was die Öffentlichkeit aber nicht weiß, ist, dass im April die deutsche Regierung Lenin und andere russische Revolutionäre in einem geschlossenen Zug von der Schweiz an die russische Grenze gebracht hat, um in Russland soziale Unruhen zu schüren. Am 6. November ist es so weit: Die Bolschewiki übernehmen die Macht. Den Frieden wollen sie so bald wie möglich. Am 22. Dezember beginnen die Friedensverhandlungen in Brest-Litowsk.

1918 – letzte Erfolge an der Front

Im Glauben, dass Revolutionen in anderen europäischen Staaten einschließlich Deutschlands ausbrechen werden, zieht Leo Trotzki, der Leiter der Verhandlungen, diese in die Länge. Am 22. Januar erklärt sich die Ukraine für unabhängig und schließt im Februar einen Separatfrieden mit den Mittelmächten. Angesichts der harten deutschen Friedensbedingungen bricht Trotzki die Verhandlungen ab. Der Krieg wird wieder aufgenommen. Nur ist die Kampfkraft des russischen Heeres jetzt so schwach, dass die Bolschewiki am 3. März den drakonischen Friedensvertrag von Brest-Litowsk unterzeichnen müssen. Deutsche Truppen ziehen weiter, um sich die Ölquellen im Kaukasus zu sichern. Die hochfliegenden Ambitionen Hindenburgs und Ludendorffs scheinen sich erfüllen zu wollen. Den Entente-mächten wird brutal vor Augen geführt, was unter deutschen Kriegszielen zu verstehen ist und was ein deutscher Sieg bedeuten würde. Die MSPD kritisiert den Vertrag nicht. Der erfreulichen Bilanz im Osten gleichsam die kaiserliche Krone aufsetzend wird am 7. Mai im Frieden von Bukarest Rumäniens Öl- und Agrarwirtschaft weitgehend in den Dienst der Mittelmächte gestellt.

In der Heimat rumort es jedoch seit dem Frühjahr. Die Ernährungslage ist katastrophal. Im Januar bricht in Berlin, Kiel, Hamburg, Halle und Magdeburg in den Rüstungsbetrieben eine Streikwelle aus. Die Arbeiter verlangen Frieden, Freiheit und Brot. In Berlin bildet sich der erste Arbeiterrat nach sowjetischem Muster. Der Streik wird mit Gewalt unterdrückt und die Streikenden werden von der Presse als Schurken denunziert, die die tapferen Soldaten an der Front verraten, dem Feind neue Hoffnung geben und den Krieg nur verlängern. Auch die Müllers blasen in dieses Horn. Sind diese innenpolitischen Probleme nur durch einen Sieg über die Ententemächte zu lösen, der so niederschmetternd sein wird, dass sie sich davon nicht erholen können? Steht im Westen die Cannae-Schlacht bevor, die von Schlieffen 1905 anvisiert hat? Muss nicht gehandelt werden, ehe die menschlichen und materiellen Ressourcen der Amerikaner den Ausschlag geben und der marxistische Bazillus Soldaten und Matrosen ansteckt? Denn seit der Oktoberrevolution in Russland ist die Zahl der »Drückeberger« und Deserteure dramatisch angestiegen. Vielen Soldaten, die den Kampf im Osten überlebt haben, steht nicht der Sinn danach, im Westen ihre Knochen noch einmal zu Markte zu tragen. Irgendwo zwischen Russland und Frankreich verschwinden sie. Mancher Urlauber kehrt zu seiner Einheit nicht zurück. Andere, die die massiven Vorbereitungen für diese Großoffensive miterleben, lassen sich davon überzeugen, dass eine letzte große Kraftanstrengung ausreichen wird, um den längst versprochenen und sehnlichst herbeigesehnten Sieg zu erringen. Dann werden sie endlich zu ihren Lieben in der Heimat heimkehren dürfen.

In einem Krieg, in dem schon so viele Hasardspiele gewagt worden sind, setzt Ludendorff alles auf einen letzten Wurf. Was die Torpedos der Marine nicht erreicht haben, sollen die von Oberstleutnant Georg Bruchmüller im Osten und in Italien so erfolgreich angewandten Artillerietechniken, gekoppelt mit den bestens ausgebildeten und ausgerüsteten Sturmtruppen, in einer wahrhaft monumentalen Endschlacht erringen. Rein zahlenmäßig sieht alles günstig aus. Momentan erfreuen sich die Deutschen mit 1,4 Millionen Soldaten einer zahlenmäßigen Überlegenheit. Am 21. März startet mit 6.600 Geschützen und 3.500 Granatwerfern bei Saint-Quentin das Unternehmen Michael. Die Sturmtruppen erzielen einen bisher unerhört breiten und tiefen Durchbruch. Die 5. Englische Armee wird weggefegt. Nur werden am ersten Tag 78.000 deutsche Soldaten getötet oder verwundet. Als sie den reichlichen englischen Proviant kapern, halten die hungrigen Infanteristen an, um sich satt zu essen. Das amtliche Gerede vom ausgehungerten Feind entpuppt sich als Lüge. Bald kommt der Vormarsch ins Stocken und am 5. April wird der Angriff eingestellt. Von April bis Mitte Juli lässt Ludendorff vier weitere Offensiven starten. Strategisch von keiner Bedeutung kommen auch sie bald zum Stillstand. Die Kampfmoral der Soldaten sinkt drastisch.

Der Anfang vom Ende

Am 18. Juli beginnt der alliierte Oberbefehlshaber General Ferdinand Foch eine Gegenoffensive. Am 8. August überrennen englische Panzer die deutschen Stellungen südlich von Amiens. Ludendorff nennt den Tag später den schwarzen Tag des deutschen Heeres. Deutsche Soldaten leisten zunehmend keinen ernsthaften

Widerstand, heben die Arme hoch und gehen geradezu erleichtert in die Gefangenschaft. Zu allem anderen kommt im Juni die sogenannte Spanische Grippe hinzu, die an der Front sowie in der Heimat Abertausende hinwegraffen wird. Ludendorff wiegt sich aber immer noch in Illusionen. Erst am 9. September billigt die 3. OHL, dass das Auswärtige Amt ohne weitere Verzögerung versuchen soll, einen neutralen Friedensvermittler einzuschalten. Am 27. September wird die als sturmfest geltende Siegfriedlinie durchbrochen. Ludendorff fordert die Regierung auf, auf der Grundlage von Wilsons 14-Punkte-Programm sofort um einen Waffenstillstand nachzusuchen. Ferner müsse die Regierung parlamentarisiert werden. Dadurch hofft er, günstigere Friedensbedingungen von den demokratischen Ententemächten zu bekommen und vom Heer die Schmach einer totalen Niederlage abzuwehren. Auch könnte dann die Verantwortung für den ausbleibenden Sieg auf die Parlamentarier abgewälzt werden. Ohne sie hätte das Heer

Solche pathetischen Parolen und die sie begleitenden Requisiten wie Schwert und Fahne finden keine Resonanz mehr bei den meuternden Matrosen.

weitergekämpft und den Endsieg herbeigeführt. Diese Haltung wird später als »Dolchstoßlegende« in die Geschichte eingehen.

Am 30. September tritt von Hertling zurück und wird vom badischen Thronfolger Prinz Max von Baden ersetzt. Dieser übermittelt ein Friedensgesuch an den amerikanischen Präsidenten aufgrund der 14 Punkte. Als die Presse diese Note veröffentlicht, offenbart sich der breiten Öffentlichkeit die wahre militärische Lage. Wilson, dessen ursprünglicher Idealismus sich inzwischen stark gemäßigt hat, beugt sich dem Druck des französischen Ministerpräsidenten Georges Clemenceau und des englischen Premiers David Lloyd George, die beide fest entschlossen sind, selbst einem parlamentarischen Deutschland harte Friedensbedingungen zu diktieren.

Ludendorff und Hindenburg wollen, dass weitergekämpft wird. Besteht immer noch ein wahnwitziger Glaube an den Endsieg? Schwelgen sie in Gedanken an einen ruhmvollen Untergang? Oder wollen sie nur ihren Ruf retten? Auf jeden Fall erzwingt von Baden Ludendorffs Entlassung. Ende Oktober meutern in Kiel und anderen Nordseekriegshäfen die Matrosen. Sie weigern sich auszulaufen und in einer letzten großen, aber sinnlosen Schlacht gegen die englische Flotte glorreich unterzugehen. Am 3. November schließt Österreich-Ungarn den Waffenstillstand von Villa Gusti mit den Ententemächten.

Das Ende

In München bricht am 7. November eine Revolution aus. Der König flieht und Kurt Eisner ruft die bayerische Republik aus. Der hessische Großherzog Ernst Ludwig weigert sich abzudanken und wird am 9. vom Arbeiter- und Soldatenrat abgesetzt. Am selben Tag rufen in Berlin der Spartakusbund und der linke Flügel der USPD den Generalstreik aus. Um die Monarchie zu retten, erklärt von Baden eigenmächtig den Thronverzicht des Kaisers und des Kronprinzen und ernennt Ebert zum neuen Kanzler. Die Ereignisse überstürzen sich. Um Liebknecht zuvorzukommen, ruft Philipp Scheidemann an diesem 9. November auf einem Balkon des Reichstagsgebäudes die »deutsche Republik« aus. Zwei Stunden später ruft Liebknecht von einem Balkon des Schlosses die »freie sozialistische Republik« aus. Am 10. flieht der Kaiser nach Holland und am 11. November wird im Wald von Compiègne der Waffenstillstand unterzeichnet. Die verblüfften Müllers verfolgen gespannt in der Zeitung diese tumultuösen Entwicklungen. Für sie geht es weniger um den Kaiser als um ihren geliebten Wilhelm in Feindesland. Was soll aus ihm werden?

3. Die Müllers in der Vorkriegszeit

Der Gott, der Eisen wachsen ließ, ist der Gemeinde Griesheim 1870 gut gewogen. Der Sieg über die Franzosen wird mit geringen Verlusten errungen: Sechs Soldaten fallen auf dem Schlachtfeld, sechs weitere sterben in Gefangenschaft oder infolge von Krankheiten. In Zukunft werden Namen wie Mars-la-Tour, Gravelotte, Wörth und Sedan neben hehren Germania-Gestalten auf unzähligen Ehrendenkmälern und Ehrentafeln prangen. Für die Heimkehrer errichten die stolzen Griesheimer die ihnen gebührende Ehrenpforte. 1871 wird das neue Kaiserreich in Versailles proklamiert und 1874, gleichsam als Nachsegen des Krieges, ein Truppenübungsplatz ins Leben gerufen, der vielen Generationen von Rekruten bis in den Zweiten Weltkrieg hinein als der »Griesheimer Sand« in Erinnerung bleiben wird. Schon 1877 finden die ersten kaiserlichen Manöver darauf statt – Krieg als pompös inszeniertes Spiel, in dem der Kaiser immer der Sieger sein muss. Die Heldentaten der Veteranen gewinnen im neuen Kaiserreich einen solchen ständig zunehmenden Glanz, dass

Der Griesheimer Sand. In der Ferne die Bergstraße mit der Ruine Frankenstein und dem Melibocus. Mit der Kriegswirklichkeit haben die hier durchgeführten Vorkriegsübungen und -manöver wenig gemein.

sich die nachrückenden Generationen unter einem enormen inneren Zwang fühlen, ihnen nachzueifern, ja, ihre Heldentaten auf dem Schlachtfeld sogar zu übertreffen.

Die Eltern

In diesem zunehmend militarisierten, wirtschaftlich dynamischen Kaiserreich voller sozialpolitischer Spannungen – die Sozialdemokratische Partei gewinnt trotz Verboten und Verfolgungen ständig an Zulauf – wächst Ferdinand Müller als Untertan des hessischen Großherzogs auf. 1868 als zehntes Kind Johann Christian Müllers geboren, der verschiedentlich als Tagelöhner, Handarbeiter und Gemüsehändler bezeichnet wird, hat er es nicht leicht. Nach Ansicht seines Vaters hätte er das Zeug dazu gehabt, Volksschullehrer zu werden. Mit seiner etwas bequemen Natur gibt er sich jedoch nicht die dafür erforderliche Mühe. Bei der Musterung widerfährt ihm eine erhebliche Schmach: Er wird als permanent untauglich ausgemustert. Sein Selbstgefühl leidet stark darunter: In einer Gesellschaft, in der tapfere deutsche Männlichkeit großgeschrieben wird, will man nicht als Schwächling gelten. Ferdinand gehört nicht zu denen, die sich zu etwas Besonderem berufen fühlen. Er lässt sich treiben, probiert Verschiedenes. Sein Glück ist es, dass er mit Mitte 20 die Rohrheimer Bauerntochter Maria Hess kennenlernt. Wann, wie und wo er sie kennenlernt, ist nicht überliefert. Vielleicht hat sie in einem Griesheimer Haushalt als Magd gedient. Die beiden heiraten am 9. Juli 1893 und am 7. Januar 1894 kommt ein Sohn auf die Welt.

Diese Ehe wird von Ferdinands Verwandten nicht gerade begrüßt: Eine arme, fremde, nicht mehr junge Bauerntochter mit vielen Geschwistern ist kein großer Fang. Marias Mitgift wird klein gewesen sein. Aber auch Ferdinand ist keine glänzende Partie. Im Vergleich zu seinem älteren Bruder, dem dynamischen Schreinermeister Georg, ist der kleine Knirps in den Augen der Griesheimer eine Null. Die ihr und ihrem Mann entgegengebrachte Geringschätzung kränkt Maria tief. Entschlossen setzt sie es sich zum langfristigen Ziel, dafür zu sorgen, dass ihr Ferdinand es zu etwas bringt und sie beide den Griesheimern Respekt und Anerkennung abnötigen. Zur Zeit der Eheschließung arbeitet er als Formstecher bei Justus Müller in dessen Formstecherei und Druckwalzenfabrik in der Bahnhofstraße. Schon 1893/94 bietet er jedoch im *Griesheimer Anzeiger* von seinem Wohnsitz in der Pfützerstraße aus Äpfel und Sauerkraut zum Verkauf an.

Der entscheidende Schritt wird vollzogen, als das Ehepaar im Griesheimer Neubaugebiet ein Haus mit großem Garten kauft. Zu Weihnachten 1897 wirbt im *Griesheimer Anzeiger* ein kleines Inserat für Ferdinands Spezerei- und Ein-

Das Müller'sche Anwesen in den 1950er Jahren. Aus dem kleinen Einmachgeschäft ist ein ansehnlicher Betrieb geworden. Der Tante-Emma-Laden ist längst verschwunden.

machgeschäft. Standort: Ecke Hofmannsstraße und Alte Darmstädter Straße. Das Inserat ist ambitiös: Angeboten werden nicht nur »Delikatessbohnen«, sondern auch Exotisches: türkische Feigen und Orangen. Auch mit Weinhandel probiert er es. Anfangs scheint das Spezereigeschäft den Vorrang gehabt zu haben. Aus gutem Grund: Das Einmachgeschäft Georg Müllers in der Hintergasse, in dem Ferdinand eine Zeit lang gearbeitet und die fachlichen Griffe und Kniffe erlernt haben mag, hat einen guten Vorsprung. Andere wechselnde Konkurrenz gibt es ebenfalls. Langsam baut Ferdinand sein Einmachgeschäft auf. Hinsichtlich der Kundschaft ist er nicht nur auf die Griesheimer und den Truppenübungsplatz angewiesen. Die schnell wachsende Großstadt Darmstadt liegt in der Nähe. Je nachdem fährt er entweder per Bahn und Straßenbahn oder auf seinem geliebten Rad in der Gegend herum, um mit den Bauern auf ihren Höfen Verträge über Kraut abzuschließen bzw. sich auf den einschlägigen Märkten mit Gurken einzudecken.

Maria widmet sich dem Laden, pflegt das von beiden angebetete Söhnchen Georg Wilhelm. In dieser Ehe hat sie die Hosen an. Fromm, fleißig und sparsam lässt sie ihrem Ferdinand zwar einen gewissen Spielraum. Er darf seine Radtouren fortsetzen und abends seinen Schoppen Wein in der von Heinrich Kaut betriebe-

Die Wirtschaft »Zum Hahlgarten«, Herrn Müllers Lieblingslokal.

nen Gastwirtschaft »Zum Hahlgarten« trinken. Nur muss er zur verabredeten Zeit immer zurück sein. Vertändeln darf er seine Zeit nicht! Gegen ihr kontrollierendes Wesen lehnt er sich nicht auf, ja, er ist bereit, vieles einzustecken, denn er erkennt ihre haushälterische und geschäftliche Tüchtigkeit uneingeschränkt an. Er weiß, dass er es ohne ihre tatkräftige Steuerung zu nichts bringen wird. Im Wirtshaus mag er mit windigen politischen Sprüchen um sich werfen, aber im menschlichen Umgang ist er ein konzilianterer Typ als seine Frau. Während sie sich mit andersdenkenden Nachbarinnen verfeindet, geht er Streit aus dem Weg, versucht Kompromisse auszuhandeln. Sein Humor und seine Selbstironie helfen ihm, potenziell brisante Situationen zu entschärfen. Maria beschwört sie förmlich herauf.

Wilhelms Kindheit und Jugend

Georg Wilhelm, den man Wilhelm nennt, um ihn von seinem Vetter Georg zu unterscheiden, bleibt Einzelkind – eine Seltenheit zu dieser Zeit, in der große Familien die Regel sind, vor allem innerhalb der Müller-Familie. Es ist unwahrscheinlich, dass Ferdinand und Maria die Entscheidung getroffen haben, sich auf ein Kind zu beschränken, damit es eine bessere Lebenschance hat als sie selbst. Aus welchem Grund auch immer, es kommt kein weiteres Kind zur Welt. Kein Wunder also, dass bei der hohen Sterblichkeitsrate unter Kleinkindern Wilhelms Mutter auf seine Gesundheit ängstlich, ja überängstlich schaut. Selbst als Erwachsener bleibt er für sie ein potenzieller Krankheitsfall, der durch ermahnenden Rat und prompte Tat gesund erhalten werden muss. Rundum behütet entwickelt er sich zum etwas altklugen, scheuen Einzelkind. Nicht dass er verwöhnt wird; im Gegenteil, seine Erziehung, die seine Mutter in die Hand nimmt, ist streng. Ebenso wie sie die Weisheit ihrer eigenen Mutter nie infrage gestellt hat, ebenso erwartet sie von ihm, dass er sich – wie sein Vater – ihrer weisen Leitung still und artig unterwirft. Aus ihm will sie einen frommen, fleißigen, still-bescheidenen Menschen machen, der es zu etwas bringt und Ansehen und Anerkennung genießt. Er soll ihr für ihre Erziehungskünste Lob eintragen. Als Kind oft allein oder sich unter ihrer wachsamen Obhut beschäftigend, entwickelt er gewisse Züge eines scheuen Außenseiters, der am Rande stehend das Tun und Treiben seiner Mitmenschen kritisch beobachtet, ohne sich zuzutrauen, seine Kritik laut zu artikulieren.

Wilhelms Liebe soll seine Mutter für all die erlittene Geringschätzung entschädigen. Wie so viele Frauen in dieser Zeit hat sie in ihrer sonst glücklichen Ehe gewisse Bedürfnisse nicht erfüllen können. Diese versucht sie, sowohl in ihrer Beziehung zu ihrem innig geliebten Sohn als auch in der Religion zu befriedigen. Die Kirche spielt eine zentrale Rolle in ihrem Leben und von Wilhelm erwartet sie, dass er ihren festen Glauben an den Heiland teilt. Für den ihm aufgedrängten häufigen Kirchenbesuch erntet er als Jugendlicher den Spott einiger Schulkameraden, deren Eltern nicht mehr gläubig sind. Solche ideologischen Differenzen, die mit politischen engstens verbunden sind, sind typisch für Griesheim in diesen Jahren.

Mit dem Lesen und Schreiben haben Marias Geschwister Schwierigkeiten. Sie hingegen legt großen Wert auf beides. Ihre Lesestoffe sind beschränkt: Sie liest fleißig ihre Bibel, ihre Sonntagsblätter, vielleicht die Zeitung, aber mehr nicht. Sie hat die Rohrheimer Volksschule besucht, ihr Mann die Griesheimer Hauptschule. Beide betrachten »stutierte« Leute wie »Juristen« und »Doktoren der Chemie«, vor allem wenn sie bei der großen Darmstädter chemischen Fabrik Merck angestellt sind, als Wesen aus einer anderen, ihnen verschlossenen Welt. Griesheim hat kein Gymnasium und es fällt ihnen nicht ein, Wilhelm auf eine höhere Schule in Darmstadt schicken zu wollen. Das Geld dazu hätte allemal gefehlt. In der Schule gehört er nicht zu den Klassenbesten, aber auch nicht zu den Dümmsten. Seine Leistungen vergleicht seine Mutter ständig mit denen anderer Klassenkameraden wie Heinrich Kunz und Philipp Delp. Nur lässt sich all ihren Ermahnungen zum Trotz aus ihm kein Genie bzw. Streber machen.

Die Griesheimer Schule. Dass das Kriegerdenkmal gleich danebensteht, bringt den Geist klar zum Ausdruck, der jeden Schüler beseelen soll.

Nach dem Schulabgang wird für ihn eine Lehrstelle in Darmstadt gefunden. Er absolviert eine kaufmännische Ausbildung im 1862 gegründeten Großhandelsgeschäft J. Hachenburger jun., das sich auf Strickgarne, Kurz-, Woll- und Weißwaren spezialisiert. In dieser Branche wittert seine Mutter für ihn eine sozial angesehene, körperlich nicht anstrengende Laufbahn. Dadurch kann man hoffentlich alles der Familie noch anhaftende Bäuerliche abstreifen und sich gleichzeitig von den »geringen« Leuten ebenso wie von der zunehmend »gottlosen« Arbeiterschaft abgrenzen. Zu diesem Zeitpunkt stellen sich seine Eltern Wilhelm sicherlich nicht als Sauerkrauteinmacher, geschweige denn als Inhaber eines Tante-Emma-Ladens vor. Ihnen schwebt etwas Höheres für ihren Musterknaben vor.

Er selbst hegt ebenfalls ambitiöse Zukunftspläne. Einer seiner Freunde, der fromme Ludwig Herbert, vollzieht den Bruch mit Griesheim und zieht nach Stuttgart, um sich dort als Kaufmann ausbilden zu lassen. Alles Bäuerliche und Krähwinkelhafte will Ludwig hinter sich lassen. Wilhelm dagegen bringt es nicht fertig, sich von seiner Mutter und Griesheim so drastisch abzunabeln. Er pendelt zwischen seinem Heimatort mit seinen Bauern und Gemüsefeldern und der großherzoglichen Residenzstadt. Darmstadt imponiert ihm. Da herrscht ein ganz anderes urban-modernes Leben. Das Hachenburger Geschäft liegt im Stadtzentrum, in der breiten Luisenstraße mit ihren imposanten Gebäuden. Die Lebensart der wohlhabenden, eleganten Kunden, mit denen er zu tun hat, weckt in ihm gewisse Sehnsüchte. Während er sich fleißig in die Geheimnisse der doppelten Buchführung vertieft, findet er gleichzeitig Geschmack an eleganten Oxford-Hemden. Da jeder Kaufmann von Format Französisch spricht, hat er fest vor, eine längere Lernzeit in Ausland zu verbringen. Dann käme er zudem aus der Kontrollsphäre seiner Mutter heraus. Er nimmt deshalb an einem Französischkurs teil. Unter den Teilnehmern ist neben dem körperlich etwas schwächlichen Darmstädter Friedrich Welker eine ledige Frau in den 50ern, Margarete Büscher, die aus der Mainzer Gegend stammt. In ihr findet Wilhelm einen wohltuenden Muttterersatz. Der große Vorteil dabei ist, dass sie ihn – im Gegensatz zu seiner Mutter – nicht gängeln und dominieren will. Während seiner Dienstzeit verliert er eine Zeit lang den Kontakt zu ihr, gibt sich aber beträchtliche Mühe, ihre Adresse ausfindig zu machen und wird endlich fündig. Der Briefwechsel zwischen den beiden kommt im Frühjahr 1915 richtig in Gang. Eine Freundin scheint Wilhelm während der Ausbildungszeit nicht gehabt zu haben, weder in Darmstadt noch in Griesheim. Dafür ist dieses Einzelkind zu scheu und gehemmt, die Bindung an seine Mutter zu stark. Für sie ist Sex ein tabuisiertes Thema, eine teuflische Versuchung. In Griesheim wird sie alle Verehrerinnen abgewimmelt haben, während seine frommen Darmstädter Freunde nicht gerade flotte Typen sind, die sich auf Bällen oder in Wirtschaften ein Mädchen anlachen.

Für Sport ist Wilhelm nicht zu gewinnen. Anders als viele junge Griesheimer, die mehreren der zahlreichen Sportvereine angehören, ist er in keinem. Während sie sich als stramme Turner stolz in die Brust werfen, neigt Wilhelm, der von klein auf mit reichlicher Nahrung gepäppelt wird, eher zum »Dickerchen«. Seine Mutter will auch nicht, dass er sich zu sehr anstrengt. Er ist ebenso wenig ein Vereinsmensch wie sein Vater. Beide fehlen deshalb auf den erhaltenen Gruppenbildern aus dieser Zeit. Obwohl er Mitglied des Musikvereins ist und etwas Geige mit seinem Vater und dem väterlichen Freund und Nachbarn, dem Weißbinder Heinrich Müller, spielt, bringt Wilhelm es nicht über die Grundfertigkeiten hinaus. Kunst wird bei seiner Mutter nicht großgeschrieben. Sie hält sie für meist frivoles, ja verderbliches Teufelswerk und betrachtet es als ihre mütterliche Pflicht, die Lektüre ihres Sohnes zu kontrollieren, ihn insbesondere vor Romanen zu warnen.

Wilhelms erste Zeit beim Militär

Als Wilhelm bei der Musterung als tauglich befunden wird, atmen seine Eltern erleichtert auf: Hoffentlich wird er die Schmach seines Vaters ausgleichen und in die glorreichen Fußstapfen seines Großvaters treten. Still, bescheiden und dem Willen seiner Mutter gehorsam soll er schon bleiben; andererseits soll er glänzende, seinen Eltern Ehre bringende Leistungen vollbringen. Einen guten Einblick in deren Erwartungen und die seiner Umwelt bietet ein um die Jahrhundertwende von Griesheimer Bürgern inszeniertes und von einem Fotografen aufgenommenes lebendes Bild. In der Mitte steht ein junger bärtiger Soldat. Seine Frau legt ihren linken, seine Tochter ihren rechten Arm auf seine Schulter. Rechts von ihm stehen seine ihn bewundernden Eltern. Ein Mann (vielleicht sein Bruder?) und eine Schar junger weiß gekleideter Jungfrauen strecken ihm Lorbeerkränze entgegen. Vor ihm, zu ihm andächtig emporschauend, kniet sein Sohn. Vier vollbärtige, etwas behäbig-beleibte Soldaten strecken ihm je einen Lorbeerkranz entgegen. Als junger Reichsdeutscher weiß der scheue, friedliche Wilhelm, was das kaiserliche Vaterland und seine Eltern von ihm erwarten!

Am 15. Oktober 1913 rückt er ein. Andere Griesheimer wie seine beiden Vettern Georg Müller und Anton Landau wollen unbedingt zu den Fliegern, die auf

Das von patriotischen Griesheimern um 1900 inszenierte lebende Bild.

Wilhelm als Rekrut. Signifikanterweise steht der stille, scheue Einzelgänger links oben, ganz am Rand.

dem Griesheimer Flugplatz ausgebildet werden. Georgs Vater arbeitet in seiner Schreinerei mit dem Flugzeugpionier August Euler zusammen. Wilhelm hegt ihre hochfliegenden Ambitionen nicht, redet nie mit Begeisterung von Flugzeugen und Zeppelinen und ist – anders als sein Vater – von Maschinen und Geräten im Allgemeinen nicht fasziniert. Ein Ingenieur wäre er nie geworden. Er entscheidet sich für die Artillerie. Die Gründe sind leider nicht überliefert. Aber Wilhelm ist ein besonnener Mensch, der alles reiflich abwägt, ehe er sich festlegt. Darin folgt er den Vorschriften seiner Mutter, die ihm von frühester Kindheit an immer wieder Vorsicht, besser: doppelte Vorsicht, gepredigt hat. Wäre er während des Krieges eingezogen worden, hätte man es ihm gut nachempfinden können, wenn er alles

Mögliche getan hätte, um nicht zur Infanterie zu kommen. Aber 1913 herrscht noch Frieden. Kein Krieg ist in Sicht und niemand ahnt die Schrecknisse des Infanteristendaseins im Schützengraben.

Statt sich für ein hessisches Artillerieregiments zu entscheiden, wählt er das königlich-preußische Straßburger Feldartillerie-Regiment Nr. 84. So unerwartet ist seine Entscheidung nicht. Griesheim – in der Regimentsgeschichte[1] steht immer Darmstadt – ist eine der beiden Garnisonsstädte dieses neuen, erst 1912 gegründeten Regiments und geübt wird auf dem Griesheimer Sand. Wilhelm und seine Eltern kennen Wachtmeister und Unteroffiziere im Regiment. Vizewachtmeister Höhne z.B. ist ihr Nachbar, während Heinrich Kunz, Sohn des Griesheimer Einnehmers Peter Kunz und ein Schulfreund Wilhelms, mit dem Wachtmeister der 6. Batterie Willy Schmidt gut befreundet ist. Wilhelm dürfte einen dieser Herren zu Rate gezogen haben. Auf jeden Fall spricht vieles dafür, dass er sich gleichsam außerhalb des Kontrollgebietes seiner Mutter stellen will, indem er wenigstens teilweise von Griesheim fortkommt. Andererseits wäre es ihm nicht ganz geheuer, von den Eltern und seinem Heimatort völlig abgeschnitten zu sein. Seelisch wäre das ein zu großer Bruch; auch genießt er zu sehr die handfesten Vorteile, darunter kulinarische, der mütterlichen Bevormundung. Bei der Wahl der 84er hat er anscheinend selbst die Initiative ergriffen und vollendete Tatsachen geschaffen, ehe seine Mutter einschreiten und alles verhindern kann. Das wird ihm klüger erschienen sein, als sich mit ihr in langwierige Diskussionen darüber einzulassen. Dann hätte er damit rechnen können, von ihr letztlich doch überstimmt zu werden. Feigheit und Kalkül weisen in dieselbe Richtung. In Zukunft wird er sich öfter mit der Frage konfrontiert sehen, ob er mit ihr langwierige Diskussionen führen soll, die ihm nur Streit und Ärger eintragen werden, oder ob es nicht sinnvoller wäre – in der Hoffnung, dadurch Zeit zu gewinnen –, sich ihrem Willen anscheinend zu beugen und im Stillen, diskret und diplomatisch, auf eine andere, ihm angenehmere Lösung hinzusteuern, die er ihr zum passenden Zeitpunkt als vollendete Tatsache präsentieren kann.

Seine Entscheidung für die 84er stößt bei ihr nicht auf Beifall. Sparsam und praktisch wie sie ist, wollen ihr die mit seiner Regimentswahl verbundenen unnötigen Ausgaben nicht einleuchten. Auf einem nicht datierten kleinen Blatt schreibt sie:

1 Das Königlich Preußische Straßburger Feldartillerie-Regiment Nr. 84 1912–1918, Oldenburg 1934.

Mein lieber Wilhelm Dein Vorgesetzte sagte zu Dir in Straßburg wärest Du auch Soldat, natürlich, weißt Du den auch, daß alles viel teuerer dort ist als hier, ich gönne es Dir ja daß Du fort willst, aber daß ich Dir Deine Wäsche & andere Sachen so immer schicken kann, das bleibt eine Frage & ob Du dort so zu essen hast wie hier ist eben auch eine Frage, Frau Höhne sagte es hätte für Dich doch keinen großen Wert, nur daß Du in Straßburg bist, & alles unbequemer hast. Wenn Du Dich in alles fügen willst, nun dann gehe in Gottes Namen In Liebe Deine Mutter.

Ob sie den tieferen, dahinter steckenden Sinn seiner Entscheidung erkennt? Sei es bewusst oder unbewusst, sie verdoppelt ihre Bestrebungen, Wilhelm ihrem Einflussbereich nicht entgleiten zu lassen. Der Kampf, sich von ihrer mütterlichen Gängelung zu befreien, um seine eigene Identität zu entdecken und durchzusetzen, ohne dabei ihre Liebe und Gunst zu verlieren, wird Wilhelms Leben prägen.

In der Rekrutenzeit geht es nicht nur um körperliche und militärische Ertüchtigung. Ideologische Indoktrinierung steht mit oben auf der Tagesordnung. In der Schule und in der Kirche, durch zahlreiche Gedenkfeiern, Umzüge und patriotische Veranstaltungen wird versucht, Wilhelm und seine Schulkameraden zu strammen Patrioten heranzuziehen. Als aufstrebender Kleinunternehmer hat Wilhelms Vater für die »Sozze«, diese vom Kaiser verfemten »vaterlandslosen Gesellen«, nichts übrig. Soldaten dürfen nicht in diejenigen Gasthäuser, die Stammlokale der SPD oder der Arbeitervereine sind. Wie Schule und Kirche geben sich seine Eltern Mühe, Wilhelm für den aktiven Kampf fürs heilige Vaterland zu begeistern. Als Junge wächst er mit den Berichten seiner stolzen Mutter über die Heldentaten seines Großvaters auf. Die Beschreibung einer Weihnachtsfeier 1870/71 in Feindesland hinterlässt bei ihm einen andauernden Eindruck. Nicht nur die Soldaten von 1870/71 geben glorreiche Vorbilder ab. 1913 feiert man in Griesheim die Hundertjahrfeier der Befreiungskriege mit Freudenfeuer und Fackelzug. Der Druck auf Wilhelm, seine Männlichkeit als deutscher Mann zu zeigen, ist enorm.

Vielleicht aufgrund seiner Statur wird er nicht den Kanonieren, sondern den Fahrern zugewiesen. Anfangs bereut er es. Das Fahrerdasein riecht zu sehr nach Bäuerlichem. Man ist Pferde- und Stallknecht in Uniform. Für elegante Oxford-Hemden ist im Stall kein Platz. Bald leuchten ihm die Vorteile dieser Zuweisung jedoch ein. Trotzdem hofft er, völlig aus dem Feld zu kommen und es sich im trocknen, warmen Büro des Wachtmeisters bequem zu machen. Das ist etwas anderes, als sich mit widerstrebenden Pferden, rüden, robusten Bauernsöhnen und gerissenen Großstädtern herumschlagen zu müssen. Am 5. Juni berichtet er Fräulein Büscher:

> *Mir geht es gut u habe gute Vorgesetzte und habe Aussicht im 2ten Jahre aufs Batt*[aillon]*s Büro zu kommen. Ich habe bereits schon da gearbeitet und zu meines Wachtmeisters u meiner Zufriedenheit.*

Seine Mutter, eine rührige Frau, mag ihm über Wachtmeister Höhne oder Wachtmeister Schmidt diese Probezeit auf dem Regimentsbüro gesichert haben. Käme er dort permanent unter, wäre für seinen Ruf als intelligenten, vertrauenswürdigen Menschen ebenso wie für seine Gesundheit viel geleistet worden. Aus diesem »Praktikum« wird aber nichts. Hat der »rote« Schmidt schnell das Gefühl, dieser scheue, stille Kerl sei im Vergleich zum flotten Heinrich Kunz eher langweilig? Hat Wilhelm seine erste Enttäuschung beim Heer einstecken müssen? Muss er schon als Rekrut mit dem unbehaglichen Gefühl fertigwerden, die Erwartungen seiner Eltern enttäuscht zu haben? Sie werden sich gehütet haben, ihm gegenüber ihre Enttäuschung direkt zu äußern, aber sie wird ihm nicht entgangen sein.

Am 11. Juni 1914 macht Wilhelm mit den anderen Rekruten die obligatorische Pilgerfahrt zum Nationaldenkmal. Von dort geht es nach Lothringen, zum Übungsplatz bei Bitsch, von wo aus er seinen Eltern eine der damals serienweise hergestellten, höchst stilisierten und retouchierten bunten Ansichtskarten schickt, auf denen pickelbehaubte, gesetzt wirkende Kanoniere in picobellen blauen Uni-

Noch mitten im Krieg werden Bilderserien, die die einzelnen Waffengattungen auf diese hochstilisierte, steife Weise darstellen, verkauft und von Frontsoldaten heimgeschickt.

formen mit weißen Riemen bei blitzblankem Geschütz vor einem leicht bewölkten blauen Himmel steif posieren. Schöner, sauberer könnte alles nicht sein. Von Tod und Zerstörung keine Spur, auch wenn kleine hingetupfte Rauchschwaden aus dem Kanonenrohr nicht fehlen dürfen. Von einer Riesenfreude, den Zwängen eines als seicht und monoton empfundenen Berufsalltags entrissen zu werden, um sich unter tollen jungen Kameraden in einer Männergemeinschaft zu erfüllen, ist bei Wilhelm keine Spur. Mit seinem Beruf und seinem Zivilleben ist er weitgehend zufrieden. Eher macht er sich Sorgen darum, wie er mit den anderen Rekruten und dieser spartanisch-brutalen Lebensform zurechtkommen soll. Militärische Tätigkeiten und Operationen faszinieren ihn nicht. Während andere Rekruten ihren Eltern gegenüber von spannenden Abenteuern vorschwärmen, schreibt er kein Wort davon. Stattdessen fällt er ein biblisch formuliertes Urteil: »Hier befinden wir uns in einem ganz elenden Jammertal.« (23.6.) Seine Eltern, auf ein so negatives Urteil nicht vorbereitet, wollen natürlich gleich wissen, was er damit meint. Hoffentlich ist ihr Wilhelm kein Feigling, kein Drückeberger! Oder gar ein Deserteur! Das wäre eine Schande ohnegleichen! Nach Erhalt ihres Briefes und einer erbetenen Geldsumme fühlt er sich verpflichtet, sein Urteil zu begründen:

> *Lieber wäre mir ja schon ein Paket mit Latwerg*[2] *gewesen da hier ja alles teuer ist wie eben in allen Kantinen aber das kann ich hier ja nicht gebrauchen, wieso? Davon will ich Euch einen kleinen Begriff machen. Stellt Euch vor: einen Stall in dem einige Pferde stehen, sind Strohsäcke mit Betten ohne jegliches Gestell eingelegt an den Pfählen der Geschirre hängen die Kleider alles andere was es auch ist muß man unter die Betten verstecken. Daß unter diesen Verhältnisse alles gestohlen wird, brauch ich wohl kaum zu erwähnen. Mich haben sie schon über alle Maßen betrügt; jedoch habe ich mir alles beliebig wieder geholt. Nur aus diesem Grunde und weil hier keine Wirtschaften und Geschäfte sind in denen man sich etwas Billigeres zum Essen kaufen könnte nannte ich das Lager ein »elendes Jammertal.* (1.7.)

Während der Kriegsjahre wird er sich einem nie nachlassenden Druck ausgesetzt fühlen, über alles Bericht zu erstatten, jede Meinung, jede Tat zu rechtfertigen. Kein Wunder, dass er es vorzieht, vieles zu verschweigen, um langwierige, bittere Debatten zu vermeiden. Macht er sich die Strategie seines Vaters zu eigen? Typisch für sein späteres Verhalten ist, dass er kein Aufhebens macht, weder sich bei sei-

2 Ein stark eingekochtes Mus aus Zwetschen oder Pflaumen.

nen Vorgesetzten beschwert noch die mutmaßlichen Täter direkt konfrontiert und gegen sich aufbringt. Stattdessen kundschaftet er die Lage aus, heimst das Gestohlene still und systematisch wieder ein. Der stille, kritische Beobachter ist schlau genug, um seine Kritik für sich zu behalten. Auf Streit oder sogar ein Handgemenge, in dem er den Kürzeren ziehen würde, ist er nicht aus. Liest man seinen Kommentar, versteht man, warum es ihm später so ins Konzept passt, Leutnants- bzw. Veterinärsbursche zu werden. Dann ist das scheue Einzelkind vom Haufen weg, hat mehr Zeit und Platz für sich.

Für seine Barackengenossen ist der fromme Wilhelm, der so viele Briefe und Pakete von zu Hause bekommt, ein gefundenes Opfer zum Quälen und Hänseln. Die Briefe seiner Mutter mit ihren Ermahnungen und frommen Sprüchen werden ihm aus den Händen gerissen und zum Besten gegeben. Das Wohlgefallen oder wenigstens das Gewährenlassen seiner Barackengenossen erkauft er, indem er ihnen von seinem Überfluss etwas abgibt. Dann wird er in Ruhe gelassen. Bei aller Kritik ist er sich der Vorteile seiner Stellung bewusst:

> *was mein persönliches Wohl anbelangt so geht es mir fast besser als zu Hause im Lager. Bis heute bin ich erst zweimal zu Pferde ausgerückt, während die übrigen täglich ausrücken und ordentlich schwitzen, besonders gestern und heute, war ich im Stall aber hatte sonstwie »Druck«* [eine Redewendung seines Vaters]. *Der Dienst ist überhaupt nicht schlimmer als zu Hause, nur dauert er öfters etwas länger* [...] *was aber halb so schlimm ist als wie es immer gequatscht wurde.*

Seine Gesamthaltung ist eine, die ihn durch den ganzen Krieg hindurch kennzeichnen wird: »Aber man fügt sich ja in Alles.« Auf der ganzen Linie entwickelt er Verhaltensweisen und Überlebensstrategien, denen er treu bleiben wird.

Sein engster Kamerad ist der dicke, sympathische, aber geistig etwas schwerfällige Bauernsohn Hermann Bremm aus Zell an der Mosel. Von den Baracken, in denen die Rekruten untergebracht sind, zum Elternhaus ist es nur ein Katzensprung und Wilhelm bringt Bremm und andere Batteriemitglieder öfter mit heim – was eine gute Behandlung durch sie gefördert haben wird. Dort werden sie von seiner Mutter tüchtig gefüttert und bemuttert. Es tut ihrem Selbstgefühl gut, quasi als Ersatzmutter diesen jungen Männern die Chance zu geben, sich satt zu essen und zu entspannen. Bei aller Mütterlichkeit ist sie gleichzeitig eine Realpolitikerin im Kleinen: Auch verschiedene Wachtmeister werden eingeladen. Wachtmeister Schmidt wird besonders hofiert. Sie weiß doch, dass ihr Bub bei einem gut bewirteten, schön beschenkten Wachtmeister einen größeren Stein im Brett hat als andere Rekruten. Schmidt ist solchen Anreizen alles andere als abgeneigt. Eine weitere Schlüsselfigur für Wilhelms leibliches Wohl, der Batteriekoch, ein Mannheimer, wird ebenfalls bestens bewirtet. Im Allgemeinen schmeichelt es Frau Müllers Selbstwertgefühl, beim Militär gut angesehen zu sein. Wer Wachtmeister zu sich ins Haus einlädt, gehört nicht zu den Schlechtesten! Die Nachbarn und Verwandten mögen gefälligst davon Kenntnis nehmen.

4. Der Kriegsausbruch
Zwischen Siegeszuversicht und tiefen Sorgen

Die spannungsgeladenen Tage vor dem Ausbruch des Ersten Weltkrieges gestalten sich in einer Garnisonsstadt wie Griesheim mit ihrem Truppenübungsplatz noch hektischer als anderswo. Am 1. August heißt es im *Griesheimer Anzeiger*:

> *Griesheim, den 31. Juli. Die Krisis hat ihren Höhepunkt erreicht. Wie ein Lauffeuer verbreitete sich heute nachmittag kurz nach 3 Uhr die inhaltsschwere Nachricht, daß der Kaiser Deutschland in den Kriegszustand erklärt und die Mobilisierung der Armee angeordnet habe. In allen Straßen bildeten sich Gruppen, welche das schicksalsschwere Ereignis lebhaft besprachen.* [...] *Die Stunde ist ernst, aber Mühe und Besonnenheit ist des Bürgers erste Pflicht.*

Man solle nicht in Panik geraten und sein Geld bei den Sparkassen einziehen. Am Mittwoch, dem 5. August, lautet die Schlagzeile »Krieg mit Russland und Frankreich«. Unter der Rubrik »Lokale und vermischte Nachrichten« heißt es:

> *Griesheim, 4. Aug. Die Würfel sind gefallen: Deutschland hat Krieg mit Rußland und Frankreich. Nach den Aufregungen der vorhergegangenen Tage wirkte die Nachricht von der angeordneten Mobilisierung der gesamten deutschen Armee, die am Samstag kurz nach 6 Uhr abends hier bekannt wurde, wie eine Entspannung. Überall bildeten sich Gruppen, die das folgenschwere Ereignis besprachen; auf allen Gesichtern lag der Ernst der Stunde. Manches Auge füllte sich mit Tränen. Man fluchte den gewissenlosen Frevlern, welche diesen Krieg heraufbeschworen, der unendliches Leid über so viele Millionen bringen wird. Alle aber sind der zuversichtlichen Erwartung, daß Deutschland den ihm aufgezwungenen Kampf mit Mut und unbeugsamer Entschlossenheit zu einem siegreichen Ende führen müsse, um unsere nationale Existenz zu sichern und uns für die Zukunft vor ähnlichen frivolen Friedensstörungen zu bewahren. Am Sonntag Morgen vereinigte ein feierlicher, ernster und würdiger Gottesdienst viele Wehrpflichtige mit ihren Angehörigen in der Kirche. Herr Pfarrer Gerhard hatte seiner Predigt die Textesworte Psalm 91, 1 u. 2: »Wer unter dem Schirm des Höchsten sitzt, und unter dem Schatten des Allmächtigen bleibt, der spricht zu dem Herrn: Meine Zuversicht und meine Burg, mein Gott, auf den ich hoffe.« Bei den zu*

Herzen gehenden Worten des Geistlichen wurde oft lautes Schluchzen hörbar und vieler Augen füllten sich mit Tränen. An dem nachfolgenden Abendmahl nahmen fast alle Kirchenbesucher teil.

Die Müllers werden nicht gefehlt haben.

Gleich zu Kriegsanfang wird Frau Müller in andere Feindseligkeiten verwickelt. Sie fühlt sich dazu gezwungen, in dieselbe Nummer des *Griesheimer Anzeiger* unter der Rubrik »Aufklärung« eine Meldung zu setzen:

Um allem unnötigen lästerlichen Gespräch ein Ende zu machen, erkläre ich hiermit, daß es eine freche Lüge ist, ich hätte 20, 25, 30 oder gar 35 Pfennig für **ein** *Pfund Salz genommen oder ich hätte gar den Laden geschlossen bekommen. Wahr ist, daß ich auf den Krieg unvorbereitet, wie so viele andere auch, auf zwei Stunden meinen Laden schließen mußte, da ich sonst Niemand hatte und nach Darmstadt zu meinem Lieferanten mußte. Das Salz kostete 13 Pf. das Pfund und sollte die neue Lieferung wieder eintreffen, wird es wieder zum alten Preise verkauft werden können. Frau Ferdinand Müller.*

In Nr. 64 wird dann bestätigt, der Preis liege bei 13 Pf. je Pfund. Man fragt sich, wer das Gerücht in Umlauf gesetzt hat. Bei allen ist Frau Müller nicht beliebt. Werfen ihr gewisse »Rote« vor, sich als kleine Kapitalistin zu gebärden? Ein allgemeiner Teuerungsprozess setzt schnell ein. Den Bäckermeistern wird es sehr übel genommen, dass sie gleich einen Aufschlag von 10 Pf. für den Laib Brot fordern.

Seine Gedanken und Gefühle während dieser Zeit hat Wilhelm im Frühjahr 1915 im ersten Kapitelchen seiner Fragment gebliebenen »Kriegserinnerungen« niedergeschrieben. Natürlich genügt eine solche Frist, um Perspektive und Bewertung etwas zu ändern, zumal die großen Hoffnungen vom August 1914 bis dahin längst verflogen sind. Auch ist ihm sein Tagebuch bis dahin abhanden gekommen. Aber im Wesentlichen dürfte ihm vieles so vorgekommen sein, wie er es dort darstellt. Die Zeitungsnachrichten hätten ihn und seine Kameraden wenig beschäftigt.

Der 8. August, jener Tag wo wir ins Manöver rücken sollten, nahte allmählich heran. Alle hatten wir uns darauf gefreut, umsomehr, als ein 18 Tage langer Marsch über Darmstadt die herrliche Bergstraße entlang, durch das schöne »Badenser Ländle« vorbei an reizenden Gegenden Berge, Täler und Wälder bis in die Bezirke von Freiburg und Basel geplant war. Von hier aus sollten die eigentlichen Übungen beginnen. Statt dessen sollte es aber anders kommen.

Die sorgsam durchdachten Vorbereitungen des ganzen deutschen Heeres und der Marine sollten nicht in Manövern sondern auf den Schlachtfeldern und im Kampfe auf den Meeren auf das zweckmäßigste erprobt werden. Das Kriegsspiel sollte nicht ein Spiel, es sollte zur fürchterlichen Wirklichkeit werden.

Wie fürchterlich, sollte sich bis Frühjahr 1915 offenbaren. Das kann im August niemand wissen:

Schon wochenlang vorher hatte man von einem bevorstehenden Kriege gesprochen; auch die Presse behandelte diese Sorge auf das Eingehenste. Doch alles dies ließ uns in der Kaserne unberührt. Wir glaubten nicht eher daran bis endlich am 2. Aug. die Kriegserklärung Sr. Majestät des Kaisers erfolgte.

Was seine Eltern während dieser Zeit gedacht und empfunden haben, wissen wir nicht. Eines steht jedoch fest: Die von der Presse genährte Überzeugung, Deutschland führe einen gerechten Defensivkrieg, wird bei ihnen unerschütterlich bleiben. Wilhelms Bericht klingt etwas steif, gestelzt. Dafür gibt es eine schlichte Erklärung: Dies ist kein gewöhnliches Tagebuch. Im Gegenteil, mit sorgfältig gewählten Worten versucht Wilhelm, eine diesen weltgeschichtlichen Ereignissen würdige Kriegschronik zu schmieden, die als stolzer Familienbesitz zur Erbauung späterer Generationen aufgehoben wird. Ein Hauch des Monumentalen ist angebracht. Wilhelm ist vom Wesen her kein pathetischer Lobredner, der nur Großes und Erhabenes herausstreicht. Auf den ersten Seiten kommt seine kritische, skeptische Ader noch nicht zur Geltung:

Die Reserven treffen zur Ergänzung der kriegsstarken Verbände ein und mit fast fanatischem Eifer wird alles ausgerüstet, was zur kriegsmäßigen Batterie erforderlich ist. Der Tag der Abreise wird bekannt.

Beim letzten Treffen zu Hause mit seinen Eltern wird er von seiner aufgeregten, tränenreichen Mutter zweifellos aufs Eindringlichste gepredigt bekommen haben, was zu tun sei und was nicht. Sein Vater wird, zu allem nickend, still dabeigestanden haben. Erstes Gebot der Mutter: auf Gott vertrauen, jeden Tag beten und fleißig in die Gottesdienste gehen; dann wird Er dich schützen. Alles andere kommt hinten nach: auf seine Gesundheit schwer aufpassen, sich auf keinen Fall unnötig in Gefahr begeben, möglichst oft von sich hören lassen, auch wenn es nur das kürzeste Lebenszeichen ist – am besten jeden Tag! Auf der anstehenden Bahnfahrt soll er nur nicht vergessen, während der Erfrischungspausen an den

Bahnhöfen schnell eine Postkarte zu kaufen, fertig zu schreiben und einzuwerfen, notfalls am nächsten Bahnhof.

Endlich ist es so weit. Die Abteilung reitet durch die Straßen Griesheims zum Bahnhof. Leider nicht mit klingendem Spiel. Die Regimentsgeschichte[1] beklagt das mangelnde Trompetengeschmetter: Die Trompeter seien alle schon bei den Einzelbatterien gewesen. Ideal und Realität werden in diesem Krieg oft weit auseinanderklaffen. Geschwister, Ehefrauen, Bräute, Verwandte, Freunde, sonstige Griesheimer Bürger und Kinder strömen zum Bahnhof, um sich unter lauten Hurras und reichlich Tränen, mit der Überreichung von Blumensträußen und feinen Leckerbissen von den ausrückenden Soldaten zu verabschieden.

> *Alles geht rasch und in bester Ordnung vor sich. Frauen und Mädchen haben sich am Bahnhof eingefunden und uns mit Kaffee und guten Broten bewirtet wovon natürlich sehr willkommen Gebrauch gemacht wurde. Meine Eltern waren auch zugegen und wünschten mir noch ein letztes »Lebwohl«.*

Die Tränen und Umarmungen seiner Mutter werden kaum so beherrscht ausgefallen sein. Ein verlegener Wilhelm wird versucht haben, sich ihrer festen Umklammerung zu entwinden. Das lässt man aber in Kriegserinnerungen lieber weg. Man will nicht in alle Ewigkeit als Muttersöhnchen, dem nachgeweint wird, dastehen. »Noch ein Gruß an die traute Garnison, für mich auch Heimat, und fort gings dann in's Dunkel dem fernen Westen zu.« So geht ein Held seinem ungewissen Schicksal entgegen. Nur geht es eigentlich nicht dem Westen, sondern dem Süden zu. Und dunkel ist es im buchstäblichen Sinn auch nicht. Der Zug dampft an der sommerlichen Bergstraße entlang:

Auf unserer Bahnfahrt während derer nicht mal unseren Offizieren der Bestimmungsort bekannt war, blieben die Pferde gesattelt, sodaß wir jeden Augenblick zum Ausladen bereit waren. Auf den Bahnhöfen, es waren ihrer nicht wenige wo unser Zug hielt, wurde uns allenthalben eine solche Bewirtung zuteil, daß wir mit den Liebesgaben allein einige Züge hätten füllen können. Unbeschreibliche Begeisterung herrschte in allen Gauen. Männer, Frauen Greise Kinder, alle jubelten uns flammend zu. Viele machten drohende Handbewegungen die wohl sagten: »Nur feste drauf!«

Hurrarufe und Jubel beherrschen aber nicht ausschließlich das Feld:

1 Das Königlich Preußische Straßburger Feldartillerie-Regiment Nr. 84, S. 23.

Von Jacob Müller an Wilhelm geschickte Zeichnung.

Andere bewegtere Mienen. Ich glaube diese sind Angehörige von Soldaten; die denken: »Ihr zieht hoffnungsfreudig in frischer Jugendkraft hinaus in Feindesland, ahnungslos was Euch bevorsteht; wie mancher wird seine geliebte Heimat nicht wieder sehen.«

Bis zu der Zeit, als Wilhelm dies schreibt, sind solche Ängste oft bittere Wirklichkeit geworden, was seinen Bericht mitgefärbt haben wird. Oder ist er von allem Anfang an nicht so kriegsbegeistert wie viele andere? Wie zu erwarten steht – dies gehört zu den Ecksäulen der Propaganda –, betont Wilhelm, der Krieg sei ein Verteidigungskrieg:

Man konnte es auf den Gesichtern lesen, daß uns der Krieg von unseren Feinden aufgezwungen war, von denen Rache zu fordern wir bestimmt waren. Doch ein unbeugsamer Wille erfüllte alle: »Wir wollen und müssen siegen.«

Die meisten Truppentransportzüge fahren gen Westen, zum Aufmarschgebiet an der belgischen Grenze. Läuft alles nach dem modifizierten Schlieffen-Plan programmgerecht ab, werden die deutschen Armeen nicht gegen die starken östlichen Festungen der Franzosen anrennen, sondern stattdessen die überrumpelten belgischen Festungen schnell einnehmen und weit nach Westen, an Paris vorbei, ausholen, um dann, in südöstliche Richtung umschwenkend, die

Franzosen von hinten anzugreifen. Nach dem schnellen Sieg im Westen wird man zügig darangehen, mit den sich nur langsam mobilisierenden russischen Armeen aufzuräumen.

Aufgabe der 84er ist es dagegen, schnellstens in das Elsass zu fahren, um die Franzosen aus Mülhausen zu vertreiben. Von diesem Ziel weiß Wilhelm, wie er selbst zugibt, nichts. Der gemeine Soldat wird aufgeladen, verladen, ausgeladen, wie ein Stück Vieh. Gehorsam soll man sein, nicht gut informiert. Brav, wie er ist, sendet er die geforderten Karten fleißig nach Hause. Die erste, in Heppenheim abgestempelt, kommt am nächsten Tag an:

> *Wir sind jetzt in Bensheim es ist 7 15 Uhr. Hier wurden wir wie überall freundlich begrüßt und aufgenommen. Wir machen hier eine kleine Pause in der wir Suppe Brot u. s. w. erhalten. Die ganze Bahnstrecke ist mit kleinen Zwischenräumen mit Posten bestanden die alle und auch alle andern Leute einen lebhaften Patriotismus bezeugen.* (8.8.)

Es herrscht eine hysterische Angst vor Spionen und Saboteuren, die angeblich auf die Chance warten, Bahngleise und Brücken zu sprengen. Am selben Tag jagt eine zweite Ansichtskarte von Baden-Baden der ersten nach. Sie wird in Bühl abgestempelt:

> *Wir liegen hier im Zug und warten auf Befel wohin wir sollen Überall stürmische Hurra Rufe u Kriegsbegeisterung. Alle Stände und alles Alter eins. Freudige Aufnahme.*

Hat nicht Kaiser Wilhelm selbst verkündet, er kenne keine Parteien mehr? Herrscht nicht ein sogenannter Burgfrieden, wo aller Parteihader schwindet? Diese zweite Karte ist vier Tage unterwegs. Die Ängstlichkeit der Eltern nimmt zu. Radio und Fernsehen gibt es nicht. Für Nachrichten ist man auf die amtlichen Meldungen angewiesen. Diese lauten zwar alle durchwegs positiv: lauter Erfolge der deutschen Armeen im Westen. Den Müllers geht es aber um den Einzelfall. Sie wollen wissen, was aus ihrem Wilhelm geworden ist. Unruhig, ungeduldig will seine Mutter wissen, ob er schon im Gefecht gewesen ist und die Heldentaten seines Großvaters hat nachahmen können:

> *Hoffentlich wird es Euch mit Gottes Hilfe gelingen, dahin zu kommen wo Dein seeliger Großvater 1870 war, wo er den guten Roten trank.* (12.8.)

Gravelotte? Mars-la-Tour? Vielleicht weiß sie es selbst nicht so genau.

> *Also immer vorwärts mit Gott für Kaiser u. Deutschland. Der Herr sei Euch Allen gnädig & gebe Euch Kraft aus der Höhe & beschütze & beschirme Euch.*

Die Griesheimer Veteranen tun ihr Möglichstes, um den jetzigen Krieg mit dem 1870er zu koppeln. Der Krieger-Verein lädt alle Kameraden ein, am Sonntag, dem 18., an einem Kirchgang zur Erinnerung an die siegreichen Schlachten bei Gravelotte-St. Privat teilzunehmen. Frau Müller wird dabei gewesen sein. Die Nachbarn, Anna Widmaier, die Wirths, die Delps, Familie Heinrich Müller, der Schulkamerad Georg Müller und andere mehr – sie warten alle gespannt darauf, dass Wilhelm sich meldet. Zum Sieg wollen sie beitragen, indem sie ihm und den anderen ausgerückten Griesheimern das Gefühl vermitteln, immer in ihren Gedanken zu sein und immer mit ihrer Unterstützung und Achtung rechnen zu können. Ihr Engagement zeigen sie durch die Flut von Spenden und Paketen, die sofort einsetzt, nachdem die Behörden es zulassen. Jugendliche wie Jacob Müller stecken in einem förmlichen Rausch. Er schaut wiederholt bei den Müllers vorbei, fragt, ob Wilhelm geschrieben hat. Wissen will er, wie es auf einem Schlachtfeld zugeht.

Konkrete Indizien des bisher erfolgreichen Kriegsverlaufs lassen nicht lange auf sich warten. Am 15. meldet Frau Müller Wilhelm die Ankunft der ersten französischen Kriegsgefangenen:

> *Gestern Abend sind die ersten französischen Gefangenen auf den Griesheimer Sand gekommen, in Eure Barake 22 & in die zwei anliegenden Ställe, dieser Platz ist rinsum mit Drahtwand & oben Stacheldraht umzäunt.*

Der Fuhrmann Philipp Lippert, der für Wilhelms Vater arbeitet, habe Gurken hinausgebracht und sie gesehen:

> *sie sehen sehr abgemagert aus. Es kommen jeden & jeden Tag Transport gefang. Franzosen hier an. Die ganzen 84 Baraken liegen voll von den wel[s]chen Schweinen. Die Säue werden erst alle gebadet bevor sie in Betten kommen.* (23.8.)

Der Hass gegen den seit Jahrzehnten als rachgierig und ruhmsüchtig denunzierten »Erbfeind« sitzt tief. Der Dreckigkeit der Franzosen werden die Sauberkeit und die sorgende Menschlichkeit der Deutschen entgegengestellt. Wilhelm wird ein Bild der Gefangenen geschickt, wie sie vom Darmstädter Hauptbahnhof zum

Französische Kriegsgefangene auf dem Weg von Darmstadt nach Griesheim.

Lager gebracht werden. »Die Gummerschuppe Käth«[2] habe es ihr extra für ihn geschenkt. Auf dem Bild wirken die Gefangenen beileibe nicht so dreckig und demoralisiert wie die hageren, traumatisierten, verwundeten, schlachtgeschwärzten Gestalten mit starrem Blick und zerrissenen Uniformen auf späteren Bildern von Kriegsgefangenen. Das kommt noch. Das Abgleiten in bisher ungeahnte Dimensionen des Leidens erfolgt Schritt für Schritt.

Die seelische Realität eines Krieges für die Angehörigen des Soldaten, nämlich Ängste und Sorgen um dessen Wohl, zeichnet sich schnell ab. Als keine Post mehr von Wilhelm ankommt, hält seine Mutter es nicht mehr aus. Ein Telegramm wird an ihn abgeschickt: »warum keine nachricht.« Es bringt nichts. Wieder wird an ihn geschrieben. Wieder keine Antwort. Angsterfüllt wenden sich die Müllers ans Zentral-Nachweise-Bureau des Kriegsministeriums in Berlin. Am 26. abgestempelt, kommt eine Karte von dort an: »Ueber Verwundung oder Erkrankung hier nichts bekannt.« Nochmals wird Wilhelm um ein Lebenszeichen gebeten. »Hier

2 Gummern = Salatgurken.

wird nur für Euch gebetet, bei Juden wie bei Christen.« (23.8.) Die Stimmung grenzt an Panik. Am 30. wird noch ein Brief an ihn aufgegeben.

Auch Wilhelm muss lange ungeduldig auf Post warten: Die erste Post von den Eltern erreicht ihn am 25., das Telegramm erst drei Tage später. Beide gehen über Straßburg, müssen ihm nachgeschickt werden. Endlich erreichen zwei Briefe und ein Telegramm von ihm Griesheim am 3. September. Wäre eine am 11. August in Reiningen bei Colmar geschriebene Ansichtskarte früher angekommen, hätten seine Eltern ruhiger schlafen können. Da heißt es:

> *paar Dörfer in Brand geschossen* [...] *darunter viele Tode und gefangene Franzosen* [...] *Heute haben wir zum ersten mal etwas Ruhe im Biwak im Felde* [...] *Auch warmes Essen bekamen wir zum ersten Mal. Ohne Rast haben wir bis gestern ununterbrochen gefochten, Tag u. Nacht. Die Franzosen haben überall Verluste während wir noch keine hatten* [...] *Alles zu schreiben wäre zu viel, vielleicht kann ich nacherzählen.*

Noch herrscht die Zuversicht, dass der Krieg schnell zu Ende sein wird. Die Erinnerungen an den Tag werden mithin bei seiner Heimkehr noch frisch sein. Das Versäumte holt er später in seinen »Kriegserinnerungen« einigermaßen nach. Weit spürbarer als hier ist dort die Wirkung des Bewusstseins, dass aus der Hoffnung auf einen erfolgreichen »Blitzkrieg« nichts geworden ist. Wilhelms kritisch-skeptische Ader kommt zur Geltung. Von genialen Manövern und Heldentaten erzählt er nicht, sondern von einem militärischen Schnitzer ersten Grades und von der Rettung durch das reine Glück: Ohne Infanteriebegleitung schlägt die Batterie einen grundlosen, sumpfigen Weg mit morschen Brücken ein. Plötzlich kommt das Kommando »Feindliche Infanterie im Anzug; Abprotzen[3]; Batterie kehrt; Gallop zurück.« Es entsteht ein unheilvolles Chaos. Geschütze bleiben im sumpfigen Boden stehen. Diejenigen, die sie dort rausholen wollen, ereilt dasselbe Schicksal. Wilhelm glaubt schon, die letzten Atemzüge fürs Vaterland getan zu haben. Zum Glück verkennt die französische Patrouille die missliche Lage des Gegners und zieht sich zurück. Beim erfolgreichen Angriff auf Reiningen verweilt Wilhelm nicht lange. Was ihn noch immer beschäftigt,

3 Die Protze ist ein einachsiger Karren, der zum Transport eines Geschützes mit der Lafette verbunden wird. Um ein Geschütz gefechtbereit zu machen, muss es abgeprotzt werden, bevor es in Feuerstellung gebracht wird, d. h., die Protze wird entfernt und in der abgelegenen Protzenstellung abgestellt.

ist, dass er sich nachts unter freiem Himmel auf das kalte, tauige Gras hinlegen musste. Zum Glück sei er nach dem Angriff so schlapp gewesen, dass er einfach zu Boden gefallen sei. Es fehlt an klarem Wasser; aber »Not bricht Eisen«: In einer Art Lehmgrube findet man einen »stinkenden Brei«. Wilhelm parodiert den klassisch-epischen Stil:

Unbesonnen wird dieser edle Tropfen als Durststiller für Mensch und Vieh verwendet. Dass unsere mit dieser feinen Bouillon gekochte Suppe keiner besonders würzigen Zutaten bedurfte, wird man leicht begreiflich finden. Ein Wunder, dass nicht Krankheiten wie Typhus usw. Opfer forderten.

Bis die Eltern diese Schilderung lesen, ist alles natürlich längst vergangen. Inzwischen hat er ganz andere Schrecken erlebt. Bei so vielen Offensiven kommen seine »Kriegserinnerungen« bald ins Stocken. Einmal abgebrochen werden sie nie wieder aufgenommen.

Dass ein Mangel an Karten und Briefpapier, wie er behauptet, sein Schweigen bedingt, kann gut stimmen, denn seine beiden Briefe werden in Raon-l'Étape, einer Stadt in den Vogesen, auf erbeutetem französischen Briefpapier geschrieben, und zwar aus dem Besitz vom Médecin-Major de 2e Classe BADIE Médecin Chef de Service au 21e Bataillon de Chasseurs vom 21e Corps d'Armée, 13e Division, 23e Brigade, 21e Bataillon de Chasseurs à Pied. Vermutlich werden Monsieur Badie und das Personal beim Anrücken der Deutschen das Spital eiligst evakuiert haben, in dem ein deutsches Lazarett eingerichtet wird. Wilhelm, der im Hof biwakieren muss, klagt:

Meine Kleider habe ich seit unserer Abfahrt von Griesheim noch nicht vom Leib gehabt, geschweige denn ein Bett gesehen. Unser Lager ist immer im freien Feld. (26.8.)

In dreckiger, verschwitzter Unterwäsche fühlt sich der elegante kaufmännische Angestellte nicht wohl. Er skizziert für seine Eltern die bisherige Fahrtroute seiner Batterie:

Wir waren von Mühlhausen durch Elsaß in Kreuz und Quer nach Colmar Nahe Straßburg Schlettstadt und andern Städten nach Lothringen und von da nach Frankreich gegangen. Was es da für Anstrengungen und Entbehrungen gab, immer durch und über die hohen Vogesen und Vorsicht vorm Feind stellt sich niemand vor. Die blauen Bohnen haben bis jetzt schon ganz gehörig um unsre

Ohren gepfiffen, auch um meine, denn ein kleiner Teil d. Battr. darunter auch ich hatten eine nicht zu unterschätzende Aufgabe. (26.8.)

Worin diese Aufgabe bestanden hat, darüber können die Eltern nur rätseln. Sie werden sich daran gewöhnen müssen, dass ihr Bedürfnis nach anschaulichen spannenden Details immer wieder frustriert wird.

Am 26. August jubelt der *Griesheimer Anzeiger* unter der Rubrik »Sieg auf Sieg«:

Den glorreichen Augusttagen des Jahres 1870 reihen sich die Erfolge unserer wackeren Armeen am 20. und 21. August in Lothringen und an der belgisch-französischen Grenze.

Wilhelm ist auch zuversichtlich. Endlich darf er, dem Vorbild seines Großvaters folgend, in Feindesland Rotwein trinken:

Bis jetzt haben wir die Franzosen ja schon immer zurückgeschlagen, natürlich haben wir auch Verluste. Wenn d. l. Gott alles zum besten wendet so wird es mir gelingen wieder nach Hause zu kommen wo ich dann viel erzählen kann. Wein bekommen wir hier in Mengen, natürlich habe ich mich mit Maß u. Ziel auch schon tüchtig daran gelabt. In einer Deckung habe ich ein Nest mit 8 frischen Hühner Eiern entdeckt die ich dann mit »Roten« vermischt auf diese Art verzehrt habe. (26.8.)

Nur soll seine Mutter nicht auf die Idee kommen, er werde zu einem Säufer. Auch in einem späteren Brief betont er, es sei bei allem Sichlaben an Rotwein, Weißwein und Wacholderschnaps – man hat Letzteren in der Nacht in seinem Quartier »gefunden« – zu keinerlei Saufereien gekommen. Solches Maßhalten – und man hat keinen Grund, es bei Wilhelm anzuzweifeln – wundert nicht. Äußerste Vorsicht beim Umgang mit Alkohol ist ihm eingebläut worden. Im Tornister schleppt er die 1913 erschienene Broschüre »Alkohol und Wehrkraft. Ein Belehrungs- und Mahnwort an die jungen Soldaten zu Lande und zu Wasser« mit, die vom »Deutschen Verein gegen den Missbrauch geistiger Getränke« stammt, ebenso wie das von der Gesellschaft zur Bekämpfung der Geschlechtskrankheiten veröffentliche Heft »Merkblatt für Männer«[4]. In beiden Heften wird ein enger Zusammenhang

4 Berlin: H. S. Hermann, o. D.

zwischen Alkohol und Geschlechtskrankheiten hergestellt. Gerade auf diesem Gebiet hegt Frau Müller gegen die Franzosen, sowohl Mann als auch Frau, die größten Vorurteile. Ihr Wilhelm soll sich um Gottes willen nicht volltrunken bei einer französischen Hure anstecken. Diese Angst wird auch bei ihm in allen Gliedern festsitzen.

Rotwein ist vorhanden, Brot aber nicht: »Das einzige was uns fehlt ist Brot, da die Infanterie uns vorne schon alles geplündert und mitgenommen hat.« (26.8.) Einem Menschen, dem das Vergreifen an fremdem Eigentum immer als Sünde dargestellt worden ist, wird es bei solchen Szenen nicht behaglich zumute gewesen sein. Später wird er seine Landsleute von solchen Exzessen freisprechen wollen. Nur der Feind begeht solche Untaten! Die Gesetzlichkeiten des Friedens verschwinden:

> *Geld hat hier überhaupt keinen Wert denn wo nichts ist hat der Kaiser das Recht »verloren« wo etwas ist da kostets nichts.*

Auf gut Deutsch: Man stiehlt, was man kann; aber zum Stehlen ist nicht viel da:

> *Die Dörfer meist auch kleinere Städte sind von ihren Einwohnern größtenteils verlassen An allen Straßen Trümmernhaufen Tote Verwundete die meisten Häuser abgebranndt, ausgeplündert und ausgeraubt anders kann ich kaum wohl sagen.* (26.8.)

Gerade diese Zerstörungsszenen graben sich bei den vorrückenden Soldaten tief ein. Sie werden von der Propaganda geschickt ausgenutzt, um deren Kampfmoral sowie den Durchhaltewillen ihrer Angehörigen in der Heimat zu festigen:

> *Unsere Griesheimer und alle Deutschen können froh sein und Gott danken daß sich der Krieg nicht in deutschem Felde abspielt, denn ein größeres Elend könnte ich mir gar nicht vorstellen da die Franzosen überhaupt keine Rücksicht nehmen und Schande und Greuel verübten welch letzteres bei uns so gut wie ausgeschlossen ist. Wir sorgen uns nur für unser Unterhalt und damit Schluß.*

Schon ohne das Zutun der Propaganda vereinfachen sich in Kriegszeiten die Dinge beim Täter, sei es bewusst, sei es unbewusst.

Am 31. August berichtet Wilhelm aus einem Gehöft in der Nähe der Stadt Lunéville:

Wir liegen hier 2–3 Tg in Biwak (Ruhelager) und folgen nachher den uns vorgehenden Truppen über Lunéville nach Paris. Grundsätzlich sollen wir keine Gefechte mehr haben, da wir unsere Aufgabe gut bestanden haben.

Die Siegesparade in Paris steht anscheinend vor der Tür. Er dürfte bald heimkehren und seinen Lorbeerkranz aufgesetzt bekommen. Seine Eltern können auf ihn stolz sein. Schön wär's! Lunéville wird zwar eingenommen, aber von den Franzosen zurückerobert. Der Einmarsch in Paris muss ausbleiben.

Die Zeitungen – Hauptquelle aller Informationen – bringen streng zensiert nur offiziell abgesegnete »amtliche« Meldungen. Zum kritischen Denken ist man in Kirche und Schule nicht erzogen worden. Bei denjenigen, die sich als treue Untertanen des Großherzogs bzw. des Kaisers betrachten, wirkt alles, was mit dem Etikett »amtlich« versehen wird, ebenso unanfechtbar wie Gottes Wort. Bei den Müllers wird es durch den ganzen Krieg hindurch so bleiben, was auch immer die sie sonst erreichenden privaten Nachrichten und die am eigenen Leib erlebten Nöte sein mögen. Selbst der kritisch-skeptische Leser gelangt nicht zu verlässlichen Informationen. Man kann alles als rein regierungsfreundliche Propaganda verwerfen, aber die frustrierende Informationslücke bleibt bestehen. Es ist ein hoffnungsloses Vorhaben, die Spreu vom Weizen trennen zu wollen. Man ist dazu verdammt, zwischen Skepsis, Verdachtsmomenten, Gerüchten, Ahnungen, Hoffnungen und Ängsten hin und her gerissen zu werden. Da haben es die Müllers in ihrer Treugläubigkeit leichter.

Informationen über die Kriegsschauplätze bieten ihnen nicht nur die Zeitungen, die Briefe und Karten Wilhelms und die Post von anderen Griesheimern an ihre Angehörigen, sondern auch die Karten und Briefe von Soldaten, die bei den Müllers einquartiert gewesen sind. Hinzu kommt noch die Post anderer Soldaten, die in den Laden kommen und sich mit Frau Müller darauf einigen, sie mit Nachrichten von der Front zu versorgen, während sie ihnen als Gegenleistung Pakete schickt. Auf diese Art kommt jeder auf seine Kosten. Sie mag diese »Krieger«, hat Mitleid mit ihnen. Das sind doch junge Männer, Elsässer, Schwaben, Preußen, Hanseaten, die, wie ihr Wilhelm, fern von ihren Familien in die Fremde müssen, um das angegriffene, umzingelte Vaterland zu verteidigen. Was Pfarrer Gerhard gleichsam im Großen tut, indem er seine Gemeinde erbaut und anfeuert, tut sie im Kleinen, indem sie ihnen Trost und Mut zuspricht. Damit erfüllt sie ihre christliche und gleichzeitig ihre gottgefällige patriotische Pflicht. Eine Phrasendrescherin, die sich den Mund voller patriotischer Parolen stopft und es dabei belässt, ist sie beileibe nicht. Zugegeben, als Besitzerin eines Tante-Emma-

Ladens hat sie es leichter als andere, passende Waren für ihre Pakete zu finden; aber trotzdem kann man den unermüdlichen Fleiß dieser Frau nur loben, die für ihre Waren nichts fordert. Sonst sehr sparsam und genau auf den Pfennig schauend, nimmt sie sich trotz aller Arbeit und aller Müdigkeit die nötige Zeit, um die Pakete für ihre jungen »Krieger« zusammenzupacken, sorgfältigst zu numerieren, zu adressieren, zusammenzuschnüren und auf die Post zu bringen. Vorher schickt sie immer eine Karte ab, damit der Adressat weiß, dass ein Paket unterwegs ist und dessen Empfang bestätigen kann. Für die Moral der von ihr beschenkten Soldaten leistet sie Außerordentliches. Es handelt sich nicht um ein einziges Paket, nicht um mehrere, sondern meistens um eine ganze Reihe. Erst wenn der Beschenkte fällt, vermisst wird oder sich nicht mehr meldet, stellt sie das Schicken ein.

Rein altruistisch ist ihr Handeln nicht: Das Gefühl, diese Ersatzgroßfamilie beliefern zu können, genießt sie. Es tut ihr gut, von so vielen jungen Männern gebraucht, angeschrieben und geschätzt zu werden. Auch ihr Ruf im Ort profitiert davon. Dank der Karten und Briefe ihrer Paketempfänger verfügt sie ferner über einen sich ständig erneuernden Vorrat an Informationen. Diese kostbaren Brocken kann sie den informationshungrigen Nachbarn weitervermitteln. Sie wird gleichsam zu einer inoffiziellen Nachrichtenagentur vor Ort. Auch wenn nicht »amtlich« abgesegnet, sind die Berichte dieser Soldaten oft viel anschaulicher als das, was in der Zeitung steht. Wenn sie ihr zu negativ scheinen, kann sie sie für sich behalten, um nicht die Moral der Nachbarn zu schädigen.

Einer ihrer treuesten, dankbarsten Paketempfänger ist der Krankenträger Fritz Ermert aus Struthütten bei Siegen. Aus Luxemburg bedankt er sich schon am 12. August für die Strümpfe, die ihm das Dienstmädchen der Müllers, Anna Liedtke aus Biebesheim, gestrickt hat. Er bietet, wie gebeten, Informationen über die Lage bei ihm:

> *Hier in Luxemb. sind die ersten schwer Verwundeten hingebracht worden* [...] *Vom Kriege auch erfahren wir ziemlich wenig. Nur das die französische Armee auf allen Seiten zurückzieht. Unsere marschierenden Truppen haben unter dieser Hitze zu leiden, die augenblicklich hier herrscht. Leider konnten auch schon verschiedene Todesfälle am Hitzschlag verzeichnet werden.*

Am 28. schickt er eine zweite Karte:

> *Wenn der Mut weiter in der Truppe bleibt, wie er bis jetzt war werden wir bald mit Gottes Hülfe wieder zu Hause sein, denn im allgemeinen wird geglaubt das*

Frankreich sich diesmal die Truppen nicht bis Paris kommen läßt und Ihr ganzes Land verderben läßt.

Gerade eine solche Nachricht wollen die Müllers hören, auch wenn ihnen der Einmarsch in Paris noch mehr gefallen würde. Wäre Wilhelm dabei, dann hätte sein Vater wirklich etwas zu erzählen in der Kneipe. Den Nachbarn wird diese zuversichtliche Botschaft sicherlich weitervermittelt.

Die Nachbarin Anna Widmaier, deren Bruder Heinrich eingerückt, aber noch in Saarbrücken ist, malt sich eine Neuauflage der Siegesfeiern nach dem Krieg von 1870/71 aus:

Ich wollte der Tag wäre nicht mehr fern, daß Ihr als Sieger bei uns könntet einziehen, daß wir Euch mit Blumen u. Eichlaub bekränzen können. (3.9.)

Im Geiste hat sie schon die Siegespforte errichtet. Die keuschen Jungfrauen, die den tapferen Heimkehrern huldigen, warten schon in den Kulissen. Auch Wilhelms ehemaliger Lehrer Fritz Boller feuert ihn an:

Der Vormarsch geht ja so ungeheuer schnell vor sich, daß man kaum auf der Karte nachfolgen kann. Nun werden Sie bald Paris einen Besuch abstatten. Franzosen sieht man hier auch genug im Lager. Sie sehen ganz heruntergekommen aus ganz im Gegensatz zur Begleitmannschaft, die sie oft frisch vom Schlachtfeld herantransportiert. Hoffentlich werden noch recht viele gefangen, um so schneller wird es zu Ende gehen mit dem Krieg. Bis jetzt ist hier die Ersatzreserve[5] *erst zur Hälfte eingezogen, die Kasernen sind noch alle von Mannschaften überfüllt.* (5.9.)

Darunter ist Wilhelms Darmstädter Freund, der Reservist Friedrich Welker. Ungeduldig, frustriert tritt er im Artilleriedepot Darmstadt auf der Stelle, weil man ihn nicht felddienstfähig finden will. Auch er spornt Wilhelm an: »Gebt nur den Franzosen gehörig Haue damit wieder Ruhe in die Bude kommt.« (3.9.)

Andere kennen gemischtere Gefühle. Wilhelms väterlicher Freund, der Weißbinder Heinrich Müller, schreibt ihm am 8. September:

5 Die Ersatzreserve bestand aus gemusterten Männern, die, obwohl tauglich, überflüssig waren oder aus einem anderen Grund von der aktiven Dienstpflicht befreit worden waren. Die Ersatzreserve diente zur Ergänzung des Heeres bei einer Mobilmachung.

Schwer sind die Tage die jetzt über uns gekommen, aber hofentlich führt ein glorreicher Sieg sie bald zu Ende. Bei uns treffen jeden Tag viele Gefangene ein, die sich hier ganz mollich fühlen. Komm bald wieder nach Hauße.

Heinrich stuft die Kriegsgefangenen weder als Schweine noch als Säue ein. Ob ihnen wirklich so positiv zumute ist, wird sich bald zeigen.

Stockungen bei Wilhelms Post kommen mittlerweile seltener vor. Die alten Sorgen der Mutter lassen etwas nach. Sorgen um sein sonstiges Wohl treten an deren Stelle. Sobald Postpakete angenommen werden, will sie ihm Strümpfe und ein Hemd schicken. Wenn bei ihm kein Brot aufzutreiben sei, sei Zwieback ein guter Ersatz. Beim Reiten über Kartoffelfelder könne er Kartoffeln mit seinem Säbel ausmachen und über dem Feuer braten, wie er es als Kind schon auf ihrem Feld getan habe. (3.9.) Und was ist, wenn der Feind durch einige »blaue Bohnen« stört? Zum ersten, aber nicht zum letzten Mal merkt man, wie Zivilisten sich schwerlich ein Bild vom Leben der Soldaten in Feindesland machen können. Und noch befindet sich der Krieg im Anfangsstadium, als die Kriegsführung mit der in früheren Kriegen noch viel gemein hat.

Wilhelm wird mit ein paar Karten versehen: Er brauche nur »Feldpost« darauf zu schreiben. Er hat jetzt keine Ausrede fürs Nichtschreiben.

Vom unbequemen, lästigen Zelten wird er endlich erlöst. Zu seiner großen Erleichterung zieht er in ein Privatquartier in Raon-l'Étape ein und zwar bei Monsieur Louis Courtois à la Haute Veuville. Es ist das erste Mal, dass er bei einer Familie in einem requirierten Haus einquartiert ist. Endlich wieder eine Gelegenheit, als zivilisierter Mensch sich richtig waschen zu können, an einem Tisch zu essen und zu schreiben und vor allem in einem Bett fest zu schlafen. Selbst wenn mehrere Mannschaftssoldaten in ein Zimmer gepfercht werden, sind solche Privatquartiere unendlich bequemer als die Massenquartiere in Schulen und großen öffentlichen Gebäuden, geschweige denn in Betriebsräumen, Werkstätten, Ställen, Schuppen oder Zelten. Das Allerschlimmste ist eine Nacht ohne Zelt unter freiem Himmel, wenn es nass und kalt ist. Vom Schützengraben als Dauerdomizil ist noch nicht die Rede. Wilhelm schreibt:

Ich bin augenblicklich im Hause einer alten Frau, von ihr Feder und Papier gekriegt. Hier ist das Klima eine Art wie in den Tropen am Tage glühende Hitze, des Nachts eisige kalt und Tau. Der guten Frau Ihren Namen habe ich mir auf der letzten Seite schreiben lassen, damit Ihr und ich ein Andenken aus Frankreich habt. (5.9.)

Wie fühlt sich ein junger Mann, der immer dazu angehalten worden ist, älteren Leuten Respekt zu erweisen, wenn er im beschlagnahmten Heim einer älteren Französin als Sieger auftreten soll? Schämt er sich? Ist ihm das Ganze wenigstens etwas peinlich? Da er ein bisschen Französisch kann, mag er versucht haben, sich mit der alten Dame zu verständigen, als er Papier und Feder braucht. Unwirsch, schroff wird es kaum zugegangen sein, eher stammelnd, verlegen. Immerhin bleibt es eine Geschmacklosigkeit, sie zu veranlassen, ihren Namen und ihre Adresse als Kriegsandenken hinzuschreiben. Ihre kritzlige Handschrift kann man auf dem erhaltenen Zettelchen noch sehen.

Andenken sammelt Wilhelm eifrig. Dies ist eine wesentliche Komponente des Kriegführens in dieser Frühphase. Zusammen mit den Ansichtskarten und dem erbeuteten Briefpapier soll alles wohl in seiner Kriegssammlung prangen. Aus Raon wandert eine *vue panoramique* der noch nicht zerstörten Stadt nach Griesheim. Privatquartiere sind günstig, was das Schreiben angeht: »Das ist die erste Post die ich an einem Tisch schreibe.« Oft müssen die Soldaten mit einem stumpfen Stiftstummel, ohne Licht, ohne Tisch, etwas hinkritzeln. Das Ergebnis sieht häufig dementsprechend aus.

Bald zieht das Bataillon weiter. Mit dem Biwakieren muss sich Wilhelm wieder abfinden. Als glänzende Erfolge in der Zeitung ausposaunt werden, greift er sie auf und leitet sie weiter: Zwei englische Armeekorps seien vollständig geschlagen worden; in Russland hätten die Deutschen 90.000 Gefangene gemacht; die Österreicher hätten ihrerseits eine große Schlacht gegen die Russen gewonnen, in der sich zwei Millionen Menschen gegenüberstünden: »Das Alles werdet Ihr schon wissen. Den Brief schreibe ich unterm Zelt auf Stroh, denn es regnet seit heute früh.« (9.9.) Dann aber folgt ein Satz, der stutzig macht:

> *Davor, daß ich aus der Batterie auskneife braucht Ihr keine Angst zu haben, da mir die möglichen Folgen nur zu gut bekannt sind. Außerdem ist es auch verboten und wird bestraft.*

Hat es wirklich Momente gegeben, in denen er ernsthaft erwogen hat zu desertieren? Haben die erlittenen Strapazen, die beobachteten Schrecknisse ihn so getroffen, dass er am liebsten leise aus dem Zelt geschlichen und Richtung Deutschland geflohen wäre? Alles ist wohl nur eine Fantasie, die jedoch andeutet, wie wenig der Kriegsbetrieb ihn anspricht. Allein die Erwähnung von Desertion wird bei seinen Eltern Panik ausgelöst haben. Würde er tatsächlich fahnenflüchtig, wäre dies eine Schmach ohnegleichen. Seine Mutter würde sich die bittersten Vorwürfe machen, sich fragen, was an ihrer Erziehung falsch gewesen ist. Ihr Bub muss noch intensiver an seine patriotische Pflicht erinnert und des Schutzes Gottes versichert werden. Seinerseits lernt Wilhelm, seine Zweifel und Sorgen für sich zu behalten. Was für einen Sinn hätte es, auf sie einzugehen? Bei seiner Mutter fände er kein Verständnis für sie. In ihren Augen gälte er nur als Feigling und Drückeberger, der kein Vertrauen zu Gott und zur guten deutschen Sache hat. Auch sein Vater würde sich seinetwegen nur schämen. Verriete er dem Feldkaplan seine Gefühle, ließe sich dessen Reaktion leicht erraten. Auch Fräulein Büscher will er nicht als Feigling erscheinen. Es bleibt ihm also nichts anderes übrig, als zu versuchen, mit allem allein fertigzuwerden. Seine inneren Kämpfe lassen sich nur erahnen. Seinen Briefen an seine Eltern wird er sie nie anvertrauen.

Schon früh zeichnet sich ein anderer Kampf zwischen Mutter und Sohn ab, einer, der trotz vieler Waffenstillstände und mehrerer von ihr scheinbar akzeptierter Friedensbedingungen immer wieder ausbricht. Sie hat Angst, ihr hungriger, frierender Bub könnte ihr wegsterben; er dagegen will nicht von einer Lawine von Paketen verschüttet werden. Hierbei geht es jedoch um viel mehr als Fresspakete. Gerade diese Überversorgung mit Proviant und Kleidungsstücken verrät viel von Frau Müllers Bedürfnis, Wilhelm auf Dauer von sich abhängig zu halten. Ihr liegt unendlich viel daran, weiterhin seine Hauptversorgerin zu sein. Er dagegen will nicht ewig als Säugling und Kleinkind behandelt werden, als ein Mensch, der ständig auf die ihm aufgedrängte mütterliche Nahrung angewiesen ist. Rein praktisch gesehen kann er solche Unmengen an Esswaren und Kleidungsstücken weder gebrauchen noch verstauen. In einem Zelt ist noch weniger Raum dafür als in einem Stall oder Zimmer. Etwas kann er zwar verschenken, aber andererseits will er den Neid der anderen nicht wecken und als verwöhntes Muttersöhnchen gebrandmarkt werden. Wenn die Batterie auf Wanderschaft geht, lässt sich das ganze Zeug allemal nicht in den Tornister stopfen oder angezogen bzw. umgehängt mitschleppen. Ein Paket alle drei, vier Tage reiche vollkommen. Um seine Behauptung glaubwürdig zu machen, geht er auf die bei ihm herrschende Nahrungsmittellage ein:

> *Ihr wollt gern wissen wie es mir geht; besser als jemals, zu Essen satt, Suppe, Kartoffeln, Fleisch, Kaffee, Tee, alles mögliche.* (8.9.)

In Griesheim ist das Thema Kriegsgefangene in aller Munde. Das ist das Stück Krieg, das alle direkt erleben. Wilhelms Mutter meldet ihm am 6. September:

> *Der Griesheimer liegt ganz voll Rothosen jetz werden Zelte auf dem Sand aufgeschlagen ringsum mit Bordwand & oben drauf elektrisch mit vollen Strom damit*

> *keiner drüber kann Davor einen Wallgraben & an 4 Ecken wurde eine Anhöhe aufgeworfen wo je ein Maschinengewehr drauf kommt.*

Dies ist nur eine provisorische Lösung: Ein neues Lager müssen die Franzosen selbst unter deutscher Anleitung und Bewachung bauen. Griesheimer Handwerker wie Heinrich Müller arbeiten dort, während Heinrich Kaut Herrn Müllers Gurken dorthin bringt. Schnell erkennt man, dass ein wirtschaftlicher Einsatz der Gefangenen gewinnbringender ist, als lediglich hungrige Mäuler zu stopfen. Je schlimmer der Mangel an einheimischen Arbeitskräften wird, umso wichtiger wird der Beitrag der Kriegsgefangenen. Ein ganz raffiniert ausgeklügeltes System wird auf die Beine gestellt. Lagerinspektion, Fabrikbesitzer, Gemeinden, Bauern – alle profitieren davon.

Frau Müllers Sorgen haben einen neuen Schwerpunkt: die Tätigkeiten der Franktireurs. In den Augen der Ententemächte handelt es sich bei ihnen um mutige Patrioten, tapfere Widerstandskämpfer. In den Augen der Deutschen – die Presse sorgt dafür – sind sie dagegen Feiglinge und Schufte, welche die ehrlich kämpfenden uniformierten deutschen Soldaten hinterrücks überfallen und tückisch in Mordfallen locken. Man hat überhaupt keine Bedenken, für solche Schandtaten die brutalsten Repressalien gegenüber der Zivilbevölkerung gutzuheißen. Die wildesten Gerüchte gehen um. Der *Griesheimer Anzeiger* spricht schon am 19. August von heimtückischen, meuchlerischen, hinterhältigen, gemeinen Verbrechern, von Mördern und menschlichen Bestien. Am 29. August wird berichtet, ein Kriegsberichterstatter der *Berliner Zeitung* habe mit eigenen Augen gesehen., wie die »Weiber« wie Bestien nachts über schlafende Soldaten herfielen und sie in nicht wiederzugebender Weise marterten, bis der Tod sie erlöste. Man müsse gegen sie mit unnachsichtiger Strenge vorgehen. Kein Wunder, dass Frau Müller die schlimmsten Befürchtungen hegt. Wilhelm soll auf keinen Fall allein fortgehen. Wiederum wird das Beispiel seines Großvaters angeführt:

> *man weiß nie was versteckt ist, da hat Dein seeliger Großvater die größte Vorsicht gehabt, nur in keinem Fall von Deiner Batterie entfernen, sogar auch nicht beim Austreten. Entferne Dich nie von Deiner Batterie, die Frantriers tun immer noch viel Meuchelmorde begehen, Du glaubst gar nicht wie diese darauf aus sind. Du weißt was solch einem Armen bevorsteht, welch in solche Hände fällt. Immer die größte Vorsicht, Du bist im Feindesland.* (8.9.)

Eine zweite Mahnung folgt der ersten gleich auf den Fersen. Eine Horrorgeschichte nach der anderen wird aufgeschnappt. Ethnische Klischeevorstellungen wuchern:

Mein lieber Wilhelm wenn Ihr nach Belgien kommt, müßt Ihr doppelt vorsichtig sein. Diese rohen Belgier machen die Deutschen treu, locken Sie in Hinterhalte & bringen Sie ums Leben. Die Frauen spielen dabei eine große Rolle. Ein deutscher Arzt war eingeladen bei einer feinen Familie & wie sie am Essen waren ist er über Tisch erschossen worden, so viele Fälle welche amtlich bestätigt sind könnte ich Dir erzählen. (10.9.)

Dass diese Gruselgeschichten amtlich bestätigt werden, fegt alle Skepsis beiseite.

Heute haben wir wieder gelesen wie Frauen & Kinder ja sogar Greise aus einem Hinterhalt Husaren tot schossen. In Belgien können Mädchen von 10 Jahre mit der Waffe kampfhaft umgehen. In Darmstadt liegt ein Verwundeter, welcher von einem 10 jährigen Mädchen den Fuß verschossen hat, was hat man davon wenn das Ört zerstört wird, & die Meuchelmorde sind begangen. (10.9.)

Als Wilhelm von seiner guten Aufnahme bei der alten Französin schreibt, fühlt sich seine Mutter in ihren Ängsten nur bestätigt:

Nehme Dich wol in Acht vor guten alten oder jungen Frauen, den dieselben spielen im Feindesland die listige Schlange. (11.9.)

Ihr treugläubiger Adam soll den Verführungslisten französischer Evas nicht zum Opfer fallen:

Will Dir kurz etwas erzählen etliche deutsche Soldaten bei einer guten alten in Belgien in einer Scheune einquartiert, da sagte der eine unserer Soldaten, er hätte gar keine Ruhe zum einschlafen, da sagte der andere, da wachen wir zusammen um Mittenacht soll die gute alte mit einem langen Dolch in die Scheune gekommen sein, was Ihrer dann wartete, kannst Du denken, nur nicht auf Freundlichkeiten im Feindesland eingehen die sind nur geheuchelt, damit die gutmutigen leichtgläubigen Deutschen in die Falle gehen & die Heuchelei artet sich gewöhnlich in Meuchelmord aus, also größte Vorsicht.

Dass katholische Pfarrer angeblich bei diesen meuchelmörderischen Überfällen eine Hauptrolle spielen, überrascht sie nicht:

der junge Ullmann [Ullmann Hess, ein Neffe von Frau Müller] *war in Belgien & ist verwundet am Arm & darf zu Hause gepflegt werden, der kath. Pfarrer hat leuten lassen wie die Deutschen kamen, da hatt sich dann ein Straßenkampf entwick natürlich sagte er sind sie heute alle im Himmel die Frantiers. Heute sind in Darmstadt auch eine Portion Frantiers angekommen, was mit denen geschieht, weiß ich nicht.*

Werden sie standrechtlich erschossen werden, wird sie wohl nichts dagegen haben. Ob sie wirklich glaubt, sie seien im Himmel gut angekommen? Der Herrgott wird sich kaum himmlisch darüber freuen, solche Gäste willkommen heißen zu müssen. Selbst das Bett bei der alten Französin sei mit Vorsicht zu genießen:

bei den Rothosen sind auf dem Übungsplatz viele Geschlechtskranke gebe nur acht daß Du Dich nicht in ein Bett legst lieber auf dem Boden & in einen Mantel, sei nur vorsichtig & prüfe erst alles. (8.9.)

Man kann nicht wissen, ob Wilhelm die weitverbreitete Hysterie über die angeblich überall lauernde Gefahr, durch Syphilis und Tripper angesteckt zu werden, mit seiner Mutter teilt. Eines steht fest: Wenn er nur einen Moment zaudert und das Bett bzw. seinen Teil davon nicht sofort besetzt, wird ein anderer schnell hineinspringen. Wilhelm, der so viele kalte Nächte auf dem harten Boden hinter sich hat, wird auf die warme, weiche Falle nicht verzichtet haben.

Gleich nach Ausbruch des Krieges beginnt man in Griesheim für das Wohl der ausrückenden Soldaten und ihrer Familien zu sorgen. Ein freier Hilfsverein wird gegründet, dem die Müllers einen Zentner Sauerkraut zur Verfügung stellen. Eine Kinderkrippe wird beim Wirt Caspari eingerichtet, damit Mütter arbeiten gehen können. Dann geht es ans Sammeln – auch für die gefangenen Franzosen. Für diese Anstrengungen ist Frau Müller voller Lob:

Du hast gar keinen Begriff davon, wie alles für Verwundete, Kranke & arme Familien deren Väter im Felde stehen sorgt. Die Mädchen hier gehen gruppenweise zusammen & stricken Socken für Verwundete & für Euch im Felde alle größere Schuldkinder strickten jedes, die andern zupfen Leinen für die Wunden, die andern kochen Obst ein für die Soldaten, also jedes will zu dem großen Werk etwas bei tragen. Das Obst wird namentlich geliefert, Zucker Einmachhilfe, alles alles unentgeldlich. Die höhern Schulen in Darmstadt machen tagtäglich Centnersweise ein.

Noch sind Obst und Zucker, Wolle und Baumwolle reichlich vorhanden. Jeder spendet gern: »Viele feine Damen geben Ihren Goldschmuck für Eisenschmuck mit der Inschrift (Gold gab ich für Eisen 1914 u.s.w.).« (10.9.)

Wie jedes Jahr kocht Frau Müller Gelee und Latwerge, macht Obst und Gemüse ein. Tiefkühltruhen gibt es nicht. Dieses Jahr hat ihr Fleiß einen höheren, vaterländischen Sinn. Den hungrigen Soldaten will sie etwas Süßes zum Schmieren aufs Brot schicken. Eingemachte Zwetschen können im Winter Not leidenden Familien geschenkt werden. (10.9.) Damit trägt sie dazu bei, die britische Blockade zu brechen. Diesen als unmenschlich-schnöd denunzierten »Aushungerungsplan« prangert die deutsche Propaganda unablässig an. Unfähig, Deutschland militärisch zu besiegen und dessen Finanzkraft zu übertrumpfen, wollten die englischen Schurken durch ihre illegale Seeblockade die eingekreisten Deutschen von der Zufuhr notwendiger Rohstoffe abschneiden und brutal verhungern lassen. Der ganze Plan sei typisch für die Heuchelei der Engländer. Sie würfen sich als Verteidiger der Zivilisation gegen die »Hunnen« auf, während sie in Wirklichkeit reine Barbaren seien, denen nur das Geld und die Geschäfte heilig seien. Wer gegen sie rührig ankocht und fleißig einmacht, leistet eine wahrhaft gottgefällige vaterländische Tat. Als Frau Müller ihre Leistungen stolz auflistet: Johannisbeer- und Aprikosengelee, Latwerge, eingemachte Heidelbeeren, Mirabellen, Zwetschen, süße Gurken (10.9.), ist es fast, als ob sie Gott selbst über ihr Tun Rechenschaft ablegt. Die Obsternte, mit der er seine geliebten Deutschen segnet, muss vorsorglichst verwaltet werden! Sie arbeitet nachts bis halb eins, muss zusätzliche Töpfe in Darmstadt kaufen.

Bei vielen jungen Griesheimern herrscht immer noch Hochstimmung.

> *Die kleinen Buben singen lieb Vaterland magst ruhig sein und auch lieb Vaterland nehm den Knüppel in die Hand, schlag den Russen oder Franzosen auf die Köpf, daß hüppen wie die Böck Du hörst kein ander Lied als Vaterlandslieder.* (10.9.)

Die Zahl der eintreffenden Kriegsgefangenen steigt. Am Wochenende strömen neugierige Schaulustige zum Lager, um vor allem die Afrikaner unter ihnen zu begaffen. Das Ehepaar Müller wandert mit hinüber:

> *Ich & Dein Vater waren am gestrigen Sonntag auf dem Schießplatz, da haben die Rothosen fest arbeiten müssen, die glauben die Russen seien in Berlin (drin sein aber Gefg.) Telle Wilh. schafft auch draus der hat zu Franz gesagt, in diese Festung kommen die Russen, da haben sie aber geguckt, die sind ganz irr, die liegen schon seit Mai im Felde & haben mobilgehabt.* (14.9.)

Im Klartext: Die Franzosen hatten schon damals einen Angriffskrieg fest geplant. Wilhelms Freund und Nachbar Georg Müller schreibt ihm, die Gefangenen seien »lauter verwarlosten Gessellen mit lumpigen Kleidern u Schuhen«. (17.9.) Georg fällt etwas anderes auf, nämlich dass Mitte September keine Siegesmeldungen mehr vom westlichen Kriegsschauplatz ankommen. Das liegt daran, dass – was er nicht wissen kann – das deutsche Heer eben im Begriff ist, von der Marne zur Aisne und zur Oise zurückgedrängt zu werden. Der Schlieffen-Plan ist kläglich gescheitert. Natürlich formuliert die deutsche Propaganda dieses Zurückweichen in einen taktischen Rückzug um. Zum Glück kann sie die Erfolge des Tannenbergsiegers Hindenburg in der ersten Masurenschlacht in Ostpreußen austrompeten. Diese stimmen Georg wieder optimistischer:

es ist wie es scheint eine große Schlacht im Gange, die Russen sind an allen Punkten geschlagen u. aus Deutschland gejagt.

Der Ruhm Hindenburgs wächst.

Sorgen kommen in allen Größen. Zu denen wegen der Franktireurs gesellt sich bei Frau Müller eine neue hinzu. Neben Schokolade und Konfekt werden Tabakwaren in rauen Mengen an die Fronten geschickt. Die Tage sind noch fern, als Tabak zu einer teuren Mangelware wird. Obwohl beide Eltern Raucher sind – Frau Müller raucht Zigaretten, ihr Mann Zigarren –, missbilligt sie, dass Wilhelm ebenfalls raucht. Zwar ist der enge Zusammenhang zwischen Rauchen und Lungenkrebs noch nicht bekannt, aber jeder weiß, dass das Rauchen gewisse Bronchialbeschwerden nach sich ziehen kann. Wilhelms Vater hat selbst einen Dauerhusten. Da er den Standpunkt seiner Mutter gut kennt, ergreift Wilhelm die Initiative und bestellt für sich eine Pfeife und etwas Tabak beim Darmstädter Tabakfabrikanten Feitler, dessen Geschäft ganz in der Nähe von seiner früheren Arbeitsstelle in der Luisenstraße liegt. Nur will der Zufall, dass seine Mutter ebenfalls bei Feitler Tabakwaren einkauft und dies entdeckt. Sie reagiert auf eine Art und Weise, die auch in anderen, wichtigeren Angelegenheiten für ihr Verhalten typisch sein wird: Sie bestellt Globen[6] und Tabak eigenmächtig ab, ohne Wilhelms Willen zu respektieren. Der angegebene Grund: Der Preis sei zu hoch. Höchstens dürfe Wilhelm eine Gesundheitspfeife rauchen. Zigarren hält sie auch für weniger gefährlich als Zigaretten. Sie wolle sich über die »Gesundheitssachen« informieren. Der Brief ist

6 Kloben = kurze kleine Pfeife.

noch nicht fertig, als sein junger Bewunderer Jacob Müller wieder vorbeischaut, um zu sehen, ob er geschrieben habe. Als Frau Müller ihn dazu einlädt, Wilhelm ein paar Zeilen zu schicken, wittert er seine Chance: Er will ihm, so schreibt er, Pfeife und Tabak schicken, aber nur unter der Bedingung, dass er ihm schreibe. Wohl ohne Frau Müller etwas von seinem Angebot zu sagen, klebt er den Brief schnell zu und bringt ihn auf die Post.

Frau Müllers Judenbild ist typisch für den bodenständigen Vulgärantisemitismus im Volk, dem besonders Händler und Geschäftsleute ausgesetzt sind. In einem späteren Brief (25.9.) ist sogar in Bezug auf Feitler die Rede vom »Juden Geschmeiss«. Juden bezeichnet sie nie als Deutsche oder »israelitische Mitbürger«, wie sie amtlich heißen. Sie akzeptiert ihre Existenz, will sie nicht vertreiben. Der Rabbiner und Judenschullehrer Strauß wird Buchhalter der Müllers und später wird Frau Müller den Soldaten Willy Israel mit Karten und Paketen lange unterstützen. Für sie gibt es kein Judenproblem, das radikale Maßnahmen erfordert.

Wenn Deutschlands militärische Stärke den Müllers imponiert, so sorgen »amtlich« verbürgte Zahlen dafür, dass sie seine finanzielle Stärke nicht weniger beeindruckend finden. Soll Deutschland über die englischen Krämer mit ihren Geldsäcken den Sieg davontragen, muss es, so fordert die Propaganda, auch auf diesem Gebiet gleich stark sein. Jeder wahre Deutsche soll tief in die Tasche greifen und die erste Kriegsanleihe zeichnen. Das tun die Müllers. Aus der Zeitung liefert Frau Müller Wilhelm das veröffentlichte Ergebnis mit:

> *Deutschland braucht das Ausland auch mit Geld nicht Es werden jetzt Kriegsanleihen gezeichnet, da ist von Leute Geschäfte & dergleichen 30 Millionen, 50 Mill., 65 Millionen gezeichnet worden, natürlich ohne die kleinere, wir zeichnen auch einen Teil von unserem, da kann mal das Ausland sehen, daß Deutschland auch Finanzen stark ist. Für 97.50 M werden 100 M geschr. mit & 5 % verzinst.* (16.9.)

Also: eine patriotische, aber auch eine höchst rentable Tat. So glaubt man 1914 zumindest.

Wilhelms Einheit kommt Mitte September in Bewegung. In Recklingen verladen schickt er seinen Eltern Ansichtskarten aus Völkingen, Trier, Aachen und Lüttich. Über Brüssel erreicht er endlich Saint-Quentin. Die Fahrt dauert sechs Tage, eine wahre Bummeltour. Solche stockenden »Irrfahrten« im Kriechtempo und mit zig Unterbrechungen sind keine Seltenheit. Diesmal bildet eine wohl von Franktireurs gesprengte Brücke ein zusätzliches Hindernis. Noch ist er voller Zuversicht, dass der Krieg bald vorüber sein wird:

Von hier sind es nur 35 km nach Reims und nicht mehr allzufahrweit nach Paris. Der Feind ist in u. um Paris eingeschlossen und versucht mit allen Mitteln durchzubrechen, was ihm aber schwer gelingen wird. (16.9.)

Am 25. September schneidet seine Mutter für ihn aus der Zeitung Theodor Körners Gedicht »Schlachtgebet während der Schlacht« aus:

Vater ich rufe Dich/Brüllend umwöllkt mich der Dampf der Geschütze/Sprühend umzucken mich rasselnde Blitze/Lenker der Schlachten ich rufe Dich/ Vater Du führe mich/Gott ich erkenne Dich/Vater Du segne mich.

Sie begleitet das Gedicht mit ihrem eigenen Aufruf:

Das waren die großen Männer vor 100 Jahren sei auch groß & stark mein lieber Wilhelm & halte Dich nur zu dem Lenker der Schlachten, so wird er sich auch zu Dir halten & Dich segnen & alle die mit Dir sind.

Am selben Tag schreibt Wilhelm:

Die letzten Tage und besonders gestern hat er [Gott] *uns wieder wunderbar von mörderischem Feuer verschont.* [...] *Wenn wir nicht in Gefecht sind geht es uns sonderlich gut, wir kochen täglich Suppe, Kartoffeln, braten Fleisch alles in üppigen Mengen und in Geschmack wie es nicht besser sein kann.*

Offensichtlich verspürt er keine große Lust, wenn auch nur in Gedanken, im Schlachtengetümmel zu bleiben und Näheres über die Kampfhandlungen zu schreiben. Wichtiger für ihn ist, dass das Essen stimmt.

Die Lebensqualität bzw. Moral des gemeinen Soldaten hängt nicht nur stark von Quantität und Qualität der Nahrungsmittel, sondern auch von der unterschiedlichen Witterung der einzelnen Jahreszeiten ab. 1914 folgt auf die enorme Hitze des Sommers ein kalter Herbst. Plötzlich ist man für wärmere Kleidung sehr dankbar. Jedoch hat die deutsche Heeresleitung nicht genügend vorgesorgt, so fest überzeugt ist man gewesen, dass der Krieg nur von kurzer Dauer sein wird.

Wilhelm bittet um die Zusendung einer Jacke. Er ahnt nicht, was für eine lange, für ihn höchst lästige Geschichte er sich damit aufhalst. Diese Jacke und ihre Geschwister werden leitmotivhaft durch die Briefe der kommenden Monate geistern. In Sachen Gesundheit ist Frau Müller obsessiv: Da sei doppelte Vorsicht immer vonnöten. Normalerweise hat sie einen passenden Spruch ihrer Mutter parat. In diesem Fall muss sie einen prägen: »wenn der Leib warm ist, ist der ganze Körper in Tankt.« Kriegsgedichte reden von der fest gepanzerten Brust. In Wirklichkeit tragen wenige Soldaten blecherne Brustpanzer, obwohl findige Firmen sie anbieten. Sie nutzen jedoch nicht viel. Viel nützlicher sind die Leibbinden, Rückenwärmer, Hautjacken, Kopfschützer, wollenen Unterhosen, Hosenträger, Strümpfe, Stauchen, Pulswärmer usw., von denen heroisierende Kriegsdarstellungen geflissentlich absehen. Gegen Ende September beginnt Frau Müller ihre Kleidungssendungen:

> *Hiermit übersende ich Dir Deinen guten guten Unterjack, 1 Paar neue Strümpfe, 1 Paar Pulswärmer eine sehr gute Leibbinde, eine Dörrwurst & etwas Zwieback.* (26.9.)

Unterjacke und Leibbinde werden ihr als unzulässig zurückgeschickt. Sie kennt sich noch nicht in den Feldpostbestimmungen aus. Krisenstimmung! Ihr Rat: Notfalls Frauenhemden kaufen und doppelt anziehen. Dass das kein Witz ist, wird auch in der Regimentsgeschichte deutlich. Letzten Endes hat körperliche Wärme Vorrang vor strammer, stahlharter, homophober Männlichkeit.

Bis jetzt hat Frau Müller quasi ein Monopol über die Post an Wilhelm aus dem Elternhaus. So still ist es um seinen Vater, dass Wilhelm am 8. September klagt: »Der Pappa lässt gar nicht von sich hören.« Allmählich leuchtet es Herrn Müller ein, dass er eine wichtigere Rolle spielen könnte. Ein Meinungsaustausch über den Krieg und dessen Verlauf würde ihm Spaß machen. Wie es seiner Mutter passt, unter den Nachbarn als lokale Nachrichtenagentur zu fungieren, so täte es seinem Selbstwertgefühl gut, mit gezielten, anschaulichen Informationen vor den Stammgästen im »Hahlgarten« zu glänzen. Aller Anfang ist schwer und was er am 10. September bietet, ist wirklich minimal:

> *Lieber Wilhelm Du schreibst in Deinem letzten Brief ich ließ nichts v. mir hören, wie Du siehst besorgt das Deine liebe Mutter u. dann wirst Du ja auch wissen, wie ich in der Einmachzeit an's Schreiben komme. Ich u. Deine Mutter sind im Geiste doch immer bei Dir halte Dich nur an den lieben Gott. Er wird Dich u. uns u. Deine Kameraden auch wieder aus aller Gefahr ziehen also auf baldigstes Wiedersehen Gruß u. Kuß Dein Vater.*

Am 20. September macht er einen neuen Anlauf. Auch diesmal kommt nicht viel zustande. Nach einer Warnung vor den »Räubern, die das Land [Belgien] immer noch unsicher machen« kommt er ins Stocken: »ich kann Dir nichts mehr schreiben denn ich weiß jetzt nichts also Glückauf.« Mehr als Bequemlichkeit bzw. Faulheit ist im Spiel: Er ist es einfach nicht gewohnt, Briefe zu schreiben. Damit steht er nicht allein. Karten gibt es zwar zu besonderen Anlässen, aber diese werden mit einer engen Auswahl von Standardgrüßen beschriftet. Geschäftsbriefe gibt es natürlich auch. Briefe, in denen man auf die laufenden Ereignisse, geschweige denn auf Gefühle eingeht, sind dagegen eine Seltenheit. Bei vielen ist es ums Lesen und Schreiben allemal nicht bestens bestellt. Die meisten Verwandten und Freunde wohnen im Ort oder in der Umgebung. Deshalb braucht man nicht an sie zu schreiben; man kann sie persönlich sprechen. Aber Übung macht den Meister. Im Laufe des Krieges wird Herr Müller als fleißiger Briefschreiber seine Frau einholen. Ein »oraler« Mensch verwandelt sich in einen schreiblustigen, der mit seinem Sohn über Gott und die Welt kommunizieren will. Ob Wilhelm ihm die gewünschten Antworten auf seine gezielten Fragen gibt, steht auf einem anderen Blatt. Dessen Schweigen bzw. Ausweichen sorgt für Frustration und Unruhe. Hätte er jedoch nicht fortgemusst, hätte sein Vater in der Wirtschaft und im Gespräch mit anderen Bekannten seine Meinung über die schuftigen Engländer, die rachedurstigen Franzosen und die bösen Sozialisten wohl von sich gegeben. Nur hätte er sich kaum die Mühe gemacht, die Zeitung regelmäßig zu lesen, um die positiven Entwicklungen – andere als positive Nachrichten bieten sie nicht! – herauszupicken und sie auf seine derbe Art für Wilhelm zu paraphrasieren.

Das Faszinierende an diesem gesamten Prozess ist, dass »einfache« »kleine« Leute ohne Leithilfe einen Riesenschritt machen und zwar vom diktierten, mit dem Lehrer stramm durchexerzierten schablonenhaften Volksschulaufsatz über Standardthemen hin zum Bericht über allerlei Entwicklungen im Ort und im Geschäft ebenso wie zur Artikulierung der eigenen Gedanken und Gefühle. Dafür gibt es keine der Müller'schen Welt zugänglichen Vorbilder. Diesen sprachlichen Verwandlungsakt vollziehen sie selbst, um sich und Wilhelm alles mundgerecht zu machen.

Als Post von ihm wieder länger als erwartet ausbleibt, kommt erneut eine an Panik grenzende Stimmung bei seiner Mutter auf. Erst am 6. Oktober trifft endlich ein Stoß Post aus Frankreich ein. Für die Eltern muss es höchst frustrierend gewesen sein, dass die sehnlichst erwarteten Briefe und Karten so gut wie keine anschaulichen Informationen über die erbitterten Kämpfe vor Saint-Quentin und Reims bieten. Ein typischer Brief lautet:

> *Nur soviel weiß ich: die nahen Engländer machen zuweilen des Nachts Sturmangriffe, wobei Sie jedesmal mit schweren Verlusten Ihrerseits zurückgeworfen werden.* (29.9.)

So viel können die Müllers auch in der Zeitung lesen. Da werden feindliche Angriffe immer abgewehrt, immer mit erheblichen Verlusten beim Gegner zurückgewiesen. Den Nachbarn kann man aus solch lahmem Material keine spannende Geschichte machen. Das Wichtigste hat Wilhelm aber geleistet: Seine Eltern haben ein Lebenszeichen erhalten. Er versucht, ihre Sorgen zu zerstreuen:

> *Wegen meiner Vorsicht mit dem Umgang der Einwohner braucht Ihr nicht besorgt zu sein denn erstens haben wir, weil wir immer bei den Pferden sind, schlechte Gelegenheit uns mit Ihnen einzulassen und dann wenn schon, kennt Ihr mich ja zu gut.* (25.9.)

Quasi als Ersatz für mangelnde konkrete Details über seine Erlebnisse legt er einigen seiner Briefe noch mehr Kriegsandenken bei. Diesmal sind es Karten und Fotos des französischen Soldaten Maurice Leduc, die er wohl in seinem jetzigen Standort, dem Dorf Cerny, in der zerstörten Schule gefunden hat. Dort kann Maurices Schwester Lehrerin gewesen sein. Eine dieser Karten, auf den 30. Dezember 1913 datiert, lautet: »Bonne et heureuse année avec beaucoup de courage dans vos études Plus tard il sera trop tard.«[7] Ob es auch für Maurice zu spät geworden ist? Diese heimgeschickten Karten sollen – das schreibt Wilhelm mit Bleistift darauf – als Erinnerung dienen an »die furchtbaren Gefechte mit den Verbündeten, Engländern u. Franzosen in Nähe der Stadt Reims vom 20ten bis [es folgt eine unausgefüllte Lücke] Sept 1914. etwa 100 km v. Paris«.

Schon früher hätte er gern ein Sprengstück heimgeschickt, das sich einen halben Meter vor ihm in die Erde gebohrt hatte, nur habe er es nicht finden können. (20.9.) Am 6. Oktober schickt er aber ein wirklich »eigenartiges Andenken« heim. Indem er einen Oberlehrer, Leutnant der Reserve, nachahmt, stellt er eine Postkarte aus dem Kalbsfell einer Trommel her, das er in der zertrümmerten Schule gefunden hat. Wenigstens bei Jacob Müller findet das kuriose erhaltene Monstrum Beifall.

7 »Gutes und glückliches (neues) Jahr mit viel Erfolg für Ihr Studium. Später wird es zu spät sein.«

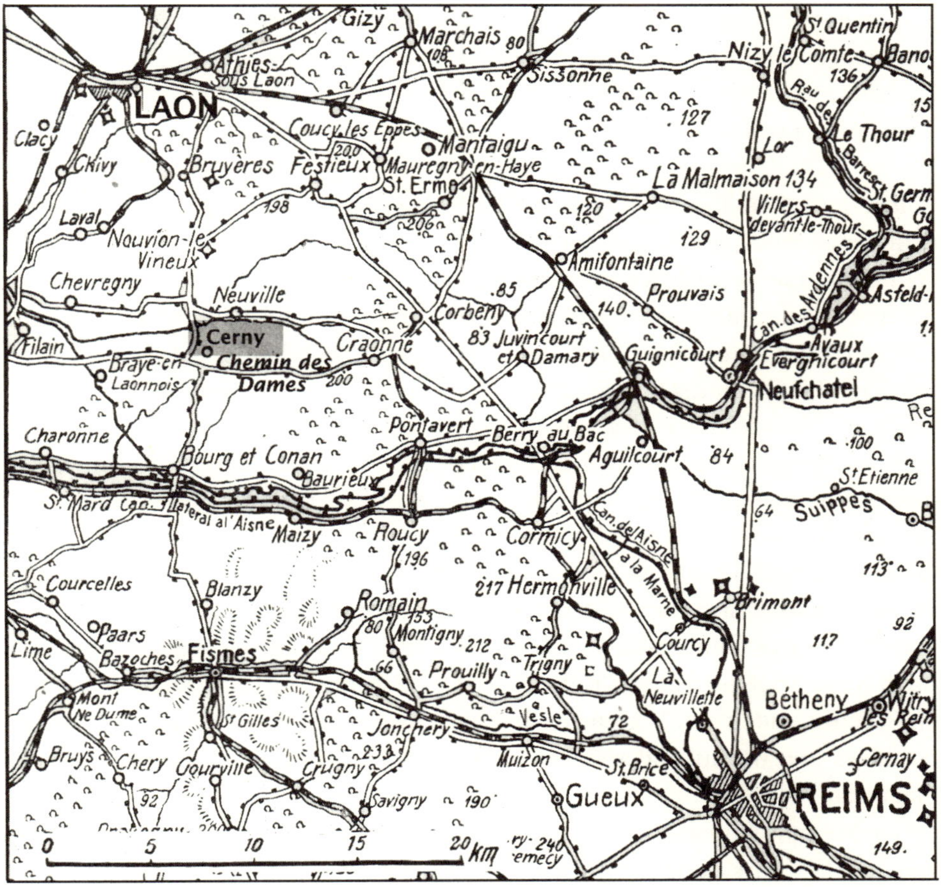

Cerny u. Chemin des Dames.

Was die Vermittlung von militärischen Details angeht, hält sich Wilhelm weiterhin an die strengen Bestimmungen der Zensur. Am Sonntag, dem 4. Oktober, bietet er seinen Eltern ein geradezu impressionistisches Bild von Cerny:

> *Kein Läuten der Glocken keine Kirchgänger in feierlicher Kleidung. Nichts verkündet den heiligen Sonntag. Öde und von seinen Einwohnern verlassen liegt Cerny da. Nur das geschäftige Treiben unserer Truppen hin- und hereilen, belebt den Ort. Ab und zu dringt durch den leicht bewölkten Himmel ein Lichtstrahl aber nirgends macht sich Sonntagsstimmung bemerkt.*

Seine Gedanken wandern in die Heimat:

Dennoch hänge ich mit meinen Gedanken beim Schreiben ds. Brfs. einem stillen sonnigen Sonntag nach und das säuseln der Blätter beim leisen Windhauch läßt mich so ganz bei Euch weilen. Wie schön ist's doch wenn die Aprikosen reifen und man kanns sich's so recht gemütlich machen?

Solche lyrischen Töne kommen in den Briefen seiner Eltern nie vor. Der Krieg bringt manches Paradox mit sich. Einerseits ist es für Wilhelm höchst frustrierend, sein Zivil- und Berufsleben unterbrechen zu müssen. Andererseits bietet ihm der Krieg die Gelegenheit, sich geistig und künstlerisch in Neuland hineinzuwagen. Es drängt ihn, gewisse durch seine Kriegserlebnisse hervorgerufene Gedanken und Gefühle dichterisch zu gestalten. Man merkt es dieser Briefstelle stilistisch an, dass er sich lyrisch geben will. Er, der Anfänger, probiert etwas Neues. Ob das Sich-recht-gemütlich-Machen zum sonstigen Ton passt, ist fraglich. Im Stillen liest er Romane und Lyrik. Nur verbirgt er solche Lektüre vor seiner Mutter. Das ist eine ihr verschlossene Welt. Für so etwas gibt man gutes, sauer verdientes Geld nicht aus! Über eine kleine Anzahl religiöser und patriotischer Gedichte hinaus erstreckt sich ihr dichterisches Interesse nicht. Mehr noch: Witterte sie, dass Wilhelm sich ihr geistig entfremdet, konkret: dass er ihre religiösen und sonstigen Kategorien infrage stellt, drohte ihn eine wahre Flut an Ermahnungen und ängstlichen, tadelnden Vorwürfen zu überschwemmen. Realpolitisch gesehen ist es klüger, hier wie auf anderen Gebieten seiner Politik des Verschweigens treu zu bleiben.

Dichter und Künstler erfreuen sich bei Frau Müller keiner hohen Gunst. Dagegen gewinnt für sie wie für die meisten Deutschen der Tannenberg- und Masurenschlachtsieger Hindenburg einen fast mythischen Status. Seine von der Presse bewusst herausgestrichenen derben Sprüche kommen bei den Müllers gut an. Ausführliche militärische Analysen hätten nicht dieselbe starke Wirkung gehabt. Wie beim Essen will man etwas Deftiges, Handfestes. Hindenburg und seine PR-Leute bieten das Richtige:

Hier lege ich Dir die Postkarte in Zeitung nachgedruckt, wie General von Hindenburg am 2. Okt. auf seine Geburtstags-Glückwünsche antwortete. Vielen Dank für freundliche Glückw. Ich danke den Erfolg Gott dem Herrn & meinen braven Truppen. Es wird weiter gedroschen. (6.10.)

Der Spruch, der schnell eine allgemeine Beliebtheit erzielt – auch der Kaiser zählt zu den eifrigen Dreschern – gesellt sich zum reichlichen Vorrat, den Frau Müller von ihrer Mutter, der Bäuerin, geerbt hat. Die Attraktivität der Ideenassoziationen bei »dreschen« liegt auf der Hand: Während der General den Feind zusammendrischt, tragen die Bauern durch ihr Dreschen zur Vereitelung von dessen Aushungerungsplan bei. Typisch für diese noch halb bäuerliche Frau ohne höhere Bildung ist, dass sie bei allem Drang, das Bäuerliche abzustreifen, immer noch volles Vertrauen zu den althergebrachten Volksweisheiten aus der agrarischen Vergangenheit hat. Die Welt mag sich ändern, aber die ewigen Wahrheiten ändern sich nicht.

Wilhelms Überlebenschancen nehmen im Herbst 1914 erheblich zu, als er Pferdebursche bei einem »netten« Leutnant wird. Genannt wird dessen Name nirgends und sonstige Details über ihn fehlen. Wilhelm überhebt sich nicht: Die Standesschranken bleiben bestehen. Der Leutnant mag nett zu ihm sein, aber sich mit seinem scheuen Burschen auf ein ernstes Gespräch einzulassen oder ihn an seiner Geselligkeit teilnehmen zu lassen, kommt ihm augenscheinlich nicht in den Sinn. Wilhelm, der den höflich-gepflegten Umgang bei Hachenburger vermisst, ist jedoch froh, sich im – allerdings monotonen – Abglanz einer Offiziersexistenz zu sonnen. Der Sprung ins Bataillonsbüro, von dem er seit Langem träumt, ist dieser Postenwechsel nicht. Aber immerhin stellt er einen erheblichen Fortschritt dar, was Sicherheit und Bequemlichkeit angeht:

> *Da liegt mir nur die Besorgung u. Pflege zweier Reitpferde meines und das des Leutnants ob. Ich brauche daher auch nicht wenn die Battr. in Feuerstellung geht sofort also nicht direkt ins Feuer.* (11.10.)

Teils Leibdiener, teils Stallknecht kann er mit dieser Doppelrolle gut leben. Auch ist es etwas anderes, statt gewöhnlicher Batteriepferde Reitpferde zu pflegen und seinen Offizier zu Pferde zu begleiten. Bei einem »netten« Offizier fühlt er sich außerdem viel wohler als im oft rohen, rüden Ambiente der Mannschaftssoldaten. Heldentaten und ein Heldentod interessieren ihn nicht. Dem Zufall verdankt er den neuen Posten kaum. Die Bemühungen seiner Mutter um die Gunst etlicher Wachtmeister haben sich wohl gut bezahlt gemacht. Wachtmeister Schmidt mag Wilhelm um sich herum im Bataillonsbüro nicht wollen, aber ihn bei einem Leutnant unterzubringen, dazu ist er eingedenk der guten Dienste von Frau Müller gern bereit. Kein Wunder, dass sie Wilhelm ermahnt, seine guten Beziehungen zu verschiedenen Wachtmeistern sorgfältig zu pflegen. Die Hindenburg-Postkarte z. B. und einen bulgarischen Brief an den Kaiser soll er Schmidt und einem anderen Wachtmeister zeigen.

Am 15. Oktober 1914 jährt sich Wilhelms Eintritt ins Heer. Nach zweieinhalb Monaten Krieg gewinnen die Reize der Heimat für ihn immer mehr Anziehungskraft. Gerade das Heraufbeschwören der Heimat durch einen Feldpfarrer berührt ihn sehr:

> [Der Pfarrer] *legte uns ein Bild der Heimat dar, durch Erzählen wie es heute und früher zuging. In Begleitung von Infanteriemusik wurden dann einige Lieder gesungen und uns dadurch die Heimat so nahegerückt. Feierliche Momente.* (15.10.)

Was der Einzelsoldat, wenigstens der gemeine Soldat, unter Heimat versteht, ist meist seine Heimatstadt bzw. sein Heimatdorf. Wilhelm fühlt sich in erster Linie nicht als Deutscher, nicht einmal als Hesse oder sogar Südhesse, sondern als Griesheimer. Vom »Vaterland« redet er nicht. Das ist ein Begriff, der von Bürgerlichen, Gebildeten bevorzugt wird, die von aller Kleinstaaterei, allem Provinziell-Krähwinkelhaften fortkommen wollen. Auch seine Mutter gebraucht das Wort nur dann, wenn sie etwa an Elsässer und andere Nicht-Hessen schreibt. Post aus Griesheim stärkt Wilhelms Moral. Bekommt er einen Brief etwa von Heinrich Müller sen. oder Anna Widmaier, so lebt er auf:

> *Ich freue mich jedesmal königlich wenn ich eine Nachricht aus der Heimat erhalte. Denn immer wieder kann ich die tröstenden Zeilen während langer Weile durchlesen.*

Man horcht auf: Schon ist von »Langeweile« und »Trost« die Rede. Ihm geht das Herz auf, wenn er einen Griesheimer trifft, denn dann kann er mit ihm über die Heimat reden. Solche Treffen bieten ihm außerdem einen harmlosen Schreibstoff, von dem er weiß, dass er seine Eltern interessieren wird. Gerade solche Informationen über andere Griesheimer kommen bei den Nachbarn und im Wirtshaus gut an. Liest man oft bei Historikern, dass viele junge Soldaten dem Zivilleben in der Heimat derart entfremdet werden, dass sie sich nach dem Krieg nicht mehr ins normale Berufs- und Familienleben integrieren können, ja durch ihre Erlebnisse im Schützengraben so verwandelt worden sind, dass sie sich ein Leben ohne Kampf und männliche Kampfgemeinschaft nicht mehr vorstellen können, so bietet Wilhelm ein gutes Gegenbeispiel. Seine Heimatverbundenheit bleibt intakt. Oft wird ihn das Gefühl überkommen haben, die Eltern könnten sich kein adäquates Bild vom Soldatenlos bilden. Manches, was sie ihm schreiben, wird ihm im Vergleich zu dem Ungeheuerlichen, was um ihn herum vor sich geht, trivial erscheinen, aber letzten Endes ist er über diesen ständigen Strom von lokalen Informationen, ja, sogar über den Griesheimer Tratsch, herzlich froh. Solange dies alles bei ihm eintrifft, darf er glauben, dass eine Welt jenseits des Front- und Etappengebietes weiterbesteht, eine Welt, zu der er hoffentlich bald zurückkehren wird.

Nur darf man diese Heimatverbundenheit nicht als reinen Segen betrachten. Aus einer anderen Perspektive gesehen birgt sie potenzielle schwerwiegende Nachteile in sich. Hofft Wilhelm, sich von der Gängelung durch seine Mutter zu befreien und sich nach dem Krieg irgendwo anders als Kaufmann zu etablieren, vielleicht eine Nicht-Griesheimerin zu heiraten, läuft seine starke Bindung an Griesheim diesem Wunsch diametral entgegen. Sie kann seiner Mutter eine starke Waffe liefern, will sie ihn in Griesheim gefangen halten. Schriebe er seinen Eltern etwa von preußischen oder bayerischen Kameraden und zeigte er Interesse daran, neue deutsche Staaten, Städte und Gebiete kennenzulernen, würde man es ihm eher zutrauen, Gottes Gunst in der weiten Welt erproben zu wollen.

Als Leutnantsbursche hat er Zeit zum Zeichnen. In »kurzer Mittags Musse« zeichnet er eine Skizze des Hofes, auf dem er vorübergehend einquartiert ist. (20.10.) Unbeholfen ist sie schon. Hauptsache aber ist, dass er in künstlerischer Hinsicht einen Anfang macht. In dem Brief, dem er sie beifügt, schreibt er vom Turm, der als Taubenschlag dient, und von den wunderbaren landschaftlichen Reizen der Gegend, fügt aber in klagendem Ton hinzu: »Reize, die, ich bedauere es, aus Anlass des Krieges wie alle anderen nicht geachtet und gewürdigt werden können.« In Friedenszeiten hätte Frankreich wohl Reize für ihn gehabt, die er geachtet und gewürdigt hätte. Ohne den Krieg hätte er als junger Kaufmann die französische Lebensweise goutieren können. Die ihm von seinen Lehrern und seinen Eltern aufgedrängten Vorurteile gegen den Erbfeind hätte er dank des direkten Kontaktes mit Franzosen abbauen können. Selbst ohne diesen Kontakt erlaubt er sich keine Ausfälle gegen die Franzosen. Sie mögen »Welsche« sein, aber Säue oder Schweine sind sie für ihn nicht.

In Griesheim lassen die Folgen des Krieges nicht lange auf sich warten. Schon nach kurzer Zeit wird klar, dass gewisse Familien mit der ihnen gewährten Unterstützung nicht auskommen. Zusätzliche Hilfe tut dringend not. Ohne einen Augenblick zu zaudern, praktiziert Frau Müller ihre patriotisch-christliche Nächstenliebe. Als Wilhelm ihr von seinem Lohn 20 M schickt, schenkt sie die Summe einer Not leidenden Familie:

> *der Vater ist auch im Krieg & hat inzwischen zu seinen 4 Kindern noch eins bekommen also 5 lebendige Die Mutter bekommt nur alle 14 Tage 16, 50 M*

> *Unterstützung & die Familie ist Wirths Gretche Ihre Schwester Kathrinche, wo den Ritter Georg hat; Sie hat so geweint darüber & ist Ihr vorerst aus der Not geholfen.* (17.10.)

Für Wilhelms Regiment wird ebenfalls gesammelt. Frau Müller soll die Sammelstelle übernehmen – ein klarer Beweis dafür, wie angesehen sie bei den Militärs ist. Sonst sehr bestrebt, sich bei den Wachtmeistern ins beste Licht zu setzen, lehnt sie aber aus Zeit- und Platzgründen ab. Schreiner Hofmann auf der Chaussee übernimmt die Aufgabe an ihrer Stelle. Die Sammlung erweist sich als sehr ergiebig:

> *Alles will den 84. spenden. Doktor Strein hatt für 34 M Schocolade allein gegeben, von der Frau Maus* [Inhaberin der Wirtschaft »Darmstädter Hof«] *bekommt die sechste Batterie extra etwas geschickt & Herrn Schmidt (Wachtmeister) wird es Euch austeilen.* (17.10.)

Frau Müllers leise Kritik ist nicht zu überhören: »Ihr habt viel Cigarren Taback & dergleichen geschenkt bekommen Da könnt Ihr tüchtig rauchen.« Während andere Familien Wäsche und Unterzeug spenden, spenden die Müllers trotzdem nur Zigarren und Zigaretten zusammen mit Kisten für die Verpackung. Die Sammelstelle nicht übernommen zu haben, entpuppt sich schnell als Fehler. Wachtmeister Schmidt, der »rote« Schmidt, der den Müllers so gute Dienste geleistet hat und Frau Müller für die Aufgabe vorgeschlagen haben mag, fühlt sich brüskiert. Wilhelm gibt er zu verstehen, die Spende seiner Eltern sei knauserig gewesen:

> *der Alte könne mal zur Verteilung an die Batterie 5–600 Cig als Liebesgaben senden bemittelt sei er ja dazu, das würde doch nicht so viel kosten.* (24.10.)

Als Sozialist steht er den Müllers sowieso kritisch gegenüber. Frau Müller reagiert gereizt:

> *Wenn genannte Persönlichkeit wieder sagt der Alte könnte 5–600 spenden so sage ganz ruhig wir hätten viele Cigarren & Cigaretten für die 84. Liebesgaben Sammlung gegeben & sämtliche Kisten zur Verpackung gestellt.* (6.11.)

Wehe, wenn einer, noch dazu ein Sozialist, ihr Knauserigkeit bei der Unterstützung der nationalen Sache vorwirft! Meistens zeigt sie ein gerüttelt Maß an Bauernschlauheit beim stillen, hartnäckigen Verfolgen ihrer langfristigen Ziele. Nur lässt sie sich von Zeit zu Zeit zu unbesonnenen Äußerungen und Taten hinreißen, die das Erreichen dieser Ziele stark gefährden und üble Folgen nach sich ziehen können. Sie sieht dann oft ein, dass sie unvernünftig gehandelt hat. Es bleibt ihr nichts übrig, als schnell zu versuchen, die Tat bzw. die Entscheidung rückgängig zu machen. In diesem Fall droht die bisher sorgfältigst aufgebaute Beziehung zu Schmidt ins Wanken zu geraten. Diese streitbare Frau mit ihren dogmatischen Ansichten muss einen Lernprozess durchmachen. Wie jeder kluge Staatsmann muss sie bestrebt sein, aus dem potenziellen Feind einen Verbündeten zu machen. Sie mag Schmidt nicht leiden können, aber sie braucht ihn. Sie darf seine Gunst nicht verspielen. Er muss auch gebührend belohnt werden, soll er weiterhin gute Dienste leisten und seine schützende Hand über Wilhelm halten. Zum ersten, aber nicht zum letzten Mal besänftigt und bremst Wilhelm seine Mutter:

> *Auf Eure vorstehende Äußerung betr. d. Wachtm. dürft Ihr Euch nicht ärgern. Das war absolut nicht so barsch gemeint als gesprochen. Wenn ich jedoch Gelegenheit habe, werde ich ihm etwas Aufklärung geben.* (17.11.)

Die Beziehung zu Schmidt wird weiterhin problematisch bleiben. Das Problem betrifft nicht nur Wilhelm. Viele Untergebene haben ihren Vorgesetzten gegenüber ähnliche Schwierigkeiten. Der Wachtmeister ist eine Machtperson vor Ort. Die Entscheidungen der Generäle bestimmen die Schicksale von Zigtausenden. Die Entscheidung des Wachtmeisters kann aber für den Einzelnen auch den Unterschied zwischen Leben oder Tod bedeuten. Wer bei ihm in Ungnade gerät, hat wirklich Pech, muss mit allerlei Schikanen rechnen. Dann läuft man Gefahr, bei allem außen vor zu stehen, die unangenehmsten Aufgaben übertragen zu bekommen. Bleibt der Wachtmeister durchgehend auf sachlicher Distanz oder benimmt er sich immer mit einer schnarrenden Schroffheit, weiß man wenigstens, mit wem man es zu tun hat. Tut er aber freundlich, sogar kumpelhaft, verkompliziert sich die Sache. Es lässt sich schwer einschätzen, wie echt seine Freundlichkeit ist und welche Freiheiten man sich ihm gegenüber erlauben darf. Man kann sich leicht verschätzen! Hat man gewittert, dass er gegenüber »Schmierversuchen« nicht abgeneigt ist, weiß man trotzdem oft nicht, wie weit man es treiben kann und ob das Schmieren tatsächlich etwas nutzt. Aus Schmidt werden Wilhelm sowie seine Eltern nie richtig schlau.

Inzwischen hat sich längst erwiesen, dass das stehende Heer und die 1914 eingezogenen Reservisten keineswegs ausreichen. Die Müllers beobachten, wie neue Alters- und Tauglichkeitsgruppen gemustert werden:

diese Woche sind wieder gemustert worden v. 20–30 Jahre, Landsturm ohne Waffen[8]*, fast alles genommen worden bis auf wenige Ausnahme*[n]. (17.10.)

Wilhelms Freund Ludwig Herbert, in Stuttgart zur Infanterie aufgeboten, ist am 20. Oktober noch nicht eingezogen worden. Bei der Lockerung der Tauglichkeitskriterien hofft Fritz Welker, immer noch in Darmstadt, endlich an die Front kommen zu dürfen:

In den nächsten Tagen komme ich nun bestimmt zu Infanterie d. h. es kommt darauf an wie die ärztliche Untersuchung ausfällt die morgen oder übermorgen stattfindet. Es kann also sein, dass ich in 6–8 Wochen selbst vor dem Feind stehe. (18.10.)

Wilhelm und Fritz Ermert sind bei Weitem nicht die einzigen Soldaten, die Frau Müller beliefert. Musketier Jakob Steyer z. B. schreibt aus Metz am 20. Oktober:

Nun da ich ein wenig Zeit habe tue ich Ihnen mitteilen wie es bei uns geht. Ich bin der Schwartze welcher zuerst in den Ihrigen Laden kam und danke Euch für alles was ich von Euch geschenkt bekam. Wir [er und Musketier Ulrich] *sind noch immer in St Martin bei Metz wo es unter den vielen Mäulen viel Hunger und wenig zu Essen giebt zu kaufen ist hier alles sehr Teuer und ziemlich ausgegessen denn es ist alles überladen mit Militär.*

Der Wink ist klar! Seine Kompanie hat zum legendären 1870er Schlachtfeld bei Gravelotte marschieren müssen – Exerzieren mit Erneuerung der patriotischen Gesinnung verbunden! Nicht patriotische Freude, sondern das Bewusstsein der Strapazen des Marsches bei der großen Hitze überwiegt: »unter vielem Schweis kamen wir wieder zurück.« Die Sicht der Dinge des kleinen Mannes deckt sich oft

8 Vom vollendeten 17. bis zum vollendeten 45. Lebensjahr galt jeder Deutsche grundsätzlich als wehrpflichtig und wurde in den Landsturm aufgenommen. Mit 19 Jahren begann die eigentliche Militärpflicht. Wer nach der Musterung eingezogen wurde, diente entweder drei Jahre bei der Kavallerie oder zwei Jahre bei der Infanterie. Nach dem aktiven Dienst wurde er der Reihe nach in die Reserve, die Nachwehr 1. Aufgebot, die Nachwehr 2. Aufgebot und am Schluss wiederum in den Landsturm aufgenommen. Wer weder beim Heer noch bei der Marine aktiv gedient hatte, gehörte zum ungedienten Landsturm. Wurde er im Krieg gemustert und als felddienstfähig befunden, musste er militärisch ausgebildet werden.

nicht mit der offiziellen. Am selben Tag (20.10.) schicken zwei andere Soldaten, Steinle und Jakobi, herzliche Grüße aus Apolda. Sie sind bei den Müllers einquartiert gewesen, ehe sie zum Truppenübungsplatz Döberitz bei Berlin abkommandiert worden sind, um sich dort »im Maschinengewehr« auszubilden. Der Vergleich zwischen Griesheim und Döberitz fällt zugunsten Griesheims aus:

> *Döberitz ist eine öde Gegend es war doch in Griesheim golden gegen hier, sind aber doch immer vergnügt, u. gesund Nochmals unsern Herzl. Dank.*

In Preußen lernt manch hessischer und süddeutscher Rekrut nicht nur eine ödere Landschaft, sondern auch einen anderen, strammeren, sprich: brutaleren Kommiss kennen.

Auch Fritz Ermert denkt mit großer Dankbarkeit an Griesheim zurück:

> *Es wurden jetzt ganz kurz noch einmal die Quartiere erinnert von Griesheim in unsrer Komp*[anie]*. Sollte es mir vergönnt sein Darmstadt noch einmal zu sehen, werde ich Euch wenn es geht noch einmal besuchen.* (22.10.)

Mittlerweile ist für ihn die Frage nicht mehr, wann die Deutschen als Sieger in Paris einmarschieren, sondern ob er überhaupt überlebt. Er zitiert Wilhelm Hauffs Gedicht »Reiters Morgenlied«, das während des Krieges zu einem der beliebtesten Ansichtskartenmotive wird: »Aber wer weiß. Morgenrot Morgenrot leuchtet mir zum frühen Tod.« Als Sanitäter wird er schon in den ersten Wochen, als die Verluste noch gering gewesen sind, erkannt haben, dass der Tod mit den pathetischen Ateliermontagen zu diesem Gedicht wenig gemein hat. Auf das Erlebte geht er jedoch nicht näher ein. Den Müllers will er wohl noch mehr Sorgen um Wilhelms Wohl ersparen.

Während andere um ihr Leben kämpfen, kämpft dieser gegen den Ansturm von Paketen aus Griesheim tapfer an. Selbst mit dem besten Willen und seinem großen Appetit kann er die ihm geschickte Fülle an Esswaren nicht vertilgen. Von seiner Mutter hat er aber schon gelernt, wie nützlich sie als »Schmierwaren« sind. Er schenkt Wachtmeister Schmidt ein noch intaktes Paket voller Gebäck. (21.9.) Nur übertreiben darf man es nicht. Als die Eltern auch an ihn selbst ein Paket schicken, wird Schmidt die Sache peinlich:

> *später sagte er mir nochmals daß er sich sehr freute wolle aber in Zukunft nicht mehr geschickt haben da er genug von Verwandten u. Bekannten erhalte.* (24.10.)

Pathetisch-romantisches Atelierbild zu Wilhelm Hauffs Gedicht »Reiters Morgenlied«. Das viel illustrierte Gedicht, das ein Lieblingslied von Wilhelms Großvater gewesen ist, kommt den seelischen Bedürfnissen des Frontsoldaten und seiner Angehörigen entgegen, sich den Tod als sofortige Folge eines »sauberen« Brustschusses vorzustellen. Keine Wunde, kein Blut sind sichtbar! Ein treuer Kamerad ist zur Hand, um die Leiche zu bergen und dafür zu sorgen, dass sie würdig begraben wird. Das glänzende Pferd könnte nicht standbildhafter dastehen, während die Landschaft, trotz der Requisite des beschädigten Wagenrades, auch intakt und friedlich ist. Der heile Tod!

Noch ist Wilhelm bei seinen Abwehrmanövern höflich-zurückhaltend. Er hütet sich, seiner Mutter klipp und klar zu sagen, sie solle ihm nicht so viel schicken. Obwohl er also mit Kniewärmern eigentlich gar nichts anfangen kann, versichert er ihr, er könne sie diesmal doch gebrauchen. Seine sanften Abwehrmaßnahmen nutzen ihm nichts. Als sie erfährt, dass die ihm geschickte Jacke und eine Leibbinde ihn noch nicht erreicht haben, gerät sie gleich in Panik, schickt ihm nicht **eine** Ersatzleibbinde und **eine** Ersatzjacke, sondern, der Sicherheit wegen, eine neue Unterjacke und zwei Leibbinden. Die Bemutterung hört damit nicht auf: Angewiesen wird er, welche Leibbinde oben, welche unten zu tragen sei; dann soll er sie andersherum anziehen. (24.10.) Auch ein Brustwärmer und ein Rückenwärmer treffen bei ihm ein.

Andere Liebesgaben sind erwünschter. Wilhelms Tante Bettchen – Elisabeth Krause –, die in der Frankfurter Markthalle eine Gemüse- und Zwiebelhandlung en gros führt, schickt ihm etwas, was so viele Soldaten vermissen: eine Taschenlampe. (16.11.) Eigentlich hat er bereits eine; aber eine zweite schadet nicht. Leicht kann sie einem gestohlen werden oder sonst abhandenkommen. Seine Tante erspart ihm auch den Ärger, dem so viele ausgesetzt sind, indem sie ihm eine zusätzliche Batterie schickt. Bald ist er in dieser Hinsicht mit allem versorgt; denn die Eltern senden ihm eine Kerze und Streichhölzer: »ein prächtiger Gedanke [...] diese beide Sachen sind hier fast unentbehrlich und dazu nicht aufzutreiben.« (24.10.) Mit Lampe, Batterien, Kerze und Streichhölzern versehen ist er nicht dazu verdammt, im Dunkeln zu hantieren. Wenn er will, kann er zu jeder Tageszeit seine Romane und Gedichte lesen und – was für ihn ein wahrer Segen ist – dabei seine Pfeife, wohlgemerkt eine Gesundheitspfeife, anzünden. Kurz: Er kann ein einigermaßen zivilisiertes Leben führen. An Zeitungen kommt er allerdings nur schwer heran und wenn, dann meistens nur an alte.

Normalerweise hütet er sich davor, sich seiner Mutter gegenüber der Ironie als Waffe zu bedienen. Er will keinen Ärger, weiß, dass sie es letzten Endes gut mit ihm meint. Aber selbst ihm wird die Überhäufung durch Kleidungsstücke langsam zu viel. Am 8. November ist es so weit: »Habt Ihr denn nicht noch einige Leibbinden, Unterjacken Pfeifen usw. Meint Ihr die gesandten reichen.« Ob sie die Ironie heraushört?

In diesem Krieg braucht man nicht im vordersten Schützengraben zu stehen, um in Gefahr zu sein. Granaten und Schrapnells töten und verwunden viel mehr Soldaten als Kugeln, selbst die aus Maschinengewehren. Der Tod kann in jedem Augenblick jeden ereilen, der in Reichweite der feindlichen Artillerie ist. Ob man überlebt, hat wenig mit Tapferkeit und Heldentum zu tun. Es ist meist eine Sache des reinen Zufalls oder – in den Augen der Christen – des Willens Gottes. Ein Sprengstück hat Wilhelm schon beinahe getroffen. Gegen Ende Oktober entkommt er dem Tod ein zweites Mal knapp:

> *Am Dienstag abend hat sich bei uns mal wieder ein verhältnismässig kleines Unglück ereignet Ein feindl. Granate platzte plötzlich mitten auf der Straße wo unsere Protzen u. Pferde standen. Ich u. noch mehrere befanden uns in einem Haus, von wo aus das Ungeheuer 3–4 m einschlug beim Essen. Ein Fahrer der auf der Straße war wollte uns warnen indem er uns zurief wir sollten im Haus bleiben oder rasch herauseilen um vor einer Mauer Schutz zu suchen Darauf eilten auch 3 Mann heraus und ehe ich mich recht besann, was ich machen sollte war es schon geschehen. Es wurden dabei 9 Pferde verletzt wovon 5 erschossen werden mußten. Außerdem 2 Mann leicht u. 1 schwer.* (30.10.)

Angesichts dieser permanenten Lebensgefahr hängt das seelisch-geistige Gleichgewicht manches Soldaten vom Glauben an eine gütige Vorsehung und die schützende Hand Gottes ab. Viele Angehörige in der Heimat kämen ohne die Zuversicht nicht aus, alles sei in Gottes allwissender, allmächtiger Hand. Diese Gesellschaft ist immer noch stark christlich geprägt. Freidenker und Atheisten, die »Gottlosen«, sind stark in der Minderheit.

Die Rolle der Kirche, insbesondere Pfarrer Gerhards, im Leben von Frau Müller ist nicht zu überschätzen. Die Kirche ist der Ort, an dem sie ihre geistige und seelische Nahrung findet. Zeitungen wie das *Darmstädter Tagblatt* und den *Griesheimer Anzeiger* liest sie schon, aber der Gottesdienst mit Predigt, Anrufung und Fürbitte, Kirchenliedern, Orgelmusik usw. packt bei ihr Geist und Seele viel stärker. In der Kirche genießt sie eine Gefühlsintensität, die sie sonst nicht erlebt. Pfarrer Gerhard, einem leidenschaftlichen Patrioten, der die christliche Botschaft und die Schicksale der deutschen Soldaten in engste Verbindung bringt, gelingt es oft, sie durch seine Predigten so zu erregen, dass sie begeistert heimeilt und die Hauptzüge der Predigt für Wilhelm herausstreicht bzw. einen Strom an Bibelzitaten und Versen aus Kirchenliedern an ihn loslässt. Was sie nicht auswendig im Kopf hat, schreibt sie aus der Bibel oder dem Gesangbuch ab. Kurz: Struktur und Substanz ihrer geistigen Welt sind in ihrem evangelischen Glauben zu finden. Schlachten, Todesfälle, Ernteerträge, Wetterverhältnisse – alles wird aus dieser biblischen Perspektive rezipiert und bewertet.

Pfarrer Gerhard.

Schule und Kirche arbeiten Hand in Hand. Die Griesheimer Schulkinder werden in diesen großen vaterländischen Krieg miteinbezogen. Frau Müller beschreibt Wilhelm am 31. Oktober einen Bittgottesdienst für die »lieben Krieger«, dem sie beigewohnt hat. Die Klasse von Lehrer Heß trägt eine dreistimmige Vertonung von Ernst Moritz Arndts Gedicht »Wer ist ein Mann?« vor. Aus dem »ein« wird jetzt »der«. So begeistert ist sie von dessen Botschaft, dass sie alle Strophen für Wilhelm abschreibt:

Die Lutherkirche.

Das Innere der Kirche vor dem Umbau in den 1920er Jahren.

1. *Wer ist der Mann? Wer beten kann & Gott dem Herrn vertraut wenn alles bricht, er zaget nicht dem frommen nimmer graut.*
2. *Wer ist der Mann Wer glauben kann inbrünstig wahr & frei denn diese Wehr trügt nimmermehr Die bricht kein Mensche entzwei.*
3. *Wer ist der Mann Wer liegen kann von Herzen fromm & warm Die heilige Glut gibt schon Mut & stärkt mit Stahl den Arm.*
4. *Dies ist der Mann der streiten kann für Weib & liebes Kind der kalten Brust fehlt Kraft & Luft & ihre Tat wird Wind.*
5. *Dies ist der Mann der sterben kann für Gott & Vaterland er läßt nicht ab bis an das Grab mit Herz & Mund & Hand.*
6. *So deutscher Mann so freier Mann Mit Gott dem Herrn zum Krieg Denn Gott allein kann Helfer sein von Gott kommt Glück & Sieg.*

Diese Definition dessen, was einen »deutschen Mann« ausmacht, setzt nicht nur jeden Schüler, sondern auch Wilhelm und jeden anderen Soldaten unter einen enormen Druck, diesen Normen zu genügen. Wer sich eines erheblichen Abstandes zwischen diesem kriegerischen Ideal und seinem eigenen Wesen bzw. seiner eigenen Selbsteinschätzung bewusst ist, hat es schwer. Er findet keinen anderen Soldaten, der Ähnliches nicht nur denkt und empfindet, sondern auch bereit ist, über solche Gedanken und Gefühle offen mit ihm zu sprechen. Das wilhelminische Männlichkeitsmuster schafft Hemmungen, Minderwertigkeitskomplexe und Selbstvorwürfe bei denen, die ihm nicht entsprechen.

Pfarrer Gerhard denkt nicht im Entferntesten daran, Religion und Politik auseinanderzuhalten. Im Gegenteil, er fungiert quasi als Sprachrohr der Regierung, indem er die neuesten amtlichen Nachrichten über politische, militärische und diplomatische Entwicklungen so aufbereitet, dass seine Gemeinde sie in ein ihnen vertrautes, alles überwölbendes religiöses Schema integrieren kann. Damit bekommt alles eine höhere Weihe für sie. Ihr geistig-seelisches Engagement für die deutsche Sache wird dadurch gefördert und geheiligt. Als Frau Müller Wilhelm nach Arndts Gedicht eine wahrhaft internationale Weltschau bietet, darf man ruhig annehmen, dass sie sich weitestgehend auf die Predigt Pfarrer Gerhards stützt:

Der liebe Gott wird allen Rat & alle Anschläge unserer Feinde zur Narrheit machen. Der Anfang dazu ist da England wollte die Türkei zu allerlei zwingen & auf Egippten, da die Islammiten zusammen halten, ist der Würfel für unsere Feinde verkehrt gefallen & Türkei ist wie Du siehst in der Zeitung gegen Rußland in Krieg gezogen, die Buren erheben sich & gehen mit den Deutschen in Südwest-

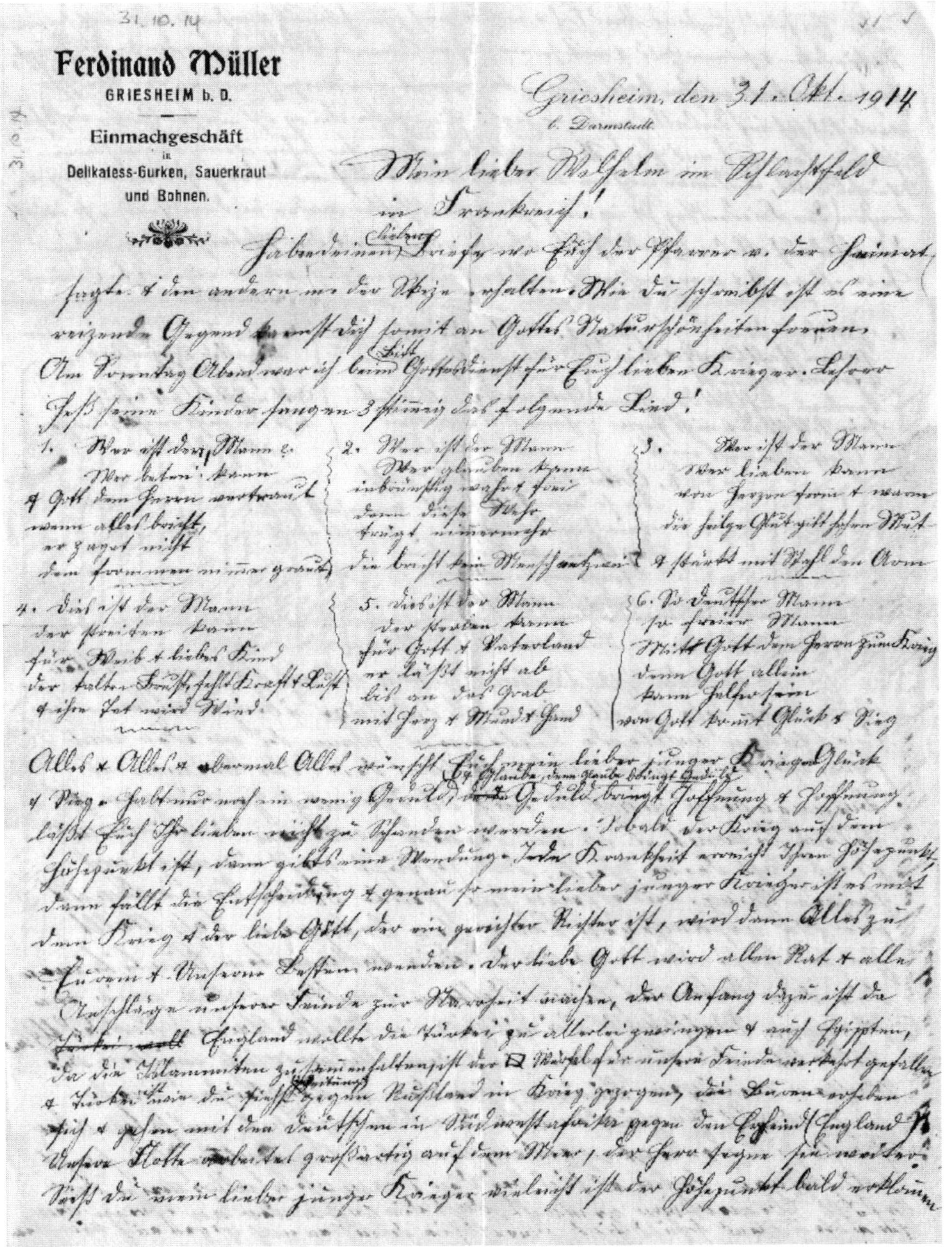

Die sparsamen Müllers verzichten auf teures Briefpapier und nutzen jeden Zentimeter des Oktav-Firmenpapiers aus. Im Idealfall schreiben sie zwei Seiten ganz voll. Ist noch Platz frei, verwendet ihn Wilhelm häufig für seine oft sehr knappen Lebenszeichen.

afrika gegen den Erzfeind (England) Unsere Flotte arbeitet großartig auf dem Meer, der Herr segne sie weiter. Siehst Du mein lieber junger Krieger vieleicht ist der Höhpunkt bald erklommen. Der Erzfeind (England) stand hoch & wollte noch höher hinaus & rechnete nur mit seinen Verbündeten & seinem Geld & mit seiner stolzen Armada (Flotte) aber den 3. die Hauptsache, der bald erhöhen bald stürzen kann, den Vergessen sie, der deutsche verläßt sich auf dies alles nicht, er sagt: Eine feste Burg ist unser Gott, deßhalb ist der Herr auch mit Euch.

Sie fährt in ähnlicher Weise noch eine Weile fort. Was dem Ganzen eine köstliche Pointe gibt, ist ihr ehrliches Zugeständnis: »War über dem Schreiben des letzten Ferses eingeschlafen, deßhalb verzeihe meine mangelhafte Schrift.« Wilhelms Vater findet den Brief bewegend: »ist mir das Auge übergelaufen über die schönen tröstenden Liedervers.«

Das Verhältnis zwischen Front und Heimat basiert darauf, dass die zu Hause schreiben und Pakete schicken, während als Gegenleistung die Soldaten im Ausland neben dem gebührenden Dank interessante Informationen beisteuern. Auf ihre aktuellen Berichte wollen Angehörige und Nachbarn nicht verzichten. Weil er von zu Hause schon reichlich versorgt wird, ist Wilhelm auf die Liebesgaben anderer nicht angewiesen und würdigt diese nicht gebührend. Er befolgt die Spielregeln nicht, schweigt. Noch schlimmer, er schreibt einer der spendenden Familien, er brauche ihre Liebesgabe eigentlich nicht. Seine Mutter muss ihm die Leviten lesen. Nach einigem Hin und Her einigen sich die beiden auf ein Schreib- und Danksagungsprogramm.

Schreibfaul mag er sein, aber Wilhelm will die neuesten Nachrichten aus Griesheim regelmäßig zugeschickt bekommen. Verständlicherweise möchte er wissen, welche Griesheimer gefallen sind. Am 30. September hat die Nachbarin Anna Widmaier ihm mitgeteilt, dass in Griesheim schon etliche den Heldentod fürs Vaterland gestorben sind und eine Anzahl Verwundeter zurückgekommen ist. Seine Mutter dagegen hat ihm keine solche Information geliefert. Auf seine ausdrückliche Bitte tut sie es jetzt:

Du hast gefragt wer gefallen ist nämlich einer Namens Nothnagel in Sterngasse, Landaus Helwig sein Sohn ist an seiner Verwundung gestorben, Reinheimer Frankfurterstr, welcher b. Müller Heinrich geschaft hat, etliche vermißt & verwundet, manch mal heißt es vermißt & ist dann wieder das Gegenteil & finden sich bei Ihrem Truppenteil wieder ein, das kann man alles erst sehen wenn der Krieg vorbei ist. (2.11.)

Man spürt, dass sie die Verluste im Rahmen des Akzeptablen findet. Von den als vermisst gemeldeten Soldaten werden wohl auch einige wieder auftauchen! Dass der Krieg noch vier Jahre dauern könnte, fällt ihr nicht im Entferntesten ein. Im *Griesheimer Anzeiger* findet man nähere Details über die Gefallenen: Musketier Heinrich Nothnagel, geb. 1893, 8. Kompanie, Infanterie Regiment 116, Sohn Philipp Nothnagels in der Sterngasse 31, durch eine feindliche Kugel; Gardist Georg Landau III, 27, am 24.8., Leib-Infanterie-Regiment 115 infolge schwerer Verwundungen, auf dem hiesigen Friedhof beerdigt; Heinrich Reinheimer, geb. 1893, Infanterieregiment 118, Sohn Adam Reinheimers.

Über Entwicklungen im Kriegsgefangenenlager wird Wilhelm weiter auf dem Laufenden gehalten. Seine Griesheimer Korrespondenten sind oft froh, solche Informationen bieten zu können, denn nach den üblichen »besten Wünschen« und der Standardformel »gesund und munter« suchen sie vergeblich nach Schreibstoff. Am 5. Oktober schreibt sein Freund und Schulkamerad Georg Müller:

> *Hier sind die Franzosen u Belgier u Zuaven*[9] *ganz munter doch haben sie großen Hunger und machen dies durch ein langesziehen der Hosen vom Bauche bemerkbar. Es sollen 20.000 hier untergebracht werden.*

Wilhelms Vater, der dem Kriegslieferanten Georg Budesheim 30 Zentner Sauerkraut für das Lager geliefert hat, erwähnt den Hunger der Kriegsgefangenen nicht. Ihm liegt viel mehr daran, dass sie richtig schaffen müssen. Uneinigkeit zwischen den westlichen Mächten im Vergleich zur Einigkeit aller Deutschen ist ihm nur recht:

> *Die Franzosen auf dem Übungsplatz müssen die Straßen reinigen Bäume schneiden u dergleichen mehr. Es sind auch Engländer auf dem Übungsplatz müßten aber sonst hin verlegt werden, weil die Franzosen sie sonst totschlagen denn es hat sich bei den Franzosen allgemein das Gefühl bemerkbar gemacht, daß die Engländer an ihrem den Franzosen Elend schuld sind obwohl sie draußen noch gegen euch kämpfen.* (31.10.)

Die Schotten mit ihren »bunten Strümpfen und karierten Röckchen (ohne Hosen)« sind für die Griesheimer eine exotische Sehenswürdigkeit. Als die Spannungen zwischen ihnen und den Franzosen zunehmen, müssen sie in eine

9 Nordafrikaner.

norddeutsche Festung gebracht werden. (GA, Nr. 88 vom 3.11.) »Senegalschützen von ganz schwarzer Farbe, die den auf der niedrigsten Kulturstufe stehenden Negerstämmen angehören«, werden auch bestaunt. Am 21. Oktober berichtet der *Griesheimer Anzeiger* sogar, ein Darmstädter Offizier in Frankreich habe einen erschossenen »Turko« oder »Neger« aufgefunden, der seine ganze Patronentasche voll Menschenaugen hatte! Die Wirkung dieser Sensationsberichte auf Frau Müller kann man sich gut vorstellen.

Im November berichtet auch Heinrich Müller jun. Wilhelm von Schlägereien im Lager zwischen den Franzosen, Engländern, Russen, »Turkosen und Senegalnegern«. »Einige seien auch schon ausgerissen aber wieder an ihre Stelle zurückgebracht worden.« Er habe mit seinem Vater acht Tage lang im Gefangenenlager gearbeitet: »Welches Elend da herrscht kannst Du Dir nicht denken.« Ursprünglich hatte Heinrich Müller sen. gemeint, die Gefangenen fühlten sich sehr behaglich im Lager. Vater und Sohn ist inzwischen aufgefallen, dass das nicht der Fall ist. Von jetzt an wird das Lager in den Briefen nicht mehr erwähnt. Von den Tätigkeiten der Gefangenen in der Gemeinde wird ebenfalls nie berichtet. Aus einem späteren Brief von Frau Müller geht hervor, dass schon der Anblick der Franzosen ihr reichte. Der Franzose bleibt für sie schlicht der verhasste Erbfeind.

Cerny mag ein relativ sicherer Ort sein, aber selbst für den stillen Einzelgänger Wilhelm büßt es langsam seine Reize ein. (5.11.) Es sei, so klagt er, »ein ödes Nest«. Er langweilt sich. Er sollte nicht klagen. Als Kanonier hat sein ehemaliger Barackenkamerad Hermann Bremm, mit dem er sich immer noch regelmäßig trifft, ein viel gefährlicheres Los. Dessen unbeholfener Brief an die Müllers vom 6. November bringt die Gefahr klar zum Ausdruck, in der er als Beobachter für die Batterie schwebt:

> *Der Wilhelm und ich haben trotzt dem Kriege auch schon manche Freude gehabt. Wilhelm ist unten bei den Protzen im Dorfe ich sitze hier im Schützen-Graben als Beobachtungs Posten ich darf mich kaum heraus wagen schon schießt die Bande auf mich bis jetzt habe ich noch immer gluk gehabt. Unten im Dorfe ist es dagegen 100 Proszent besser es ist mir schon oft leid gewesen das ich kein Fahrer geworden bin. Trotz dem es ja die erste Zeit nichts angenemes ist. Aber jetzt kann man sehen was die führ ein Leben haben gegen uns Kanoniere.*

Bremm befriedigt viel besser als Wilhelm den Wunsch der Müllers nach Informationen über die laufenden Kampfhandlungen. Erstens erlebt er direkt Dinge, die für sie von Interesse sind; zweitens hält er sich, bewusst oder aus Unwissenheit, nicht ängstlich an die Zensurbestimmungen:

Ich will euch jetzt kurz die Neuichkeiten schreiben von den letzten Tagen Am 5 November kamen 110 Franzosen übergelaufen und gaben sich Gefangen. Am 6. November kamen die Indier und wollten einen Angriff machen Das ganze Batallion wurde nieder Geschossen bis auf 28 Mann. Am 7 November kamen 200 Franzosen mit ihren Eßnäpfen und wolten Essen haben Die haben wir allerdings auch behalten Es scheint das die Franzosen Hunger haben.

Bremms Bericht, der den Müllers etwas zum Weitererzählen bietet, macht sie gleichzeitig umso dankbarer für Wilhelms Burschenposten. Er rechtfertigt darüber hinaus die schönsten Siegeshoffnungen.

Während Wilhelm Angst hat, durch Pakete überschwemmt zu werden, vermissen andere bei den Müllers früher einquartierte Soldaten angemeldete, aber noch nicht angekommene Pakete bitter. Musketier Ulrich schreibt am 10. November aus Maisnille [d. h. Maisnil les-Ruitz}, er habe die Karte bekommen, die ihm und seinen Kameraden das Abschicken eines Paketes meldet, aber bis dato sei nichts angekommen:

Wir leben noch alle drei wir haben schon manchen Kugelregen Erlebt wir kämpfen gegen die Engländer im Norden von Frankreich.

Das große Paket mit Butter und Brot bleibt weiterhin aus. Zehn Tage später schreibt Ulrichs Kamerad Johann Steyer, es sei immer noch nicht eingetroffen. Er gibt aber nicht auf. Nachdem er Frau Müller schon vielmals für ihre Mühe gedankt hat, fügt er den Wink hinzu, dass kleine Feldpaketchen nicht so teuer seien und immer ankämen. (20.11.) Das Bild auf seiner Karte passt genau: »Les oeuvres de miséricorde!«[10] Frau Müller hört zwar auf den Wink, aber es nutzt ihm nichts. Ihre Karte an ihn, auf der sie ihm das Abschicken zwei kleinerer Pakete anmeldet, kommt mit dem Vermerk »zurück ver[wundet]« zurück. Normalerweise teilt man unter solchen Umständen das Paket unter den Kameraden auf. Zum Glück hat sie die Pakete auch bei Ulrich angemeldet. Eines davon kommt bei ihm endlich an; nur ist es lange unterwegs gewesen, denn die beiden Soldaten sind nach Russland verladen worden. Steyer erreicht es nicht mehr. Ulrich meldet am 14. Dezember:

Wehrte Freunde [...] *Heute haben wier daß Paket mit den Zigarren und dem Schoklade erhalten es hatt uns sehr Freude gemacht und wir haben Erlich geteilt.*

10 Die Werke der Barmherzigkeit.

Es tut mir sehr leit daß der Kameraat Steyher umgekommen ist jetzt haben wir beide es geteilt in Rußland im Schützengraben. Hoffendlich ist der Krieg bald zu Ende.

Ob das zweite Paket mit Konfekt je angekommen ist, wissen wir nicht. Nach Neujahr 1915 versucht Frau Müller, ein viertes Paket an Musketier Ulrich und seine Kameraden im Regiment 224 zu schicken. Ihre Karte vom 5. Januar kommt mit dem Hinweis »krank Lazarett« zurück. Der Rest ist Schweigen. Das wird häufiger vorkommen. Einzelne fallen. Der Krieg geht weiter.

Mitte November 1914 scheint Wilhelms bequeme Zeit als Leutnantsbursche zu Ende zu gehen:

Von meinem Posten als Ltn. B. bin ich bedauerlicherweise schon wieder entsetzt, dadurch weil m. Lt. durch einen Granatsplitter am Oberschenkel verwundet wurde u. in ein benachbartes Lazarett überführt wurde. Wie ich höre soll die Heilung etwa 6–7 Wochen beanspruchen. Na in dieser Zeit kann sich noch allerhand ereignen. (11.11.)

Man könnte ihn leicht zur Batterie zurückkommandieren. Dies geschieht jedoch nicht. Hat Wachtmeister Schmidt seine schützende Hand wieder im Spiel? Wilhelm füllt die Zeit aus, indem er weiter zeichnet. Zwei mit Bleistift gezeichnete, unbeholfene Bilder von einem Pferd und einer Blume werden heimgeschickt.

In Griesheim ebben die Veranstaltungen und Sammlungen zum Vorteil der Soldaten und ihrer Angehörigen nicht ab. Mitte November ist das große Ereignis eine Veranstaltung des freien Hilfsvereins. Wilhelm erfährt zuerst davon durch den Brief der Schülerin und Nachbarin Elisabeth Rühl. Die ganze Schulklasse wird nach der Feier beauftragt, einen Bericht darüber an je einen Griesheimer Soldaten zu schicken. Elisabeth, die Wilhelm gut leiden kann, wählt ihn extra für sich. Die helfende Hand des diktierenden Lehrers macht sich bei ihren Formulierungen bemerkbar:

Am letzten Sonntag nachmittag wirkte unsere SchulClasse bei einer vaterländischen Feier mit. Dieselbe war sehr stark besucht und nahm einen erhebenden Lauf. Es waren etwa 500 Personen anwesend. Dem Hilfsverein zur Unterstützung bedürftiger Familien hiesiger Kriegsteilnehmer konnte ein Reinerlös über 100 M zugewiesen werden. Herr Musiklehrer Kahl leitete das Orchester, das aus fünf Geigen, 2 Trompeten, Baß und Klavier zusammengesetzt war. Unsere SchulClasse sang ein zweistimmes und drei dreistimme gesetzte Lieder. Alle

Vorträge wurden mit großem Beifall aufgenommen. Der Herr Bürgermeister eröffnete die Feier und Herr Pfarrer hielt eine längere Ansprache über den Krieg und seine Bedeutung für uns. Den 2. Advent findet dieselbe Festlichkeit im Saale des Herrn Maus statt. Sei immer mutig und stark, denn den mutigen hilft Gott. Hoffentlich werden wir bald ein frohes und gesundes Wiedersehen feiern können. Herzliche Grüße aus der Heimat sendet Dir Deine nachbarn Familie Rühl besonders Elisabeth. Gruß Gretchen Jäger Auf Wiedersehen. (20.11.)

Leider fehlen Details im *Griesheimer Anzeiger* über die Ansprache des Pfarrers. Wilhelms Mutter, die die Veranstaltung selbstverständlich besucht, bietet auch keine in ihrem kurzen Bericht darüber. Am 9. Juli 1916 wird Jakob Kahl, der Musiklehrer, im Alter von 26 Jahren infolge seiner am 24. Juni bei einem Sturmangriff erhaltenen schweren Verwundung (Lungenschuss) in einem Feldlazarett sterben. Er wird auf dem Friedhof in Brieulles begraben.

In der Adventszeit wird Wilhelm zum Weihnachtsfest nebst einer Anzahl kleiner Pakete ein Kistchen Äpfel und Birnen zugeschickt. Die seien für die Gesundheit gut. Die Bemutterung setzt sich fort:

stecke es, bevor Du das Obst ißt lange in die Tasche, damit Du Deinen Magen nicht verdirbst, mache es nur erst warm mein lieber Krieger, denn es sind schon etliche heimgekommen welche sehr krank im Magen & Unterleib waren, deßhalb doppelte Vorsicht, dadurch kann manchem Unheil vorgebeugt werden. (25.11.)

Noch besser wäre es, das Obst zunächst unter sein Lagerstroh zu stecken: »sollte es gefroren sein, dann esse es nicht.« Zu solchen Ermahnungen wird er den Kopf geschüttelt haben. Er sagt aber nichts dazu.

Ziel der amtlichen Propaganda ist es, schnell einzugreifen, sobald man in der Bevölkerung gewisse Ängste feststellt, damit sie vertrieben oder wenigstens verdrängt werden können. Alles wird demnach getan, um die bei vielen tief sitzende Angst zu verscheuchen, dass die zahlenmäßige Überlegenheit der Ententemächte letzten Endes entscheidend sein könnte. Die Nachricht, dass die Türkei im November auf der Seite der Mittelmächte in den Krieg getreten ist und der Kaiser die ganze islamische Welt dazu aufgerufen hat, sich gegen ihre russischen und britischen Unterdrücker aufzulehnen, verfehlt die beabsichtigte Wirkung nicht. Begeistert schreibt Frau Müller:

daß die Türken jetzt mit uns gegen Rußland gehen werdet Ihr wissen, & machen große Fortschritte, der Sultan hat ein Fatwa erlassen worin alle Islamisten auf-

gerufen werden in den heiligen Krieg zu ziehen, 800 Millionen Muselmannen sind in Europa & Asien. Diese haben den Engländern in Afrika & Asien auch den Russen schon viel Verluste beigebracht. In Ihren Moscheen beten Sie sogar für die Deutschen & bitten den lieben Gott für uns. (25.11.)

Da immer mehr Alters- und Tauglichkeitskategorien einrücken, wird in den Kasernen der Platz äußerst knapp. Viele Rekruten dürfen weiterhin mit einem Fuß im Zivilleben stehen. Wilhelms Griesheimer Freund Ludwig Herbert z.B. schreibt am 26. November aus Stuttgart:

Dein Brief vom 13 ds hat mich sehr erfreut. Des weitern teile ich Dir mit, daß ich inzwischen auch in der großen Firma Krieg & Vaterland eine Staatsstellung gefunden habe mit der stattlichen Löhnung von 33 Pfennig pro Tag, dazu freie Kleidung, Wohnung und Kost in Privatquartier, ferner täglich Ausgang, Luftkur, genügend körperliche Uebungen und dergleichen mehr. Was will man weiter noch verlangen? Seit dem 16. Nov. bin ich beim Ersatzbatl des Reserve Infanterie Regiment No 119 hier eingerückt, aber in meiner bisherigen Wohnung, gefällt mir sehr gut.

Überlegungen über die christliche Bedeutung des Krieges hätte man vom frommen Ludwig erwarten dürfen. Er bietet keine. Am 6. Dezember, immer noch nicht kaserniert, schreibt er an Wilhelms Eltern:

der Dienst ist ziemlich streng, doch zum Aushalten, wir sollen in 8 Wochen feldfähig sein, deshalb die schnelle Ausbildung. Unsere Ausbildung besteht hauptsächlich im Schützendienst und Schießen, auch Scharfschießen haben wir schon gehabt, morgen ist wieder Scharfschießen.

Seinem Brief legt er ein kleines Büchlein von der Stuttgarter Bibelanstalt bei; Wilhelm bekommt auch eines mit dem Titel »Aus Gottes Wort. Bibelsprüche für Kampf und Leiden« zugeschickt, das erhalten ist.

Im Westen erstarrt die Front. Die dort kämpfenden Soldaten müssen sich wohl oder übel an ein Schützengrabendasein und einen Zermürbungskrieg gewöhnen. Tief enttäuscht verabschiedet man sich auch in der Heimat vom idealen Kriegsmuster, das die Befreiungskriege und der 1870er Krieg abgegeben hatten. Der jetzige Krieg hat sich als ein Novum, ein hässliches, entpuppt. Die Hoffnung auf einen baldigen Sieg verfliegt.

In Cerny ist Wilhelm mit Arbeit nicht gerade überlastet. Um der Langeweile zu entgehen, zeichnet er sein Kriegstagebuch auf. Es umfasst, meldet er am 28. November, bis jetzt 35 klein geschriebene Seiten eines Notizbuches. Leider wird es Anfang 1915 verloren gehen. Umso mehr ist zu begrüßen, dass Wilhelm, der bis dahin alle Post an ihn bei sich aufgehoben hat, schon im Oktober erkannt hat, dass dies auf die Dauer nicht geht und seine Post, wenn er sie retten will, nach Hause geschickt werden muss. Fortan tut er dies gewissenhaft. Ihrerseits sammeln die Eltern ebenso sorgfältig alle bei ihnen eingehende Post. Von wem stammt die Idee, alles aufzuheben? Aus den Briefen selbst geht keine Antwort auf diese Frage hervor. Da die Angelegenheit dort überhaupt nicht diskutiert wird, liegt die Annahme nahe, dass Wilhelm und seine Eltern sich bei Ausbruch des Krieges auf diese gemeinsame Sammelaktion geeinigt haben. Aber zu welchem Zweck? Theoretisch ist es zwar möglich, dass sie alle drei einfach von Natur aus Sammler gewesen sind, die nichts wegwerfen können. Aber dass Wilhelm sich jahrelang die Mühe macht, die Briefe, Karten und Zettelchen der Eltern sowie auch die Post anderer sorgfältig aufzuheben und nach Hause zu schicken – das deutet auf ein ernsthaftes Vorhaben hin. Die Schlussfolgerung liegt nahe, dass die Müllers diese Karten und Briefe als wertvolle Schriftstücke betrachten, die ein weltgeschichtliches Ereignis dokumentieren und deswegen nicht vernichtet werden dürfen. Mehr noch: Wilhelm soll sie als Quellenmaterial für eine Kriegschronik bzw. ein Kriegsalbum großen Formats verwenden. Hoffentlich wird er wie sein Großvater 1870 entweder selbst Heldentaten vollbringen oder wenigstens ruhmvolle Taten miterleben und mitbeobachten. Dieses erhabene nationale Drama zu dokumentieren und für alle Zeiten festzuhalten ist in ihren Augen ein höchst lobenswertes Vorhaben.

Gegen diese Hypothese kann man einen scheinbar treffenden Einwand erheben: Warum stellen die Müllers dieses Vorhaben nicht ein, als klar wird, dass der erhoffte, schnelle Sieg eine reine Illusion ist und dieser Krieg ganz anders als der 1870er ist? Diese Argumentation greift zu kurz. Dass der bisherige Verlauf des Krieges enttäuschend gewesen ist, braucht keineswegs zu bedeuten, dass das Endresultat ebenso enttäuschend wird. Der Gedanke, dass Gott seine geliebten Deutschen je im Stich lassen könnte, ist für Wilhelms Eltern unvorstellbar. Seine Wege mögen im Einzelnen oft unerforschlich sein, aber es besteht für sie überhaupt kein Zweifel, dass er den Sieg über kurz oder lang herbeiführen wird. Aus dieser Perspektive gesehen kann diese Sammlung von Briefen und Karten bestens dazu dienen, den oft rätselhaften göttlichen Ratschluss zu veranschaulichen und zugleich die Pflicht des gläubigen Christen herauszustreichen, trotz aller Rückschläge und Enttäuschungen im festen Glauben an einen endgültigen erfolgreichen Ausgang aus- und durchzuhalten. Die Rolle der Müllers in diesem göttlich inszenierten Drama käme selbstverständlich gebührend zum Ausdruck. Könnte Wilhelm eine solche Chronik verfassen, wäre diese Leistung ein unwiderlegbarer Beweis dafür, dass er doch zu etwas Höherem berufen ist. Die Verwandten und die Nachbarn würden dann, wenn auch zähneknirschend, gezwungen sein, seine Verdienste und damit die Früchte der mütterlichen Erziehung anzuerkennen.

Mitte Dezember ist es mit Wilhelms Seelenruhe vorbei. Ihn befällt die große Angst, nach Russland verladen zu werden. Mit diskreter Ironie zitiert er den Dichter Eichendorff: »Wem Gott will rechte Gunst erweisen, den schickt Er in die weite Welt.« Gerade auf diese Gunst würde er gern verzichten. Alle Vorbereitungen seien aber so weit getroffen. Er weiß, was auf ihn zukommt; der Wachtmeister hat ihnen gesagt, es herrsche dort jetzt schon nachts etwa 15° C Kälte. (15.12.) Über die Läuse dort ist er schon genügend informiert worden. Da er weiß, welche Panikreaktion dieser Bescheid auslösen wird, betont er, die Eltern bräuchten ihm keine zusätzlichen Kleidungsstücke zu schicken. Um seine Bitte glaubwürdiger zu machen, listet er akribisch seine ganze Garderobe auf:

> *ich habe Glace Handschuh (gefüttert) Unterhosen, Hemde Strümpfe Kniewärmer, Jacke Drillichjack Lungenschützer, Waffenrock Kopfschützer Pulswärmer vom Ellenbogen bis zu d. Fingern Mantel, Leibbinden und kann sonst auch nichts mehr gebrauchen.*

Nur von Stiefeln ist nicht die Rede. In der Hinsicht muss er zufrieden sein. Sicherlich will er nicht, dass seine Mutter jetzt auf die Idee kommt, ihm auch Stiefel zu schicken! Schon bei der angegebenen Menge von Kleidungsstücken fragt man sich, wie er all dies nach Russland mitnehmen soll.

Beim Nahen des Weihnachtsfestes nehmen die Gedanken einiger Briefschreiber einen beschaulichen, ja düsteren Ton an. Fritz Welker, noch immer im Darmstädter Rekrutendepot, schreibt am 2. Dezember:

> *Weihnachten steht vor der Tür. Wenn man in anderen Jahren in die Adventszeit eingetreten war, dann bekam die Welt etwas geschäftiges; die Menschen hatten es eiliger wie sonst, auf den Gesichte*[r]*n spielte eine heimliche Freude – mit einem Wort überall Weihnachtsstimmung. Doch nie in diesem Jahre –. Da begegnete mir gestern ein Mann im schönsten Alter – etwa 35 Jahre – ein strammer Kerl, die Brust schmückte das Eiserne Kreutz – aber der rechte Arm war zum Teil abgenommen.*

Diese Angst, verstümmelt zu werden, sitzt auch bei Wilhelm fest. Fritz fährt fort:

> *Dann sieht man wieder Leute in tiefer Trauer, da trauert die Mutter um den Sohn, die Braut um den Bräutigam, die Gattin um den Vater ihrer Kinder. Das sind die Bilder die man in dieser Adventszeit beobachten kann. Du wirst Dich wundern, dass ich so sentimental bin aber bedenke auch unsere Familie hat dem Vaterland Soldaten gestellt. Mein ältester Bruder steht in Feindesland, seine Brust ziert wohl schon das Eiserne Kreuz aber auch dieses schützt nicht vor dem Tode. Mein jüngerer Bruder wird z. Zt ausgebildet und wird bis Januar ins Feld ziehen. Und dann hat sich mein Vater als grosser Patriot trotz seiner 51 Jahre noch in den Dienst des Vaterlandes gestellt. Er befindet sich in der Nähe von Sedan auf Wachkomando. Das alles kann einen veranlassen auch einmal sentimental zu werden.*

So weit ist es noch nicht bei Fritz, dass er den Krieg als »schrecklich« bezeichnet oder von »Elend« schreibt, geschweige denn dass er für den Abbruch der Feindseligkeiten plädiert. Im Gegenteil, er misst dem Krieg einen höchst ambitiösen, ja chiliastischen Sinn zu. Wilhelm soll der Trost helfen, dass auch er gerufen sei,

> *an dem grossen Werk mitzuhelfen, einen Weltfrieden zu erkämpfen, und so die Weihnachtsverheissung in Erfüllung gehe, welche vor nahe zu 2000 Jahren der Welt zugerufen wurde: Friede auf Erden.*

Pax germanica eterna![11] Kaiser Wilhelm, der selbst ernannte »Friedenskaiser«, verwirklicht die christliche Friedensbotschaft!

Am selben Tag schickt Frau Müller Wilhelm eine Karte, die aufs Augenfälligste zeigt, wie stark bereits in die männliche Bevölkerung Griesheims eingegriffen worden ist. Sie listet die Namen »etlicher« Männer – wohlgemerkt nicht aller – auf, die in einer einzigen Straße eingezogen worden sind:

> *Morgen den 3. Dez. müssen viele wieder einrücken, also fast in jedem Haus ist jemand fort, will Dir mal etliche sagen in der Hofmannstr. Dieterlies Peter* [Peter Höhl] *Dufte Jackob sein Vater, neben dran Schuppe, Ritter Gret Georg, Draßer Peter, Kärcher ist ½ Jahr beurlaubt, Heinrich* [Heinrich Müller sen.] *sein Bruder Konrad ist wegen Krankheit zurückgekommen. Hofmann in Kehrs Haus, Lau-*

11 Kann sinngemäß übersetzt werden mit: von Deutschland garantierter Weltfrieden.

tenschläger Georg, Zöller bei Wenz oben, der dicke, Wittmaier [Heinrich Widmaier], *Schicke Valtin, Rotenberger Philipp muß heute einrücken, Schuhmacher Gaier, Du Wilhelm, Herrn Höhn, Lehrer Schott, unterstrichne stehen im Feuer, Kärcher Georg ist auch eingerückt, so ist jede Straße hier, da kannst mal sehen, was für Leute hier fort sind. Viele sind nach Rußland gekommen.*

Das weitere Schicksal von Wilhelms »Erzfreund« Philipp Rotenberger wird Frau Müller besonders aufmerksam verfolgen; denn diese Familie gehört zu den »Gottlosen«. Ob der Herrgott Philipp so schützen wird wie ihren frommen Wilhelm?

Zu Weihnachen wollen nicht nur Einzelne, sondern auch Vereine und Darlehenskassen den Griesheimer Soldaten durch Karten, Briefe und Spenden ihre Dankbarkeit zeigen. Der Hilfsverein Griesheim, durch die Spar- und Darlehenskasse unterstützt, schickt Wilhelm Konfekt und kleine Weihnachtskerzen zusammen mit den Versen »Frohe Weihnacht Gesundheit und Glück,/So Gott will, kehr bald als Sieger zurück.« Die Zuckerbäcker unterzeichnen: Else Goller, Bella Joseph, Luise Seibert, Frieda Seibert, Pfarrgässers Betschen, Gretel Schüler, Katharina Hofmann. Elisabeth Rühl schreibt ihm am 21. Dezember:

Teile Dir mit, daß ich noch gesund und munter bin, was ich von Dir auch hoffe. Wir sitzen eben in der Schule und haben Zeichenstunde. Da ich nichts zu tun habe schreibe ich Dir diese Karte. Hoffentlich wirst Du bald mit Lorbeerkränzen gesund und munter Griesheim wiedersehen.

Wie jeder weiß sie schon von Lorbeerkränzen und Siegespforten. Sie träumt vielleicht davon, eine der auserwählten Jungfrauen zu sein, die den heimkehrenden Soldaten, im Idealfall ihrem Wilhelm, den Siegeskranz aufsetzen dürfen.

Trotz des Ernstes der Zeit will man auf Weihnachtsfeiern nicht ganz verzichten. Die Kinder sollen sich freuen können. Am 20. Dezember veranstaltet man beim Gastwirt Caspari, dessen Wirtschaft »Zum Griesheimer Hof« die Krippe beherbergt, eine kleine Weihnachtsfeier mit Bescherung für die Kleinen. Dort kommt Frau Müller mit Pfarrer Gerhard ins Gespräch. Dieser, so schreibt sie an Wilhelm, habe sich über seinen Brief sehr gefreut. Man fragt sich, was Wilhelm ihm alles geschrieben hat; denn seiner Mutter gegenüber gibt er als Ausrede für die Kürze seiner Briefe an, er gebe sich immer viel mehr Mühe, an andere lange Briefe zu schreiben. Wird er ehrlich gewesen und auf seine Ängste eingegangen sein oder wird er heldenhaftere, frommere Töne angestimmt haben? Gerade in den Augen eines so vaterländisch gesinnten, kampflustigen Pfarrers will er kaum als Feigling und zweifelnder Thomas gelten. Von einem Antwortbrief Pfarrer Gerhards schreibt Wilhelm nirgends.

Zwecks Unterstützung bedürftiger Familien von Griesheimer Soldaten hat schon am 15. November das erste vom Hilfsverein veranstaltete Konzert unter Mitwirkung eines Orchesters und eines Schülerchors im »Kaisersaal« von Heinrich Maus stattgefunden. Der Eintritt kostet 25 Pfennig. Betont wird, es bestehe kein Trinkzwang. Frau Müller berichtet Wilhelm vom zweiten Konzert:

> *am letzten Sonntag war es bei Herrn Maus & das nächste Mal ist es beim Caspari also immer bei denjenigen wo die Männer im Felde sind, Augstein ist in Rußland, Maus in Frankreich & Caspari auch, also von Haus zu Haus sind die Männer fort, & solche welch schon große Kinder haben, denk mal der Diefenbach welche die Rohrheimer Grafe Greth hat ist auch in Rußland kannst mal sehen wie weit die Männer gegriffen sind.*

Sie muss abbrechen: »Jetzt ist ¾ 8 Uhr & gehe ich in die Kirche wo für Euch lieben Krieger gebittet wird.« (20.12.)

Am selben Tag setzt sich Wilhelm in Halluin, einer belgischen Stadt an der französischen Grenze, hin und teilt seinen Eltern Erfreuliches mit: »Entgegen m. letzt. Schreiben sind wir nicht nach Rußland sondern sind nach Flandern gekommen sei.« Anderntags rückt er über Lille in die Gegend um Ypern:

> *Ich bin bei einem Hof einquartiert diesmal bei der Bagage. Eine leichtfertig hergestellt Bretterbude durch die der kalte Seewind pfeift ist unser Stall. Die vergangene Nacht schliefen wir in einen, aus einer großen Plan und Fensterscheiben selbstgefertigte Glaspavillion. Hier konnte man es auf ein wenig Stroh und in Decken gewickelt ganz gut aushalten.* [...] *Was das Schicksal mit uns vor hat, Gott weiß. Zuerst sollten wir nach Russland. Da aber die Russen auf der ganzen Schlachtfront geschlagen wirds wohl nicht nötig gewesen sein. Als wir Lille passierte sagten uns Pioniere, daß hier auch die Glocken den Sieg über die Russen verkünden.*

Täglich höre er den fast ununterbrochenen Geschützdonner der nicht weit von ihm stattfindenden schweren Kämpfe. Auf der Fahrt ist das passiert, was mit den Briefen seiner Eltern leicht hätte passieren können, hätte er es sich nicht zur Regel gemacht, sie regelmäßig nach Hause zurückzuschicken: Er hat sein Notizbuch verloren. Sein Kommentar dazu: Lieber ein Notizbuch verlieren als ein Glied.

Seine verdrängten Ängste, verstümmelt zu werden, blicken noch einmal durch. Am zweiten Weihnachtstag meldet er sich wieder:

> *Auch wir haben Weihnachten gefeiert zu vieren. Zwei Offizierskköche ein anderer Lts Bursche und ich, denn ich bin seit gestern Nachmittag wieder mal Bursche bei einem neuen Leutnant.*

Wachtmeister Schmidt dürfte ihm dieses schöne Weihnachtsgeschenk beschert haben. Er fährt fort:

> *Die Offiziere haben sich nicht lumpen lassen und uns allerlei Gebäck und Süßigkeiten gelassen die wir unter einen Tannenzweig welcher Ersatz für eine Bäumchen war stellten. Unter Weihnachtsgesängen zu denen ich meine Mundharmonika spielte, verstrich so die Zeit. So war denn ein Schimmer der richtigen Weihnachtsstimmung gegeben. Dies war in unserm Zimmer, draußen donnern unaufhörlich die Kanonen.*

Dass die Offiziere für sich feiern, nimmt er ohne Weiteres hin. Das ist angeblich der ewige, gerechte Lauf der Welt.

Mit seinem neuen Leutnant unternimmt er von dem Offiziersquartier in Ten-Brielen in der Nähe der Stadt Wervik aus einen angenehmen Ritt von etwa 30–35 km nach Menen, um Einkäufe zu tätigen. (25.12.) Am 26. reitet er mit ihm spazieren, um die neuen Pferde etwas zu dressieren, und am 27. reiten die beiden wieder nach Menen, um einzukaufen. (26.12.) Zu diesen Einkaufsritten hinzu kommen Ritte im Galopp zur Batterie, um Befehle zu übermitteln. Der berittene Umgang mit einem »netten« Offizier tut Wilhelms Selbstwertgefühl ungemein gut. Jetzt hat er etwas, das er seinen Eltern stolz melden kann. Seine Mutter mag

Von Wilhelm aus Birkenrinde hergestellte Weihnachtskarte.

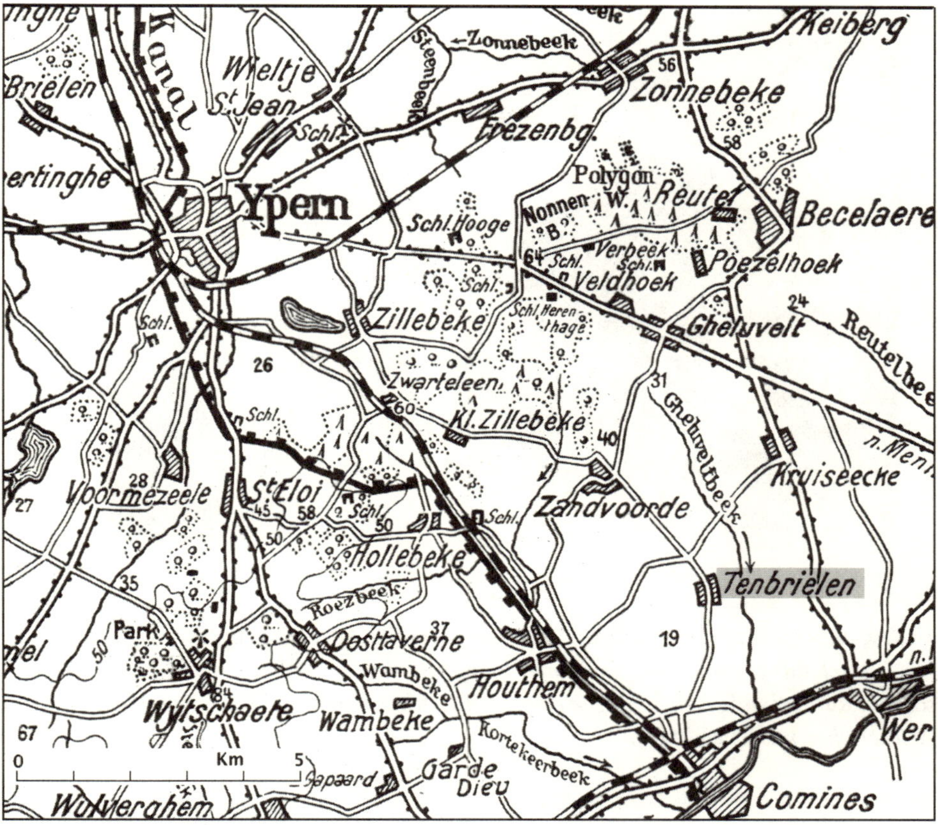

Ypern u. Ten-Brielen.

sich Sorgen machen, wenn sie von solchen Ritten in Feindesland liest, aber auch für sie sind solche Nachrichten sehr erfreulich. Stolz kann sie den Nachbarn davon erzählen. Jetzt ist Wilhelm selbst bereit, den Wunsch seiner Eltern nach einem fotografischen Porträtbild zu erfüllen. Er will sich mit Pferd aufnehmen lassen – natürlich stolz darauf sitzend, nicht als Stallknecht daneben stehend! Leider spielt das Schicksal ihm einen unvorhergesehenen Streich: An dem Tag, an dem er zum Fotografen geht, hat dieser keine Platten. (17.1.) Selbst etwas anscheinend so Harmloses wie ein Gang zum Fotografen erweckt wieder die Ängste seiner Mutter vor Franktireurs: Nur mit Begleitung dahin gehen! Das Ausreiten »in argem Feindesland« sei doch gefährlich. Immer vorsichtig sein!

Am zweiten Weihnachtstag kommt Wilhelms Mutter erbaut und erregt aus dem Gottesdienst heim:

Das zerstörte Zandvoorde bei Ypern

Im Dezember 1915 schickt Wilhelm diese Karte an seine Eltern als Andenken an das Dorf, durch das er im vorherigen Winter und Frühjahr zur Stellung ritt. Selbst Bilder von solchen Ruinenlandschaften fangen den fürchterlichen Charakter eines trommelhaften Artilleriebeschusses nicht ein.

> *War heute Abend wieder in der Kirche wo Weihnachtsfeier mit Gebet & Vorträge für unsere lieben im Schlachtfeld stadtfand. Die Confirmanten haben wieder schöne Vorträge gehalten & Lieder gesungen, darunter »Harre meine Seele harre des Herrn« und »Herz laß Dein Sorgen sein.* (25.12.)

Sie gerät in einen fast ekstatischen religiösen Schwung. Die Sätze überstürzen sich. Was sie besonders freut, ist der Gesinnungswandel bei vielen bisher gottlosen Griesheimern:

> *Diejenigen in Griesheim welche Dich & uns wegen dem Kirchgehen als verspotteten, sind heute meistenteils die eifrigsten Kirchgänger & Beter, so viel Leute welche am ersten Feiertag & II Feiert. in der Kirche waren, habe so lange ich in Griesheim noch nie gesehen. Abends in der Kinderschule, Sonntagabends in der Kirche, sind immer viel Beter versammelt, der Herr hat Deutschland heimgesucht viele haben sich finden lassen – zu Hause & im Schlachtfeld erst recht*

> *Heute geniert sich gar niemand in irgendwelche Betstunde zu gehen, offen fragen Sie gehst Du heute auch mit.*

Dem Ernst der gegenwärtigen Zeit entsprechend, so der *Griesheimer Anzeiger*, ist die Silvesternacht würdig und ruhig verlaufen. Der mit einer Gedenkfeier für die gefallenen Soldaten verbundene Gottesdienst sei viel stärker besucht als sonst. Am Abend seien die Straßen fast leer gewesen. Das Abbrennen von Feuerwerkskörpern und die übliche Schießerei seien unterblieben.

5. 1915
»Gern schränkt man sich ein, wo die draußen im Feld so Entbehrungen erdulden.«

Jesus Christus gestern & heute & derselbe in Ewigkeit. Unser Herr Pfarrer hat so recht geschildert, wie der Geist Christi unter unsern lieben Kriegern lebt, wie der liebe Heiland geduldet gelitten ausgeharrt & dann das große Werk der Erlösung vollbracht hat, & das würden eben unsere lieben Krieger auch tun, dulden ausharren, & wir daheim sollten alles tun & geben, damit der Sieg & das große Werk der gerechten Sache mit Gott vollendet werde. Der Herr war seither mit uns, & wird auch weiter mit uns sein, wenn wir ausharren & Ihm allein vertrauen. (1.1.)

Dieser Brief der Mutter, der das Jahr 1915 einleitet, fängt bezeichnenderweise mit den Textworten der zuvor gehörten Predigt von Pfarrer Gerhard an. Treuer, konziser kann die sogenannte Kriegstheologie kaum zusammengefasst werden. Nach Kriegsanfang bildet und entwickelt sie sich schnellstens. Sobald sich erweist, dass der Sieg kein schneller sein wird und mit hohen Verlusten und langem Leiden gerechnet werden muss, passt sie sich der neuen Lage an. Die Soldaten werden zu Christusgestalten, zu leidenden Duldern stilisiert, deren Leiden und Tod Deutschland erlösen. Gott wird seine geliebten Deutschen so lang züchtigen, bis sie alle fest an ihn glauben. Aus dem Krieg wird ein geläutertes, frommes Deutschland hervorgehen. Was den Regierenden diese Kriegstheologie so attraktiv macht, ist, dass, wer so denkt, es sowohl für sündhaft als auch sinnlos halten muss, den Züchtigungsprozess vorzeitig abbrechen zu wollen. Die hohen Verluste wirken nicht abschreckend, denn nach diesem Schema sind die Gefallenen entweder Gottlose, die ihre gerechte Strafe verdienen, oder christusähnliche Märtyrer, deren Beitrag zum Erlösungswerk im Himmel reichlich honoriert werden wird. Je größer die Leiden der gläubig-unschuldigen Soldaten, desto enger die Parallelen zum Leiden Jesu Christi, desto größer die Schuld der Gottlosen. Diese dehnen den Krieg aus und müssen wie böse Buben weiter gezüchtigt werden, bis auch sie sich zum Herrn bekehren. Bei Frau Müller fließen die Worte des kirchlichen Segens nahtlos in eine Bitte um Sieg und Frieden über:

Der Herr behüte Dich, vor allem Übel, er behüte Deine Seele, Der Herr behüte Deinen Ausgang & Eingang von nun an bis in Ewigkeit & gebe Sieg & Frieden.

Zu beklagen ist, dass kein Exemplar von Pfarrer Gerhards Predigt vorliegt. Sonst hätte man erkennen können, in welchem Maß sie seine Gedankengänge, ja seine Worte buchstäblich übernimmt.

Ihre Gottesdienstbesuche setzt Frau Müller fleißig fort:

Bin soben aus der Kirche (abends 9 Uhr) gekommen, habe schnell gegessen & jetzt schreibe ich Dir diesen Brief. Der Herr Pfarrer Gehrhardt hat wieder so wunderschön für Euch im Felde auch für ganz Deutschland gebeten, er sagte unter anderem auch, wenn die Krieger viel Mut hätten & kein festes Gottesvertrauen dabei, würde es Ihnen wenig nützen, das glaube ich ganz sicher auch & Du wirst es vieleicht schon selbst erfahren haben. (31.1.)

In ihre Freude über die Rückkehr vieler Griesheimer zum christlichen Glauben mischt sich ein Schuss Schadenfreude. Ihre Sorge um das Seelenheil ihrer Nächsten schließt andere menschliche, allzu menschliche Gefühle und Reaktionen nicht aus:

Wie viel Krieger haben schon Ihren Angehorigken geschrieben, daß Sie im schlimmsten Kugelregen wieder Beten gelernt haben & viele welche das Gotteshaus & Gotteswort verachtet haben, schrieben heim, wenn sie wieder zurück kämen, ihr erstes wäre ins Gotteshaus, der Herr sucht & findet auch solche welche einst Dich und uns um Gotteswort verspottet haben, Du wirst Dich auch an manches erinnern können. (31.1.)

Zu den Spöttern gehören die Rotenbergers:

Dein Erzfreund Rotenberger [Philipp Rotenberger] *ist jetzt fertig ausgebildet & muß jetzt auch hinaus ins Feld, bevor er noch nicht eingezogen war, waren die Leute so stolz & jetzt sind sie geknickt, besonders seine Eltern, warum aber: weil Sie dem Herrn nicht vertrauen, weil sie nicht glauben, seine Mutter hat sehr abgenommen & schleicht nur so dahin, ich habe Sie gestern gesehen wie ich in Wirts mal gesprungen bin, die hat vieleicht gemeint der Krieg wäre nur für andere Leute & jetzt da sie auch Teil dran hat, will Sie vergehen.*

Philipp teilt die »gottlosen« Ansichten seiner Mutter. Trotzdem sind die zwei Jungen Freunde geblieben. Sie werden vielleicht miteinander Glaubensfragen diskutiert haben. Zwischen Frau Müller und Frau Rotenberger, die sie später als ihre »Feindin« bezeichnet (24.12.1916), kann es manchen Streit gegeben haben, wenn diese ihren Atheismus so dogmatisch vertritt wie Frau Müller ihren christlichen Glauben. Dass die Rotenbergers wohl die von den Müllers gehassten Sozialisten unterstützen, wird die Spannung noch gesteigert haben. Hier spricht sich Frau Müller den Sieg gleichsam zu: Sie »springt«, während ihre gottlose, jetzt abgemagerte, geknickte Feindin »schleicht« und »vergeht«.

Nicht alle sehen die Dinge wie Frau Müller und Pfarrer Gerhard. Dem Rabbiner Strauß werden Wilhelms Briefe von seiner stolzen Mutter gezeigt. Er schreibt Wilhelm am 3. Januar:

> *Es wird wohl jeder den Tag herbeisehnen, wenn die Metzelei zu Ende geht, denn in der Weltgeschichte kennt man keinen traurigeren Abschnitt, als diesen Krieg, der die Geschichte um etwas Wesentliches bereichert.«*

Offensichtlich teilt er nicht die sogenannte borussische, d. h. preußisch-kleindeutsche Deutung der deutschen Geschichte, nach der der Weltkrieg noch eine Etappe im Aufstieg Preußen-Deutschlands zur führenden Weltmacht darstellt. Der Krieg, so suggeriert Strauß, hat die Weltgeschichte nicht um große Heldentaten, sondern um bisher ungeahnte Leiden und Gräuel »bereichert«. Er ist bei Weitem nicht so überzeugt wie die Protestantin Frau Müller, dass Gott ein Adoptiv-Reichsdeutscher ist. Was gilt es also jetzt zu tun?

> *Hier sind Gottvertrauen, Mut und Entschlossenheit die höchsten Güter, die unseren braven Soldaten glücklich zum Sieg verhelfen werden und die vielen Opfer nicht umsonst gebracht sein mögen.*

Ausgeschlossen ist die Möglichkeit nicht, dass die vielen Opfer doch vergeblich sein könnten. Anfang Februar schätzt er in einem zweiten Brief an Wilhelm die Aussichten eines baldigen Sieges niedrig ein:

> *hoffentlich wird diese ernste traurige Zeit auch einmal mit einem ehrenvollen Siege enden, wenn auch vorher keine Aussichten hierfür vorhanden sind. Da heißt es den Kopf hoch gehalten und die Flinte nicht ins Korn werfen.*

Es heißt »hoffentlich«, nicht »sicherlich«. Im Herbst wäre bloß der Gedanke, man könnte die Flinte ins Korn werfen, undenkbar gewesen. Für Strauß bleibt als magerer Trost die Volksweisheit »nach Regen wird auch wieder einmal Sonnenschein kommen«. Als Kriegsmeteorologe spielt er sich aber nicht auf. Als Wilhelm seinen Eltern die Briefe von Strauß zurückschickt, wird seine Mutter die darin ausgedrückten Ansichten wohl als Miesmacherei eines Juden abgetan haben.

Am 7. Januar wird Wilhelm 21 Jahre alt. Am 8. ist er, wie er schreibt, »volle fünf Monate auf dem Feld der Ehre«. Da in Flandern dieses Feld ein sehr sumpfiges ist, schätzt er sein Glück umso mehr, Leutnantsbursche zu sein:

> *Wie oft habe ich schon gedacht es ist gut, daß Du kein Kanonier bist. Denn so sehr ichs Anfangs bereute, so froh war ich später und während des ganzen Krieges. Die armen Kerle müßen von hier aus etwa 1½-2 St nach der Feuerstellung durch den Schlamm waten. Aber auch sonst haben sie im Kriege mehr Arbeit als die Fahrer.*

Selbst als Fahrer bei der Batterie wäre es für ihn eine heillose Strapaze gewesen, die Pferde durch den Schlamm vorwärtszutreiben. Ohne Kommentar berichtet er von einem Treffen mit zwei Griesheimern, Bork »aus der Friedrichstr. gegenüber Budesheim, dessen Vater, Landwirt, in Nummer 6 wohnte«, und mit dem kleinen Lösch, »der früher in Heile Haus wohnte«. Er zieht eine seine Eltern beruhigende Bilanz: »Ihr möchtet wissen, wie es mir jetzt geht Ganz gut!« Bedenkt er im Stillen, wie viele Griesheimer schon gefallen sind, wird er sein Glück umso mehr schätzen. Seine Mutter soll ihn in der Hinsicht auf dem Laufenden halten; auch bittet er sie, die Gefallenen näher zu bezeichnen, denn bloß mit Familien- und Vornamen sei nicht viel anzufangen. Die von ihr gefundene Lösung ist, die damals gebräuchlichen und bei älteren Einheimischen noch heute gut bekannten Bezeichnungen zu gebrauchen, die seit eh und je dazu gedient haben, um gewisse Familien und Familienzweige auseinanderzuhalten. Also schreibt sie von Laudon [Funk], Grollekopf [Rühl], Lampese/Lambesse [Müller], Unzeitiger [auch »Unzeiriger«; Müller], Üdübbels [auch »Idibbels«; der richtige Name war im Jahr 2011 niemandem mehr bekannt]. Aber auch allerhand andere Identifizierungsmittel müssen herhalten. Die gelieferte Information kann z. B. so aussehen:

> *Du willst wissen wer in Griesheim gefallen ist, es werden so ungefähr 20 St*[ück] *sein, also welche bekannt gegeben sind. Reinheimer Bette ihr Sohn aktiv* [Heinrich Reinheimer, Infanterie-Regiment 168, Sohn Adam Reinheimers], *der*

scheppe Hanarum (Turner) [Jakob Hofmann XIV, Reserve-Infanterie-Regiment 221, am 1.12. auf Russlands Feldern] *& sein Bruder der für die Viktoria zu Berlin Versicherungsgelder erhob* [Adam Hofmann, Kassierer der »Viktoria«, Landwehrmann, Infanterie-Regiment 221], *Reinheimer* [der schon erwähnte Heinrich Reinheimer, Infanterie-Regiment 118], *Frankfurter Straße, wo unser Haus helfen tünchen hat aktiv, Valtinsches Heinrich (Wirtschaft) sein Sohn* [Philipp Feldmann, Sohn des Gastwirts Heinrich Feldmann, Landsturm-Infanterie-Regiment 116, am 24.9. im Gefecht bei Servon] *die anderen kann ich selbst nicht so nennen, heute stehen wieder 3 im Blatt. Schuppe Marieche Ihr Mann (Specereigeschäft am Kirchhofsweg)* [Valentin Feldmann, Reserve-Infanterie-Regiment 116, am 18.12. in Russland, mit Marie Schupp verheiratet] *König Schobers Bette Löffelgasse* [Johannes König, Infanterie-Regiment 116, am 2.1., mit Elisabeth Schober verheiratet[1]] *Schaffner* [Valentin Schaffner, Infanterie-Regiment 143, am 12.12. bei Ypern] *in Weichgasse kenne ich selbst nicht, Juds Perchmosche sein Sohn* [Emanuel Friedrich Mendel, Infanterie-Regiment 115, Sohn Joseph Mendels]. *es sollen so ungefähr 20 St. sein, die andern kenne ich auch nicht so richtig.* (17.1.)

Während andere im Westen im Schlamm herumwaten oder im eisigkalten Osten frieren, hat der schwächliche Freund Wilhelms, Friedrich Welker, über dessen Tauglichkeitsgrad immer noch nicht entschieden worden ist, seine Last schon mit dem Rekrutenleben:

ich bin immer von der ungewohnten Arbeit hundemüde, habe auch öfter Nachtdienst. [...] *Ich wurde bei unsere Ausmusterung vorläufig garnisonsdienstfähig und bleibe zunächst wo ich bin. Viel Stoff zum Schreiben habe ich gar nicht, denn es ist nichts schlimmer wie eine Arbeiter-Kompagnie, das Gehirn trocknet einem bald ein durch das ewige Einerlei und mit der Zeit wird man zum Simpel.* (5.2.)

Noch mehr junge Griesheimer, darunter Heinrich Kaut jun. und Valentin Deuker, rücken ein. Heinrich hat wenig Ahnung, wie es beim Heer zugeht. In seiner Wirtschaft erzählt sein Vater Herrn Müller:

1 Im *Griesheimer Anzeiger* heißt es fälschlicherweise, er sei mit Kätchen Schupp verheiratet.

> *Wie er ein paar Tage in der Kaserne war, sagte er zu seinem Vorgesetzten, er müsse heim er hat Arbeit zu Hause. Der Heiner hat geglaubt es ginge auch so wenn er das sagt.* (7.1.)

Valtin, »ein armer Kerl, nach dem niemand fragt«, tut den Müllers leid als Freiwilliger bei der Fußartillerie im Osten. Er wird fortan mit Paketen beliefert. Am 10. Januar bedankt er sich aus Strelno dafür: »Liebesgabe erhalten. Tiefus und Kolra Wir sind schon zweimal geimpft worden« (10.1.). Beim jungen Ferdinand Spies aus Crumstadt, dem Sohn von Herrn Müllers Küfer, der es zu den Fliegern in Darmstadt geschafft hat und dem alles anfangs tadellos gefällt (19.1.), wechselt bald die Stimmung:

> *Bald wird die Zeit kommen, da es auch für mich heißt, hinaus in Feindesland. Aber leider können wir nichts daran ändern wir müssen halt mitmachen.* (7.2.)

Die Adjektive, die man dem Wort Krieg beilegt, sind schon längst fast nur negativ. »Schrecklich« ist das am häufigsten vorkommende. Nicht Krieg an sich, sondern *dieser* Krieg, der alle Erwartungen und Wunschbilder Lügen straft, ist das Übel. Wer jetzt eingezogen wird, weiß schon zur Genüge aus den Erzählungen von Urlaubern, was alles auf ihn zukommt. Nur wenige zieht es noch an die Front. Wilhelms zurückgestellter Schulkamerad Georg Müller z. B. hofft, der Krieg sei vorbei, ehe er eingezogen wird. (17.2.) Von seinen Klassenkameraden seien zwar bis jetzt noch keine gefallen, aber sie seien auch erst Weihnachten eingerückt. Es ist klar, womit er rechnet. Vorn auf anderen Karten, die Wilhelm aus Griesheim erhält, mag alles rosig sein, aber die Mütter von jungen Griesheimern werden mit gutem Grund immer ängstlicher. Frau Delp, die Mutter seines Klassenkameraden Philipp, schreibt zwar für Wilhelm das Gedicht »Der Kaiser rief usw.« vollständig ab, aber die Musterung ihrer Söhne Philipp und Georg liegt ihr schwer auf der Seele:

> *Lieber Wilhelm was war es doch als so schön bei uns, und nun sind wir so weit von einander getrennt, es hat nicht zu sagen, verlieren wir nur nicht den Muth.* (13.1.)

Luise Lamm, eine frühere Klassenkameradin, teilt Wilhelm am 1. Februar mit, die Klasse von 1895 hätte gemustert und Marxsohns Jule und Josephs Herbert seien auch vorige Woche eingezogen: »Griesheim ist ganz leer. […] Nun wir wollen hoffen, daß diese schreckliche Zeit bald ein Ende hat.« Von solchen Äußerungen hebt sich der Optimismus von Herrn Müller umso auffälliger ab: »es werden fortwährend Mannschaften ausgebildet unser Feinde werden sich bewarschauen hinter Deutschland.« (23.1.)

Während im *Griesheimer Anzeiger* Artikel erscheinen, die die wachsenden Sorgen um die Sicherheit der Volksernährung zerstreuen sollen, und während Lehrer Hess Vorträge über dieses Thema hält, hat Wilhelm im Moment keine solchen Sorgen. Als Leutnantsbursche und im Besitz der Pakete seiner Mutter wird er so dick, dass es einem anderen Dicken auffällt:

> *Der dicke Fuhr, der jetzt etwas magerer ist sagte schon oft: »Müller Du hast Dich im Kriege dick gefressen auf einmal platzt Du noch auf!« Ich antworte ihm dann immer: »Gerade deswegen bin ich zu den 84ern gegangen!« Ein Nicken und ein lächerliche Miene sind die Antwort.* (10.1.)

Ein Hungerkünstler will Wilhelm wahrhaftig nicht werden. Darin ist er sich mit seiner Mutter einig. Im Gegenteil, solange er gut gepolstert ist, ist er ihrer Meinung nach gesund. Nähme er ab, dann hätte sie ernsthafte Sorgen. Eine kleine Wurst, einige Schlosskäschen[2], ein Viertel Butter und ab und zu ein Fläschchen guten Cognac – das darf sie ihm jede Woche schicken. Nur soll sie bei künftigen Briefen und Paketen die Nummern davon nicht mehr außen anbringen. Er hat wohl Angst davor, den Neid anderer weniger Beschenkter zu erwecken. Man kann sich gut vorstellen, wie sich ein armer Städter fühlt, wenn Bauernsöhne und Soldaten aus bemittelten Familien reichlich versorgt werden, während er wenig oder nichts erhält. Selbst Käse und Butter scheinen nicht gerade unbedingt notwendig zu sein:

> *fette/halbe Butter u. Käse kann man auch hier kaufen. Nur die Schloßkäßchen nicht. Butter kaufe ich mir ja schon immer seit wir hier sind sowie auch Zucker Ich habe z. Zt. gar nicht so ärmlich. Die Butter wird fingersdick geschmiert u in die Tasse Kaffee kommen 2–3 St. Zucker. Also mal gar nicht zu ängstlich ums Futter Fleisch zum Mittag u. Kartoffeln mangeln auch nicht.* (6.3.)

Er ist wirklich noch immer das gefräßige Kind, das eine nährende Mutter braucht!

2 Ein Weichkäse aus pasteurisierter Kuhmilch.

Sein enorm gestiegenes Selbstwertgefühl als Leutnantsbursche drückt sich in der riesengroßen Unterschrift aus, die sein Brief aus dem Hotel de l'Europe in Lille aufweist. Er schreibt:

Seit gestern sind wir 2 Lt u 2 B in Lille Heute Nachmittag reiten wir wieder in unser Quartier in Belgien. Lille ist eine große hübsche Stadt die fast unversehrt in unsere Hände kam. Besondere Neuigkeiten weiß ich keine, der Verkehr ist hier weit größer als in Darmstadt etwa wie Frankfurt. (26.2.)

Ein so vornehmes Hotel wird er sein Lebtag nicht erlebt haben. Sein Bedürfnis nach einer gewissen Eleganz regt sich wieder:

Ihr könnt mir nächstens 1 Oxford Hemd (buntblau) schicken aber nicht groß sondern klein stark u. Dünn. Sonst wünsch ich vorläufig von Wäsche nichts geschickt zu haben.

Sein übliches Quartier ist bei Weitem nicht so vornehm:

Was unser Schlafgemacht u. Gelegenheit betrifft will ich Euch ebenfalls beantworten. Bei den Pferden im Stall auf einer warmen Matraze unter unseren Decken haben wir unser Lager. (14.3.)

Weich, warm, trocken. Schade, der penetrante Duft! Viele Soldaten wären für eine solche Unterkunft unendlich dankbar. Läuse plagen ihn auch nicht.

Bis Frühjahr 1915 hat sich Wilhelms Vater trotz seiner geäußerten Absicht kaum zu Wort gemeldet. Sein Schweigen versucht er zu begründen:

Auch ich muß einmal die Feder in die Hand nehmen, um Dir wieder ein paar Zeilen zu schreiben, aber sobald ich beginnen mit, weiß ich nichts mehr denn Deine Mutter schreibt mir schon alles vor der Nase weg. Nun etwas werde ich noch zusammen kriegen. (23.1.)

Auf seine Gefühle, Sorgen, Hoffnungen geht er nicht ein. Lieber bei was Handfestem bleiben. Ein großer Esser vor dem Herrn schreibt an einen anderen:

Denke Dir wir wollen nächste Woche schlachten damit wir Dir seitlich ein gutes Würstchen das Du so gerne ißt schicken können u zu diesem Zweck war ich schon

Wilhelm logiert im Pferdestall. Dort ist es wenigstens warm und trocken im Gegensatz zur Gartenlaube, die, selbst mit Brettern und Planen einigermaßen abgedichtet, eine wahre nasskalte Luftkur geboten hätte.

ein halbes Dutzend mal in Leeheim Wolfskehlen wieder in Leeheim bei Dreck u Speckwetter u heute am 23.1. lag sogar der Schnee es ging ja mit dem Rad etwas schwer aber es war doch reizend ich wünschte Du wärst dabei es ist aber nicht zu ändern es muß halt durchgehalten werden.

Bei den ansteigenden Fleischpreisen – ein Pfund Fleisch kostet inzwischen 1,20 Mark, ein Pfund Wurst 1 Mark – lohnt es sich selbst bei solch schlechtem Wetter, sich aufs Rad zu setzen und so lange zu strampeln, bis man in einem der benachbarten Dörfer fündig wird. Als begeisterter Radfahrer hat Herr Müller durchaus seinen Spaß daran. Wetterverhältnisse, die für einen Soldaten im Schützengraben eine Qual wären, sind für ihn eine Herausforderung. Es tut ihm gut, auf einige Stunden von seiner lieben Frau fortzukommen. Sie wird sich ihrerseits bei seiner Rückkehr über die heimgebrachte Beute – Butter – gefreut haben. Da das Selbstschlachten nicht mit Verboten und strengen behördlichen Vorbedingungen behaftet ist, wird noch ein Schwein zum Schlachten gekauft.

Trotz aller elterlichen Bitten und Mahnungen ist aus Wilhelm kein fleißiger Briefschreiber geworden. Oft beschränkt er sich darauf, die Ankunft bzw. das Ausbleiben angemeldeter Pakete zu melden. Es handelt sich dabei nicht einfach um Faulheit oder Bequemlichkeit. Es gibt schwerwiegendere Gründe für sein Verhalten. Es widerstrebt ihm, sich seinen Eltern in allen Einzelheiten zu offenbaren. Ihm ist es nicht recht, dass die Mutter jeden Winkel seiner Seele, jeden Gedanken, jede Handlung überblicken und kontrollieren will. Sowohl die Rolle des braven Kindes, das seine Leistungen auflistet, als auch die des bösen Buben, der seine Übeltaten bzw. Sünden beichten soll, werden ihm immer lästiger. Wie schon erwähnt, hält ihn das Bewusstsein, dass er für vieles bei seinen Eltern kein Verständnis findet, ja, dass er sich nur Schwierigkeiten bereitet, wenn er ihnen manches verrät, vom Schreiben ab. Es kommt noch etwas hinzu: Er weiß, dass seine Mutter so ein Sorgenbündel ist, dass sie ihn sofort mit ängstlichen Briefen überschütten wird, wenn er von gefährlichen Situationen schreibt. Die Eltern mögen zwar um anschauliche Informationen bitten, aber was für einen Sinn hat es, ihnen den Schlaf zu rauben, indem er ihnen allerlei Grauenhaftes erzählt? Am blutigen Verlauf der Dinge ändert es doch nichts.

Als weiterer schreibhemmender Faktor wirkt natürlich das Wissen, dass Kritik am Militärbetrieb ebenso wie das Verraten von Details über Militäroperationen strengstens verboten sind und böse Folgen für ihn haben können, wenn der Zensor daran Anstoß nimmt. Beruft er sich auf die Zensurbestimmungen, so hat er ein gutes Alibi für seine Verschweigenspolitik! Es wäre von seiner Seite ungeschickt, sich die Gunst seiner Vorgesetzten durch kritische Äußerungen über sie zu verscherzen. Dafür ist ihm sein Luxusposten als Leutnantsbursche zu viel wert. Ferner darf man nicht vergessen, wie wenig ihn militärische Angelegenheiten interessieren. Einen anderen hätte der ganze Betrieb fasziniert und er hätte seinen Angehörigen alles erzählen wollen. Für Wilhelm dagegen stellt der Heeresdienst lediglich eine ungewollte Pause in seinem Leben dar. Als gemeiner Soldat hat man allemal wenig Überblick über die laufenden Operationen. Als Bursche – und das bleibt Wilhelm noch längere Zeit – erledigt man zudem Aufgaben, die nicht gerade den Stoff zu spannenden Berichten abgeben. Vieles an seinem Burschendasein ist schlichtweg langweilig.

Ein letzter Faktor, der seine Schreiblust beträchtlich mindert, ist die begründete Angst, dass der Vorgesetzte, der seine Briefe zensiert, ihn und seine Familie kennen könnte. Seine Mutter ist etlichen Wachtmeistern gut bekannt. Es wäre höchst peinlich, wenn der Zensor in allerlei intime familiäre Probleme eingeweiht würde.

Für seine Eltern, besonders für seine Mutter, hat dieser Briefwechsel vor allem einen alle anderen in den Schatten stellenden Sinn:

Lieber Wilhelm Du hast geschrieben, Du wüßtest nicht was Du immer schreiben sollst, es geht uns wirklich beinahe auch so, man weiß gar zu wenig, wenn man auch viel zu tun hat, da muß man sich schließlich um seine Arbeit kümmern aber, immer will man doch etwas von einander hören, sonst meint man wir wären fremd zusammen, ich warte doch immer auf einen Feldgruß von meinem lieben Krieger & er wartet auf einen Heimatgruß von seinen Eltern ist es nicht so mein lieber, aber doch! (6.8.)

Wilhelm darf ihr auf keinen Fall entgleiten. In vielem mag sie resolut und tatkräftig wirken. Schaut man aber näher hin, entdeckt man eine Frau, die Angst hat, allein, ungeliebt und nicht geehrt zu sein. Die gesamte Bevormundung ihres Sohnes hat viel damit zu tun. Ihren Ferdinand liebt sie, aber Wilhelm soll ihr Seelengefährte sein. Indem sie ihm immer wieder schreibt, hofft sie, ihn unter ihrer Kontrolle zu behalten, ihn nie zu verlieren. Auch Wilhelms Vater vermisst ihn sehr, auch er macht sich ständig Sorgen um das Wohl seines Sohnes. Wenn keine Post von ihm in Griesheim eintrifft, verdüstert sich die Stimmung beider Eltern:

Wir bekommen eben so wenig Post von Dir. Dein Vater kommt von der Arbeit öfter heim und fragt hat Wilhelm nit geschrieben, wenn ich dann nein sagen muß, spricht er jedesmal wieder nichts! (6.2.)

Notfalls genüge ein Kärtchen mit einem Gruß. Beide leben auf, wenn der Briefträger Post von Wilhelm ins Haus bringt. Gelegentlich spielen sie ein Versteckspiel miteinander:

natürlich wird es Dir auch so gehen, wenn Du unsern Briefumschlag siehst, ich sehe immer bei der Feldpost auf die Schrift, da versteckele ich manchmal Deine Post, wenn ich sie zuerst habe, aber genau dasselbe macht Dein Vater auch, nur kann er das Lachen dann nicht halten. (16.2.)

Wilhelms Briefwechsel mit Margarete Büscher ist anderer Art. Der Grund dafür liegt auf der Hand. Viele Karten und Briefe, die er erhält, sind Minimalmeldungen voller Standardformeln. Die ihrigen sind von Inhalt und Niveau her anregend, laden ihn zu einer detaillierten, gut durchdachten Antwort ein. Das Mütterliche an ihr kann er ohne Bedenken genießen, weil es ohne alle Bevormundung ist. Sie will ihn nicht einkreisen, nicht gefangen nehmen. Obwohl eine gewisse Distanz immer gewahrt bleibt – sie siezen einander –, kann er ihr Dinge anvertrauen, die er seinen Eltern vorenthält. Im Gedankenaustausch mit ihr kann er geistig und seelisch wachsen, denn sie lässt ihm Raum, um seine eigenen Ansichten und Gefühle zu artikulieren. Gerade weil sie nicht so feste Ansichten wie seine Mutter vertritt, ja, ihre Zweifel, ihren Wankelmut zugibt und einen selbstkritischen Humor besitzt, fällt es ihm leichter, seine eigenen Ängste und Bedenken zu artikulieren. Ihr katholischer Glaube ist ganz anders als der lutherische Glaube seiner Mutter, ihre Vaterlandsliebe nicht so sehr eins mit dem protestantischen Preußen.

Ihr langer Bericht an Wilhelm vom 3. Februar 1915 über ihre Erlebnisse seit Kriegsanfang zeigt in frappierender Weise, wie sehr die Regierung im August 1914 mit einem schnellen Erfolg rechnet und trotz der sofort verhängten englischen Seeblockade Entwicklungen zulässt, die sich verheerend auswirken:

> *Ich war auf dem Lande in der Nähe meiner Vaterstadt in einer chem. Düngerfabrik auf dem Büro fertig.* [...] *Da kam dieser unglückselige Krieg, nahm uns nach & nach alle Arbeitskräfte weg sodaß der Betrieb völlig brach lag & den Stillstand bedingte weil ja auch ein Güterverkehr nicht bestand, der uns Rohmaterialien hätte bringen müssen. So ging der August zu Ende, alle Arbeiter waren einberufen und nun kam zum Schluß die Einberufung des einen Prinzipals & damit meine Entlassung zum 1. Okt. Bis jetzt war mein Prinzipal zur Ausbildung von Rekruten in Mutzig b/Straßburg, soll aber wie ich mir heute erzählen ließ, nun nach Rußland gekommen sein.*

Man hat keine Bedenken, eine Fabrik zu schließen, die künstlichen Dünger herstellt. Es leuchtet niemandem ein, dass der Prinzipal dort eine kriegsnotwendigere Rolle spielt als im Rekrutendepot oder an der Front. Allerdings wird er wohl selbst darauf gebrannt haben, sich an der Front seine Lorbeeren zu verdienen. Was macht Fräulein Büscher nach der Entlassung?

> *Durch Zufall erfuhr ich, als ich nach Mainz kam, daß man im Garnison Lazarett Frauen zum waschen & nähen annahm. Ich meldete mich als durch den Krieg brotlos geworden, hatte Glück & wurde gleich zum nähen angenommen. Früh morgens um 7 Uhr heißt es antreten zum Dienst mit 1½ stündiger Mittagspause bis Abend um 6 Uhr. Die Bezahlung behütet einen gerade vor dem Verhüngern oder richtiger gesagt vor der Inangriffnahme der paar sauerersparten Pfennige, aber ich bin sehr zufrieden.*

Anschließend stellt sie allgemeinere Betrachtungen an:

Wäre nur dieser schreckliche Krieg erst hinter uns. Ich darf gar nicht daran denken wie viele gute, brave Menschen schon dem Vaterland ihren Sold bezahlt haben und wieviele Opfer noch gebracht werden müssen, ehe wir den Feind niedergerungen haben werden. Werden wir dies überhaupt erreichen, unsere Feinde sind so viele? Verzeihen Sie meine Kleinmütigkeit nachdem schon so Großes vollbracht wurde, aber mir wird manches mal so himmelangst, daß ich nicht weiß wo aus noch ein. Vertrauen wir auf den lieben Gott, der die gerechte Sache wohl zu Ende führen wird.

Ein solcher Brief dürfte bewirkt haben, dass Wilhelm sich seiner eigenen Zweifel weniger als vorher schämt.

Im Westen ist alles festgefahren. Im Osten dagegen, wohin Wilhelms Erzfreund Philipp Rotenberger, »Pfützer Gretche Ihr August und Schwarze Ihrer, Ecke Sandgasse & Hoffmannstr.« (7.2.) verladen werden, kommt im Frühjahr alles in Bewegung. Wilhelms Mutter wird sich gefragt haben, was jetzt aus dem gottlosen Rotenberger wird. Wird sich das Wort Pfarrer Gerhards bewahrheiten, dass aller Mut nicht ausreicht, wenn man kein Gottvertrauen hat? (28.2.) Im Moment ist der Herrgott mit deutschen Siegen nicht knauserig. Die Siege in der zweiten Masurenschlacht bewirken Wunder für die Moral in der Heimat. Angesichts der ständig nach oben revidierten »amtlichen« Zahlen für Gefangene und erbeutete Geschütze steigert sich auch in Griesheim die allgemeine Euphorie. Frau Müller lässt sich vom Rausch mitreißen:

Du schreibst von einem großen Sieg über die Russen, das ist die reinste Wahrheit, Hindenburg hat sie mit Gotteshilfe aus Ostpreußen getrieben & völlig vernichtet. Anfangs las man 40.000 Gefg, dann 46.000 & dann 60.000 & gleich danach 104.000 amtlich & die Östr. in den Karpathen hatten amtlich z. gleicher Zeit 10.000. (1.3.)

Um die Österreicher ist es in Wirklichkeit viel ungünstiger bestellt, als die Propaganda suggerieren will. Die Öffentlichkeit kann das jedoch nicht wissen. Angesichts solcher Zahlen kommt der Zeitungsleser kaum umhin, die Schlussfolgerung zu ziehen, dass die Russen den Kampf bald aufgeben müssen. Der Kult um Hindenburg wächst ständig und die Anekdoten, die über ihn in die Zeitungen eingeschleust werden, kommen bei den Müllers bestens an:

Hindenburg weiß imme nicht genau von Anfang was er hat von Gef[an]*g*[enen] *in der Zeitg, war ein Artikel daß er nicht gut zählen könnte, er wäre seinerzeit mal in der Schule sitzen geblieben, da wäre er im Zählen untergekommen, dann holt er es aber wieder nach.*

Mit einem Sitzengebliebenen, der später alles fleißig nachholt, kann man sich leichter identifizieren als mit einem privilegierten preußischen Junkerspross! Auch Wilhelm gehörte nicht zu den Klassenbesten. Vielleicht ist auch er ein Spätentwickler. Die Hindenburg-Anbetung nimmt zum Teil bizarre Formen an. Auf einer Dankeskarte, die Valentin Deuker aus Russisch-Polen nach Griesheim schickt (4.3.), wird nicht das alte wuchtige, denkmalartige Kolosshaupt mit dem Bürstenkopf abgebildet, sondern ein jüngerer, schlankerer, berittener Hindenburg. Der

Am 4. März schickt Valentin Deuker dieses ungewohnte holprig-steife Bild von Hindenburg an Herrn Müller.

forsche Kavallerist ist immer noch das Ideal aus alten Kriegen. Das Bedürfnis nach einem klotzigeren Retter, einer gottähnlichen Großvaterfigur gewinnt aber immer mehr an Boden. Ob Jung oder Alt, Hindenburg verkörpert deutsches Heldentum, deutsche Männlichkeit. Noch ein glänzendes Vorbild für Wilhelm!

Für ihre Informationen ist Frau Müller nicht ausschließlich auf die Zeitungen angewiesen. Wer in den Laden kommt, wird über die neuesten Vorfälle ausgefragt. Auch mit den Nachbarn tauscht sie Informationen aus. Von Frau Schaffner erfährt sie z. B. Näheres über Griesheimer im Osten:

> *Von Deinen Schulkameraden sind viele nach Rußland gekommen auch nach Galizien, der Schaffner welcher 4te Oberst in der Schule war, hat heim geschrieben er wäre 1200 m hoch in Karp*[athen] *einquart*[iert]. *Da wären Schweine, Schäfchen, Geise kurzum alles Kleinvieh & Leute in einer Stube, das ist dort so Gebrauch, was werden Sie aber mal erst erstaunen, wenn Sie in die Schützengräber & ins Kanonengedonner kommen.* (1.3.)

Es klingt fast, als ob sie ihnen so etwas gönnt. Dann wird, so der wohl mitlaufende Gedanke, auch Philipp Rotenberger Dinge erleben, die ihm seine gottlosen Ideen austreiben werden. Frau Schaffners Brief bietet das erste Beispiel für die Reaktion von Griesheimer Soldaten auf das »Andere«, das ethnisch und kulturell Fremde. Abfällige Urteile über Lebensstandard und Lebensweise der Belgier und Franzosen – ihre sittlichen Mängel stehen auf einem anderen Blatt – werden kaum gefällt. Ein Dorf in Nordfrankreich oder Belgien weicht nicht sehr von einem im südhessischen Raum ab. Bei der Beschreibung der Lebensweise der Karpatenbewohner ist es anders: Sie wird als einfacher, zurückgebliebener empfunden. Negative Töne kommen aber im Osten erst dann auf, als die Deutschen in Russland selbst eindringen. Vordem haben die meisten heimgeschickten bunten Ansichtskarten Bauern, Bauernhäuser, Zigeuner, fremde Trachten usw. gezeigt, die exotisch-fremd, aber nicht unrettbar primitiv, minderwertig wirken sollen. Zwar haben die Zeitungen im August und September 1914 die von den Russen in Ostpreußen begangenen Untaten hervorgehoben. Ein Artikel im *Griesheimer Anzeiger* vom 4. September schreibt vom »abgrundtiefe[n] Abstand, der uns Westeuropäer von dem Moskowitertum trennt«. Sein Fazit: »Das Russentum ist der wahre Erbfeind des Deutschtums und der Kultur.« In den Briefen dieser einfachen Soldaten kommt es jedoch weder zu solchen abstrakten Erklärungen noch zu konkreten Beispielen russischen Barbarismus.

Die Griesheimer im Osten schreiben von zwei Plagen: den Läusen und der Kälte. Mancher Mutter fällt es leichter, sich ein Bild von diesen Qualen zu machen als von den dortigen Kämpfen. Einmal im Bann des Themas kommt Wilhelms Mutter davon nicht los:

> *Hiermit schicke ich Dir den Griesheimer Anzeiger, ich habe Dir blau angestrichen, da kannst Du mal sehen wie Dein*[e] *Kameraden in Rußland mit dem Ungeziefer leiden. Dein Schulkamerad Kunz in der Gellgasse* [Heinrich Kunz] *& Rotenberger liegen vor Warschau, Rotenberger hat geschrieben: gesehen hätte er auch die Läuse, er hatte bis jetzt noch keine, er darf nur bei einem andern liegen welcher die Plage hat, vergehen keine 2 Tage da ist er auch besudelt.* (10.3.)

Die Qualen der Extremkälte im Osten können die Angehörigen leicht nachempfinden:

> *Gestern war Wirts Hofmann in der Sandgasse ihre Tochter bei uns, die erzählte mir, daß Ihr Bruder (derjenige ists welcher ich Abends vor unserm Hause seinerzeit aufgehoben habe wie er in der Floßrinne lag & voll war Du wirst Dich an den Vorfall noch erinnern können) die Füße in Rußland verfroren hat & getragen werden mußte, die verfrorenen Gliedmaßen werden schwarz & müssen abgenommen werden, vielen müssen ihre Füsse, Zehen & dergl. durch verfrieren abgenommen werden, einer Namens Duft, hatte beim Justus Schreiner gelernt, dieser hat Hände & Füße verfroren, was ist das für ein Elend. Mein lieber junger Krieger danke dem Herrn auf den Knien, daß Du nicht nach Rußland gekommen bist. Hoffentlich wirst Du auch weiter bleiben wo Du bist.* (10.3.)

Diejenigen Griesheimer, deren Bedürfnis nach Berichten über Schlachten und Heldentaten in den ersten Kriegswochen kaum zu stillen war, stimmen mittlerweile andere Töne an. Jacob Müller z. B. hat viele Sorgen: Seine Mutter Katharina ist in der Weihnachtszeit im Philippsspital in Goddelau, einer Nervenanstalt, gewesen, kommt zwar wieder heim, ist aber »nicht besser geworden«. (6.1.) Beim Darmstädter Seilermeister Friedrich Linck angestellt und sich auf dem Firmenpapier stolz als Kaufmann bezeichnend, hat er keine Lust, seine Stelle aufgeben zu müssen. Ängstlich fragt er Wilhelm:

> *Sind denn die Franzosen & Engländer noch nicht bald all? Jedenfalls werden Sie doch bald mal eine Schlappe erhalten, denn Sie haben bis jetzt immer noch ausgehalten. Wie geht es nur dem armen Bremm! Der ist jetzt bei Infanterie, auch nichts feines Hoffentlich ist der Krieg bald aus & Ihr kommt gesund nach Haus. Schreibe mir bald mal.* (16.3.)

Der staatliche Griff nach der männlichen Bevölkerung reicht immer weiter. Anfang März wird eine neue Gruppe, der Landsturm zwischen 30 und 40 Jahren, gemustert. »Königslorche Ihr unzeitiger« muss einrücken. (1.3.) Ängstlich beobachtet Wilhelms Vater, wie die obere Altersgrenze langsam immer näher an ihn herankommt. Obwohl 1868 geboren und als permanent untauglich befunden, fühlt er sich nie mehr ganz sicher vor dem Zugriff der Militärbehörden. Trotz aller Vaterlandsliebe und aller windigen Sprüche in der Wirtschaft hat er nicht den Wunsch, Feldgrauer zu werden. Hoffentlich habe der Krieg seinen Höhepunkt schon erreicht und man werde die Alten gar nicht brauchen, weil es so viele junge Soldaten gebe. (21.3.)

Das Wissen, dass Briefe und Karten zensiert werden, hält die meisten Soldaten davon ab, Kritik an den Zuständen im Heer zu äußern. Der Griesheimer Jakob Fischer, beim Reserve-Infanterie-Regiment 118, bildet die erste Ausnahme:

> *Bei uns geht es bis jetzt noch ganz gut wenn es auch manchmal nicht so ist wie es gerade sein soll aber wir sind eben im Krieg und da erträgt man alles Freude und Leid. Mann muß nur aushalten und an den schönen Spruch denken: Lerne leiden ohne zu klagen. So kommen wir auch in bösen Tagen vorwärts denn es heißt Ein feste Burg ist unser Gott ein gute Wehr und Waffe.* (20.3.)

»Lerne leiden, ohne zu klagen«, wird zu seinem Dauerspruch. Als treuer Untertan, der nie gedient hat und den Kommiss nicht kennt, schenkt Herr Müller solchen Andeutungen wohl wenig Glauben. Von Missständen im Heer will er nichts wissen. Was er so hoch schätzt, ist die vom Kaiser verkündete und von der Propaganda immer wieder betonte Einigkeit aller Deutschen. Diese Einigkeit findet er durch das veröffentlichte Ergebnis der zweiten Kriegsanleihe bestätigt:

> *Natürlich könnt Ihr Euch Lieben draußen im Felde kein Begriff machen, wie das ganze deutsche Volk einig in Waffen steht wie alles zusammen hilft wirthschaftlich u finanziell letzteres hat sich in letzter Woche wieder ganz besonders gezeigt.* [...] *Denke Dir im Oktober hat die erste Kriegsanleihe stattgefunden u waren damals nicht weniger als an 4 Milliarden vom deutschen Volk gezeichnet u. Du machst Dir keinen Begriff in letzte Woche hat es, es ist noch nicht einmal ganz festgestellt die 7. Milliarde überschritten alles ist beteiligt daran Schulkinder die 100 M in der Sparkasse haben, haben gezeichnet natürlich ist es auch kein schlechtes Geschäft für die Besitzer. Da werden die Feinde stutzen wenn Sie u. das ist bald, erfahren von der Einigkeit der Deutschen denn Frankreich u Rußland ist nächst finanziell u wirtschaftlich ruiniert u das hört der Räuberhorde auch nicht anders.* (21.3.)

Sein Standpunkt bei allen zukünftigen Friedensverhandlungen zwischen den kriegführenden Staaten lässt sich schon vorwegnehmen: Wer auf eine saftige Rendite zählt, wird vom besiegten Feind gleich saftige Kontributionen verlangen.

Aber wie ist der noch ausbleibende Sieg herbeizuführen? Hat man neben dem Heer nicht andere Streitkräfte? Nach den anfänglichen spektakulären Erfolgen von einzelnen Kriegsschiffen ist es um die Kriegsflotte ziemlich still geworden. Es zeigt sich auch immer mehr, dass die hoch gefeierten Zeppeline trotz spektakulärer Einzelerfolge England nie zu Boden strecken werden. Diese Rolle wird den deutschen U-Booten zunehmend zugewiesen. Im *Griesheimer Anzeiger* heißt es etwa am 6. Februar unter dem Titel »Gegen England«:

> *Deutschland ist nicht mehr gewillt, ruhig zuzusehen, wie England Deutschland erbarmungslos von der ganzen Welt abschneidet und aushungern will. Der Spieß wird umgedreht. England, das jungfräuliche Inselreich, soll abgesperrt und ausgehungert werden.*

Die amtlich gemeldeten Versenkungszahlen werden von der Propaganda ausgenutzt, um die Zivilbevölkerung auf diese Wunderwaffe einzustimmen. Herr Müller reagiert darauf wie gewollt:

> *Aber auch der stolze Brite (Engländer) hat jetzt schon zu Lande u hauptsächlich zu Wasser ganz gewaltige Verluste denn unsere Unterseebote sind bei der Arbeit auch unsere versenkten Kreuzer haben ganz gewaltiges zu Gunsten oder besser gesagt zum Schaden der Saubriten geleistet.* (21.3.)

Seine Frau hat die Nachricht gefreut, dass zwei englische Transportdampfer, der eine mit 2.000, der andre mit 1.800 Mann, ebenso wie »eine Masse Handels, Kohlen u andere Dampfer« versenkt worden sind. (1.3.) Mitleid mit den ertrunkenen Soldaten und Matrosen wäre fehl am Platz. Die Engländer sind es doch, die die Deutschen aushungern wollen. Es werde aber, so Herr Müller, noch eine Weile dauern, bis die Ententemächte erkennen müssten, dass sie weitere solche Verluste nicht verkraften könnten:

> *da heißt's halt fügen u durchhalten, mit der festen Zuversicht, daß auch diese stolze Saubrite gedemütigt werden u. der heiß ersehnte Tag wird kommen, wo jeder der mit Gottes Ratschluß noch am Leben bleibt wieder in die Heimat kommt.* (21.3.)

Dass er England als den Hauptfeind betrachtet, überrascht nicht, denn die Presse hetzt ohne Unterlass gegen die Engländer. Am 3. Februar z. B. bringt der *Griesheimer Anzeiger* einen Artikel mit dem Titel »Religion und Geschäft«. Diese »unsittliche Kombination« sei typisch für diese Rasse, die »Afrikaner und Asiaten tiefstehendester Rasse« gegen die Deutschen verwende. Die Engländer verseuchen, heißt es, die Presse mit Lügen, verstehen nur die brutale Sprache des Geldes und glauben sich als Volk dazu auserwählt, der Welt den Stempel der englischen Rasse aufzudrücken. Zu Bismarcks Zeiten, so die Zeitung, durften die Deutschen das haben, was England an Kolonien übrig ließ, aber sobald die ökonomische Machtstellung Deutschlands einen Aufschwung nahm und Englands Alleinherrschaft bedrohte, kreiste die englische Politik Deutschland ein und sperrte seine koloniale Expansion. Jetzt brauche Deutschland selbst Platz.

Interessanterweise wird jedoch in den Briefen kein Wunsch nach kolonialer Expansion geäußert. Für die Müllers und ihre Korrespondenten liegt dieses Thema nicht oben auf. In diesen Monaten gibt sich die deutsche Propaganda auch viel Mühe, die unter der Bevölkerung weitverbreitete Angst vor der Überzahl der Gegner zu zerstreuen. Das Bündnis mit Österreich und der Türkei wird als unverbrüchlich dargestellt. Die beabsichtigte Wirkung bleibt bei den Müllers nicht aus.

Intakt ist auch ihr Vertrauen zu allen Maßnahmen, die die Regierung zur Sicherung der Versorgungslage im Innern ergriffen hat. Herr Müller schreibt: »Es ist eben war, daß sich unser Kaiser u. Regierung in allem vorsieht u. das ist sehr gut.« (21.3.) Der Lehrer Friedrich Boller bläst ins selbe Horn:

> *Hier geht alles seinen geregelten Gang weiter. Überall und in jeder Weise sind Vorkehrungen getroffen, daß die Lebensmittel und andere Dinge noch lange ausreichen. Gern schränkt man sich ein bischen, wo die draußen im Feld so viel Entbehrungen erdulden.* (31.3.)

Zu den vielen Maßnahmen gehört das Backverbot von Kuchen, Kreppeln[3], Dampfnudeln und Milchbrötchen. Nur Kuchen aus Brotteig, sogenannte Brotkuchen, dürfen gebacken werden; der Teig muss dieselbe Zusammenstellung wie für K- und KK-Brot haben, also höchstens 70 % Weizenmehl und 30 % Roggenmehl. Am 24. März erinnert der *Griesheimer Anzeiger* seine Leser daran, die Annahme sei irrig, dass samstags das Backen von Milchgebäck erlaubt sei. Betont wird auch,

3 Berliner Pfannkuchen.

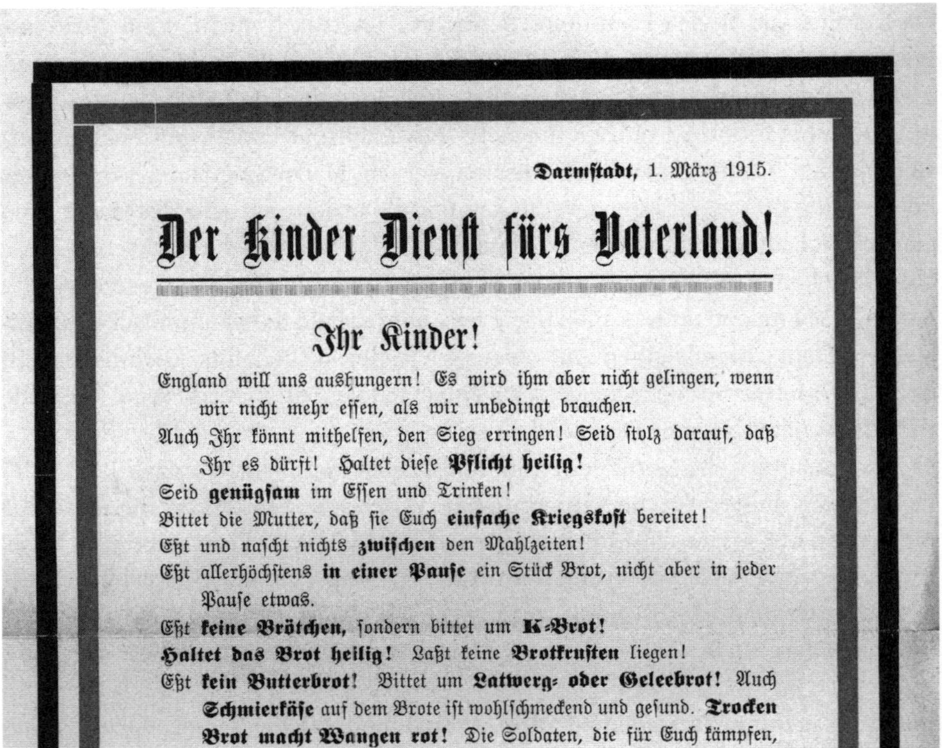

Darmstadt, 1. März 1915.

Der Kinder Dienst fürs Vaterland!

Ihr Kinder!

England will uns aushungern! Es wird ihm aber nicht gelingen, wenn wir nicht mehr essen, als wir unbedingt brauchen.

Auch Ihr könnt mithelfen, den Sieg erringen! Seid stolz darauf, daß Ihr es dürft! Haltet diese **Pflicht heilig!**

Seid **genügsam** im Essen und Trinken!

Bittet die Mutter, daß sie Euch **einfache Kriegskost** bereitet!

Eßt und nascht nichts **zwischen** den Mahlzeiten!

Eßt allerhöchstens **in einer Pause** ein Stück Brot, nicht aber in jeder Pause etwas.

Eßt **keine Brötchen,** sondern bittet um **K-Brot!**

Haltet das Brot heilig! Laßt keine **Brotkrusten** liegen!

Eßt **kein Butterbrot!** Bittet um **Latwerg- oder Geleebrot!** Auch **Schmierkäse** auf dem Brote ist wohlschmeckend und gesund. **Trocken Brot macht Wangen rot!** Die Soldaten, die für Euch kämpfen, essen auch trockenes Brot.

Laßt Euch das Brot **nicht** zu **dick schneiden** und **schmieren!**

Bittet die Mutter, daß sie **weder Kuchen, Kreppel noch sonstiges Gebäck aus Weizenmehl bäckt.**

Eßt tüchtig **Gemüse und Obst, wenig Fleisch!**

Eßt **keinen Schlagrahm!**

Denkt immer daran, wieviel Eure Väter und Brüder im Schützengraben entbehren müssen.

Auch **Ihr** seid **Mitstreiter** in diesem Kampf! Auch **Ihr Kinder** habt **Euren Dienst fürs Vaterland!**

Städtische Zentralstelle für die Volksernährung im Krieg.

Die Bundesratsverordnungen werden gleichsam in eine Ermahnung an Deutschlands Kinder verwandelt.

dass die Einführung von Brotkarten (am 17. Mai) niemanden zu verunsichern brauche. Die festgesetzte tägliche Ration von 200 g Mehl (entspricht etwa 350 g Brot) pro Person sei vollständig ausreichend und es bestehe keine Sorge, dass durch diese Maßnahme eine Herabsenkung der Volksernährung und dadurch eine mindere Leistungsfähigkeit des Volkes eintrete. Andererseits dürfe es keine Preistreiberei geben. Brot und Kartoffeln müssten für die Minderbemittelten erschwinglich bleiben. Es habe sich erwiesen, so moniert der *Anzeiger*, dass das Heraufsetzen des Kartoffelpreises, um die Verfütterung an Vieh zu verhindern und das Angebot der Speisekartoffeln zu erhöhen, anderes bewirkt habe. Erzeuger, Spekulanten und Händler hielten Kartoffeln jetzt in der Hoffnung zurück, dass der Höchstpreis noch steige. Auch bei Fleisch sei nach Ansicht der Zeitung die Lage alles andere als ideal. Zu der Einführung von Brotkarten äußert sich Frau Müller ganz kurz am 30. März: »bei uns sind Brotkarten, da bekommt man nur Brot auf die Karte.« Fräulein Büscher hat schon zehn Tage früher aus Mainz geschrieben:

> *Die Stadt hat hier wie überall diese Karten eingeführt, jedem Erdenbürger seine bestimmte Anzahl grs täglich von Brod vorgeschrieben, um auf diese Weise zu sparen und unser Volk vor dem verhungern zu schützen.*

Sie scheint nicht hundertprozentig vom Erfolg dieser Maßnahme überzeugt zu sein. Besser für die Stärkung von Wilhelms Moral dürften ein paar Kriegswitze sein:

> *Ist Ihnen schon zu Ohren gekommen, daß Sir Edward Grey Gefreiter gewesen ist? Der Kerl konnte Gemeiner nicht mehr sein. Ferner ist es traurig aber wahr, daß die deutsche Kaiserin sich von S. M. scheiden läßt. S. M. so erzählt man sich, liefe so viel der »dicken Berta«[4] nach. Wie Sie sehen lauter Mordgeschichten die hier von Mund zu Mund gehen.*

Dem Drängen seines Vaters endlich nachgebend, bietet Wilhelm am 28. März seine eigenen Reflexionen zur allgemeinen Lage:

> *Lieber Vater Du möchtest wissen wie mir d. Krieg vorkommt. Daß man der Meinung ist, daß ein solcher Krieg noch nicht stattgefunden habe ist auch ganz*

4 Spitzname zweier vom Rüstungskonzern Friedrich Krupp hergestellter schwerer Mörser.

richtig. Auch ich glaube im Vertrauen auf Gott, daß die Vorteile u Kräfte zu unsern Gunsten ausfallen. Du meintest: Wir könnten uns keinen Begriff von der Einigkeit der Deutschen vorstellen. Darauf muß ich sagen: »Gerade so gut wie Ihr in der Heimat merkt man es auch hier!« Denn Alles geht brüderlich her; ohne Unterschied der Waffengattung des Alters und der Stände. Jeder ist dem andern Hilfe bereit u man beträgt sich ganz freundlich mit Bekannten u. Unbekannten. Jeder spricht, jeder antwortet. Wenn es nur auch im Frieden so wäre.

Er teilt das elterliche Ideal eines einigen Kaiserreiches, in dem Parteien schwinden und jeder das Wohl des Vaterlandes über alles andere stellt. Es spielt auch eine Rolle, dass er, scheu, still und allem Streit abhold, sich bei seinem »netten« Leutnant gut aufgehoben fühlt. Von dessen Freundlichkeit und Höflichkeit auf die Beschaffenheit des ganzen Heeres zu schließen, mutet jedoch höchst naiv an. Karl Fischer und später Heinrich Müller sen. singen ein anderes Lied. Wilhelms Worte kommen bei seinem Vater gut an:

Du schreibst uns wenn es auch im Frieden so wär wie jetzt wo alle mit einander sprechen u helfen mein lieber das wäre gewiß schön aber das ist nun einmal in Friedenszeit nicht so. Es müßte gerade jetzt im Frieden so werden denn ein solcher Krieg ist ein Erzieher der Menschheit allerdings müssen auch viele unschuldigen darunter leiden. Nun wir werden ja sehen die Hauptsache ist wieder heim kommen. (2.4.)

Auch wenn hier von Gottes Rolle in allem nicht explizit die Rede ist, ist diese Diagnose doch eine Variante der »Kriegstheologie«, die Frau Müller vertritt. Von Sozialisten, Gewerkschaftlern und »Gottlosen« ist zwar nicht direkt die Rede, aber sie sind es, die »erzogen« werden müssen. Der Krieg soll als Erziehungs-, sprich: Strafanstalt wirken. Über diese bösen Elemente wird entweder ein Todesurteil gefällt oder sie werden durch ihr Leiden so lange gezüchtigt, bis sie ihre Irrtümer einsehen und sich in fromme kaisertreue Untertanen verwandeln. Herrn Müller stört lediglich, dass auch unschuldige, gläubige Soldaten mitleiden und ums Leben kommen müssen.

Immer mehr Rekruten werden eingezogen. Wilhelms Mutter hält ihn am 21. März auf dem Laufenden über die neuesten Gefallenen und Eingezogenen:

Gestern hat Diefenbachs Hannes seine Frau (Grafe Greth von Rohrheim) welche an der Bahn die Holzschneiderei & große Wage haben Nachricht bekommen, daß Ihr Mann in Rußland gefallen ist.

Die Tauglichkeitskategorien werden weiter gelockert:

> *Jetzt kommt Alles noch ins Feld, was sozusagen Löffel lecken kann. Jägers Christian (Regine) neben uns Müllerpeters Philipp* [der Sohn Georg Müllers] *(war wegen seiner früheren Ohrenkrankheit zurückgestellt), bei Wenze oben der dicke Zöller, Müller Heiner muß noch mal Infantrist lernen, der war doch auch bei Artillerie* […] *Pflästerers Ludwig* [Ludwig Feldmann] *ist in den Karpathen, der war auch Artillerist & ist zur Infantrie zugeteilt worden. Seine Mutter meint auch sie wär am schlimmsten dran, heute war Herrn Wieland bei uns er ist ausgebildet (schwere Artillerie) er mein*[t] *in cirka 14 Tage käme er auch nach Westen, könnte Dir noch manch Interessandes sagen fellt mir eben nichts ein.* (21.3.)

Die Befürchtung von Heinrich Müller sen. hat sich bewahrheitet. Noch ein Letztes fällt ihr ein: »Herberts Ludwig ist auch jetz im Schützengraben.« An dem Tag, an dem sie den Brief schreibt, erscheint im *Griesheimer Anzeiger* die Todesanzeige Ludwig Heberers, des einzigen Sohnes des Hauptlehrers Heberer, von dem Wilhelm im vorigen Jahr Post erhalten hat. Er sei bei einem Melderitt in Russisch-Polen schwer verwundet worden und am selben Tag in einem Lazarett zu Grajewo in Russland gestorben. Er wird im Mai auf dem Waldfriedhof in Darmstadt begraben.

Wenn Leutnantsbursche zu sein schon ein deutliches Plus im Vergleich zum normalen Fahrerdasein ist, gewinnt Wilhelm jetzt das große Los, indem er bei einem Veterinär Bursche wird:

> *Seither mußte ich öfters mit meinem Lt. den Kugelregen wohl hören! Ich bin jetzt schon zum 3tenmal Bursche und zwar bei einem Veterinär der nicht in Stellung muß u so brauche auch ich nicht vorläufig, d. h. sobald wir nicht im Gesamten vorgehen, in Feuerstellung.* (28.3.)

Er hat in doppelter Weise Glück, denn um Haaresbreite wäre er mit seinem früheren Leutnant nach Russland gekommen. Diejenigen, die wie Fritz Ermert vor der Versetzung dorthin stehen, sind von dieser Aussicht nicht gerade begeistert: »man weiß nicht wo es nun wieder hingeht und wos Blut wieder in Strömen fließen wird.« (15.4.)

Der fromme Ludwig Herbert fällt als Erster von Wilhelms engeren Freunden. Lange kämpft Ludwig an der Front nicht. Am 5. März ist er in Vieville-en-Haye unweit Metz:

Der Krankenträger Friedrich Ermert steht hinten links. Auf der Rückseite des Bildes stellt er die Gruppe vor: Die Pechvögel (Schuster) sitzen da auf dem Stuhl,/Und halten in Ordnung unsre Sohl./ Am weitesten Rechts der Sattler steht/ Seinem Handwerk in der Komp. gar wenig vergeht./Und rechts von mir im roten Bart,/Der führt den Lebensmittelwagen/Und sorgt uns 5 wohl für den Magen,/Mitten auf dem Bild der Korporal./Der nimmt als mal Teil an unserm Mahl./ Und hinten im Mantel der Posten steht./Doch schnell aufs Bild er auch mitgeht./Barhäuptig könnt Ihr mich besehen,/Denn grad bei Körperfrische war ich zu sehen.

> [wir] *hausen in Erdhöhlen welche auf einer Anhöhe im freien Felde liegen und gut & warm eingerichtet sind. Bin am Sonntag in Stuttgart fortgekommen und war Dienstag früh hier.*

Er bittet Frau Müller, ihm gegen Bezahlung »5 Kg. Sauerkr. & 5 Kg. Gummern für die Compagnie« zu schicken. Sie rät ab: Sauerkraut sei ohne Brühe nicht zu transportieren; schickt ihm selbst aber ein Paket. Es erreicht ihn nicht. Von Musketier Georg Heubacher kommt die Meldung, Ludwig sei verwundet worden. Frau Müller will wissen, in welchem Lazarett er liege. Das schon geschickte Paket soll Heubacher mit seinen Kameraden teilen. Ihre Karte (6.4.) kommt mit dem Vermerk »Zurück Verwundet« zurück. Am 4. April schreibt Ludwigs ehemaliger Stuttgarter Hauswirt H. Fässler an Wilhelm:

> *Zu meinem tiefen Schmerz muß ich Ihnen mitteilen, daß Ihr l. Freund L. Herbert in der Nacht vom 29 auf 30. März durch einen Gewehrschläger schwer verwundet wurde u. bald darauf verschied. Er ist nun daheim beim Herrn.*

Weder Wilhelm noch die Eltern verweilen lange beim Thema. Todesnachrichten werden zu etwas Alltäglichem. Nach Ansicht von Frau Müller wird noch manch ein Unschuldiger wegen der Sünden gottloser, linker Deutscher sein Leben haben opfern müssen. Ihr Trost: Der gute Ludwig hat zur Erlösung Deutschlands beigetragen und wird von Gott für seinen Opfertod belohnt werden. Wer weiß, welche Gefühle und Gedanken Wilhelm im Stillen befallen?

Diese Hoffnung braucht man immer mehr, denn im *Griesheimer Anzeiger* kommen Todesnachrichten und Nachrufe mit wachsender Häufigkeit vor. Georg Beck III und Valentin Reinheimer sind die neuesten Kriegsopfer. Letzterer, ein Bekannter Wilhelms, der Sohn Adam Reinheimers in der Frankfurter Straße, stirbt infolge eines Kopfschusses im Garnisonslazarett zu Sczed in Russland. Vom Tod seines ältesten Bruders hat Frau Müller Wilhelm schon berichtet. Also schon zwei Gefallene in einer Familie – und es ist erst April 1915!

Es kommt das erste Kriegsostern. Pfarrer Gerhard wird die Parallelen zwischen dem Opfertod Jesu Christi und dem Leiden der deutschen Soldaten hervorgehoben haben. Damit seine Zuhörer stolz und getröstet nach Hause gehen, sollen sie wissen, dass nach dem Heldentod fürs Vaterland die Auferstehung im Himmel kommt. Frau Müller, die keinen Gottesdienst verpasst, hört aufmerksam zu, nimmt seine Worte dankbar, ja begeistert auf:

> *Heute Sonntag nach Ostern sind die Mädchen confirmiert. Am 2 Osterfeiertag waren die Knaben confirmiert worden ich war in der Kirche, der Pfarrer sprach großartig, ein wahrer Genuß für mich.* […] *Ich dachte dabei auch an Deine Konfirmation, wie sie so einfach & doch so feierlich war & wie Dich der Herr bis hierher so wunderbar geführt & geleitet hat.*

Sonst habe sie gerade nicht viel Neues, aber Wilhelm könne im *Griesheimer* ja etwas lesen. Sie müsse sowieso wieder in die Kirche: »jetzt um 8 Uhr Abends ist wieder Kriegsandacht & ziehe mich gleich an um dabei zu sein.« (11.4.) So gestärkt geht sie mit neuem Mut in die neue Woche. Der Osterwunsch von Wilhelms Vater ist einfach: dass der Krieg doch nicht mehr zu lange dauere und dass Gott den »Saubriten« (dreimal unterstrichen!) strafe. Die seien ja »hauptsächlig am ganzen Krieg schuld«. (2.4.)

Den Müllers ist Einquartierung keine Neuheit: Die Griesheimer sind schon vor dem Krieg bei Manövern und sonstigen Truppenübungen oft in Anspruch genommen worden und seit Kriegsbeginn ist Griesheim auch Garnisonsstadt für die 2. Ersatz-Maschinengewehr-Kompanie des XVIII. Armeekorps. Soldaten werden auf dem Griesheimer Sand am Maschinengewehr ausgebildet, ehe sie zu den einzelnen Regimentern abkommandiert werden. Im Februar 1915 kommen zwei Männer, Willy Israel und Arthur Bonrath, zu den Müllers ins Quartier. Beide schließt Frau

Arthur Bonrath und Willy Israel dürften unter diesen Mitgliedern der 2. Ersatz-Maschinengewehr-Kompanie des XVIII. Armeekorps sein. Hingewiesen sei auf die Standardrequisiten des Fotografen: die halbvollen Biergläser, das – nicht mehr zeitgemäße! – Holzpferd und Schwert; den auf einem Bierfass sitzenden Affen mit überschäumendem Bierglas und das Schildchen rechts unten mit den Worten darauf: Wir ziehen jetzt in Feindesland zum [nicht mehr lesbare Worte; zum Schutz von unserm?] Vaterland. In der Soldatensprache hieß der Tornister der »Affe«.

Müller ins Herz, auch wenn es sie stört, dass sie nicht alles aufessen. Nach abgeschlossener Ausbildung kommt Arthur gleich nach Frankreich, Willy etwas später in den Osten. Vereinbart wird, dass Frau Müller ihnen Pakete schickt, während sie als Gegenleistung Briefe und Karten an sie schicken. Als Arthur an die Front kommt, ist er zutiefst schockiert:

> *Wenn man an die schönen Tage denkt, welche man in Griesheim verlebt hat, sollte man es nicht für möglich halten das ein Mann solche Strapazen und Entbehrungen aushalten kann, welche es im Kriege gibt.* (10.5.)

Auch er greift zum Wort »Elend«:

> *Ich glaube aber, wenn man nicht durch eine höhere Macht gestärkt würde, kann es keiner aushalten. Denn so wie der Krieg ist hatte ich ihn mir doch nicht vorgestellt* [...] *Wenn Gottes mächtige Hand diesem Elend nicht bald ein Ende macht dann weiß ich nicht was es mit den armen Kameraden welche von anfang im Kriege sind noch geben soll, denn diese sind die Sache so leid das es Ihnen zum Hals hinaussteckt. Es ist traurig wie man die jungen Leute tot da liegen sieht. Man darf aber den Mut nicht verlieren und Gott vor Augen halten dann kommt man schon wieder weiter. Wie es hier sonst aussieht dürfen wir nicht schreiben. Es geht aber jeden Tag näher zum Frieden.*

Soll man weiterkämpfen können, muss man das glauben! Das »Unschöne« am Soldatenalltag empfindet er auch in weniger auffälligen Dingen:

> *Das Leben hier in der Feuerlinie ist nicht so schön wie in Griesheim. Wir essen hier zu vier Mann aus einem Topf und alle vier Mann mit einem Löffel wenn der eine fertig ist fängt der andere an zu Essen.*

Es kommt ihm nicht in den Sinn, dies als urwüchsig-germanische Sitte zu verherrlichen, wo die Mitglieder einer engen Kampfgemeinschaft das Essen brüderlich teilen. Bei Arthur sind die Normen des Zivillebens noch gültig: Primitiv bleibt primitiv! Hätte er die Zensur nicht vor Augen gehabt, hätte er wohl noch anderes beklagt. Nach der Lektüre seines Briefes wird Frau Müller es umso mehr als ihre »mütterliche«, christliche und patriotische Pflicht empfunden haben, ihren Soldaten durch Pakete und aufmunternde, erbauende Worte den Rücken zu stärken. Ihre Hoffnung, Gott werde Wilhelm seinen Burschenposten noch weiter gönnen, wird umso inniger.

Er ist noch in Flandern. Man kann nicht wissen, ob er als Bursche direkt mit ähnlichen Szenen konfrontiert wird, wie sie Arthur Bonrath erlebt, aber die blutigen Kämpfe, in die seine alte Batterie verwickelt ist, können unmöglich spurlos an ihm vorbeigehen. Er braucht nur mit Bremm oder anderen Batteriemitgliedern zusammenzukommen, um umfassend ins Bild gesetzt zu werden. Am 22. April bricht er mit seiner üblichen Sitte und berichtet seinen Eltern, wie ein Schützengraben samt der Beobachtungsstelle der Batterie eingenommen und deren Besatzung von den Engländern gefangen genommen wird. Am nächsten Tag habe man bei einem erneuten Angriff den Engländern das Fell verhauen, »sodaß sie seit dem sich wieder anständig benehmen«. Die Engländer, die bösen Buben, sollten brav sein! Wilhelm bricht mit seiner üblichen Schweigsamkeit und geht trotz aller Zensurbestimmungen auf die Kampfhandlungen ein:

> *Gestern haben unsere Truppen wieder Erfolge zu verzeichnen etwa so weit nördlich als wir südöstlich haben d. Deutschen mit Hilfe giftiger Gase welche bei geeignetem Winde losgelassen waren und sich über die fdl Sch Gräben hinzogen hübsche Beute gemacht (16.000 Gefangene, die vordere Reihen d. Engl. radikal tot, 30 Gesch darunter 4 schwere sowie eine Unmasse M Gew erbeutet) Was sich noch retten konnte geht fluchtartig zurück.* [...] *Ypern wird jetzt von drei Seit*[en] *traktiert und wird es noch in absehbarer Zeit die Deutschen beherbergen müssen.* [...] *Bei unsrer Inf. haben wir ebenfalls diese Gase die alles Lebende*

unrettbar ersticken. Um aber eine Vergiftung unserer Leute zu begegnen haben diese eigentümliche Schwämme als Gegenmittel.

Wilhelm beschreibt hier die erste große Verwendung von Giftgasen im Ersten Weltkrieg. Dass er so darauf eingeht, zeigt, wie groß sein Unbehagen ist. Wer, wie er es später tut, über den »unmenschlich geführten Krieg« klagt, kann diese Eskalation des Unmenschlichen kaum ohne Kommentar vorbeigehen lassen. Er weiß ganz genau, dass die Anwendung von Giftgasen durch die Haager Konvention verboten worden ist. Was tut er also? Er versucht seine Bedenken einzulullen:

Wenn diese Halunken mit dum dum Geschossen[5] *schießen und sich sonst völkerrechtswidrig benehmen so können wir ihnen dies ja mit Genugtuung damit vergelten.*

Diese Entwicklung stellt eine weitere Etappe im allgemeinen Desillusionierungsprozess dar hinsichtlich des Charakters des gegenwärtigen Krieges. Als sie den angeblichen »Durchbruch« bei Ypern begrüßt, erwähnt Wilhelms Mutter den Gebrauch von Gas nicht:

Der liebe Gott soll Euer Vorhaben weiter segnen & Euch bald als echte deutsche gläubige Krieger zurückkehren lassen.« (2.5.)

In der deutschen Presse ist zunächst vom Einsatz von Giftgas nicht die Rede. Erst nachdem französische Zeitungen dessen Verwendung verurteilen, sieht die deutsche Propaganda sich gezwungen, sie einzugestehen und die Franzosen wegen Heuchelei anzuklagen: Sie und die Russen hätten selbst schon Gasbomben benutzt. Aus dem »Sieg bei Ypern« wird in Wirklichkeit nichts. Der Gebrauch von Giftgasen wird aber auf beiden Seiten zur Routine. In dieser Erziehungsanstalt geht es nicht zimperlich zu. Weder Wilhelm noch seine Eltern kommen wieder auf das Thema zurück.

Groß- und Kleinformatiges sind Beilagen in den Briefen der Eltern. Durchbruch und Durchfall können im selben Abschnitt nebeneinander liegen. Aktuell sorgt sich Frau Müller um Wilhelms Stuhlgang. (28.4.) Er hat nämlich Durchfall. Ihre

5 Beim Dum-Dum-Geschoss wird die Spitze der Patrone abgefeilt, damit die Kugel beim Flug ins Trudeln kommt und beim getroffenen Soldaten eine größere Wunde aufreißt.

Diagnose: mangelnde Körperwärme. Soll sie ihm Hemd, Strümpfe und Fußlappen schicken? Er ist entsetzt! Statt noch mehr Bekleidungsstücke zu sammeln, will er Winterkleidung wie die berüchtigte Unterjacke und die Kniewärmer möglichst schnell heimschicken. Letztere haben sich als völlig überflüssig erwiesen. Er brauche nur eines: Hosenträger. Die Jacke wird weggeschickt. Nur ist deren Postweg nach Griesheim kein direkter. Der Grund: Die Postbehörden haben inzwischen festgestellt, dass es bei vielen Paketen nicht mehr um dreckige Unterwäsche oder löchrige Strümpfe, sondern um »requirierte«, sprich: erbeutete Luxusartikel geht:

> *Deine Jacke ist über Hamburg (Zollhafen) gegangen, weil es ein größeres Paket war, das kommt daher, weil allerhand von Frankreich heraus geschickt wird (was gestohlene Sachen sind) welches jetzt alles auf dem Zollamt geöffnet wird, natürlich requierte Gegenstände wird dem Absender gewiß etwas einbringen. Hierorts hatt man verschiedene Mal von seidene Blusen gehört, welche Griesheimer bekommen hätten, möglich ist ja Alles, vor derartigen dreckigen Sachen muß sich ein echt deutscher Krieger scheuen, das gibst Du gewiß selbst zu.* (14.5.)

Seidene Blusen! Um Gottes willen! Zu diesem Zeitpunkt braucht sich Frau Müller wohl keine Sorgen zu machen, dass ihr braver Wilhelm solche Artikel nach Griesheim oder anderswohin schickt. Aber es schadet nicht vorzusorgen! Solche Ermahnungen sieht sie als Teil ihrer mütterlichen Pflicht. Täte er so etwas und käme es ans Licht, welche Blamage wäre das für sie. Wie könnte sie den Nachbarn, besonders den Gottlosen, in die Augen schauen. Was würde Pfarrer Gerhard von ihr halten?!

Das Müller'sche Einmachgeschäft geht seinen normalen Gang. Doch allmählich macht sich auch hier der Krieg bemerkbar. Als noch mehr Bauern und Knechte eingezogen werden, leidet die Landwirtschaft. Damit Herrn Müllers Helfer Philipp Lippert Griesheimer Bauern später am Tag beim Zackern, d.h. Pflügen, und Säen helfen kann, muss früher aufgestanden werden. (8.3.) Es hilft Herrn Müller nichts, auf seine Ehre als Kaufmann zu pochen. Er muss ins Bäuerliche hinein und selbst das Zackern lernen. Der Arbeitsprozess folgt dem üblichen Jahresrhythmus. Zuerst müssen die Fässer zusammengefahren und repariert werden. Auch hier läuft alles nicht mehr so glatt ab wie früher. Da Wieland, der bisherige Küfer von Herrn Müller, in Russland ist, bleibt ihm nichts anderes übrig, als mit Lippert die Fässer in Darmstadt zusammenzufahren und dann mit ihm gemeinsam zu reparieren. (10.5.)

Das Nahen des Frühlings und des Pfingstfestes veranlasst Frau Müller, Wilhelm passende Verse zu schicken:

Der Fuhrmann Philipp Lippert. Motorisierter Transport ist noch immer eine Seltenheit und während des Krieges wird der Verbrauch von Benzin und Öl durch Zivilisten streng kontrolliert. Da so viele Pferde requiriert werden, hat ein gutes Pferd Goldes Wert und muss sorgfältigst gepflegt werden.

> *Gott gib einen milden Regen/Denn die Herzen sind dürr wie Sand/Vater gib vom Himmel Regen/tränke Du Dein dürstend Land/Laß des heiligen Gottes Gab/auf die Armen doch herab/wie in starken Strömen/& sich in die Herzen ergießen.*

Sie fährt fort:

> *Jetzt kommt der schöne Monat Mai, wenn nur auch der Mai im Krieg wäre, ich meine das Ende, damit ein neues Leben in die Menschheit einziehen werde, solches Glück wäre fast nicht zu hoffen, ach wenn der allmächtige gerechte Richter doch einmal Schluß machen wurde, denn ohne den Herrn geschieht es ja nicht, nur Er allein kann Siege geben ohne alle Menge, das weißt Du ja auch mein lieber & deßhalb nur Ihm Alles anheimstellen. Gott segne Dich weiter & Alle, Alle, die mit Dir sind zu Wasser & zu Land & gebe bald Sieg & Frieden.* (28.4.)

Trotz aller Schwierigkeiten und Sorgen wollen die Müllers von Klagen und Kopfhängenlassen nichts hören. Gott behüte, dass die Moral der Soldaten dadurch geschwächt wird, dass sie auf die Idee kommen, ihre Angehörigen in der Heimat vergingen in Sorgen um sie! Ein Brief der Nachbarin Frau Delp an Wilhelm vom 12. Mai erregt deshalb ihren Unwillen in höchstem Maße. Da heißt es:

> *Seitdem daß Philipp fort ist, ja hat man Kummer und Sorge wie Deine Eltern auch. Letzt bin ich zu Deinem Vater gekommen, der sagt gerade wie ich auch, wenn nur der Krieg vorbei wäre u. s. weiter.* (12.5.)

Ein besorgter Wilhelm fragt:

> *Ist das wahr, was die Delpe Mutter schreibt? Macht Ihr Euch auch Kummer? Hoffentlich nicht! Denn wenn ich gesund nach Hause komme und Ihr seid von Sorgen gealtert so werde ich Euch böse sein. Was nun einmal in Gottes unerforschlichem Ratschluß stehet, geschiehts ja doch? Wohl oder übel. Leute wie Frau Delp die noch nichts mitgemacht haben sind über derartige Sorgen leicht erregt und schwarzseherig. Von Euch will ich das nicht hoffen.* (16.5.)

Am Pfingstsonntag gehen beide Eltern zusammen in die Kirche. Da wird Pfarrer Gerhard den heiligen Geist und die heilige deutsche Sache geschickt miteinander verwoben haben, um seine Gemeinde anzuspornen. Keine defätistische Botschaft kommt über seine patriotischen Lippen. Mit erhobener Seele und neuem Mut kommt Frau Müller heim. Wilhelms Brief liegt vor. Ihre erste Frage wird die gewesen sein: Wie kommt die Delp auf so eine Idee? Mit verschämter Miene muss Wilhelms Vater beichten, er sei der Schuldige. Während seine Frau noch vor Wut kocht, greift er schnell zur Feder:

> *Mein lieber Wilhelm Du mußt Dir das nicht so zu Herzen nehmen was Frau Delb hier schreibt denn Du weißt doch es ist immer noch wie früher die Kathrine ich bin nach Pfungstadt mit dem Rad gefahren u da ist sie mir gerade an der Borngasse begegnet Allerdings habe ich zu Ihrem Quatsch ja gesagt ohne dabei zu denken.* (23.5.)

Es ist klar, was passiert ist: Er hat es eilig, will sich auf keine Debatte mit Frau Delp einlassen, hält das Ganze sowieso für unwichtig. Seine Frau jedoch nimmt alles viel ernster. Schon die Idee, dass Frau Delp meinen könnte, sie seien Schwarzseher, die kein Vertrauen zur deutschen Sache, ja zu Gott hätten, empört sie:

wenn die Delpe Mutter mal wieder solches schreibt, so glaube es einfach nicht, Du weißt ja, wenn die Tage lang sind schwätzt die Kathr. viel. Kummer & Sorgen machen ist jetzt nicht angebracht. aushalten & durchhalten & mit Gott immer weiter arbeiten das ist unser & Eure Pflicht & damit geht es vorwärts & nicht mit weinen & jammern, also mache Dir darüber keine unötige Gedanken, ich sehe immer noch so jung & frisch aus wie ein Mädchen von 47 Jahren das glaubst Du gewiß auch!

Ein kleiner Flirt mit dem angebeteten Sohn ist doch erlaubt, oder? Er soll seine Mutter nicht für eine alte, abgehärmte Frau halten! Mehr Komplimente seitens ihres Mannes wären ihr trotz aller bewussten puritanischen Kategorien sicher sehr willkommen.

Es überrascht nicht, dass bei der Ankunft des Frühlings Wilhelms Gedanken häufig in die Heimat wandern, denn zu dieser Jahreszeit ist Südhessen, vor allem die Bergstraße, am schönsten. Am 16. Mai schreibt er aus Ten-Brielen:

Von meinem Tisch aus sehe ich hinaus in die herrliche Maienlandschaft die so träumerisch im jungen Grün und umsponnen von leichtem Nebelflor ganz unbekümmert um den Ernst der Zeit vor mir liegt.

Er erlaubt sich lyrische Töne. Stützt er sich auf eine jüngst genossene Lektüre?

Wenn ich das so ansehe denke ich unwillkürlich Wie prächtig und noch viel schöner mag es doch wohl jetzt auch zu Hause im Garten sein. Was wäre es hübsch wenn wir jetzt zu dreien Radtouren in die blütenreiche Bergstraße unternehmen könnten, nicht wahr? Dies alles ist uns dieses Jahr nun einmal nicht vergönnt. Ob es uns überhaupt noch mal beschieden ist? Gott weiß.

Aufschlussreich ist, dass er sich nicht nach einem Treffen mit Freunden oder einer Geliebten, sondern nach einer Radtour zu dritt mit seinen Eltern sehnt. Doch selbst wenn er von einer Freundin träumen sollte, wird er sich hüten, seiner Mutter davon zu erzählen. Dass er Dichtung liest, verschweigt er auch. Bei allem, was er den Eltern mitteilt, geht Wilhelm wählerisch vor.

Man könnte vielleicht erwartet, die Zeitungsberichte über einen immer wahrscheinlicher werdenden Kriegseintritt Italiens auf der Seite der Entente würden die Moral unter den Soldaten ebenso wie in der Heimat erheblich dämpfen, denn damit wird die zahlenmäßige Überlegenheit des Feindes nur noch auffälliger. Doch keineswegs! Die Italiener bereiten den Müllers keine Sorgen: »jeder spricht die Treulosen werden ihren Lohn schon bekommen, das einzige ist nur daß sich der Krieg hinauszieht.« (30.5.) Wilhelm bietet seine eigene Prognose: Die übrigen »Welschen« hätten schon mit Italiens Eintritt und der Niederzwingung der Mittelmächte gerechnet:

> *Erfüllt sich diese Hoffnung aber nicht so sehen sie sich ihrer Schwäche, die sie sich noch immer nicht eingestehen wollen und die sie dem Volke noch immer verheimlichen erliegen und verzweifeln so zuletzt am Leben.* (4.6.)

Eine fundierte politische Diagnose ist seine Prognose kaum. Für politische Fragen interessiert er sich nicht besonders und man fragt sich, wo er Diagnose und Prognose aufgelesen hat. Nicht nur die amtliche Propaganda will alle Ängste wegen der Überzahl der Gegner verscheuchen. Das versucht auch Pfarrer Gerhard, indem er seine Gemeinde das Feldlied Gustav Adolfs »Verzage nicht du Häuflein klein« singen lässt. (30.5.) Nach dem Gottesdienst ist Frau Müller so aufgeregt, dass sie heimeilt und für Wilhelm drei Strophen davon abschreibt. Von Pfarrer Gerhard in einen umfassenderen, biblisch formulierten Zusammenhang gebracht, packen die amtlichen Zeitungsberichte sie viel stärker als üblich. Im Augenblick geht es um das Misslingen der englischen Militäroperationen auf der Halbinsel Gallipoli:

> *Die Engländer haben die sogenannte Dardanellen Krankheit und wechseln Kabinät schon zum 2ten mal mit Ihrem obersten Seelord, hofentlich bekommt dieser auch Dardanellenfieber, die Türken verzählen den Engländer immer etwas.* (30.5.)

Der *Griesheimer Anzeiger* hat am 22. Mai berichtet, Admiral Lord Fisher sei nach schweren Unstimmigkeiten zwischen ihm und Winston Churchill zurückgetreten und Ministerpräsident Asquith habe ein liberal-konservatives Kabinett mit Einschluss der Arbeiterführer bilden müssen. Diese Entwicklungen deuten die Müllers dem Willen der Propaganda gemäß als ein klares Zeichen von Zwist und Uneinigkeit unter den Engländern. Deutschland dagegen sei einig und stark!

Frau Müllers tiefste Sehnsüchte und Ängste offenbaren sich in einem Traum, den sie Wilhelm am 30. Mai erzählt:

> *Heute morgen (Sonntag) hatte ich zuvor ich aufstand ein schönen Traum: nämlich die Leute in der Hofmannsstraße haben alle so geguckt, ich bin Dir en*[t]*gegen gelaufen & habe Dich fest an mich gedrückt, da hast Du gesagt »also Mama jetzt*

ist es genug jetzt laß mich gehen, dabei hast Du fortwährend gelacht & ich bin aufgewacht das war ein schöner Traum, wenn Gott will wird es auch so werden.

Diese feste Umklammerung des Traum-Wilhelms spiegelt zum einen ihr Bedürfnis wider, ihn fest an sich gebunden zu wissen, die Worte des Traum-Wilhelms andererseits aber deuten gleichzeitig auf ihre verdrängte Angst, er könnte sich aus dieser Bindung befreien wollen. Man fragt sich, was Wilhelm selbst beim Lesen des Briefes empfunden hat.

Bei Arthur Bonrath ist bis Ende Mai der Anfangsschock längst überwunden. Am 31. Mai gibt er sich als routinierter Frontkämpfer. An das Grauenhafte, das Primitive hat er sich gewöhnt. Was er jetzt an die Müllers schreibt, entspricht viel mehr ihren Hoffnungen und Erwartungen als sein erster Kommentar. Der Ton ist aufgeräumt:

Wir haben in unserem Unterstand den ganzen Tag Musik und Gesang und was der eine nicht weiß das weiß der andere, so sind wir immer lustig und fidel, bis es den Franzmännern zu bunt wird mit Gesang und Musik dann bumßt die Artillerie herüber aber die kann uns auch nicht viel reitzen. Am liebsten machte ich jetzt nach dem schönen Italien um dem Italiener den Buckel voll zu hauen, aber er wird seiner gerechten Strafe nicht entgehen. (31.5.)

Die übliche Stammtischmetaphorik hat er sich zu eigen gemacht. Genau dieses Bild vom frisch-fröhlichen Leben der Mannschaft im Unterstand versucht die deutsche Propaganda auf unzähligen Postkarten zu vermitteln. Auch der Schützengraben auf der Karte, die Arthur am 1. Juli schickt, ist ein höchst komfortabler. Er ist geräumig, aufgeräumt, ganz intakt – darin ließe es sich gut aushalten. In dieser zurechtfrisierten Frontwelt gibt es keinen Scharfschützen, der dem Soldaten, der Kopf und Brust so mutwillig zur Schau stellt, blitzschnell einen sauberen Heldentod beschert. Arthur wird später von diesem frisch-fröhlichen Gehabe abrücken.

Am 1. Mai tritt der Krieg im Osten in eine neue Phase ein. Bei Gorlice und Tarnow wird eine neue Großoffensive gegen die Russen gestartet. Ein Durchbruch wird erzielt. Hoffnungen leben wieder auf, dass an die Stelle eines Stellungskrieges ein richtiger Bewegungskrieg treten mag. Vielleicht kommt ein Krieg nach altbewährtem Format doch noch zustande. Willy Israel nimmt an der Offensive teil. Wie andere bei den Müllers früher einquartierte Soldaten, die eine lange Bahnfahrt an die Front machen, schickt er ihnen Karten aus den Städten auf der Durchfahrts-

In einem so gastlichen, schön aufgeräumte Schützengraben lässt es sich gut aushalten. Die Angehörigen können ruhig schlafen.

strecke. Diese kann Frau Müller stolz den Nachbarinnen zeigen. Später sollen sie wohl im Kriegsalbum prangen. So lernen Griesheimer, die kaum über Frankfurt, Mannheim oder Mainz hinausgekommen sind, fremde Gegenden und Völker kennen, die damals nur ganz wenigen kennenzulernen möglich ist. Willy bietet den Müllers anschauliche Details über den neuen Feldzug. Nach dem erfolgreichen Sturmangriff sei man auf die Verfolgung der Russen gegangen:

> *3 Tage und 3 Nächte aber wie sah alles aus, alles war Geplündert und Verbrannt. Den 1.ten Feiertag sind wir hier in Bolechow einmarschiert hier ist noch alles heil aber alles teuer ein Brot wie da kostet hier 2. M und schmeckt so sauer wie Essig.*

Der Wink ist klar! Er fährt fort:

Wie wir hier in die Stadt Einmarschierten spielten die 20. Jäger Deutschland Deutschland über alles, über alles in der Welt aber wie ging es ein durch den Körper wie Elektrisch. Gruß an alle Bekannte u an Anna. Schreiben Sie bitte mal wieder. (26.5.)

Er ist nicht der Einzige, der Anna Liedtke, das Mädchen der Müllers, in bester Erinnerung hat. In dieser rauen Männerwelt schwebt das Bild eines netten, warmherzigen Odenwälder Mädchens den Männern wie eine unerreichbare Märchenfigur vor.

Die Verfolgung geht pausenlos weiter. Beim hektischen Tempo freut sich Willy auf die Pausen, in denen er Zeit zum Schreiben hat:

Wir haben im Walde jetzt eine Stellung haben uns eine schöne Sommerwohnung gebaut. Ich sitze hier und schreibe den Brief und die Sonne scheint so schön ich denke ach könntest Du noch bißchen in Griesheim sein denn die Sommerwohnung ist doch nicht so schön wie es da ist.

Warum dies so ist, wird gleich klar:

Wir liegen nicht weit von den Russen höchstens sind es siebzig Meter ist aber am Tage garnicht zu hören ob uns Russen überliegen.

Was Willy auf der Seele liegt, kommt erst am Schluss: »Haben Sie meinen Brief nicht erhalten und die beiden Karten. [...] Bitte schreiben Sie mal wieder.« (12.6.) Er braucht seine Pakete, aber auch die Gewissheit, dass der Kontakt zu seiner Adoptivheimat und zu seiner Adoptivmutter intakt bleibt. Liest man seine Briefe und die Arthur Bonraths, so hat man fast 100 Jahre später immer noch einen lebhaften Eindruck vom starken Bedürfnis dieser beiden Männer nach mütterlichem Zuspruch, nach einem Gefühl der Geborgenheit inmitten der vielen auf sie einstürmenden und sie oft erschütternden Erlebnisse und Anblicke. Die Lebensmittel aus Griesheim bewirken viel mehr, als nur ihren Hunger zu stillen: Sie sind Nahrung für die Seele, kleine Symbole einer Welt, die unendlich weit weg scheint. Willy schreibt etwa:

Liebe Frau Müller Sie schreiben ich soll mir mit die par Zeilen begnügen Sie wissen garnicht wie ich mir Freuen würde wenn Sie bloß schreiben würden Gruß sendet Ihnen Familie Müller weiß ich doch auch was von Arbeit auf Ihnen ruht und lauert. (12.7.)

Was Arthur die Karten aus Griesheim wert sind, bringt eine spätere Karte von ihm klar zum Ausdruck. Als Post von ihm länger als erwartet ausbleibt und Frau Müller ihn deswegen tadelt, schreibt er gleich:

> *Ferner schreiben Sie ich hätte Sie vergessen. Liebe Frau Müller wenn Sie das glauben dan tun Sir mir großes Unrecht. Wie könnte ich Sie vergessen da Sie doch so viel für mich und Israel getan haben.* (26.8.)

Auch die anderen Paket- und Kartenempfänger sind Frau Müller unendlich dankbar. Selbst wenn die ihm geschickten Äpfel teils verfault ankommen, schätzt Hermann Bremm alle Post aus Griesheim sehr. Seine Beziehung zu den Müllers nähert sich jedoch ihrem Ende. Auf Urlaub in seiner Heimatstadt Zell an der Mosel bittet er sie um die Zusendung seiner im Holzkistchen schön verpackten Sachen: »Nach der Garnison [Griesheim] komme ich doch nicht mehr.« (18.7.) Der Rest ist Schweigen.

Frau Müllers Fleiß ist unermüdlich. Jakob Fischer ist noch ein Nutznießer ihrer Freigebigkeit. Er bedankt sich am 18. Mai für ein Paket, das er am 1. Mai erhalten hat. Die Verfolgung sei so rastlos fortgesetzt worden, dass er zum Schreiben nicht gekommen sei. Auch bei ihm kommen einige Äpfel verfault an. Der Nachbar aus der Hofmannsstraße, Landsturmmann Ludwig Zöller, der auch in Galizien ist, schätzt die ihm zugedachten Pakete sehr:

> *denn hier kann man nichts bekommen wie drocken Brot schon drei Wochen und alle zwei Tage warmes Essen wenn es geht. Hofendlich ist der schreckliche Krieg bald vorüber.* (15.7.)

Ein weiterer Griesheimer, der Tagelöhner Daniel Hauf, auch in Galizien beim Infanterie-Regiment 118, betont ausdrücklich in seinem Brief vom 11. Juni, was ihm die Post aus Griesheim bedeutet:

> *Es ist immer eine Freude, wenn man sieht, daß die Lieben in der Heimat unserer, die wir weitab von jedem pulsierenden Leben, in der Front stehen, und jeden Tag oder Stunde damit rechnen können unser Leben auf Spiel zu setzen, gedenken.* (11.6.)

Frau Müller kommt bei allem auf ihre eigenen seelischen Kosten. Ihr Bedürfnis, sich geliebt und gebraucht zu fühlen, kann sie in vollem Maß befriedigen. Sie, die nur das eine Kind geboren hat, während ihre Schwestern und Schwägerinnen so

Das Griesheimer Postamt, auf das Frau Müller durch den Krieg hindurch jede Woche mehrmals Briefe und Pakete bringt.

fruchtbar gewesen sind, hat sich einen ganzen Stamm von Ersatzsöhnen gebildet. In der Rolle der freigebig spendenden Mutter geht sie voll auf. Die Anerkennungsworte, die dauernd einlaufen, stärken ihr Selbstwertgefühl. Nicht dass dem Versenden von so vielen Paketen keine Probleme anhafteten. Die wechselnden Feldpostbestimmungen in Bezug auf Gewicht, Größe und Portokosten verursachen ihr anfangs erhebliches Kopfzerbrechen. Langsam wird sie aber zum Profi. Praktisch und sparsam wie sie ist, hält sie immer Ausschau nach der zweckmäßigsten und billigsten Option. Sie gewöhnt sich auch an die Sperren, die z.B. zu Feierzeiten und in der Startphase neuer Feldzüge verhängt werden. Für die Soldaten an der Front wie in der Etappe ebenso wie für die Angehörigen zu Hause, die oft mit schwerem Paket in der Hand erst am Schalter auf dem Postamt über die neue Lage benachrichtigt werden, sind solche Sperren frustrierend und bitter enttäuschend, vor allem wenn der Empfänger auf das Eintreffen eines angemeldeten Paketes schon ungeduldig wartet.

Andere Gefahren lauern ebenfalls. Da Wilhelm nicht der einzige Soldat namens Müller im Regiment ist, kann es von Zeit zu Zeit vorkommen, dass ein Paket für einen anderen Müller an ihn gerät, während ein für ihn beabsichtigtes irgendwo anders hinkommt. Unter den Müller-Briefen befindet sich eine Karte, die der Landsturmmann Fritz Müller, Infanterie-Regiment 83, am 24. Februar 1916 aus Eschwege an Familie Fr. Müller geschrieben hat. Er braucht dringend Geld:

> *Liebe Frau es ist noch kurz den 5. März gehn wihr los. Das ist gast bestimmt Schicke mihr den Freitag gleich Geld Den ich habe alles in die Wasche geben. Ich habe schone zweimal Honich kauft das ½ Pfund 50 Pfennig.*

Er wird wohl lange gewartet haben. Wenn die Adresse mangelhaft ist bzw. nicht mehr gilt, kann die Feldpost das Paket entweder gar nicht oder nur mit langer Verspätung zustellen. In Griesheim wird deswegen im Klassensaal des Lehrers Moog eine Kriegsschreibstube eingerichtet, die montags und donnerstags ab 3.30 Uhr benutzt werden kann. (GA, Nr. 20 vom 30.3.) Selbst Frau Müller passiert es, dass ihre Eier zurückgeschickt werden, weil sie »84« vergessen hat. (28.6.) Sie muss sie durch frische ersetzen. Wenn ein Regiment unterwegs ist oder wenn die Bahn- und Straßenverbindungen, z. B. einspurige Gleise, hinderlich sind, sind Pakete oft lange unterwegs. Der Adressat wartet dann, frustriert, oft vergebens, denn gestohlen wird immer.

Viele Pakete, so rügen die Postbehörden, sind mit so unstabilem Packpapier umhüllt und so schlecht zugeschnürt, dass sie auseinanderfallen. Bei Gebrauch von z. B. weichem Pappkarton bildet sich leicht ein sich ständig vergrößerndes Loch, durch das ein Gegenstand nach dem anderen herausfällt, bis – im schlimmsten Fall – nur eine leere Hülle übrig bleibt. Um dies zu vermeiden, sollte man, so die Behörden, alles mit Leinwand umnähen. Leicht zerdrückbare Waren sollten in Kisten verpackt werden. Wenige geben sich solche Mühe. Als Packpapier zu einer Mangelware wird, wird alles nur noch schwieriger. Selbst das stabilste und am genauesten adressierte Paket kann eine potenzielle Zeitbombe enthalten. Sind Dosen nicht richtig dicht, beschädigt die auslaufende Flüssigkeit nicht nur den übrigen Inhalt des Paketes, sondern auch damit in Kontakt kommende Pakete. Dauert die Zeit zwischen Absendung und Empfang länger als erwartet oder hat die geschickte Ware nur eine kurze Haltbarkeitsdauer, verderben Obst, Gemüse, Eier, Fleisch und Wurst unterwegs. Statt des heiß ersehnten feinschmeckenden Genusses kommt eine übelriechende, hässlich gefärbte schleimige Brühe beim gespannt wartenden Empfänger an. Kuchen wird schimmelig, Brot steinhart.

Für solche kleinen Katastrophen sind die Soldaten im Osten, sei es in Galizien, Russland, Serbien oder später in Rumänien, besonders anfällig. Mit Cholera, Typhus, Fleckfieber usw. ist dort auch immer zu rechnen. Lange, erschöpfende Märsche, oft über schlechtes bergiges Terrain und auf unbefestigten Wegen, gehören zu ihrem Alltag. Wegen der schlechten Transportmöglichkeiten hapert es häufig mit der Proviantierung. Nach einem langen Verfolgungsmarsch, oft mit Gefecht zwischendurch, müssen die Soldaten erschöpft, vielleicht durchnässt, hungrig und durstig biwakieren. Es kann Stunden dauern, bis warmes Essen nachkommt, wenn überhaupt. Nicht ausgeschlafen und eventuell ohne warmen Kaffee im Bauch wird dann in frühester Morgenstunde angetreten und weitergezogen. Wer so lebt und sein Leben von Tag zu Tag fristet, lebt auf, wenn ihm bei der Postverteilung ein Brief bzw. ein Paket ausgehändigt wird.

Der Brief Fritz Ermerts, der nach Galizien versetzt worden ist und am Pfingstsonntag an die Müllers schreibt, beschreibt die Marschroute von Gorlice über den Duklapass bis zu seinem jetzigen Standort Boratyn, das zwischen Jaroslaw und Przemyśl, ungefähr 40 km von der russischen Grenze entfernt liege. Er habe zu Fuß ungefähr eine Strecke wie von Mainz nach Paris zurückgelegt:

> *Da könnt Ihr Euch ungefähr ein Bild machen, was das für Touren gab. Nun noch wie es schnell vorwärts ging, war es sehr schwierig mit Proviant nachzukommen, da gallt es doch Überwindungen mitzumachen, wo man in Frankreich nichts von kannte.* [...] *Hoffentlich gibt es bald den letzten Schlag. Es dauert doch zu lang mit diesem Krieg.*

Von den Wunden und grässlichen Todesarten, die er als Krankenträger miterlebt hat, schreibt er nicht. Wenn man liest, wie viele Soldaten es denen in der Heimat übel nahmen, dass sie sich kein adäquates Bild vom Frontleben machten oder machen wollten, liegt die Schuld dafür nicht ausschließlich bei den Zivilisten. Viele Frontsoldaten wollen die zu Hause schonen und verheimlichen ihnen ganz bewusst das Ungeheuerliche, das um sie herum geschieht. Lieber geben sie sich burschikos-flott, bieten nur abgetragene Klischees. Auf beiden Seiten geht das Versteckspiel weiter.

Das gilt nicht für alle. Die von ihm erlittenen Strapazen führt der Griesheimer Jakob Fischer den Müllers klar vor Augen:

Werthe Familie bei uns in Feindesland ist es eben sehr heiß, wir hatten am 8. und 9. Juni ein hartes Gefecht und kein Tropfen Trinkwasser zur Stelle wo wir beinah 20 Stunden im Gefecht waren. Werthe Familie für ein Glas frisches Wasser würde ich 1 Mark geben so quält einem der Durst noch nicht waschen können wir uns am Tage da müssen wir ¾ Stunde laufen und bekommen feindliches Feuer und so geschieht es meistens in der Nacht da wird in einem Bach gewaschen und gleichzeitig getrunken. Werthe Familie hier bewährt sich das alte Sprichwort »Lerne leiden, ohne zu klagen«.

Sein Spruch hat sich nicht geändert! Seine dringende Bitte:

Werthe Familie seid so gut und schreibt mir doch mal wie es eben bei uns in der lieben Heimat aussieht man lebt hier so abgeschnitten von aller Welt. Werthe Familie hoffentlich gibt es bald mit Gottes Hilfe einen ehrenvollen dauerhaften Frieden damit wir wieder mit freudigem Herzen in unsere liebe Heimat und unser trautes stilles Heim einziehen können. Möge Gott unser Wünsche und Gebete erhören. (10.6.)

Das wiederholte »Werthe Familie« wirkt fast wie Anruf und Fürbitte beim Gottesdienst.

Als das deutsche Heer aus Galizien in Russland selbst eindringt, nimmt das Bild von einem primitiven, dreckigen »Lausland« immer festere Konturen an. Fritz Ermert schreibt:

Die russischen Dörfer waren fast ganz verlassen, nur einige alte Leute sind da. Ihr Vieh haben sie Alles vor sich hergetrieben. Die Häuser sind in den Ortschaften wo wir durchgekommen ganz verschont geblieben denn der deutsche Soldat betritt so leicht kein rußisch Haus, da ist es ihm viel zu sauber drin. (6.7.)

Germanen und Slawen, Kulturvolk und Barbaren, Über- und Untermenschen – solche Kategorien kommen jedoch in den Briefen nicht vor. Keiner dieser Korrespondenten behauptet je, dass man Territorien im Osten annektieren müsse, um Lebensraum für das deutsche Volk zu gewinnen. Im Gegenteil, sie wollen alle möglichst schnell aus Russland heraus und nie mehr dahin zurückkehren.

Die Berichte aus dem »Lausland« machen die Müllers umso dankbarer, dass Wilhelm im Westen liegt. Gleichzeitig geben die im Osten erzielten Erfolge den Hoffnungen seines Vaters neuen Aufwind:

> *man hofft daß Rußland das große Reich bald gänzlich geschlagen ist u. das ist dann die Hauptsache. Ist das geschehen mein lieber dann wird es auch bald bei Euch fertig u. der ersehnte Friede wird dann wieder einkehren.* (23.6.)

Arthur Bonrath, der am 9. Juli für ein weiteres Paket dankt, erzählt, wie bei ihm an der Westfront ein Gerücht umgeht, dass große Transporte von Russland nach Frankreich kämen: »Ich glaube wenn das wahr ist dann geht es in kurzer Zeit auch hier wieder voran. Wenn nur der Krieg nur mal zu Ende wäre.« Dass mit einem baldigen Sieg zu rechnen ist, scheint ihm aber mehr als zweifelhaft. Mit herber Ironie fügt er hinzu: »wir geben uns alle den Trost schon das wir diesen Winter im Schützengraben noch verleben müssen.«

Als immer mehr Griesheimer gemustert werden, fällt es den Müllers auf, dass die körperliche Tüchtigkeit vieler Rekruten viel zu wünschen übrig lässt. Der derbe Kommentar Frau Müllers dazu: »es kommt gar nicht darauf an ob er ein Aug hat oder zwei, ob er schwerhörig ist oder nicht, es wird alles verwendet.« (20.6.) Nicht dass diese Feststellung sie zur Frage führt, wie der Krieg durch einäugige, taube Soldaten zu gewinnen ist. Im Gegenteil, dieses Ausschöpfen von Deutschlands Menschenreserven ist den Müllers ein schlagender Beweis dafür, dass der Kampfwille der Heeresleitung und der deutschen Bevölkerung voll intakt ist. Wer Gott auf seiner Seite hat, braucht sich allemal keine allzu großen Sorgen zu machen.

Der Tag, an dem Heinrich Müller sen., inzwischen als Infanterist neu ausgebildet, ausrücken muss, naht heran. Da er als felddienstunfähig befunden worden ist, wird er, so vermutet Herr Müller, armiert nach Ostpreußen oder Galizien ›zum Wiederaufbau & Herstellung der Felder & dergleichen‹ kommen«. (20.6.) Man weiß aber nichts Genaues. Als es am 7. Juli so weit ist, weiß man immer noch nicht, wohin. Für Herrn Müller ist sein Weggang besonders schmerzhaft. Eine echte, tiefe Freundschaft verbindet die beiden Männer, die zusammenkommen, um zu geigen und über Gott und die Welt miteinander zu reden. Wilhelms Mutter beschreibt ihm die Abschiedsszene: »Dein Vater sagte zu ihm, bevor er fortging, wenn Du nicht mehr kommst, schlag ich den Baß kaputt.« (18.7.) In dieser Gesellschaft kann ein Mann seine Anhänglichkeit an einen anderen Mann nicht direkter, nicht sanfter ausdrücken. Die Müllers bitten Heinrich, sie über seine Erlebnisse auf dem Laufenden zu halten. Da er mit ihnen oft zusammengesessen und sich ihre Klagen über Wilhelms kurze bzw. ausbleibende Briefe hat anhören müssen, weiß er zur Genüge, was von ihm erwartet wird. Er enttäuscht sie nicht. Am 23. setzt er sich in Hardersdorf bei Königsberg hin und schreibt ihnen eine Karte:

heute Freitag von Königsberg vorerst nach Tilsit abreisen wir sollen zur Etappe jedenfalls nach Rußland ich habe mich freiwillig dazu gemeldet den in Königsberg hat mir es nicht gefallen es ist eine sehr schöne Stadt aber die Lebensweise unbeschreiblich.

Dies ist wohl sein erster Kontakt mit Preußen und mit Geist und Gebaren des preußischen Heeres. In seiner Rekrutenzeit wird er als Artillerist in Griesheim oder Mainz ausgebildet worden sein. In der großen Festungs- und Garnisonsstadt Königsberg weht ein anderer, rauerer Wind. Über den Grund seines Missfallens lässt er sich jedoch noch nicht aus.

Bei Kriegsausbruch hat niemand damit gerechnet, dass die Feindseligkeiten so lange andauern würden. Die Rückkehr der Soldaten wurde für spätestens Weihnachten erwartet. Je länger der Krieg anhält, umso mehr wird die Frage des Urlaubs jedoch zu einer brennenden Angelegenheit für den Einzelsoldaten sowie auch für seine Angehörigen. Ohne die Unterstützung von Söhnen und Ehemännern sehen sich manche Ehefrauen und ältere Eltern mit allerlei fremden und schwer zu bewältigenden Aufgaben konfrontiert. Die ihnen gewährte finanzielle Unterstützung ist alles andere als stattlich, wenn sie ihnen nach dem mühsamen Ausfüllen des betreffenden Antragsformulars und der Befürwortung des Antrags durch den Bürgermeister überhaupt gewährt wird. Das alles verbindet sich mit dem seelischen Stress, der dadurch entsteht, dass man plötzlich von einem geliebten Menschen getrennt ist und von den ärgsten Sorgen um dessen Wohlergehen – sei es um einen Gatten, Bräutigam oder Sohn – heimgesucht wird. Das Bedürfnis, einander wiederzusehen, nimmt auf beiden Seiten ständig zu. In der Zeitung werden immer mehr Griesheimer als Vermisste oder Gefallene aufgelistet. Von schaurigen Wunden und Verstümmelungen ist die Rede. Der Soldat selbst, von Tod und Zerstörung umgeben, weiß, dass er jeden Tag getötet oder verwundet werden kann. Wenn auch nur vorübergehend, bedeutet ein Urlaub für ihn Geborgenheit und Schutz vor allen Gefahren. Bei den Seinen darf er ein kurzes Glück genießen.

Das Ringen um den Urlaub ist jedoch mit vielen Unsicherheiten und potenziellen Gefahren verbunden. Theoretisch geht alles nach festgelegten Kategorien streng, aber fair zu. Die Praxis sieht anders aus. Selbst bei gemeinen Soldaten gibt es Manöver und Schliche, um schneller an die Reihe zu kommen. Nur weiß der durchschnittliche Soldat nicht, wie man die Sache am besten anpackt und welche Person entscheidend ist. Leicht kann man sich einen Wachtmeister zum Feind machen, wenn man sich an ihm vorbei mit einem Gesuch an eine höhere Instanz wendet oder – was potenziell noch gefährlicher ist – wegen Benachteiligung eine

Wachtmeister Willy Schmidt gibt sich alles andere als schnittig-preußisch.

Beschwerde über ihn an seine Vorgesetzten richtet. Am schlimmsten ergeht es jemandem, der aus lauter Unwissenheit einen Weg einschlägt, den das Militärgesetz nicht zulässt. Dann läuft er Gefahr, dessen ganze Wucht gegen sich aufzubringen.

Wilhelm ist kein Drängler; aber er hat eine rührige Mutter, die durch ihre Schmierkünste schon etliches bewirkt hat und es sich auch in Sachen Urlaub zutraut, etwas zustande zu bringen. Gewisse Kategorien von Soldaten werden bei der Gewährung von Urlaub bevorzugt. Aus guten Gründen bekommen im Frühjahr 1915 Bauern leichter Urlaub als andere. Verheiratete, ältere Männer, Junggesellen, die alte, schwächliche Eltern unterstützen und betreuen, haben eine bessere Chance, ausgewählt zu werden als junge Junggesellen wie Wilhelm. Seine Mutter gibt trotzdem nicht auf. Sie kundschaftet die Lage aus, nutzt ihre Kontakte zu verschiedenen Wachtmeistern. Wilhelms Vater berichtet von ihren Manövern:

> *Lieber Wilhelm heute Montag den 21.6. war Dein Wachtmeister Schmidt u. noch einer aus Eurer Batt, ich weiß nicht sein Name bei uns Deine Mutter hat ihnen eige Wurst u Bier serviert sie werden so zirka eine halbe Stunde bei uns gewesen u. wir habens uns tüchtig unterhalten.*

Man bringt das Gespräch auf das Thema Urlaub. Die beiden sich satt essenden Gäste liefern ermunternde Informationen: Wenn der Krieg bis dahin noch nicht beendet sei, werde Wilhelm in ca. 12 Wochen neun bis zwölf Tage Urlaub bekommen. Nur ist nicht alles Gold, was glänzt. Der ersehnte Urlaub kann sich schnell als

Katastrophe entpuppen. Der Urlauber, der als Artillerist heimkommt, kann sich bei seiner Rückkehr zu seinem Leidwesen zur Infanterie versetzt finden. Wilhelm wird von seiner Mutter deshalb dringend ermahnt, vor dem Urlaubsantritt unbedingt sicherzustellen, dass er danach an seinen alten Platz als Bursche zurückkommt. Ihn persönlich drängt es im Augenblick nicht so sehr wie die Eltern, Urlaub zu bekommen. Er leidet zwar an Langeweile, hat aber inzwischen gelernt, damit fertigzuwerden. Zu seinem Glück ist er in vielem ein Eigenbrötler, den der Mangel an Gesellschaft nicht besonders stört. Er führt bereits einige Fachhefte und anderes Lesematerial mit sich und am 20. Juni bittet er zusätzlich um sein Fremdwörterbuch, damit er die freie Zeit, »die mich zur Ruhe nötigt etwas mit Lesen ausfüllen kann und somit nicht verdumme«. Auch zeichnet er. Andererseits lässt die Nachricht, dass ein Schulfreund, »Buchdrucker Heiner« [Heinrich Bassenauer], in Russland gefallen ist und zwei andere, »Pflästerers Ludwig [Ludwig Feldmann] u Ewalde Ihrer [Wilhelm Ewald]« in Russland vermisst oder gefangen seien, einen möglichen Urlaub attraktiver werden. (28.6.) Erst Anfang September erfährt die verwitwete Frau Ewald »nach langer Ungewissheit«, ihr 21-jähriger Sohn sei schon am 14. Mai in einem Feldlazarett in Galizien an seiner am Tag zuvor erhaltenen schweren Verwundung gestorben. Nach noch längeren Monaten banger Ungewissheit erfahren die Eltern des gleichaltrigen Ludwig Feldmann, er sei am 18. Mai bei Klodnica in Galizien gefallen. Bald werden noch zwei Schulkameraden aus der Schöneweibergasse, Schaffner und Kahl, als vermisst gemeldet. (5.7.) Wilhelms Vetter Ferdinand Schick fällt am 3. Juli bei Arras.

Einen gewissen Ersatz für den ausbleibenden Urlaub bieten Treffen mit anderen Griesheimern. In Courtrai (Kortrijk), wo er einige Zähne plombieren lässt, sucht Wilhelm zwei von ihnen auf: einen Gipser – dessen Name wird nicht genannt – und einen Weißbinder namens Höhl, der am Elternhaus gearbeitet habe. (28.6.) Das Zusammentreffen mit zwei weiteren Griesheimern, dem Schulkameraden Heinrich Kunz und dem Bruder Fritz Kullmanns, bereitet ihm eine besondere Freude. Er erkennt, wie gut er es im Vergleich zu anderen Soldaten hat:

> *Allen diesen fällt der Dienst, der nebenbei gemerkt auch in ganz anderer Form betrieben wird, ziemlich schwer und müssen sie sich alle mit einer Verminderung ihrer körperlichen Anlagen abfinden.*

Ob die Eltern das Ironische an dieser gut gelungenen, gestelzten Umschreibung für »verstümmelt« erkennen, ist fraglich. Wilhelms Formulierungen – sind es sprachliche Experimente eines Menschen, der dichterische Werke liest? – treffen oft ins Schwarze. Will er auch der Zensur ein Schnippchen schlagen? Vielleicht, so sinniert er, wäre es unter solchen Umständen doch ratsamer, im Moment ein Urlaubsgesuch auf sich ruhen zu lassen. Bei einem Treffen mit Kunz, Wachtmeister Schmidt und dem Wachtmeister der 5. Batterie erfährt er Näheres über seine Urlaubschancen. Kunz und Schmidt sind Freunde aus Griesheimer Tagen und da Kunz nicht in Schmidts Batterie ist, kann er sich ihm gegenüber einen ganz anderen Ton erlauben als der scheue und mit gutem Grund ängstliche Wilhelm. Dieser gewinnt den Eindruck, dass er auf das Entgegenkommen der beiden Wachtmeister zählen kann. Der Wachtmeister von der 5. Batterie bedankt sich sogar bei ihm nochmals ganz besonders für die Aufwartung in Griesheim: Er und Schmidt wollen sich, so erklärt er, noch einmal satt essen, wenn sie wieder dorthin kommen.

Das Thema Urlaub lässt Wilhelms Mutter keine Ruhe mehr. Sie listet andere Griesheimer wie »Kohle ihr Georg und Gritze Fritz (Tante Lieschen ihr Tochtermann)« [Friedrich Greutz] auf, die in Griesheim auf Urlaub gewesen sind. Was Letzterer bei der Heimatfahrt erlebt hat, führt ihr aber noch eine Gefahr vor Augen, die Wilhelm unbedingt vermeiden soll:

> [Greutz] *ist über Frankfurt gefahren und ausgestiegen, & wollte zur Tante Bettchen, da hat ihn Posten angehalten & durfte nicht weiter, weil Urlaub nur nach Griesheim, da ging er zur Kommandantour, die gab ihm drei Stunden das kann sie, aber länger nicht & mußte seinen Urlaubspaß da lassen, sobald er dann später gekommen wäre, hätte er gleich wieder zurück nach Frankreich fahren können, da wäre der Urlaub verfallen, also Du fährst direckt nach Hause & gibst den Tag (Sonntag) an wo Du nach Frankfurt willst, der wird in Deinen Urlaubspaß eingetragen, das ist der Ordnung wegen, damit sie jederzeit Deinen Aufenthalt wissen.* (5.7.)

Befehl ist Befehl! Wilhelm berichtet von einem weiteren Treffen mit Schmidt und Kunz:

> *Wachtmstr sagte daß Ihr ihm geschrieben habt und etwa was. Da sagte Kunz, »Ist er denn noch nicht an der Reihe in Urlaub zu fahren?« woraufhin Wchm. spaßhalber sagte, »er hat ja noch nichts geleistet« dann aber weißt du Hch. wenn die Offiziere ihren Bursch nicht haben weinen sie.*

Der »rote« Schmidt hält offensichtlich keine großen Stücke auf viele seiner Vorgesetzten. Wilhelm hätte diese Bemerkung als Spott deuten können. Er tut es aber nicht: »Ich hatte doch den Eindruck, daß Schm. sich Mühe gibt und sein Teil tut, was er in dieser Sache tun kann.« (27.7.) Als die Sache aber nicht vorankommt, fragen sich die Eltern, ob man nicht andere Wege versuchen könnte. Sollten sie eine Eingabe machen? Auf diese Idee ist Frau Müller durch ein Gespräch mit einem Griesheimer Urlauber, »Diefenbach (Ecke Schlußgasse & Großgerauer Str.)«, gekommen. Sie setzt aber eher auf den direkten, persönlichen Weg:

> *wenn Du mit Schm. & Deinem Offiz. darüber sprechen würdest, wäre besser für Dich & halte mal um 14 Tage vieleicht auf 3 Wochen an sage doch, daß wir eben in der Einmachzeit wären & Du Deinem Vater große Dienst leisten könntest etwa die Bücher zu ordnen u. a. mehr Du weist ja.* (2.8.)

Ein anderer Griesheimer habe nach demselben Muster gehandelt:

> *der Jude Löb Metzger Ecke Pfungstädterstr am Becker Löwe gegenüber hat 3 Wochen bekommen, der hat Lieferung auf den Schießplatz, damit sich sein Bruder etwas erholen konnt, verstehst Du wol, Lieferung haben wir bis jetzt keine, nur unsere Cantinewirt. Also sehe mal zu, wer sich geniert kommt zu kurz meine ich, was die andern sind bist Du auch, der Jud ist noch kein Jahr draus wie Du.*

Wilhelm, der inzwischen einen Urlaub um jeden Preis will, ist mit der vorgeschlagenen Marschroute einverstanden: »man kann ja nicht wissen ob man noch mal nach Hause kommt und muß deßwegen alles Andere um ein Wiedersehen preisgeben.« (8.8.) Bald danach heißt es geheimnisvoll: »Mit Urlaub müßt Ihr leider noch ein wenig warten. Ich kann jetzt noch nichts Genaues sagen.« Und damit ruht die Sache noch eine Zeit lang.

In den Briefen der Eltern an Wilhelm sowie auch in den seinigen an sie ist oft die Rede vom Wetter. Das ist weder Stimmungsmacherei noch Füllsel. In diesem langen Krieg spielt das Wetter eine Schlüsselrolle. Gibt es bei Kartoffeln und Getreide eine Missernte, droht eine Katastrophe ohnegleichen. Der von der Propaganda immer wieder angeprangerte Aushungerungsplan des Feindes könnte dann tatsächlich gelingen. Soldaten lassen sich – immer noch! – ersetzen; aber winzig kleine bzw. faule Kartoffeln und verdorbenes Getreide kann man schwerlich ersetzen. Im Vergleich zu dieser Urangst vor dem Verhungern dringt bei diesen Südhessen die von der Propaganda geschürte Angst, Deutschland könnte eingekreist werden, bei Weitem nicht so tief in Geist und Seele ein. Die Erinnerung an die 1840er Hungerjahre steckt ihnen immer noch in den Knochen. So weit zurück liegt die Zeit nicht, in der viele Hessen vor lauter Hunger und Armut auswandern mussten. Bei Frau Müller ist die Angst, ihren Sohn nicht richtig ernähren zu können, besonders fest verwurzelt. Brächte sie das nicht fertig, würde sie es als ein schmähliches Versagen, einen Verrat an ihrer mütterlichen Pflicht betrachten. Eine Schlüsselkomponente bei ihrem Kampf, ihre Gewalt über Wilhelm zu wahren, ginge darüber hinaus verloren. Gegen Ende Juni 1915 sind die Müllers mit der Wetterlage sehr zufrieden:

> *Frucht & Obst steht bei uns gut, hoffentlich läst uns der allmächtige Gott auch darin siegen, daß den Engländern ihr Aushungerungsplan zu Schanden wird. England rechnet nur mit Geld und Gewalt, aber die Hauptsache, den Herrn über Geld & Gewalt vergessen sie.* (28.6.)

Die im vorigen Herbst gepflanzten Obstbäume gedeihen. Aber dann scheint Gott sein Gesicht von den Deutschen abzuwenden: Das Wetter bleibt lange, zu lange trocken. Die Sorgen lichten sich erst, als es wieder regnet. Aus den besetzten Gebieten meldet Wilhelm Positives:

> *Das Getreide wird z. Teil, wenigstens das was von Truppenteilen angesät wurde, schon gemacht. Ist zwar noch bischen früh, wird aber jedenfalls vorsorglich schon jetzt eingeheimst. Auch die Kartoffeln stehen recht üppig, sodaß alles in Allem die Ernte dieses Jahr recht günstig ausfallen wird was natürlich unseren Feinden mit ihrem Aushungerungsplan recht schmerzlich auf die Nerven fallen wird und letzteren auf ein weiteres Jahr wenns nötig wird zunichten macht.* (24.7.)

Die Todesernte schreitet jedoch fort: »Briefträger und Specereihändler Merker sein Sohn Georg (Kaufmann) ist auch an seiner Verwundung gestorben.« (22.8.)

Während im Sommer 1915 Fritz Ermert, Willy Israel, Karl Fischer und andere die Russen im Hetztempo verfolgen, verbringt Wilhelm in Flandern als Bursche eine ruhige Zeit. Am 21. August beschreibt er jedoch, wie er an einem Tag nach vorn zu der »brennzlichsten Stelle der berüchtigten Höhe 60« kommt:

> *Dabei war ich auch in unserm Beobachtungsstand, Wchtmstr. Senger hat daher mal paar eiserne Grüße in die engl. Gräben gesandt. An einer Stelle wo ich gewesen bin sind die Gräben nur 50 m entfernt.*

Die Umschreibung für das Wort Granaten will aus allem einen burschikosen Spaß machen. Warum er nach vorn kommt, ist unklar. Das Ganze wirkt fast wie ein Ausflug, um den er gebeten hat. Ein prickelndes Gefühl, aber Wiederholung nicht erwünscht! Die Eltern brauchen sich keine Sorgen zu machen, dass solche Ausflüge zur Norm werden. Ende August kommt er mit seinem Veterinär zur 1. Batterie: »Wachtmeister habe es nicht verhindern können, Befehl von oben.« (1.9.)

Wegen Löhnung und anderer Sachen gilt er aber noch immer als der 6. Batterie angehörend und bleibt deswegen mit Schmidt in Kontakt. Weil dieser in der Urlaubsfrage bis jetzt nichts zustande gebracht hat, folgt Wilhelm dem Rat seiner Eltern und versucht, den Mann zu umgehen. Er sorgt dafür, dass sein Veterinär, der Kappeler Dr. Jansen, ein Schreiben an Oberleutnant Ruppert, den Batterieführer der 6. Batterie, aushändigt, in dem er Wilhelms Urlaub befürwortet. (4.9.) Ruppert, so berichtet Wilhelm, sei damit einverstanden. Er soll mit der siebten Rate, der übernächsten, fahren. Aber dann verkompliziert sich die Sache: Er muss, teilt ihm Ruppert mit, zu Wachtmeister Schmidt – wegen Vormerkung. Schmidt kann man doch nicht umgehen! Mit einem flauen Gefühl im Magen wird Wilhelm zu ihm gegangen sein. Schmidt stimmt wenig erfreuliche Töne an: Er wisse nicht, ob es mit der siebten möglich ist, stellt Wilhelm die achte in Aussicht, »wenn ich schön brav wäre«. (4.9.) Er ist offenbar gekränkt, dass sein Schützling sich an ihm vorbei an einen anderen gewandt hat. Jetzt soll der Kerl merken, wer in diesem Laden wirklich das Sagen hat! Die Verzögerung hätte bei Wilhelms Eltern wohl sonst zu bissigen Ausfällen gegen den »roten Schmidt« geführt; nur hat sich das Drängen seiner Mutter nach Urlaub inzwischen erheblich abgekühlt. Sie hat Abschreckendes gehört:

> *wie ein Artillerist absolud Urlaub haben wollte & auch bekam, als er zurück kam haben Sie Ihn zu den schweren Pionieren eingeteilt, der Mann ist sehr leidmütig (selbstverständlich) was wäre es so hart für Dich wenn Du von Deinem schönen Reiten ab kämest.* (4.9.)

Auch Georg Lautenschläger, als Artillerist auf Urlaub heimgekommen, werde jetzt als Infanterist ausgebildet. Wie so oft im Laufe des Krieges widerruft sie eiligst ihren ursprünglichen Befehl: »warte lieber bis die Reihe an Dich kommt.« Ein Griesheimer Wachtmeister wird zu Rate gezogen. Sein Bescheid: Wilhelm werde wohl keinen Urlaub mehr bekommen, weil es im Westen vorgehen soll und aller Urlaub deswegen aufgehoben wird. Die Angelegenheit ruht wieder eine Zeit lang.

Aber dann, ganz unerwartet, scheint sich die Erwartung der Eltern erfüllen zu wollen. Nachts um halb elf klingelt das Telefon: ein Anruf aus Mainz. Man kann sich die bei Frau Müller aufwallende Freude gut vorstellen. Doch sofort kommt die bittere Enttäuschung:

war aber nicht so, es war nämlich Maiers Siegfried (SpazeEi). Der ist auch direckt aus dem Schützengraben gekommen & ich sollte seiner Mutter ausrichten, daß er um ½ 12 Uhr Nachts in Deutschland sei, daß sie Ihn mit Fuhrwerk abholen könnten.

Trotz aller Enttäuschung hat sie noch Geistesgegenwart genug, um Siegfried über die Urlaubsfrage auszufragen. Seine Meinung: Urlaub geht weiter und eine Eingabe würde direkt in den Papierkorb wandern, da alles ganz der Reihe nach geht. Sie schreibt noch den Brief, als Jacob Müller vorbeischaut. Er bestätigt ihr alles:

> [Jacob] *hatt eben über mich gesagt daß einer von der Kanzlei bei Link* [der Seilermeister in Darmstadt, in dessen Geschäft er angestellt ist] *Kordel geholt hat & der hat auch gesagt, daß alle Krieger welche von Anfang draußen sind, auf Urlaub gekommen & derselbe auch nicht aufgehoben wird.*

Jetzt weiß Wilhelm Bescheid. Sein Urteil über Schmidt schwankt. Da er im Moment bei der 1. Batterie ist und weiß, dass seine Briefe dort nicht geöffnet werden, darf er seine Zweifel frei äußern:

> *Es scheint mir aber manchmal als wenn Schmidt die Freundlichkeit die er zur Schau trägt, heuchele. Ich kann ebenmal wie immer aus diesem Menschen nicht ganz klug werden. Als ich ihn heute wieder fragte, sagte er mir in scheinbar ulkigem Ton: »was willst Du denn in Urlaub. Du bist ja erst gekommen und noch andere Scherze erzählte er. Dann sagte er: »Na ich will mal sehen was sich machen läßt.«* (11.9.)

Es fällt auf, wie sehr Schmidt seine Entscheidungsgewalt über das Schicksal seiner Untergebenen genießt und wie er sie gehörig zappeln lässt, wenn es ihm passt. Wilhelm glaubt fest, er könnte eigentlich schon mit der sechsten Rate fahren, »wenn es Sch. drum zu tun wäre«. Was ihn aber wirklich ärgert, sind Schmidts »andere Witze«. Er habe ihm eine Aufgabe gestellt, von deren Erfüllung sein Urlaub abhänge:

> *Um was es sich handelt ist mir zum Schreiben zu dumm. Diesen faulen Witz brachte er auf die Beine um mich offenbar zu beruhigen u die Sache in die Länge zu ziehen. Nicht wenig war er daher verblüfft als ich ihm heute sagte, daß ich Euere unbeschränkteste Erlaubnis hätte ja ehe ich käme.*

Näheres über diese Aufgabe verrät er weder hier noch später. Es bleibt ein Geheimnis. Trotzdem soll sein Vater ein freundliches Ersuchen um Urlaub an Schmidt schicken. Darin soll er sich auf diesen faulen Witz beziehen und »seinem Sohn oder Wilhelm« – es hängt wohl davon ab, ob der Brief eher persönlich oder geschäftlich-amtlich klingen soll – »die unbeschränkte Erlaubnis zur Erfüllung der von Ihnen bzw. von Herrn Wchtm.« – wiederum ist die passende Anredeform zu gebrauchen – »gestellten Aufgabe« geben. Sein Vater willigt ein. Eine Kopie des von irgendjemandem getippten Briefes – man weiß, was sich gebührt – wird Wilhelm geschickt. Es lohnt sich, ihn ungekürzt wiederzugeben:

Sehr gehrter Herrrn Wachtmeister Schmidt! Heute sind es bereits 12 ½ Wochen, da Sie uns mit Ihrem werten Besuche erfreuten, da wie unter Anderm auch auf das Gespräch kamen bis wann unser Sohn Wilhelm in Urlaub fahren dürfte, sagten Sie uns in 12 Wochen, deßhalb erlaube ich mir, Sie jetzt ergebenst um Urlaub zu bitten: Wie Ihnen bekant sein dürfte ist eben Einmachzeit, da hätte ich so viel wichtig geschäftliches meinen Sohn zu fragen & auszutauschen & würde mich Ihnen höchst dankbar zeigen, wenn Sie, Herr Wachtmeister seinen Urlaub beschleunigten. Habe meinem Sohn Wilhelm die unbeschränkte Erlaubnis, zur Erfüllung der von Ihnen gestellten Aufgabe gegeben, & hoffe Ich, daß Sie so gütig sind & Wilhelm auch nach Ihrem oben gegebenem Wort bald in urlaub fahren lassen. Ich bitte ganz ergebenst um Ihre diesbezügliche Rückäußerung & begrüße Sie inzwischen, mit Hochachtung Ferdinand Müller.

Man merkt: Er geht wie auf Eierschalen. Er weiß nicht, ob er sich einen persönlich-vertraulichen Ton erlauben darf oder ob es sicherer ist, sich als bescheidener Bittsteller zu gebärden. Er optiert für Letzteres. Er kriecht nicht, aber ein gutes Stück Untertanengeist steckt doch in diesem Brief. Nur ganz diskret wird auf geleistete Dienste und abgegebene Versprechen angespielt.

Mit diesem sanft-diplomatischen Vorgehen einem undankbaren »Roten« gegenüber ist Frau Müller im Grunde nicht einverstanden. In zwei kurz aufeinander folgenden Briefen legt sie Wilhelm ein forsches Zugreifen ans Herz, wenn der Brief seines Vaters nichts bewirkt:

sobald er Dich wieder herumuzt, dann sage es Deinem Leutnant und bitte Deinen Leutnant um Urlaub & sage doch daß Dich Schmidt nicht fortgelassen hat. (16.9.)

Er brauche Schmidt weiter nicht anzuklagen, aber dieses könne er offen sagen. »Lasse Dich doch nicht zu viel einschichtern & trete freier heraus.« Wenn er es selbst nicht machen wolle, solle er ihnen die Adresse des Leutnants schicken, damit sie von Reis [Darmstädter Anwalt] »etwas an ihn machen« lassen könnten. Sollte der Leutnant sich dann nicht dazu verstehen, dann gehe es ans Generalkommando. Wilhelms Verdacht, Schmidts Freundlichkeit könnte Heuchelei sein, verwandelt sie in die feste Behauptung: »Du hast recht daß Sch. seine Freundlich Heuchelei ist.« Schon nach Empfang der Briefkopie klingeln bei Wilhelm die Alarmglocken. Sofort erkennt er, dass er die Eltern zu einem Schritt ermuntert hat, der für ihn ganz böse ausgehen kann:

> *Es scheint mir daß ich meinen Brief über Urlaub u Schmidt etwas zu eilig u. unverständlich geschrieben habe. Ihr faßt die Sache weittragender u. wichtiger auf als sie sich verhält. Der Brief ist scheinbar in Eregung von Euch geschrieben und etwas zurükhaltend obwohl er freundlicher hätte sein dürfen. Indes was die Aufgabe betrifft, so hat mir diese Schmidt nicht dienstlich sondern wie auch die damit verbundene Versprechung auf Urlaub rein privat gegeben.* (18.9.)

Seine Bedenken gegen diesen Brief sind nichts im Vergleich zum Entsetzen, das ihn beim Lesen der beiden Briefe seiner Mutter packt. Der von ihr empfohlene Kurs erscheint ihm förmlich halsbrecherisch:

> *könnte ich auch nicht, wie es Euch scheinbar einleuchtet, mich durch Euch beschweren oder durch Reis, da ich dann mit dem Militärgesetz in Konflikt käme, denn es ist bei den Soldaten verboten irgendwelche Vorkommnisse usw. an die Öffentlichkeit zu bringen oder sich vertreten zu lassen. Nur in schlimmen Sachen hat der Soldat beim Kriegsgericht ein Beistand den ein Offiz. der an der Sache unbeteiligt ist, vertritt. Wenn ich gerichtlichen Weg beschreiten wollte so müßt ich mich »auf dem rechtmäßigen Weg« wie d. mil. Gesetz sich ausdrückt beschweren. Da ja zu dem allen kein Grund gegeben ist muß ich alles auf gütigem Weg abmachen.*

Der naive Rekrut, der sich 1914 in den Strafen für Desertion nicht auskannte, weiß längst, wie streng das Militärgesetz beschaffen ist. Die Eltern sollen nicht mehr an Schmidt schreiben. Der zweite Brief seiner Mutter macht ihn noch nervöser. Er wiederholt seine Mahnung:

> *Auch mach Euch zur Belehrung dienen daß es beim Militär im Gerichtswesen keine Nachsicht gibt. Folgender Fall: Ein Soldat reichte direkt beim Generalkommando Urlaub ein was ein nicht »rechtsmäßiger« Weg ist. Er wurde daher anstatt mit Url. begüngstigt ohne Weiteres bestraft. Ich bitte Euch also dringen*

> *im eignen u meinem Interesse davon abzusehen. Ich bin auf mich allein angewiesen u. werde das nötige schon durchsetzen.* [...] *Laß Euch absolut von niemandem etwas einreichen wenn Ihr mein Wohl im Auge habt. Eine Katastrophe wäre dann unvermeidlich.* (19.9.)

Er geht erst dann seinen Lohn holen, als er sicher ist, dass Schmidt der elterliche Brief vorliegt. Dieser teilt ihm mit, er wolle an die Eltern schreiben:

> *Er sagte: Die Abtlg die ja meine Versetzung selbstverständlich weiß wollte mir keinen Urlaub gewähren. Er habe aber noch mal mit d. Wchtm. d. Abtl gesprochen und bezweckt (Er sagte wir haben drauf gedrungen) daß ich mit der 8 Rate also in ca 3 Wochen = Mitte Oktbr fahren dürfe.* (25.9.)

Schmidt hat wohl das Gefühl, Wilhelm genug gepiesackt zu haben, und will sich die Aussicht auf weitere gute Zigarren nicht versperren. Nach dem Gespräch wird Wilhelm die Hacken zusammengeschlagen haben und erleichtert abgetreten sein. Seine Meinung von Schmidt bessert sich wieder:

> *Wenn es wahr ist wie er es mirs schilderte, so wäre es sein Verdienst. Er war heute auch wieder recht ernst und flößte mir wieder Vertrauen ein.* [...] *Ich soll Euch noch von ihm grüßen. Wenn Ihr es für zweckmäßig haltet, so könnt Ihr ihm einen Dankbrief schreiben u einige Gurken schicken, die er gern ißt. Ich wär dafür.*

Einige Gurken – das wäre ein magerer Lohn für einen so guten Dienst! Schmidt könnte sich leicht auf den Arm genommen fühlen. Frau Müller, die sich auf diesem Gebiet besser auskennt, belohnt ihn fürstlicher. Er bekommt eine Dose Gurken, aber auch ein Kistchen Zigarren, »also 50 Stück und 9ner«, zugeschickt.

Endlich scheint es so weit zu sein. Die Eltern dürfen »ihren lieben Stinker« (20.6.) am 10. bzw. 15. Oktober erwarten. Diese Anrede ist keine Ausnahme. Zum Verdruss Wilhelms greift sein Vater gelegentlich zu ähnlichen Anreden wie »mein gebobbelter Stinker«. (11.11.1916) Er verbittet sie sich – vergeblich. Sein Ärger darüber lässt sich leicht erklären: Er spürt deutlich, es wäre beiden Eltern eigentlich recht gewesen, wenn er in alle Ewigkeit Baby bzw. Kleinkind hätte bleiben können. Seiner Mutter wäre es am liebsten, wenn sie ihren frommen, artigen Jungen immer noch um sich hätte. Sein Vater vermisst seinen jungen Begleiter bei den geliebten Radtouren. Im Grunde hoffen beide, Wilhelm nach dem Krieg in ihre Wunschwelt neu integrieren zu können. Er dagegen will gleichsam aus seinen Windeln heraus, will nicht ewig gegängelt werden.

Die Griesheimer Filiale der berühmten Frankfurter Ladenkette »Schade & Füllgrabe« mit dem Personal in Firmenuniform. Kritisch äußern sich Müllers nie über die Konkurrenz zu ihrem Tante-Emma-Laden; schließlich beliefert Herr Müller den Laden.

Wir wissen nicht, wie seine Eltern sich zu dieser Zeit seine berufliche Laufbahn vorstellen, wenn er mit Gottes Hilfe den Krieg übersteht. Dass er heimkehren und ins Einmachgeschäft einsteigen soll, wird zu diesem Zeitpunkt kaum ihr Wunsch gewesen sein. Er ist doch als Kaufmann auf einem ganz anderen Gebiet ausgebildet worden und soll Ambitiöseres anpeilen. Was sie im Innersten ihrer Seele wünschen, steht jedoch auf einem anderen Blatt. Auf jeden Fall sorgen sie dafür, dass ihm das Einmachgeschäft und alle damit verbundenen Tätigkeiten nie fremd werden. Regelmäßig schicken sie ihm detaillierte Berichte über die fortlaufenden Geschäfte zu. Über Abläufe, Preise, Mengen, Bestellungen wird er auf dem Laufenden gehalten. Am 5. September z. B. wird ihm mitgeteilt, dass sie Schade & Füllgrabe nicht beliefern können:

> *das macht ja auch nichts, da brauchen wir uns auch nicht so zu verschaffen trotzdem haben wir doch mehr zu tun, wie vor dem Krieg. Dein Vater wollte es ja machen, da habe ich ab gewehrt & jetzt ist er so froh, daß er es nicht hat.*

Der Grund:

Lippert hat schon seit Mai bis heute bei den Bauern gemäht Gras & Frucht, da haben wir uns den alten Becker Adam neben dem Consum (alte Darmstädterstr) gewonnen.

Sollte es eines Tages wünschenswert bzw. nötig scheinen, könnte Wilhelm relativ leicht mit seinem Vater das Geschäft mitführen und dann eines Tages übernehmen. Noch braucht diese Entscheidung nicht getroffen zu werden.

Wilhelm betätigt sich weiterhin künstlerisch:

Mir ist in einer freien Zeit mal wieder ein malerischer Spaß in die Glieder gefahren. Also im Kriege können einen wie Ihr sagt auch Schüsse treffen, die nicht ver-

»Aussicht gegen Osten von der Küche der 1. Batterie gesehen Im September 1915«. Eine ländliche Idylle mit weidenden Kühen vor intakten Gebäuden und Bäumen. Von Kampf und Krieg keine Spur. Wie ein wahrer Künstler bringt Wilhelm seinen Namen in der rechten unteren Ecke an.

wunden. Das Bild ist natürlich wie bei früheren Gelegenheiten in fünf Minuten angefertigt »Aussicht von der Küche«. (16.9.)

Von Militärischem keine Spur; die verwüstete Kriegslandschaft wird rigoros ausgeblendet. Während Wilhelm im Westen ungeduldig auf den Beginn seines Urlaubs wartet, versucht Heinrich Müller sich im Osten bei der Etappen-Fuhrparkkolonne Nr. 208 zurechtzufinden. Hat ihm schon das Ambiente in Königsberg nicht gefallen, so fühlt er sich im Raum um Insterburg im Grunde nicht wohler in seiner Haut:

Wir liegen hier auf einem großen Gute zwischen Tanow und Wilna wo schon zwei Tage gekämpft wird. Mein Dienst ist ja weiter nicht schlimm, wir sind hier in der Nähe der Eisenbahn und da haben wir nicht so weit zu fahren und dann ist der Weg auch nicht so schlecht denn ich fahre den Gepäckwagen und brauche nur zu fahren wenn vorgerückt wird, sind die Wege schlecht muß ich allerdings vorspannen alle Tage. Ich habe 4 Pferde zu füttern und zu putzen und das macht nicht viel Arbeit. Und so bummelt man ganze Tage herum, und was könnte man zu Hause in dieser Zeit alles thun aber diese Gedanken muß man sich aus dem Kopfe schlagen. Lieber Ferdinand Du wirst eben viele Arbeit haben aber weder Krieg oder sonst etwas stört Dich daran und man kann Gott nicht genug danken, wenn man sich in einer solch glücklichen Lage befindet. (14.9.)

Dieses frustrierende Gefühl herumzubummeln, während zu Hause auf dem Hof bzw. im Betrieb wichtige Aufgaben zu erledigen sind, ist ein weitverbreitetes. Aus Heinrichs Brief ersieht man wieder, wie sehr die Erfahrung von Zerstörung und Chaos deutsche Soldaten tief beeindruckt und sie trotz aller Kritik am Militärbetrieb bereit macht, weiter aus- und durchzuhalten:

Denn wie es hier aussieht ist unbeschreiblich und so würde es auch bei uns aussehn, wenn sich der Krieg bei uns abspielte. Hier ist kein Mensch Herr über sein Eigentum Die Besitzer sind alle geflüchtet Die Russen die vor uns da waren haben schon alles ausgeplündert und was noch an Bedarfsartikel Heu u Stroh usw. da ist wird von uns aufgebraucht und wie stehen die Leute da wenn sie zurückkommen. Vieh läuft herrenlos herum und wird einfach aufgefangen, es sind ja traurige Zustände anderfalls muß man wieder sagen wie haben die Russen in Deutschland gehaust.

Er identifiziert sich mit den russischen Bauern, nimmt spontan Partei für sie sowohl gegen die russischen wie auch die deutschen Soldaten. Zwar versucht er, sein Unbehagen angesichts ihrer Behandlung durch die Deutschen zu beschwichtigen, indem er sich die von der deutschen Propaganda so hervorgehobenen Untaten der Russen in Ostpreußen ins Gedächtnis zurückruft; aber ein restliches Schuldgefühl bleibt doch bestehen. Was ihm wirklich auf der Seele liegt und ihm den Dienst so verleidet, kommt erst jetzt:

> *Unsere Behandlung seitens unsrer Vorgesetzten ist äußerst schroff und das empfindet man in dem unsrige Alter bitter aber man muß stillhalten in der Hoffnung nach dieser Zeit kommt vielleicht wieder eine andere.*

Heinrich spürt wenig von der Höflichkeit und dem netten, freundlichen Umgang zwischen allen Ständen, die Wilhelm lobt. Er ist kein Bursche bei einem netten Leutnant bzw. netten Veterinär! So tief hat ihn die schlechte Behandlung durch seine Vorgesetzten getroffen, dass er in seinem Dankbrief an Wilhelm vom 11. Oktober wieder darauf zurückkommt:

> *meine Hauptarbeit ist Pferdepfege mitunter bis zu 6 Stük allerdings ist die Pflege nicht zo peinlich wie in akiver Dienstzeit und das Lebe wäre ja sonst erträglich wenn man nur immer ein richtiges Unterkommen in dem wie Du es richtig gennant Lausland hätte und die Behandlung seitens unserer Vorgesetzten eine bessere wäre, ich hätte nicht geglaubt, daß Leute in dem unsrigen Alter Schweine usw ohne Grund meistens, sogar Schläge sich gefallen lassen müßten also kannst du Dir denken, daß Lust und Liebe zur Sache manchmal vergeht.*

Er träumt von einer Zeit, in der er mit Wilhelm und seinem Vater wieder geigen darf. Man fragt sich, wie seine Bemerkungen bei Wilhelm ankommen. Und wie werden sie von den Müllers, vor allem Frau Müller, rezipiert? Sie kann sie kaum als Äußerungen eines Drückebergers oder Defätisten abtun. Oder doch? Ihre spätere Kritik an den Haushalts- und Erziehungspraktiken innerhalb von Heinrichs Familie schließt diese Möglichkeit nicht aus. Hätte Heinrich nur an die Eltern geschrieben, hätte Wilhelm sicherlich von dessen Kritik nie etwas erfahren. Frau Müller wird Heinrichs Äußerungen mit den Nachbarinnen auch nicht besprochen haben. Solche Briefe legt man lieber ad acta!

Auch Heinrich trägt zum Zustandekommen des höchst negativen Russlandbildes bei, das sich immer mehr herauskristallisiert. Am 15. November dankt er für die ihm geschickten Kerzen:

Licht hat man hier überhaupt keines und die Leute die auf der untersten Stufe der Kultur sie beleuchten die Zimmer mit Holzspäne und sie sehen aus genau wie bei uns die Rauchfänge. Die sonstigen Zustände sind unbeschreiblich. [...] *bin seit 15 Oktober Koch an der Feldküche und habe keine Not aber ich werde auch doch nie, sollte es mir vergönnt sein uns wiederzusehen nach Rußland zurückfahren.*

Von der Errichtung einer Ostmark träumt er nicht.

Das Russenbild Fritz Ermerts, der schon von einem dreckigen Lausland geschrieben hat, ist ebenfalls negativ, aber auf eine andere Art und Weise. Es gibt den Müllers Grund zum Optimismus:

Was wir von den Russen hier halten das will ich Euch mal kurz berichten. [...] *Vor 5 Wochen standen wir vor der großen Festung Brest-Litowsk. Als wir durch die Befestigungswerke marschierten, da hätte man doch glauben können, so eine*

Bei aller Kritik wirkt das Bild nicht gehässig. Der deutsche Soldat scheint mit seinen mitkratzenden Zwangsgastgebern gut auszukommen.

Festung sei uneinnehmbar. Und so fast ohne Verteidigung hatten sie die stolze Festung aufgegeben. Nun blieben wir den Russen auf der Fersen bis ungefähr 40 Klm hinter der Festung. Hier hatten sie sich nähmlich wieder gestellt. Jedoch hier wurde festgestellt, daß nur der vorderste Graben mit Gewehren bewaffnet war und die beiden anderen Gräben ohne Gewehre besetzt war. Und wenn nun im ersten Graben einer verwundet wurde, hatte der hinter dem liegende Soldat das Gewehr von dem Verwundeten an sich genommen. Das war doch ein sicheres Zeichen daß wenig oder fast keine Gewehre mehr da sind. Ich denke immer so plötzlich wie das Unheil vor 15 Monaten losging so schnell kann uns auch wieder ein Frieden beschieden sein. (4.10.)

Er berichtet, wie russische Gefangene als Trainfahrer[6] und Sackträger eingesetzt werden. Die Verfolgung wird eingestellt:

Jetzt haben wir ja nun etwas haltgemacht. Vor uns liegt nähmlich hier oben wieder ein gros Sumpfgebiet. Und da ist der Russe doch zu dumm, daß er den deutschen Michel in die Sümpfe lockt.

Dieser Bericht wird die Siegeshoffnungen der Müllers gestärkt haben, denn wenn es stimmt, dass die Russen tatsächlich so schlecht bewaffnet sind und Festungen so leicht aufgeben, kann der Krieg im Osten unmöglich noch lange dauern. Erfreulich ist auch die Nachricht, dass Flachs und Kartoffeln aus Russland nach Deutschland verfrachtet werden. Eine so optimistische Bestandsaufnahme kann Frau Müller den Nachbarn, ihren Kunden im Laden und den anderen Gottesdienstbesuchern ruhig weitervermitteln.

Mitte September meldet sich Willy Israel wieder, um sich dafür zu entschuldigen, dass er wegen mangelnden Schreibmaterials auf die Karte von Frau Müller nicht geantwortet hat. Dies ist keine faule Ausrede: Im Osten kommen solche Klagen oft vor. Mit der Verproviantierung der Truppen hapert es anscheinend auch, denn am 1. Oktober schickt er Frau Müller aus Galizien 2 Mark, damit sie ihm »etwas gute Butter« schicken kann: »das[s] man etwas zu Schmieren hat aber wenn es geht bald.« Im dankbaren Besitz der Butter, schon im Winterquartier und »die Russen ganz ruhig«, lebt er auf. Es sei

6 Der Begriff Train bezeichnet entweder eine Kolonne von Fahrzeugen oder Packtieren, die Material für die Truppen transportiert, oder eine militärische Einheit, die auf den Transport gewisser militärischer Waren spezialisiert ist.

soweit ganz schön [...] *aber viel besser währe es doch wenn uns der liebe Gott den sicheren Frieden geben würde denn lange genug hat es doch schon gedauert mit der Menschen hinopferei.*

Sein letztes Wort: »Schreiben Sie bitte mal wieder.« (29.9.) Sein Wunsch nach Post ebbt nicht ab. Rabbiner Strauß sprach von Metzelei; jetzt ist die Rede von »Menschenhinopferei«. So überzeugt wie Frau Müller vom göttlichen Sinn dieser »Menschenhinopferei« scheint Willy nicht zu sein.

Von seinen Schulkameraden erhält Wilhelm wenig Post. Von Peter Becker, der im Westen liegt, bekommt er einen Brief, der vor Kriegsbegeisterung nicht gerade strotzt:

Unsere Komp. war bis zum 1. Nov. in der Champagnie, wir haben daselbst die Schlacht mitgemacht, waren gerade dort als die Franzenmänner angriffen, wir haben da etwas ausgehalten, hatten genug Verluste. Wir sind jetzt auch wieder gemustert worden, die Felddienstfähigen sind ausgesucht und kommen zur Ausbildung. Philipp [Philipp Delp] *und Gerhardsbäcker sind auch felddienstfähig. Hätte doch nur der Krieg bald ein Ende, daß wir froh nach Hause kehren könnten. Hast Du schon gehört, daß Ebs Heinrich in Rußland gestorben ist, wieder ein Kamerad, dann ist Poseiner in der Pfutzenstr. er ist 1 oder 2 Jahre jünge*[r] *gestorben und der alte Schaffner vom goldenen Stern.* (11.11.)

Die Sorgen von Frau Delp um ihren Philipp werden sich noch intensiviert haben.

Im September 1915 tritt eine neue Gestalt auf die Bühne, Wilhelm Herzberger, Eisenbahner in Ranstadt in Oberhessen. Sein Sohn, auch Wilhelm genannt, ist im Sommer 1915 zusammen mit einem Elsässer Marzell Schmitt bei den Müllers einquartiert gewesen. Er leiht sich 10 Mark bei Frau Müller. Da sein Vater knapp bei Kasse ist, kann er das Geld nicht gleich schicken. Frau Müller drängt ihn. Er gibt die Gründe für seine Säumigkeit an, fühlt sich ihr fortan zu Gegenleistungen verpflichtet. Das Ehepaar Herzberger durchläuft dieselben schlimmen Tage wie das Ehepaar Müller im August 1914:

Von Wilhelm haben wir schon 10 Tage keine Nachricht. Meine Frau weint Tag u Nacht. Wir alle wollen zu Gott dem Herrn flehen, daß er doch die schwer geprüfte Zeit bald von uns vorüber gehen läßt. [...] *Doch wir müssen alles ertragen und wenn es das Schwerste ist.* (12.10.)

Sie leben erst wieder auf, als Wilhelm jun. ihnen ein Lebenszeichen schickt. Nur befällt sie sofort eine neue Sorge: Er klagt über Hunger und die bittere Kälte im Osten. In dieser Hinsicht brauchen sich die Müllers keine Sorgen zu machen. In Herzberger wittert und findet Frau Müller einen willigen, tüchtigen Helfer bei der Suche nach gewissen immer rarer werdenden Nahrungsmitteln. Ranstadt ist bestens gelegen, was Obst und Milchprodukte anbelangt. Schnell wird eine gut funktionierende Art Hamsterfernlieferdienst auf die Beine gestellt: Sie selbst fährt nicht aufs Land, sondern lässt alles von Herzberger auffinden und schicken. Für sie als Ladenbesitzerin wären die Suchoperationen und die ganze Fahrerei viel zu zeitaufwendig. Weder sie noch das Mädchen könnten große Mengen Obst auf der Bahn heimschleppen, zumal man in Frankfurt umsteigen müsste. Herzbergers erste Meldung ist nur teilweise ermunternd: Tafelobst könne er keines schicken. Einen Ersatz dafür habe er jedoch gefunden:

> *Wenn Ihnen der Preis nicht zu hoch, dann will ich Ihnen zwei Centner gute Äpfel schicken Ein Centner Goldpermäne zu 8.00 Mrk und ein Centner Fürstenapfel großartigen Apfel und auch sehr haltbar auch zu 8.00 M.* (12.10.)

Bei anderen Lebensmitteln ist die Lage ungünstiger: »Mit Butter natürlich ist es hier schlecht hier kann man blos Molkerei butter bekommen und kostet das Pfund 2.00 M.« Er wird nicht fündig:

> *Ich war hier in unserer Molkerei, dann in Dauernheim, Wallenhausen u Effolderbach. Jedesmal bekam ich die Antwort wir haben so viel Bestellungen vorliegen und können unsere alten Kundschaft eben nicht befriedigen Auch sind die meisten Hauptkräfte eingezogen und fehlt bei diesen Molkereien die Arbeitskräfte.* (27.10.)

Die Spannung zwischen den Bedürfnissen des Heeres nach frischem Menschenersatz und denen der Industrie bzw. der Landwirtschaft nach Arbeitskräften wird nur zunehmen. Eingesetzte Kriegsgefangene lindern die Not in der Landwirtschaft etwas, können sie aber nicht beheben.

Schien Wilhelms Urlaub geregelt zu sein, so wird alles plötzlich wieder unsicher. Es passiert das, was so oft passiert: Der Urlaub wird aufgehoben. Sein Regiment kommt nach Flandern. Am 22. Oktober meldet er, er sei »rechts (nördlich) Langemark bei Ypern«, werde aber nächste Woche voraussichtlich an seinen alten Standort wieder zurückkommen: »Sonst alles gut. Ich bin noch Bursche, habe gerade nicht viel Zeit, kurz vor Mittag. Andermal wieder mehr. Herzliche Grüße.«

Das kurze Lebenszeichen muss genügen. Dringenderes ruft! Die große Offensive der Engländer am 25. September bei Loos ist abgewiesen worden und am 25. Oktober ist er tatsächlich »Gott sei Dank« wieder im alten Quartier: »Es geht mir noch ausgezeichnet. Auch bin ich noch vollends gesund.« (27.10.) Obwohl er auf seine Erlebnisse in Flandern nicht eingeht, verrät sein Brief, wie sehr sie ihn schockiert haben: »Hoffentlich dauerts nicht mer allzulange mit der fürchterlichen Schlächterei. Neues weiß ich nichts.« Schade ist, dass er kein Tagebuch mehr führt, dem er seine Gedanken und Gefühle hätte anvertrauen können. Seine Mutter hält es für ihre Pflicht, ihn daran zu erinnern, der Krieg sei eine schreckliche, aber wohlverdiente Züchtigung und Strafe des Herrn Gottes dafür, dass die Menschen über ihn gespottet haben. (3.11.) Er allein werde entscheiden, wann sein Ziel erreicht sei. Es kann gut sein, dass sie die Worte Pfarrer Gerhards wiedergibt, als sie fortfährt:

> *Aber jetzt hat der Herr im Himmel das Rad gedreht & spottet & lachet der Welt, bis es ihm dem gerechten Richter gefällt aufzuhören & die armen Menschen müssen still halten & können gar nichts daran ändern.*

Wilhelm rückt sie in die Nähe des am Kreuz verspotteten Heilands: »wirst auch noch ganz genau wissen wie Du als verspottet bist geworden, wenn Du in die Kirche bist u. d. gl.« Diese Verspottung hat die Scheu des stillen Jungen nur noch vertieft, hat weiter dazu beigetragen, aus ihm einen passiven Dulder zu machen, der allem Streit aus dem Weg gehen will und sich in alles fügt.

Während andere junge Soldaten darauf brennen, auf Urlaub heimzukommen und ihre Freundin oder Braut wiederzusehen, hat Wilhelm keine. Ein Verhältnis möchte er schon haben, aber kein allzu enges, keines – für den Moment wenigstens –, das ihn zu Weiterem verpflichtet. Hätte er eine Freundin, käme ihm der Krieg eigentlich sehr gelegen, denn die Entfernung von der Heimat böte ihm einen gewissen Schutz sowohl gegen die Einmischung seiner Mutter als auch gegen die möglicherweise allzu eifrigen Annäherungsversuche einer Freundin. In Sachen Sex und Frauen noch völlig unerfahren, möchte das scheue Muttersöhnchen das Terrain lieber aus der Ferne und in aller besonnenen Ruhe auskundschaften, statt sofort in ein enges leidenschaftliches Handgemenge verwickelt zu werden. Eine nette Briefpartnerin wäre das Ideal! Ganz rein ist die Luft nicht. Die Müllers beziehen Kraut und Samen von dem Bauern Peter Sauer in Studernheim bei Oggersheim. Dessen älteste Tochter Dina und Wilhelm haben sich entweder bei einem der Besuche der Müllers in Studernheim oder in Griesheim selbst kennengelernt. Dina ist mit Wilhelms Frankfurter Kusine Gretel befreundet, die öfter nach Griesheim kommt. Deren Eltern haben wie Herr Müller Geschäftsbeziehungen zu Herrn Sauer. Dina und Wilhelm schreiben einander und im Spätsommer oder Herbst 1915 muss Dina bei den Müllers gewesen sein, denn sie beendet einen auf den 11. Oktober datierten Brief mit den Worten: »In dankbarer Erinnerung an die bei Ihnen verlebten frohen Stunden.« Sie drückt die Hoffnung aus, dass die Müllers die Sauers recht bald besuchen werden. Dass Wilhelm ihr schreibt, geht auch aus ihrem Brief hervor: »Wilhelm hat mir geschrieben, daß er in der 2. Hälfte des Okt. in Urlaub kommt, ich will nur sehen ob's wahr ist.«

Offensichtlich möchte sie ihn treffen. Normalerweise hätte man angenommen, er sie auch. So einfach liegen die Verhältnisse aber in diesem Fall nicht. Aus dem ersten erhaltenen Brief Dinas an Wilhelm vom 25. Oktober ersieht man, dass sie ihm am 2. eine Karte geschickt hat, auf die er immer noch nicht geantwortet hat. Sie wird ihn wohl nach dem genauen Datum seines Urlaubs gefragt haben. Da er ihr nicht antwortet, bittet sie seine Eltern um nähere Auskunft. Ein weiterer Brief Dinas vom 16. an Wilhelm hat bis zum 25. keine Antwort aus ihm hervorgelockt. Darin fragt sie:

> *Bist Du so übel gegen mich gesinnt l. Wilhelm, weil Du so wenig von Dir hören läßt. Hoffentlich ist das nicht der Fall. Ist das Urlaubsfahren umgestellt, weil Du nicht kommst? Nun l. Wilhelm erfülle meinen Wunsch, indem Du recht bald etwas von Dir hören läßt. Die herzlichsten Gruße sendet Dina.*

Erst nach Empfang dieses Briefes schreibt Wilhelm ihr am 29. einen Brief und dann eine Karte. Er teilt ihr die Ablehnung seines Urlaubs mit. Am 5. November dankt sie ihm für seine Post und fügt hinzu:

> *Das mußt Du nicht tragisch aufnehmen l. Wilhelm daß ich mich über Dein voriges Schreiben beklagt habe. Du wirst doch wissen, wie die jungen Mädels sind.* ***Also Verzeihung.*** *Es tut mir wirklich leid, dass Du nicht in Urlaub kommen darfst. Aber die Hauptsache ist, wenn Du nach dem Krieg wieder gesund in Deine Heimat zurückkommen wirst. Wenn es noch lange so weiter geht, melden wir Mädchen uns noch freiwillig. Was meinst Du dazu l. Wilhelm? Auch will ich Dir mitteilen, daß ich Dir ein Paketchen mit Süßigkeiten abgeschickt habe.*

Trotz aller Ermunterung Dinas wird aus Wilhelm kein eifriger, liebevoller Korrespondent. Dass er Dina nichts Genaues über seinen Urlaub geschickt hat, deutet wohl an, dass er keinen brennenden Wunsch hat, sie in dessen Verlauf zu treffen. Warum? Kommt sie ihm zudringlich vor? Hat er als gehemmter junger Mann Angst vor ihr bzw. vor seinen eigenen sexuellen Begierden und Fantasien? Sex ist im Müller'schen Haus ein Tabuthema und seine puritanische Mutter wird ihm tiefe Ängste davor eingepflanzt haben. Was dürfte Dina an seinem Brief beanstandet haben? Mit seiner Kusine Gretel wechselt er Briefe, in denen beide sich eine gewisse Plänkelei erlauben; diese bezeichnet er als »dummes Zeug«, das aber »zur Verkürzung der Langeweile« beitrage. (20.4.1916) Schlägt er Dina gegenüber ähnliche Töne an? Man kann es kaum glauben. Wahrscheinlicher ist, dass seine Briefe und Karten an sie steif und gehemmt sind. Dieses ganze Gebiet ist für ihn teils faszinierendes, teils beängstigendes Neuland. Er möchte vorsichtig vorgehen!

Von diesem Brief- und Kartenverkehr, egal welcher Art, ist eine Person überhaupt nicht begeistert: Wilhelms Mutter. Dina ist auf keinen Fall das Mädchen, das sie sich als Wilhelms Braut wünscht. In Dina tritt ihr eine junge Frau entgegen, deren Wesen ihre eigenen Gewohnheiten und Wünsche samt und sonders infrage stellt. Mehr noch – und das ist für sie das Gefährlichere, das Beunruhigendere –: In Dina wittert sie eine Frau, die ihr selbst in nichts nachsteht, was die Entschlossenheit und Hartnäckigkeit bei der Verfolgung ihrer Pläne angeht. Das Mädchen könnte eine echte Rivalin werden. Falsch wäre es, von einem Kampf zwischen einer »traditionellen« Frau – und das ist Frau Müller in den allermeisten Bereichen – und einer im heutigen Sinn »emanzipierten« oder sich emanzipieren wollenden Frau zu reden. Weder in ihren Briefen an Wilhelm noch in ihren Gesprächen mit Frau Müller beschäftigt sich Dina mit Themen, die man in Bezug auf Frauenemanzipation als Schlüsselfragen betrachtet. Sie will weder studieren noch einen Beruf anstreben, um sich selbst ernähren zu können. Unter die Haube zu kommen ist ihr primäres Ziel. Dass sie je einem Verein beitreten würde, der das Stimmrecht für Frauen verlangt, kann man sich auch nicht vorstellen. Politische Fragen treten bei ihr nie auf und in geistiger Hinsicht deutet nichts an, dass sie die beschränkten Horizonte ihrer Eltern überwinden will. Sie liest Belletristik – Romane –, aber sonst wohl wenig. Dennoch will sich Dina in vielerlei Hinsicht von den Sitten und Normen der Bauernwelt emanzipieren, in der sie aufgewachsen ist. Sie ist keine brave, sittsame Bauerntochter, die sich den Wünschen ihrer Eltern still beugt. Dies ist auch keine harmonische, glückliche Familie. Ob die Spannungen daher kommen, dass Herr Sauer ein schwerer Trinker ist oder ob seine Ehe aus ihm einen Trinker gemacht hat, wissen wir nicht. Auf jeden Fall hat Dina als sein ältestes Kind kein angenehmes Los. 1914 meldet sich ihr Vater zur

Bahnüberwachung. Später will er trotz Frau und Kindern als Freiwilliger ins Heer einrücken, wird aber wegen seines Alters nicht genommen. Dinas Beziehung zu ihm ist höchst problematisch. Von ihm lässt sie sich nicht dominieren, leistet ihm sogar offenen Widerstand.

Was Frau Müller als Herumkommandieren verurteilt, könnte man positiver auffassen. Von ihrer Mutter, die gedrückt-unterdrückt wirkt, lässt Dina sich in den üblichen bäuerlichen und häuslichen Fertigkeiten nicht fügsam anleiten, die sie auf die ihr zugedachte zukünftige Rolle als Bauersfrau vorbereiten sollen. Ihre flüchtigen Kontakte mit dem großstädtischen, »modernen« Leben haben ihr Einblick in eine andere Welt, andere Lebensweisen gewährt. Ein Geschmack an Mode und stillvollem Konsum ist in ihr geweckt worden. Man merkt die Parallelen mit Wilhelms Eindrücken und Erlebnissen in Darmstadt! In ähnlicher Weise hat er dort eine neue Welt kennengelernt, ist mit Menschen zusammengekommen, die Erwartungen und Maßstäbe besitzen, die von denen seiner Eltern stark abweichen. Der Kontrast zwischen dem beschränkten, monotonen Leben ihrer Mutter und dem der eleganten, bürgerlichen Damen, die sie in Mannheim und Frankfurt sieht, lässt Dina keine Ruhe mehr. »Gottlos« ist sie nicht; aber statt brav und sittsam in den katholischen Gottesdienst mitzugehen, geht sie lieber aus dem spannungsreichen Elternhaus nach Mannheim ins Café, um Kaffee zu nippen und Schokolade zu genießen. Das spricht sie viel mehr an, als in einem Dorf wie Studernheim im Haushalt oder im Stall zu schaffen. Sie ist bei Weitem nicht das einzige deutsche Mädchen, das von einem schmucken jungen Leutnant als Bräutigam träumt.

Man muss auf der Hut sein: Lässt man sich von Frau Müllers höchst tendenziöser Sehweise einnehmen, läuft man Gefahr, sich ein rein negatives Bild von Dina zu machen. Offenheit und Toleranz gegenüber Verhaltensweisen und Normen, die von den ihrigen abweichen, gehören nicht zu Frau Müllers Charaktereigenschaften. In ihren Augen ist die Gefahr, die Dina für ihren Wilhelm ausmacht, fast so schlimm wie die von feindlichen Kugeln oder Granaten und die Briefe und Karten Dinas, die Wilhelm heimschickt, beunruhigen sie sehr. Von jetzt an wechseln Sorgen um das Schicksal Deutschlands und das körperliche Wohlbefinden Wilhelms regelmäßig mit tiefen Ängsten ab, dass ihr lieber, naiver Bub von diesem weiblichen Franktireur umgarnt und in ein vorzeitiges eheliches Verderben geführt werden könnte. Nicht nur sein Geldbeutel und sein Seelenheil scheinen ihr bei dieser jungen Katholikin auf dem Spiel zu stehen. Frau Müllers eigenes Glück könnte durch eine Verlobung Wilhelms mit Dina zerstört werden. Von solchen Sorgen geplagt wird sie sich gefragt haben, ob es in Griesheim nicht vielleicht ein passenderes Mädchen für Wilhelm gibt. Erwünscht ist ein lenksames, sittsames Mädchen, wohlverstanden evangelischen Glaubens, das sie in allen Haushaltsaufgaben anleiten kann, kurz: eines, das sie dominieren kann. Solange der Krieg dauert und Wilhelm in Feindesland ist, ist die von Dina ausgehende Gefahr zwar nicht höchst akut, aber trotzdem muss vorgesorgt werden. Ihre Präventivmanöver laufen an.

Im November kommt Wilhelm endlich auf Urlaub heim. Im Laufe dieses Urlaubs trifft er sich mit Gretel Keller, der Tochter eines Bauern im Oberdorf. Dies geschieht nicht bei Nacht und Nebel. Im Gegenteil, er trifft sie auf dem Hof ihrer Eltern. Ohne das Wissen seiner Mutter wird er nicht dorthin gegangen sein. Aller Wahrscheinlichkeit nach ist sie es gewesen, die den Kontakt befürwortet und den Besuch angeregt hat. Hätte sie etwas dagegen gehabt, hätte sie Wilhelm sicherlich davon abgehalten, ihm sein Vorhaben als eine Dummheit ausgeredet. Sie kennt »das dicke Gretchen« und hält sie für eine Bauerntochter alter Art. Genau ein solches Mädchen könnte ihr bei allen Aufgaben tüchtig helfen. Je länger der Krieg andauert und je größer der Mangel an Lebensmitteln wird, umso attraktiver werden gute Beziehungen zu Bauern. Nur ein Dummer lässt die Gelegenheit entgleiten, mit einer Bauernfamilie auf gutem Fuß zu stehen. Da Gretel nur einen Bruder und keine sonstigen Geschwister hat, ist auch mit einer ordentlichen Mitgift zu rechnen. Hauptsache für Frau Müller ist aber, dass sie sich mit Gretel keine lästige Kontrahentin aufhalst. Kommt sie als Wilhelms Braut ins Haus, steht in dieser Hinsicht nichts zu befürchten. Aus all diesen Gründen hat sie nichts dagegen, wenn die Kellers Wilhelms Besuch als Zeichen eines ernsthaften Interesses an ihrer Tochter auslegen. Dass ihnen Wilhelms Besuch recht ist, zeigen sie nicht durch Worte, sondern dadurch, dass sie ihm eine Wurst zum Mitnehmen schenken wollen. Nur haben sie noch nicht geschlachtet. Er soll wieder vorbeikommen.

Statt das zu tun und sich von ihnen ordentlich zu verabschieden, fährt er aber am Ende seines Urlaubs einfach ab. Weder an ihrer Wurst noch an ihrem Wohlwollen und dem ihrer Tochter liegt ihm allzu viel. Die Kellers sind gekränkt, melden ihren Unmut bei seinen Eltern. Auch Gretel ist böse, als Wilhelm nicht gleich schreibt: »Das dicke Gretchen hat sich bei Deinem Vater beschwert Du hättest ihr noch nicht mal eine Karte geschrieben.« (28.12.) Die Wurst wird ihm trotzdem nachgeschickt. Die Kellers wollen ihre Gretel unter eine passende Haube bringen und der Familienehre ist es nicht gerade förderlich, wenn in Griesheim gemunkelt wird, dass Wilhelm Müller zu ihrer Tochter in eine nähere Beziehung getreten ist, sich aber dann nicht mehr gemeldet hat. So etwas spricht sich schnell herum! Während Wilhelm alles nicht ernst nimmt, ist seine Mutter nicht gewillt, das von ihr eingeleitete und abgesegnete Verhältnis an der ersten Hürde scheitern zu lassen. Damit er keine Ausrede fürs Nichtschreiben hat, wird ihm Gretchens genaue Adresse geschickt. Er soll gleich schreiben! Da auf Wilhelm selbst kein Verlass ist, heckt seine Mutter eine langfristige Strategie aus. Um Dina als Bündnis- und Lebenspartnerin Wilhelms auszugrenzen, will sie das Verhältnis zu Gretel mit aller Konsequenz fördern. Ohne dass er es merkt, soll Wilhelm so umstrickt werden, dass er sich aus dem dichten Gewebe nicht mehr wird befreien können. Solange der Krieg andauert, braucht sie das Netz nicht eng zuzuziehen; aber im Ernstfall, sprich im Friedensfall, muss sie sich auf dessen Effizienz verlassen können. Besteht je die Gefahr, dass Wilhelm sich Sprünge erlauben will, die ihr nicht passen, soll er schnell merken, dass er über keinen Manövrierraum für seine Touren verfügt. Bis dahin ist es ihr jedoch lieber, keine vollendeten Tatsachen zu schaffen und keine Verlobung durchzusetzen.

Hätte sich der Briefwechsel zwischen Wilhelm und Gretel erhalten, wären wir besser in der Lage, die Beschaffenheit dieser Beziehung zu beurteilen. Nur ist anscheinend vom Karten- und Briefwechsel zwischen den beiden nichts mehr vorhanden. Allerdings spricht alles dafür, dass nicht viel verloren gegangen ist. Gretel hat Wilhelm mit Karten und Briefen nicht überschüttet, er sie auch nicht. Leidenschaftlich verliebt ist er in sie nicht. In ihr erblickt er nicht die Seelen- oder Geistesgefährtin, der er seine tiefsten Gefühle und Gedanken anvertrauen will. Bei ihr hofft er nicht auf mitfühlendes Verständnis für seine oft gequälten, ambivalenten Gefühle, was den Krieg und seine eigene Rolle darin angeht. Bei dieser ganzen Beziehung ist seine Mutter die Haupttreiberin, die graue Eminenz, ja, man könnte sagen: die Kupplerin, die im Hintergrund die Fäden zieht. Bei ihr herrscht noch unangefochten die alte Mentalität, nach der die Eltern bei der Wahl von Braut bzw. Bräutigam bestimmen und dafür sorgen, dass »Sach zu Sache kommt«. Wilhelms Wünsche spielen in dieser Angelegenheit eine ganz untergeordnete Rolle.

Im Oktober 1915 berichten die Zeitungen vom Kriegseintritt Bulgariens auf der Seite der Mittelmächte sowie von Erfolgen in Russland und Serbien. Der Optimismus von Wilhelms Vater kehrt wieder:

> *Hier und auch in der Zeitung wird angenommen daß der Krieg bald sein Ende erreicht hat u. es wäre auch sehr gut allerdings müssen unsere Feinde auf eine Zeit genug bekommen wenn wir sie (unsere Feinde) auch nicht entgültig schlagen, so haben sie doch weit mehr Verluste als im Jahr 1870 u. ich glaube daß wenn Frieden geschlossen ist die Schufte so schnell nicht mehr kommen denn wir haben ja jetzt noch tüchtige u. tatkräftige Verbündete bekommen (Türken u Bulgaren).* (24.10.)

Also kein absoluter Sieg wie im 1870er Krieg, als Bismarck den Franzosen seine Bedingungen diktierte, aber immerhin ein Friedensvertrag, der Deutschlands »gerechte« Forderungen erfüllt und eine neue europäische Ordnung schafft, die Garantien gegen alle Angriffe der Nachbarstaaten gewährleistet. Wie der deutsche Kanzler Bethmann Hollweg stellt er keine konkreten Forderungen, was Gebietsabtretungen und Kontributionen angeht; aber jeder weiß, dass Belgien und Teile Nordfrankreichs entweder glatt annektiert oder zu Vasallenterritorien gemacht werden sollen. Saftige Reparationen dürften auch nicht fehlen. Es freut ihn, dass in Zukunft die Serben nicht in der Lage sein werden, Unheil anzustiften:

> *Die Serben werden bald von der Bildfläche verschwinden denn sie schreien jeden Tag mehr nach Hilfe bei ihren Freunden diese infamen Räuber sie verdienen's auch nicht besser als daß sie ausgerottet werden.*

Seine Wortwahl ist oft recht derb, seine Sprache stammtischartig. Die Presse schürt zwar den Hass gegen die Serben als angebliche Handlanger des Moskowitertums und des Panslawismus, aber Völkermord predigt sie nicht. Doch die bloße Artikulation solcher Vernichtungsparolen zeigt auf eklatante Weise, wie sehr aufgeklärte Normen immer mehr weggeschwemmt werden.

Ludwig Herbert ist tot, Bremm meldet sich nicht mehr, Friedrich Welker auch nicht. Von Fräulein Büscher erfährt Wilhelm jedoch, wie es um ihn steht. Friedrich gehört zu den Rekruten, die den Lasten des Militärlebens gesundheitlich nicht gewachsen sind und ihre schon schwache Gesundheit dabei nur noch weiter schwächen. Gewisse Rekruten werden trotz ihrer Gebrechen felddienstfähig geschrieben, brechen im Feld zusammen und müssen entlassen werden – wenn sie bis dahin überlebt haben! Andere – zu ihnen gehört Friedrich – kommen nicht einmal aus dem Rekrutendepot hinaus. Am 1. November besucht Fräulein Büscher ihn im Wiesbadener Lazarett:

> *F. W. ist wirklich sehr zusammen gegangen & wird seiner Krankheit halber wohl nie den Kriegsschauplatz zu sehen bekommen. Ich glaube sogar heraus gefunden zu haben, daß ihm dieses »Zurückbleibenmüssen« doch eine harte Nuß ist.* (1.11.)

Im Osten setzt wieder die Kälte ein. Schon im November schneit es. Kaiser Wilhelm ist wie immer unterwegs, Medaillen verleihend, Paraden abnehmend, pathetische Reden haltend. Willy Israel ist einer von denen, die die kaiserliche Gegenwart beglücken und anfeuern soll:

Unser Oberster Kriegsherr hat der Division einen Besuch gemacht und vielen von unseren Kompanien mit dem Eiserne Kreuz ausgezeichnet. (11.12.)

Großen Jubel über den Besuch zeigt Willy nicht. Alles blitzblank polieren und in der bitterbösen Kälte strammstehen, bis der Kaiser die Parade abgenommen hat, ist kein toller Spaß. Die Sicht des kleinen Mannes weicht von der des offiziellen Fotografen bzw. Berichterstatters oft stark ab. Auffällig an den Karten und Briefen dieser Soldaten ist, dass sie fast ausnahmslos jeglichen Pathos entbehren und die windigen Sprüche des Kaisers nicht nachbeten. Willy interessiert mehr die für den nächsten Tag anberaumte Weihnachtsbescherung. Darüber hinaus träumt er von einem ganz anderen Glück:

viel schöner währe es noch wenn der große Weltkrieg ein Ende hätte und wir alle gesund und munter das liebe Weihnachtsfest zu Hause feiern könnten.

Anlass zu Optimismus fehlt nicht: Da im Winter ein Stellungskrieg an die Stelle des langen Verfolgungskrieges getreten ist, sind die Voraussetzungen für die Gewährung eines Urlaubs günstig: »geschossen wird hier auch nicht die Russen laufen frei umher und wir auch.«

Fritz Ermert, der in 18 Monaten allerhand grässliche Szenen miterlebt und immer noch keinen Urlaub bekommen hat, bleibt seinem Versprechen treu und hält in seiner kleinen, sorgfältigen Handschrift die Müllers weiter auf dem Laufenden über die Lage im Osten:

Wir liegen jetzt ziemlich im Norden von Rußland. Und haben jetzt schon eine Kälte von 15–20 Grad unter Null. Baranowitschi ist ein etwas größeres Städtchen und ein großer russischer Hafenbahn und Knotenpunkt gewesen Das beweisen schon allein die vielen, vielen Gräber die in der Nähe des Bahnhofes liegen. Es sollen das alles Gräber von Verwundeten sein, die während Ihres Transports gestorben sind. (29.11.)

Die Russen, schreibt er, greifen immer wieder an. Nach der Lektüre dieses Briefes werden die Müllers Gott unendlich dankbar gewesen sein, dass Wilhelm im Westen bei seinem Veterinär gut aufgehoben ist. Ein Griesheimer, der für Herrn Müller Fuhrdienste geleistet hat, Peter Höhl (»Höhlebecker«), schreibt um dieselbe Zeit aus Neu-Karlowice:

> *Wir hatten harte Strapatzen durch die langen andauernden Märsche, der Krieg an und für sich war ja nicht so schlimm.* (6.12.)

Von seiner Frau hat er gehört, Wilhelm sei auf Urlaub in Griesheim gewesen, und er hofft selbst, nach Sachsen in Ruhe zu kommen. Sein letztes Wort: »Hoffendlich ist der Krieg doch jetzt bald zu Ende, damit wir bald zu unseren Lieben können.«

Als Soldat im Osten ist man nicht nur für feindliche Kugeln und Granaten anfällig; fast ebenso lebensgefährlich sind Fieber und Krankheiten. Heinrich Müller sen. wird mit Fieber nach Riesenburg in Westpreußen ins Krankenhaus eingeliefert. Obwohl er ganz gut zu essen habe, gebe es dort, so klagt er, lauter Kartoffeln: »Gemüse oder Salat kennt man hier nicht. Und was vermisse ich es.« (27.12.) Preußische Lazarettkost spricht einen Griesheimer Gaumen, der viel Grünes gewohnt ist, nicht besonders an. Zwar versucht das Personal, für die Patienten eine weihnachtliche Stimmung zu schaffen, aber das gelingt nur zum Teil:

> *Mittwoch Abend war Bescherung und wir wurden reichlich beschenkt am heiligen Abend war die Hauptfeier es wurde gesungen Weihnachtsstüke vorgetragen alles mit Musikbegleidung an jedem Abend war Andacht mit Feier und ich wiederhole nochmals es waren recht schöne Weihnachtsfeiertage. Allerdings in Gedanken war man doch größtenteils in der Heimat und bei seinen Angehörigen, aber leider läßt sich nichts ändern.*

Er werde, so hofft er, bald von dieser Krankensammelstelle in die Heimat versetzt werden.

Im Westen leidet Arthur Bonrath, inzwischen zum Gefreiten befördert, im Schützengraben unter dem Regen: »Man geht bald bis an die Knie in den Schlamm.« (9.12.) Kein Wunder, dass seine Weihnachtskarte eine idyllische, regen- und schlammlose Welt zeigt. Wilhelm selbst übertrifft sich, was die Knappheit der von ihm über seine Weihnachtsfeier gelieferten Details angeht: »Unser Weihnachtsfeier ist hübsch u im übrigen ruhig verlaufen.« (28.12.) Was er hinzufügt, ist aber bestens geeignet, seine Mutter in schwere Sorgen zu stürzen: »komme wohl in die Vogesen.« Bei »Vogesen« denkt sie gleich an hohe schneeige Berge und äußerste Kälte. Ein Neffe und andere bei den Müllers früher einquartierte Soldaten haben ihr schon Bilder von Schneewüsten in den Vogesen geschickt. Strümpfe und Kniewärmer werden sofort auf die Post gebracht. Wenn Wilhelm schon welche hat, kann er sie »in Reserve« halten. Normalerweise verkneift er sich jede allzu kritische bzw. allzu ironische Bemerkung. Aber diesmal reicht es ihm.

Er benötigt nur eines: Unterhosen. Der beliebte Spruch seiner Mutter »Vorsicht ist die Mutter der Weisheit«, der ihm schon tausendmal in den Ohren geklungen haben wird, reizt ihn zu einem ziemlich plumpen Witz, der für ihre frommen Ohren nicht gerade geeignet ist:

> *Vorsicht wird die Mutter der Weisheit genannt doch der Vater derselben ist unerkannt, daraus geht hervor ganz sonnenklar, daß die Mutter der Weisheit einmal unvorsichtig war.* (7.1.1916)

Seine Mutter wird kaum darüber geschmunzelt haben. Sie wird sich eher gefragt haben, ob dies ein Indiz dafür ist, dass ihr sittsamer, braver Bub verroht.

Je weiter das Jahr 1915 fortschreitet, umso mehr verschlimmert sich in Deutschland die Nahrungsmittelsituation. Im Herbst wird klar, dass eine weitere Regelung des Lebensmittelmarktes erforderlich ist. (GA, Nr. 84 vom 23.10.) Ohne eine Butterverordnung und eine Regulierung der Fleischpreise kommt man nicht mehr aus. Es wird erwogen, Butter- und Fettkarten einzuführen. Den Fleischkonsum versucht man zu drosseln. Ursprünglich wollen die Behörden das Backen von Weihnachtskuchen verbieten, nehmen aber später Abstand von der Idee. (GA, Nr. 92 vom 4.12.) Die Mehlvorräte, heißt es, lassen dies doch zu. Die Aufhebung des Verbots soll die Beschädigung der Moral offensichtlich verhindern. Vier Tage später werden aber alle Hausfrauen dringend ermahnt, beim Backen die Verwendung von Eiern und Butter zu unterlassen. Bei Kartoffeln sieht die Lage derart kritisch aus, dass der schon voraussehbare Mangel die Behörden zwingt, eine Garantie abzugeben, dass die Gemeinde denjenigen Bevölkerungskreisen helfen werde, die sich keinen ausreichenden Kartoffelvorrat beschaffen können. Gegen den ständig steigenden Preis von Lebensmitteln wird ebenfalls vorgegangen. Bei Butter z.B. werden neue Höchstpreise festgesetzt: Für ein Pfund Süßrahmbutter darf der Höchstpreis 2,20 Mark nicht übersteigen, für Landbutter nicht 1,90 Mark. Zuwiderhandlungen sollen, so die amtliche Warnung, mit Gefängnis bis zu einem Jahr oder mit einer Geldstrafe bis zu 10.000 Mark bestraft werden. »Auch die Käufer machen sich strafbar.« (GA, Nr. 85 vom 27.10.) Schon aus den Anzeigen von Schade & Füllgrabe im *Griesheimer Anzeiger* ersieht man, wie sehr man gezwungen wird, auf Ersatzprodukte umzuschwenken: Neben Cervelatwurst und Blutwurst wird Soyoma-Fleischersatz angeboten; »Kafento« sei der beste Kaffee-Ersatz. Fischwaren wie Vollheringe, Rollmops und Bismarckheringe stehen zunehmend im Angebot. Fisch gewinnen die Müllers anscheinend keinen Geschmack ab, denn von Fisch ist in den Briefen nie die Rede.

Mitte Dezember hält es Kanzler Bethmann Hollweg für angeraten, die Moral der Deutschen zu stärken, indem er ihnen ein sehr positives Bild der Gesamtlage bietet. Seine Rede im Reichstag wird am 11. Dezember in Nr. 98 des *Griesheimer Anzeiger* wiedergegeben. Die Müllers werden sie sehr aufmerksam gelesen haben. Im Osten, so der Kanzler, habe man eine feste Verteidigungsstelle geschaffen und sei bereit, erneut vorzugehen. Im Westen hätten französische und englische Angriffe die deutsche Verteidigungsstelle zwar etwas eingedrückt, der Durchbruch sei ihnen aber missglückt. Die Bevölkerung sucht er über die Zustände im Innern zu beruhigen: »Wir haben genug Lebensmittel, wenn wir sie richtig verteilen.« Dass man sich im Krieg nicht so billig und so reichlich ernähren könne wie im Frieden, sei klar. In gewissen Familien gebe es Not. Er wisse, welche Bürden von Sorgen viele deutsche Frauen mit ihren Kindern zu tragen haben, und empfinde Bewunderung für »das stille Heldentum dieses Kampfes«. Die Regierung, betont er, habe eingegriffen, so gut es ging, um den Wucher zu fassen und ihm sein unsauberes Handwerk zu legen. »Wir haben zwar keinen Überfluss, aber wir kommen aus.« Die Behauptungen der Entente über den Erfolg der Blockade seien Lügen und Verleumdung. Man verfüge über genügend Kupfer, Baumwolle und Gummi; es gebe auch keine »Erschöpfung des Menschenmaterials«. Aus diesen Gründen verwerfe er die Idee eines deutschen Friedensangebotes: Die Deutschen seien unbesiegbar, und da der Krieg ein Verteidigungskrieg des deutschen Volkes sei, dürfe er nur mit einem Frieden beendet werden, der nach menschlichem Ermessen den Deutschen Sicherheit vor der Wiederkehr eines solchen Krieges bietet. Im Klartext: durch Annexionen und Kontributionen.

Der *Griesheimer Anzeiger* schließt sich den Versuchen der Propaganda an, die Siegeszuversicht zu stärken. Am 31. Dezember wird unter der Rubrik »Wunderwerke der deutschen Organisation« Rathenau und der Kriegsrohstoff-Abteilung großes Lob gespendet:

> *Ja, das Jahr 1915 hat gezeigt, dass Weltgeschichte Weltgericht ist. Wir haben einen guten Kampf gekämpft und Gott hat uns den Sieg verliehen. Wir kämpfen einen Friedenskampf, wir kämpfen eines Friedens willen, der Dauer haben soll. (GA, Nr. 104).*

Genau solche Töne wollen die Müllers hören. Eine am 30. Dezember vom Schützen Wilhelm Reinheimer an sie geschickte Karte spricht eine andere, bombastfreie Sprache. Seine Hoffnung ist einfach: »daß dieser elende Krieg bald sein Ende nehmen wird.« Wir sind nicht einmal bei dessen Mitte angelangt.

6. 1916 *»Möge sich doch bald der Herr über die Welt erbarmen und uns bald den Frieden wiedergeben.«*

Trotz aller Anstrengungen der Propaganda hängt Wilhelms Vater am Anfang des neuen Jahres düsteren Reflexionen nach. Der Krieg, so befürchtet er, könnte ein halbes, vielleicht ein ganzes Jahr, vielleicht noch länger dauern. Sein Trost ist ein sehr schwacher: »Nun einmal muß der Tag kommen denn es waren ja schon häufig Kriege u. Immer hat es wieder Frieden gegeben.« (2.1.) Steht Deutschland ein dreißigjähriger Krieg bevor? Seine Frau schaut zuversichtlicher in die Zukunft:

> *Ja Gott kann & will uns schirmen drum, so dringet mutig ein/schämt Euch träg & feig zu sein/mag es drohen, mag es stürmen;/nur durch Müh Geduld & Streit/führt der Weg zum Sieg & Freud!* (3.1.)

Wilhelms eigenes Selbstbild ist um etliche Grade bescheidener. Am 7. Januar schreibt er hintersinnig, er sei heute »22 Jahre alt oder jung wie mans meint«. Anders ausgedrückt: Was ist aus meinem jungen Leben geworden? Es wurmt ihn, dass er nicht einmal das »Hess. Abzeichen des lieben Rindviehs« besitzt. Gemeint ist die hessische Tapferkeitsmedaille, die ohne besonderen Anlass und mit ziemlich freigebiger herzöglicher Hand an jedermann verliehen und von den Soldaten despektierlich so genannt wird. Zwar ist Wilhelm von den Eltern nie direkt gefragt worden, ob und wann sie bei ihm mit dieser Auszeichnung rechnen dürfen, aber er weiß ganz genau, was sie alles von ihm erwarten. Wenn sie ihm von den Auszeichnungen und Beförderungen schreiben, die seinen Schulkameraden zuteilwerden, hört er gleich die implizite Botschaft heraus. Beide Eltern sehnen den Tag ungeduldig herbei, an dem sie den Nachbarn und den Verwandten stolz von seinen amtlich anerkannten Verdiensten erzählen können. Beide werden sich enttäuscht gefragt haben, woher es komme, dass seine Brust immer noch ungeschmückt sei. Der auf ihm lastende Druck, ihren Erwartungen zu genügen, wächst.

Im Moment ist Wilhelms Hauptproblem aber weder Kampf, Kälte, Schlamm, Hunger noch ausgebliebene Medaille, sondern seine Beziehung zu Wachtmeister

Schmidt. Obwohl jetzt mit seinem Veterinär in der 4. Batterie, muss er immer noch wegen Löhnung zu Schmidt in der 6. Batterie. Bei einem dieser Gänge kommt es zu einem für ihn höchst peinlichen Auftritt:

> *Dieser sagt zum Schreiber »laß mal d*[en] *M*[üller] *unterschreiben sonst kommt er nochmal, der Kerl will sich im Kriege bereichern* […], *denn ich hatte zu einem der mir die vorhergehende Löhnung gebracht hatte, im Irrtum gesagt ich hätte 2 Löhne zu bekommen.* (5.1.)

Wir wissen schon: Nach Ansicht des »roten« Schmidt hätte Wilhelms Vater 1914 dem Regiment ruhig eine größere Spende machen können. Versucht er jetzt, Wilhelm selbst als kleinen Kriegsgewinnler hinzustellen? Für Wilhelm stellt sich die Frage: Wie reagiere ich auf diese Bemerkung? Mit der Mahnung seiner Mutter noch im Ohr, sich nicht einschüchtern zu lassen (17.9.1915), optiert er trotz seiner Scheu für ein forsches Auftreten:

> *Ich habe ihn ausgelacht u gesagt: »Na es war nicht gern geschehen.« Da sagte er noch Na, Na, Na diesmal hast Du nicht recht. Denn vorher hatte ich 3 Löhnungen zugut während er mir nur 1 geben wollte.*

Seine Mutter kann stolz auf ihren mutigen Sohn sein! Der kleine Triumph ändert aber nichts an seiner grundsätzlichen Unsicherheit, was Schmidt betrifft. Weil er ihn für einen unsicheren Kantonisten hält, empfiehlt er den Eltern, Wachtmeister Kumparth, seinem früheren Stubenunteroffizier, gelegentlich ein Paketchen zu schicken. Bei anderen Wachtmeistern gut angeschrieben zu sein, kann nicht schaden.

Weil es so schwierig wäre, sie zu transportieren und sicher zu verstauen, wenn er in die Vogesen verladen wird, schickt Wilhelm einige kaufmännische Fachhefte und Rechtsbücher nach Hause, die er bis jetzt bei sich gehabt hat. Seine Zeit hat er nicht vertrödelt. Zwar ist er als Veterinärsbursche nicht so sehr der Versuchung ausgesetzt, im Unterstand oder im sonstigen Quartier mit »flotten« Kameraden die leeren Stunden und die furchtbare Langeweile durch Kartenspielen und Gesang totzuschlagen, aber er hätte immerhin leicht in geistlose Faulheit sinken können. Seine Verdummungsangst ist nicht grundlos. Trotz des Schnarchens der anderen wird er büffeln, während er Stallwache hat. (22.10.1917) Es ist ihm immer mehr als recht, sich vom Haufen etwas abzusetzen. Man hat auch nicht den Eindruck, dass er die Wahrheit zurechtfrisiert, um sich bei seiner Mutter in ein gutes Licht zu setzen. Er ist einfach ein stiller, scheuer Mensch, dem Geselligkeit nicht viel bedeutet. Sparsam, wie er auch ist, verprasst er seinen mageren Lohn nicht. Im Gegenteil, er schickt ständig kleine Summen heim, damit die Eltern sie auf sein Sparbuch bringen. Gelegentlich fragt er nach dem Kontostand. Für ihn ist der Krieg nur ein Zwischenspiel, ein lästiges.

Das Griesheimer Glückskind – seine Mutter wird hier die Hand Gottes erkennen! – kommt weder in die Vogesen noch nach Russland, sondern in Ruhe, und zwar einige Kilometer hinter der Front. Zusammen mit seinem Veterinär wird er zur Leichten Munitionskolonne der 1. Abteilung abkommandiert, die in Harlebeke liegt. In dieser, so Wilhelm, kleinen, reinlichen Stadt mit ihren etwa 8.000 sehr freundlichen Einwohnern hat die Kolonne »ganz schöne Bürgerquartiere« (14.1.), also Häuser, die im Vergleich zu seinem bescheidenen Elternhaus eine gewisse, ihn ansprechende Stattlichkeit und Eleganz aufweisen. Mit leichter, aber unüberhörbarer Ironie fügt er hinzu:

> *Ich schlafe in einem regelrechten Bett, sodaß ich mich Deinen Anordnungen, Kniewärmer usw anzuziehen nicht ohne weiteres unterwerfen kann.* (16.1.)

Dass er von »Anordnungen« und »sich unterwerfen« schreibt, verrät, welch stilles Ressentiment gegenüber der autoritären Bevormundung durch seine Mutter sich bei ihm langsam anstaut. Das übliche propagandistische Negativbild von Meuchelmörderinnen schmilzt beim engen häuslichen Kontakt mit realen Belgierinnen zusammen und sei es aus einem echten Aufklärungswillen oder aus einem spontanen Freudegefühl, das ihn seine sonstige Vorsicht vergessen lässt, macht Wilhelm aus seiner Begeisterung kein Hehl:

> *Über mein Quartier habe ich Euch bereits geschrieben. Doch noch nicht, daß wir von den Leuten so gut behandelt werden. Wir können Alles von ihnen haben. Sie geben mir Mittags immer nochmal extra etwas zu essen Kartoffeln Sauce u. wenig Fleisch. Man sollte nicht glauben, daß man in Feindesland ist. Wenn ich da manchmal zurückdenke an die »Glasern«* [der Rufname einer als geizig geltenden Griesheimer Familie] *das ist nicht zum glauben.* (19.1.)

Später bietet er weitere Details über die gegenseitige Sympathie:

> *Nämlich noch ein letzter Beweis für d. wahrhaft gute Einvernehmen meiner Wirtsleute in Harlebeke (Flandern). Beim Abschied haben wir den weiblichen Teil bestehend aus Mutter von etwa 58 Jahren, deren beiden Töchter verheiratete*

v. 36 Jahr eine v. 25 Jhr u. Enkelin v. 16 Jhr herzlich geküßt. Natürlich in Anstand. Ich habe ihnen gesagt wenn ich glücklich nach Hause käme wollte ich sie mal mit meinen Eltern besuchen, was sie sehr freudig bewillkommeten Welch ein krasse Gegensatz zum Gebahren d. Glasern. (29.3.)

Deutsche werden zu ihren Ungunsten mit Belgierinnen verglichen! Es riecht nach Landesverrat und Ketzerei! Dass Wilhelm sich von den netten Flaminnen angezogen fühlt, überrascht nicht. Das Soldatenleben ist eine unnatürliche, mönchsartige Lebensform. Der gelegentliche, streng rationierte Gang in das medizinisch kontrollierte Mannschaftsbordell oder zu einem Estaminet mit williger Bedienung bietet zwar ein primitives sexuelles Sichabreagieren, aber man kann sich kaum vorstellen, dass Wilhelm sich diesem Treiben anschließt. Kameradschaft mag hoch angeschrieben sein, aber nur unter der Bedingung, dass sie ohne jeglichen sinnlichen Inhalt bleibt. Homosexuelle Beziehungen sind strengstens verboten. Es bleiben also nur Selbstbefriedigung und Fantasien.

So glücklich ist Wilhelm in Harlebeke, dass er, der sonst so Sparsame, verschiedene Ansichtskarten kauft und heimschickt. Er bedauert es, keine von seinem Quartier finden zu können. Bei aller Begeisterung ist er gewitzt genug, um zu wissen, dass er Gefahr läuft, von seiner Mutter als naiver, treugläubiger Deutscher eingestuft zu werden, der diesen belgischen »Schlangen« leicht zum Opfer fallen könnte. Also fügt er weislich hinzu: »Trotzdem die Leute so bestrickend liebenswürdig sind bin ich doch immer vorsichtig.« (19.1.) Es nutzt alles nichts! Gleich läuft aus Griesheim die übliche Mahnung zur Vorsicht ein; nochmals muss er die Sorgen seiner Mutter beschwichtigen.

Ich esse u. trinke nur von dem mit was auch meine W[irts]*Leute genießen. Dann meint Ihr hauptsächlich wegen der Falltüren. Auch diese sind bei uns nicht vorhanden ich wohne im ersten Stock mit noch zwei Kameraden. Sollte sich wirklich das Bett in die Tiefe sinken so würde ich mich gleicher Erde im Wirtschaftsraum befinden. Überhaupt sind sie alles geräumige u helle Gemächer. Wenn ich Euch nun erst sage, daß in unserm Raume u. in anliegenden Zimmern Zivilisten schlafen dann wird's Euch wohl ganz schwül was? Nur keine Angst. Wir haben unsere Waffen. Übrigens liegt den Leuten selbst viel mehr an Ihrem Leben als an unserem u damit auch Ihren sichern Tod. Wenn etwas vorfiele so wäre ich gleich vermißt u. Untersuchungen würden angestellt. Allerdings diese könnten mich im Falle auch nicht mehr ins Leben rufen u. Darum lasse ich auch ja keine Vorsicht außer Acht.* (27.1.)

Sein Wohlbehagen drückt sich noch in anderer Art und Weise aus. Des Kaisers Geburtstag am 27. Januar bietet ihm die Gelegenheit, sich mal wieder richtig »satt zu geigen«. Woher er die Geige hat, schreibt er nicht. Vielleicht von den Damen selbst. Der scheue, gehemmte Wilhelm überwindet seine Hemmungen, lebt auf. Selbst auf seine Mutter bleiben seine positiven Bemerkungen über die belgische Familie nicht ohne Wirkung:

> *Lieber Wilhelm Du hast aber wirklich gute Wirtsleute gehabt in Harlebeke & wenn der liebe Gott will & wir alle nach dem Kriege noch leben, werden wir es auch mal so machen wie Du Ihnen versprochen hast.* (2.4.)

Ob es ihr recht wäre, wenn er sich in eine Belgierin verliebte und sie heiraten wollte, ist fraglich. Gut möglich ist, dass seine Begeisterung über die belgischen Damen seine Mutter noch entschlossener macht, ihn gegen die Verführungskünste aller jungen Damen, seien es Deutsche, Belgierinnen oder sonstige ihr nicht passende Mädchen, gefeit zu machen, indem sie seine Aufmerksamkeit in dieser Hinsicht anderswo hinlenkt.

Während Wilhelm in Harlebeke auflebt, müssen andere junge Griesheimer wie sein Freund Musketier Georg Müller, inzwischen beim Reserve-Infanterieregiment 88, mit dem üblichen Tagesablauf im Schützengraben an einem relativ ruhigen Frontabschnitt fertigwerden. Für das erhaltene Paket sehr dankbar, hält er sich an sein Versprechen, den Müllers von seinen Erlebnissen zu berichten und bietet ihnen einen anschaulichen Überblick über einen typischen Tag:

> *Ich bin jetzt schon 5 Monate im Graben habe aber noch keinen Feind gesehen. Das Kriegerleben besteht hier aus arbeiten und wachen. Ab und zu schießt die Artillerie dann duckt man sich oder geht in die Unterstände, mit der Zeit gewöhnt man sich an alles. Wir haben hier aber auch noch andere Feinde das sind die Läus und Ratten von den letzteren gibt es manche so groß, wie ausgewachsene Katzen. Am Tage wird eine bestimmte Zeit gearbeitet, dann geht man nach Haus das heißt in die Unterstände. Der liegt tief in der Erde, in einem solchen wohne ich mit noch 7 Kameraden da gibts auch manche schöne Tage bei Gesang und anderem. Oft müssen wir Tag und Nacht hier Wasserscheppen sonst ersäuft man ein Feldöfchen einen Tisch und dann die Lagerstätte das ist in unserm schlaf ess und wohnraum. Ich denke oft nach daheim und alle Bekannte. Abwekselnd hat man auch Wache vorm Drahtverhau. Wir können jetzt auch im*

Während die Schlacht um Verdun tobt, schickt Heinrich Kaut jun. den Müllers diese Karte. Der Krieg wird oft als lustiges Kinderspiel dargestellt, bei dem ganz kleine, babyhafte Jungen große, schwere Maschinengewehre bedienen oder Gasmasken unter der Rubrik »Schönheitskonkurrenz« tragen.

> *vordesten Graben Baden. So vergeht Tag für Tag, immer auf Frieden hoffend. Ich will mein schreiben schließen.* (21.2.)

Dieses Schützengrabendasein hat wirklich mit den Kriegsbildern wenig gemein, die Georg in seiner Kindheit und Jugend präsentiert worden sind.

Peter Höhl (»Höhlebecker«), der Anfang Februar aus Ungarn nach Frankreich verladen worden ist, leidet noch stärker an Langeweile und Frustration: »Vor Langweile muß ich Euch auch mal wieder schreiben.« Seine Gedanken gelten seinem Fuhrgeschäft in Griesheim:

> *Was macht mein Fuhrwerk & meine Pferde? Ich habe ja einen schönen Posten, da ich Pferdepfleger unserer beiden Ärztepferde bin & sonst keinen Dienst mitzumachen habe, aber doch möchte ich lieber zu Hause bei meinen Lieben sein & wenn die Arbeit noch so schlimm ist. Es wäre höchst Zeit, daß es einmal Schluß wäre, aber hier merkt man noch nichts davon, denn fortwährend hört man von heißen Gefechten in Frankreich.* (20.3.)

Die Verdun-Schlacht hat am 21. Februar begonnen. Am 30. März schreibt er wieder:

> *Wollte Gott, daß es doch einmal fertig wäre mit diesem Weltelend, denn obwohl man es hier ganz schön hat & genügend zu Essen hat, so wird einem doch die Zeit sehr langweilig & obwohl man ja Gott sei Dank von zu Haus sehr gute Nachrichten hat, so wünscht man sich doch nach Haus.*

Das einfache Wort »Elend« genügt nicht mehr; zum ersten Mal ist in Zusammenhang mit diesem wahrhaft globalen Krieg von »Weltelend« die Rede. Krieg als Leiden und Langeweile? Viel später wird Frau Müller selbst das Wort benutzen. Anderen Soldaten wird die Zeit für Langeweile nicht gewährt. Schnellstens ausgebildet, werden sie ruckzuck an einen lebhaften Frontabschnitt transportiert und mitten in eine Schlacht hineingeschleudert. Auch wenn ihnen Griesheimer Urlauber die grausamsten Geschichten erzählen oder ihnen haarsträubende Details über das Schützengrabendasein sonst zu Ohren gekommen sind, können sie sich unmöglich geistig und seelisch auf das Ungeheuerliche vorbereiten, mit dem sie auf einen Schlag brutal konfrontiert werden. Mit der Verdun-Schlacht erreicht das Schreckliche bis jetzt ungeahnte Dimensionen des Grauens. Geradewegs in die »Hölle von Verdun« geraten die Soldaten Tepper, Wilms und Schröder, die im Januar 1916 bei den Müllers einquartiert gewesen sind, während sie auf dem Griesheimer Sand »im Maschinengewehr« ausgebildet wurden. Tepper und Wilms dürfen vor dem Verladen nach Verdun auf Urlaub in die norddeutsche Heimat fahren: Tepper zu seiner Frau in Hamburg, Wilms zu seiner Familie in Ahrenloh. Aus dem Norden schicken beide bunte Ansichtskarten an die Müllers. Dann geht es gen Westen. Am 8. März schreibt Wilms:

> *Theile Ihnen hierdurch mit das uns es noch gut geht mein Freund und ich leben zusammen im Erdloch ach das schöne Bett haben wir vermißt, nützt ja Alles nichts wir liegen bereits vor die Festung V. Und können jeden Augenblick eingeschoben werden es geht hier sehr bößartig her Tag u Nacht im Trommelfeuer aber wir halten durch Der Franzmann mus doch nachgeben und wir werden schon hinkommen wo wir hinwollen um den langersehnten Frieden zu bekommen.*

Wilms' Brief vom 23. März konfrontiert die Müllers mit der einzigartigen Fürchterlichkeit der Schlacht:

> *Soeben haben wir den Brief von Ihnen Erhalten unsern besten Dank für das schöne schreiben uns beiden gets noch gut und wie wir sehen Ihnen auch ja wir*

liegen augenblicklich noch in Ruhe wie lang dauerts wissen wir noch nicht unser Reg. Hat schwer gelitten wir haben auch gleich von unsern Ersatz 6 Mann verloren mein Freund Tepper u. ich sind immer zusammen blos wies vorging hatte Tepper das Glück in Reserve zu bleiben ich habe 50 Stunden in Granatfeuer gelegen es war wirklich schrecklich und dann nichts zu trinken denn wir waren im Französischen Graben und dann im Vorgehen kann man garnichts bekommen ich muß jetzt wirklich einsehen Frau Müller das es noch ein schönes Wesen giebt ich habe in der Todesangst doch beten lernen und habe doch Glück gehabt dabei es war zu schreklich was ich gesehen habe das vergeß ich nimmer mehr vor mir hinter mir platzten die Granaten und wie ein Wunder bin ich durch gekommen viele arme Kameraden mußten Ihr Leben lassen fürs Vaterland und die armen verwundeten konnten nicht zurück und immer schoß der böse Franzmann in die Reihen der Verwundeten mancher einer ist verrückt geworden in dieser schweren Stunde na Rache ist süß unser Gott macht doch wie er will daß habe ich selbst erfahren man darf den Glauben und Mut nicht sinken lassen und das thun wir auch niemals es muß doch Endlich mal schlus werden mit diesem bösen Elend das wir doch Alle gesund wider zu unserer Familie kommen und das wollen wir hoffen, wir waren ungefähr in 1 Stunde in Verdun konnten schon die zerschossene Stadt sehen da haben unsere Attallrie schwer rein geschossen es war auch doch nicht eine Minute still das Gehör hatte man beinah verloren. Wenn wir das Glück haben sollten um Ihren Sohn zu treffen sollte uns sehr freuen […] *Hirmit will ich schließen. Hirmit Sie Alle recht vielmals gegrüßt von Schütze Wilms und Tepper Auch einen schönen Gruß von meiner lieben Frau u Kinder auch die gehts gut Auf Wiedersehen.*

Nicht überhören soll man den Dank Wilms' an Frau Müller für ihr »schönes Schreiben«. Darin wird sie ihre tapferen Soldaten wohl ermahnt haben, so lange aus- und durchzuhalten, bis der Herrgott ihnen den Sieg gewährt. Wilms ist einer von den »Gottlosen«, die jetzt zum christlichen Glauben zurückkehren. Sie wird sich über diesen Wandel gefreut haben. Ihre ganze Mühe, ihn mit Paketen und erbauenden Karten bzw. Briefen zu versehen, hat sich also gelohnt. Noch ein Grund für sie, ihre Sendungen fortzusetzen!

Nicht dass ihre Gedanken immer um so ehrwürdige Themen wie Gottes Ratschluss kreisen. Während Wilms und Tepper im Trommelfeuer der Franzosen ums nackte Leben kämpfen, setzt sie ihrem Wilhelm, der denselben Donner – allerdings aus einer größeren Entfernung – im Ohr hat, mit ganz anderen Sorgen zu. Das Wissen, dass Dina an Wilhelm schreibt und ihm Pakete schickt, beunruhigt sie tief. Alles, was sie von deren Benehmen gesehen hat, verbietet es ihr, die Dinge gelassen ihren Lauf nehmen zu lassen. Dass Kuchen und Schinken aus Studernheim ihren Sendungen den Rang streitig machen, passt ihr gar nicht ins Konzept. Den Paketsendungen des Mädchens muss Einhalt geboten werden. Solange sie bei Wilhelm der Allein- bzw. Hauptversorger ist, bleibt er ihr Baby, hat er sich von ihr nicht unabhängig gemacht. Wilhelm leistet Folge. Er schreibt nicht an Dina, dankt ihr nicht für ihr Paket. Das bestätigt ein Brief Dinas vom 12. März an seine Eltern.

Hat er also kein Interesse an der Aufrechterhaltung des Kontaktes? Hat er Angst vor Dina oder eine noch größere vor seiner Mutter? Gleichgültig ist Dina ihm nicht. Schon seinem Selbstwertgefühl tut es gut, von einer jungen Dame umworben zu werden. Das spricht sich unter den anderen Soldaten herum, die ihn als scheues Muttersöhnchen belächeln. Es geht aber um viel mehr: Er will sich in dieses für ihn neue Gebiet hineinwagen. Nur hat er eine gewisse Angst vor Dina, sprich: ihrer weiblichen Sexualität. Sie ist kein scheues Reh, keine blasse Blume. Das hat Wilhelms Mutter gleich erkannt und das spürt Wilhelm auch. Deshalb ist es ihm mehr als recht, wenn sie wenigstens auf absehbare Zeit in weiter Ferne bleibt. Er will sich von Dina nicht hetzen lassen, ist nach ihrer Kritik noch unsicherer, wie er in Briefen an sie vorgehen soll. Vor allem will er aber wegen ihr keinen unendlichen Streit mit seiner Mutter entfachen. Sinn und Zweck seiner Versicherung, er habe jeden schriftlichen Kontakt mit ihr abgebrochen, war es in erster Linie, sich dadurch etwas Ruhe zu sichern.

Nur hat er sich schwer getäuscht. Weit entfernt davon, ihn jetzt in Ruhe zu lassen, lässt seine Mutter das Thema nicht mehr fallen. Aus einem weiteren Grund stört ihn dies: Man kann es ihm gut nachfühlen, wie »empfindlich« es ihm ist, diese Angelegenheit in Briefen mit seiner Mutter diskutieren zu müssen. Die Müllers sind nämlich so vielen Offizieren und Wachtmeistern bekannt, dass der Zensor sich aus reiner Neugier für ihre intimen Familienangelegenheiten interessieren mag. Wer kann wissen, wo der Tratsch dann hinkommt? In dieser für ihn peinlichen Situation greift Wilhelm zu einer plumpen Tarnungsstrategie. Er macht aus Dina einen männlichen D. S:

> *D. S. ist scheinbar verstimmt u. niedergeschlagen wieder abgereist, denn er schreibt mir von Griesheim eine Karte u. bemerkt dabei daß es ja an Unterhaltung fehlte; ich möchte mir doch Urlaub geben lassen um ihn zu unterhalten. Wie ich Euch schonmal mitteilte habe ich ihm bereits seit Anf. Januar nicht mehr geschrieben und schreibe auch nicht mehr damit sich die Angelegenheit nicht zu weit verstrickt. Ihr meint doch auch, nicht wahr?* (2.3.)

Ihr Aufenthalt in Griesheim brachte Dina demnach in Wirklichkeit nicht die »frohen Stunden«, von denen sie in ihrem Brief an die Müllers schreibt. Zwei Tage später heißt es, er breche mit D.S. jegliche Verbindung ab: »Das Paket habe ich schon erhalten u. obendrein 2 Briefe u. schon verschiedene Karten Ich lasse jedoch alles unbeantwortet.« (5.3.) Zu seiner Erleichterung entdeckt er, dass er über ein bisschen Spielraum verfügt, da die Zensur in den verschiedenen Batterien und Kolonnen unterschiedlich gehandhabt wird. Während in der Kolonne jeder Brief offen abgegeben werden muss, darf in der 1. Batterie Post verschlossen aufgegeben werden. In einem verschlossenen Brief erklärt er seinen Eltern, warum er in letzter Zeit »ein wenig mehr andeutend« geschrieben hat. Er werde von jetzt an anders vorgehen können. (9.3.) Nur macht er von dieser Gelegenheit wenig Gebrauch. Er hat keine Lust, in ewige Diskussionen um seine Gefühle Dina gegenüber verwickelt zu werden: »Was Dina betrifft, so hülle ich meine Gedanken ihr gegenüber fortgesetzt ins Schweigen. Das halte ich fürs Beste.« (9.3.)

Ist damit alles erledigt? Keineswegs! Wie so oft bereut seine Mutter ihren forschen Rat. Sie erkennt, dass der Wilhelm befohlene Kurs taktisch ein massiver Fehlgriff ist. Dinas schon erwähnter Brief vom 12. März zeigt, wie sehr gekränkt durch sein Schweigen die Sauers sind. Die Lage wird kritisch. Man darf es wirklich nicht riskieren, sie vor den Kopf zu stoßen; denn von ihnen bekommt man Samen, Krautsetzlinge und sonstiges Gemüse zu sehr günstigen Preisen, zusätzlich dazu aber allerlei, an das man sonst schwerlich herankommt. Nicht nur auf Geschenktes und heimlich Zugestecktes müsste man verzichten, sondern auch auf die Bereitschaft der Sauers, einem gewisse kostbare bzw. beschlagnahmte Waren zu einem erschwinglichen Preis, ja überhaupt zu verkaufen, wenn sie von skrupellosen Händlern und hungrigen Hamsterern viel höhere Preise kassieren könnten. Frau Müller widerruft ihren Befehl. Wilhelm leistet wieder Gehorsam: »Auf Euren Wunsch werde ich mich bei D. S. bedanken u. später vielleicht noch mal eine Karte schicken.« (17.3.)

Der neue Kurs gefällt ihm besser als der vorige. Natürlich hat seine Mutter es nicht so verstanden und gewollt, aber man könnte ihren Befehl so auslegen – und Wilhelm fehlt es nicht an einem guten Schuss Sophisterei bzw. spitzfindiger Bauernschlauheit –, als habe sie ihm die Erlaubnis erteilt, weiterhin an Dina zu schreiben. Wenn es ihm passt, braucht er sich nicht auf eine einzige Karte zu beschränken. Hoffentlich kann er den Briefwechsel nach seinem Geschmack, d.h. ruhig und ungestört, gestalten. Im Idealfall wird es ihm gelingen, Dina gegenüber dieselbe Hinhaltetaktik zu verwenden, die seine Mutter den Kellers gegenüber bevorzugt, und diese Taktik gleichzeitig durch seine eigene Fernhaltetaktik zu ergänzen. Läuft alles planmäßig, dürfte er auf diesem Gebiet allmählich mehr

Selbstvertrauen und Geschick gewinnen und nach einer gewissen Zeit imstande sein, in aller Ruhe die richtige Entscheidung zu treffen.

Zur Frustration beider Eltern hält sich Wilhelm, was die Vermittlung von Details über seinen Standort und militärische Operationen angeht, weiterhin gehorsamst an die Feldpostbestimmungen. Am 21. Februar, d.h. an dem Tag, an dem Falkenhayn die Verdun-Schlacht entfesselt, schreibt er: »Wir sind wieder an der Front Wo und sonst Näheres kann ich Euch leider darüber aus militärischen Gründen nicht mitteilen.« Am 9. März heißt es dann:

> *Ich kann Euch leider von den Ereignissen nicht so alles schreiben, da die Briefe kontrolliert werden u. derartige Sachen nicht geschrieben werden dürfen.*

Frustriert sind seine Eltern schon, aber als autoritätsgläubige Untertanen können sie sein korrektes Verhalten kaum verurteilen. Hauptsache, sie haben wieder ein Lebenszeichen erhalten. Wie schon angedeutet, steckt viel mehr als lauter Bequemlichkeit bzw. Schreibfaulheit hinter dieser Strategie des Schweigens und Verschweigens. Alles, was Wilhelm vor Verdun sieht, hört und erzählt bekommt, genügt, um ihn entschlossen zu machen, sich den Eltern gegenüber nicht näher darüber auszulassen. Nicht dass diese Hölle einfach wegediert wird. Er deutet etwas von der Verwüstung der Gegend um Verdun an, indem er seinen Eltern zwei Zeichnungen des zerstörten Kirchturms im Dorf Morgemoulin, seinem gegenwärtigen Standort, schickt. Die Ruine wirkt gespenstisch, ein Symbol der barbarisch-brutalen Zerstörungswut, die um ihn herum tobt. Auf Bildern zerstörter Kirchen bauen sich deutsche Soldaten oft grinsend oder verlegen dreinschauend auf. Hier hingegen fehlt alles Lebendige. Man kann nicht wissen, welche Gedanken Wilhelm beim Zeichnen in den Sinn kommen. Glückliche sind es auf jeden Fall nicht. Im Gegensatz zu Tepper und Wilms findet er jedoch immer noch Gelegenheiten zum Zeichnen sowie Zeit zum Heimschicken von Kniewärmern, Handschuhen, Fußschlüpfern usw. Dass die Bahn Zigtausende von Soldaten und Millionen von Granaten aus Deutschland nach Verdun bringt, während sorgfältig eingepackte Kniewärmer in die entgegengesetzte Richtung expediert werden, gehört zu den Paradoxien des Krieges.

Am 24. März schickt Wilhelm die zweite Skizze heim – zusammen mit der Bitte um Zahnputzmittel. Vernünftiger Irrsinn oder irrsinnige Vernunft?! Während in der Nähe Zigtausende von Soldaten buchstäblich zerfetzt werden, denkt man an Karies und Mundhygiene! Tut man es aber nicht, dann hat der moderne, technologisch höchst entwickelte Barbarismus den vollen Sieg davongetragen.

Wilhelms gespenstische Zeichnung des durch Artilleriefeuer schwer beschädigten Kirchturms im Dorf Morgemoulin.

Verdun u. Morgemoulin.

Und trotz aller fürchterlichen Kämpfe um ihn herum treffen Käse, Butter, Äpfel, Tabak, Pfefferminz usw. immer noch regelmäßig bei Wilhelm ein. Einerseits völliges Chaos, andererseits die penibelste Ordnung!

Die Tagesberichte der Heeresleitung über den Verlauf der Schlacht sind selbstverständlich immer positiv, ja, sie überschlagen sich oft vor lauter Euphorie. Wilhelm möchte ihnen Glauben schenken:

> *Von dem glänzenden neuen Erfolg unserer Waffen habt Ihr wohl auch schon gehört bis Ihr diese Zeilen erhaltet.* [...] *Hoffentlich folgen noch mehrere solche Schläge und bringen uns den Frieden in Bälde.* (24.3.)

Wilms und Tepper stimmen andere Töne an. Am 5. Mai zieht Tepper seine Zwischenbilanz:

> *Wir waren direckt vor Verdun und 14. Tagen in ein starkes Trommelfeuer, wo so mancher Kamerad sein Leben eingebüßt hat Unser Regiment zählte vor dem zirka 1800 Mann, wie wir wieder kamen, nur noch 500 Mann. Von unsern Kameraden aus Griesheim, sind sehr viel dageblieben oder gefangen. Wehrte Frau Müller Niemals habe ich das Vertrauen zu Gott verloren und bin Ihnen daher jetzt dankbar für die erwiesene Lehre.*

Er habe Frau Müllers »Dankbaren Gottesbrief« stets auf der Brust getragen. Diese Nachricht wird sie gefreut haben. Ihre guten Werke und ihre Ermahnungen haben also wieder einmal Früchte getragen. Trotz allen Trommelfeuers hat Gott die drei doch geschützt. Hätte man ihr gesagt, dass Tepper ihren »Gottesbrief« als katholisches Amulett gebraucht hat, hätte dies ihre Freude wahrscheinlich etwas gedämpft.

Bis Frühjahr 1916 sind die Hoffnungen auf einen baldigen Sonderfrieden mit dem Zarenreich längst verflogen. Die Russen haben zwar manche Niederlage einstecken müssen; aufgegeben haben sie aber nicht. Das serbische Heer mag vernichtet sein, aber dieser Sieg ist nicht kriegsentscheidend. Was bei den Soldaten im Osten und deren Angehörigen bleibt, ist die bittere Erkenntnis, dass alle Strenge des russischen Winters bis zu dessen Ende durchlitten werden müssen und im Frühling mit einer Wiederaufnahme der Operationen gerechnet werden muss. Kein Wunder, dass die dort kämpfenden Soldaten immer häufiger zum Wort »Elend« greifen. Willy Israel, der den Wunsch der Müllers nach Informationen über die Stimmung an der Front erfüllen will, fragt z. B. am 13. Januar:

Wann wird der liebe Gott mal diesem Elend mal ein Ende machen denn lange genug hat es doch schon gedauert all die Alten Leute die raus kamen die halten es doch alle nicht lange aus aber wir wollen nicht verzagen wollen abwarten bis der liebe Gott einen Einhalt macht und uns alle gesund und munter zurück kehren läßt mit den schönen Sieg und Frieden den wir uns teuer haben erkaufen müssen. […] *Bitte wieder Antwort.*

Sein Wille durchzuhalten, bis Gott allem Einhalt gebietet, erntet wohl Frau Müllers Lob. Dass dann im Februar ein Paket, schon das elfte, aus Griesheim ankommt, wird seinen Mut neu aufgefrischt haben.

Der Krankenträger Fritz Ermert, immer noch in Baranowitschi, ist ständig Augenzeuge grauenhafter Szenen. An eingelieferten Verwundeten ist bei ihm kein Mangel. Das Lazarett ist außerdem dem Artilleriefeuer der Russen ausgesetzt. Als eine Granate einschlägt, kommen sowohl Personal als auch Patienten auf schreckliche Weise um. Mitte März freut sich Fritz darauf, endlich seinen ersten Urlaub seit Kriegsanfang bald antreten zu dürfen. Er will seinen Bruder Walter im Rekrutendepot Darmstadt und anschließend die Müllers in Griesheim besuchen. Nur tritt das ein, was so oft passiert und jedes Mal für den betroffenen Soldaten sowie für seine Angehörigen einen schweren psychologischen Schlag darstellt:

Der Mensch denkt, Gott lenkt. Am 16 III mittags sollten wir in Urlaub fahren, war schon Alles fertig. Urlaubsorte waren angegeben […] *Aber da kam es anders. Am 15. Abends heißt es die Division geht fort von hier, und somit wurde Alles aufgehoben.* […] *Seit gestern sind wir nun schon zum Verladen bereit. Wo wird es nun schon wieder hingehen?* (19.3.)

Er hat keine Ahnung.

Haben die Soldaten im Osten denen im Westen früher ihr Los geneidet, so hoffen sie jetzt, das Blatt werde sich zu ihren Gunsten wenden. Wird das Hauptgewicht auf den westlichen Kriegsschauplatz gelegt, bleibt eine Neuauflage der Verfolgungsstrapazen von 1915 vielleicht aus. Willy Israel will sich im Moment über sein Los nicht beklagen:

Ich habe jetzt ein ganz schönes Leben bin beim ersten Batalionsstab als Radfarer ist ganz schön Werde nächstens auch bald mal in Urlaub fahren. (4.4.)

Wie Fritz Ermert wird er bitter enttäuscht werden.

Und wie sieht es 1916 in der Heimat aus? Trotz der von Bürgermeister Kunz ergriffenen Maßnahmen zur Abwehr der Folgen der schlechten Kartoffelernte im vorigen Herbst, droht im Frühjahr 1916 die Gefahr, die Gemeinde werde viele Familien nicht mit der nötigen Menge versehen können. Am 23. Februar gibt Kunz im *Griesheimer Anzeiger* bekannt, dass am 24. alle Haushaltsvorstände eine Feststellung ihrer Kartoffelvorräte vorzunehmen haben. Ein Abwiegen wird nicht verlangt und Vorräte unter 20 Pfund sind nicht zu melden. Wer aber unrichtige bzw. unvollständige Angaben mache, werde entweder mit Gefängnis bis zu sechs Monaten oder mit Geldstrafen bis zu 1.500 Mark bestraft. Auch bei den Vorräten an Mehl sieht es kritisch aus. Am 24. Februar können die meisten Bäcker kein Brot feilbieten: Sie haben kein Mehl mehr zum Verbacken. Der Kommentar dazu im *Griesheimer Anzeiger*:

> *Wie so etwas vorkommen kann, ist uns verständnislos. Jedenfalls fehlt es an der nötigen Vorsorge. Hier müßte die Behörde einmal nach dem Rechten sehen.* (26.2.)

Bei Butter sieht es ähnlich aus. Im Februar wird die Einführung von Butterkarten beschlossen. Jeder bekommt monatlich ein Viertelpfund. Kinder unter fünf Jahren sowie alleinstehende, keinen eigenen Haushalt führende Personen können aber vorerst nicht berücksichtigt werden. Selbst in Studernheim wird Butter knapp. Dina würde Frau Müller gern welche schicken, nur bekomme die Gemeinde seit 14 Tagen keine mehr. (12.3.) Auch Fett und Öl werden knapp. Bürgermeister Kunz ist froh, wenn die Gemeinde irgendwo, irgendwie welches beschaffen kann. Am 10. März gibt er bekannt, ein größeres Quantum sei aufgekauft worden und Schmalz werde am nächsten Montag und Dienstag von 3 bis 6 Uhr ausgegeben. Familien, die geschlachtet haben, werden davon ausgeschlossen. Der Preis betrage 2,36 Mark je Pfund; Gefäß bzw. Topf seien mitzubringen, da Papier zum Einwickeln nicht vorhanden sei. Die Zeitungsanzeigen von Schade & Füllgrabe verraten, wie gravierend die allgemeine Lage geworden ist. Der Laden bietet z. B. im Januar Trockenvollmilch als Ersatz für Vollmilch an; ohne Brotkarte könne man, so der Text der Reklame, feinsten Schiffszwieback aus ausländischem Material erhalten; getrocknete Suppengewürze mit Speck könnten zur Herstellung einer nahrhaften Suppe dienen; der angebotene Malzkaffee bestehe, so wird versichert, aus garantiert echtem Malz; Kornkaffee wird auch angeboten. Was Gemüse angeht, empfiehlt der Laden große gelbe Erbsen mit Schale zu 55 Pf., die am Abend vor der Zubereitung in kaltem Wasser einzuweichen sind.

Obwohl Ende März Nr. 25 des *Griesheimer Anzeiger* die Sozialdemokraten im Reichstag dafür schilt, dass sie die Lebensmittelnot angeblich übertrieben, enthält die nächste Nummer eine Bundesratsverordnung über die Schaffung einer Reichsstelle für die Versorgung mit Vieh und Fleisch. Es sieht fast so aus, als seien Männer verfügbarer als Vieh; denn am 5. April, also mitten in der Verdun-Schlacht, wird unter der Rubrik »Stolze Zuversicht« gemeldet, dass der stellvertretende Kriegsminister General von Wendel ausgeführt habe, »dass wir mit unserem Menschenmaterial für den Heeresersatz noch lange ausreichen«.

Zucker und Seife gesellen sich zu den rationierten Waren. Zunehmend werden die der Gemeinde zugewiesenen Lebensmittel auf der Bürgermeisterei und an der Schule den Einwohnern direkt verkauft. Am 27. April z. B. wird für die Buchstaben H bis M Speiseöl ausgegeben: Jede Familie bekommt einen Viertelschoppen zu 36 Pf. Auch Griesmehl wird auf diese Weise verteilt. Bei Fleisch ist es endlich so weit, dass die Einführung von Fleischkarten im ganzen Reich und die Festsetzung von Höchstpreisen für alle Fleischgattungen und alle Arten Wurst ernsthaft erwogen werden muss. Dank ihres Ladens und ihrer vielen Kontakte sind die Müllers gegen die Unsicherheit und den Stress weitgehend abgeschirmt, die für viele andere zur täglichen Routine werden. Immer noch teilt Frau Müller die von der Propaganda vorgetragene These, es komme alles auf das richtige Verhalten des Einzelnen, genauer: der einzelnen deutschen Hausfrau an:

> *natürlich Haus halten muß man mit allem & das sind wir ja gewont & man muß alles den Verhältnissen anpassen* […] *wenn es nur nicht schlechter geht, kann das deutsche Volk nur zufrieden sein.* (25.3.)

Obgleich Wilhelm Herzberger seine guten Dienste weiter leistet und in der Ranstadter Gegend fleißig auf die Suche geht, heißt das beileibe nicht, dass Frau Müller sich auf die faule Haut legt und wartet, bis die von ihm aufgespürten Nahrungsmittel in Griesheim ankommen. Das Fehlende versucht sie selbst aufzutreiben. Da nutzen ihre Kontakte zu Bauernfamilien in der Gegend. Sie schwingt sich aufs Rad und fährt entweder zu Emma in Wolfskehlen oder zu den Winters in Leeheim. Bei den Winters leuchten ihr die von Bauern in Kriegszeiten genossenen Vorteile ein:

> *was die Bauern eben verkaufen kostet viel Geld Da macht sich meiner seligen Mutter ihr Sprichwort war, wenn manchmal die Mädchen so allerlei gesprochen haben z. B. ich heirate keinen Bauer, da hatt Sie gesagt, Was seid Ihr so dumm, ein Bauer verhungert zuletzt, das wollte Sie damit sagen, daß Sie alles haben & verwerten können. Winters haben 2 Ställe voll Rindvieh Frau Winter sagte mir, daß Sie für 2 Kühe 1000 Mark einnahmen, vor dem Kriege haben die alten Kühe*

nur die Hälfte gekostet, die Fracht haben Sie so gut bezahlt bekommen, & Kühe, Butter, & Eier werden tagtäglich abgeholt. Frau Winter hat zu mir gesagt, wir haben dieses Jahr schon eine Masse Geld gelöst. (2.4.)

Die Attraktivität Gretel Kellers als Schwiegertochter nimmt nur noch zu!

Selbst die Müllers müssen sich oft gedulden, bis das eine oder andere Lebensmittel aufgetrieben werden kann. »Menschenmaterial« fürs Heer mag laut Aussage des Generals nicht fehlen, aber Mädchenmaterial für den Haushalt ist äußerst knapp. Die Suche nach einem neuen Mädchen für Frau Müller will selbst dem rührigen Herzberger nicht gelingen:

Ich habe auch mit Herrn Pfarrer gesprochen solch ein Mädchen (Elternlos) ist keins vorhanden. [...] *Die meisten Leute* [...] *sagen einem strecks zum Gesicht hinein* [...] *eben tut man kein Mädchen in die Stadt auf dem Lande ist das Essen wenigstens noch besser. So stellen sich eben die Landleute das Leben in der Stadt vor. Natürlich spricht jeder zu seinen Gunsten denn die Landwirte wollen doch auch geholfen haben.* (24.3.)

Herzberger, der die allgemeine Kriegsmüdigkeit teilt, schließt mit dem Wunsch, dass Gott der Herr dem Elend und Jammer bald ein Ende machen möge und dass die beiden Wilhelms wieder gesund und heil ins Vaterhaus einkehren dürften. Das Jammertal, von dem Wilhelm in seiner Rekrutenzeit schrieb, ist Wirklichkeit geworden.

Leider sind nicht alle Briefe der Eltern an Wilhelm aus dieser Zeit erhalten. War schon im Januar das Zurückschicken seiner Post »Umstände halber« unmöglich, so ist die Zeit während einer Schlacht nicht gerade dazu geeignet, Briefe sorgfältig aufzuheben und nach Hause zu schicken. Hinzu kommt noch, dass Wilhelm von einem Standort zum andern rückt. Später erklärt er selbst, er habe keinen Platz gehabt, wo er Briefe verstecken konnte, und habe sie deswegen »um so eiliger aufgerissen«. (26.3.) Schade, denn gerade in den Monaten, in denen das große Sterben vor Verdun bisher unerhörte Ausmaße annimmt, hat die »Kriegstheologie« seiner Mutter vermutlich oft herhalten müssen, um ihm den Sinn des Kampfes zu erklären und seinen Kampfwillen zu stärken.

Seine Eltern erkennen, dass es nicht mehr genügt, ihm nur »Neues« und »Interessantes« zu schicken oder seine Moral mit Bibelzitaten, Versen aus Kirchenliedern oder sonstigem erbaulichen Material stärken zu wollen. Ein weiteres Element ist vonnöten: Humor. Humoristische Anekdoten sollen ihn aufheitern. Diese

Briefstellen werden später länger und für sie wird oft der Griesheimer Dialekt gebraucht. Zunächst bleibt es bei kleinen Späßchen. Ein Beispiel:

> *Heute hat Adam wieder einen trocknen gemacht, die Anna hat Spinat gestochen, da sagte er trägst Du den auf den Markt.* (24.3.)

Was »der trockene« aber verrät – und das will Frau Müller wohl kaum –, ist, dass selbst Spinat so teuer geworden ist, dass Anna, wenn sie lange Finger hätte, einen sehr hohen Preis kassieren könnte. Ein anderes Mal heißt es:

> *Müllers Gretel macht doch manchmal so einen trocknen. Sie sagte neulich. Ihr Kinn, wenn Ihr Euren Vatter nochmal sehen wollt! Alleweil steiht er aufs Komod, das ist doch gewiß gelungen.* (16.4.)

Was Frau Müller entgeht, ist die Wirkung der langen Abwesenheit des Vaters auf die Kinder. Ein letztes Beispiel: Ein kleiner häuslicher Vorfall, den eine arme, hungrige Familie als großes Unglück bejammert hätte, wird als Humoreske erzählt:

> *Dein Vater hatte am letzten Sonntag auch ein Griesheimer Streich gespielt, er hatt nämlich die Hasen noch mal gefüttert & hatt dann daneben geriegelt, & nachts hatte sich der fetteste Hase ausquartiert, er ist unterm Tor hinaus geschlüft, ich wollte ihn gerade diese Woche schlachten, der wird gelacht haben, der wo ihn gefunden hatt & was hatt sich Dein Vater geärgert wie er am Montag aus der Stadt heimkam & der Hase war fort, wir haben ihn mal schön ausgelacht, was war es so gut daß er es selbst war, meinste nicht auch!* (24.3.)

Ein anderer wäre aufgebraust und hätte seine Wut lange nicht überwinden können. Wilhelms Vater ist Gott sei Dank anders beschaffen. Seine Selbstironie und sein Sinn für Humor kommen ihm noch einmal gut zupass. Seine Ruhe gewinnt er schnell wieder, ohne die häusliche Atmosphäre vergiftet zu haben. Er wird es gewesen sein, der seine Frau dazu ermuntert, Wilhelm den ganzen Vorfall zu erzählen.

Das neue Aufheiterungsprogramm kommt Wilhelm sehr gelegen. Hier erblickt er ein Mittel, um von Wichtigerem abzulenken und gleichzeitig die Frustration seiner Eltern über seine informationsarmen, kurzen Briefe zu mäßigen. Es bietet ihm ferner die Gelegenheit, kleine schriftstellerische Experimente anzustellen. Statt auf den in seiner Nähe tobenden Kampf einzugehen, beschreibt er seinen Kampf gegen einen anderen Feind, die Läuse, als militärische Operation:

vor etwa 3 Wochen hatten mich derartige Feinde (Ungeziefer) mal plötzlich überfallen Ich wußte nicht gleich was es zu bedeuten habe u. war im Glauben es sei d. Frühlingswetter. Nach 2 Tg aber unternahm d. Feind mit immer heranrückenden Verstärkungen heftigere Angriffe, sodaß ich mißtrauisch wurde u. Untersuchung abhielt. Es war so schlimm, daß ich die l. Nacht nicht schlafen konnte, Ein praktischer Freund dem ich d. Sache im Stillen anvertraute half mit beim Patroulliergang. (31.3.)

Die angestrebte Wirkung bleibt nicht aus:

Wirts Gretchen habe ich Deinen Brief gesagt von dem Läusefeind, wie sie Dich überfielen & dergl. mehr, da haben sie alle recht kräftig gelacht.

Humoristisches kann das Feld jedoch nicht lange unangefochten behaupten. Die von der Mutter erzählten Späße stehen in Reih und Glied mit betrüblichen Nachrichten. Die Verlustliste verlängert sich unerbittlich:

Seit daß Du in Urlaub warst, ist Joseph Joseph Ecke Groß-Gerauer & Frankfurterstr ein Sohn [Leo Joseph] *gefallen, der andere ist z. Zt. 14 Tg. in Urlaub, der dritte war in Japan & hatt bei Kriegsausbruch sich noch schnell auf ein amerikanisches Schiff geflichtet & ist jetzt in Amerika, kann aber nicht heraus, dann ist noch einer aus Weiterstadt, welcher eine Griesh. Frau hatt auch hier wohnt gefallen, weiter wüßte ich keine, natürlich alles weiß ich nicht, es ist ja sehr zu begrüßen wenn nicht viel fallen.* (24.3.)

Der erwähnte dritte Sohn überlebt den Krieg, stirbt aber 1919 in Amerika an der Grippe, die amerikanische Soldaten aus Europa eingeschleppt haben.

Frau Müller ist gern bereit, Opfer fürs Vaterland zu bringen. Nur müssen diese Opfer von allen gleichmäßig gebracht werden. Ihrer Ansicht nach ist das bei gewissen Nachbarn aber nicht der Fall:

[Schülers] *ihr Vater kam von Urlaub & wie er wieder fort sollte war er krank, K*[riegs]*-Fieber kam ins Lazarett natürlich war die Krankheit nicht so schlimm, er kam auch bald wieder heraus, jetzt ist er beurlaubt bis April, damit er seine Arbeit fertig macht.* (24.3.)

Ein Drückeberger also! Hat sie den Vater einmal im Visier, nimmt sie Frau und Töchtern auch aufs Korn:

Frau Sch. & Gefräuleins sind wieder sehr hoch, auch Nachbarsfräulein Schk weiß gar nicht wo Sie das Kämmchen hinstecken soll, bald im Genick bald auf dem Bertzel u. s. fort.

Von Frau Müller besitzen wir keine Bilder. Werktags wird sie sich höchst einfach gekleidet haben. Schürze umgebunden und fest an die Arbeit! Bei Kirchenbesuchen und besonderen Anlässen kleidet sie sich dagegen fein dezent in Schwarz. Dann setzt sie einen der Hüte auf, die sie in Darmstadt bei Arnheiter kauft. Ihre Frisur wird puritanisch-schlicht gewesen sein: die Haare in der Mitte gescheitelt, glatt gekämmt bzw. gebürstet, hinten in einem Knötchen zugebunden. Auf den alten Bildaufnahmen aus dieser Zeit – etwa bei Bildern von Goldenen Konfirmationen – wirken die meisten Frauen in ihrem Alter und aus derselben Gesellschaftsschicht früh gealtert durch viele Geburten und viel Arbeit, entweder stark beleibt oder hager-runzelig. Deren Gesichtsausdruck ist meistens herb, resigniert. Von »frivoler« Aufmachung keine Spur. Gelocktes Haar, Puder und Lippenstift – das wäre Teufelswerk! Für Frau Müller wäre das alles so schamlos, so unsittlich wie das gottlose Treiben der Katholiken in der Fastnachtszeit. Zum Glück wird diese katholische Sitte seit Kriegsanfang nicht mehr so toll gefeiert. Auch Pfarrer Gerhard wettert dagegen, dass es vor dem Krieg sogar sonntags Musikveranstaltungen gegeben habe. Jetzt sind es die sonntäglichen Kinovorstellungen, die den Frommen ein Stein des Anstoßes sind. Als Besitzer des Central-Theaters ist Frau Müllers Schwager Georg Müller einer der Hauptschuldigen.

Sonstige Anlässe zu verdammender sittlicher Kritik – und genüsslichem, mit einer gewissen Schadenfreude gemischten Tratsch – gibt es in einer Garnisonsstadt wie Griesheim in Hülle und Fülle. Als Ladenbesitzerin kommt Frau Müller auch schneller und öfter an saftige Leckerbissen als andere:

Denke Dir mal Kaufmann Philipp Klippel am Bessungerweg, seine einzige Tochter lebt in Hoffnung, von einem einquartierten verheirateten Mann, welcher Kriegstrauung hatte, wenn es noch ein lediger wäre, aber so noch etwas zieht auch in Krieg, die Lamme Louise kommt immer zu uns, die sagte, daß das Ereignis in Bälde eintreffen dürfte, das sind mal sehr große Sorgen für die Eltern, heutzutage kann mann die Mädchen fast nicht mehr verstehen, nicht wahr mein Lieber. Sie ist immer mit Seiberts Mädchen in Gesellschaft gewesen, auf einmal hat Herr Seibert […] *das Fräulein Klipp in keinem Falle mehr geduldet, das hat mir Seibertsmädchen gesagt, & haben es Ihrem Vater Klipp gesagt, was Gr. für ein Bürschchen ist, da hatt er in Seiberts gesagt, das macht seine Tochter nicht, nun jetzt hat er die Brühe.* (27.3.)

So eine Schande für die Eltern! Gott behüte, dass Wilhelm seine Mutter und ihre Erziehungskünste je so blamieren sollte! Nach Lektüre des Briefes bricht Wilhelm mit seiner Politik, die heiligen, bis zum Nicht-mehr-hören-Können wiederholten Sprüche seiner Mutter nicht zu ironisieren, und erlaubt sich einen schlüpfrigen Witz, der auch ihr Arbeitsethos trifft:

> *Das brave Mädchen dachte sicher auch so von der Arbeit wie Ihr: wenn man sie hinter sich hat ist besser wie vor sich. Nach getaner Arbeit gut ruhn. Oder sie hatte Sorge daß sie nach d. Krieg zu kurz käme, ich habe ihr schon immer nichts Gutes zugetraut. Wenn man nur etwas Menschenkenntnis besitzt, täuscht man sich doch so leicht nicht.*

Plädiert er diskret für ein Wertesystem, das Arbeit und Fleiß nicht obenan stellt? Nicht dass Griesheimer Schönheiten wie Katharina Schick und die Fräuleins Schüler ihn ansprechen:

> *Wenn* [sie] *die Kämmchen noch lange hin u hersetzen, haben sie noch lange Spaß und Zeitvertreib* [...] *Im Übrigen sind mir diese Dämchen ziemlich gleichgültig.* (31.3.)

Gerade dies will seine Mutter hören. Ihr Wilhelm teilt also ihre Werte, wird sich nie in ein so aufgetakeltes Wesen vergaffen. Oder ist er, was er auch immer behaupten mag, vielleicht nicht so immun gegen weibliche Reize und Schliche? Hundertprozentig sicher ist sie nicht.

Anfang April 1916 kommt Wilhelm eine halbe Stunde entfernt von Morgemoulin nach Tilly Wald. Obwohl er keine heldenhaften Taten vollbracht hat, bekommt er endlich die hessische Tapferkeitsmedaille verliehen. Die erhaltene Urkunde ist auf den 5. April datiert. Am 14. beschreibt er mit Stolz den Eltern die kleine Verleihungszeremonie:

> *Gestern sagte mir der Whtmestr, ich solle zur 6. Bat. kommen um dort etwas abzuholen. Als ich zunächst zu Schmidt kam, schickte er mich zum Hauptmann der hätte etwas für mich mitgebracht. Ich wußte schon was u. sagte es Schmidt. Der Hauptmann ein sehr liebenswürdiger gutmütiger Mensch; im Frieden war er als Abteilungsadjudant u. Lt unsrer Abtg z. Darmstadt wohnhaft fragte mich was ich wolle. Als ich ihm sagte ich solle mich bei ihm melden, sagte er daß er etwas für mich habe und indem er aufstand u. auf mich zukommt hält er in*

ERNST LUDWIG
VON GOTTES GNADEN
GROSSHERZOG VON HESSEN UND BEI RHEIN.

WIR HABEN DEM

Kanonier Wilhelm Müller

6.Batterie Strassburger Feldartillerie-Regiments Nr.84

UNSER

ALLGEMEINES EHRENZEICHEN
MIT DER INSCHRIFT
FÜR TAPFERKEIT
VERLIEHEN UND ERTEILEN HIERÜBER GEGENWÄRTIGE URKUNDE.

DARMSTADT, DEN 5. April 1916

Ernst Ludwig.

Das auf den 5. April 1916 datierte allgemeine Ehrenzeichen für Tapferkeit, auf das Wilhelms Eltern so lange gewartet haben. Obwohl dem Titel nach Kanonier, hat Wilhelm als Fahrer und Bursche keine große Tapferkeit zeigen müssen.

> *beiden Händen ein Bändchen mit Medaille steckt mir dasselbe ins Knopfloch u. sagte mit einer gewißen Freundlichkeit. »S. M. D. Großherzog v. Hessen hat Ihnen das hessische Tapferkeitsmedaille verliehen, ich gratuliere«. »Danke schön Her Hauptmann u. danke schön Herr Lt.«*

Wilhelm ist ein genauer Mensch; er korrigiert sich am 17.: »Außerdem habe im Freudeneifer falsch geschrieben, was mir jetzt einfällt. Es heißt nicht ›S. M.‹ sondern ›S. Kgl. Hht‹.«

Später nimmt ihn Schmidt diskret beiseite und bestellt Grüße an die Eltern. Sie würden sich über die Auszeichnung sicherlich freuen. Der Wink ist klar. Wilhelm handelt dementsprechend und empfiehlt ihnen, Schmidt mal wieder einen Brief zu schicken. Was in diesem Zusammenhang »Brief« bedeutet, weiß jeder. Sein Vater möchte wissen, bei welcher Gelegenheit er die Medaille hauptsächlich verdient hat. (24.4.) Seine Hoffnung ist wohl, dass er sich endlich in der Wirtschaft ein wenig mit einer Heldentat seines Sohnes brüsten kann. Die Heldentaten, die er selbst aus Gesundheitsgründen leider nie habe leisten können, habe Wilhelm doch vollbracht. Ein stiller Bursche möge er sein; aber dass er ein tapferer Kerl sei, habe er doch bewiesen usw. Wilhelm antwortet kurz und bündig: »kein besonderer Anlass«. Dass sein Vater enttäuscht sein wird, weiß er. Das Bewusstsein, die Erwartungen seiner Eltern wieder einmal nicht erfüllt zu haben, belastet ihn weiter.

Die Müllers sind nicht die Einzigen, die automatisch annehmen, dass jeder vor Verdun liegende Soldat dem Ärgsten immer ausgesetzt ist. Fräulein Büscher stellt sich »furchtbare Strapazzen« vor: »Tag u. Nacht keine Ruhe bei spärlicher Kost.« (5.4.) Wilhelm isst gut, mag wohl auch trotz des Geschützdonners fest schlafen. Fräulein Büscher wird selbst zunehmend von Sorgen geplagt:

> *Unser heißbegehrter Rhein, das Rheingau in seiner entzückenden Blütenpracht, ließen mich vom schönen Taunus aus gesehen u. bewundert auf kurze Zeit den männermordenden schrecklichen Krieg vergeßen.*

»Mord«, »morden« und »Mörderei« sind inzwischen als Worte zur Bezeichnung des Krieges fest etabliert; »männermordend« kommt jetzt hinzu. Angesichts der Tatsache, dass man sowohl in Mainz als auch auf der Ludwigs- und Marienhöhe in Darmstadt den Kanonendonner aus Verdun hören kann, stellt sie die Frage: »Muß uns da nicht im l. Vaterland bange werden?« Ihre heimliche Furcht ist wohl, dass eine ähnliche blutige Schlacht auf deutschem Boden ausgetragen werden könnte und dass die Franzosen und Engländer trotz aller Wacht den Rhein, den heiß begehrten, doch haben könnten. Solch ein Gedanke ist fast Hochverrat und sie beantwortet ihre Frage mit einem Nein. Die Müllers hätten die Frage nie gestellt!

Das beste Mittel gegen solche Ängste ist, den »amtlichen« Zeitungsberichten von »glänzenden« Erfolgen auf anderen Kriegsschauplätzen Glauben zu schenken. Deutsche Flugzeuggeschwader, so wird berichtet, seien viermal hintereinander ungefähr 80 Meilen von London bis hinauf nach Schottland geflogen. [England schrumpft drastisch zusammen!] Die »kühnen Luftschiffer« hätten »den dreckigen Engländern (duftende) Grüße gesandt«. Auf gut Deutsch: Man lässt Giftgasbomben auf sie fallen. Ihr Fazit: »Wahrhaftig wir sind Beherrscher der Luft.« Einige kleine Erfolge zu Wasser täten aber auch gut, denn – und darin ist sie mit Herrn Müller einig – die Engländer, »diese Schufte«, seien der Hauptfeind. Man müsste ihnen so viele »Auswischer« geben, bis sie die Überlegenheit der Deutschen anerkennen.

Von Kanonendonner schreiben die Müllers nicht. Sie erleben aber, wie immer mehr junge Griesheimer fort kommen:

> *heute & morgen gehen wieder Transporte von Darmstadt ab es sind dies jetzt 19 Järige, Kärchers Ihr Heiner u. s. w.* […] *Müller Jakob & Lange & Reinheimer Bette ihr Sohn sollen diese Woche auch noch fort* […] *Delle ihr Georg ist auch schon fort nach Rußland, der arme Georg ist Vater geworden er hat einen kleinen Sohn bekommen, er ja nicht, aber seine Braut (Seib auf der Straßenbahn seine Tochter).* (10.4.)

Jacob Müller muss seinen Darmstädter Seilermeister verlassen. Er kommt nach Heidelberg zu den Jägern. Andere kommen nach Berlin zur Garde, etliche auf den Übungsplatz. Auch die 42-jährigen Ungedienten sind jetzt dran:

> *Nasse Philipp, Schuchmann, Knappe ihr Vater & andere kommen jetzt fort* [in] *Garnison, Plästerer Ihr Vater ist in Berlin & schon ausgebildet Der kommt auch bald fort ins Feld, alles muß jetzt fort, da wird es doch bald zu Ende gehen.*

Mit anderen Worten: Der Vorrat an felddienstfähigen Rekruten wird bald ausgehen. Was dann? Auf diese Frage geht sie nicht ein. Ein weniger frommer Mensch wäre auf beunruhigende, ja beängstigende Gedanken gekommen. Für sie ist jedoch undenkbar, dass der Herrgott seine geliebten Deutschen je im Stich ließe.

Die Liste der Gefallenen verlängert sich unerbittlich: »hatt ich es Dir schon geschrieben, daß der Brille Schick (Kaufmann), Tapeten Schick gefallen ist.« (10.4.) Dass trotzdem unter Wilhelms Schulkameraden weiter geheiratet wird, findet sie unverantwortlich. Für solchen angeblichen Leichtsinn hat sie den passenden Spruch parat:

> *Lieber Wilhelm von Deinen Kameraden sind schon 3 verheiratet (was für Männer?) die Pfützer Gretel & der Hofmann in Bahnhofstr., dann Basel in Pariser Gasse, & Basel Schöneweibergasse nun es müssen auch Frühbirnen geben, gewöhnlich werden diese Frühbirnen wieder morsch.* (16.4.)

Wilhelm wird die implizite Botschaft herausgehört haben: Solange der Krieg dauert, wird nicht geheiratet, Du!

Vor Verdun tobt die Schlacht weiter. Im April 1916 regt man sich in Griesheim aber genauso heftig über die Untaten einiger Jugendlicher auf. Der Fall bietet Frau

Kaum eine siegesbewusste, lebensfrohe Abschiedsbotschaft an die drei Rekruten mit ihren Milchsuppengesichtern. Ein zweites Bild mit demselben Motiv aus dem vorhergehenden Jahr ist erhalten. Der Fotograf hat die »5« einfach durch eine »6« ziemlich schlampig ersetzt!

Müller wiederum eine ideale Gelegenheit, sich über die Erziehungsfehler anderer kritisch auszulassen:

> *Hier hat sich eine junge Diebesbande gebildet, natürlich war sie sehr dumm & ließ sich ertappen, diese hatten sich aus 3 Darmstädter & 2 Griesheimer zusammengesetzt, letzere 2 ist der eine Feuerbach Ecke Schöneweibergasse übers Kreuz von Deltau & der andere ist ein Fischer (Glopsch?). In Griesheim hatten sie bei Bär (Wirtschaft) Getränke & zum Rauchen geholt & beim Becker Gehrhardt (Schönew. Gasse) 15 Laib Brod & wie Sie im Waldhäuschen z. 2ten mal Cigaretten & dergl. holen wollten sind sie ertappt worden und nach Verfolgung eingefangen. Sie hatten sich im Walde eine Höhle gemacht & so gemütlich ihr verstohlenes verzehrt & jetzt verzehren sie ihr essen im trocken hinter Schloß & Riegel.* (17.4.)

Auch Wilhelm bringt wenig Verständnis für solches Verhalten auf:

> *Die junge Verbrecherbande sollten sie mal besser ins Feld schicken. Da könnten sie am besten ihre Abendteuerlust büßen.* (20.4.)

Man könnte diese »Verbrecher« anders beurteilen. Bei steigenden Tabakpreisen, beim Verbot, Gasthäuser zu betreten und abends nach 8 bzw. 9 Uhr auf der Straße zu sein, überrascht es nicht, dass Jugendliche, deren Väter, Brüder, Freunde usw. eingezogen bzw. schon gefallen sind, etwas Derartiges anstellen. Diese Jugendlichen sind 1916 himmelweit entfernt von den blauäugigen, kriegsbegeisterten Teenagern, die zu Kriegsanfang von Heldentaten und Schlachten träumten. Sie proben gleichsam in gemütlich-verstohlener Form das schreckliche Schützengrabendasein, das mit jedem neuen Tag näher auf sie zukommt. Wer weiß, welche Gedanken sie beim Vertilgen des Gestohlenen überfallen haben?

Ostern ist wie Weihnachten die Zeit für das Anstellen allgemeiner Überlegungen. Wilhelms fallen nicht gerade positiv aus:

> *Wer hätte vor einem Jahr gedacht, daß wir noch in der schönen Osterzeit 16 im Felde weilen müßten und wer kann wissen außer Gott wie lange die Mörderei noch dauert. Wir hoffen mal das Beste obwohl wir keinen Anhalt zum Frieden noch haben. Bei uns ist das Osterfest nicht gerade Sang u klanglos verlaufen jedoch mit dem Unterschied daß uns anstatt der Osterglocken u Spiel der Kanonendonner begleitet.* (22.4.)

In der Heimat tun die Eltern das, was seit Jahren fester Bestandteil ihres Jahresablaufes ist: Sie besuchen die beiden Schwestern von Frau Müller in Rohrheim. Bei herrlichem Sonnenschein wird »mit 2 Uhr Zug Nachmittag« losgefahren; um 5 Uhr kommen sie wieder zu Hause an. Zeitlich reicht das, um das jährliche Pensum zu absolvieren! Von den beiden Schwestern ist die eine, Tante Kätchen, freigebig; die andere, Tante Lisbeth, extrem geizig. Kätchen, die Wilhelm einen Kuchen spendet, habe seine Post nicht lesen können: »der macht aber ein geschripsel ich kann es nicht verstehen.« (24.4.) Befehl der Mutter: »keine Steilschrift«. Seine Adresse soll er auch ganz ausführlich schreiben: »Du weißt die Rohrheimer sind doch nicht so fix im Lesen.« (27.4.) Umso lobenswerter sind ihre eigenen schriftlichen Leistungen. Dass Wilhelm mal die lateinische, mal die deutsche Schrift benutzt, verwirrt selbst sie: Mit der lateinischen Schrift hat sie immer noch ihre Last sowie auch mit der von ihm oft benutzten gestochenen, »steilen« Handschrift.

An seiner wechselnden Handschrift merkt man, wie sein Charakter sich noch nicht festgeformt hat und seine Stimmungen und Selbstwertgefühle schwanken. Wie im Leben selbst will er sich nicht festlegen. Er experimentiert oft. Ein Sinn für Form und Stil macht sich geltend. Mit dem ihm von seiner Tante gespendeten Osterkuchen ist kein Preis zu gewinnen, denn auch Osterkuchen sind den amtlichen Bestimmungen zum Opfer gefallen. Mehl und Zucker sollen gespart werden:

> *das hatte nämlich ausgeschell & war bei Strafe verboten, was der Krieg nicht alles mit sich bringt, & noch so viel andere Sachen, wo kein Mensch dran gedacht hätte.* (24.4.)

Nicht dass Wilhelm sich Sorgen zu machen braucht. Seine Mutter wird ihm einen richtigen Osterkuchen backen! Typischerweise gleitet Frau Müller ungeniert vom Osterkuchen zu einem ganz anderen Thema: Verdun. Noch glaubt sie fest, dass die Deutschen die Stadt einnehmen werden: »wenn Ihr das habt, werden die Franzosen kleinlaut werden, hoffentlich doch.« Von anderen Schauplätzen treffen auch sehr positive Meldungen ein. Wilhelm könne in der beigelegten Zeitung von der Niederlage der Engländer in »Mosepetamien« und von den vielen gefangen genommenen Russen lesen. (30.4.) Er selbst greift einen Zeitungsbericht über »revolutionäre Strömungen in England« auf, die ihm von großer Bedeutung für das Kriegsende zu sein scheinen. (26.4.) Gemeint ist der Aufstand der Iren in Dublin zu Ostern. Eltern und Sohn muntern einander auf, bleiben weiterhin willige Opfer der höchst tendenziösen »amtlichen« Nachrichten.

Auch wenn sie den »roten« Schmidt nicht leiden kann, folgt Frau Müller Wilhelms Empfehlung: »ich werde Schmitt auch mal schreiben & noch so allerlei dabei machen, Du weißt ja.« (30.4.) Was dieser ihr in seinem Dankbrief schreibt, sollte ihre Dankbarkeit ihm gegenüber, auch wenn nur widerstrebend, gehörig vertiefen:

> *Der Kampf wütet hier immer noch recht heftig, auch die Verluste sind demenstsprechend. In den paar Wochen sind v. der Bttr. allein 5 Untffz. gefallen. Es ist unser Soldatenlos. Hoffentlich liegt der siegreiche Friede nicht mehr so fern.* (14.5.)

Die sonstigen Verluste gibt Schmidt nicht an. Den Müllers ist es aber bestens bewusst, dass Wilhelm leicht zu den vielen Gefallenen, Vermissten, Verstümmelten und Verwundeten gehören könnte, wenn er bei der Batterie geblieben wäre.

Im Krieg ist immer mit unvorhersehbaren Wechseln zu rechnen. Kaum haben die Eltern Wilhelm zu seinem Posten beglückwünscht, wird dieser wieder höchst prekär. Der Veterinär kann, so befürchtet er, zur Infanterie abkommandiert werden – nicht zur kämpfenden Truppe, sondern zur Bagage. Das wäre an und für sich nicht schlimm; nur ist die Frage, ob Wilhelm mitgeht oder ob er zur 6. Batterie zurückmuss. In dem Fall kommt er wohl in die Schlacht hinein. Wiederum ist ihm das Glück bzw. Gott hold. Hat Schmidt wiederum seine Hand im Spiel? Haben die feinen Zigarren geholfen? Wilhelm kommt mit seinem Veterinär zur Bagage des Infanterieregiments Nr. 99. Damit ist er vor den schlimmsten Gefahren bewahrt. Ende Mai hat er einen neuen Standort: Rouvres Wald Sachsenlager. Er meint, seine Lage habe sich im Großen und Ganzen verbessert. Wenn er als Erstes das Essen beschreibt, steckt ein Stück vorsorgender Realpolitik darin: Dadurch hofft er wohl, die zu zahlreichen Fresspakete abzuwehren:

> *Es geht mir hier was Essen belangt weit besser als vorher. Dagegen habe ich etwas mehr Arbeit. Ich esse bei der Offz Küche und nicht schlecht sodaß ich Euch mal wieder bitten muß keine Pakete mehr zu senden denn ich wüßte wirklich nicht wohin damit. Ich bin natürlich noch Artillerist u. beziehe meine Löhnung noch von dort. Der Vetr. u. ich sind nur hierher kommandiert Wir liegen auch in einer viel schöneren Gegend an einer Straße in d. Nähe eines Forsthauses. Ab u. zu spielt die Musik der abgelösten Infanterie.* (28.5.)

Die amtlichen Meldungen über den Verlauf der Schlacht flößen ihm Zuversicht ein: Wenn es so weitergeht, wie am 30. Mai gemeldet, nämlich dass bei der berüchtigten Höhe »Toter Mann« wieder 34 Offiziere und 1.300 Mann gefangen genommen sind, wird alles auch bald mal ein Ende nehmen. (30.5.) Von seiner Politik, auf die Kämpfe nicht näher einzugehen, rückt er nicht ab. Klüger scheint es ihm, von Begegnungen mit Griesheimern zu schreiben. Schon am 26. April hat er vom Treffen mit Görlich und dem Sohn »von rot Schupp« in der Wilhelmstraße geschrieben; am 30. Mai, berichtet er, wie sich »etwas Freundschaft« mit einem Pfungstädter Wilhelm Liebig anbahnt. Diese Freundschaft habe »ihren Grund in gegenseitiger Gefälligkeit sowie der landsmännischen Zusammengehörigkeit«. (15.6.) Selbst im stärksten Regen gehen die beiden spazieren. Die Rede wird von der vermissten Heimat, aber auch von Liebigs Erlebnissen an der Front gewesen sein. Darüber erstattet Wilhelm keinen Bericht. So etwas behält er lieber für sich.

Endlich hat er etwas, was seinen Eltern hoffentlich eine große Freude bereiten wird. Hinten auf dem Umschlag seines Briefes vom 29. Mai steht als Absender geschrieben: Kan. Müller, IR 99/III Battl. B Stabe 30 Div, 15 AK. »Stabe« wird er mit großer Selbstgenugtuung hingeschrieben haben. Er darf ruhig darauf zählen, dass der Briefträger das Wort bemerkt und dafür sorgt, dass sich die Nachricht in Griesheim schnell verbreitet. Diese Versetzung werde, so rechnet er, den Eltern ordentlich imponieren. Er täuscht sich! Gleich winkt seine Mutter ab: Sie will nicht, dass er die Versetzung an die große Glocke hängt:

> *Lieber Wilhelm ich rate Dir es Müllers Heiner Familie nicht zu schreiben daß Du beim Stabe bist, denn ich möchte es nicht gerne austrompetert haben* [...] *es ist nicht notwendig, daß es die Leute wissen, man weiß immer nicht, wie Du mal wieder abkommen könntest v. diesem Platze.* (7.6.)

Man könnte leicht glauben, ihr Schreck rühre daher, dass im deutschen wie im britischen Heer bei vielen gemeinen Soldaten und ihren Angehörigen die Stäbler als Drückeberger in Uniform gelten, als Leute, die es sich gut gehen lassen und sich fein kleiden, als Leute, die Operationspläne aushecken, für die die anderen Soldaten ihre Knochen zu Markte tragen müssen. Gewisse Griesheimer hätten sicherlich solch ein Urteil gefällt, wenn ihnen zu Ohren gekommen wäre, dass »dem Ferdinand sein Sohn« jetzt beim Stab sei. Sie hätten sich wohl gefragt, wie er es fertiggebracht hat. Haben ihm die Bewirtungs- und Belieferungsoperationen seiner Mutter den Weg ins Bataillonsbüro geebnet? Der Bub sei doch immer ein Stubenhocker gewesen, den die Mutter für etwas Besseres gehalten habe.

Der Grund für Frau Müllers Widerwillen gegen das Ausposaunen dieser Nachricht liegt jedoch auch woanders. Wäre Wilhelm nur kurzfristig beim Stab, dann hieße es hinter vorgehaltener Hand: Da hat man's, der Wilhelm schafft es doch nicht, der ist für so was doch nicht geeignet, auch wenn seine Mutter dauernd von ihrem Musterknaben redet. Kurz: Für die Eltern käme das einer kleinen Schande gleich. Frau Müller, die so gegen Prahlerei und Angeberei bei anderen wettert, stünde als die ärgste Sünderin da.

Wie seine Frau hofft Wilhelms Vater heimlich, Wilhelm werde wie andere Verwandte und Schulkameraden befördert werden. Dass er nach einer so langen Dienstzeit immer noch gemeiner Soldat sei, sei nicht gerade ein Beweis dafür, dass seine Vorgesetzten große Stücke auf ihn halten. Die hatten ja schon in der Rekrutenzeit angedeutet, dass er später ins Büro kommen könnte. Daraus ist bis jetzt aber nichts geworden. Vielleicht, so darf er sinniert haben, ist die Verleihung der Tapferkeitsmedaille aber ein Zeichen, dass man seine Verdienste und sein Potenzial doch endlich erkannt hat. Also ist es gut zu verstehen, dass sein Vater nähere Auskunft über Wilhelms neuen Posten erhalten möchte: »Was begleitest

Du für Amt beim Stab bist Du vieleicht auch Jurist oder der, der die großen Brocken frißt?« (11.6.) Wilhelm muss ihn wieder enttäuschen. Er antwortet ironisch-gestelzt:

> *Auf Euere Frage ob ich auch Jurist markiere muß ich verneinen, da mir solch hohes Amt nicht zugedacht ist dagegen das andere mit den dicken Brocken.* (15.6.)

Schon wieder hat er das Gefühl, seine Eltern enttäuscht zu haben. Die Bedenken seiner Mutter wachsen. Wenn herauskommt, welche bescheidene Aufgabe Wilhelm beim Stab verrichtet, könnte es als schlimme Angeberei gedeutet werden, mit dem Wort »Stab« Staat machen zu wollen. Wird er dann nach kurzer Zeit dieses bescheidenen Postens enthoben, wird die Lage noch peinlicher.

Um die sich verschlechternde Nahrungsmittellage in den Griff zu bekommen, wird im Mai 1916 eine neue Behörde, das Kriegsernährungsamt, ins Leben gerufen. Dessen Leiter Batocki tritt sein Amt mit einer Zuversicht ausstrahlenden Botschaft an. Der Sieg in der Ernährungsfrage, verkündet er, sei für Deutschland gewiss. (GA, Nr. 43 vom 31.5.) Zugeben muss er aber, dass die Fleischversorgung zurzeit auf große Schwierigkeiten stoße und dass die übrige Bevölkerung erst dann berücksichtigt werden könne, wenn das Heer versorgt sei. Die Griesheimer wissen, was auf sie zukommt. Der *Griesheimer Anzeiger*, der immer kritischere Töne anstimmt, begrüßt es, dass wenigstens die Pfingstfeiertage nicht zu fleischlosen Tagen werden sollen, da den Griesheimer Metzgermeistern außer sieben Schweinen auch noch drei Stück Großvieh, eine Kuh und zwei Rinder, zum

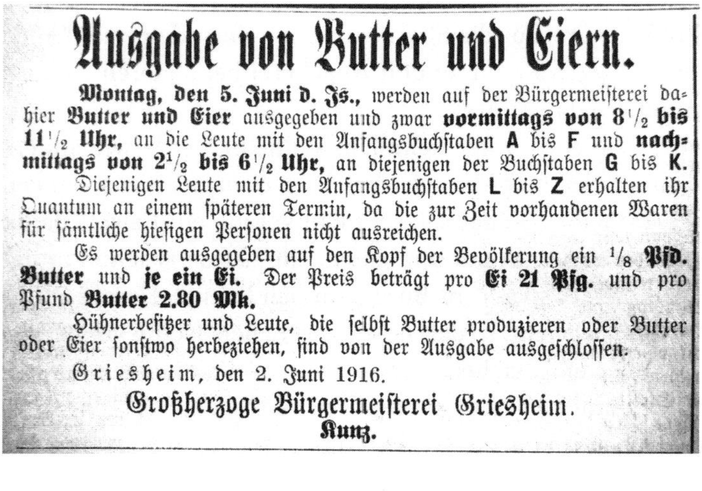

Ausgabe von Butter und Eiern.

Montag, den 5. Juni d. Js., werden auf der Bürgermeisterei dahier **Butter und Eier** ausgegeben und zwar **vormittags von 8 1/2 bis 11 1/2 Uhr**, an die Leute mit den Anfangsbuchstaben **A** bis **F** und **nachmittags von 2 1/2 bis 6 1/2 Uhr**, an diejenigen der Buchstaben **G** bis **K**.

Diejenigen Leute mit den Anfangsbuchstaben **L** bis **Z** erhalten ihr Quantum an einem späteren Termin, da die zur Zeit vorhandenen Waren für sämtliche hiesigen Personen nicht ausreichen.

Es werden ausgegeben auf den Kopf der Bevölkerung ein 1/8 **Pfd. Butter** und **je ein Ei.** Der Preis beträgt pro **Ei 21 Pfg.** und pro Pfund **Butter 2.80 Mk.**

Hühnerbesitzer und Leute, die selbst Butter produzieren oder Butter oder Eier sonstwo herbeiziehen, sind von der Ausgabe ausgeschlossen.

Griesheim, den 2. Juni 1916.

Großherzoge Bürgermeisterei Griesheim.

Kunz.

Bekanntmachung der – arg begrenzten! – Ausgabe von Butter und Eiern am 5. Juni.

Schlachten überwiesen werden sollen. (GA, Nr. 45 vom 7.6.) Bekanntgegeben wird, dass am Samstag, dem 10. Juni, bei allen Metzgern Fleisch und Wurstwaren ausgegeben werden: Rindfleisch mit höchstens 20 % Knochen zu 2 Mark je Pfund, Schweinefleisch mit höchstens 10 % Knochen zu 1,90 Mark je Pfund, Leber und Blutwurst zu 1,80 Mark, Schmalz roh zu 2 Mark. Auf den Kopf dürfen nicht mehr als 200 g kommen. (Die Menge ist oft bedeutend kleiner.) Um einen allzu großen Andrang vor den Geschäften zu verhindern, wird die Einwohnerschaft ersucht, ihre Einkäufe nicht gleich alle in der ersten Stunde vorzunehmen. (GA, Nr. 46 vom 10.6.) Natürlich tun die Menschen gerade das! Die Folge: chaotische Szenen. Auch am 15. entsteht vor dem Laden eines Metzgermeisters ein ungeheures Gedränge.

Bis auf die Mitte der Straße standen die Leute in mehrfachen Reihen; viele kehrten um, ohne etwas erhalten zu haben. Daß es bei der herrschenden Aufregung an Kniffen und Püffen nicht fehlte, ist nicht weiter verwunderlich, die Polizei war eben machtlos. Daß sich derartige Vorgänge nicht wiederholen, dafür könnte doch durch Vermehrung der Verkaufsstellen gesorgt werden. (GA, Nr. 48 vom 17.6.)

Eine Bestandsaufnahme der Kaffee-, Kakao-, Zucker- und Konservenvorräte in Privathäusern wird durchgeführt. Gegen Ende Juni muss Batocki eingestehen, dass die Fleischknappheit unleugbar sehr groß sei; dagegen dürfe er der Bevölkerung den Fleischgenuss für Juli/August nicht verbieten, da zu dieser Zeit die Kartoffeln knapp seien. Der *Griesheimer Anzeiger* plädiert für eine vermehrte Brotration, wenn die Kartoffelration herabgesetzt werden muss. Unter der Rubrik » Zwei Jahre Krieg« heißt es am 2. August:

Die Vorräte auf einzelnen Gebieten sind knapp. Wir müssen aushalten, um durchhalten zu können; die uns zur Verfügung stehenden Vorräte müssen eingeteilt werden, damit jeder etwas bekommen kann.

Als trotz der ununterbrochenen Reihe von »amtlich« verbürgten Erfolgen in der Schlacht vor Verdun immer noch kein Ende abzusehen ist, nehmen die Zweifel und Sorgen Fräulein Büschers zu. Ängstlich fragt sie sich am 5. Mai, ob die braven Deutschen diesen ewigen Kampf noch länger mitmachen können. Im lieben Vaterland seien die Nahrungsmittel recht knapp geworden. Für sie geht es nicht mehr um richtiges Einteilen: Zum Einteilen gibt es kaum mehr etwas! Nur will sie nicht – und darin gleicht sie Wilhelms Eltern –, dass er sich deswegen Sorgen mache: »Erschrecken sollen Sie aber deshalb nicht, wir haben bis jetzt den Hunger noch nicht kennen gelernt.« Allzu zuversichtlich klingen ihre Worte nicht:

> *nur sind die Vorkehrungen die getroffen werden wirklich beängstigend. Was hat man nicht all für wichtige Staatspapiere mit sich herum zu tragen: Brotkarte, Butter u. Fettkarte nebst Nahrungsmittelk. & kommt man in ein Geschäft so wird man kurz abgefertigt, daß alles ausverkauft sei.*

Die Regierungsmaßnahmen, die die Müllers immer loben, funktionieren anscheinend in Mainz schlecht. Die Mängel bestehen weiter:

> *Wirklich die armen Hausfrauen haben eben ihre l. Not. Butter habe ich z. B. seit 3 Wochen keine mehr im Besitz, macht nichts »Trocken Brot macht Wangen rot« sagt ein altes Sprichwort. Leider trifft es bei mir nicht mehr zu oder bezieht sich die Röte auf die Sonnenseite.*

Genau das, was die Regierungspropaganda verhindern will, bleibt nicht aus: Angesichts der Mängel in der Heimat fängt man an, sich Sorgen um die Versorgungslage an der Front zu machen:

> *Wie ist das mit Ihrer Verpflegung werden Sie einigermaßen anständig verköstigt oder ist Schmalhans bei ihnen Küchenmeister?*

Wilhelm muss versucht haben, ihre Sorgen zu zerstreuen; denn nach Erhalt seiner »zuversichtlichen Zeilen« will sie, so erklärt sie, der guten Sache weiter vertrauen und hoffen, »daß unseren braven Feldgrauen eine baldige Rückkehr in die Heimat beschieden ist«. (22.5.) Felsenfest ist ihre neu gewonnene Zuversicht nicht. Der Witz, den sie Wilhelm erzählt, bezeugt klar, dass diese Katholikin – anders als die evangelische Frau Müller, die nie im Leben einen so »gotteslästerlichen« Witz zum Besten gegeben hätte – die Einigkeit von Gottheit und deutschem Vaterland nicht automatisch für ewig gegeben hält:

> *Ist es dann wahr was mir zu Ohren gekommen ist? Sie sollen auch bei den Tapfern gewesen sein die aus dem Schützengraben telefonisch eine Unterredung mit unserem l. Gott gehabt haben und den l. G. gebeten haben, doch wieder auf die Erde zu komen und ihnen zu dem endgültigen Sieg zu verhelfen. Die Antwort unseres l. Gottes war kurz und bündig und gipfelte noch darin, daß er bei seinem damaligen Verweilen auf der Erde äußerst schlechte Erfahrungen gemacht habe,*

ja um allem die Krone aufzusetzen, habe man ihn auch noch gekreuzigt. Die Entgegnung hierauf war ein erneutes Flehen um das Erscheinen d. l. G. mit der inbrünstigen Versicherung, es seien nur Christen im Schützengraben. Klingeling, ling, ling weiter konnte ich nichts hören. Die Verbindung war unterbrochen.

Wie kommt ein solcher Witz bei Wilhelm, dem Protestanten, an? Hat er eine befreiende Wirkung? Erlaubt er ihm, seine eigenen Zweifel nicht gleich als Indizien von Kleingläubigkeit zu verdrängen bzw. zu verdammen? Fräulein Büscher fügt ein leider nicht erhaltenes Bild von Rekruten bei, das den Titel: »Deutschlands letzte Hoffnung« trägt. Die darauf abgebildeten Rekruten wird wohl niemand als Heldengestalten bezeichnet haben können. Sie fragt: »Gefallen Ihnen die jüngsten Kameraden?« Wer solche Bilder gesehen hat, findet es immer schwerer, die zuversichtlichen, amtlich propagierten Siegeshoffnungen zu teilen:

Die Erfolge vor Verdun und die unserer Verbündeten [der Österreicher] *haben viele freudige Gefühle wieder geweckt & zweifelnde Herzen wieder aufatmen lassen, doch frage ich mich täglich selber, wie hält unser braves Heer diese Strapazzen aus.*

Eine neue aufputschende Dosis Propaganda tut not! Darauf braucht sie nicht lange zu warten. Früher im Jahr hatte sie auf »kleine Erfolge zu Wasser gehofft« (5.4.). Jetzt bieten die Zeitungen ihr einen gewaltigen: In der Seeschlacht vor Skagerrak, so wird amtlich verkündet, habe die deutsche Flotte den allerglänzendsten Sieg erfochten. Sie frohlockt:

König Eduard würde wohl wenn er es erlebt hätte eine ganz andere Meinung von »Willy's Spielzeug« wie S. M. sich auszudrücken beliebte, heute haben, vielleicht haben sich seine letzten ihm verbliebenen Haare noch unter der Erde zu Berg gestellt. (18.6.)

Die nüchterne Wirklichkeit sieht etwas anders aus. Zwar stimmt es, dass die britische Flotte an Gesamttonnage mehr verloren hat als die deutsche, aber ein entscheidender Sieg ist doch nicht errungen worden. Von jetzt an wagt sich die deutsche Flotte nicht mehr aus der Sicherheit ihrer Kriegshäfen heraus. Sie wird wirklich zu einem teuren Spielzeug.

Verdun hin, Verdun her: Wilhelms Mutter führt ihren Feldzug gegen Dina verbissen fort. Trotz sämtlicher Abwehrmanöver ist Dina immer noch nicht aus dem

Feld geschlagen worden. Das stellt Wilhelms Vater fest, als er am 8. Mai mit der Bahn um 6.21 Uhr nach Studernheim fährt, um dort 1.100 Stück Weißkraut (»oder auch Kappes genannt«) zu holen. Dina fühlt ihm auf den Zahn, versucht ihn für sich zu gewinnen:

> *Das Wetter war regnerisch u. kühl umso mehr war aber Fräulein Dina warm besonders als Ihre Eltern um 2 Uhr ins Feld gingen u ich noch bis ½ 4 bei ihr war. Sie hat mir dann wie gewöhnlich geklagt daß der Wilhelm lang noch nicht geschrieben u. s. w. Und ich habe ihr gesagt sie soll Dir beim nächsten Schreiben recht schimpfen. Du weißt ja also Bescheid mein Lieber nicht wahr.* (9.5.)

Wilhelms Bild hänge über dem Kamin und Dinas Geschwister wüssten genau, wer da abgebildet sei. Neben dem »Kappes«, für die die Sauers ihm kein Geld abnehmen wollen, bringt er noch ein paar Pfund Mehl heim – im Jahre 1916 eine schöne Beute. Damit kann seine Frau einen ordentlichen Laib Brot oder einen leckeren Kuchen backen. Nur werden sich beide angesichts solcher Wohltaten umso bewusster, dass man es sich wirklich nicht leisten kann, die Gunst der Sauers zu verscherzen.

Anfang April hatte Kanzler Bethmann Hollweg erklärt, dass der Feind Deutschland nie aushungern würde:

> *Unsere Gegner vergessen, dass das deutsche Volk über eine gewaltige moralische Reserve verfügt und sich nicht aushungern lässt. (GA Nr. 28 vom 8.4.)*

Überall seien Erfolge zu verzeichnen und es dürfe in Bezug auf Belgien und Polen nicht die Rede von einer Rückkehr zu dem territorialen Stand vor dem Krieg sein. Garantien müssten geschaffen werden: Der Friedenschluss müsse ein dauernder sein und dürfe nicht den Keim zu neuen Kriegen in sich tragen, sondern eine endgültige friedliche Ordnung bringen. Auf die Note des amerikanischen Präsidenten Wilson – angeblich sein letztes Wort –, die den unverzüglichen Abbruch des uneingeschränkten U-Boot-Krieges fordert und sonst den Abbruch diplomatischer Beziehungen androht, antwortet Bethmann Hollweg, dass die deutsche Regierung dazu bereit sei, wenn die Briten in der Blockadenfrage die völkerrechtlichen Formen sofort beachteten; sollte dies aber nicht geschehen, wolle sie sich die volle Freiheit ihrer Entschließungen vorbehalten. Diese Haltung findet Herrn Müllers vollen Beifall. Er drückt sich erheblich derber als der Kanzler aus:

> *Auch der amerikanische Engländer* [dreimal unterstrichen!] *Wilson hat sein letztes Wort gesprochen u. hat geglaubt, wir Deutschen kriegen in ein Mäuseloch aber unsere Politiker haben's ihm gezeigt. Hoffentlich wird er sich besinnen, sollte das Gegenteil eintreten, nun gut da schlagen wir uns durch u. wenn wir alle drauf gehen nicht wahr mein Lieber.* (9.5.)

Herr Müller verwirft sämtliche Friedensinitiativen, sei es vom Papst, vom spanischen König Alfons oder von Wilson. Ein zum gegenwärtigen Zeitpunkt vereinbarter Waffenstillstand könne, so meint er, nicht zu einem Friedensvertrag führen, der Deutschlands »gerechte« Forderungen befriedigen würde:

> *Mein lieber der Friede wäre ja bald hergestellt, wie man fortwährend aus der Zeitung entnimmt, wenn wir die besetzten Gebiete abgäben aber das kann uns nur der schuftige Grey* [der englische Außenminister Sir Edward Grey], *der Halunke, der Teufel soll ihn holen, zumuten.* (27.5.)

Er bleibt überzeugt, dass nur ein schlagender Sieg das Richtige sei. Zuerst müssten Deutschlands »rachgierige Feinde vollständig geschlagen sein«. Bethmann Hollweg kriecht – um Herrn Müllers Bild zu gebrauchen – ins Mäuseloch. Genauer: Er widersteht sowohl dem Drängen der Heeres- und Marineleitung als auch der öffentlichen Meinung und bricht den uneingeschränkten U-Boot-Krieg ab. Er ist sich keineswegs sicher, dass dadurch der Sieg vor dem Kriegseintritt der Amerikaner zu erzielen sei.

Wilhelm hat beim Eintritt ins Heer seine Vorkriegsselbstidentität nicht aufgegeben. Noch immer betrachtet er sich in erster Linie als Kaufmann, nicht als Soldat. Vielen anderen ergeht es ähnlich. Soldaten sind sie schon, aber wenn sie nicht Berufssoldaten sind, hören sie, vor allem die Selbstständigen unter ihnen, nicht auf, Bauern, Buchhändler, Fuhrleute usw. zu sein. Sie machen sich Sorgen um ihre Betriebe, ja, in gewissen Fällen möchten sie von Feindesland aus alles weiter leiten. Ihre Sorgen können großen Unternehmen gelten, aber auch einem einzigen Pferd. Zigtausende Pferde sind zu Kriegsanfang requiriert worden; massenweise getötet müssen sie wie Soldaten ständig ersetzt werden. In der Heimat bekommt ein Pferd Goldes Wert. Zwar kann man in Griesheim von jüdischen Pferdehändlern belgische Pferde kaufen, aber laut Pfarrer Gerhard, allerdings kein Judenfreund, sind die verlangten Preise so hoch, dass ein jüdischer Pferdehändler dank des erzielten Geldes nach »Neu-Jerusalem« {Frankfurt} ziehen konnte. Kein Bauer oder Fuhrmann kann es sich leisten, dass ihm ein Pferd unnötigerweise stirbt.

Und gerade das ist die Angst Peter Höhls im fernen ostpreußischen Ponats bei Königsberg, nachdem er einen Brief seiner Frau erhalten hat. Trotz aller Freundschaft mit den Müllers fühlt er sich gezwungen, ihnen eiligst zu schreiben:

> *Lieber Ferdinand & Frau Wie meine Frau schreibt hat mein Braune jedesmal wenn Ihr in Darmst. wart Kolik. Nach Aussage des Arztes ist dies auf das unregelmäßige Füttern zurückzuführen. Ihr mußt unbedingt wenn Ihr in Darmst. seid um 11, 12 Uhr füttern & tränken & nicht so übermäßig jagen, lieber eine Stunde länger fahren. Denn jetzt wo das Pferdematerial so teuer ist & die Preise geradezu unerschwinglich sind, muß man doppelt darum besorgt sein. Auch das Futter ist nicht so zu haben wie früher. Nehmt es mir nicht für übel, wenn ich Euch dies schreibe ich meine es nicht bös. Auf baldig Widersehen Sonst noch alles beim Alten.* (21.5.)

Die Müllers sind derart empört über die Anklagen, dass sie Peter eine detaillierte Zurückweisung all dieser Punkte schicken. Die streitbare Frau Müller dürfte ihren Mann ermahnt haben, nicht ins Mäuseloch zu kriechen! Eine Kopie des Briefes wird Wilhelm zugestellt. Dass das Pferd an Kolik leide, rühre daher, dass Peters Frau ihm verfrorene Rüben und Dickwürzen gefüttert habe. Peter bleibt nichts anderes übrig, als den Müllers geknickt die Gründe für seinen Brief zu erklären:

> *Euren Brief erhalten. Ich kam nur auf die Idee Euch zu schreiben wegen den Pferden da mir vor einiger Zeit meine Frau schrieb, Ihr währt den ganzen Tag von Morgens bis abends in Darmstadt gewesen & als Adam Reecker die Pferde brachte & meine Frau Ihn fragte, ob Ihr auch die Pferde getränkt habt, sagte er nein. »Es hat ja den ganzen Tag geregnet.« Dann, was Futtern anbelangt, so hat mir meine Frau geschrieben, daß man das Futter hauptsächlich Hafer & Kraftfutter nicht ohne Karte bekommen kann & dann sehr wenig, kaum nennenswert.* […] *Daß Ihr für die neue Ernte mein Fuhrwerk wieder haben könnt, ist selbstverständlich. Alles andere bald mündlich.* (2.6.)

Die Krise geht vorbei.

In Griesheim kennen Wilhelms Eltern solche Sorgen nicht. Sie können sich dem Laden und dem Geschäft voll widmen. Von frühmorgens bis abends spät wird fleißig geschafft. Im Garten wird jeder Quadratmeter ausgenutzt. Wenn auch widerstrebend, steckt Herr Müller mit eigenen Händen ein paar Reihen Kartoffeln:

das war ihm aber nicht gerade angenehm, er sagte unter anderem, ich ziehe doch noch in die Stadt, wegen den paar Kartoffeln, da lachten wir ihn natürlich tüchtig aus, er selbst mußte lachen über seine Albernheit. Er sagte, das mußt Du mal Wilhelm schreiben. (30.4.)

Wiederum kommt ihm seine Fähigkeit zustatten, über sich selbst zu lachen. Alles gedeiht. Die Frühkartoffeln, die zum Teil gegen Abend gelegt werden, sorgen für Aufheiterung:

da sagte Adam, daß gitt doch ka frühe Kartoffel, daß gitt Spätkartoffel, die hätt ihr heute morgen setzen müssen, do wärens frühe (Der alte Schlaumeier). (14.5.)

Das Weißkraut aus Studernheim, allerlei Küchenkräuter, eine Reihe Sträucher, ein Bäumchen mit Forellenkirschen, ein Mirabellenbaum – alles wächst und blüht. Die Gesamtprognose:

wenn das Wetter so günstig weiter ist, wird es auch wieder eine gute Ernte geben so der liebe Gott will, & Englands Aushungerungsplan wird weiter zu Schande werden.

Der Ton ist wieder alttestamentlich. Gutgeheißen wird auch die Verlängerung des Arbeitstages durch die Einführung der sogenannten Sommerzeit.

Der Einmachprozess – der dritte, so Herr Müller, »seit dem Krieg oder besser gesagt seit der Menschenmörderei« – durchläuft 1916 die üblichen Etappen. Diesmal wird festgestellt, dass der Motor nicht nur außer Takt, sondern nicht mehr funktionsfähig ist. Ein »gut gebrauchter (also wenig gebrauchter)« Deutzer Gasmotor wird gekauft. (27.5.) Dank des neuen Griesheimer Gaswerkes, das auch Gasbeleuchtung in die Häuser bringt und eine von Frau Müller gelobte, viel bessere Straßenbeleuchtung ermöglicht hat, geht das jetzt. Von dieser feinen, komplizierten Maschine, die eingebettet werden muss, ist Herr Müller förmlich begeistert. Nur verursacht ihm der Mangel an Fachleuten beträchtliches Kopfzerbrechen. Er hat damit gerechnet, dass der Crumstädter Küfer Spies ihm wie üblich helfen würde. Dieser ist aber jetzt allein und hat viel Arbeit. Zwangsläufig muss er selbst ans Reparieren der Fässer gehen. Sobald er damit fertig wird, reinigt sie der alte Adam.

Das Zutrauen der Müllers zu den von Batocki ergriffenen Maßnahmen schwankt nicht:

> *Die Lebensmittel im Lande sind jetzt etwas knapp z. B. Fleisch & Fett doch sorgt die Regierung namentlich bei solchen Leuten die sich auch im Frieden für nichts gesorgt haben u. darunter leiden wir natürlich nicht, dafür kennst Du Deine Mutter ja so gut, nicht wahr mein Lieber.* (1.6.)

Zunehmend »grüne« Gerichte wie Spinat mit Kartoffeln machen ihr nichts aus. Es sei doch gut, dass die Leute nicht so üppig lebten wie vor dem Krieg. Nur ist Wilhelms Vater wie sein Sohn kein passionierter Vegetarier. Auch ist seine Frau fest davon überzeugt, dass ein Mann, der schaffen muss, Fleisch und Eier braucht. Es muss also nach einer Ergänzung für die kleinen Rind- und Schweinefleischrationen gesucht werden. Die Menge Fett, die pro Kopf ausgehändigt wird, reicht ihr nicht. Zehn Gänse werden angeschafft. Auch sie müssen sich zu Kriegszeiten mit bescheidener Kost begnügen: »Das verfressene Volk« wird » mit Brennessel & dergleichen mehr« gefüttert. (28.5.) Selbst Brennnesseln sind dem Staat wertvoll geworden, werden gesammelt und verarbeitet. Für die neuen Hofgäste gräbt Wilhelms Vater zwischen Haus, Kellereingang und Mauer eine Bütte aus, wo sie sich »ganz vergnügt batscheln«. Beim Bericht über diese Neuanschaffung erinnert sich Frau Müller an eine drollige Geschichte aus Wilhelms Kindheit:

> *weißt Du vieleicht noch wie Du klein warst & hast Deiner Großmutter keinen Kuß gegeben, weil sie wie Du damals sagst, sie wäre nicht so sart wie die Gans an er Kob.*

Von dieser Geschichte kommt sie zu einer noch drolligeren:

> *Der Adam hatt auch wieder etwas abgegeben, nämlich wenn die Gäns abends in Stall kommen laufen sie mir nach wie ein Kind, da sagte Adam, der alte Reinheimers Jakob hätte auch früher Gänse gezogen & diese wären ihm auch nachgelaufen wo er hinging, da ging er mal auf den Abtritt & da sind sie ihm wieder nachgelaufen, er hatte kein Papier, & da hätte er ein junges Gänschen genommen, aber so zart hätte er seiner Lebtage keinen Abwisch gehabt wie diesen, aber so ein trolliger Adam. Da mußt Du doch auch mal lachen darüber.* (28.5.)

In mancher Hinsicht ist Frau Müller recht prüde, in anderen nicht!

Als Zucker zu der Liste von beschlagnahmten und rationierten Waren hinzukommt, ist Frau Müller wieder voller Lob für diesen Eingriff der Regierung:

Bei uns hat es Zuckerkarten gegeben, damit nicht Teile der Bevölkerung einmachen können, & die andern nichts haben, es kommen 400 gram auf jeden Kopf in einem halben Monat, das ist reichlich genug & zum Einmachen gibt es zusatz ganz gut organisiert. (1.6.)

Dem Mangel an Seife dagegen ist kaum mehr abzuhelfen. Dafür sorgt die ernorme Nachfrage des Heeres und der Industrie nach Öl und Fett. Seife wird knapp und teuer. Besorgt fragt sie Wilhelm:

Hast Du denn Seif zum waschen bekommen [...] *denke Dir mal ich bekomme morgen Seif die Rechnung ist schon da die kostet ¼ Pfund 85 Pfennig mich selbst Das ist die Hälfte von den Stücken wie wir sie immer hatten.* (11.6.)

Öl für den Verkauf im Laden bekommt sie nicht mehr:

Bei uns gibt es jetzt fast gar keins mehr, von der Bürgermeisterei wird manchmal ausgegeben, & wenn noch welches zu haben ist da kostet ¼ Schpp 85 Pfennig, da bekommt jede Familie ¼ Schpp ich hole keines.

Offensichtlich hat sie einen kleinen Vorrat für sich zurückbehalten. Wilhelm antwortet: Ja; da bei ihm Seife 80 Pfennig das Viertelpfund koste und das Porto dazukäme, lohne es sich jedoch nicht, ihm welche zu schicken. (15.6.)

Während er reichlich zu essen hat, nagen andere am Hungertuch. Droht ihnen das Müller'sche Paket verloren zu gehen, geraten sie leicht in Panik. Frau Müller wird den aus einer armen Griesheimer Familie stammenden Georg Reinheimer strengstens ermahnt haben, auf ihre Büchse, diese kaum mehr aufzutreibende Mangelware, gut zu achten und sie ihr immer ohne Fehl zurückzuschicken. Der arme Georg verlegt jedoch eine. Als aus Griesheim kein Paket mehr für ihn eintrifft, bittet er um Entschuldigung:

Hoffe doch daß Ihr mir darüber keine Grobheiten macht oder wollt sehr warscheinlich ganz vergessen, denn wir kennen nichts davor das der Krieg so lange andauert. Wir müssen halt hier im Schützengraben aushalten u. durchhalten. Bis auf den letzten Mann wenn es gilt. (27.6.)

Am Rand der Karte schreibt er: »Vergeßt meiner nicht!« Zwei Tage später kommt Paket Nr. 5 (Obst) an. Er entschuldigt sich:

Dachte öffentduell, Sie hätten mich schon lange vergessen sehe aber drotzdem ein daß Sie doch noch ein Herz für einen Krieger haben.

Wilhelm hat weiterhin Zeit und Gelegenheit zum Zeichnen – und zum Fantasieren. Er zeichnet ein Mädchenbild und schickt es heim. Wehe! Was für ein Fehltritt! Seine Mutter entsetzt sich. Ein Warnschuss seines Vaters ist vonnöten:

Mein lieber Deine Mutter meint Du sollst keine französische Mädchen mehr malen, denn Sie hat einen Abscheu dafür; Sie meint wir sehen ja alle Tage gefangene Franzosen also nicht übel nehmen mein Lieber. Sie meint ferner Du sollst lieber ein französisches Forsthaus u dergleichen malen. Das ist recht patriotisch nicht wahr. (1.6.)

Ob er das wirklich glaubt, der alte Schlaumeier? Er will Wilhelm Ärger ersparen. Dieser tritt sofort an und versucht, seine Mutter zu beschwichtigen. Er verteidigt sich ganz geschickt:

Beim Anfang d. Bildes hatte ich ja kein Ziel vor Augen. Als aber die Pony Locken zufällig zum Vorschein kamen mußte ich an die Vlaamischen Mädchen denken die diese zum großen Teil tragen, denn ich habe nicht französisches sondern flandrisches M. geschrieben. (5.6.)

Die Reichsregierung liebäugelt mit den Flamen und deren Wunsch nach einem Separatstaat. Ein Landesverräter ist Wilhelm also nicht! Befriedigt er seine sexuellen Bedürfnisse auf diese harmlose, sublimierte Art und Weise, so sollte sich seine Mutter wirklich keine Sorgen machen. Sie fasst die Lage wohl ganz anders auf. In ihr erweckt der Vorfall Ängste, dass Wilhelms Interesse am schönen Geschlecht ihn zu Dummheiten verführen könnte. Wer weiß, was er trotz ihrer guten Erziehung anstellen mag, wenn sie dieses Interesse nicht in weniger gefährliche Bahnen lenkt. Signifikanterweise ist das Bild nicht erhalten. Hat sie es zerknüllt und verbrannt? So etwas soll auf keinen Fall ins Kriegsalbum kommen!

Je länger sich der Krieg hinzieht, umso mehr drängt sich für die Müllers wieder das Thema Urlaub in den Vordergrund, zumal sie sehen, wie andere Urlauber in Griesheim eintreffen. Wenn deren Gebaren oft recht kritisch kommentiert wird, spielt sicherlich die Tatsache eine Rolle, dass Wilhelm noch Gemeiner ist, während einige von ihnen bereits befördert worden sind. Sein Schulkamerad Schober z. B., jetzt Unteroffizier, habe »sich nicht schlecht gespannt«. (1.6.) »Der Herr Franz

Hartmann«, »der noble Mensch« (11.6.), findet keine Gnade bei Herrn Müller: »man könnte schier glauben er wäre Jurist ich glaube das bildet er sich auch ein« – also genau das, was Wilhelms Eltern für ihn erhofft hatten. Wilhelm Nothnagel in der Pfützenstraße, Grollekopfs Hannes und das Löschhorn dagegen kommen ungescholten weg. Dass immer mehr Griesheimer als gefallen, vermisst oder verwundet gemeldet werden, steigert noch den Wunsch seiner Eltern, Wilhelm möge auf Urlaub heimkommen, denn nicht alle Verwundeten kommen so glimpflich davon wie Jacob Müller. Am Arm leicht verwundet kommt er ins Elisabethenstift, ein Vereinslazarett bei Landau. Dort besuchen ihn sein Vater und sein kleiner Bruder Philipp. (22.6.) Die Wirkung seiner Verwundung auf seine Mutter mit ihrem labilen seelischen Zustand lässt sich leicht nachempfinden.

Besser, als auf Urlaub kommen zu dürfen, ist es, reklamiert zu werden. Dann ist man entweder permanent oder wenigstens auf längere Zeit aller Gefahr enthoben. Laut Wilhelm kommt jedoch alles darauf an, ob die Stadt Darmstadt ihn für die ganze Saison reklamieren will und kann. Sonst hat er keine Lust, seinen schönen Posten aufs Spiel zu setzen. Sein Los als Bursche ist wirklich kein hartes: »Bett machen Waschwasser holen u. Sonstige Kleinigkeiten.« (28.6.) Nur scheint sein Glück auslaufen zu wollen: Anfang Juli stürzt sein Veterinär vom Pferd, verrenkt sich den Arm und bekommt Urlaub. Wird man Wilhelm erlauben, während seiner Abwesenheit einfach herumzulungern?

Tausende und Abertausende fallen weiterhin vor Verdun. In Griesheim herrscht ein anderer Maßstab. In der ersten Juniwoche sorgt der Tod einer einzelnen Frau für große Aufregung:

> *Hier in Griesheim ist wieder eine Frau an dem Triller*[1] *oberhalb von Bitsch Bahnwärter totgefahren worden. Sie wollte noch schnell überlaufen, da kamen zwei Züge & kreuzten dem einen ist sie aus dem Wege gelaufen & gerade zu dem andern hinein. Es ist die Frau v. Knappche Musikannt, ein Schwager zu Schippe Valtin & Roteberger. Die überfahrene Frau ist eine Schwester zum Kahle Philipp seinem Vater, man sagt gewöhnlich Glaser zu Ihnen, der Mann steht auch im Felde & bis er kam war sie gerade einen Tag begraben, das ist auch eine Schickung Gottes, der Herr hatt es Ihnen auferlegt & wird es Ihnen auch helfen tragen, so sie sich zu Ihm halten nicht wahr mein lieber Wilhelm.* (7.6.)

1 Westlich der Pfützenstraße am westlichen Ortsrand gab es einen Fußweg, der über die Bahn ging. Zum Schutz der Fußgänger wurde eine Art Drehkreuz vor die Schienen gesetzt. Dieses nannte man »Triller«. (Diese Information verdanke ich Karl Knapp.)

Ebenso wie der Herrgott über die Dauer des Krieges und das Schicksal des einzelnen Soldaten entscheidet, ebenso bestimmt er, ob eine Griesheimerin überfahren wird oder nicht. Es gibt wohl einen Grund für diese »Schickung«. Der Geiz der Frau?

Die Behörden können nicht verhindern, dass Urlauber und Verwundete Haarsträubendes über die Verdun-Schlacht erzählen. Auch können alle Zensoren der Welt nicht jeden Hinweis auf das dortige Blutbad ausmerzen und trotz aller amtlichen Berichte von glänzenden Erfolgen setzt sich die Schlacht fort. Umso froher ist die Propaganda über jede erfreuliche Nachricht, die sie ausschlachten kann. Der Herrgott zeigt sich wieder gefällig:

> *Gestern Abend erhielten wir die Kunde daß der größte Gauner der Welt Kitchener* [der britische Kriegsminister Lord Kitchener] *mit seinem Stabe in der Ostsee auf der Reise nach Rußl. mit seinem Schiff torpetiert worden ist & mit Mann & Maus versoffen, was wir & alle Deutsche mit Freuden begrüßen & dem Herrn aller Herrn von ganzem Herzen dafür danken, jetzt hat der Hunde selbst erlebt, wie es schmeckt fortwährend Wasser zu saufen nicht wahr mein lieber Wilhelm.* (7.6.)

Nach der »erfolgreichen Seeschlacht« bei Skagerrak und diesem Ereignis »werde der Herr im Himmel hoffentlich für Deutschlands andere Feinde Grei [der britische Außenminister Edward Grey] & Konsorten auch was noch übrig haben«. Im Sommer 1917 meldete er, »der Schuft« Grey sei »verreckt« (2.9.1917) – eine Falschmeldung: Grey starb 1933.

Die deutsche Propaganda sorgt nicht nur für zurechtfrisierte militärische, politische und wirtschaftliche Nachrichten. Gewisse Kartenmotive fördern eine regelrechte Verdrängung und Tabuisierung bedenklicher Entwicklungen innerhalb des Ehe- und Familienlebens, die die Moral der kämpfenden Truppen beschädigen könnten. Bunte Postkarten aus dieser Zeit schildern eine ländlich-idyllische Welt, in der die treue Gattin Haus und Herd hütet, bis ihr ebenso treuer Gatte zur ungetrübten Freude seiner braven Kinderschar heimkehrt. Die Tatsache, dass es zu ehebrecherischen Beziehungen, ja in vereinzelten Fällen sogar zu Liebesverhältnissen mit Kriegsgefangenen kommt, wird verdrängt. Rigoros blendet man die Erkenntnis aus, dass ernsthafte Probleme oft vorkommen, wenn der Vater fort ist und die alleinstehende Frau mit den vielen auf sie zukommenden Problemen nicht fertig wird.

Frau Müller hat direkt Kontakt mit einer solchen »Problemfamilie« und zwar mit der Familie Heinrich Müllers. Heinrichs Frau, die mit den beiden Jugendlichen Heinrich jun. und Konrad nicht mehr zurechtkommt, beklagt sich bei ihr:

Halt noch etwas von Heinerche, seine Mutter sagte wenn es nur Gottes Wille wäre & der käm zu den Soldaten, er verpaßt regelmäßig Morgens seinen Zug, weil er nicht aufsteht.

Als Heinrich sen., wegen Krankheit entlassen, aus Königsberg heimkommt, klagt er auch:

da hatt sich der Heiner sehr beschwert über seine Kinder, daß sie gar nicht hören wollen. Konrad bekam 80 Pfennig für I Pfingsttag das hat er zurückgewiesen, es wäre zu wenig, dann 1 Mark das war ihm auch noch zu wenig, er hat es aber genommen, sein Heiner bekam 1,80 M darüber hat er fest prodestiert, daß das viel zu wenig wär, denke Dir mal bei dieser teuren Zeit eben bräuchten solche Rotzbuben doch gar kein Geld, ich sagte Ihnen, Du hättest immer gesagt, gebe mir wie Du denkst, da sagte Heiner ja der Wilhelm, das ist auch eine Ausnahme, siehst Du mein Sohn wenn man ein gezogener Junge ist kann man unter den Leuten fortkommen, diese beiden Konr. & Heine wechseln gar zu oft ihre Plätze, die Arbeitgeber lassen sich von solch ungezogenen Kinder doch nichts sagen oder zu nahe kommen, Konrad macht mit Stehkragen ins Feld Pflanzen stecken, sagte sein Vater, Heinrich hatte 8 Tage keine Arbeit, da schlief er alle Morgen bis 10 Uhr, & dann hatte er noch ein freches Maul als er aufstand, er gißt noch nicht einmal Ihre Mistbeeten, Konrad steckt immer die Hände in die Hosen, wenn er mal pfuhlen & dergl. machen soll, sagte er ja ich soll alles tun & fängt womöglich an zu weinen, die Gretel tändelt schon immer Abends fort, Sie ist doch Ostern confirmiert worden, & wenn sie spülen soll sagt sie, die Elis mach spülen & so schiebt es die eine auf die andere, & so viel noch mehr hatt mir Heinrich & seine Frau erzählt in Ihrer Kinder Beisein, da schiebt immer eines auf das andere, da sagte ich zum Schluß, sie müßten doch Ihren Eltern hören denn diese wollten doch immer ihr Bestes, nun da hat wieder das eine so & das anders gesagt & fahren nur ihren Eltern über den Mund. (11.6.)

Das Ganze bietet Frau Müller wiederum eine willkommene Gelegenheit, ihre eigenen Erziehungsmethoden von solchen Praktiken klar abzugrenzen:

Ihre Mutter sagte wir waren unsern Kindern viel zu gut, ich schwieg still, & dachte wer sein Kind lieb hatt der erzieht es, daß es auch brauchbare Menschen gibt, & keine Faulenzer & P[h]*rasenmacher, denke Dir mal wie schlimm wenn sich Eltern über ihre Kinder fortwährend beschweren, da richten sie sich selbst.*

Dieser Bericht verrät viel über Wilhelms Kindheit und die an diesen Musterknaben gestellten Erwartungen. Auch Wilhelms Vater steuert etwas zum Thema bei:

> *über junio H. Müller müssen wir als lachen er kommt oft herüber u. wenns dann von essen die Rede ist, da schlägt er als los u. das schöne Schnüdchen musst Du einmal malen wo er als dabei macht er sagte heute wenn's erste mal wieder Brot u Worscht gibt do bohr ich in d Labrot e Loch un nemme e Pund Butter un e Flassschworscht u gehe ins erschte beschte Wertshausch do werd so lang gefresse bis alles all ess also will er so lange fresse bis em ds Arschloch off steht ist das nicht klar mein Lieber do müßte doch a mol lache.* (18.6.)

Seine Frau tadelt, er lacht. Trotz allen Ernstes der Zeit möchte er sein Leben nicht so asketenhaft-schlicht gestalten, wie seine Frau es tut. Vor allem will er auf seine geliebten Radtouren nicht verzichten. Den Sattel von Wilhelms Fahrrad hat er

In Vorkriegszeiten baut sich dieser stolze, gut genährte Griesheimer in Kniehosen mit seinem Rad im Atelier des Fotografen auf. Ob er 1916 noch lebt und im Land ist? Ob er in dem Fall fahren darf und Schlauch und Mantel auffinden kann?

im Frühjahr schweißen lassen. Neue Mäntel sind auch gekauft worden. Es kann also losgehen. Da Wilhelm als Begleiter ausfällt, wird Peter Wirth, der Sohn der Nachbarsfamilie, eingespannt. Zusammen radeln die beiden über Wolfskehlen nach Groß-Gerau:

Du weißt ja wo wir ich und Du auch gefahren sind ich bin seitdem noch nicht dort hin gefahren man hat eben so keine rechte Lust am Fahren dieweil man seine Lieben noch im Kriege hat Die Touren die ich und Deine Mutter unternehmen sind nicht von Bedeutung wollte Gott, daß der scheußliche Krieg vorbei wäre.

Hinter Groß-Gerau, gleich hinter der Birkholzer Hutfabrik, haben sie Pech:

da bekam Wirts Peter Rad defeckt durch ein Stückchen Glas verursacht wir hatten eine Weile zu tun u. dann gings weiter, natürlich wollten wir in Büttelborn ein kräftiges Wurstelbrot essen, leider war Küche Schmalhans da u. da zogen wir weiter u kamen um 10 Uhr ungefähr nach Haus, natürlich wars noch Tag. (18.6.)

Auch Radtouren werden durch den Krieg berührt: Die Wirtschaften haben ihre fleischlosen Tage. Selbst an den anderen Tagen steht nicht viel auf der Speisekarte. Die beiden hungrigen Radfahrer müssen weiterstrampeln.

Am Sonntag, dem 25. Juni, wird wieder geradelt. Endlich ist es Wilhelms Vater gelungen, seine Frau zu einer längeren Radtour zu überreden. Er wird sie ihr schmackhaft gemacht haben, indem er ihr auf seine schlaue Art suggeriert haben wird, man könne das Nützliche mit dem Angenehmen koppeln und in Studernheim etwas Schönes erhamstern! Vielleicht passt es ihr selbst ins Konzept, die Situation in Sachen Dina an Ort und Stelle auszukundschaften. Man gibt die Fahrräder als Gepäck auf und fährt um 7.44 Uhr von Griesheim ab. In Frankenthal steigt das Ehepaar aus und radelt das letzte Stück. Bei der Rückfahrt wird Frau Müller ein längeres Strampelpensum zugemutet:

Nachmittags 3 Uhr sind wir in Begleitung von Herrn Sauer ebenfalls per Rad bis Frankenthal dann ist Herr Sauer wieder zurück u. wir sind die schöne Chausee sagen wir besser Landstraße u. lassen das verfluchte französisch nach Beintesheim Groß Nietesheim einen oder mehrere Augenblicke bei Onkel Peter eingekehrt u. dann sind wir zurück über Kleinnietesheim haben uns dort frischgebrochene Kirschen gekauft dann sind wir nach Bobenheim u. weiter nach Worms u haben unsere Räder wieder in den Pakwagen u. sind um 6.20 ab Worms wieder heimwärts gedampft u. ja mein Lieber Deine Mutter hat somit die erste große Radtour bestanden. (26.6.)

Am nächsten Tag, immer noch begeistert von der Tour, fügt Wilhelms Vater hinzu:

Nun mein Lieber sie hat auf dem Rad gesessen wie eine Prinzessin oder noch besser wie die Königin u. was meinste als wir in Worms Bahnhof waren, wollte sie noch mal ausreißen bis zum letzten Zug oder wollt sogar in Worms übernachten nun kannst ihr wenn Du willst zu diesem großen Ereigniß einmal schriftlich oder gar bald persönlich gratulieren.

Er weiß ja, dass sie, von Wilhelm gelobt, leichter zu einer weiteren Tour zu bewegen wäre. Sie selbst hat anderes auf dem Herzen. In Studernheim sind ihre alten Ängste wieder wachgerufen worden; denn dort ist herausgekommen, dass Wilhelm öfter als erwartet und empfohlen an Dina schreibt. Der dumme Bub muss schnellstens vor potenziellem Unheil gewarnt werden: »Sie läßt sich ja gerne von Dir utzen[2], aber schreibe Ihr nicht zu oft, das Mädchen ist immer noch recht verrückt.«

Fortan kann sie den Verdacht nie ganz loswerden, dass ihr Musterknabe vielleicht ein gefährliches Doppelspiel treibt. Dazu hat sie guten Grund. Wenn Wilhelm weiter an Dina schreibt, handelt es sich um mehr als reine Dankbriefe für erhaltene Pakete, um mehr als ein einfaches Mittel, die Langeweile zu vertreiben. Seit Kriegsanfang hat er Dina nicht mehr gesehen, aber sie wird ihm ein in Mannheim oder Frankfurt aufgenommenes Porträtbild geschickt haben, das ihre Reize voll zur Geltung bringt. Da sie großen Wert darauf legt, sich schön zu frisieren und elegant zu kleiden, kann es gut sein, dass er sie sehr attraktiv findet. Gretel Keller, »das dicke Gretchen«, dagegen verfügt nicht über die Mittel, ihr Äußeres zu pflegen, auch wenn sie es wollte und dürfte. Die Feindseligkeit seiner Mutter Dina gegenüber mag paradoxerweise auch dazu gedient haben, sie nur noch faszinierender für Wilhelm zu machen. Natürlich hütet er sich jetzt, ihre Briefe mit den anderen nach Hause zu schicken!

1915 sind die Deutschen und Österreicher nach dem Durchbruch bei Gorlice-Tarnow nur vorwärts gekommen. 1916 wendet sich das Blatt. Am 4. Juni startet der russische General Brussilow eine Großoffensive. Die Truppen der Mittelmächte

2 Auf den Arm nehmen, necken (hessisch und griesheimerisch).

müssen weichen. Am 3. Juli schreibt Willy Israel von sehr schweren Gefechten. Fast noch schlimmer für ihn ist, dass in absehbarer Zeit mit einem Urlaub nicht mehr zu rechnen ist. In anderen Familien herrscht Bangen. Aus Struthütten bei Singen schreibt Fritz Ermerts Schwester Anna:

> *Liebe Familie Müller Da ich unter den Sachen meiner Brüder Ihre Adr. fand, will ich Ihnen etwas über dieselbigen mitteilen. Mein ältester Bruder Fritz ist seit dem ersten Pfingsten vermißt. Es sind jetzt bald 8 Wochen und wir haben noch keine nachricht von ihm. Sein jüngster Bruder Walter steht in schweren Kämpfen, bis jetzt schreibt er noch gut. Mein Vater ist im Dez. vorigen Jahres gestorben und meine Mutter und ich sind ganz allein im Hause.* (10.7.)

In Griesheim gehen die Altkartoffeln aus und es dauert noch eine Weile bis zur Frühkartoffelernte. Die Müllers besitzen noch einen guten Vorrat davon; andere Familien dagegen haben kaum etwas übrig. Die Situation bietet Frau Müller erneut die Gelegenheit, ihre eigene Vorsorge zu loben und die Charakter- und Haushaltsführungsfehler anderer anzuprangern. Familie Heinrich Müller wird wieder unter Beschuss genommen:

> *die hatten 100 Sack Kartoffel am letzten Herbst, da hätten Sie noch davon verkaufen können, natürlich wo nicht Haus gehalten wird kann es nicht anders sein, die dicke haben Sie jedenfalls immer heraus gelesen und sind drauf herumgetreten, jetzt haben Sie nur noch kleine & darauf sind sie auch herumgetreten, jetzt sind diese alle schwarz, anstadt ordnungsvoll behandelt, jetzt sind die alten Kartoffel sehr rar & die neuen noch nicht ganz reif.* (10.7.)

Der Bundesrat lässt noch eine Bestandsaufnahme der Kartoffelvorräte durchführen. Den Leuten, die mehr haben, als sie brauchen, werden Kartoffeln abgenommen, während denen, die keine mehr haben, welche zugeteilt werden. Frau Müller lobt diese Regelung. Stolz teilt sie Wilhelm mit, sie hätte eigentlich mehr abgeben können. Familie Heinrich Müller dagegen habe einen Zentner bekommen: »die brauchen Sie in einer Woche es ist nur gut, daß Sie Frühkartoffel haben.« Die Arbeit im Garten macht sich gut bezahlt:

> *Lieber Wilhelm wir haben Frühkar in unserm Garten auf der einen Hälfte v. der Pfulpumpe an & auf der andern Hft. Kraut, so schöne Kart. haben wir noch nie gehabt & das Kraut schließt sich auch schon ein wahrer Gottessegen, es sind*

Nach der schlechten Kartoffelernte von 1916 sind aber sehr wenige mobilzumachen. An ihrer Stelle müssen Steckrüben gemustert und eingezogen werden!

gewöhnlich 16 Stück an einem Stock eben kostet das Pfund 12–14 Pf. Dein Vater will vorerst keine verkaufen weil sie noch dicker werden.

Gegen Ende Juli werden die Frühkartoffeln geerntet:

Soeben hat Adam Kartoffel ausgemacht wir haben von 18 Reihen 374 Pfund bekommen die wir verkaufen & heute werden wir über 4 Ctr haben, jetzt bekommen wir circa nochmal soviel, wir haben Kartoffel dabei wo eine 1 Pfund & 50 Gramm wiegt eine ware Pracht, das war noch nicht dagewesen in unserm Garten das Pfund kostet eben 10 Pfennig. (26.7.)

Also in jeder Hinsicht ein profitables Geschäft. Das Wort »Gottessegen« ist buchstäblich zu verstehen. Seit eh und je gehört es zu den Säulen des protestantischen Weltbildes, dass Gott durch Ertrag und Erlös sein Wohlgefallen an dem Fleiß und der Enthaltsamkeit der Frommen zeigt.

Die reiche Obsternte ist für Frau Müller ein sichtbarer Beweis dafür, dass Gott seine geliebten Deutschen weiterhin gegen den Aushungerungsplan der Entente schützt. Es gebe Sauerkirschen, Stachelbeeren »so dick wie eine Zwetche«, Johannisbeeren und Heidelbeeren:

> *So Gott will & wir leben, wollen wir wenn der Krieg nur mal herum geht, gern wieder manchem Bedürftigem aushelfen. Was haben sich manche Feldgraue über meine Äpfel, Heidelbeeren & Gelee gefreut & Du doch auch nicht war mein Lieber.* (10.7.)

Akribisch listet sie die eingemachten Mengen Erbsen auf:

> *Lieber Wilhelm Erbsen haben wir so schön & soviel & ich habe schon 2 Liter Krug zwei ¾ Lt. Krg, vier ½ Liter Krg eingemacht (ausgekernte) daß wenn wir gesund bleiben den Winter haben.*

In Klammern wird am Schluss die Moral der ganzen Geschichte herausgestrichen: »sorgen muß man doch immer.« (10.7.)

Was sie auch immer behaupten mag, es geht wirklich nicht mehr bloß um Vorsorgen, Versäumen oder Vergeuden der einzelnen deutschen Hausfrau. In den Großstädten fehlt es an allen Enden und nicht alle sind so begeistert von Batockis Maßnahmen wie Frau Müller. Fräulein Büscher bietet Wilhelm Aufschluss über die Lage in Mainz:

> *Im lieben Vaterland wird eben kräftig gespart. Dieser neue Minister, ich glaube er heißt Batocki zieht uns mit süß lächelnder Miene nach und nach alles ab. Er erzieht uns, näturlich ohne unsern Willen so allmählich zu Naturmenschen, es dauert gar nicht mehr und wir nähren uns nur noch von Kräutern und Wurzeln. Wie dies als dann im Winter werden wird, kann ich Ihnen heute noch nicht verraten.* (20.7.)

Wie andere Großstädte bekommt Mainz einen neuen Gast: eine Hindenburgsäule. Die riesengroße hölzerne Totemgestalt soll Deutschlands neuer nagelgepanzerter Heiland werden. Wer bei den Kriegsanleihen zeichnet, tut zwar seine patriotische

Pflicht, darf aber hoffen, sich in Zukunft einer schönen Rendite zu erfreuen. Bei den jetzt errichteten riesigen Hindenburgsäulen verschwindet diese wohltuende Aussicht: Dem Spender wird seine vaterländische Opferfreudigkeit nur durch das Einschlagen eines Nagels – oder mehrerer – honoriert.

Fräulein Büscher, die knapp bei Kasse ist, hebt sich die Nagelung für später auf: »es wird wohl für meine angeborene Bescheidenheit, ein kleines Plätzchen übrig bleiben.« In Mainz sind die Lebensmittel knapp und teuer geworden. Wilhelm, der ihre Not nachempfindet, lädt sie deshalb ein, seine Eltern zu besuchen. Sie nimmt die Einladung gern an. Seine Eltern verraten ihm hinterher nichts von dem Eindruck, den Fräulein Büscher auf sie gemacht hat. Besonders herzlich scheint die Stimmung nicht gewesen zu sein. Dieser Fremden, dieser Katholikin mit ihrem »Schmus«, sind sie etwas misstrauisch und zurückhaltend gegenüber. Ihre Beute fällt nicht gerade reichlich aus: »Ich habe ihr allerlei aus dem Garten mitgegeben damit sie sich eine gute Suppe (früher Französische) kochen kann.« Eine gute Suppe darf nicht mehr mit dem Namen des Erbfeindes bedacht werden! Beim Abschied werden ihr weder Butter, Eier noch ein Stück Wurst diskret zugesteckt. Gegen Ende August sucht sie ihr Glück anderswo:

> *Ich ließ mich nämlich verleiten mit meiner Nichte die große Reise nach Ginsheim anzutreten in der guten Absicht den Landleuten wenn möglich etwas Butter & Eier abzuhaben Aber o weh ich hatte die Rechnung ohne den Wirt gemacht. Dank Batocki's Allmacht wurden Kühe & Hühner, überhaupt alles was da »kraust & flaust« auf's allergenauste kontrolliert.* (26.8.)

Eier sind zu den Nahrungsmitteln hinzugekommen, die jetzt teure Mangelwaren sind. Im März 1915 konnte man bei Schade & Füllgrabe noch zehn Tafeleier zum Preis von 1,10 Mark bekommen. Zehn große Siedeeier kosteten 1,10 Mark, zehn normale Siedeeier 98 Pfennig. Im Juli 1916 dagegen kostet ein einzelnes Ei 22 Pfennig. Bestands- und Bedarfsaufnahmen werden durchgeführt. Die Beschlagnahmung der Hühnereier, insbesondere die hohen Legeerwartungen, die den armen Hühnern auferlegt werden, nimmt Fräulein Büscher witzig aufs Korn:

> *In müßigen Stunden wünschte ich mir manchersmal, ein Huhn zu sein, um nach vollbrachter Arbeit mit meinem Herrn Gemahl, dem Gockel, gemächlich spazieren gehen zu können. Heute ist die Sache äußerst prenzlich & ich danke meinem Schöpfer daß dieser fromme Wunsch unerfüllt bliebe. Denn weiß Gott was dieser B. noch alles an Überproduktion verlangt.*

Sie scheint froh zu sein, sich keinem »Gockel« untergeordnet und ihm einen Stall voll Küken geboren zu haben. Auch in Ginsheim fällt ihre Beute spärlich aus: »An Stelle von Butter & Eiern kehre ich schwer beladen mit Fallobst heim & koche Marmelade!«

Bei einem seiner Termine in der Alten Darmstädter Straße, um die Buchhaltung in Ordnung zu bringen, wird Rabbiner Strauß ein Brief Fräulein Büschers an Wilhelm gezeigt:

> *da sagte ich das ist ein Fräulein, welche ihm solche Briefe schreibt, er fragte mich wie alt, daß dieses Frl. wäre, ich sagte 18 Jahre, da sagte er wieder die hatt Absichten, deßhalb schreibt die so, ich sagte meinen Sie, da sagte er das ist doch ganz klar wie die für Briefe schreibt, die möchte den Wilhelm haben, da habe ich Ihn aber mal tüchtig ausgelacht & sagte Ihm daß Sie 54 alt wäre, da mußte er selbst lachen darüber.* (20.8.)

Wie so oft bei Frau Müller vermutet man hinter diesem scheinbar harmlosen Spaß ernstere Gedanken. Versucht sie ihre tief liegende Sorge zu verdrängen, dass eine andere 18-Jährige bei Wilhelm eventuell Heiratsabsichten hat? Bei Fräulein Büscher braucht sie wohl keine solchen Sorgen zu haben. Nach Kriegsende wird diese Wilhelm kaum in ein Liebesnest weglocken wollen. Ferner kann eine arme Mainzerin kaum seine Hauptproviantmeisterin werden!

Trotz allen fortdauernden Zutrauens zur Totemgestalt Hindenburg verlagern sich die Hoffnungen von immer mehr Deutschen auf die U-Boote. Nachdem das riesige Handels-U-Boot *Deutschland* von Bremen nach Baltimore gefahren ist, schlachtet die Propaganda diese Leistung voll aus. Fräulein Büscher fragt Wilhelm:

> *Was sagen Sie zu unserer neuesten Errungenschaft dem Tauchboot »Deutschland«? Eine Leistung vor der man alle Achtung haben muß. Was unser l. Vaterland doch für intteligende Köpfe hat. In dem schrecklichsten aller Kriege wird die Industrie auf jede Weise gefördert. Wenn mir das vor einem Jahr zu Ohren gekommen wäre, daß wir mit Tauchbooten Meere durchkreuzen würden, ich hätte an eine »Jules Verne« Erzählung gedacht aber nie an eine Ausführbarkeit. Ist vor uns »bouches«*[3] *denn überhaupt noch etwas sicher?* (26.8.)

Nur wird diese Freude durch die neueste diplomatische Entwicklung etwas getrübt:

3 Richtig: boches, französisch für: Schweine.

> *Rumänien erklärt uns den Krieg & dabei ist das Herrscherhaus deutscher Abstammung. Ich kann es gar nicht fassen, daß es der Menschenopfer noch viel mehr kosten wird & der ersehnte Frieden wieder in weite Ferne gerückt ist.*

Schnell springt die Propaganda ein. Die Aussicht, rumänisches Öl und Getreide zu erbeuten, soll solche Ängste verdrängen. Angesichts der Not in der Heimat und der andauernden Schlachterei vor Verdun wird die Öffentlichkeit immer geneigter, die Wiederaufnahme des unbeschränkten U-Boot-Krieges zu fordern.

Das ganze Kalkül der Eltern, die Militärbehörden könnten Wilhelm nach Hause fahren lassen, um im Geschäft auszuhelfen, wird mit einem Schlag zunichtegemacht, als verboten wird, vor dem 15. August Kraut einzumachen. Dadurch soll verhindert werden, dass die Vorräte an frischem erschwinglichen Kraut schnell ausgehen und die Hungersnot in den Städten noch größer wird. Nur schafft das Verbot ein neues Problem. Die Sauerkrautfabriken beschweren sich, dass sie nicht über genügend Weißkohl verfügen, um im Winter den Bedarf des Heeres, geschweige denn den der Zivilbevölkerung decken zu können. Die Müllers wollen die Hände nicht in den Schoß legen. Was sollen sie aber tun? Sich auf Gurken konzentrieren? Anfangs findet Herr Müller dies keine lockende Option. Sie seien, klagt er, zu teuer. Die beiden Ehepartner setzen sich zusammen, besprechen die Sache gründlicher. Man will es doch versuchen. Die ersten Gurken werden gekauft. Am 6. August ist man schon fest beim Einmachen. Am 13. August kauft Herr Müller 30.000; am 19. noch einmal 30.000 und am 31. wird berichtet, er habe Montag weitere 35.000 und am Donnerstag 32.000 Gurken gekauft. Beim Sortieren und Packen müssen alle mithelfen. Nach Ablauf des Einmachverbotes kommt Kraut hinzu; denn Kunden wie Schade & Füllgrabe drängen. Wilhelms Mutter muss wieder anpacken. Da hilft es, dass es im Laden jetzt äußerst still geworden ist, so still eigentlich, dass sie sich seit geraumer Zeit mit dem Gedanken trägt, ihn zu schließen.

Der Laden ist der Kriegswirtschaft zum Opfer gefallen. Was Ende der 1890er Jahre in einem Neubaugebiet mit kinderreichen Familien ein erträgliches Vorhaben zu werden versprach, ist im Vergleich zum schnell wachsenden Einmachgeschäft allmählich zum kommerziellen Stiefkind herabgesunken. Da der freie Markt nicht mehr besteht und das allermeiste über die Gemeinde läuft, ist Frau Müllers Spielraum immer kleiner geworden. Selbst bei Wolle, die sie noch selbst bestellen kann, ist alles viel teurer, die Qualität erheblich schlechter geworden. Wilhelm, dem Fachmann für Garne, Strick- und Wollsachen, schreibt sie am 13. August:

Denke Dir die Wolle Merker u. Kieling gibt es gar nicht mehr. Früher hatte man eine ganz rauhe Wolle zu 5 Pf das Gebändchen, diese welche wir jetzt verkaufen [...] ist zoppel Woll & kostet 25 Pf das Gebändchen. Merkel & Kieling ist beschlagnahmt für das Militär.

Um Tepper, Wilms und Schröder ist es seit Langem still geworden. Die Müllers werden gedacht haben, sie seien vor Verdun gefallen. Allen Erwartungen zum Trotz haben die drei überlebt. Am 20. August schreibt ein hungriger Tepper aus Russland:

Ich bin seit dem 9 Juni in Rußland bei der Offensive Wilms ist Fahrer geworden in Frankreich und steht sich ganz gut. Horst ist in Frankreich geblieben und Paul Schröder war auch in Rußland. [...] 6 Wochen waren wir seinerzeit in Frankreich in ein Trommelfeuer. Nur meinem Lieben Gott habe ich zu danken [...] Geehrte Familie Müller! Wie lange noch der Krieg dauern soll, ist einfach schrecklich. Seitdem wir in Rußland sind, ist die Kost Miserabel Die Suppe ist nur Wasser und trocken Brot. Fettigkeiten müssen wir uns an die Wand malen. Es ist nicht mehr zum Aushalten. Ich darf garnicht an die Zeit denken, wo wir so schön in unser Stübschen saßen bei den Kartoffel, die ich längst nicht mehr kenne. Würde mich ganz richtig freuen, wenn Sir mich mit ein Paket beehren täten und danke schon voraus mit Gottes Segen Steths werde ich Ihrer gedenken. Ich habe keine Kraft mehr.

Eine Karte mit ermunternden Worten und ein ordentliches Paket werden bald nach Russland unterwegs sein.

Fritz Ermert ist auch noch am Leben. Er meldet sich am 28. August aus Wysozomkoi (Wyszkowski):

Von 3–5 Aug hatten wir Gefecht in dem wir in 3 Tagen weit über 1000 Verwu geborgen haben. [...] Die Russen sollen auch bei Ihrem Stürmen sehr große Verluste haben. [...] Möge der Herr uns bald zum Frieden helfen.

Auch von Willy Israel und Arthur Bonrath trifft im September Post ein. Immer noch im Osten, hat Willy das EK II verliehen bekommen. Sein Bruder sei an der Somme vermisst. (28.8.) Aus Frankreich meldet sich Arthur am 15. September:

Zuerst müßt Ihr mir entschuldigen das ich solange nicht geschrieben habe. Ich konnte tatsächlich nicht eher denn wir waren eine Zeitlang vor Verdun. Hier bekommt man keine Zeit und vergeht einem alle Lust zum Schreiben. Nachher lag ich wenige Wochen im Laz. wegen Ruhrverdacht. Ich bin jetzt wieder in der Komp und wir sind wieder in der alten Stellung Werde auch von hier öfter schreiben.

Er hält Wort. Dass ihre Soldaten alle noch am Leben sind, wird Frau Müller als ein unwiderlegbares Zeichen dafür gedeutet haben, dass Gott sie weiter schützt. Im Stillen wird sie sich dazu beglückwünscht haben, dass sie zu ihrem Überleben dadurch beigetragen hat, dass sie ihre religiöse sowie auch ihre leibliche Festigung gefördert hat.

In der Heimat setzt sich die Suche nach Lebensmitteln fort. Herrn Herzberger, der von den Müllers als Gegenleistung mit Gurken und Gemüse versehen wird, fällt es im Spätsommer 1916 zu, Äpfel aufzutreiben. Er hat keine leichte Aufgabe: Die Ortsschelle habe, so schreibt er, zwar bekanntgemacht, dass der Zentner Falläpfel 6 Mark koste. Nur kaufe ein Händler aus Offenbach sie alle auf. (21.8.). Im September wird eine Landesobststelle errichtet und der Stellvertretende Kommandierende General des XVIII. Armeekorps beschlagnahmt alle noch nicht im Kleinhandel befindlichen Äpfel, Zwetschen und Pflaumen. Damit ist der freie Handel mit Obst aufgehoben. Privatleute dürfen für den eigenen Bedarf auf Versteigerungen und Obstmärkten oder von einem außerhalb ihres Wohnortes wohnenden Erzeuger Obst nur dann kaufen, wenn sie für die Ausfuhr aus dem Verkaufsort im Besitz eines beim Bürgermeister ihres Heimatortes zu beschaffenden Bezugscheines sind. Herzberger muss sich den neuen Bedingungen anpassen:

Es ist eben hier alles so streng, man weiß nicht wo das noch hinausführen soll. Obst z. B. darf ohne Bezugskarte nicht verschickt werden und hier gehts zum großten Teil rabiat. (15.9.)

Am 1. Oktober kann er eine Erfolgsmeldung machen:

Hier sind diese Woche die staatliche und die Gemeinde Äpfel verkauft worden. Natürlich sind sie auch schön teuer geworden aber immerhin billiger wie wenn ich diese vom Bauer Centnerweise kaufe. Diese Woche will ich dann dran gehen in meiner freien Zeit und pflücke Dann stelle ich alles zusammen und sehe was uns der Centner steht hoffentlich nicht so teuer. Ich habe Goldpermäne (u schöne von Booskopf) soll eine haltbare Sorte sein. Kost[et] *hier der Centner 22.00 M natürlich stehen sie nur nicht so viel am Baum. Auch habe ich einen Baum mit*

Birnen gesteigert. Was war es so gut, daß ich Bezugscheine von Ihnen hatte, denn ohne Bezugsschein darf ich Ihnen kein Obst schicken. (1.10.)

An gewisse Lebensmittel kommt selbst Herzberger beim besten Willen kaum mehr heran:

Mit Butter und Eier ist es natürlich sehr schlecht eben bei uns. Die Molkerei muß eben Ihr Literzahl angeben und darauf muß sie ihre Prozent Butter liefern, doch ich will alles versuchen und aufbieten, daß ich ein paar Pfund zusammen bekomme. Mit Eier ist es eben sehr knapp, denn die Bauern essen diese in der Erntezeit meistens selber. Wenn Sie mir nur so annähernd den Preis geschrieben hätten, was sie ausgeben wollten. Der Höchstpreis hier ist 17 Pfennig pro Stück aber leider bekommt man davor keine. Neulich hat eine Frau hier vor Ihren Sohn welcher in Frankreich wohnt Eier gekauft das Stück vor 22 Pfennig [un] *glücklicherweise hat sie ein Freund angezeigt und kostet die Frau 35,00 Mark Strafe, doch ängstlich werden wir nicht. Wenn Ihnen nicht so viel ist will ich vor das Ei 24 Pfennig geben vielleicht bekomme ich dann etwas zusammen denn ich bemerkte noch mal daß dieselben auch sehr rar sind.* (21.8.)

Am 6. September kehrt er mit leeren Händen heim:

Sofort bin ich heute morgen zur Molkerei gegangen leider war alles ausverkauft. Denn die Bauern liefern eben sehr wenig Milch u Buttern zu Hause selber. Versprochen hat mir der Verwalter zum 7/9 2 Pfund. Ich werde dann 2 Feldpostpakete zu 1 Pfund an die von Ihnen bezeichnete Adresse abschicken. Wenns gelingt, dann schicke [ich] *nächste Woche nochmals 2 Pfund. Mit Eiern ist es eben wie isch schon geschrieben haben sehr mäßig. Auch hat Jeder wohl ab 1 September eine Liste bekommen wie viel Hühner er besitzt und wieviel Eier er täglich abliefern kann unter strenger Kontrolle Wo soll das noch alles hinaus. Doch wollen wir die Hoffnung nicht aufgeben und versuchen und wenn ich sie selber bringe ist am sichersten.*

Es geht in seinen Briefen nicht ausschließlich um »Brotfragen«. Die Herzbergers und die Müllers haben miteinander mehr gemein als den Wunsch, nicht zu verhungern. Ihr innigster Wunsch ist, dass beide Wilhelms heil nach Hause kommen und das »Elend« ein Ende hat: »Gott möge doch geben, dass das schreckliche Morden bald aufhöre.« Anfangs war in den Briefen vom »schrecklichen« Krieg die Rede; über »Elend«, »Schlächterei«, »Metzelei«, »Morden« und »Mörderei« sind wir jetzt bei »schrecklichem Morden« angelangt. Ein besonderer Satz in einem Brief seines Sohnes – »Solange wir noch leben, geht es uns gut.« – hat Herzberger tief gerührt. Sein Kommentar dazu:

> *Was sind das für Worte, sollte das nicht das Elternherz zerspringen Wenn das noch so weiter geht, dann weiß man bald nicht, was man noch sagen soll. Ach was kommen eben wieder vor Hiobsposten in unser Dorf Gefallen, vermißt ist das nicht niederschmetternd. Wie soll das werden wo sollen die vielen Witwen u Waisen alle Unterkunft u Schutz finden. Wir wollen zusammen auf den Knieen flehen, daß doch der gerechte Gott ein baldiges Ende macht.* (1.10.)

Es leuchtet ein, warum Wilhelm so vieles verschweigt. Seinen Eltern will er gerade solche Sorgen ersparen. Noch eines fällt auf: An die Stelle des strengen Richters, eines Gottes, der nur Gerechtigkeit walten lässt, tritt bei immer mehr Korrespondenten ein Gott, der Gnade walten lässt. Ja, auf den Knien fleht man ihn darum an.

Im Laufe des Sommers haben sich die Müllers wieder Mühe gegeben, einen zweiten Urlaub für Wilhelm zu sichern. Am 17. August schreiben sie an Oberleutnant und Kolonnenführer Frantzen. Er antwortet ihnen am 23., dass die Beurlaubung Wilhelms von dem Infanterieregiment 99 veranlasst werde, da er vor einem Vierteljahr mit Herrn Oberveterinär Dr. Jansen dahin kommandiert worden sei. Dr. Jansen unterstützt das Gesuch und Anfang September kommt Wilhelm endlich auf Urlaub heim. Seine Eltern sind die ganze Zeit unruhig. Sie werden die Furcht nicht los, er könnte durch den Urlaub um seinen guten Posten kommen. Über seinen Umgang mit Gretel Keller und seine Aufnahme durch ihre Eltern lässt sich nur rätseln. Wie viel Zeit hat er mit ihr verbracht? Hat sie ihm vorgeworfen, sie vernachlässigt zu haben? Haben sie miteinander über die Zukunft ihrer Beziehung geredet? Eines steht fest: Eine Verlobung kommt nicht zustande. Das entspricht voll den Wünschen seiner Mutter:

> *Weißt Du Wilhelm, wir wollen Kellers doch nicht besuchen, es ist besser (oder ich halte es für besser) keinen Besuch abzustatten, damit man den Leuten nicht unnötige Gedanken bereitet.* (12.10.)

Ihr genügt es, wenn Dina zunehmend an die Seite gedrängt und Gretel sozusagen in Reserve gehalten wird. Hat Wilhelm eine feste Beziehung zu einer anderen Frau, wird er sich hoffentlich als sittsamer, ehrenvoller Mann verpflichtet fühlen, ihr treu zu sein. Gegen Dinas Verführungskünste wäre er besser geschützt. Ob den Kellers diese Hinhaltetaktik, dieser Aufschub einer Verlobung bis auf Weiteres, auch so recht gewesen ist? Andererseits lohnt es sich aus ihrer Sicht, sich noch eine Weile zu gedulden. Wilhelm ist ein guter Fang: Er ist Einzelkind und das Einmachgeschäft geht gut. Bleibt eine Verlobung jedoch auf lange Sicht aus oder wird gemunkelt, Wilhelm stecke in einem anderen Verhältnis, dann könnte ihre Geduld zu Ende gehen. Dann hieße es überall, Wilhelm Müller habe Gretel Keller einen Korb gegeben. Gretels Ruf und die Familienehre der Kellers wären arg angeschlagen.

Im Moment hat Wilhelms Mutter jedoch andere Sorgen. Sie gelten Wilhelms körperlichem Wohlbefinden. Sie hat ihm warme Sachen zum Mitnehmen hingelegt; nur lässt er ein wollenes Wams, eine Unterhose und ein Hemd zusammen mit Gelee und Heidelbeeren liegen. Aus Versehen wird das nicht geschehen sein. Der arme Kerl wird auch ohne diese Dinge voll beladen gewesen sein. Nach diesem Urlaub vermissen seine Eltern ihn mehr als je zuvor. Dass noch mehr junge Griesheimer als Gefallene in der Zeitung aufgelistet sind, trägt nicht zu ihrer Seelenruhe bei. Unter den Vermissten sind »Pflästerers Peter [Peter Feldmann] und Tante Ap[o]l[lonia]. Ihr Georg [Georg Landau]«. (28.9.) »Sühnels auf dem Wasserwerk ihr jüngster Sohn Rudi ist auch gefallen heute steht die Todes Anzeige im Blatt.« (12.10.) Hinzu kommen noch »Schupp auf Übungsplatz sein Sohn & Trasers Gretel ihr Mann« ebenso wie »Mendels auf der Chaussee welche den Specereiladen haben, ihr Sohn«. (12.10.) Dieser sei an seinen Verwundungen (Kopfschuss) gestorben.

Die Sorgen der Eltern nehmen verständlicherweise beträchtlich zu, als Wilhelm seinen privilegierten Posten verliert. So akut ist der Mangel an felddienstfähigen Rekruten geworden, dass die Heeresleitung sich den Luxus nicht mehr leisten kann, junge, gesunde, ausgebildete Soldaten wie ihn als Burschen zu beschäftigen: »Alle junge Kerle auf Kommandos bei denen sie sich rückwärts befanden, sind abgelöst worden.« (30.9.) Dem Veterinär, so schreibt Wilhelm, sei es nicht recht gewesen, er habe aber nichts dagegen tun können. Wachtmeister Schmidt wohl auch nicht. Wilhelm wird Vorderreiter bei der Leichten Munitionskolonne, während ein nur garnisonsfähiger Soldat seine Stelle bekommt. Sein Los ist mit einem Schlag viel gefährlicher geworden. Seinem Grundsatz treu tut er aber alles, um die Eltern zu beruhigen und ihnen jegliches Schuldgefühl dafür zu nehmen, dass sie ihn zu seinem letzten Urlaub gedrängt haben:

Ich habe geradezu zwei Prachtpferde zum Fahren. Nachmittags kam ich hier an dem nächsten Tag mußte ich schon Gespannbesichtigungen mitmachen; aber

> *trotz der Ungewohntheit vortrefflich ausgefallen. Bis jetzt habe ich nichts zu beklagen mit Ausnahme daß ich augenblicklich* […] *auch etwas mehr Arbeit habe.* (30.9.)

Auf diese Arbeit geht er nicht ein. Der Schock der Umstellung dürfte aber groß gewesen sein: Der introvertierte Einzelgänger ist wieder die ganze Zeit mit dem Haufen zusammen. Wie in der Rekrutenzeit muss er sich mit den anderen herumschlagen, muss sich an einen ganz anderen Tagesablauf und ganz andere Wohnverhältnisse gewöhnen. Die schönen Mahlzeiten, die Zeit zum stillen, ungestörten Zeichnen und Lesen – das ist alles vorbei. Zeichenblock und Stifte werden nach Hause geschickt. Fach-, Rechts- und Aufklärungsbücher bzw. -broschüren hat er schon im Sommer heimgeschickt. Sein bisheriger Fleiß hat seiner Mutter imponiert. Sie will ja, dass er sich bessert und vorankommt. Etwas enttäuscht ist sie schon gewesen, dass er in der Schule nicht gerade zu den Klassenbesten gehörte. Dass er aber Fachliteratur in Feindesland mitgenommen hat, freut sie. Im Oktober 1915 hat sie ihm geschrieben:

> *ich sehe daß sich mein lieber Wilhelm auch nebenbei noch mit Stutien beschäftigt, auf einmal wird mir doch noch ein gelehrter nach Hause kommen nicht wahr?* (10.10.)

Liest und studiert er, besteht auch weniger Gefahr, dass er verlottert. Nicht dass die heimgeschickten Bücher und Hefte alle Fachliteratur sind. Eines davon – sie beschreibt es als »das Buch vom Geschl. Leben« (20.8.) – ist das bereits erwähnte »Merkblatt für Männer«. Sie liest darin und findet es sehr »interessand & guter Ratgeber«:

> *da kannst Du ja mehr lernen als ich Dir sagen kann, die Hauptsache ist aber auch solchen guten Rat befolgen, das glaube ich ganz sicher von Dir, zumal alles das nur auf die gute Gesundheit einwirkt, was Du ja auch weißt & vieleicht schon viel zu viel gesehen hast, was Du in Deinem Leben vieleicht nicht erfahren & gesehen hättest, somit Schluß mit der Sache.*

Damit sind die peinlichen Themen Sex, Hurerei und Geschlechtskrankheiten erledigt. Sein Vater wird Wilhelm kaum »aufgeklärt« haben. Solche heiklen Themen bespricht man nicht mit dem Sohn. Mit ihm zu radeln macht Spaß; mit ihm über Sex zu reden – das unterlässt man lieber. Obwohl oder vielleicht gerade weil er ein scheues, frommes Einzelkind ist, wird Wilhelm in einer Garnisonsstadt wie Griesheim und als Lehrling in Darmstadt das rege Treiben der Prostituierten nicht entgangen sein. Diese verbotenen, gefallenen Geschöpfe dürften in ihm eine Mischung aus Faszination, Angst und sittlicher Entrüstung hervorgerufen haben.

Seit eh und je bitten die Müllers ihre Korrespondenten um Auskunft über die Stimmung bei ihnen an der jeweiligen Front oder in der jeweiligen Etappe. Zu ihrem Bedauern müssen sie mit ganz wenig vorliebnehmen. Bei Weitem nicht alle Korrespondenten sind sprachlich und geistig in der Lage, diese Aufgabe zu verrichten. Über Standardformeln wie »gesund und munter« kommen etliche nicht hinaus. Umso willkommener sind deshalb diejenigen Briefe, in denen der Schreiber es sich bewusst zum Ziel setzt, die Stimmung einzufangen, und dies einigermaßen fertigbringt, wie z. B. am 30. September der Griesheimer Tagelöhner Daniel Hauf, der in Vitry vor Reims liegt:

> *Eure Karte habe ich erhalten, besten Dank. Ich will einmal versuchen, Euch in einem Brief über den allgemeinen Stimmung bei uns zu berichten. Wie ich aus dieser Karte ersehe, so seid Ihr jetzt schon auch auf den Gedanken gekommen, daß es doch am Ende noch schief gehen könnte.*

Wir wissen nicht, was die Müllers geschrieben haben. Dass sie defätistische Töne angeschlagen haben, kann man nicht glauben; aber Daniel muss ihren Brief so verstanden haben, denn er fährt fort: »Den bei uns vorherrschenden Stimmung spricht ebenso.« Er dagegen stimmt positivere Töne an: »Die Nahrungsmittel sind ja immer noch reichlich, so daß ich glaube, unsere Feinde packen uns mit dem Aushungern doch nicht.« Er selbst bedaure sich manchmal als Infanterist und es gebe Augenblicke, wo er voller Verzweiflung sei. Diese Augenblicke gingen aber vorbei:

> *Wenn auch so mancher unter uns am verzweifeln war, so wird das doch immer bald vergessen, denn Gedanken kann man bei solchen Sachen nicht fassen. Man liegt auf der Erde und erwartet kaltblutig den Tod. Da spreche ich natürlich von der Somme und Verdun. Bei unserer jetzigen Stellung (Ruhestellung) ists natürlich nicht so.*

Mit anderen Worten: In der Ruhe hat man Zeit und Gelegenheit, Gedanken zu fassen. Man verzweifelt nicht, will weiter ausharren und weiterkämpfen. Aber trotzdem fallen ihn sehr beunruhigende Gedanken an:

was hat man davon, wenn man dauernd dem Tode ins Angesicht schaut sollte die Zeit kommen, wo wir wieder nach Hause kommen, dann sind wir arm, ärmer als wir uns eingestehen wollen, die meisten werden an Leib und Seele gebrochen sein, was nützt dann ein solches Leben, wenn man keine Familie hätte mit der großen Hoffnung, so würde man schon selbst Schluß machen, aber so diese Hoffnung hält den Körper straff, man hält aus bei dem fürchterlichsten was es gibt, ja, ja, Ihr zu hause macht Euch einfach keinen Begriff, was es heißt »Trommelfeuer«.

In diesem einen langen Satz fängt Daniel so viel ein. Als erster Korrespondent drückt er das Bewusstsein einer inneren Armut, einer seelischen Gebrochenheit aus. Dann, als empfände er, er sei gleichsam nah daran, die Waffen zu strecken, fährt er mit scheinbar trotziger Entschlossenheit fort:

Aber trotzdem soll es unsren Feinden nicht gelingen ganz unsere Front zu brechen geschweige bis zum Rheine durchzukommen.

Bisher hat niemand, nicht einmal im Entferntesten, die Möglichkeit angedeutet, dass die Engländer und Franzosen die deutsche Front durchbrechen und bis zum Rhein vorstoßen könnten. Das ist das schlichtweg Undenkbare, das Nichtauszusprechende. Diese Angst will auch Daniel verdrängen. Nur bricht das Verdrängte gleich wieder durch:

Kleine Vorteile werden bei allen Offensiven errungen, aber was es kostet. »Menschen«. Sehr lange kann dieses Morden ja nicht mehr anhalten, denn einmal müssen die Reserven alle werden, oder unsere Feinde sehen von selbst ein, daß es ein Unding ist, so weiter zu machen. Wie lange noch, ja das kann nur Gott wissen, wir sehen kein Ende voraus. Jedenfalls aber wird noch ein Jahr vergehen. Also auf nächstes Jahr, dann werden wir wieder zu Hause sein.

Was geschieht aber, wenn den Feinden die Reserven nicht so schnell ausgehen wie den Deutschen und wenn sie nicht einsehen, dass das Weiterkämpfen ein Unding wäre? In einem zweiten Brief zieht Daniel eine Parallele zwischen dem ihm zugeschickten Fläschchen Cognac und der neuesten Kriegsanleihe: Jenes sei in ganzem Zustande angekommen, habe aber einen schrecklichen Fehler gehabt: ein Loch oben. Bei der spätesten Kriegsanleihe werde es ähnlich zugehen: »sie wird auch wieder alle werden, wir werden schon dafür sorgen.« (9.10.) Und was dann? Ihm fehlt das von Herrn Müller wiederholt ausgesprochene Vertrauen in Deutschlands finanzielle Stärke.

Faszinierend an seinen Briefen zu beobachten ist, wie ein »kleiner Mann«, kein Gelehrter oder Jurist, seine Gedanken und Gefühle artikuliert. Was den ersten, langen Brief noch faszinierender macht, ist, dass er nicht alles schwarzmalt. Kriegsdarstellungen, die nur das Grauenhafte schildern, sind genauso verzerrend wie diejenigen, die aus allem ein todumwittertes Heldenleben machen wollen. Das Frontleben gewährt Daniel manche heitere Stunde. In seiner jetzigen ruhigen Stellung vor Reims könnte man, so schreibt er, den Krieg bis zum Ende zu verbringen:

> *Die Herren Franzosen schießen ja auch hier, aber das ist bei Euch zu Hause um diese Zeit auch so, wo der Jäger jetzt auf Hasen & Rebhühner Jagd macht. Auch hier im Lande gibt es dergleichen sehr viel. Es ist nur schade, daß wir keine Jagdflinten haben, da könnte man sich so manchen Braten auf den Tisch verschaffen. Unsere Herren Offiziere, welche dergleichen Flinten bei sich haben, speisen eben ganz vortrefflich und manchmal sieht man auch bei den Muskos*[4] *dergleichen.* (9.10.)

Ein gewisses Ressentiment gegen die privilegierten Offiziere, die etwas Sport treiben und nachher einen leckeren Braten verspeisen, ist nicht zu überhören. Die gemeinen Soldaten können aber auf »grüne« Art wildern und die Heereskost dadurch ergänzen:

> *Auch Kartoffeln und Gemüse gibt es hier. Natürlich darf man sich eben nicht erwischen lassen denn Ordnung gibt es auch hier, und unsere sogenannten Grünschachte (Feldgendarmen) passen gut auf. Trotzdem sieht man alle Tage Leute mit kleinen Säcken voll Kartoffeln oder Gemüse, und ihr werdet staunen, mit welcher Sorgfalt sich unsere Leute daran machen um ein gutes Gemüse zu bereiten, sehr häufig und beliebt sind Rotkrautsalat und Weißkrautsalat natürlich ohne Oel.*

Hier ist Öl genauso rar wie in der Heimat. Daniel gelingt es fast, die Welt von Drahtverhauen und Granattrichtern auszublenden:

> *Von hier aus hat man eine wunderschöne Aussicht nach Reims, denn wir liegen nur 1 km davon. Es scheint eine sehr hübsche Stadt zu sein die Kathedrale*

4 Von Soldaten gebrauchte Abkürzung für »Musketier«(= Mannschaftssoldat bei der Infanterie).

ist noch ganz gut erhalten. Wenn die Sonne scheint, so hat man eine wunderbare Fernsicht in das dahinterliegende Gelände. Etliche Kilometer hinter Reims beginnen die hohen Berge und ist ganz momentan alles abgeschnitten.

Selbst das sonst spartanische Leben im Unterstand entbehrt nicht eines gewissen luxuriösen Komforts:

Ich selbst liege hier 22 Stufen tief in der Erde. Sollte man das für Möglich halten, da können die Herren eine Zeitlang daraufpumpen bis die uns da herausbringen. In dem Raume sind 4 Betten, was sind das: Brettergestelle ohne alles drinn, Keiner Strohsack oder sonst etwas, ein Tisch, zwei Bänke, aber die Hauptsache ist ein Ofen und elektrisch Licht, jawohl, das ist kein Ulk, wir haben wirkliches elektrisches Licht. Da vertreibt man sich dann die Zeit mit Lesen von Zeitungen, schreiben oder Kartenspielen.

Im Vergleich zu den Mannschaftsunterständen der Engländer und der Franzosen sind es Vier-Sterne-Hotels. Man hat sich hier auf Dauer eingerichtet.

Das ist so meine ganze Arbeit welche ich hier im Kriege vollbringe in Stellung. Ach jetzt hätte ich beinahe das Essen vergessen, ja das teilen wir auch noch. Zu trinken gibts natürlich außer Wasser und Kaffee nichts, das ist sehr gut so eingerichtet. Bei uns gibts eben nichts neues Neben uns liegt der Darmstädter Landsturm und sind verschiedene Griesheimer dabei. Da gibts natürlich immer eine kleine Freude, wenn man einen trifft.

Daniel, der Paket Nr. 15 schon erhalten hat, hat es reichlich verdient.

Die von ihm erlebten angenehmen Tage kontrastieren stark mit den Erlebnissen anderer Müller'scher Soldaten an anderen Fronten und Frontabschnitten. Für Willy Israel im Osten verklären sich die Griesheimer Tage zu einer paradiesischen Zeit:

Was wahren das doch noch für schöne Tage wie ich bei Ihnen wahr, aber wie ist es jetzt ganz anders geworden wann mögen die Mal wieder kommen. Ich wahr biß jetzt noch nicht in Urlaub warte aber jeden Tag darauf daß es wieder giebt denn bei uns ist es wieder geschlossen wegen der Angriffswut der Russen. (1.10.)

Einen gewissen wohltuenden Trost stellt die Gegenwart eines Griesheimers dar: »Ich habe jetzt auch ein Griesheimer Kind bei mir wenn Sie Ihn kennen Friedrich Schirmuly ist es, er ist Gärtner ein guter Kerl.« Dass Willys Heimweh nach Griesheim echt ist, zeigt die Tatsache, dass die zwei im *Griesheimer Anzeiger* einen Gruß an die Griesheimer inserieren. Willy weiß, welche Strapazen ihnen bevorstehen:

> *Wir haben hier Regenwetter und Nachts ist es auch schon sehr kalt. Hoffentlich ist bald der schreckliche Krieg zu Ende und wir können alle wieder in der lieben Heimat zurück kehren Gruß an Anna wenn sie wieder bei Ihnen kommt.*

Friedrich wird später fallen.

Ein enttäuschter Fritz Ermert richtet sich für noch einen Winterfeldzug ein:

> *Hätte immer gedacht es würde schließlich doch bis zum Herbste Schluß, aber das ist doch nichts geworden Doch der Mensch denkt, Gott lenkt. Er wird auch endlich noch einmal dem Morden ein Ende machen. Steht doch alles in seiner Gewalt.* (9.10.)

Wie Daniel will er Frau Müllers Wunsch nach Auskunft über die Stimmung unter den Soldaten nachkommen. Besonders Erfreuliches kann er nicht berichten. Ihm ist aufgefallen, wie sich die Stimmung verschlechtert hat:

> *Er* [Gott] *möge denen die von Anfang des Krieges noch da sind Kraft und Mut geben zum durchhalten, denn durch die Länge des Krieges werden die Gemüter überdrüssig und mißmutig.*

Am 19. Oktober sei es bei ihm schon bitter kalt; die Kämpfe gingen aber weiter. Sein Bruder Walter sei an der Somme. Sein Wunsch: »Möge doch der Herr sich bald über die arme Welt erbarmen und uns bald den Frieden wiedergeben.«

Die Soldaten, bei denen der Kampfwille nachlässt, sind für Frau Müller lauter Drückeberger und Miesmacher, Menschen, denen es am wahren Glauben an Gott, Kaiser und Hindenburg mangelt. Echtes Lob ernten dagegen diejenigen, die infolge ihrer schrecklichen Erlebnisse zum christlichen Glauben zurückgekehrt sind. Bei denen hat sich das göttliche Züchtigungswerk anscheinend gut bewährt:

> *Lautenschlägers Georg ist auch ganz unverhofft gestern gekommen auch Reinheimer Bette ihr Valtin, wir waren ganz irr an Reinh. Valtin, er sagte nämlich; früher hätte er jemand vor den Hindern getreten, wenn er etwas von Gott & der*

> *Kirche gesagt hätte, aber er hätte jetzt gesehen daß sein Heiland bei Ihm wäre & seine Frau war nicht wenig erstaunt, wie er seine Gebetbücher & dergleichen ausgepakt hatte, so mein Lieber Wilhelm, werden die Menschen zur Erkenntnis kommen, & wenn sie alle solche Bekenntnisse ablegen würden & den Herrn anrufen täten, wär der grausame Krieg vieleicht zu Ende, natürlich wir wissen gar nichts, Gott ist unbegreiflich wie er regiert.* (12.10.)

Tritt selbst bei Frau Müller ein langsamer Wandel sein? Glaubte sie bisher, in allem das sinnvolle Wirken eines göttlichen Planes klar zu erkennen, so fällt es auch ihr schwer, bei allem Glauben an den Plan dessen Funktionieren im Einzelnen zu erkennen. Andererseits wäre dazu zu sagen: Als gläubige Christin hält sie es für einen Akt sündhafter menschlicher Überheblichkeit, die Ratschlüsse des allmächtigen, allweisen Gottes immer verstehen zu wollen. Dem Christen wie dem treuen Untertanen obliegt es vielmehr, alles im stillen Vertrauen hinzunehmen.

Im Juli 1916 ist Wilhelm auf Wanderschaft. Von der Gegend vor Verdun wird er zuerst nach Piennes in Lothringen verlegt. Er trifft sich mit Heinrich Kunz, der dort als Offiziersanwärter einen Ausbildungskurs macht. Im Herbst rückt er nach Valenciennes weiter. Seine Quartierleute findet er nett und liebenswürdig (17.10.) Mit ihnen kann er sich auf Französisch verständigen. Nur begeht er diesmal nicht den Fehler, bei deren guten Eigenschaften zu verweilen. Seine Eltern aber sind unruhig. Sie erraten, dass er an die Somme kommt, wo seit Ende Juni eine Schlacht tobt, die an fürchterlicher Intensität der Verdun-Schlacht in nichts nachsteht: »Wenn Du an der Somme bist, da werdet Ihr etwas gewahr werden.« (19.10.) Frau Müller ist bei der letzten Musterung gewesen:

> *vorgestern haben die 18 Jährigen gemustert & sind fast alle eingeteilt zur Inftr., so Kerlchen wie Höhle Beckers Philipp man meint nicht, daß Sie das Gewehr tragen könnten. Was haben sie alle gesungen, was werden sie erst singen wenn Sie hinaus kommen ins Feld, sie brauchens vieleicht auch nicht mehr, wenn nur der liebe Gott wollte.* (19.10.)

Spürt man hier ein gewisses Unbehagen beim Gedanken, dass diese jungen Männer wohl noch geopfert werden müssen, ehe Gott seinen Züchtigungsplan für gelungen hält? Fragt sie sich im Verborgenen, ob der Sieg durch solche »Kerlchen« zu gewinnen ist?

Während sie in ihrem Laden fast ausschließlich von den Lieferungen aus der Bürgermeisterei abhängt, ist ihr Mann auf die Entscheidungen einer neu geschaf-

Meist blutjunge Rekruten mit vollem Gepäck. Das Schildchen mit der Inschrift »Gott strafe England«, eine der bei solchen Gruppenfotos beliebten Requisiten, fehlt nicht. Trotz aufgepflanztem Seitengewehr wirken die jungen Kerle und der etwas ältere Herr mit Pfeife alles andere als furchteinflößende Werkzeuge Gottes. Die sehr groß wirkenden, blanken Seitengewehre heben deren Gebrechlichkeit nur noch stärker hervor.

fenen Behörde, der Kriegsgesellschaft für Sauerkraut, angewiesen. Gurken – die noch nicht beschlagnahmt worden sind – liegen bei ihm in genügender Menge vor; Kraut für Sauerkraut aber nicht:

> *wir stehen unter der Kontrolle der Kriegsgesellschaft & da durften wir* [er und die anderen kleinen Einmacher] *nicht mehr bezahlen als 3 M für Ctr, aber die Händler durften kaufen den Ctr zu 4 M & noch mehr, deßselb bekamen wir keines & sind in bald, circa 14 Tg. Höchstens 3 Wochen mit Sauerkraut ausverkauft.* (26.10.)

Geht es auf diese Art und Weise weiter, dürften die Griesheimer ihre Not haben, zu ihrem Sauerkraut zu kommen:

> *Mit Schade & Füllgrabe haben wir schon in voriger Woche abgebrochen nun diese wissen ja ganz genau die Gesetze, die nehmen es auch nicht für Übel, aber bei unsern kleinen Kunden werden wir aussetzen müssen mit Sauerkraut, wenn wir nicht bald bekommen.*

Zum Glück braucht Herr Müller nicht mehr lange zu warten. Die Kriegsgesellschaft lässt ihm Kraut zukommen, nachdem er 1.700 Mark deponiert hat. Er akzeptiert, dass die Bedürfnisse von Heer und Marine den Vorrang haben müssen:

> [Die Kriegsgesellschaft] *sorgt dafür, daß Heere & Marine gedeckt sind, das geht vor allem voran & wir müssen hinten drein gehen, wenn wir auch einmal ein halbes Jahr aussetzen müssen, macht auch nichts.* (26.10.)

Nach Ankunft des angemeldeten Waggons packen auch seine Frau und das Mädchen fest an. Zum Glück nimmt der Laden Frau Müller immer weniger in Anspruch. Sie will ihn aber nicht schließen:

> *In unserm Laden habe ich noch allerlei z. B. Band Nähseide welch nicht mehr voll ist & dergl. mehr, dadurch, daß wir kein Kraut einmachen können, habe ich mir Malzkaffee & dergl. Eßwaren wieder kommen lassen, auch teilt die Gemeinde noch allerlei aus, & wenn ich da nicht mein Anteil nehme, habe ich selbst keine Nudel & dergl., weil es nur ein bestimmtes Quantum gibt, da müßte ich v. einem Krämer zum andern laufen & bekäme schließlich noch nichts für mich, wie es so viele andere Leuten auch geht, wir haben ja nicht viel zu tun & ein Dienstmädchen hab ich auch da behalte ich die nötigen Eßwaren bei, damit ich nicht selbst zu laufen brauche, & das bische Eßwaren sind alsbald wieder verkauft, wenn der Krieg vorbei ist sind wir gleichfertig Kisten & Kästen sind leer & was ich bekomme setze ich in* [den] *Laden & ist immer früher alle, als bis wieder frisches kommt Das Geschäft ist nur noch Zeitvertreib für uns.* (26.10.)

Trotz aller Maßnahmen der Regierung wird die Knappheit von Fleisch und Fleischwaren nicht behoben. Um nicht auf die bescheidene und oft recht ungewisse Fleischration angewiesen zu sein, die sich Frau Müller beim Metzger holt, beschließen die Müllers, selbst ein Schwein zu mästen:

> *Papa hat im Pferdestall einen Verschlag für ein Schwein gemacht & Schicke Valtin macht es morgen fertig. Wer sich kein Schwein selbst mästet darf nicht schlachten, nun wir haben ja Zeit jetzt & da kaufen wir ein Einlegeschwein &*

machen es fett, ich wollte wenn es schlachtreif ist während Ihr alle daheim. (27.10.)

Wollten sie sich früher vom Bäuerlichen möglichst distanzieren, nähern sie sich ihm jetzt Schritt für Schritt an. Die Griffe, die Frau Müller in Rohrheim als Bauerntochter gelernt hat, kommen ihr sehr zugute.

Fräulein Büscher dagegen gehört zu den Städtern, die keine Gelegenheit haben, ein Schwein zu mästen:

Um ein sonst unbedeutendes bischen Nahrung ist man oft stundenlang unterwegs, vertrödelt seine bischen freie Zeit vor einem Metzger oder Käseladen, mitten drin in einem Publikum, daß es einem um sein bischen Leben angst & bang wird. So ungefähr sieht es bei uns in der Stadt aus. (29.10.)

Von Einigkeit, Höflichkeit und Freundlichkeit kann nicht mehr die Rede sein. Inmitten frustrierter, oft zorniger Frauen Schlange stehen zu müssen, wird zu einem festen Teil ihres Alltags. Angesichts der wachsenden Unzufriedenheit ist es für die Propaganda umso nötiger, »glänzende Erfolge« auszuposaunen:

Unsere Erfolge sind ja allenthalben wunderbar in der Luft im Wasser & unterm Wasser überall glänzende Resultate und doch will keine unserer Feinde das einsehen & uns gerne klein machen wie Salz. Wie ich es verstehe steht unsere Sache im Osten wie im Westen gleich gut.

Die Presseberichte über den Feldzug gegen Rumänien und über die dort geholte Beute haben eine ähnliche Wirkung:

Die Beute von Constanza soll ja überraschend groß sein, allein soll die Entente dort einen gewaltigen Vorrat von Getreide aufgestabelt haben, wie schön wenn auch dieses in unsere Hände fiele.

In einer Hinsicht gleicht Fräulein Büscher Wilhelms Mutter: Sie hat wenig Verständnis für das Verhalten der jungen Leute:

In meiner Vaterstadt ist alles noch beim Alten Die Jugend amüsiert sich ich glaube die Feldgrauen nicht weniger. Eine wesentliche Veränderung des Stadtbildes ist mir eigentlich noch nicht aufgefallen. Man sieht viel Putz & viel Tand & hört von vielem Übermut, ein Geldmangel ist nirgends sichtbar, ein Glück das

Bier & Wein ziemlich teuer sind & die Wirtshäuser um 12 Uhr geschlossen sein müssen. Der Wein ist in einem Zeitraum von 8 Tagen um 40 Pf. pro Liter in die Höhe gegangen & das im Rhein & Weinland.

Aus ihrem Kommentar ersieht man deutlich, warum der stille, scheue Wilhelm ihr so gefällt.

Dessen jährlich wiederkehrender Abwehrkampf gegen den drohenden Ansturm warmer Kleidungsstücke läuft im Spätsommer und Herbst wieder an. Die liegen gelassene wollene Unterjacke dürfe seine Mutter schicken, Kniewärmer aber nicht. Eine Tücke des Schicksals sorgt jedoch dafür, dass die expedierte Jacke länger als üblich unterwegs ist. Panik in Griesheim! Frau Müller heckt Notlösungen aus. Er soll zwei Hemden, gute wollene, und auch seine Drillichjacke anziehen. Letztere soll er unter die Hose stopfen, damit sein »Rügrat« (28.11.) erwärmt bleibe. Ihre Angst eskaliert: **Eine** Ersatzjacke genügt ihr nicht mehr. Die könnte gestohlen werden bzw. wie die erste lange unterwegs sein. Zwei müssen es sein! Zwei Hemden übereinander tragen, das genügt auch nicht: Drei müssen es sein. Man fragt sich, wie ein so wattierter Fahrer mit seinem Gespann überhaupt fertigwerden soll. Wilhelm, der in einem Zimmer auf Strohsäcken und in Decken gewickelt ganz warm schläft, braucht selbst nachts solche Isolierung nicht. Waren früher Hosenträger das Einzige, was er vermisste, so entbehrt er jetzt nur eines: Eier. Hier hat man wiederum mit einer der Paradoxien dieses Krieges zu tun: Von Tausenden und Abertausenden von Granaten umgeben sehnt sich ein Mensch nach einem Ei! In Griesheim sind keine mehr aufzufinden:

frische Eier gibt es eben überhaupt nicht, weil die Hühner nicht mehr legen, also was eben v. Eiern zu haben sind ist aufgespeicherte Ware & kostet 1 St. 40 Pf & dabei kann man noch keine bekommen. (29.10.)

Obgleich der Höchstpreis ständig steigt, haben viele Verkäufer und Käufer selbst bei hohen Geldstrafen keine Hemmungen, ihn zu überschreiten. Ganz ohne Eier ist Frau Müller nicht. Vorsorgend wie immer hat sie einige »ins Glas (mit Garantol)[5], einige in Salz eingelegt«. Da sie aber nicht wissen kann, wie sie ausfallen, scheint ihr die sicherste Lösung zu sein, Wilhelm jede Woche ein »Küchelchen mit Zutat

5 Die Schalen von Eiern wurden früher mit Garantol (= Wasserglas, Kieselsäure) bestrichen, um die Eier zu konservieren.

von 2 Eiern« zu schicken. Selbst bei einem Bauern wie Gretchen Kellers Vater sind frische Eier nicht aufzutreiben:

> *Ich war in Valtin Kellers & was war es Ihnen so leid, daß Sie jetzt selbst keine haben, wenn ich mal da keine mehr bekommen da bekomme ich überhaupt nichts mehr.* (29.10.)

Oder übersieht sie etwas? Hat Wilhelms Saumseligkeit als Werber um die Hand ihrer Tochter Gretel sie dermaßen geärgert und gekränkt, dass es sie nicht gerade drängt, mit ihren wertvollen Eiern herauszurücken? Droht Frau Müllers Hinhaltetaktik zu scheitern? Die Kellers sind schlau genug, um zu wissen, dass es nicht nur an Wilhelm liegt, wenn die Sache nicht vorankommt. Sie werden sich öfter gefragt haben, ob die liebe Frau Müller sie nicht auf den Holzweg führt und ein anderes Mädchen für Wilhelm im Auge hat. Wer ist denn die fremde junge Frau, die aufgetakelte, die immer wieder bei denen aufkreuzt?

Gerade weil die allgemeine Lage so ernst wird, soll Wilhelm aufgeheitert und von dem ihn umgebenden Elend abgelenkt werden. Deshalb erzählt ihm seine Mutter die Herbeiholung und die Einquartierung des Schweinchens als lustigen Streich.

> *ich habe es geholt in Griesheim, einen Einleger, ich hatte mir Lehnards Kathrinche (Jakob seine Mutter) mitgenommen & in einen Korb gesetzt & mit dem Schubkarren heimgefahren, der Stall war schon ein paar Tg fertig im Pferdestall drin, unter mittag wie Dein Vater gegessen hat bin ich schnell fort & haben es geholt & gleich in Stall gesetzt, wie er gegessen hatte sagte er jetzt ist der Stall fertig, ich will nur mal sehen bis wann wir eine Sau bekommen & dabei hatt sie schon im Stall gesessen, da sagte Lehnards Kathr. Rufen wir einmal, & was hat er geguckt wie das Tierchen schon im Stroh gewühlt hat.* (29.10.)

Sie kümmert sich derart intensiv um das Schweinchen, dass sein Vater Wilhelm am Jahresende schmunzelnd schreibt

> [Mutter] *braucht kein Geschäft mehr denn allemal wenn Sie es füttert, bleibt Sie gut eine halbe Stunde bei ihm sieht mit zu wie es zunimmt bätschelt sein Ärschjen.* (30.12.)

Wäre es ihr im Unterbewussten vielleicht nicht lieber, wenn sie statt einem Schweinchen ihrem kleinen Wilhelm die Rückseite »bätscheln« dürfte? Wilhelms Vater wäre es auch sicherlich recht, wenn er wieder seinen »gebobbelten Stinker« (11.11.) im Laufstall hätte.

Wie so oft in diesen Briefen – allerdings innerhalb einer gewissen Streubreite – wird munter von einem Thema zum anderen gesprungen. Hier herrschen keine Standesschranken, keine Landesgrenzen. Das Schwein und das kaiserliche Versprechen, den Polen nach dem Krieg ein polnisches Königreich zu schaffen, stehen friedlich nebeneinander. Von der kaiserlichen Idee ist Frau Müller so begeistert, dass sie Wilhelm einen Zeitungsartikel darüber schickt, in dem behauptet wird, dies sei »die erste Annäherung Rußlands an Deutschland & damit der erste Schritt heim (Frieden)«. Gleich danach wechselt sie zur Jacke über; dann kommt das Schweinchen erneut zu seinem Recht. Dessen eventuelles Schicksal und das der diplomatischen Entwicklungen lassen sich syntaktisch kaum trennen:

> *Wenn das Schwein gesund bleibt können wir wieder im März schlachten wie voriges Jahr, vieleicht könnt Ihr bis dahin zu Hause sein wenn die Entwicklungen weiter gehen, hoffentlich gibt der Liebe Gott seinen Segen dazu.* (29.10.)

Schlachtfest und Siegesfest könnten zusammenfallen! Auch Wilhelm stimmt dem Artikelschreiber zu:

> *Ich glaube daß Rußland zuerst mit uns einig wird und wenns erst soweit ist dauert es mit den anderen auch nicht mehr lange. Gott mag es uns bald bescheren.* (9.11.)

Diesmal gibt der liebe Gott seinen Segen nicht. Bethmann Hollwegs Hoffnung, dass das Versprechen eines unabhängigen Staates viele Polen zu den deutschen Fahnen rennen lassen werde, erweist sich als Illusion. Ihrerseits gewinnen die Russen dem Vorhaben natürlich keinen Geschmack ab. Die Müllers müssen noch eine Enttäuschung einstecken. Trotzdem gibt Herr Müller seine Hoffnung nicht auf, Russland sei zu besiegen und im Osten ein Separatfrieden abzuschließen. Die dort nicht mehr benötigten Truppen könnten dann im Westen gegen die Franzosen und Engländer eingesetzt werden:

> *Nun mein Lieber Wilhelm augenblicklich ist hier ein großes Friedensgespräch man nimmt allgemein an, daß wenn die Italiener geschlagen werden es bald zum Frieden kommen könnte, da auch von Rußland wieder recht viel von Frieden gemunkelt wird. Nun einmal muß er ja kommen der ersehnte.* (11.11.)

Hauptsache sei, dass der Frieden kein fauler sei. Er müsse Deutschlands gerechte Forderungen erfüllen und auf die Dauer garantieren. Ein Verständigungsfriede ohne Gebietsannexionen und Kontributionen ist für ihn nicht vorstellbar.

In der Heimat nimmt das Hamstern immer größere Ausmaße an. Scharen von hungrigen Städtern sind unterwegs. Auch die Frankfurter Verwandten, Herr und Frau Krause, deren Gemüsegeschäft (Großhandel) so gut läuft, dass sie sich ein Auto leisten können, machen mit ihrem jüngsten Kind Fritz eine Hamsterfahrt zu den Sauers in Studernheim. Dina berichtet: »Als die fort gingen sagte er [Herr Krause] ›Heute haben wir mal ordentlich gehamstert.‹ So beladen waren sie.« (3.11.)

Die Müllers lädt sie gleichfalls zu einer Hamsterfahrt ein: »Dann könnt auch Ihr einmal hamstern gelt Frau Müller.« Das Angebot hätte die meisten Frauen riesig gefreut; bei Frau Müller weckt es gemischte Gefühle. Hätte sie nach eigenem Gutdünken frei schalten und walten dürfen, hätte sie Dina längst weggejagt bzw. weggeekelt. Gerade das Bewusstsein, dass die Gunst der Sauers unentbehrlich ist, ist für sie das Ärgerliche. Aus dieser Zwickmühle gibt es aber anscheinend keinen Ausweg: Dina kann sie zwar nicht leiden, aber sie braucht sie. Ihrerseits ist Dina selbst keine naiv-arglose Kontrahentin. Dass Frau Müller sie nicht mag, hat sie während ihres Griesheimer Aufenthaltes deutlich gespürt. Andererseits ist ihr klar, dass sie sie unbedingt umstimmen muss, will sie an Wilhelm herankommen. Ohne Waffen ist sie nicht. Sie ist sich der Macht bewusst, die ihr – neben den Geschäftsbeziehungen der Müllers zu ihrem Vaters – deren Hamsterbedürfnisse geben.

Studernheim mag weit weg vom westlichen Kampfplatz sein. Doch Nachrichten aus anderen Gegenden erreichen auch diesen Flecken. Dina berichtet von einem Fliegerüberfall auf Pirmasens, bei dem 170 Personen ums Leben kommen und eine große Anzahl schwer und leicht verwundet wird. Ein bei Saarburg abgeschossener französischer General habe behauptet, 200 Flugzeuge stünden in Frankreich bereit, um die ganze Rheinpfalz zu vernichten, und in der Nacht vom 11. zum 12. November habe ein feindliches Flugzeuggeschwader zwei Ortschaften in der Nähe von Saarbrücken bombardiert. Gott sei Dank sei kein so großer Schaden angerichtet worden: »Aber auf unsere Pfalz haben sies ganz abgesehen.« Flakbatterien müssen aufgestellt werden:

> *500 Abwehrkanonen werden in verschiedenen Dörfer und Städten aufgestellt. Auch wir sind keine Stunde sicher, und sind nicht im Krieg.* (16.11.)

Trotz aller fernen Verteidigungslinien rückt die bisher heile Heimat in Reichweite des Feindes. Die Wacht am Rhein kann überflogen werden. Abends muss in Griesheim verdunkelt werden.

Im Vergleich zu der Schlacht vor Verdun nimmt die Somme-Schlacht in den Briefen und Karten, die bei den Müllers einlaufen, wenig Platz ein. Völlig fehlt sie nicht. Einer, der die Schlacht überlebt, ist Walter Ermert. Wie sein Bruder Fritz wird er zu einem regelmäßigen Korrespondenten der Müllers. Am 12. November schreibt er:

> *Ich bin im Oktober 14 Tage in der Somme gewesen. Aber was für eine Mörderei da war, kann ich Euch nicht beschreiben* [...] *Ich sitze nun hier grade im Soldatenheim und unterhalte mich mit einigen Kameraden aus Gottes Wort. Wie froh ist man doch solche Stunden genießen zu können und ein Kind Gottes zu sein und mit ganzer Hingabe sich auf den Herrn verlassen kann. Dann fällt auch einem alles leichter, wenn man sich auf den Herrn verläßt.*

Solche Töne hört Frau Müller gern. Walter muss weiter angespornt, weiter beliefert werden. Alles, was über die Somme-Schlacht berichtet wird, lässt in Fräulein Büscher schwere Sorgen aufkommen, dass auch Wilhelm an »die fürchterliche S.« kommen könnte: »dort soll es ja ganz entsetzlich zugehen.« (15.11.) Wohl nicht nur aus Respekt vor dem Zensor belässt sie es lieber bei dem einen Buchstaben! Mit den Praktiken der deutschen Zeitungen ist sie vertraut genug, um zu wissen, was es heißt, wenn dort eingestanden wird, dass die Verluste auf deutscher Seite »ganz beträchtlich« sind. Weder sie noch Wilhelms Eltern brauchen sich allzu lange mit Ängsten um sein Wohl zu quälen. Er gibt zu, sein Regiment habe »lebhafte Gefechte« hinter sich, spürt aber das Nachlassen der heftigen Angriffsoperationen des Gegners:

> *Wir sind nicht oft im Gefecht, überhaupt ist die Kampftätigkeit der Gegner ganz enorm abgeschwächt. Auch bleiben wir nicht hier in kurzer Zeit kommen wir wieder an einen anderen Frontteil wie uns unser R*[e]*g*[imen]*ts K*[omman]*d*[eu]*r heute sagte. Unsere Inf. ist bereits abgelöst. Wir haben auch kleine örtliche Vorteile errungen, die Sache steht noch immer gut.* (17.11.)

Am 22. November zieht er weiter: »Unsere Mission für hier haben wir erledigt.« Ziel ist die Gegend vor Verdun. Seinen genauen Standort verrät er nicht. Erst am 18. Dezember teilt er seinen Eltern mit, er sei an der Front und zwar bei der Höhe »Toter Mann« und bei Höhe 304. Am 27. sei er »weiter links (Pfefferrücken)«. Alle drei Höhen sind wegen der dort früher im Jahr geführten blutigen Kämpfe berüchtigt. Es dürfte klar sein, warum er nur diese karge Information weitergibt und sonst alles verschweigt. Das Wichtigste ist, dass die Eltern ein Lebenszeichen erhalten haben. Die Wirkung seiner Erlebnisse auf Wilhelm selbst bleibt ein Geheimnis. Er muss sie allein verarbeiten. Sein Bewusstsein, in tödlicher Gefahr zu sein, blickt in seinem Brief vom 27. durch:

> *Ihr habt schon verschiedenmal angefragt ob ich auch beten würde usw. Darauf kann ich auch nur antworten, daß ich mich ganz in der Hand unsers lieben Heilands und Gottes weiß.*

Die hohen Verluste im Heer müssen durch die Einberufung neuer Rekruten ausgeglichen werden. Der von Frau Müller als faul und frech verschriene Heinrich Müller jun. wird Feldgrauer. Wie sein Vater hält er sein Versprechen ein, die Müllers auf dem Laufenden über seine Erlebnisse zu halten. Am 18. November schreibt er aus Wiesbaden:

> *Teile Euch kurz mit, daß wir gut hier angekommen sind. Wir sind am Bahnhof mit Musik abgeholt worden, hier in der Kaserne gab es gleich zu essen Nudel und Gulasch, die machen uns fett mit lauter Nudel. Gestern sind wir schon eingekleidet worden, und heute haben wir schon Besichtigung vom Major, der wollte uns Hammels einmal sehen. Sonst ist es gut hier, gute Betten und das Essen geht auch.* (15.11.)

Die Rekruten, von denen viele die Spuren der mangelhaften Kriegsernährung aufweisen, müssen regelrecht gemästet werden. Heinrich leidet an Heimweh. Frau Müller kommentiert bissig:

> *Müller Heinr junior hatt sein Großmaul verloren in Wiesbaden in der Kaserne. Das Heimweh kommt, nun er mag sich nur gewöhnen, wie die anderen auch mußten, nicht wahr mein lieber Wilhelm.* (28.11.)

Da die Ausbildungszeit immer kürzer wird, kommt er früher als erwartet auf Urlaub heim. Er hat wenigstens das Glück, nicht gleich vom Exerzierplatz an die Front transportiert zu werden. Frau Müller lobt die Verwandlung: »ganz schöner Soldat«. (21.12.)

Die Liste der gefallenen Griesheimer verlängert sich unerbittlich: »Unser Nachbar in Wenze oben Zöller der dicke junge ist auch gefallen.« (17.11.) Am Totensonntag denkt Frau Müller an die vielen Tausende von Toten, die betrauert werden. Selbst sie, die Fromme, findet es immer schwerer, den göttlichen Plan zu verstehen: »was der Herr im Himmel nur mit dieser Welt vorhatt, er weiß es ganz alleine.« (26.11.) Scheinen ihr die geforderten Opfer doch zu groß? Ausdrücklich distanziert sie sich von denen, die vor 1914 einen Krieg für unvermeidlich hielten:

> *was werden so viele unter den Toden sein, wo als sagten, es muß einmal Krieg geben, jetzt ist das schreckliche Elend schon zum III Totensonntag da. Der liebe Gott im Himmel möge doch der armen Menschheit wieder gnädig sein wir wollen Ihn bitten, Herr kehre Dich doch wieder zu uns & sei deinen Knechten gnädig.* (26.11.)

Zweimal kommt das Wort »gnädig« vor und die Menschheit wird jetzt als arm, nicht als schuldig oder sündhaft bezeichnet. Verliert sie den Glauben an den strengen Gott der Gerechtigkeit?

Anlass zu neuen Hoffnungen und damit auch zu erneutem Vertrauen in den strengen göttlichen Ratschluss bietet im Dezember das von der Presse hoch gepriesene Friedensangebot des Kaisers. So begeistert davon ist Wilhelms Vater, dass er keinen Augenblick verstreichen lässt, ehe er ihm von dem berichtet, »was man heute Abend erzählen hört«: »es heißt Seine M. der Kaiser hatte bei unseren Feinden unter gewissen Bedingungen Friedensantrag gestellt.« (12.12.) Fräulein Büscher teilt seine Begeisterung:

> *Wiedereinmal eine große echt deutsche Tat die wohl ihre Wirkung nicht verfehlen wird. Die Friedenssehnsucht wird täglich größer & bin ich neugierig wie unsere Feinde die Sache aufnehmen.* (12.12.)

Weder sie noch Herr Müller brauchen lange zu warten. Das kaiserliche Angebot, das keine konkreten Details über Deutschlands Kriegsziele enthält, lehnen die Ententemächte glatt ab. Sie kontern mit präzisen, harten Friedensbedingungen. Herr Müller entrüstet sich:

> *unsere Feinde wollen wie wir aus den Berichten der Zeitungen ersehen noch keinen Frieden nur in dem Sinne wie sie ihn selbst wünschen, ei, das gebe ja einen schönen Frieden nicht wahr? Sämtliche eroberten Gebiete abtreten u noch Entschädigung dazu, weil wir nach Ansicht der verlogen Schufte den Krieg gewollt haben dabei hatten sie, die Lügner schon längst unsere Grenzen allerwärts überschritten bis wir uns von unserem Schrecken einigermaßen erholt hatten, wie meinst Du mein Lieber u. Deine Kameraden dazu?* (30.12.)

Vielleicht, so mutmaßt er, sei die Ablehnung nur ein Bluff; denn angesichts der Leistungen der U-Boote sei doch Kriegsmüdigkeit beim Feind eher als bei den Mittelmächten zu erwarten: »wenn nicht, so werden sie sehen u wir werden sehen, wie unser großer Meister Hindenburg neulich gesagt hat.« Dieser Spruch ist in aller Leute Mund. Von Kaiser Wilhelm hochtrabendes Pathos – vom Feldmarschall derbe, handliche Sprüche. Der Glaube an den Meister ist noch intakt. Mit Gottes Hilfe wird er sicherlich noch ein Wunder vollbringen können!

Bei allem Rätseln über die Friedensaussichten lässt Frau Müller Dina Sauer nicht aus dem Visier. Ihre Frustration wächst. Da Herzberger allein die benötigte Menge nicht liefern kann, ist man sogar fürs Beschaffen von Äpfeln auf Dina angewiesen. Ohne krumme Touren geht es auch nicht mehr. Der Griesheimer Lehrer Fischer muss eingespannt werden, um einen Bezugsschein zu schreiben, in dem steht, dass der Landwirt Peter Sauer zwei Zentner Tafeläpfel von dem Einmachgeschäft Ferdinand Müller in Griesheim bei Darmstadt einführen will. Ihm wird bescheinigt, so heißt es weiter, dass er weder Selbsterzeuger noch Besitzer von Obst ist und gegen die Einfuhr keine Bedenken bestehen. Der Studernheimer Bürgermeister Weich unterzeichnet den Schein. (7.12.) Alles ist wirklich nur Schein. Die Äpfel sind für die Müllers bestimmt. Dina fällt die Aufgabe zu, sie per Nachnahme zu schicken.

Nach geleisteten Diensten glaubt sie mit einigem Recht, bei den Müllers einen so dicken Stein im Brett zu haben, dass sie – wohlgemerkt, aus Gesundheitsgründen! – einen Aufenthalt bei ihnen in Anspruch nehmen darf. Frau Müller weiß, was damit auf sie zukommt, und versucht sie abzuwimmeln:

> *ich schrieb Ihr wir hätten noch nicht geschlachtet, & es würde uns an so manchem fehlen; alles sei knapp und sie würde ihr schreiben, wenn sie kommen sollte.* (12.12.)

Dina lässt sich nicht so leicht abweisen. Am 4. Dezember steht sie vor der Tür und will 14 Tage bleiben. Frau Müller empört sich:

> *ich an Ihrer Stelle, würde nicht zu Jemand gegangen sein wenn ich abgeschrieben bekäme, natürlich hatte sie Eßwaren bei sich aber ich will doch gar nichts haben, ich will einfach nicht so belästigt sein, das ist wirklich eine Plage mit d. D., das Mädchen kommt gar nicht zur Vernunft, & wenn mir jemand den ganzen T*[a]*g im Wege herumläuft das ist doch peinlich.*

Obwohl Dina in die Müller'sche Burg erfolgreich eingedrungen ist, erkennt sie nach kurzer Zeit, dass ihr Versuch, Frau Müllers Mitleid in Anspruch zu nehmen und ihre Beziehung zu ihr zu verbessern, vergeblich ist. Die Atmosphäre im Haus wird immer gespannter. Ein Zwischenaufenthalt bei den Krauses in Frankfurt scheint Dina angeraten. Dies bietet Frau Müller eine Verschnaufpause bzw. eine Galgenfrist: »ich freue mich jetzt schon wieder darauf das wirst Du verstehen.« (12.12.) Wilhelm muss jeglicher Gedanke aus dem Kopf getrieben werden, ein ernsthaftes Verhältnis mit so einem Geschöpf einzugehen:

> *Ich habe bei Ihrem jetztigen Besuch mal richtig Gelegenheit gehabt, die D zu studieren. Ihre Mutter hatt Ihr circa 60 M mitgegeben, das Geld tut Sie gerade mit Gewalt verausgaben auch käuft sie viel dummes Zeug dafür z. B. Romane u. dergl. Die Hauptsache ist dann Cocolade der eben so furchtbar teuer ist, es kommt ihr einfach gar nicht darauf an, wie sie das Geld hinauswürft.*

Statt zu schaffen, wolle sie nur schön frisiert vom Dienstmädchen bedient werden. Als wäre Wilhelm so ein Dummkopf, der nicht merken würde, worauf dies alles hinausläuft, fährt sie fort:

> *Ich will Dir ja keine Vorschriften machen, aber das Übel darf man doch nicht so einreißen lassen, es hat überhaupt gar keinen Wert, wie mann mit einem Fünkchen spielt wirds ein Feuer.*

Immer die passende Volksweisheit parat! Und das soll keine Vorschrift sein! Dass Dina Katholikin ist, ist für Frau Müller ein weiterer Minuspunkt. Was würde Pfarrer Gerhard davon halten, wenn sie ihm sagen müsste, Wilhelms Braut sei katholisch? Selbst wenn sie evangelisch wäre, könnte das Dina nicht retten:

> *Sie dürfte jetzt wirklich evangelisch sein möchte ich Sie mit Ihren lauten Benehmen (Specktakeel) um keinen Preis um mich herum haben, Du darfs*[t] *nicht böse sein mein lieber, aber ich muß Dir mal mein Herz so recht ausschütten.* [...] *Sie ist einmal eine einzige Tochter & bekommt Ihren Willen gelassen, vielmehr sie darf ihn durchsetzen, die Hauptsache an d. D. ist Ihr Mundwerk. Lieber Wilhelm ich habe Dir mal so richtig gesagt wie es ist, alles dieses überlege Dir wohl & weiter für heute nichts mehr.*

Die Bombardierung wird jedoch fortgesetzt. Weitere Munition gegen Dina lässt sich leicht finden:

Sie erzählte unserm Mädchen, daß Sie jeden Sonntag nach Mannheim ins Kaffee ginge, das kostete immer ein paar Mark, das glaube ich selbstverständlich.

Selbst die Verschnaufpause schrumpft zusammen: Dina kommt früher als erwartet aus Frankfurt zurück. Dort sei sie, klagt sie, wegen ihres katholischen Glaubens verspottet worden. Diese vorgezogene Rückkehr steigert Frau Müllers Frustration noch mehr:

Was meinst Du mein lieber Wilhelm die Dina will sich bis 18 Dezember bei uns herum drücken [...] *wir wollen noch ein bischen putzen auf die Feiertage & dergl. mehr, da kann man so einen Last gar nicht brauchen.* (16.12.)

Er soll dafür sorgen, dass Dinas Weihnachtspaket das letzte bleibe:

ich denke wenn Du wieder etwas bekommen hast, dann schreibe ihr lieber, sie sollte doch ablassen von dem vielen schicken [...] *ich versorge Dich doch so gerne selbst.*

Man kann sich leicht ein Bild von der Situation im Müller'schen Haus machen: Dina drückt sich mürrisch, gelangweilt herum, nimmt das Mädchen ständig in Anspruch; Frau Müller wird immer ungeduldiger, weil sie mit dem Weihnachtsputz nicht vorankommt. Wilhelms Vater, der sich das Schimpfen seiner Frau anhören muss, versucht sich aus allem herauszuhalten, verzieht sich, wenn es geht. Viel wäre gewonnen, wenn Dina nicht dauernd im Haus wäre; aber eine Promenade zum Herumflanieren gibt es in Griesheim nicht, große Läden und elegante Cafés auch nicht. Sie muss sich also damit begnügen, im Zentrum die bewundernden Blicke der herumlungernden Soldaten auf sich zu ziehen. Ohne die Begleitung Gretel Krauses geht selbst dies nicht so leicht; denn als Gastgeberin fühlt sich Frau Müller für sie verantwortlich, wenn sie unterwegs ist. Wenn das Mädchen etwas Dummes anstellen sollte! Die Hausbesetzung nervt sie so sehr, dass sie es sich nicht verkneifen kann, Dina zu quälen:

Ich brachte sie dieser Tage schwer in Verlegenheit. Der Briefträger (Merkerjost) kam & brachte uns einen Brief da läuft sie jedesmal hinaus, wenn ein Brieftr. kommt, der sagte gell das ist Dein Sohnesfrau, da sagte ich die ist noch gar nicht auf der Welt. Der Brieftr. sagte sei ruig, sei ruig. Spaßhalber sagte ich ist es wa[h]*r daß unser Wilh. schreibt oft ins Oberndorf, da sagte der Merkerjost ja, na ich darf nichts sagen, ich weiß mehr wie Du, wie er fort war sagte ich, ich weiß es ja, daß Wilh. ins Oberndorf schreibt ich wollte nur mal hören was der Brieftr. sagt. Dina bekam das nicht gut, das habe ich Ihr angemerkt, sie hatte mal tief Atem geholt.*

Was Merkerjost sagt, kann gut stimmen. Es ist keine Kunst, die auszutragenden Postkarten mit fliegendem Blick zu lesen. Er dürfte die Quelle allerhand Tratsches über Gretel und Wilhelm sein. Gerade dieser Tratsch kann, wenn aus der Beziehung Gretels zu Wilhelm nichts Offizielles wird, Frau Müllers Gesamtstrategie zunichtemachen. Zu ihrer großen Erleichterung zieht Dina am 18. Dezember tatsächlich weiter. Gerade die radikale Option, den uneingeschränkten Abbruch aller brieflichen Kontakte Wilhelms zu ihr, hält Frau Müller jetzt für die einzig wirksame. Noch sicherer scheint es ihr, wenn sie selbst alles in die Hand nimmt. Von Nicht-vorschreiben-Wollen ist keine Rede mehr! Wilhelm wird einfach gemeldet, dass sie an Dina schreiben wolle, er habe eine neue Adresse. Wenn Dina sie wissen wolle, werde sie sie ihr einfach nicht schicken. Sie verschätzt sich. Mit einer so plumpen Taktik ist wenig zu gewinnen: Dina kann zu jeder Zeit Wilhelms neue Adresse von Gretel Krause bekommen.

Dieser Alleingang seiner Mutter treibt Wilhelm in die Enge. Lehnt er sich gegen ihren Befehl auf, muss er heftige Auseinandersetzungen mit ihr in Kauf nehmen. Das will er wahrhaftig nicht. Er gehorcht. Schon am 20. Dezember schreibt er: »Der D. S. schreibe ich von heute an überhaupt nicht mehr wie ich überhaupt schon lange Zeit ganz wenig u kühl geantwortet habe.« Zu Weihnachten heißt es dann: »Was D anbelangt, so habe ich Euch bereits geschrieben, daß ich nicht mehr schreibe. Pakete habe ich ja noch sehr sehr wenig von D. gekriegt.« Durch die Offenbarungen des Briefträgers verständlicherweise verunsichert und gekränkt, habe sie ihn gefragt, ob sie gratulieren solle. Er habe ihr nicht geantwortet und wolle »andauernd schweigsam bleiben«. Ein späterer Brief Dinas an seine Mutter bestätigt, dass er tatsächlich nicht geschrieben hat.

Dass er keinen Ärger mit seiner Mutter bekommen will, wissen wir schon längst. Offensichtlich scheut er sich auch davor, den für ihn höchst peinlichen Versuch zu machen, Dina zu erklären, wie es um diese angebliche Beziehung zu einem Mädchen im Oberdorf steht. Lieber nichts schreiben, als noch eine Kampffront aufmachen; denn dann läuft er Gefahr, mit noch einer Frau in peinliche, ja zermürbende Auseinandersetzungen verwickelt zu werden. Die Damen wollen alle, dass er sich festlegt; er dagegen will Meister seines Schicksals bleiben. Oft mag es scheinen, als sei er seiner Mutter gegenüber eine jämmerliche Memme, ein Mensch ohne Rückgrat, der einfach unfähig ist, ihr Paroli zu bieten. Man soll ihn nicht zu streng beurteilen. Angesichts eines so dominanten Gegners und im vollen Bewusstsein seiner eigenen konzilianten, stillen Wesensart ist es vielleicht in der Tat viel sinnvoller und klüger, von einem sofortigen Gegenangriff abzusehen. Lieber sich ducken, seine Kräfte still sammeln und warten, bis es an der Zeit scheint, eine Entscheidungsschlacht zu starten, die er gewinnen kann. Einen guten Schuss Bauernschlauheit besitzt Wilhelm doch. Weder in Feindesland noch in der Heimat will er den Heldentod sterben! Seine Mutter schießt nicht daneben, wenn sie ihn in Verdacht hat, ein Doppelspiel zu führen.

Am ersten Weihnachtstag geht Frau Müller, ihrer Gewohnheit treu, in die Kirche. Diese sei, so meldet sie, bis auf den letzten Platz besetzt gewesen: »hat mich sehr ergriffen.« Die übliche tiefe Erregung bleibt nicht aus. Gewisse Familien trauern um gefallene Angehörige: »Juste Valtin ist gefallen & erst nach einen & ¼ Jahr gefunden worden.« (24.12.) Aus dem Jahrgang von Müller Heiner jun. seien auch schon einige gefallen. Andere Familien zittern und bangen:

> *Rotebergers Ihr Philipp Dein Freund ist vermißt, hoffentlich wird er nicht tot sein, ich wünsche es Ihnen durchaus nicht, im Gegenteil ich bemitleide sie* [Frau Rotenberger] *wenn sie auch eine ausgesprochene Feindin gegen mich ist. Siehst Du mein Lieber so hatt jeder mit sich selbst seinen Last & kann sich gar nicht mehr um andere bekümmern, so geht es auf der Welt.* (24.12.)

Dass Philipp Rotenberger Wilhelms »Erzfreund« ist, hat ihr nie richtig gepasst. Dieser Spross einer gottlosen Familie könnte wohl mit seinen Ansichten ihren frommen Wilhelm anstecken. Dass er vermisst ist, kann sie kaum überraschen. Über die Gottlosen hält Gott seine schützende Hand nicht! Andere Familien atmen auf, wenn ein Angehöriger auf Urlaub kommt. Von den erst eingerückten seien »Pflästerers Philipp [Philipp Feldmann] Schuchmanns Ihr Großer, Müller Heiner & lauter solche Spränger« da. (31.12.) Für Details über das Frontleben ist man ihnen sehr dankbar; nur bleibt die Kriegswirklichkeit, von der diese Urlauber erzählen, oft so fremd und deren Erzählkunst so beschränkt, dass man nicht mitkommt:

> *Astheims Philipp ist in Urlaub da, der ist in Rußland bei Kowel, er hat uns so allerlei erzählt, wir können uns doch keinen Begriff machen.* (24.12.)

War die Befreiung von Dinas Gegenwart eine wahre Wohltat, so ist Ende des Jahres von der Riesenmenge Sauerkraut – ca. 260–280 Zentner –, die sich inzwischen bei den Müllers angesammelt hat, noch keine Befreiung absehbar. Die Gurken dagegen verkaufen sich gut. Herr Müller zieht eine positive Jahresbilanz:

Mit dem Geschäft sind wir Gott sei Dank zufrieden, wenn wir auch nicht zo viel zu tun haben, ich werde doch wieder ein paar tausend erübrigen nun ich habe ja auch in diesem Jahr schon viel arbeiten müssen. (24.12.)

Der *Griesheimer Anzeiger* zieht eine sehr positive Jahresbilanz. Frankreich und Russland sei es nicht möglich, ihre Lage zu verbessern; auch für England werde dank der U-Boote die Lage immer bedenklicher, während die Besetzung Rumäniens das Hungergespenst verscheucht habe.

Wir können nicht mehr besiegt werden, noch kann man uns die jetzt besetzten Gebiete entreißen. Es stimme, dass die Deutschen nicht so gesiegt hätten, wie unklare Köpfe sich das manchmal träumten, aber die deutschen Staatsmänner hätten nie geglaubt noch gewollt, dass man diktieren sollte. Durch Garantien wolle man nur die Möglichkeit eines dauerhaften Friedens sichern, der die Deutschen gegen eine Wiederholung des furchtbaren Geschehens dieser Zeit sichert. (GA, Nr. 103 vom 30.12.).

Das Jahr 1916 kann man mit einem kleinen, undatierten Brief Hermann Teppers gut abschließen:

Geehrte Familie Wenn doch erst der böse Krieg enden möchte, wie glücklich könnte man in der Familie sein. Meine Frau hat Ihre Last in dieser teueren Zeit durchzukommen. Wir alle wollen ja noch hier aushalten, wenn doch mal möchte der Friede kommen. Nun will ich schließen mit der herzlichen Bitte Ihrer Wohltat, der Himmlische Herr soll es Ihnen lohnen. Dann hoffe ich auf glückliche frohes Weihnachten.«

7. 1917 *»Nun einmal muß es doch ein Ende nehmen, mein lieber.«*

In Griesheim verläuft Silvester in aller Stille. Von den Vorkriegsfeiern ist wenig zu spüren. Im Central-Theater läuft die Verfilmung von Gerhard Hauptmanns Roman »Atlantis«. Der Glanzpunkt der Handlung sei, so die Anzeige, die große Schiffskatastrophe, der Untergang des Ozeanriesen *Roland*: »Keine Szene dieser schaurigen Katastrophe bleibt uns erspart.« Frau Müller ist keine Kinogängerin. Teufelswerk! Sie beschäftigt vielmehr nach wie vor Wilhelms Eierbedarf. Zu seinem Geburtstag am 7. Januar wird er mit eierhaltigen Waren förmlich bombardiert: Eierkognak, eierhaltiges Konfekt und ein eierhaltiger Geburtstagskuchen – alles soll seine Gesundheit schützen und stärken. Sein Seelenheil darf auch keinen Schaden erleiden. »Vertrauen auf Gott« lautet ihre Parole fürs kommende Lebensjahr. (5.1.) Auf Hindenburg als Verbündeten und Werkzeug des Herrn ist immer noch fester Verlass:

> *ich glaube ganz fest, der Herr, der uns bishierher hindurch geholfen hatt, wird uns auch weiter helfen & unsere Hoffnung auf Ihn nicht zu Schande werden lassen, & wie Hindenburg sagte wie Ihn ein Amerikaner fragte über den weiteren Krieg, wir werden sehen, & sie werden sehen (unsere Feinde).*

Dieser Spruch hat sich in ihre permanente Sammlung eingereiht!

Schritt für Schritt ist aus Wilhelms schreibunwilligem bzw. schreibunfähigem Vater ein genauso eifriger Korrespondent wie seine Frau geworden. Es macht Wilhelm sogar stutzig, dass er jetzt öfter als sie zur Feder greift. Er vermutet bei ihr eine gewisse Missstimmung, will an ihrer Schrift erkennen, es gehe ihr nicht ganz gut. Sie beruhigt ihn:

> *Wenn Dein Vater Dir jetzt öfters schreibt, darfst Du Dir in Zukunft nichts darüber denken denn er hat ja eben besser Zeit dazu & mir nimmt er dadurch ein bischen Arbeit ab, wenn ich Dir heute z.B. nicht schreiben hätte können, da hätte ich morgen wieder meiner Gewohnheit nach gesagt, unser armer Wilhelm*

bekommt wieder gar nicht geschrieben, dann sagt Dein Vater wart Frau, wie er so gewöhnlich spricht, ich schreib sofort, & da macht ers dann auch. (14.1.)

Gelegentlich wittern die Eltern ihrerseits eine gewisse Missstimmung bei Wilhelm. Als ein Brief z. B. keinen Gruß enthält, hält seine Mutter dies für eine Vergeltungsmaßnahme dafür, dass sie in der Eile die üblichen »Grüße und Küsse« weggelassen hat. Solche Spannungen und Missverständnisse sind selten, dringen jedenfalls nicht oft an die Oberfläche. Wilhelm geht Themen ja bewusst aus dem Weg, die für Ärger und Beunruhigung sorgen könnten. Ihrerseits deuten seine Eltern Bedenken und Kritik meistens nur zwischen den Zeilen an. Die Kürze seiner Briefe, seine Weigerung, spezifische Fragen zu beantworten, und der häufig als übermäßig lang empfundene Abstand zwischen seinen Briefen sorgen bei ihnen für Unruhe und Frustration, tragen ihm von Zeit zu Zeit Vorwürfe und »Riffel« (3.6.) von seinem Vater ein. Aber selten. Wie ein artiges Kind leistet Wilhelm dann Buße, verspricht sich zu bessern, tut es eine Zeit lang auch. Nur ist alles bald wieder beim Alten. Seine Dauerausrede bleibt dieselbe: »ich würde gern schreiben, weiß aber nichts.«

Frau Müllers fester christlicher Glaube schützt sie vor Depressionen und ernsthaften seelischen Störungen. Für solcherlei sind andere wie »Lehnards Kathrinche«, Jacob Müllers Mutter, anfälliger. Von seiner leichten Armwunde genesend kommt Jacob auf Urlaub heim. Zusammen mit Heinrich Müller jun. besucht er die Müllers. Er erzählt Betrübliches:

Seit sein Vater in der letzten Woche eingerückt sei, komme seine Mutter nicht drüber hinaus und sei wieder »ganz außer Rand und Band«. (14.1.)

Dies bekommt Frau Müller direkt zu spüren:

denke mal sie sagte Maria komme nur immer zu mir & helfe mir daß ich es pake, ich glaube ich packe es nicht, da sagte ich Du mußt es packen, & im Augenblick ist sie wieder ganz weg.

Letztendlich ist es so weit: Sie unternimmt einen Selbstmordversuch:

Gestern hat sie die gute Frau Steuernagel zu sich genommen, denn es war doch gar niemand da wo bei Ihr bleiben konnte, da sagte Kathr. ich gehe nicht mehr heim ich bleib bei Dir Du bist meine Mutter & da war ich auch ein paar mal in Steuernagel gegangen. Die Frau Steuern. ist nur in Wittmaiers & hatt sich gar nicht aufgehalten & wie sie ihr Haustüre aufmachte, da roch sie Steinöl[1] *& sie stürzte zur Küche wo Kathr. war, & um 1 Minute Verspätung, wäre vieleicht die Kathr. verbrannt gewesen. Sie hatte sich Steinöl auf Ihren Kopf gegossen & hatte die Ringe am Herd schon weggemacht & den Kopf darüber gehalten, Frau Steuernagel hatte sie gerade im Augenblick gepakt, welch ein Schrecken, der arme Jakob ist wirklich zu bedauern. Ich sagte nachdem sie das getan hatte, Kathrinche was machst Du denn nur, Sie sagte so krampfhaft, mein Karl will ich, denke Dir mal welche ein Elend der Krieg nicht all mit sich bringt, ich bitte immer wenn wir uns nur gesund wieder einander sehen dürfen an allem andern liegt mir ganz wenig.*

Eine gebildete Berichterstatterin hätte den Vorfall anders geschildert. Doch der Gebrauch von direkter Rede, die für die Erzählweise »kleiner Leute« so typisch ist, macht alles so lebendig, so dramatisch. Wer diese Briefe nur als historische, sozial- oder mentalitätsgeschichtliche Dokumente liest, ohne deren sprachliche Beschaffenheit zu goutieren, versäumt viel. Die in syntaktisch komplizierten Briefen mit vollem Pathos vorgetragenen politischen und philosophischen Betrachtungen von Intellektuellen sind in Wirklichkeit oft nur hochtrabende Klischees. Hier dagegen wirkt die Sprache hautnah, der Wirklichkeit gleichsam abgehorcht. Bis jetzt fehlt nur der Versuch, den Griesheimer Dialekt phonetisch wiederzugeben. Das kommt noch. Der Leidensweg der Müller-Familie wird weiterverfolgt:

Heute Sonntag war der arme Lehnards Jakob auf Urlaub der arme Bube ist sehr zu bedauern sein Vater ist circa sechs Wochen eingerückt & seine Mutter ist seit der Zeit wieder in Krumstadt im Spital, er hatt Sie heute besucht, ich hatte Ihnen eingeladen zum Mittagessen, aber seine Großmutter hatt auf Ihn gewartet, ich sagte zu Ihm, wenn er käme, solle er nur immer herüber kommen, er sagte o wie ist doch alles so leer, seine Großmutter die alte Frau kann auch nicht so mit den Paketen umgehen, da muß er auch manchmal Hunger leiden, wenn Vater & Mutter nicht zu Hause ist das ist sehr traurig, wenn man nur seine 4 Wände antrifft, er sagte ja seine Mutter wäre etwas besser nun ich wills Ihr wünschen. (16.3.)

1 Petroleum.

Wilhelm rät seinen Eltern, den armen Jacob möglichst zu unterstützen und zu ermuntern. (24.3.) Die damals so beliebten Ansichtskarten, die dem Motiv »Urlaubers Heimkehr« gewidmet sind, reden eine kitschige Sprache.

Vom »Kathrinche« zum neuesten Rekruten in der Müller'schen Menagerie ist es nur ein kurzer Schritt:

> *Unser Schweinchen ist von Anfang sehr gewachsen jetzt ist es ein bischen rack in den Hinterbeinen, waarscheinlich hatt es früher etwas naß gelegen bei den Leuten oder habe ich es zu gut gefüttert, letzteres wird vielseitig beanstandet. Da tun wir es diese Woche wegschlachten, wenn es auch nicht schwer ist & machen etwas Wurst davon, vieleicht bekommen wir noch ein größeres & dann futtern wir sie noch 6 Wochen & dann können wir später schwerer schlachten & wenn wir keine bekommen, warte ich bis es wärmer ist & nehme mir dann wieder eins.* (14.1.)

Immer vorsorgen! Ehe es das Zeitliche segnet, sorgt das Schweinchen für eine drollige Geschichte, die Wilhelm aufheitern soll:

> *Noch ein interessantes Ereigniß aus den letzten Tagen unsers Schweinchens, als ich & unser Mädchen das Tierchen abends fütterten, mußte Dein Vater auf einige Minuten in den Laden gehen & da kam er heraus in den Stall, wir haben nämlich ein Schweineställchen in unsern großen Stall machen lassen, & fragte mich um etwas & als er fort ging riegelte er von außen zu & wir haben es augenblicklich auch nicht gemerkt, es war so 6¼ Uhr Abends zirka ¼ St. hatten wir zu tun & dann wollten wir ausgehen aber was für einen Schrecken im Augenblick, wir standen da & konnten nicht fort. Wie wir so ½ St. gestanden hatten, dachte ich er wird doch mal herauskommen, aber es war nichts, ich hatte das Stallfenster geöffnet & allen Nachbarn zugerufen es hat aber niemand etwas gehört. Dein Vater hatt sich während dieser Zeit furchtbar geärgert über uns, weil wir gar nicht herein kamen, war aber gar nicht so gescheit, daß er mal herausging & nachschaute er hatt sein Geld gezählt aus der Stadt & hatt seinen Laden zugemacht & dann fing er an zu lesen & wir haus im Stalle sind bald verfroren ich mußte fortwährend zum Fenster hinaussehen, damit ich mal jemand aus der Nachbarschaft sehen oder hören konnte, auf einmal habe ich gemerkt wie Lorche Lautenschl*[äger]. *ihre Haustür öffnete, da habe ich Ihr Licht gesehen, & habe Ihr aus vollem Hals zugerufen. Sie wollte Ihr Tür zumachen, denn es war 8¼ Uhr, ich sagte Ihr schnell Sie sollte Deinem Vater sagen er hätte uns eingesperrt, sie sprang sofort an unsern Laden & klopfe Ihm & sagte es schnell, da kam er aber*

Kopfüber & blos herausgestürzt, & machte schnell auf, ich hatte keine Worte Die 2 St sind uns zu lange geworden, er war ganz baff. (19.1.)

Die Vorteile, die man von einer Hausschlachtung hat, sind selbst bei diesem mickrigen Schweinchen beträchtlich:

Wir haben lauter Wurst gemacht es hat 42 Pf gewogen. Da haben wir 30 Pf Wurst bekommen 2 Pf Fett anstatt 20 & ein kleines Brätchen habe ich mir abmachen lassen.

In der Nähe einer labyrinthischen, halb unterirdischen Schützengrabenwelt, in der Soldaten verschüttet werden oder aus zugeschütteten Unterständen schwer verwundet herauskriechen, mag Wilhelm beim Lesen solcher Briefabschnitte bei sich gedacht haben: Liebe Eltern, was bin ich froh, dass ihr bloß solche Ängste habt. Sein Entschluss wird dadurch nur noch gestärkt, ihnen von den Gräueln der Frontwelt nichts, aber auch gar nichts zu verraten.

Im Frühjahr 1917 müssen noch mehr junge Griesheimer einrücken. Früher erfreuten sie sich meistens der Gunst, nach abgeschlossener Ausbildung einen letzten kurzen Urlaub daheim zu genießen. Diese Zeiten sind vorbei. Heinrich Landau, der Sohn von Tante Apollonia, kommt nach Kehl ins Rekrutendepot. Er fragt sich, ob er noch einmal in Urlaub werde fahren dürfen (12.2.). Am 7. April meldet er kurz: »Komme morgen ins Feld.«; dann am 18.:

Bin seit Ostersamstag zu einem anderem Rgt versetzt und kam gleich ins Feld, dachte nicht, dass er so schnell kommt. Meinte immer könnte erst noch mal in Urlaub fahren, aber leider ist es ins nichts zeronnen.

Jeder, der Urlaub bekommt, weiß, was ihn nach der Rückkehr an die Front erwartet. Gerade dieses Wissen macht den Urlaub für alle so bitter-süß. Den Herzbergers ergeht es so:

Unser Wilhelm war im Dezember 21 Tage bei uns auf Urlaub was eine Freude wenn man seine Lieben wieder einige Tage außer Todesgefahr hat. (19.1.)

Wieder fängt die lange Zitterpartie von vorn an. Man macht sich nicht nur um die Söhne Sorgen. Immer mehr beschleicht deren Väter die Befürchtung, sie könnten selbst an die Reihe kommen. Herr Müller mag großmäulig vom Kampf bis auf den letzten Mann reden, aber in Wirklichkeit drängt ihn nichts zu todgeweihtem Heldentum. Selbst ein beamteter Eisenbahner wie Wilhelm Herzberger fühlt sich vor dem Zugriff der Militärbehörden nicht mehr sicher; denn immer mehr Frauen werden bei der Bahn eingestellt, damit das männliche Personal ins Heer eingezogen werden kann:

> *Sollte denn der schreckliche Krieg niemals ein Ende haben Was wird er über uns noch alles bringen. Wahrscheinlich werde ich als alter Familienvater auch noch zu den Waffen greifen müssen. Bei der letzten Untersuchung im Oktober bin ich k*[riegs]*v*[erwendungsfähig] *geworden und die Bahn gibt eben alles ab, was nur irgend abkommen kann.* (19.1.)

Die Zeiten sind längst vorbei, in denen Angehörige, Nachbarn und Hilfsvereine Pakete mit allerlei Esswaren packten und an die Front schickten. Immer mehr Familien leiden unter bitterer Not. Selbst Frau Müller hat ihre Last, Dosen, Pappschachteln und Packpapier zusammenzukramen. Aber ohne Dose kann sie Wilhelm z. B. mit selbst gekochter Latwerge nicht beglücken. Wüsste sie mit Bestimmtheit, dass er an der Front reichlich zu essen hat, wäre es nicht so schlimm, aber über die Situation dort gehen die gegensätzlichsten Gerüchte um:

> *der eine sagt bei uns gibt es nur wenig Marmelade, der andere sagt wir bekommen viel zum Essen, der dritte sagt wir bekommen manchmal ½ Pfund Butter.* (22.1.)

Als Wilhelm schreibt, sie bekämen »manchmal öfterer manchmal weniger Butter aber viel sei das niemals« (29.1.), wird ihm sofort ein Quantum zugeschickt. Möglich ist das nur, weil Frau Müller mit dem Entgegenkommen einer Nachbarin, Pfützer Gretel, rechnen kann, die Butterhändlerin geworden ist – »da weißt Du ja Bescheid.« (22.1.) Trotzdem muss Wilhelm sich öfter mit Schmalzbutter begnügen. Weil sie nicht so gut zum Schmieren ist, werden ihm Anweisungen erteilt, wie er damit umgehen muss. Selbst dem braven Wilhelm, der sonst wie ein Lämmchen alles über sich ergehen lässt, wird dieses schulmeisterhafte Bemuttern zu bunt:

> *Liebe Mutter Du bist immer etwas zu besorgt und gibst mir so gelungene Anweisungen z. B. wegen der Schmalzbutter. Wir haben doch auch Feuer in unserer Bude und dabei läßt sie sich schon zum Schmieren weich machen.* (11.2.)

Seine zarten Zurechtweisungen nutzen wenig. Belehrt wird er auch, wie im Winter mit Wurst umzugehen ist:

> *Bei dieser Kälte aber mußt Du die Wurst eine Zeitlang in Deine Hosentaschen stecken damit sie etwas warm wird, wenn sie so sehr eisig ist kann man sich den Magen verderben, also ein bischen Vorsicht damit.* (5.2.)

Der kleine Vorfall verdeutlicht die Widersprüche, die Frau Müllers ganzem Erziehungsmuster innewohnen. Einerseits behandelt sie Wilhelm wie einen Trottel, der ohne ihre Anweisungen und Befehle nichts Vernünftiges zustande bringt; andererseits erwartet sie, dass dieser bevormundete Untertan eine nicht einzuschüchternde Männlichkeit besitzt und »Heldentaten« bzw. sonstige glänzende Leistungen vollbringt.

In einer weiteren Angelegenheit, einer für seine Mutter hoch peinlichen, werden ihm strenge Anweisungen erteilt. Gewisse Dinge wie Dosen oder dreckige Wäsche soll er unbedingt nach Hause schicken, andere Wäsche aber nicht. Obwohl sie sich geniert zu sagen, was sie damit meint, ist doch klar, dass sie wieder zierliche französische Dessous im Sinn hat. Befürchtet sie, dass er so etwas eventuell als Geschenk für Gretel Keller heimschicken könnte? Für seine »hüppische« Kusine Gretel? Oder – das Allerschlimmste! – für die liebe Dina?

> *Mann hört wieder so manchmal, daß hier & da einer allerlei nach Hause schicken würde, ob es ja auf Wahrheit beruht weiß ich nicht, aber laß es Dir ja nicht einfallen, daß Du außer Deiner dreckigen oder zerissenen Wasche sonst etwas schicken würdest, Du verstehst mich ja. Was würde daraus erstehen, wenn mal ein solches Pak. geöffnet würde von den Behörden, wie würde ein solcher hereinfallen, nicht für ganz Griesheim nicht wahr mein Sohn.* (27.1.)

Auch wenn sie ihn im Moment wohl kaum ernsthaft im Verdacht hat, solche Waren in die Heimat zu schicken, kann es nicht schaden, ihm von vornherein alle dahingehenden Gedanken aus dem Kopf zu treiben. Sollte er dabei ertappt werden, wäre das wirklich für sie eine Schande. Wie würde man in Griesheim über den braven Wilhelm tratschen! Wie würde ihr eigener Ruf leiden!

Für die Müllers bringt das Jahr 1917 in geschäftlicher Hinsicht den großen Durchbruch. Ende Januar sieht es aber keineswegs so aus. Die vielen Zentner Sauerkraut lagern immer noch ein. Man vermutet zwar, sie werden nach Darmstadt kommen, wo die Kriegsgesellschaft darüber verfügen soll. Genaues weiß man aber nicht.

Andererseits gehen die Gurken so schnell weg, dass Wilhelms Vater, der bis jetzt alle 14 Tage damit nach Darmstadt gefahren ist, acht Tage aussetzt, damit der Vorrat ein bisschen länger anhält. Im Spezereiladen dagegen werden die Regale immer leerer:

> *Jetzt will ich Dir mal sagen was ich im Laden noch habe & weßhalb ich noch nicht ganz zugemacht habe, also im Laden habe ich nur solche Sachen, was uns die Gemeinde verteilt z. B. ich bekomme in 14 Tg. oder 3 Wochen 25 Pfund Nudel & da sind dieselben in 3–5 Tg. all, da bekommt jeder gleiches Quantum, geht auf Kopfzahl, Grüne Kerne, Graupen, Haferflocken liefert alles die Gemeinde da bekommt jeder sein Teil das gibts nicht jede Woche und nicht viel alle drei Wochen & so wenn es Nudel gibt, gibt es keine Graupen & dergl. Also abwechselnd, meine Schupladen sind fast immer leer.* (27.1.)

Ihre Kundschaft wird oft mit leeren Händen und Taschen enttäuscht nach Hause gegangen sein. Circa sechs Wochen lang hat sie nicht einmal Malzkaffee zum Verkauf. Der endlich erlangte Vorrat ist so klein, dass er in zwei Tagen verbraucht wäre, wenn sie ihren Laden jeden Tag geöffnet hätte und jedem so viel gäbe, wie er wollte. Es lohnt sich eigentlich unter solchen Umständen nicht mehr, die normalen Öffnungszeiten beizubehalten:

> *ich habe meistenteils nichts zu verkaufen, eben ist es anders, da kommen keine Reisende mehr. Ich bekomme ab & zu mit der Bahn etwas geschickt, & wenn Sie nichts haben, dann habe ich auch nichts zu verkaufen, da mache ich oftmals morgens gar nicht auf, nur gegen Mittag wenn die Leute Gummern & rote Rüben haben wollen, dann v. 1–3 ist ganz geschlossen, da vermache ich mich in meine Falle.*

Warum macht sie bei solcher Flaute trotzdem weiter? Eine Antwort auf die Frage bietet die Situation mit Zucker:

> *dann bekommen wir Zuckerscheine v. der Gemeinde & da hatt jeder Krämer feste Kunden er müßte sie einschreiben & da bekommt man nicht mehr Zucker als für die Kundschaft auf den Monat gerechnet ist & der wird auf einmal geholt ich habe ganz wenig Zuckerkunden & ich habe das nur gemacht weil ich selbst überall mein Teil haben will, denn ich wüßte manchmal nicht wann die Sachen verausgabt werden und bekäme dann größtenteils nichts & in diesem Falle weil ich selbst zum Verkauf bekomme habe ich auch mein Teil, deßhalb wenn mir die Gemeinde etwas zuteilt nehme ich es an, damit ich selbst etwas habe.*

Aber viel ist wirklich nicht mehr zu haben:

Unsere Gefach oben im Laden sind fast immer leer. Bei manchen Sachen schickt die Gemeinde noch jemand, damit man noch erst bestellen kann & was ich selbst nicht gebrauchen will, bestelle ich einfach nicht.

Selbst auf ihre Zuckerkunden verzichtet sie bald:

Noch etwas welches Dir hoffentlich sehr Freude macht ich habe nämlich meine Zuckerkunden an Schade & Füllgrabe abgegeben, denn man muß eine Kundenliste führen. Das ist mir doch zu viel auch habe ich, was ich von der Bürgermeisterei beziehe abbestellt & gebe an Hachenburger [das Darmstädter Geschäft, in dem Wilhelm vor dem Krieg angestellt war] *noch alle Reste zurück und habe somit ganz ausverkauft, nur noch so ein bischen allerhand zu ordnen, es ist mir wirklich recht leicht lieber Wilhelm wir haben doch noch genug zu arbeiten ohne den Laden. Die Stube wo ich die Waren hatte räume ich ganz aus & laß sie schön zurecht machen.* (22.2.)

Einen Monat später sind die Regale fast gänzlich leer:

In unserm Laden haben wir nichts mehr, außer so ein wenig Kleinigkeiten welche man nicht so fortbringen kann, wir haben ganz zugemacht, das bißchen Salz & Essig lassen wir gerade stehen zur Einmachzeit, ich arbeite im Garten, versehe meinen Haushalt, & da habe ich genügend Zeitvertreib nicht wahr mein Lieber. (23.3.)

Solange sie ein Mädchen habe, könne sie flicken, stricken und stopfen. Nur werden auch Mädchen zu einer raren Ware, denn junge Mädchen können besser bezahlte Arbeit anderswo finden. Zum Glück besorgt das scheidende Mädchen ihr ein neues: ihre Kusine. Ihre Schwester dagegen wolle an die Bahn bzw. in eine Fabrik.

Die allgemeine Versorgungslage verschlimmert sich. Im Februar (GA, Nr. 12 vom 19.2.) verkündet das Kriegsernährungsamt, man dürfe bei der Zubereitung von Roggenbrot auch Rüben, aber keine Zuckerrüben verwenden. Später im Jahr darf das Kriegsbrot noch weiter ausgemahlen werden – bis zu 94 %. Im März wird zwar gemeldet, die Fleischration solle voraussichtlich ab dem 15. April auf ein Pfund erhöht und den Minderbemittelten ein Reichszuschuss gewährt werden, damit sie die gesamte Fleischmenge kaufen können. Gleichzeitig wird aber betont, der Bedarf des Heeres habe Vorrang! Hinsichtlich der Kartoffeln rechnet man mit einer besseren Ernte als im vorigen Jahr. Dagegen mache das Ergebnis der Bestandsaufnahme über Brotgetreide eine Kürzung der Brotration um 25 % notwendig. Die vorhandenen Vorräte müssten, so heißt es, nach Möglichkeit gestreckt werden, sonst würden die Getreidevorräte nicht bis zur Erne ausreichen. (GA, Nr. 30 vom 14.4.) Im Juli (GA, Nr. 54 vom 7.7.) wird gemeldet, dass die Brotration Mitte August erhöht werde; nur soll die Fleischration auf 250 g reduziert werden.

Die zunehmende Knappheit von Eiern macht bei deren Ein- und Verkauf Höchstpreise nötig. Im Februar wird der Preis für den Aufkauf bei den Geflügelhaltern auf 25 Pf. für das Stück festgesetzt. Der amtlich ausgewiesene Aufkäufer dürfe keinen höheren Preis anbieten oder bezahlen. (GA, Nr. 24 vom 4.3.) Die Eiernot wird damit nicht behoben. Am 21. April berichtet der *Griesheimer Anzeiger* (Nr. 32) von einer am vorherigen Dienstag durchgeführten Zählung der Hühnerbestände, wobei auch die Hähne mitgerechnet werden mussten. Ironisch fragt die Zeitung: »Ob wohl für diese Eier abgeliefert werden müssten.« Die hohe Zahl der abzuliefernden Eier (35 Stück pro Huhn) erregt mit Recht den Unmut vieler Hühnerhalter, die ihrer Ablieferungspflicht nicht nachkommen können. Sie müssen wiederholt an die erheblichen Geldstrafen für dieses Versäumnis erinnert werden. (GA, Nr. 38 vom 12.5.) Die Griesheimer ohne Hühner sind noch schlimmer dran. Am 21 Juni z. B. bekommen die Buchstaben A bis K zwei Eier zum Preis von 28 Pf. pro Ei; das Geld ist abgezählt bereitzuhalten.

Waren angesichts der kleinen Fleisch- und Wurstration Gänse bis jetzt eine beliebte Ausweichmöglichkeit, steigt deren Preis so enorm an, dass Höchstpreise für lebende Gänse festgesetzt werden müssen. Im Juli sollen sie 16 Mark, im August 17, später 19 Mark kosten. Der Preis, so der kritische Zeitungsbericht, sei 200 % höher als vor dem Krieg. Diesen Luxuspreis könnten sich nur Leute mit einem großen Geldbeutel leisten. (GA, Nr. 58 vom 21.7.) Für den kommenden Winter wird schon vorgesorgt. Damit die Kohlevorräte nicht ausgehen, bringen Schulkinder in jeden Haushalt Formulare zur Aufzeichnung des jährlichen Kohlebedarfs (GA, Nr. 41 vom 23.5). Die Liste von neuen zur Dämmung der Not ergriffenen Maßnahmen ließe sich lange fortsetzen. Trotz allem ändert sich an der Haltung der Müllers nichts:

> *es ist alles nicht so schlimm wie es hinausgeschrieben wird, man muß nur richtig Haus halten & da geht alles glatt von statten. Darin hast Du ja eine geübte Mutter.* (23.3.)

Trotz ihrer Zuversicht nimmt die allgemeine Not ständig zu. Tante Bettchen, die aus Frankfurt nach Griesheim kommt, um ihren Sohn, den Flieger Anton, zu besuchen, bringt ihren jüngeren Sohn Fritz mit. Der Grund: Er hat wegen Kohlemangel acht Tage schulfrei. Auch seine Schwester Gretel besucht die Müllers. Was sie von einem Aufenthalt Dinas mit ihrer Mutter in Frankfurt erzählt, bestätigt nur Frau Müllers negatives Urteil:

> *Gretel sagte uns es dreht sich alles um die Dina, wenn Sie sagt Mutter mach mal das, oder das dann macht es Ihre Mutter gleich aufs Kommando, also genauso wie sie sich bei uns auch bedienen hat lassen, wenn mal ein Mädchen so alt ist w. D. und läßt sich immer friesieren, dann muß sie natürlich einen Bedienten haben.* (27.1.)

Obwohl aus Gretels Bemerkungen hervorgeht, dass Wilhelm Dina nicht mehr schreibt, schaltet sich Frau Müller wieder ein, ohne ihn zu Rate zu ziehen oder vorher über ihren nächsten Schritt zu informieren: »Ich habe D. geschr. sie sollte Dir nichts mehr schicken, Du bekämest ja doch nicht alles, bis jetzt hat Sie nicht mehr geantwortet.«

Nur zeigt sich schnell, dass schon ihr erster Versuch, jeden Kontakt zwischen Dina und Wilhelm brutal abzubrechen, ein Fehlgriff gewesen ist. Bei einem Besuch ihres Mannes in Studernheim, um Weißkrautsamen zu holen, beschweren sich sowohl Mutter als auch Tochter darüber, dass Wilhelm als Einziger für sein Paket nicht gedankt hat. (14.2.) Frau Müller muss sich notgedrungen eines Besseren besinnen:

> *ich meine so schroff abbrechen, das wäre vieleicht doch nicht recht am Platze.* [...] *Also schreibe Ihnen einen schönen, anständigen Brief ohne irgendwelche Verschönerungen wenn Sauers auch auf der einen Seite für uns auch ausgeschlossen sind, können wir Sie anderseitig auch gebrauchen.*

Diesmal gibt sie sich überhaupt keine Mühe, den Schein zu wahren, sie wolle ihm nichts vorschreiben. Sie befiehlt! Der Befehl findet wohl seinen Beifall: Er ist gleichsam durch die höchste mütterliche Instanz autorisiert worden, an Dina zu schreiben. Der Wunsch seiner Mutter ist ihm allerdings klar: Er soll einen einzigen Brief schreiben, einen »ohne Verschönerungen«. Wenn Dina aber an ihn zurück schreibt, was dann? Man will die Sauers doch nicht kränken!

In Sachen Reklamation ist Wilhelms Eifer bisher sehr zurückhaltend gewesen. Die Vorteile seiner verschiedenen Burschenposten waren ihm zu wichtig, um alles aufs Spiel zu setzen, vor allem wenn er nur auf kurze Zeit reklamiert wäre. Jetzt aber, da er bei der Leichten Munitionskolonne ist und an die Feuerstellung der Batterie fahren muss, ändert sich sein Denken. Viele seiner Schulkameraden sind tot oder vermisst. Mit einem ähnlichen Schicksal muss er selbst rechnen. Sein Drang nach Heldentaten, geschweige denn nach einem Heldentod, ist noch geringer als früher geworden. Den Eltern dürfte es auch hoffentlich lieber sein, ihn, wenn auch ohne Auszeichnungen und Beförderungen, heil zu Hause zu haben, als dekoriert und tot betrauern zu müssen. Er macht ihnen einen Vorschlag:

> *Ihr müßtet Euch dazu erbieten für die Heeresverwaltung größere Mengen Sauerkraut herzustellen u. bereit zu halten. Um die Herstellung in diesem Maße nun durchführen zu konnen müßte ich für diesen Zweck als unabkömmlich reklamiert werden. Wenn sie mit seinem Vorschlag einverstanden wären, könnten sie durch Dr Reis die Sache in Fluß bringen.* (2.2.)

Seine Mutter ist damit einverstanden. Sie betrachtet ihren Wilhelm offenbar nicht als Drückeberger oder Feigling: Er hat doch lange genug seine Pflicht standhaft erfüllt. Wenn er heimkäme, würde er nicht faulenzen, sondern einen wertvollen Beitrag zur vaterländischen Sache leisten. Der Zeitpunkt für eine solche Anfrage scheint gekommen zu sein; denn die Müllers wissen, dass das militärische Lebensmittelamt in Darmstadt mit einem bisherigen Sauerkrautlieferanten unzufrieden ist. Bei dessen Sauerkraut hätten sie noch eine Portion Essig daran tun müssen »& hatt doch nicht geschmeckt«. (9.2.) Ein neuer Lieferant werde deshalb gesucht. Herr Müller hat sich schon erkundigt:

> *Dein Pappa mußte eine Probe bringen & der Hauptmann u. Leiter v. dem Lebensmittelamt sprach sehr sein Lob darüber aus* […] *der Herr Hauptmann ist Reserve & sagte z. Deinem Vater, wenn es gut ist & auch denke ich, daß ich es mit einem courante Manne zu tun haben, machen wir mehr mit Ihnen, in dieser Angelegenheit, können wir ja sicher sein, daß er mit uns zufrieden ist. Sie bekommen dann 100 Ctr nach & nach, da werden Sie 4 mal davon bekommen, oder 3 mal wie Sie die Fässer bringen, denn Dein Pappa hat darauf bestanden daß das Lebensmittelamt die Fässer stellen muß. Der Herr Hauptmann ist ein sehr zugänglicher Mann* […] *Nun mein lieber Wilhelm, wenn wir dann auch etwas billiger arbeiten müssen, das macht ja nichts, wenn wir nur unsern Zweck erreichen, sobald wir näheres darüber wissen werden wir es Dir sogleich mitteilen.* (9.2.)

Für die Müllers geht es nicht nur um Reklamation und finanziellen Gewinn: Dies ist für sie die große Chance, ganz Griesheim zu zeigen, dass man etwas darstellt, dass man es zu etwas gebracht hat. Herr Müller gälte als amtlich anerkannter Lieferant. Auf dem Darmstädter militärischen Lebensmittelamt hätte er mit einem Hauptmann und anderen Honoratioren zu tun. Man könnte den Hauptmann eventuell nach Griesheim einladen und schön bewirten. Wilhelm freut sich über den Bescheid. Seine Eltern sollen aber betonen, er sei auch für die Vorarbeiten nötig. Auch tue Eile not:

> *Augenblicklich ists auf den Fronten ruhig u wenns erst wieder lebhaft wird dann dürfte die Sache auf mehr Schwierigkeit stoßen.* (15.2.)

Die Probe befriedigt den Hauptmann. Die Lieferungen laufen an. Am 18. Februar berichtet sein stolzer Vater Wilhelm, die erste Lieferung Sauerkraut sei mit einem großen Militär-Lkw im Hof abgeholt worden: »Das Auto war bis an die Ramme gefahren es waren fürs erste 42 C[en]t[ner] u ist glatt wieder zum Hof heraus gefahren.« (18.2.) Nichts wird den neugierigen Nachbarn entgangen sein. Nur muss seine Frau Wilhelms Hoffnungen dämpfen:

> *Mit dem reklamieren wird es nicht so leicht gehen, weil wir nur ans Militär liefern dürfen, wenn es uns die Kriegsgesellschaft erlaubt. Heute haben wir die Zuschrift erhalten.* (22.2.)

Sein Vater eilt zum Hauptmann, um alles mit ihm zu klären. Der Bescheid ist enttäuschend. Die Bestimmungen haben sich geändert:

> *Das geht dieses Jahr ganz anders wahrscheinlich bekommt das Mlt Lebensmittelamt sein ganzes Rohkraut von der Kriegsgesellschaft also wir wissen noch gar nicht wie das wird wir sind noch ganz im Unklaren, aber für die KG wollen wir doch vieleicht etwas machen.*

Wiederum heißt es: abwarten, sich gedulden.

Im Frühjahr 1917 tritt der Krieg in eine neue, potenziell entscheidende Phase ein. Endlich beugt sich Bethmann Hollweg dem Drängen der OHL, der Marineleitung und der Öffentlichkeit. Der uneingeschränkte U-Boot-Krieg wird wieder aufgenommen. Innerhalb weniger Monate – so die zuversichtliche Prognose der Marineleitung – werden die Engländer in die Knie gezwungen sein. In der Anfangszeit schnellen die Versenkungszahlen tatsächlich steil in die Höhe. Die Presse schwärmt von »glänzenden Erfolgen« und die Müllers jubeln mit: Jetzt müssten auch die schuftigen Engländer rationieren und der englische Arbeitervertreter wolle unterhandeln. Die Gefahr, Amerika könne in den Krieg eintreten, schreckt Frau Müller nicht ab:

> *Der närrische Wilson wenn* [richtig: will] *England aus der Schlappe helfen aber o weh, was mal unsere Heeresführer & Leiter gesprochen haben ist gesprochen das ist & bleibt jetzt dabei, Wilson kann jetzt seinen Freunden (Sauengland) keine Munit. & dergleichen mehr liefern deßhalb braust er auf, aber es hilft ihm nichts, jetzt ist alles vorbei, weil wir stark genug sind.* (4.2.)

Einer Fortführung der Versenkungserfolge der U-Boote steht anscheinend nichts im Weg:

> *Durch die Naphta Quellen, welch wir in Rumänien jetzt haben ist genug Bensin vorhanden & wir können unsere U. Boote & was dazu gehört speisen. Jetzt wollen wir sehen wer ausgehungert wird, wer andern eine Grube gräbt, fällt selbst hinein.* (4.2.)

Wieder der passende Spruch! Wilhelms Vater dagegen schwankt zwischen der Hoffnung, alles könne ganz schnell zu Deutschlands Gunsten entschieden werden, und der Angst, es gehe vielleicht nicht so schnell und der Eintritt Amerikas könne den Krieg verlängern. Nicht dass das an dessen endgütigem Ausgang etwas ändern würde. Präsident Wilson, dieser »Unmensch«, der nur »Liebe zu den größten Geldsäckeln« (2.3.) habe und den Herr Müller meistens mit dem Beinamen »Wildsau« schmückt, würde sich sowieso einen »Schnupfen holen«. Er ist noch mitten im Schreiben seines Teils des Briefes, als seine Frau ihm die neuesten amtlichen Versenkungszahlen aus der Zeitung vorliest. Das genügt: Sämtliche Zweifel verfliegen. So begeistert von den Zahlen ist Frau Müller, dass sie sie Wilhelm auf einem ihrer Zettelchen akribisch auflistet. Wenn alles so weitergeht, dürfte er schon ohne Reklamation bald wieder zu Hause sein.

Im März 1917 bricht in Russland eine Revolution aus. Obwohl die Zeitungen laut Herrn Müller ihr keine große Bedeutung beimessen, hofft er, sie könnte trotzdem zu etwas führen:

aber immerhin kann sich die Geschichte entwickeln nun unser lieber Hergott weiß es ja am besten ein gutes Zeichen ist es für die End Ente jedenfalls nicht. (18.3.)

Auch Wilhelm erhofft sich etwas davon:

In Rußland hat durch die Abdankung des Zaren usw ein bedeutend politicher Umschwung stattgefunden. Vielleicht entwickelt sich die Sache noch zu Gunsten des Friedens, die längste Zeit wird der Krieg hoffentlich gedauert haben. (19.3.)

Fräulein Büscher schließt sich dem Chor der Hoffenden an: »Wenn diese ein früheres Ende des Krieges bedeuten, können wir Väterchens Ende, doch nur mit Freuden begrüßen.« (27.3.) Diese Hoffnungen scheinen gut fundiert zu sein, denn bald berichtet die Zeitung von einer eventuellen Verständigung mit Russland über Schweden. Frau Müller greift Entwicklungen in der näheren Umgebung auf:

Ich glaube ganz sicher, daß der Friede bald kommt, ich war in Großrohrheim & habe mir junge Gänse geholt, dort haben alle gefangene Russen ein Liste aufgestellt & Ihren Namen darunter gesetzt & verlg von Ihrer Regierung den Frieden. Da kannst Du sehen, daß in jedem Volke die Friedenssehnsucht kommt & ist, nun wir wollen es abwarten [...] *denn wir glauben fast an gar nicht*[s] *mehr, ich meine von dem Frieden, weil wir immer & immer wieder getäuscht werden.* (18.4.)

Auf die verschiedenen Friedensinitiativen kommt sie nie zu schreiben, die zunehmend aus der sich immer mehr spaltenden sozialistischen Partei kommen. Alles, was den Burgfrieden und die Einigkeit aller Deutschen stört, ist den Müllers einfach ein Gräuel.

Endlich trifft die Kriegsgesellschaft für Sauerkraut die längst erwartete Entscheidung über das Schicksal der ca. 150–160 Zentner Sauerkraut, die bei den Müllers immer noch lagern:

Jetzt hat es die Kriegsgesellschaft verfügt nach Mainz an die Landeseinkaufsgesellschaft für das Großherzogtum Hessen & diese hat es haben wollen wieder für Mainz oder Groß-Gerau.

Es gibt aber einen Haken:

> *wir haben aber der Einkaufsgesellschaft Mainz mitgeteilt & auch der Kriegsgesellsch daß wir auf Bahnversand gar nicht eingerichtet & immer nach Darmstadt per Fuhre gebracht haben, infolge dessen weil wir dort Kundschaft haben und es nicht nötig hatten per Bahn einzurichten, & haben zugleich bemerkt, daß wir nur per Fuhre nach Darmst. liefern können. auch wollten wir es zugleich dorthin vertreiben.* (23.3.)

Zum Glück ändert die Kriegsgesellschaft ihre Wünsche:

> *Vorgestern nun ist uns zugegangen, daß unser Kraut jetzt nach Darmstadt verfügt ist, also für die Stadt Darmstadt & Dein Vater sollte sich mit Oberbürgermeister in Verbindung setzen, was er bereits getan hat & wird das Kraut Anfang April abgerufen. Dein Vater hat natürlich gebittet, seinen Kunden zu liefern und diese bekommen es auf Bezugscheine & wir haben wieder unsere Fässer.*

Ihr Ferdinand verkehrt mit dem Oberbürgermeister! Die Verwandten und Nachbarn sollen das gefälligst zur Kenntnis nehmen!

Während dieses Frühjahrs sind Wilhelms Briefe besonders kurz und karg. Dass er wieder in der Gegend vor Reims ist, wissen die Eltern schon; seinen genauen Standort nennt er aber nicht: »Wo ich mich jetzt befinde diese Gegend ist weiter links.« (17.2.) Es bleibt ihnen nichts anderes übrig, als auf der Landkarte sich etwas Passendes auszusuchen. Mit seiner Frage, was es eigentlich heißt, bei der Leichten Munitionskolonne zu sein, hat sein Vater mehr Glück. Wie immer spielt Wilhelm die Gefahr herunter, in der er steht:

> *Wir fahren mit den Munitionswagen in die Artillerie Stellung aber seit wir hier sind das sind 4 Wochen war ich noch nicht dort. Denn hier wird herzlich wenig gefahren u geschossen. Was ich in der letzten Zeit getan habe ist Feldbahn gefahren zwar in die 3te Infanterie Stellung aber es wird nie geschossen, Das geht sehr rasch und dauert meistens hin und her Weg 3 Std. Alle paar Tage kommt man erst mal an die Reihe.* (21.2.)

Diese beruhigende Auskunft reicht den Eltern hoffentlich. Das Treffen mit einem Griesheimer bietet ihm einen harmloseren Schreibstoff:

> *Ratet mal wer mich heute aufgesucht hat. Ich saß am Tisch und dachte an nichts. Da kam ein Kamerad und rief mich »Müller Besuch!« Da kam einer in*

unsre Höhle und rief »Guten Tag Wilhelm!« Ich war noch ganz verblüfft u. sagte Du bist doch ein Griesheimer aber im Moment kenne ich Dich nicht. »Wilhelm Du kennst mich nicht« Da wars der Lipperts Philipp. Er hat einen kleinen Bart sodaß ich ihn eigentlich nur an der Stimme erkannte. Wir waren natürlich sehr froh und begossen unser Wiedersehen mit ein paar Gläser Bier. Philipp liegt gar nicht so weit von mir in Quartier wo ich schon verschiedenemal vorüberkam. Ich soll Euch grüßen von ihm. Er sieht nicht gut aus, ich glaube wenn der den Bart nicht hätte daß er sehr mager aussähe. (25.3.)

Aus diesem ersten Kontakt entwickelt sich ein häufiger Verkehr. Nur ist selbst dies Anlass zu mütterlichen Sorgen:

Mein lieber hast Du den Lippert wieder mal gesehen oder habt ihr wenig Zeit Euch gegenseitig zu besuchen oder besteht die Gefahr dabei vom Feinde erblickt u erschossen zu werden. (6.4.)

Sein Vater kann es Wilhelm gut nachempfinden, was solche Zusammentreffen für ihn bedeuten:

Die Zeit wird Euch in solchen Höhlen doch lang werden so wie sie uns auch lange wird bis Ihr endlich mal heim kommt nun man muß sich halt in das von Gott in die Welt gebrachte Schicksal fügen.

Immer unterwegs, sei es wegen Geschäften oder auf Rad- und Hamstertouren, wäre das Schützengrabendasein für den Vater eine arge Qual. Der Kontrast zwischen dem gegenwärtigen Krieg und ihrem Idealbild des 1870er Krieges ist den Eltern immer präsent. Mit den Heldentaten seines Großvaters haben Wilhelms Erfahrungen wenig gemein. Seine Mutter fängt diese Desillusionierung mit ihrer derben Direktheit ein: »Wie Du schreibst bist Du auch in einer Höhle, bald seid Ihr lauter Maulwurf Soldaten.« (31.3.) Dass die Zivilbevölkerung 1917 amtlich dazu ermuntert wird, auf Maulwurfjagd zu gehen und Maulwurffleisch als eine gute Fleischquelle zu betrachten, schreibt sie nicht.

Im April 1916 hatte Fräulein Büscher Wilhelm stolz gemeldet, die Deutschen seien die Beherrscher der Luft. 1917 scheint diese Herrschaft keineswegs so sicher. Dina Sauer hatte bereits von einem Luftangriff auf Pirmasens geschrieben. Jetzt erlebt Fräulein Büscher einen Angriff auf Mainz:

Ein Glück, daß mich keine der Fliegerbomben die uns vergangene Woche zugedacht waren, vernichtet hat. [...] *In den Keller bin ich nicht geflüchtet, da ich keine Ahnung hatte von der Gefahr saß ich in aller Gemüthsruhe auf meinem Platz und beobachtete kleine weiße Wölkchen aus denen eine Stichflamme entwich. Wie ich später erfahren rührte diese Erscheinung von den Schüssen her, die auf der Zitadelle, als Warnung abgefeuert wurden. Von dem gemeldeten feindlichen Geschwader G. s. D. keine Spur, die Frechdachse wurden rechtzeitig verjagt.* (27.3.)

Nur befürchtet sie, dass sie wiederkommen werden, weil das große Hauptquartier ganz in der Nähe liegt: »S. M. soll schon einigemal inkognito hier gewesen sein.« Solange man Flieger als verscheuchbare Frechdachse bezeichnen kann, braucht man sich nicht übermäßig zu ängstigen.

Um alle noch nicht beanspruchten Kräfte auszuschöpfen, greifen Hindenburg und Ludendorff zu einem neuen Mittel: Alle zwischen 1857 und dem 1. Januar 1870 geborenen Männer müssen sich zum Vaterländischen Hilfsdienst melden. Wilhelms Vater, Jahrgang 1868, hatte bereits 1916 einen Probedienst bei der Feuerwehr abgeleistet. Er tut jetzt wie befohlen, aber ohne große Begeisterung. Hoffentlich werde alles vorbei sein, ehe er eingespannt werden kann. Der Griff nach älteren Leuten stärkt Frau Müllers Glauben, dass der Krieg nicht mehr lange dauern kann: »denn sie haben ja nichts mehr zum einziehen, da wird es doch bald fertig werden.« (31.3.) Selbst sie, eine große Bewunderin Hindenburgs, versteht nicht, was an der Somme hinter dem Rückzug zur Siegfriedstellung[2] steht:

Lautenschlägers Georg ist auch bei dem Rückzug an der Somme gewesen, er schrieb Hindenburg macht fickmühlsches[3] *mit den Franzosen, nun das verstehen wir ja nicht.*

Die Meisterstreiche Hindenburgs aber braucht man ebenso wenig verstehen zu können wie die Wunderwerke Gottes. Außerdem rechnet sie zweifellos fest damit,

2 Um die Westfront zu verkürzen und dadurch sowohl Soldaten einzusparen als auch eine bessere Defensivstellung zu schaffen, ließ die 3. OHL zwischen Arras und Soissons die sogenannte Siegfriedstellung bauen. Bei ruchloser Anwendung der Taktik der verbrannten Erde vollzog das Heer dann im März 1917 einen strategischen Rückzug zu dieser Stellung.

3 Das Wort Fick- oder Zwickmühle bezeichnet die Stellung der Steine im Mühlespiel, bei der man durch Hin- und Herschieben eines Steines jeweils eine neue Mühle bildet.

dass die Erfolge der U-Boote alle Sorgen um »Menschenersatz« und ein Fortdauen des Krieges überflüssig machen werden.

Obwohl es mit Wilhelms Reklamation bisher nicht geklappt hat, bleibt zumindest die Hoffnung weiterbestehen, er dürfe wenigstens auf Urlaub heimkommen. In Griesheim geht ein Gerücht um, das beste Mittel, einen Urlaub zu bewerkstelligen, sei die Zeichnung der sechsten Kriegsanleihe. (2.4.) Von Wirths Gretchen erfährt Frau Müller, »daß Ihr Heiner, welcher in Straßburg beim Militär ist, Urlaub erhalten würde, wenn er 100 M für die sechste Kriegsanleihe zeichnen würde«.

Natürlich wollten die Wirths ihm das nötige Geld schicken. Nichts gewagt, nichts gewonnen. Wilhelm soll seinem Hauptmann sagen, er wolle 100 Mark für die sechste Kriegsanleihe zeichnen:

> *Du wolltest natürlich nach Hause fahren & Deine Eltern darum bitten, könntest auch gleichzeitig Deinem Vater an den Fässern helfen reparieren & bittest um 14 Tg womöglich 2–3 Wochen um Urlaub, wolltest auch Deine Eltern bitten für uns selbst noch 100 M zu zeichnen.* (2.4.)

Er soll direkt zum Hauptmann und nicht mit seinen Kameraden darüber sprechen. Warum, dürfte klar sein. Er leistet Folge:

> *Ich habe d. Haupt. d. Sache vorgestellt. Er sagte mir es sei ganz schön und nett, aber da die letzte Rate schon gefahren war und die nächste erst in die Zeit vor Ablauf der Zeit der Anleihe fallt so könnte ich nicht gut außer der Reihe fahren. Das ließe sich nicht gut machen. Er war sehr freundlich u meinte ich könnte ja sowieso bald fahren er wollte nachsehen wann und mir auch Bescheid sagen.* (10.4.)

Der Hauptmann mag etwas verblüfft gewesen sein, als der junge Gemeine ihn mit einem so plumpen Bestechungsversuch überrumpelt. Jedenfalls überlegt er sich die Sache und lässt Wilhelm am nächsten Tag zu sich kommen:

> *Müller ich habe nachgesehen es geht leider nicht. Sie müssen noch warten bis Sie an die Reihe kommen.* [...] *Viele seien nicht zum zweiten Mal gefahren und nur einer, ein älterer verheiratet Mann, der von Anfang im Feld sei, sei zum dritten Mal gefahren. Er selbst würde es machen, wenn es auf ihn käme aber er muß sich doch auch wieder nach seinen Vorgesetzten u. Vorschriften richten, dies sagte er*

> *auch* [...] *Er ist gegen seine höheren Instanzen überhaupt etwas ängstlich besser vorsichtig.* (13.4.)

Dass der Hauptmann eventuell aus einem Pflicht- oder Fairnessgefühl so handelt, kommt Wilhelm anscheinend nicht in den Sinn. Tragisch nimmt er den Bescheid nicht. Oder tut er nur so, um die Eltern nicht zu beunruhigen?

> *Mir geht es ja augenblicklich in Bezug auf den Dienst ausgezeichnet. Ich habe ziemlich Druck. Papa weiß ja was Druck ist. Habe 2 kranke Pferde in Pflege und fahre nicht.* (13.4.)

Da er gut aufgehoben ist, solange die Tiere krank sind, mag er im Stillen hoffen, dass es um seine Heilkünste nicht allzu gut bestellt ist!

Genauso sehr, wie Frau Müller Wilhelm um sich in Griesheim haben möchte, genauso stark will sie sich Dina fernhalten. Dina dagegen ist trotz ihres letzten missglückten Anlaufes immer noch fest entschlossen, die Müller'sche Burg zu erobern und permanent zu besetzen. Wegen ihres angeblichen fortwährenden schlechten Gesundheitszustandes – Nasenbluten und starke Schmerzen auf Stirn und Schädel – müsse sie unbedingt aus Studernheim fort. Alles rühre daher, dass sie so viel arbeiten müsse. Da ist Frau Müller skeptisch:

> *ich habe sie nämlich Kartoffel schälen lassen, da knödelt sie aber herum, wie so ein rechtes Mutterkindchen & anderes ist Sie ja auch nichts.* (28.3.)

Diesmal kann sie Dina nicht abweisen, aber der Aufenthalt soll ihr letzter sein:

> *wenn Sie aber mal wieder anfragt, ob Sie ein paar Tage kommen kann verneine ich es ihr, das Mädchen läßt sich gerade bedienen von mir.* [...] *was wärest Du so übel dran wenn – Du verstehst mich ja, anstatt daß sie mir etwas behilflich wäre, läßt sie sich bedienen.*

Besser, die Worte Ehe und Ehefrau nicht einmal zu gebrauchen, um nicht den Teufel an die Wand zu malen! Dass Dina sich vom Mädchen bedienen lässt, ist schon schlimm genug. Dass sie Frau Müller selbst als ihre Dienerin einspannen will – das ist unerhört! Es ändert nichts an ihrer Frustration, dass sie Dina wenigstens nicht aus ihren eigenen kostbaren Vorräten an Lebensmitteln verköstigen muss:

Ihre Mutter kam heute & brachte Ihr noch Brod, Eier, Fleisch damit sie bis z. 2. April bleiben kann. Samstags ist unser Einquartierung fort & Montags kam die Dina, was bin ich so froh wenn sie wieder – Sie ist jetzt beinahe 8 Tge hier u. hatt noch nicht mal Ihr Bett gemacht auch nicht mal Ihr Stübchen. (31.3.)

Die Spannungen zwischen den beiden Frauen nehmen rapide zu. Besonders ärgerlich ist, dass Dinas langer Aufenthalt bei den Nachbarinnen Anlass zu regem Klatsch gibt:

Frau Steuernagel sagte zu mir wie Dina fort wahr nun Frau Müller, das ist doch etwas fürn Wilhelm nicht wahr, sie sagte ich habe es schon ein paar mal gehört, da sagte ich in keinem Fall & will erst mal warten bis er heim kommt. Müllers Gretel hat mich auch gefragt es ist ja auch sehr auffallend, weil Dina so oft zu uns kommt. Nun später mehr. (31.3.)

Nur ist das Ärgerliche an Dinas Aufenthalt damit bei Weitem nicht erschöpft. Frau Müller ist klar, dass die Kellers davon erfahren werden. Sie werden sich fragen, wie es um Wilhelms Beziehung zu ihrer Gretel bestellt ist, wenn sich diese fremde junge Dame so lange bei den Müllers aufhält. Mit einigem Recht könnten sie fordern, dass Wilhelm – als ehrbarer, ernsthafter Freier – sich mit Gretel offiziell verlobt; sonst müsse die Beziehung abgebrochen werden. Frau Müllers ganze Hinhaltestrategie droht zu scheitern! Als Dina das Haus verlässt, atmet sie erleichtert auf.

Zu Ostern machen die Müllers einen Ausflug nach Niederbeerbach (»Berbich genannt«) (10.4.), um dort die Familie eines der beiden älteren Männer zu besuchen, die vor Kurzem bei ihnen einquartiert gewesen sind. Man rechnet damit, im Odenwald etwas Deftiges zu essen und mit kostbaren Nahrungsmitteln heimzukehren. Auf den folgenden Sonntag sind sie nach Biebesheim eingeladen, wo der Bruder ihres früheren Mädchens Anna Liedtke konfirmiert wird. Dort essen sie sich ebenfalls satt und kehren mit einer schönen Beute – Butter – heim. Wenn sie wiederkommen wollen, sollen sie, so schreibt ihnen Anna, zwei Tage zuvor schreiben, damit ihre Mutter etwas Käse ausleeren kann. (23.4.) Wilhelm geht ebenfalls nicht leer aus: Anna schickt ihm eine Liebesgabe. Sie fügt hinzu:

Eben kommen ja so viel Städter aufs Land u. betteln sich Kartoffeln, Eier u. noch anderes. Da kann man doch sehen, daß der Hunger die Leute dazu treibt. (23.4.)

Die von Willy Israel an die Müllers geschickte Osterkarte aus dem Jahr 1915. Inzwischen sind Ostereier eine Rarität und Hasenfleisch, zusammen mit Gänsefleisch, ein begehrter Ersatz für Rind- und Schweinefleisch.

Von diesen hungrigen Scharen schreiben die Müllers nie. Von ihnen grenzt sich Frau Müller streng ab. Für sie sind das Leute, die nicht vorsorgen, nicht richtig einteilen. Zu Ostern macht sie die obligatorische Fahrt zu ihren Schwestern nach Rohrheim. Wilhelms Vater berichtet von diesem Besuch:

> *Du weißt ja nicht wahr mein Lieber wen*[n] *Du lauter so Tanten hättest da würdest Du vergehen im Felde vor Wehmut die besitzt einen kolosalen Opfermut zum Nehmen.* (10.4.)

Auch bei diesem kleinen Besuch macht sich der Krieg bemerkbar: Diesmal kann Frau Müller Tante Lisbeth keine Ostereier mitbringen. Für das Geldgeschenk bedankt sie sich nicht einmal:

> *Nun Schwamm drüber über so eine liebe gute herzliche gebefreudige u viel Grüße ausrichtende Tante nicht wahr mein Lieber (willte Kaffee trinke).*

Mittlerweile sind für Schuhe und Kleiderstoffe Bezugsscheine eingeführt worden. Trotzdem sträuben sich Wilhelms Eltern immer noch dagegen einzugestehen, dass dies ein klares Zeichen der prekären Versorgungslage im Land ist. Im Gegenteil, was Wilhelms Vater bei den Konfirmationsfeiern beobachtet, veranlasst ihn, die angeblichen Mängel als bloße Fiktion abzutun:

> *Am Putz u Staat sieht man eigentlich hier noch nicht im geringsten vom Krieg trotzdem daß es auf Kleiderstoffe Schuhe u zetra auf alles Bezugsscheine gibt u ohne dieselben niemand nichts kaufen kann, besonders die Damen wetteifern hierin nun das ist einmal so wie es späterhin wird weiß der Teufel u. wollen wir uns auch gar keine Glossen drüber machen.* (10.4.)

Steckt in seinen Bemerkungen eine Warnung an Wilhelm bei seiner Wahl einer Braut?

Der gute Ruf des Müller'schen Sauerkrauts wächst. In Darmstadt gilt es, meldet Frau Müller stolz, als das beste:

> *die Verkäufer laufen dann aufs Stadthaus & verlangen unser Kraut & diesmal haben wir viel feine Delikatessen Geschäfte dabei, wo noch nichts von uns gehabt haben.* [...] *Dadurch daß wir für Darmstadt einmachen, kommen wir aufs Stadthaus & werden in Darmstadt sehr bekannt, & macht von selbst Geschäft.* (24.4.)

Solche Anerkennung tut dem Selbstbewusstsein der beiden gut. Der Herr Sekretär sei voller Lob sowohl für die Qualität der gelieferten Waren als auch für die Zuverlässigkeit der Müllers. Die Stadt wolle 100.000 Gurken nehmen, wenn sie sie liefern können. Die vereinbarte Preisregelung ist den Müllers auch recht: Während die Stadt Darmstadt ihnen das Kraut zum Selbstkostenpreis liefert, liefern sie es dann zu dem von der Kriegsgesellschaft festgesetzten Höchstpreis. Besonders attraktiv wird die Regelung dadurch, dass alles über die Darmstädter Behörden läuft. Das erspart ihnen die »viele Schreiberei«, die entstünde, wenn sie selbst mit der Kriegsgesellschaft direkt verhandeln müssten. (9.5.) Andererseits muss man immer bereit sein zu springen. Wilhelms Mutter z. B. unterbricht den Brief an Wilhelm, in dem sie ihm dies alles erklärt, weil das Lebensmittelamt Darmstadt anruft und ihr mitteilt, dass sie die gebilligte Kundenliste abholen kann. Wilhelms Vater ist mit dem Aufladen vollauf beschäftigt; es ist schon halb sechs und das Stadthaus wird um 6 Uhr geschlossen; also heißt es: schnell aufs

Rad und im Eiltempo nach Darmstadt. Sie wird tüchtig strampeln müssen, um rechtzeitig da zu sein.

Am 16. April starten die Franzosen eine große Offensive am Chemin des Dames. Wilhelms Eltern wissen, dass er dort in der Nähe liegt, und machen sich natürlich Sorgen um ihn. Er versucht sie zu beruhigen:

> *Es geht ja etwas lebhafter zu an der Front aber in der Hauptsache hat das seine Wirkung mehr rechts von uns zwischen Reims u. Soissons während wir etwas abseits südöstlich von R. liegen.* (20.4.)

Im Innern ist er so ruhig nicht. Sein Bedürfnis nach Nachrichten aus der Heimat wächst:

> *Hoffentlich treffen paar liebe Zeilen bald wieder ein. Was gibt es Neues zu Hause? Sind inzwischen wieder Griesheimer gefallen? Waren Bekannte auf Urlaub? Was gibt's Neues im Geschäft?* (20.4.)

Seine Mutter bietet die gewollte Information:

> *gefallen sind wieder einige auch etliche vermißt, ich kenne sie aber selbst nicht, glaube auch, daß Du sie nicht kennst, von Bassenauer neben Hubach ein Sohn & Schwarze Ecke Sandgasse & Hofmannstr ein Sohn, Lenards Karl sein Bruder* [der Onkel Jacob Müllers], *diesen kenne ich auch nicht weiß augenblicklich keine weiteren zu nennen, die gefallenen stehen ja meistenteils im Griesheimer* [...] *auf Urlaub kommen eben nur ab & zu Männer auch ledige aber man sieht wenig.* (24.4.)

Solange die Post Briefe und Pakete schnell an die Front bringt, hat die Moral der Soldaten eine wichtige Stütze. Nur geht bei Wilhelm ein beunruhigendes Gerücht um: »es sollte was zu Hause erübrigt wird an die Stadtleute abgegeben werden.« (22.4.)

Ärmere Soldaten aus den Großstädten könnten eine solche Regelung begrüßen, denn ihre Angehörigen wären die Nutznießer. Andererseits darf man nicht vergessen, dass diese Soldaten von den Bessergestellten bzw. Besserversorgten oft etwas abbekommen. Enthielte man ihnen Esswaren vor, die bis jetzt ihre oft unzureichende, monotone Kost ergänzt haben, entstünden leicht Ressentiments. Die Moral litte – und das gilt es zu verhindern.

Wie sehr Soldaten die kleinsten Zutaten aus der Heimat schätzen, zeigt eine Karte, die der Neffe Heinrich Landau am 2. Mai aus dem Schützengraben an Onkel und Tante schickt. Er bittet lediglich um »Maggiwürfel für Suppe«. Die Suppe muss wirklich wenig schmackhaft sein! Der *Griesheimer Anzeiger* (Nr. 48 vom 16.6.) nimmt nicht Partei für die Paketempfänger: Die Feldgrauen hätten es nicht nötig, Nahrungsmittel aus der Heimat zu erhalten, da die Heeresverwaltung in ausreichender Weise für ihr leibliches Wohl sorge. Wer Lebensmittel an die Front schicke, versündige sich an denen, die unter der Lebensmittelknappheit zu Hause litten. Wilhelms Mutter, die anderer Meinung ist, glaubt nicht, dass es zu einem Verbot kommt: »denn jedermann hatt für seine Angehörigen immer etwas übrig.« (30.4.) Ihre patriotische Nächstenliebe ist groß, aber nicht grenzenlos:

> *solltes Du aber mal 14 Tg nichts bekommen oder von einem direkten Verbot etwas wissen, dann schreib es sofort, das ist dann nicht notwendig, daß mann andern Leuten diese Sachen gibt, ich glaube, daß ein Verbot nicht durchgeht, da wäre ja grausam & würden sich die zu Hause dagegen empören.*

Sauerkraut, das große Morden, der U-Boot-Krieg und die verfluchten Engländer liegen nah beieinander in ihrem Brief vom 30. April:

> *Nun jetzt weiter von Sauerkraut, also unser Sauerkraut wird in der ganzen Stadt gelobt, das ist doch etwas Schönes & das allerschönste wär wenn das große Morden bald aufhören würde, aber die längste Zeit hat es doch gedauert, der Feind ist doch bald mürbe heute sind wieder 112.000 weitere Tonnen gemeldet, jetzt ist es dem verfluchten Engl. doch nicht mehr einerlei, er hatt bis jetzt noch kein Gegenmittel für unsere U. Boote u wird auch keines bekommen.*

Das Geschäft geht so gut, dass man mit der bisherigen Anzahl Fässer nicht auskommt. Als ausgeschellt wird, dass eine Partie große Fässer am Bahnhof versteigert wird, geht Herr Müller hin und kauft die drei angebotenen großen Stückfässer für 155 Mark – ein guter Preis, denn er habe neulich in Darmstadt für drei Halbstück 100 Mark ausgeben müssen. Beim Gespräch mit dem Verkäufer, einem Darmstädter Küfer, erfährt er etwas höchst Interessantes: Die drei seien ursprünglich für den Kriegslieferanten Budesheim gewesen; dieser habe sie aber nicht genommen, weil er kurz zuvor einen Waggon Sauerkraut zurückgeschlagen bekommen habe. Indem er ihr das alles erzählt, erinnert sich seine Frau daran, dass der alte Adam per Zufall gerade in dem Moment an der Bahn gewesen ist, als das Sauerkraut angekommen ist. Nach seiner Rückkehr habe er ihr erzählt: »ich mögte keines davon essen [...] das ist rot & schwarz, der reine Kerbescheißdreck.« (17.5.) Dass das Sauerkraut zurückgeschlagen gewesen ist, wusste Adam nicht. »Wir haben so gelacht darüber, & dachten noch Budesheimer hätte es vieleicht gekauf[t] fürs Militär.« Dass er solchen »Dreck« zu einem spottbilligen Preis kauft und zu einem hohen Preis ans Militär verkauft, trauen sie ihm offensichtlich zu. Erst nach dem Gespräch mit dem Küfer geht ihnen jedoch auf, dass Budesheims Verhalten eigentlich noch rücksichtsloser war:

> *denk Dir mal was eine Kurage der Mann besitzt, wie er das Kraut fortgeschickt hatt, tat er Halbstückfässer halb voll machen & in den Wagen laden, dann füllte er sie ganz voll, indem er kleiner Fässer hinausfuhr & wie sie voll waren schickte er sie fort ohne irgend einen Deckel u. dergl.*

Ein skrupelloser Kriegsgewinnler also! Nur selten verraten Wilhelms Briefe etwas von der durchdringenden Menschenkenntnis, mit der er sich brüstet. Liest man seine ätzende Skizze vom Wesen und den Geschäftspraktiken der beiden Budesheims, kann man es nur bedauern, dass er sich in den Briefen an die Eltern normalerweise einen Maulkorb anlegt:

> *Budesheim hat jedenfalls während des Krieges viel Geld verdient was aber bei seinem unternehmenden Charakter keineswegs immer zu seinem Heile dienen dürfte. Wir kennen in ihm schon früher den Mann der fast stets fehlgehenden für seine Verhältnisse Riesenunternehmungen. Man kann ihm zwar einen guten Teil geschäftlicher Kenntnisse u der dazu gehörigen Verschlagenheit nicht absprechen. Er wäre, seine guten Eigenschaften in sich vereint, ein sehr zu schätzender Konkurent wenn seine Unternehmungen nicht sehr oft an der ziemlich reichlich bemessenen Klippe seiner Großsucht scheitern würden. Diese letztere mit namentlichem Stolz gepaart duldet keine Niederlage, keine Übereinkunft wo es nötig ist.*

Gerade wie sein Vater sei auch der junge »Herr B«:

> *Das konnte ich bei meinem letzten Urlaub erfahren. Als ich damals in der Hintergasse beim Georg* [Georg Müller, dem Sauerkrauteinmacher] *war, hat er sich so recht großartig aufgespielt. Ich dachte aber er wird's wohl können u. den nötigen Rückhalt haben. Aber Vertrauen kann man doch keines dazu haben. Wie ich ersehe, markiert er auch schon entsprechend im Wirtshaus. Na es ist ja nicht unsere Sache den Leuten Ihren Spiegel vorzuhalten. Sie müssen selbst wissen*

was sie zu tun und zu lassen haben; dafür sind sie alt genug. Es ist für uns nur Vorsicht geboten wieweit man sich einlassen darf wenns gar nicht anders gehen soll. Das beste Verhältnis ist natürlich gar keins. (20.5.)

Großmannssucht und Prahlerei sind Wilhelm wirklich verhasst.

Anscheinend entgeht er den heißen Kämpfen am Chemin des Dames, in denen Tausende von Franzosen dank des Größenwahns des eitlen französischen Generals Robert Nivelle ihr Leben lassen. Er tut wie immer sein Bestes, um seinen Eltern ihre Sorgen zu nehmen, indem er ihnen beschreibt, wie er mit seinen Pferden auf die Weide geht und sich zum Briefschreiben hinsetzt:

Gerade wo ich im Freien sitze fängt es an zu nieseln und ein Tropfen fiel mir gleich auf den Bogen. Sonst keine Ereignisse von Belang. (5.5.)

Er würde gern, schreibt er am 20. Mai, beim schönen Frühlingswetter in der herrlichen Natur spazieren gehen. Nur gehe das bei dem »dummen Krieg« nicht. Zunächst klingt es, als könne er die Landschaft aber sonst genießen:

Jetzt will ich schließen und meine Pferde einholen denn ich schreibe diesen Brief auf der Weide. Der Abend naht u. senkt sich nieder auf die Natur.

Aber dies ist keine romantische Idylle:

nur nicht gerade als süßer Traum wie es im Liede heißt, denn der dumpfe Donner der Kanonen gestaltet die Natur zu allem anderen, nur nicht zum süßen Traum.

Seine Eltern haben es bequemer, was Frühlingsspaziergänge angeht. Das schöne Wetter nutzen sie aus, um sich mit Nachbarn einen schönen Spaziergang in die Büttelborner Hecken zu gönnen: »da sind wir so ein bischen Maifroh gewesen.« Eine längst versunkene Welt steigt vor dem inneren Auge auf: »Dein Vater hatte seine Geige mitgenommen & ein par schöne Lieder & Chorale gespielt.« (24.5.) Nur lauert bei ihnen ein störender Gedanke immer im Hintergrund der Seele: »aber es war doch gar zu armselig, denn man kann nur recht froh sein, wenn der schreckliche Krieg mal zu Ende ist.« Die Träume, die man inzwischen hegt, sind bescheiden. Beim Sauerkrautkochen hofft Wilhelms Mutter, es möge ihnen allen drei gewährt werden, Sauerkraut wieder gemeinsam zu essen!

Das Treffen mit einem Griesheimer hilft Wilhelm wieder aus der Klemme, als er, so seine Formel, gern viel schreiben würde, aber wie gewöhnlich nichts wisse:

> *Halt! Doch da fällt mir ja noch etwas ein was ich gar nicht vergessen darf zu schreiben. Bin ich neulich gerade so bischen am arbeiten, da kommt mir ein bekannter Kamerad den ich bei der Infanterie kennen lernte in den Weg gelaufen. Während ich ihn grüße taucht auf einmal ein zweiter auf und sagt »guten Tag Wilhelm« Da war es der Lampese Otto*[4] *der Bruder von Lampese Maria gegenüber dem Formstecher Mendel. Er liegt nicht weiter als 100 m von unserem Lager und wir wußten nichts voneinander. Es ist natürlich immer große Freude wenn man Griesheimer draußen antrifft wenngleich man früher gegenseitig gar keine Notiz voneinander nahm.* (13.5.)

Nirgends erwähnt er Bayern, Württemberger oder Preußen, nicht einmal kritisch. Er interessiert sich einzig und allein für seine Landsleute, am besten für Leute aus der engeren Heimat. Wer seine sonstigen Kameraden sind, wissen wir nicht. Er nennt ihre Namen nie, beschreibt weder ihre Gewohnheiten noch ihre Äußerungen und Handlungen. So lobenswert seine Heimatverbundenheit sein mag, bringt sie Schattenseiten mit sich. Je mehr er davon träumt, nach Griesheim heimzukehren, umso mehr läuft Wilhelm Gefahr, dass sein Wunsch nachlässt, Land und Leute anderswo kennenzulernen und in der weiten Welt Gottes Gunst zu erproben. Es könnte ihm schwerfallen, dem Druck seiner Mutter zu widerstehen, wollte sie ihn gleichsam im elterlichen Haus gefangen halten.

Griesheimer Soldaten helfen einander aus. Für das Kartoffel-mit-Kohl-Rezept seiner Mutter braucht Wilhelm z. B. ein bisschen Gewürz. Christian rettet ihn: »Er hat mir überhaupt schon paarmal bischen was zugeschoben und ich hatte ihm auch schon Gegendienste geleistet.« (4.7.) Die Eltern sollen Christians Frau »vielleicht ab und zu paar Salatgurken schenken«. Dass in diesem Stadium des Krieges ein paar Salatgurken als wahre Wohltat dankbar entgegengenommen werden, spricht Bände. Wilhelm will einen anderen Griesheimer, Jakob Funk (»Lautons Jakob«), aufsuchen, der ihm früher Geld als Liebesgabe geschickt habe. Er bekommt seinen Standort heraus und macht sich auf den Weg dorthin. Dort erfährt er, Jakob sei auf dem Griesheimer Sand. Als er sich enttäuscht auf den Rückweg machen will, hat er Glück und trifft einen anderen Griesheimer: »Ich glaube ›Füllchen‹ sagt man zu ihm; er wohnt in der Sterngasse und heißt Jakob Rühl.« Recht erfreulich ist auch,

4 Eigentlich ist es Christian Müller und Wilhelm korrigiert sich später.

dass Philipp Lippert ganz in seiner Nähe liegt: »Er hat mich vorgestern besucht. Er ist so nah daß er fast jeden Tag kommen könnte. Er will auch öfter kommen.« (4.7.) Die Stärke der engen regionalen Identität fällt immer wieder auf.

Wie in den vorhergehenden Jahren haben die Müllers auch in diesem Frühjahr ängstlich aufs Wetter geschaut. Anfangs ist es kalt und rau gewesen. Es bessert sich und bis Mitte Mai wächst alles bestens: »unser Herr Pfarrer sagte ein Wunder hat der liebe Gott getan es ist auch wirklich war.« (15.5.) Ein Wunder natürlich, um sein auserwähltes deutsches Volk vor dem Aushungerungsplan des Feindes zu schützen. Die Gefahr, dass Gemüse für arme Leute unerschwinglich wird, wird gebannt:

> *Spinat kostete v. 14 T. 1 M d. Pfund heute 20 Pfennig da können alle arme Leute kaufen, wenn es nur Gottes Willen ist, daß es keinen Rückschlag mehr gibt.«*

Am Chemin des Dames sind die Franzosen zurückgeworfen worden und der U-Boot-Krieg bringt laufend neue Erfolge. Der Krieg dürfte also bis zur Ernte vorbei sein. Nicht dass Frau Müller ihre Vorsorgeoperationen einstellt. Im Gegenteil, sie kümmert sich weiterhin sehr fleißig um ihre Menagerie:

> *alles hat sich hier Kleinvieh angeschafft. Wirths haben eine Kluk mit Hühner, alles hat Hasen, wir haben noch 2 schöne zum schlachten & 2 haben wir welch wieder tragen 3 haben wir schon geschlachtet.* (2.5.)

Zucker-Verteilung.

Wir bringen hiermit zur allgemeinen Kenntnis, daß in aller Kürze bei den Spezereihändlern hier auf den Kopf der Bevölkerung **4 Pfund Einmachzucker** abgegeben werden. Derselbe ist gegen die Zuckermarken 16—23 einzulösen. Der achte Teil der Zuckerzulage erfolgt in Form von Kandis und ist auf die Marke 23 Kandis abzunehmen.

Wir machen noch darauf aufmerksam, daß die genannten Zuckermarken am 31. d. Mts. ihre Gültigkeit verlieren und daß mit einer späteren Sonderzuckerzuteilung voraussichtlich nicht gerechnet werden kann.

Griesheim, am 10. Mai 1917.

Großherzogliche Bürgermeisterei Griesheim.
J. V.: **Feldmann.**

Speckabgabe aus Hausschlachtungen.

Diejenigen, welche mit der Abgabe von Speck noch im Rückstande sind, werden hiermit aufgefordert, die abzugebende Menge **nächsten Montag, Dienstag und Mittwoch** bei Metzger **Baumgärtner** abzugeben.

Es ist diejenige Menge abzugeben, welche auf der Genehmigung zur Hausschlachtung vermerkt ist. Eine besondere Aufforderung wird nicht zugestellt. Die Nichtablieferung hat schwere Strafe zur Folbe.

Griesheim, am 11. Mai 1917.

Großherzogliche Bürgermeisterei Griesheim.
J. V.: **Feldmann.**

Zentral-Theater.

Groß-Gerauerstr. 24. **Telefon Nr. 13.**
Elegantes vornehmes Theater.

Morgen Sonntag, den 13. Mai
der größte und sensationellste Detektivschlager:

Hiawatha

Drama in 5 Akten aus dem Verbrecherleben.
Spannend vom Anfang bis zum Ende.
Personen:
Kommerzienrat Virfeld; Suzanne, seine Tochter; Assessor Dr. Blume; Wilson, Detektiv.

Der Nachtgerichtshof

Drama aus dem amerikanischen Nachtleben in 3 Akten.

Bumke ist kitzlich

Gute Humoreske.

Kriegsberichte, Dokumente zum Weltkrieg.

Einlagen. — Anfang 3 Uhr.

Hungrige, kriegsmüde Griesheimer fliehen auf ein paar Stunden aus der desolaten Gegenwart in die fiktive Welt von Filmen wie Hiawatha und Bumke ist kitzlich. Kriegsberichte locken nicht mehr: Die Dokumente zum Krieg kommen ganz am Schluss.

Stolz berichtet sie vom Gedeihen ihrer Gänse:

> *Unser 10 Gänse sind gewachsen von dem schönen Futter & der Sonne, daß alle Leute sich darüber aufhalten. Heute morgen war ich schon ¾ 6 Uhr an der Landwehr & habe Futter geholt, von dem Stückchen Land haben wir das Gras gekauft für das Vieh, ich hätte ja keine gezogen aber es gilt mir wegen Gänsefett, denn das Kleinvieh wird nicht angerechnet (keine Fleischkarten) sie sind jetzt zozusagen aus dem Dreck (4 Wochen alt) & ist mir auch bis jetzt keines falliert, hoffentlich glückt es mir, daß Sie alle gesund bleiben, deßhalb entschuldige mein lieber, wenn wir mal weniger schreiben wie sonst.* (15.5.)

Die Gänse haben eine Doppelfunktion: Erstens geben sie einen gelegentlichen Braten ab, zweitens – und das ist eigentlich das Wichtigere – versehen sie Frau Müller mit Fett, einer Ware, die strengstens beschlagnahmt und rationiert wird. Wenn auch einige Federn dabei herausspringen, ist das ein weiteres Plus. Die Preise für Gänse klettern noch höher. Für eine sechs Wochen alte Gans bietet man ihr 30 Mark – eine unerhörte Summe. Wer sie angeboten hat, sagt sie nicht. Eine hamsternde Darmstädter Familie? Auf das Geschäft geht sie nicht ein:

> *Dein Vater sagt aber da wird nichts daraus bis Herbst ist eine 40–45 M wert wenn sie gesund bleiben, was sie für andere Leute wert ist, sind die Gänse aber auch für mich wert.* (10.6.)

Wilhelm ist ähnlicher Meinung:

> *verkauft nur keine und wenn sie Euch das zehnfache bieten.* [...] *Übrigens hörte ich von Kameraden viel höhere Preise fast unglaublich was in Straßburg Freiburg Kehl usw für Gänse bezahlt werden aber das tut nichts zur Sache. Ihr habt sie ja nicht zum Verkauf erzogen.* (14.6.)

Da die Eltern wissen, dass die Stadt Darmstadt mit ihren Waren höchst zufrieden ist, scheinen ihnen die Vorraussetzungen gegeben zu sein, um Wilhelm zu reklamieren. Es wird im Stadthaus angefragt. Die Antwort ist im Großen und Ganzen positiv: Die Stadt sei dazu bereit. Wilhelm könne aber nur auf 14 Tage, höchstens auf vier Wochen reklamiert werden. Er ist enttäuscht. Wenn die Stadt ihn nicht für die Saisondauer reklamieren wolle, dann halte er ein Gesuch für unangebracht. Diesmal ist er es, der den passenden Spruch parat hat: »Das Getrommel darf nicht mehr sein als die Soldaten.« (17.5.) Nochmals bleibt die Sache eine Zeit lang liegen.

Je größer die Aufträge, desto mehr Arbeit. Zwar bringt es der Küfer Spies trotz seiner vielen Arbeit fertig, Herrn Müller zwei Tage lang zu helfen; nur hält man seine Lohnforderungen – 9 Mark pro Tag – für zu hoch: »da kannst Du mal wieder sehen, was die Freundschaft heißt da brauchen seine faule Weibsleut nichts zu schaffen.« (10.6.)

Wilhelm bricht den Stab nicht über ihn: »Der Spies nützt eben die Lage aus ein anderer würde es vielleicht eben so tun.« (14.6.) Lohn hin, Lohn her, das Reparieren muss zügig vorangehen, denn die Gummern – das weiß Herr Müller – werden schon Anfang Juli da sein, wenn das Wetter so schön bleibt. Nur treten weitere Störungen auf: Der alte Adam und das Mädchen werden beide eine Woche lang krank und die alten Bottiche genügen nicht mehr. Schnell wird ein neuer, großer bei Herrn Wieland gekauft:

> *der hält das doppelte wie die andern also viel weiter ist dieser & kostet 180 M natürlich Esche Holz der Boden ist eichen, Spies hätte gewiß das doppelt genommen.* (10.6.)

Selbst dieses Fass reicht aber nicht. Noch drei gebrauchte Fässer werden erstanden. Die Reparatur nimmt den stolzen Kaufmann stark in Anspruch. Was ist er froh, als er endlich einen findet, »Schupp neben Deltau alte Darmstädterstraße«, der ihm »in der Sach hilft«. (10.6.)

Es kommt das dritte Pfingsten seit Kriegsbeginn. Wieder werden allgemeine Betrachtungen angestellt. Wilhelm findet den passenden Ton:

> *Üppiges Grün in Wald u. Flur. Die Natur scheint sich soweit sie nicht unmittelbar vom rauhen Kriege gestört u. gehemmt wird nicht weiter um diesen zu kümmern. Sie verleiht dem herrlichen Pfingstfeste seine äußeren Reize und leider ist die Zeit noch immer nicht da in der sich die Menschheit wieder ungetrübt des Pfingstfestes erfreuen darf. Wir wollen aber doch den Mut nicht sinken lassen und zum Schöpfer beten, daß er uns dieser Zeiten entrücke und bessere folgen lasse.* (27.5.)

Das Ganze hört sich wie abgeschrieben an. Und in der Tat: Wilhelm will sich nicht mit fremden Federn schmücken und beichtet gleich:

> *Dies ist eine kleine Pfingstbetrachtung die* [ich] *Euch deshalb mitteile weil ich gerne etwas schreiben möchte und sonst in Verlegenheit käme um Stoff.*

Er verdankt sie wohl einem der Sonntagsblätter oder Erbauungshefte, die ihm nicht nur die Mutter, sondern auch andere Verwandte regelmäßig schicken. Ihm ist klar, dass diese Betrachtungen ihr gefallen werden. Nach deren Lektüre wird sie hoffentlich nicht so oft fragen, wie es bei ihm um das Beten stehe und ob er fleißig in den Gottesdienst gehe.

Wilhelms Vater, der vom abendlichen Weidegang gelesen hat, möchte wissen, ob er wieder Bursche und damit nicht mehr so sehr in Gefahr sei. Wilhelm muss ihn enttäuschen: »Alle unsere Pferde sind täglich zum Weidegang.« Was Urlaub betrifft, kann er auch nichts Erfreuliches bieten:

> *es sind zur Zeit immer nur 2 Mann gefahren von 140. Nächste Rate sollen 5 St fahren können wie ich hörte. Diese sind alles Leute die zum 3ten Male an der Reihe sind. Nun sind aber noch wieder welche die bei den darauffolgenden Raten erst zum 2ten Mal und etliche zum 1ten mal zu fahren haben. Ich komme schon auch an die Reihe nur etwas Geduld.* (31.5.)

Bei Herrn Müller tritt ein Wandel ein. Taten die Müllers früher diejenigen, die sich Sorgen über die allgemeine Lage machten, als Schwarzseher oder Miesmacher ab, so gibt er zu Pfingsten zu, die Zivilbevölkerung habe doch schwere Sorgen. Die Soldaten seien zwar »arme Kerle«, aber:

> *auch wir haben unsere schweren Kriegssorgen das heißt wir persönlich nicht allein sondern das Volk wo zu Hause ist nur der Unterschied daß wir nicht so in Gefahr sind wir Ihr da draußen.* [...] *wann wird der Jammer enden den die Menschheit eben durchmacht. Nun einmal muß es doch ein Ende nehmen mein Lieber.* (28.5.)

Eine neu eingegangene Todesnachricht hat ihn tief berührt:

> *der arme Johann in der Hintergasse* [Johann Müller] *war doch im Januar zu den Funker eingezogen worden u. vorige Woche ist hier bekannt worden daß er in Frankreich gefallen sei; er ist aber nicht direkt gefallen sondern aber beim Munitionstransport verunglückt. Er war doch auch so ein armer Johann Er hinterläßt seinen Geschwister ein ganz ansehnliches Baarvermögen.*

Wilhelms Mutter berichtet von anderen Todesfällen:

> *Von Tapetenschick ist wieder ein Sohn gefallen Karl Friedrich Wilhelm, er ist 26 Jahre jetzt alt & ist 33 Monat auch schon im Felde gewesen, Du wirst Ihn bes-*

ser können wie wir, man kennt die jungen Männer nicht so alle vom Bauaufseher Ritter ist auch ein Sohn gefallen. Dieser wird so im Alter sein wie Du, ich kenne Ihn auch nicht, aber ich glaube, daß er so in Deinem Alter steht. (28.5.)

Welche Gefühle und Gedanken diese Todesfälle von Männern in seinem Alter bei Wilhelm auslösen, werden wir nie erfahren.

Sich ein Bild von den Gräueln zu machen, die in Feindesland tagtäglich sind, und sich darüber aufzuregen, fällt vielen Griesheimern verständlicherweise schwerer, als wegen eines im Ort selbst begangenen Mordes eine Gänsehaut zu bekommen, zumal der Täter nicht ertappt worden ist und sich noch ein hilfloses Opfer aussuchen könnte.

Nun, eine Neuigkeit, Du kennst doch Kleems in der Pfützenstr neben Bitsch der alte Mann also Kleems Rückchen ihr Vater war in letzter Zeit krank u. war am 1. Pfingstfeiertag allein zu Haus seine Töchter waren spazieren u. als sie um ½ Neun abends heim kamen war ihr Vater ermordet in der Stub gelegen es war ihm die Kehle durchgeschnitten u die Kassette mit 6–700 Mark beraubt es ist bis jetzt noch nicht aufgeklärt wer der Räuber war auch ein schöner Schrecken für die Angehörigen. (3.6.)

Der *Griesheimer Anzeiger* bringt die Geschichte mit gruseligen Details in mehreren Folgen. Es handelt sich um den 74-jährigen Handarbeiter Jakob Reinheimer II, wohnhaft in der Pfützenstraße 62. Die allgemeine Hysterie sorgt ungewollt für Lustiges:

Dann hieß es in den letzten Tagen sei auch eine Frau im Pfungsstädter Wald ermordet worden, das war aber ein heiteres Stückchen diese Frau hatte vielleicht Holz gelesen u ist dabei eingeschlafen u andere haben sie liegen sehen u haben ohne sich umzusehen die Polizei alarmiert.

Eine Frau sammelt im Wald Holz und ist wohl so müde, dass sie dabei einschläft – auch ein Zeichen der Zeit. Bei Holz sorgen Müllers ebenfalls vor: Als die Gemeinde ein Quantum davon versteigert, deckt Herr Müller seinen Bedarf.

Wollte man glauben, Wilhelms Eltern setzten einen bestimmten Zeitpunkt fürs Briefschreiben fest, setzten sich hin und schrieben den Brief an Wilhelm dann stramm zu Ende, so würde man sich täuschen. Am 7. Januar 1917 beschreibt Frau Müller sehr anschaulich, wie ein Brief typischerweise zustande kommt:

> *ich sage manchmal, ach unser Wilhelm hatt schon lange nicht geschrieben bekommen, da sagt Dein Vater, warte ich schreibe ihm gleich, & eben hatt er ein bischen Zeitvertreib, & ich kann etwas anderes tun, natürlich wenn Du 3–4 Tage noch nicht geschrieben hast bekommen sag ich immer, ach unser Wilhelm bekommt wieder gar nicht geschrieben, da sagt er immer gleich wart Mutter ich schreib sofort wenn ich so lamitiere das kann er dann nicht hören, dann sagt er gleich ja Du hast aber auch recht, der arme Bub muß geschrieben habe u. s. fort.*

Die Müllers sind keine »Gelehrten«, die sich in die stille Schreibstube zurückziehen, um dort ungestört an einem Brief zu feilen. Gelegentlich kommt etwas dazwischen: Man muss schnell weg, es wird gekocht, man geht in die Kirche, Leute kommen vorbei. Andere Male fehlt es an Stoff, es will nichts zustande kommen oder man ist einfach zum Schreiben zu müde. Die Briefe wachsen oft über mehrere Tage Stück für Stück zusammen; die Eltern lösen sich häufig ab. Im Idealfall bekommen sie zwei Oktavseiten voll. Was am 10. Juni 1917 passiert, ist typisch für die dazwischenkommenden Störungen. Wilhelms Mutter fängt den Brief an. Gleich heißt es aber:

> *Jetzt will ich mal schnell meine Kartoffel aufs Feuer setzen, denn wenn Dein Vater v. Kaute kommt wird er Hunger haben, er geht ab & zu mal hin, denn es sind eben sehr wenig Leute dort & da gucken sie ein bißchen darauf wenn jemand kommt.*

Hat sie die Kartoffeln aufs Feuer gesetzt, ist noch eine Aufgabe zu erledigen, ehe sie weiterschreiben kann:

> *Mein Nachtessen ist jetzt am Kochen & da will ich mal meinen Gänsen schnell Brennessel schneiden & dabei mich noch auf allerhand besinnen, was ich Dir schreiben kann.*

Sie, die meistens etwas zum Berichten hat, findet diesmal beim besten Willen nichts Interessantes. Dennoch soll ihr Junge einen ordentlichen Brief erhalten. Er muss mit ein bisschen Klatsch über die Nachbarin vorliebnehmen:

> *Wenze Sanne Ihr Sohn ist bald groß, sie ist immer noch schon heiratslustig, Zeitweiße hat sie einen Liebhaber, dann ist es wieder wie abgerissen, die Sanne hatt Ihren Kram wer …*

Mitten im Satz bricht sie ab:

> *ich gucke eben gerade beim Briefschreiben hinüber & da ist mir das eingefallen, den Mörder von dem alten Klem haben Sie noch nicht, es scheint daß sie ihn auch nicht bekommen Das wäre ganz traurig, wenn die Sache unaufgeklärt bliebe.*

Aus diesem Thema ist nichts mehr herauszuholen und das Blatt ist noch nicht vollgeschrieben. Was wäre noch zu berichten? Etwas doch:

> *Dein Vater hat eben den Garten fest gegossen & jetzt hat er tüchtig Hunger & wir wollen bald zu Nacht essen. Geröstete & unsere letzten eingemachten Bohnen mit dicken (dörre) Bohnen gemischt das ist fein, morgen gibt es Bohnensuppe, da lade ich Dich ganz höflichst ein.*

Man merkt, wie »grün« die Speisekarte geworden ist. Diese Fantasie wird noch ein bisschen weiterverfolgt, aber dann ist Schluss. Ihr Ziel ist jedoch erreicht worden: Wilhelm bekommt einen ordentlichen Brief. Seine Eltern können das Abendessen in aller Ruhe genießen. Von Zeit zu Zeit findet ein freundlicher Wettbewerb zwischen den beiden statt:

> *wir schreiben eben um die Wette 4 Uhr Sonntagsmittag, ich sagte zu Deinem* [Vater] *ich habe am meisten geschrieben er sagt nein ich habe am meisten geschrieben Deines steht so weit von einander also jeder will am meisten geschrieben haben, jetzt urteile Du einmal. Dein Vater sagt aber, ja wenn ich nur noch etwas zu schreiben wüßte, ich sagte, wenn ich noch was weiß behalt ichs für mich, so tun wir uns 2 alte schlechte einander das Maul wässern, jetzt trinken wir unsern Kaffee & laden Dich ein mitzutrinken, denke gerade mal Du wärest wieder bei uns.* (16.12.)

Für beide gewinnt eine eventuelle zukünftige Idylle zu dritt immer mehr Anziehungskraft. Für Wilhelm wächst die Gefahr, dafür beschlagnahmt zu werden.

Je mehr er an Wilhelm schreibt, umso lockerer und entspannter schreibt sein Vater. Ein Mann, der 1914 kaum etwas zu Papier bringen kann, ist jetzt bereit, seiner Fantasie die Zügel schießen zu lassen. Sich die Front anzuschauen – allerdings in aller Sicherheit und ohne selbst dort dienen zu müssen – ist seit Kriegsanfang sein glühender Wunsch gewesen. Dass Wilhelm ihm so spärliche Informationen darüber anbietet, hat seine Frustration nur gesteigert. Er will sich, so schreibt er jetzt, an seinen Neffen, den Flieger Anton Krause, wenden:

> *er soll mich mal nach dem Westen befördern da brauch ich keine extra Einlaßkarte. Da könnte ich mir mal die Menascherie nein die Maschinerie wollt ich sagen kostenlos ansehen.* (17.6.)

Ein vielsagender Versprecher! Das Wort »Einlasskarte« führt ihn direkt ins Zirkuszelt oder Theater. Hält er das Ganze wirklich für eine Vorstellung? Er weilt nicht lange bei seiner Fantasie. Stattdessen geht die übliche Schimpferei über die schuftigen Drei los:

> *Was macht der großmäulige Engländer ich glaube er würde schon Frieden gemacht haben, wenn er nicht auf die Wildsau (Wilson) hoffen würde was hält man bei Euch von den Schweinhunden die das ganze Unglück heraufbeschworen auch der Franzose der rachsichtige stolze gehört dazu?*

In einem einzigen Satz hat er das ganze Pack abgefertigt! Die Italiener, die »Maggaroni-Brüder«, wie sie Wilhelm später bezeichnet (30.10.), werden nicht einmal für würdig befunden, in dieses Trommelfeuer einbezogen zu werden.

Dinas Reisen im Hessenland setzen sich fort. Sie zerbricht sich fast buchstäblich den Kopf, um von Studernheim fortzukommen. Ihre Kopfschmerzen, klagt sie zu Pfingsten, seien unerträglich gewesen.

> *Meine Kräfte nahmen mit Riesenschritten ab, und der Arzt wollte mich nach Bad Nauheim schicken, aber so allein wollte ich auch nicht hin und dann ging ich nach Frankfurt. (Pfingsten, 1917)*

Nach ihrem letzten frustrierenden Griesheimer Aufenthalt hat sie wohl im Moment keine Lust darauf, sich dort wieder zu langweilen. Bei den Krauses untergebracht, kann sie sich dagegen als elegante, betuchte junge Dame gebärden:

> *Mittag gings in die Anlagen spazieren und abends schaute ich zum Fenster heraus in die Kastanienallee und wirklich nach Verlauf von 4 Tg konnte ich nachts wieder schlafen und die furchbaren Kopfschmerzen ließen allmählich nach.*

Nur leidet sie derart an Heimweh, dass sie nach drei Wochen heim muss. Lange ist sie dort nicht. Am 19. Juni taucht sie mit Gretel Krause in Griesheim wieder auf. Geklagt wird immer noch über Kopfweh. Zur großen Erleichterung von Frau

Auch an der Front sind die Fettrationen inzwischen knapp geworden. Um ein Mindestmaß an Glaubwürdigkeit zu behalten, verzichtet die Propaganda auf fröhliche Dicke.

Müller ziehen die beiden bald weiter. Wilhelms Kommentar dazu: »Dina ist ein ziemlich verweichlichtes Wesen.« (14.6.)

Die Versorgungslage am Frontabschnitt vor Reims, wo Wilhelm liegt, verschlechtert sich. Aus Wilhelm dem Abwehrer wird Wilhelm der Anforderer:

> *Wenns Euch möglich so schickt mir von jetzt ab wieder mehr zum Essen aber nur wenn Ihr nicht darunter leidet. Es ist augenblicklich ziemlich knapp bei uns.* (24.6.)

Was er, der in dieser Hinsicht arg Verwöhnte, unter »knapp« versteht, bleibe dahingestellt. Sein Gaumen lechzt wohl nach den reichlichen Mahlzeiten, die er als Bursche gewohnt war. Ergänzungsproviant aus Griesheim lässt nicht lange auf sich warten. Seit einiger Zeit hat sich bei seiner Mutter die Sitte eingebürgert, ihm nicht einzelne Esswaren, sondern eher die einzelnen Zutaten eines Gerichtes zu schicken. Diese braucht er nur zusammenzutun und aufzuwärmen. Zunehmend traut sie ihm mehr zu. Ihm werden einfache Rezepte geschickt:

> *Mein Lieber Du kannst Dir die Kart. absieden & die gelbe Rüben roh essen oder die Gelbrüben klein schneiden in etwas Salzwasser abkochen, die sind gleich weich [...] & wenn sie weich sind kannst Du die klein gewürfelten Kart. oben darauf tun aber nicht früher herumrühren bis die Kart. gar sind & dann herumrühren, da ist das Gemüse fertig, wenn Du etwas Fett (Caffeelöffelvoll) dran tun kannst ist sehr gut andernfalls geht es auch.* (1.7.)

Ein Mann, der vermutlich früher das Kochen als Frauenarbeit abgetan hat, lernt, wie man einem einfachen Rezept folgt. Seine Mutter nimmt an, er habe einen Topf und etwas Holz zur Hand. Fernkochkurs für Soldaten! Aus den vielen Zettelchen ließe sich tatsächlich ein wahres, meist »grünes« Kriegskochbuch zusammenstellen. Wilhelm entpuppt sich als guter Schüler, dem das Kochen Spaß macht:

> *Ich habe mir gestern abend sogleich ein 1a Gericht nach Deinem bewährten Kohlrezept l. Mutter hergestellt ich habe die Karotten und Kart. zur Hälfte geteilt, so daß ich heute abend noch mal dasselbe machen kann. Für 2 mahlzeiten kommt man ganz gut damit aus. Ihr könnt noch öfter so schicken. Wenn aber mal die Karotten alle sind und wenn Ihr dann was anderes habt, so könnt Ihr mir wieder ein Rezept dabei legen wie es gekocht werden muß.* (1.7.)

Nicht dass seine Mutter ihm nur Grünes schickte:

> *Hoffentlich rückt Ihr Euch mit dem Schinken nicht in Verlegenheit. Kakao könnt Ihr auch immer etwas mittun auch Zucker natürlich alles nur wenn möglich.* (7.7.)

Weil es an seinem Frontabschnitt ruhig ist, kann er seinen Nachtisch selbst organisieren, indem er auf Beerensuche geht. Dabei stellt er fest, dass Erdbeeren mit etwas Zucker eingekocht eine gute Marmelade ergeben. Er freut sich darauf, Brombeeren und Äpfel auf ähnliche Weise zu verwerten. Indem er »strenzt«[5], hat er auch genügend Kirschen zum Verspeisen. Wie am Schnürchen läuft alles aber

5 Stehlen.

nicht ab. Selbst seine rührige Mutter kann beim besten Willen ab und zu keine Dose für eine Fleischsendung auftreiben:

Braten wollte ich Dir am Sonntag schicken, habe aber keine Dosen bekommen können, dieser muß eingedämpft werden, ich bin überall herumgelaufen & habe keine Dose bekommen ich hätte Dir doch so gerne den Braten gegönnt. (16.7.)

Nicht nur die Dosen selbst, sondern das ganze Zubehör, also Ringe und Klammern, ebenso wie Kartons, Packpapier und Kordel, haben Goldes Wert. Sie müssen sorgfältigst aufgehoben und heimgeschickt werden. Recycling gebietet sich von selbst. Potenzielle kleine Katastrophen können auch selbst im harmlos scheinenden Karton lauern. Schickt man nämlich verlauste Kleidung und Kartons heim, kann das Ungeziefer neues Gelände besetzen. Um jegliche Gefahr zu vermeiden, dass die blinden Passagiere ausschwärmen, verbrennt Frau Müller die Kartons lieber. Der alte Adam wird zu Rate gezogen, wie man Läuse und deren Brut vertilgt. Er hat keinen Spruch parat, empfiehlt aber ein angeblich altbewährtes Mittel: Man müsse das verlauste Kleidungsstück »2 Tg. 2 x 24 St.« in die Erde vergraben, danach sei alles Lebende kaputt. Ob es geholfen hat?

Durch die Erfindung und Einführung von neuen synthetischen Ersatzstoffen wie schwarzem Gummi will die Regierung den Auswirkungen der englischen Blockade entgegentreten. Es kann ab und zu nicht ausbleiben, dass diese Ersatzprodukte den Nichteingeweihten anfangs verwirren. Wilhelm z. B. schreibt die schwarzen Spuren innen am Rand der leeren Blechdose dem Rost zu. Seine Mutter klärt ihn jedoch auf: »Lieber Bub eben ist der Gummi alle schwarz, keinen andern kann man gar nicht bekommen außer dem schwarzen.« (23.7.) Da diese neuen Gummiringe nicht so stabil wie die echten sind, sollen sie geschont werden:

wenn Du die Büchsen in heißes Wasser legt werden Sie gleich warm dann drücke den Verschluß gleich ab & da kannst Du den Deckel auch abheben, da ist er aufgedunstet, denn ich habe das Essen eingedämpft & ohne daß Du es aufdämpfst geht der Gummi kaputt, also mache es so & schicke sofort die Dosen zurück denn die Essendosen bekommt man sehr schlecht. (12.7.)

Erst am Schluss des Briefes erfährt man, dass das erwähnte Fleisch weder vom Schwein noch vom Rind stammt: »Das Fleisch ist von der Gans & schreibe mir gleich wie es Dir geschmekt hatt.«

Eier aufzutreiben – egal, ob legal oder unter der Hand – wird immer schwieriger. Da die Müller'sche Menagerie keine Hühner enthält, ist man dafür auf andere angewiesen. Da liegt das Problem: Denn jetzt nutzen die besten Kontakte nicht übermäßig viel. Selbst eine Bauerntochter wie Dina steht unter strengem Lieferzwang und kann es sich nicht leisten, Eier mit freigebiger Hand zu verschenken. Frau Müller muss sich auch bei ihr mit wenigen begnügen. Doch selbst diese erreichen Wilhelm nicht. So fest ist sie davon überzeugt, dass ein Mann Fleisch und Eier braucht, um überhaupt schaffen zu können, dass sie sie für seinen Vater beschlagnahmt: »ich gebe Deinem Vater immer eins oder zwei morgens wenn er nach Biblis macht.« (22.7.) So gestärkt, kauft er dort noch 31.000 Gurken.

Frau Müllers Optionen beim Zusammenstellen ihrer Pakete schrumpfen. Da Fleisch, Wurst und Eier öfter ausfallen, müssen verschiedene Sorten Weichkäse einen Ersatz dafür bilden. Diese unterstehen noch nicht strengen Kontrollen und dank ihrer Kontakte kommt sie relativ leicht an sie heran. Sowohl ihre Freundin, die Bäuerin Emma in Wolfskehlen, als auch »Pfützer Gretchen« zeigen sich gefällig. Bei anderen Nahrungsmitteln ist es schwieriger. Zucker und Kakao für Wilhelm kann sie nur deswegen zusammenbekommen, weil sie aus ihren früheren Beständen einen Vorrat davon für sich zurückbehalten hat. Die ihm zugeschickten Portionen müssen löffelweise abgemessen werden. Wenn genug für vier Tassen zusammenkommt, muss das reichen. In Griesheim gibt es überhaupt keinen Kakao mehr.

Im Juni 1917 werden immer mehr Griesheimer eingezogen. Auch Rabbiner Strauß rettet es nicht, dass er den Behörden mitteilt, er halte Unterricht an der Judenschule. Wilhelms Vater fällt auf, wie jung die Rekruten wirken: »die sehen noch gar zu bübisch aus die jungen Kerle.« (1.7.) Die Nachricht, dass auch Gurken beschlagnahmt werden sollen, reizt Frau Müller sogar dazu, die Griesheimer Rekruten und die Bibliser Gurken gleichsam in einen Topf zu werfen: »die Menschen sind schon lange beschlagnahmt nicht wa[h]r mein lieber Wilhelm.« Von den Rekruten zeichnet sie ein trostloses Bild:

> *Wilhelm füge Dich nur in Geduld, denke mal Otto Tante Aplone ist 17 Jahre alt & Soldat, die Männer welche die kleinen zugeteilt bekommen im Felde, sagen wenn diese die Kanonen hören schrien. Sie Vaterchen, Mütterchen.*

Schmerzt es sie, dass bei diesem Kindermord kein Ende abzusehen ist? Dass Gott den Menschen den Frieden gewähren wird, solange ein frivoles Gefallen an elegantem, modischem Tand herrscht, ist Wilhelms Vater aber kaum vorstellbar:

> *Nun mein Lieber wann wird dieser Krieg enden ich u. viele andere glauben vorläufig nicht daran trotzdem sieht man hier nicht daß es Krieg ist bei den Däm-*

chen sie tragen weiße Schuhe am Sontag weiße Kleider u gelbe Sommermäntel u. wie der Kram alle heißt nun Du wirst's ja gesehen mein Lieber wenn Du einmal wieder nach hier kommst. (24.6.)

Die jungen Damen sollten sich, so der mitschwingende Gedanke, lieber mit den vorgeschriebenen holzhaltigen Schuhen begnügen. Die feinen Stoffe könnten auch für kriegsnotwendigere Zwecken gebraucht werden als für fesche Mänteln.

Wie Frau Müller sich Wilhelms zukünftige Braut vorstellt, dürfte schon aus ihren kritischen Ausfällen gegen Dina Sauer unmissverständlich hervorgegangen sein. Die gelegentlichen kritischen Bemerkungen seines Vaters über die Griesheimer Damenwelt verraten die Hauptzüge auch seines Frauenideals. Es fragt sich, ob Wilhelm selbst bereit ist, dieses traditionelle bäuerlich-dörfliche Frauenmuster zu akzeptieren, oder ob er ein anderes Ideal im Kopf hat. Träumt er von einer Frau, die neben Kirche, Kindern und Küche andere Interessen kennt? Wie wäre es mit einer Ehefrau, die ein Interesse an Bildung und den Wunsch nach Selbstentfaltung hat, oder mit einer, die wenigstens Kino, Mode, elegantes Wohnen und andere Aspekte des großstädtischen Lebens genießen will? Haben Wilhelms Darmstädter Jahre, seine Lektüre und sein Briefwechsel mit Fräulein Büscher in ihm Erwartun-

Frau Müllers Alptraum: die elegante moderne Frau. Anzeige im Griesheimer Anzeiger *aus dem Jahr 1914.*

gen geweckt, die von denen seiner Eltern stark abweichen? Ginge er gleichsam ausgehungert, mit leerem Kopf, frustrierter Seele und vielleicht unerfüllten sexuellen Erwartungen, wenn er sich in eine Ehe alten Formats hineinhetzen ließe, statt nach seinen eigenen Wunschvorstellungen vorzugehen?

Er kennt die bittere Feindschaft seiner Mutter gegen Dina, hat schon einige Male den Kontakt mit ihr abgebrochen. Jedes Mal hat er ihn aber neu aufgenommen. Seine stille Hoffnung geht wohl dahin, dass sich das Verhältnis ohne weitere Störungen langsam entwickeln mag. Ermunternd ist, dass seine Mutter auf keine Kriegsverlobung mit Gretel drängt, denn dann stünde er wirklich unter Druck. Nur läuft er Gefahr, sich in Illusionen zu wiegen. Auch wenn seine Mutter nichts Eiliges durchpeitschen will, lässt sie von ihren Präventivmanövern nicht ab. Ihr ist inzwischen klar geworden, dass es sich in Sachen Dina nicht um eine einzige blutige Entscheidungsschlacht, sondern vielmehr um eine lange, sorgfältig geplante Einkreisungsoperation handelt. Stück für Stück muss Wilhelm eingekesselt werden. Wird er dieses Einkesseln früh genug erkennen? Wird er über genügend Kraft und Mut verfügen, um daraus ausbrechen zu wollen und zu können? Wird er dazu bereit sein, es zu einem erbitterten Streit mit seiner Mutter kommen zu lassen, der schlimmstenfalls mit einer Trennung von den Eltern, vom Elternhaus und von Griesheim enden könnte?

Der Leidensweg von Jacob Müllers Mutter setzt sich fort. Frau Müllers Wiedergabe eines kleinen Gespräches mit ihr gehört zu den erschütterndsten Stellen in diesen vielen Briefen und Karten:

> *Die Arme Lehnards Kathr. ist wieder zu Hause, aber gar nicht in Ordnung. Ich habe mein Fleisch am Samstag geholt (natürlich per Rad) da hatt sie z. Fenster heraus geschaut & gesagt M. geh mal rein, Ich bin zu Ihr, da sagte Sie M ich bin nix mehr wert, ich will net mehr leben & noch andres mehr, ich habe ihr gute Worte gegeben, sie sollte schnell ihre Arbeit schaffen, Bett machen & dergl. & da weiß sie gar nicht wo sie anfg soll, da hab ich Ihr zunächst geholfen & wie ich zurückkam hatt sie alles ganz schön gemacht, Sie sagte M. ich schaff nix mehr & geh grade mit Dir, & noch allerlei mehr, da sagte ich sie müßt daheim bleiben & alles in Ordg bringen, & sollte in Garten gehen & dergl mehr. Nun da war sie wieder einige Zt zufrieden denke mal was ein Elend. Wenn Ihr Jak. v. Heidelberg kommt sagte er ich möchte gar nicht mehr heim gehen & der Karl* [ihr Mann] *war sehr schwer krank beim Milt. & ist jetzt frei geht arbeiten & was wird er für eine Angst aushalten, bis er Abends wieder heim kommt, wenn man gesund ist geht es auch über holberige Wege hinweg nicht war mein Sohn.* (1.7.)

Katharina versteht die Welt nicht mehr:

sie sagt als zu mir, liebe Maria es ist eine ganz andere Welt, da hat sie ja auch recht, da sagt sie immer da kann ich net mer leben, ich sage alsdann ich und die andern Leut leben ja auch, da sagt sie ja Du, Du bist ganz annerst wie ich, nun da gibt man ihr gute Worte u. s. fort, weiter kann man da nit machen. (28.7.)

Am 5. August meldet Frau Müller Wilhelm den Tod einer seiner Tanten:

Die Schicke Tante Liesche ist gestern gestorben, die hat sich so sehr gegrämt, weil Ihr Georg auch gefallen ist. Ihr Ferdinand ist gefallen, Ihr Georg ist gefallen & Ihr Tochtermann der Kraft hat das eine Bein verloren. Der Georg hatt sie mitgenommen, er war lange vermißt & endlich haben sie die traurige Nachricht bekommen kannst Onkel Schicke Philipp Dein Beileid mitteilen. (5.8.)

Auch andere kommen mit ihrem Leid und ihren Sorgen nicht zurande. Die Zahl der Selbstmorde steigt:

In der Schafgasse hat sich Schupp Bauersmann erhängt aus Schwermut, so gibt es allerlei Sachen & deßhalb muß man in Geduld sein Schicksal tragen, keiner kann es für den andern tun mein Sohn. (1.7.)

Statt »Schicksal« hätte sie »Kreuz« schreiben können! Nach den Ursachen dieser Schwermut fragt sie nicht. Die häufig im *Griesheimer Anzeiger* stehenden Selbstmordfälle unter Soldaten und Dienstmädchen dagegen werden oft ausdrücklich auf den Krieg zurückgeführt. Bei zwei anderen von Frau Müller später erwähnten Todesfällen ist wenigstens der eine wohl teilweise durch den Krieg bedingt:

Dem Wirt neben Harze in alte Darmstädterstr. (welcher gefallen ist) seine Schwester ist plötzlich an Kopfweh (Hirnschlag) gestorben & die Heidelbacherin welche neben uns so lange gewohnt hat, hat sich gehengt. (21.10.)

Die Heimat ist bei Weitem nicht so heil, wie sie auf bunten Ansichtskarten dargestellt wird.

Anfang Juli trifft endlich aus Darmstadt der ungeduldig erwartete amtliche Bescheid ein. Aus Wilhelms Hoffnung, reklamiert zu werden, wird nichts. Die

Stadt Darmstadt habe mit der Kriegsgesellschaft in Berlin keinen Vertrag abschließen können. Im Klartext: Die Versorgung des Heeres hat Vorrang vor den Bedürfnissen der Zivilbevölkerung. Haben die Müllers sich bisher dagegen gesträubt, einen festen Vertrag mit der Kriegsgesellschaft direkt einzugehen, gewinnt diese Option jetzt einen neuen Reiz. Reumütig schreibt Frau Müller: »Wir haben einen Fehler gemacht, wir hätten Kraut abschließen sollen.« (1.7.) Die Arbeit muss trotzdem weitergehen. Mit einem reichlichen Vorrat an reparierten, gereinigten Fässern versehen geht Herr Müller ans Einmachen der Gurken. Am 6. Juli werden 500 Stück und zwei Tage später 1.800 Stück eingemacht. Der Einkaufspreis in Biblis beträgt 8 Mark pro 100 Stück:

> *die Gurkenernte verspricht sehr frühzeitig sehr gut auszufallen denn seit 24 Jahre war diese noch nicht so früh* [...] *kosten aber doch viel Geld* [...] *da eben alles teuer ist* [...] *natürlich so bleibt der Preis nicht.* (8.7.)

Erst hinterher kommen Details über die neuesten Gefallenen: »Der eine von den Kohlenwolfe soll auch gefallen sein u. zwar der auf der Darmstädter Straße der di[c]ke kennst Du Ihn?« Wilhelms Mutter bestätigt die Nachricht mit ihrer üblichen derben Direktheit:

> *Der Kohlenwolf ist wirklich gefallen, ich war gestern Abend bei Herrn Strauß, & da ist er zu Wolfe gegangen & Gebete abgehalten, jetzt sind 5 Juden von hier gefallen, unser Herrgott räumt auf unter der Menschheit.* (8.7.)

Wilhelms Vater freut sich über die neuen Bestellungen:

> *Soeben hatte ich Besuch den Herrn Hechler früher Kantinpächter Infantriekaserne. Er hat sich schon seine Gurken u. Sauerkraut für kommenden Winter bestellt.*

Allmählich gewinnt er einen Kundenkreis unter den Kantinenpächtern. Der Einkaufspreis von Gurken bleibt aber hoch. In Biblis liegt der Preis bei 8 Mark für 100 Stück. Zwar kostet dieselbe Menge in Bobenheim nur 3 Mark; »sind aber bedeutend kleiner also meistens Essiggurken also für Essiggurken auch teuer zumal man viel Unkosten drauf hat.« (16.7.) Zum Einkaufen brauche man dieses Jahr ein schönes Kapital: »nun Gott sei Dank das besitzen wir ja.« Am 19. Juli kauft er noch 27.000 Gurken zum Höchstpreis von 5 Mark: »das geht eher an als 8 M.«

Die Dina-Geschichte tritt in eine neue Phase, als Dinas Mutter wegen einer Gallensteinoperation ins Ludwigshafener Krankenhaus überführt wird und dort stirbt. Dina ist tief geschockt. Frau Müller, die nicht zum Begräbnis am 21. Juli fahren kann, weil so viele Gurken einzumachen sind, fährt am nächsten Tag in aller Frühe nach Studernheim, um ihr Beileid auszusprechen. Mit Dina und ihrem Vater geht sie ans Grab und ist schon um 2 Uhr nachmittags wieder zu Hause. Die Sauers seien »zufrieden«. (22.7.) Nach Erhalt der Todesnachricht hat Wilhelm am 19. an Dina geschrieben. Sie antwortet ihm am 23.:

Ich bin bald der Verzweiflung nahe, und weis vor lauter Last und Sorgen nicht wo mir mein Kopf steht. Auch Du lieber Wilhelm wirst wohl wissen was ich mit meiner treubesorgten lb Mama verloren habe. Ich möchte manchmal auch nicht mehr auf der Welt sein. Das kannst Du mir wirklich glauben. Alles will mich jetzt gerne kommandieren, aber ich lasse mir von niemand etwas gefallen, am allerwenigsten von meinen Verwandten. Sie glauben weil ich jetzt keine Mutter mer habe, könnte man mit mir machen was man wolle. Ich könnte Dir noch viel mehr erzählen, aber vielleicht bekommst Du bald Urlaub, dann das andere mündlich.

Wilhelms Kusine Gretel schreibt dazu am 27. aus Studernheim:

Dinchen liegt drüben im Zimmer. Sie will krank werden u. sterben. Nein das liebe Dinchen darf nicht sterben. Sie meint es auch nicht so ernst wie sie es so sagt. Wenn sie ausgeruht hat, lese ich ihr diesen Brief vor. Sie wird doch auch lachen müssen.

Am Schluss des Briefes schickt Dina Wilhelm »tausend innige Gruße« und fügt unterhalb der Zeile »u. Küße« hinzu. Beide Mädchen hoffen, Wilhelm werde bald auf Urlaub heimkommen. Am 5. August dankt Dina ihm für einen weiteren Brief. Wieder klagt sie darüber, dass ihre Verwandten ihr nicht gut gesinnt seien. Der Arzt habe ihr gesagt, sie hätte die längste Zeit gelebt, wenn sie sich noch öfter so aufrege. Hoffentlich werde Wilhelm sie besuchen. Sie freue sich auf ein frohes Wiedersehen in ihrer Heimat. Gegen Ende August ist Frau Müller wieder in Studernheim:

Dina & Ihr Vater kommen nicht miteinander zurecht, Herr Sauer war in dieser Woche als ich dort war jeden Tg betrunken, blos Sonntags nicht wie ich dort war, Dina schnauzt Ihren Vater an, gerade als wenn es Ihr Knecht wäre, das habe ich am Sonntag wieder bemerkt, da war ich, Onkel Albert & noch ein Herr & seine Frau, welche Dina besuchte dabei, das kommandierende, welche Dina ihrem Vater gegenüber macht, fällt sofort auf. Ihr Vater hat zu mir gesagt, Ihre Mutter hätte Dina zuviel Willen gelassen. Dina sagte mir, dass sie 2 Tg zuvor, als ich dort war, gehörige Auseinandersetzungen hatten. Dina hatte gepakt und wollte losschieben. Ihr Vater sagte zu Ihr es käme eine andere herein, da wollte Dina von Sinnen kommen, es ist auch wirklich traurig, wenn ein Mann so sehr trinkt. (2.9.)

Dina will unbedingt fort von ihrem Vater. Frau Müller rät ihr ab: »sobald sie heute fortgeht bringt doch gleich Ihr Vater eine ins Haus & sagt, ja ich kann meine Arb[eit] nicht allein schafen u. so weiter.« Vielleicht befürchtet sie, Dina könnte dann ein Dauergast in Griesheim werden wollen. Vater und Tochter hätten ihren Zusammenhalt verloren.

Ich weiß auch selbst nicht wie mir Dina manchmal vorkommt, Dein Vater sagt selbst zu mir, Dina bedient sich böse Sachen gegen Ihren Vater, er meint selbst sie dürfe nicht so ihm gegenüber handeln.

Bis jetzt hat Herr Müller Dina nicht so gnadenlos verdammt wie seine Frau. Er beschreibt sie sogar ein paarmal als »nett«. Es kann sein, dass er sie als Ehefrau für Wilhelm nicht absolut ausgeschlossen hat. Seine Bedenken nehmen jetzt jedoch zu. Ist ihr Verhalten ihrem Vater gegenüber ein Vorgeschmack dessen, was er selbst aushalten müsste, wenn sie als Wilhelms Frau ins Haus käme? Hätte er mit noch einer ihn dominieren wollenden Frau zu tun? Seine Frau ist ihrerseits wohl im Stillen froh, dass Dinas Verhalten ihn stört; denn Dina hat jetzt einen Bündnispartner weniger, will Wilhelm sie verteidigen. Dass für Dina die Finanzlage auch herzlich schlecht aussieht, macht sie den Müllers noch unattraktiver:

Dina Ihre Eltern haben ein Vermächtnis gemacht, gegenüber aufs längste Leben, jetzt kann Dina keinen einzigen Pfennig beanspruchen. (2.9.)

Da Dina mehrere Geschwister hat, wäre ihr Erbteil schon deswegen schmal. Bis es aber so weit wäre, könnte ihr Vater wieder geheiratet und sein Vermögen weitgehend vertrunken haben. Im Oktober fährt Frau Müller wieder hamsternd nach Studernheim und späht die Lage erneut aus:

ich habe sie beobachtet, wenn ich auch nicht immer bei Ihr war, ich habe doch ab & zu gesehen daß Sie noch verrückt ist & sei deßhalb sehr vorsichtig in Dei-

nem Schreiben, denn wie Du siehst & weißt, ist das ja in keinem Falle etwas für Dich […] wie sie Ihren Vater nur anschnauzt & kommandiert, das täte uns gerade noch fehlen, nun sie wird schon so etwas bekommen, wo sich Ihr anpaßt. Auf jedes Döschen paßt ein Deckelchen. (7.10.)

Ist das passende Deckelchen schon gefunden worden? Ein engeres Verhältnis scheint sich zwischen Dina und Wilhelms Vetter Jakob Landau anbahnen zu wollen. Während seines Urlaubs kommt Jakob für ein paar Tage nach Studernheim und hilft »Dickwurz[6] heim tun«. (28.10.)

Bisher sind uns nur wenige Soldaten begegnet, die nach den ersten Kriegsmonaten ihre Begeisterung für den Krieg und das Soldatenleben beibehalten haben. Die meisten haben beides längst satt und hegen nur den einen Wunsch: möglichst schnell nach Hause und ins Zivilleben zurückkehren zu dürfen. Ausnahmen zur Regel gibt es aber immer. Häufig handelt es sich hierbei um Männer, auf die man in Friedenszeiten keine großen Stücke gehalten hat, die sich aber beim Heer in ihrem Element fühlen. Wilhelms Schulkamerad und Nachbar Philipp Delp, der früher bei Merck in Darmstadt als Schlosser gearbeitet hat, stellt für die Müllers solch einen Fall dar. Zwischen Bemerkungen über internationale Entwicklungen, Lebensmittel, das Geschäft, Dina usw. finden sie immer Platz für Tratsch über ihn. Am ersten Weihnachtsfeiertag 1916 – Philipp ist noch bei Merck – besucht er die Müllers:

nach seiner ganzen Redensart wo er führt, glauben wir ich u. Deine Mutter daß der Ph. in höchstem Grad spinnt u. daß er geradezu an Größenwahn leidet, man könnte glauben, er wäre Dr der Schemie ja wir lachen uns mal drüber aus. (30.12.)

Bei Merck Doktor der Chemie zu sein, will in diesen Kreisen etwas heißen. Am 18. März stellt Wilhelms Vater noch eine Äußerung Philipps als etwas Ergötzliches, ja Absurdes dar:

Delpe Ph ist auch wieder eingezogen mit seinem Splind, er hat mich nämlich verkohlt[7] als er an Weihnachten bei uns war er würde Unterofiezier werden nun ich gönne es ihm dem armen Ph.

6 Futterrübe, Runkelrübe.
7 Zum Narren halten, anschwindeln.

Der Schein täuscht. Es geht hier um mehr als Aufheiterung. Die ganze Belustigung dient zur Abwehr ernsthafter Gedanken und Sorgen. Seit frühester Kindheit haben die Müllers Philipp mit ihrem Musterknaben Wilhelm verglichen. Der Vergleich ist immer zugunsten Wilhelms ausgefallen. In der Schule ist er der Intelligentere gewesen. Ein elegant gekleideter Kaufmann bei Hachenburger stellt auch etwas anderes dar als ein Schlosser bei Merck in seinem Blauen. Eben weil sie Philipp nie als gleichrangig mit ihrem Wilhelm eingestuft haben, ist es ihnen jetzt fast undenkbar, dass gerade er schon Gefreiter geworden ist, ja, zum Unteroffizier befördert werden könnte, während Wilhelm immer noch Gemeiner ist:

> *Gestern denk Dir mal war Delpe Philipp bei uns, er ist nämlich in Worms, der Kerl hat ein Sauglück, nun da hat er sich mal wieder hervorgetan. Was meinst Du was er uns weiß gemacht hat nämlich Er bilde Leute aus & sei Gefrt., da haben wir gesagt, wo seine Gefrt. Knöpfe wären, da sagte er hier habe ich sie in der Tasche & hat uns auch 2 gezeigt, mit dem Bemerken: Er hätte so einen alten Jak & an diesen wollte er sie nicht machen Majör oder Hauptmann hätte zu Ihm gesagt Delp wo sind die Knöpfe, er hätte gesagt an meinem neuen Jak, Haupt. hätte gesagt wo ist der, Delp hätte geantwortet auf dem Übungsplatz bekomme ich ihn gemacht, Hpt. seine Antwort so, so & damit war die Unterredung mit Delp & Haupt. fertig, falle aber nicht auf Deinen Hintern mein Lieber, über Delpe Philipps Förze, also Philipp spinnt, aber schön nicht war Wilhelm? Da mußt Du doch unwillkürlich lachen jetzt mach Dir mal einen Vers darüber die dümmsten Bauern haben die dickste Kartoffel, hat als Deine Rohrheimer Großmutter gesagt.* (28.7.)

Solange man Philipps Äußerungen für lauter Angeberei halten kann, geht es noch. Steckt aber mehr dahinter, wird es ernst. Hier wie bei anderen heiklen Themen schleichen Wilhelms Eltern wie die Katze um den heißen Brei herum. Nach hessischer Bauernart tun sie alles, nur nicht direkt mit dem herausrücken, was ihnen auf der Seele liegt. Der Hörer bzw. Leser – in diesem Fall Wilhelm – kennt sich mit den Spielregeln aus, weiß ganz genau, auf wen alles eigentlich gemünzt ist und welche Botschaft er aus den Andeutungen und Winken ziehen soll. Die Delp-Angelegenheit ist für ihn nur die Fortsetzung einer viel längeren Geschichte, die in seiner Kindheit mit der Heraufbeschwörung der Heldentaten seines Großvaters begann. Er steht unter einem stillen, aber starken Druck, es nicht nur im Zivilleben, sondern auch im Heer zu etwas zu bringen. Bis jetzt, das weiß er, hat er seine Eltern schwer enttäuscht. Dass er, allerdings mit arger Verspätung, die hessische Tapferkeitsmedaille verliehen bekommen hat, mag ihre

Enttäuschung wohl etwas gemildert haben. Höherfliegende Hoffnungen haben sie aber nicht aufgegeben.

Bei allem fortwährenden Vertrauen zu Gott, Kaiser und Hindenburg machen selbst die Müllers hinsichtlich ihrer Einstellung zum Krieg einen Wandel durch. Die durch die Kluft zwischen idealem Kriegsmuster und tatsächlicher Realität hervorgerufene Desillusionierung vertieft sich. Zu Kriegsanfang waren sie trotz aller Ängste um Wilhelms leibliches Wohl stolz darauf, ihren geliebten Buben abfahren zu sehen. Hinter das Soldatenlos setzten sie überhaupt kein Fragezeichen. Inzwischen können sie sich nicht mehr vorstellen, dass ein vernünftiger Mensch sich für den Krieg in seiner gegenwärtigen Gestalt begeistern könnte:

> *Wie Du schriebst ist Lippert* [Philipp Lippert] *wieder bei Dir gewesen mein Lieber frage ihn mal ob er noch Soldat werden möchte wenn er nicht bräuchte denn er hat Anfang des Krieges sich immer gewünscht auch mal Soldat zu werden nun wird er satt haben.* (12.8.)

Brav wie immer, tut Wilhelm wie befohlen:

> *Lipperts Philipp war bei mir und wie Ihr mir geschrieben habt, habe ich ihn gefragt ob er noch gern Soldat wäre wie ers sich immer gewünscht hat. Er lachte gehörig und sagte ich soll mal Papa fragen ob er nicht kommen wollte und helfen zwicken*[8] (27.8.)

Frau Müller sorgt weiterhin nach Kräften dafür, dass ihr Wilhelm nicht hungert.

Für Griesheimer wie Konrad Müller wäre die Ideallösung, der Krieg ginge möglichst schnell zu Ende:

> *Ich glaube wenn der Krieg noch lange dauert kommen wir auch noch dran. Wir sind jetzt das 1 Aufgebot. Mustern werden noch dieses Jahr. Hat der schreckliche Krieg noch kein Ende, daß wir uns mal glücklich wieder sehen könnten. Hoffentlich bald!* (31.8.)

8 Zwicken ist ein Kartenspiel, das zu den Glücksspielen gehört und Soldaten als Zeitvertreib diente. 1904 wurde es vom k.u.k. Innenministerium auf die Liste verbotener Spiele gesetzt.

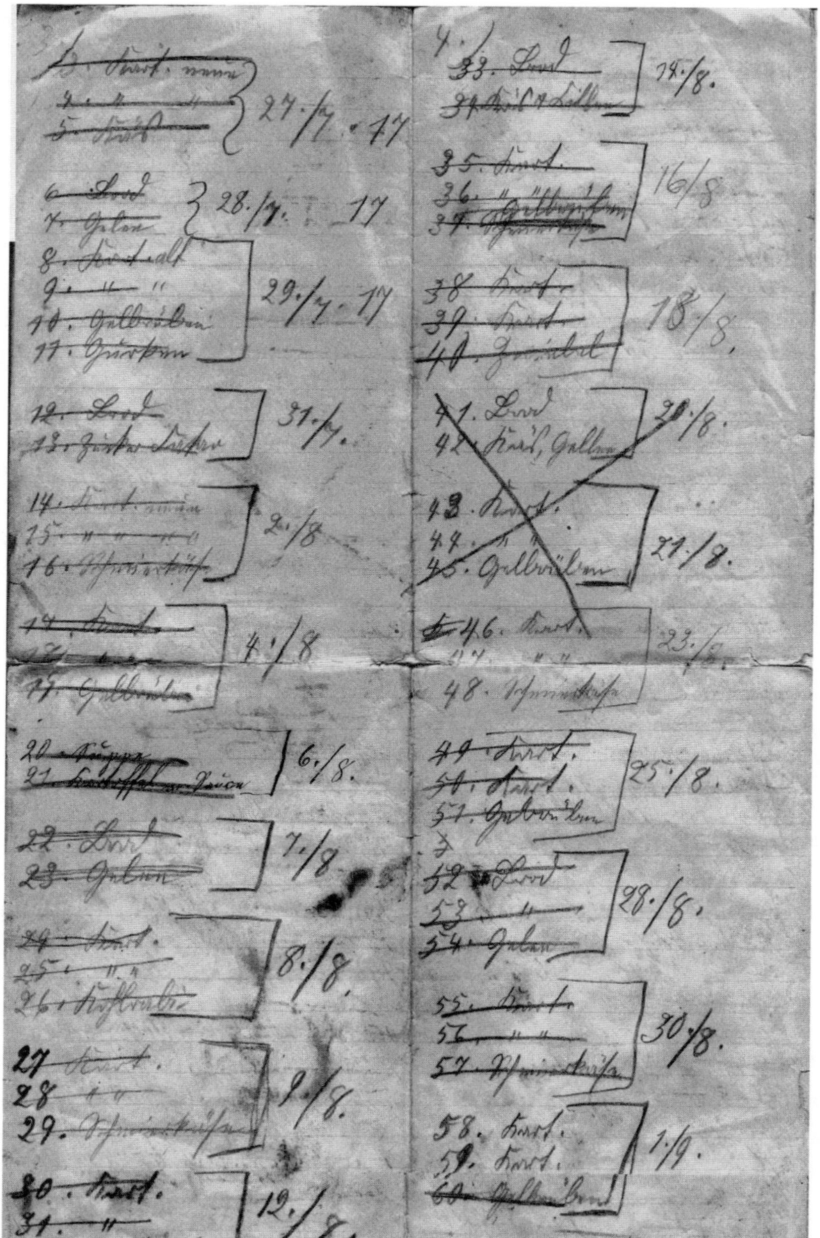

Frau Müllers sorgfältig geführtes Verzeichnis sämtlicher von ihr abgeschickten Sachen. Innerhalb einer Woche, vom 2. bis zum 9. August, bringt sie 16 Pakete auf die Post.

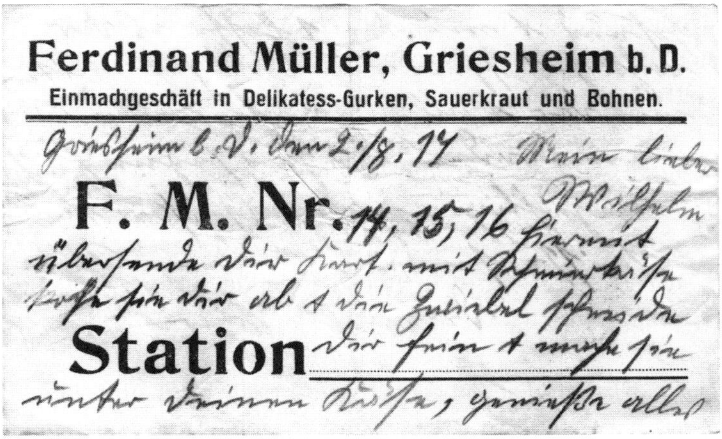
Ferdinand Müller, Griesheim b. D.
Einmachgeschäft in Delikatess-Gurken, Sauerkraut und Bohnen.
F. M. Nr. 14, 15, 16
Station

Das beigefügte Zettelchen seiner Mutter dient Wilhelm als Empfangsbestätigung für Paket 14, 15, und 16 (zweimal Kartoffeln, einmal Schmierkäse). Selbst Frau Müller kann jetzt selten Fleisch und Wurst auftreiben.

Hätte 1914 die Nachricht, dass sein Bruder Heinrich das EK II erhalten hat, die ganze Familie und alle Nachbarn mit Stolz und Freude erfüllt, so wird dies jetzt nur in sachlichen, kurzen Sätzen und ohne jeglichen Kommentar mitgeteilt:

> *Unser Heinr ist eben bei Verdun. Erst war er bei Lenz. Er wird jedenfalls auch das eiserne Kreuz erhalten. Bekommst Du dieses Jahr kein Urlaub Sonst Neuigkeiten gibt es in Griesheim keine, es ist immer noch die alte Leier.* (31.8.)

Sicherlich spürt Wilhelm, was seine Mutter davon hält, dass der von ihr als fauler Taugenichts verschriene Heinrich das EK II erhalten hat, während seine eigene Brust damit noch immer nicht geschmückt ist.

Neben Gänsen und Schweinchen spielen Hasen eine wichtige Rolle in der Müller'schen Menagerie. Das Gebärpotenzial der Häsin garantiert einen sich schnell erneuernden Vorrat an verspeisbarem Nachwuchs und bei Hasen können die Behörden Bestandsaufnahmen und Beschlagnahmungen kaum durchführen. Wilhelm wird über die Geburtenrate genau informiert:

> *Gestern haben wir von einem Hase 6 Jungen bekommen & heute von dem andern, kanns aber nicht sehen wieviel der letzte hat, wenn sie schön gesund bleiben ist es auch ein schöner Beisprung zum Fleisch, nun das Beste wollen wir hoffen.* (5.8.)

Nochmals muss sein Vater seine Flexibilität zeigen, indem er als Baumeister »ein Haus mit einseitigem Dach und mit 8–9 Wohnungen« für die jungen Häschen konstruiert. (20.7.) Alle Hasen Deutschlands können das immer größer werdende

Lebensmittelloch nicht stopfen. Nach Lektüre der Zeitungsberichte versprechen sich die Müllers eine ganz andere Linderung dieser Not durch erbeutetes Öl und Getreide aus Rumänien:

> *habe heute gelesen, daß die alte Ernte welche wir in Rumänien erbeutet, jetzt fertig abtransportiert ist & grade einen Monat für das deutsche Volk & Militär gereicht hat, auch unsere Verbündeten haben das gleiche erhalten. Jetzt wird der Transport der neuen Ernte begonnen was ist es so gut, daß wir das reiche Land haben.* (5.8.)

Das Gurkeneinmachen geht stramm voran: »Wir sind eben fest am Gurken einlegen u. haben bis jetzt cirka 175,000 St. eingelegt u. wollen noch mehr einmachen.« (12.8.) Am 23. August meldet Wilhelms Vater kurz: »Viel Arbeit.« Er habe auf dem Gurkenmarkt in Biblis noch 30.000 Stück kaufen wollen, nur seien sie nicht besonders schön gewesen; deshalb habe er nicht viele gekauft. Er bleibt aber optimistisch. Obgleich der viele Regen dem Gewächs sehr zugesetzt habe, könnten die Gurken mit ein bisschen Sonne doch noch gut werden. Als alter Fuchs weiß er, dass seine Stunde noch kommt:

> *Wir haben jetzt 210 Tausend eingemacht sie gehen bei der Stadtkundschaft sehr langsam da die Privatleute sich neulich alle eingedeckt haben. Jedoch diese werden auch wieder alle, oder verderben zum großen Teil u. dann sind die Konsumenten wieder aufs Kaufen angewiesen.*

Anders als neue Rekruten, die immer sofort eingesetzt werden müssen, können Gurken für einen späteren Einsatz aufgehoben werden. Nur kommt man mit der vielen Arbeit schwer zurecht, als der 66-jährige Adam erkrankt ist und nur leichtere Arbeit verrichten will. Die Chancen, eine neue Hilfskraft zu finden, sind gering. Arbeit suchende Griesheimer werden durch die höheren Löhne in der Industrie weggelockt. Herr Müller hat Glück:

> *Wir haben jetzt einen jungen Arbeiter eingestellt Du kennst doch üdübbels die als in unserm Eck gewohnt haben den Valtlin der die Brille trägt er ist 17 Jahr alt u ein ganz stattlicher u williger Kerl allerdings schon Militärpflichtig aber noch nicht gemustert.* (23.8.)

Wilhelms Eltern sind nicht die Einzigen, denen seine Schreibpausen im Sommer 1917 schwer zu schaffen machen. Obwohl er ihr seinen genauen Standort nicht mitgeteilt hat, weiß Fräulein Büscher doch, dass er in Flandern ist, wo die Engländer eine Großoffensive gestartet haben:

In Ihrer nächsten Nähe ist sicher Himmel u Hölle in Bewegung, weil ich gar kein Lebenszeichen von Ihnen erhalte. Täglich ja fast stündlich denke ich an Sie und möchte Ihnen so gerne in den schweren Tagen beistehen. [...] *Aber im l. Vaterland läßt sich weiter nichts tun als stillhalten. Die Hände in den Schoß legen und in himmlischer Geduld der Dinge harren die da kommen.* (30.8.)

Sie kann ihm nur einen schwachen Trost bieten:

Trösten Sie sich mit uns, wir im l. Vaterland kämpfen auch mit und ich bin zu der festen Überzeugung gekommen, daß ich wenn ich mich durch den Krieg glücklich hindurch hungere, überhaupt nicht sterbe sondern daß mir die Götter Unsterblichkeit und ewiges Leben verliehen haben!!! Schöne Aussichten für Sie wenn Ihre alte Freundin einst Ihren Kindern & Enkeln von dem Weltkrieg erzählen wird.

Als die Engländer im flandrischen Schlamm steckenbleiben, leben Herrn Müllers Siegeshoffnungen neu auf. Man sollte die Engländer, schreibt er, wenigstens so schwächen und erschöpfen, dass sie aus Kriegsmüdigkeit einen Waffenstillstand erflehen, der Deutschlands »gerechte« Forderungen voll befriedigt.

Vor Verdun sind die heftigsten Angriffe schon Anfang September 1916 durch Hindenburg und Ludendorff abgeblasen worden. Das will aber nicht heißen, dass, wer 1917 dort dient, ein leichtes Leben hat. Heinrich Müller jun. schreibt den Müllers am 29. September:

wir sind schon wieder 16 tage bei Verdun in Stellung. Wir haben hier wieder viel mitgemacht, meine Kompagnie hat 30 mann Verluste alle Verwundet u. Gaskranke.

Über das Essen will er nicht klagen: »Zu Essen haben wir hier sehr viel mann weiß bald gar nicht wenn mann all Essen will.« Nur müsse er als Essensträger durch den Schlamm waten. Was »Heimat« bedeutet, wird ihm erst jetzt klar:

Liebe nachbarn hier sieht mann so richtig was einem die liebe Heimat weit ist, mann soll viel doch nicht beklagen, den mann weiß zu Hause nicht, wie schön manns hat.

Andere Soldaten schreiben Ähnliches. Nur spricht er anschließend etwas aus, was die meisten geflissentlich verschweigen: »Wenn doch daheim die Eltern wüssten wie es ei[ne]m manchmal geht sie würden manche Nacht nicht schlafen.« Nicht dass Heinrichs Bemerkungen den Müllers schlaflose Nächte bereiten. Heinrich mag das EK II verliehen bekommen haben, aber er bleibt in ihren Augen ein Defätist, ein Miesmacher, dem es an Vertrauen in Gott und Kaiser mangelt. Lieber soll er Wilhelms Beispiel folgen und standhaft durchhalten und ausharren.

Im September kommt dieser endlich auf Urlaub heim. Zur großen Freude seiner Mutter pflückt er die Pfirsiche, die sie für ihn aufgehoben hat, und setzt ihr die Zwetschen auf den Kuchenboden. Man probt gleichsam die erhoffte Nachkriegsidylle zu dritt. Im Laden hilft er auch aus und bedient Martha Levi aus der Kreuzgasse mit fünf Pfund Sauerkraut. Er besucht den Sauerkrauteinmacher Georg Müller in der Hintergasse. Nicht dass alles harmonisch abläuft. Ärger gibt es unter den Verwandten, weil er die eine Tante und nicht die andere besucht. Mit wem sonst hat er sich getroffen? Hat er viel Zeit mit Gretel Keller verbracht? Hat er seinen Eltern von seinen Erfahrungen in Flandern erzählt? Das wissen wir nicht. Trotz seines Versprechens, ihnen mündlich über seine Erlebnisse in Feindesland ausführlich zu berichten, sobald er heimkommt, ist es unwahrscheinlich, dass er große Lust hat, auf die fürchterlichen Szenen einzugehen, die er in Frankreich und Flandern erlebt hat. Lieber Pfirsiche pflücken und das Frontleben vorübergehend vergessen! Es kann auch gut sein, dass seine Eltern stillschweigend froh sind, wenn er vieles verschweigt. Letzten Endes passt das Versteckspiel beiden Seiten gut ins Konzept.

Der Urlaub geht schnell vorbei, so schnell eigentlich, dass es seiner Mutter ist, als habe er nur einen Tag, eine Stunde gedauert, ja, als sei alles nur ein Traum gewesen. Beim Spritzen im Garten überfällt Wilhelms Vater der gleiche Gedanke. Dabei kommen ihm die Friedenszeiten in den Sinn zurück, als sie als Familie zusammen waren:

> *Wir haben heute Sonntag sehr prachtvolles Wetter u. ich denke noch so sehr an die schöne Radtouren die wir zusammen gemacht Du auch?* (30.9.)

Für beide Eltern stellen Wilhelms Kindheit und Jugend ein verlorenes Paradies dar. Ihre stille Hoffnung ist, dass Gott ihnen erlauben wird, es neu zu schaffen. Frau Müller mag ihrem »lieben Drecksack« – »Du Schmierläppche Du« (30.9.) – wegen des Zustandes seiner zurückgelassenen Kleidungsstücke eine freundliche Schelte erteilen, aber am liebsten wäre es ihr wohl, wenn sie dafür sorgen könnte, dass irgendjemand ihm seine Sachen waschen, bügeln und ordentlich weglegen würde. Muss auch eine Eva notwendig mit ins Paradies hinein? Gefragt wird nie, ob Wilhelm selbst, sollte er den Krieg überleben, sich in dieses Paradiesgärtchen mit seinen Pfirsichbäumen einsperren lassen will.

Ende September 1917 gärt das Weißkraut munter. Transportschwierigkeiten gibt es keine:

> *Mit dem Fahren unserer Sachen hat sich Herr Notnagel (Parrgässer) bereit erklärt bis der Höhlebäcker wieder fahren kann oder will das ist sehr schön von dem Mann nicht wahr mein Lieber Die Leute tun es wirklich nicht dem Geldverdienen halber sondern aus bezalter Gefälligkeit halber.* (30.9.)

Nach der großen Arbeitshetze tritt jedoch im Oktober eine ungewollte Pause ein. Der Grund: Herrn Müller, wie den anderen kleinen Einmachern, wird kein Kraut mehr zugewiesen. Vergeblich bittet er bei der Kriegsgesellschaft für Sauerkraut um Bezugsscheine für 200 Zentner: »Die haben mir aber Bescheid gegeben sie könnten uns jetzt keins zuteilen denn vorerst müßte das Heer versorgt werden.« Zum Glück braucht er nicht mehr lange zu warten:

> *heute Sonntag am 7.10. haben sie mir die Bezugsscheine doch geschickt ich kann also wieder 200 Ct kaufen wenn ich dieselben bekomme zum derweiligen Höchstpreise.*

Die Freude über Wilhelms Urlaub lässt seine eventuelle Reklamation umso wünschenswerter erscheinen. Nur hat es keinen Sinn, ein Gesuch einzureichen, solange die Kriegsgesellschaft Herrn Müller nicht regelmäßig Sauerkraut liefert. Die ungewollte Untätigkeit ist höchst frustrierend: »es ist einmal so ein lahm Handwerk, man muß so weiter bambeln, es wird hoffentlich nächstes Jahr weiter sein.« (7.10.)

Vielleicht ist der Frieden aber nicht mehr weit weg. Bei einem Termin mit dem Griesheimer Arzt Dr. Hammel – Frau Müller hat »so Hautjucken« – kommen die beiden auf das Thema Frieden zu sprechen:

> *er sagte länger als Weihnachten, höchsten Febr. könnten sich die Engländer nicht mehr über Wasser halten, ein Spanier, kein deut*[sch]*freundl*[icher] *kam direkt aus England & sagte wenn die Deutschen nur noch ein wenig aushalten ist Engl. verloren, es fehlte den Engländern an allem sagte er wenn die Deutschen genau die schlechten Verhältn wüßten, würden sie sich vor Freude mit Schambanier besaufen & eine deutsch Offiziersfrau, aber eine gebo*[rene] *Engländerin lebt*

in Holl & sagte desgleichen, wenn es auch nur so ist, wollen wir zufrieden sein. (7.10.)

Was sie nicht weiß, ja, nicht wissen kann, weil die Propaganda es natürlich strengstens verschweigt, ist die drastische Reduzierung der Versenkungszahlen durch die Einführung des Geleitsystems. Die Hoffnung, die Briten auszuhungern und von Munition und Rohstoffen abzuschneiden, erfüllt sich nicht. Den Brief schließt sie, nicht weil es ihr an Schreibstoff fehlt, sondern weil es ihr zu kalt ist:

Also es friert mich so in der Stube, daß ich aufhören muß zu schreiben es ist spät & will auch heute abend kein Feuer mehr rein machen.

Der Kohle- bzw. Holzvorrat muss geschont werden.

Bei zunehmender Kälte ist Wilhelm froh, aus dem Urlaub wenigstens eine warme Unterjacke mitgenommen zu haben, zumal diejenigen, die den Soldaten jetzt ausgehändigt werden, von zweifelhafter Qualität sind. Früher, schreibt er, hätte man solch eine Jacke bei seinem Arbeitgeber Hachenburger in Darmstadt für 1,90 bis 2, 20 Mark (Einkaufspreis} bezogen. (10.10.) Eines seiner Normalhemden ist so abgetragen, dass er bereit ist, es sogar gegen ein dünnes umzutauschen. Nichts darf weggeworfen werden. Ein anderes Hemd wird heimgeschickt, damit seine Mutter es ausbessern lässt. Da er sie als Flicklappen gut gebrauchen kann, schneidet er die besten Stücke aus einem weiteren alten Hemd und schickt den Rest nach Hause. Wenn seine Mutter ihn nicht gebrauchen kann, gibt es genug arme Familien, die dafür sehr dankbar sein werden.

Die Aussicht, einen weiteren kalten Winter in Feindesland verbringen zu müssen, ist für Wilhelm nicht gerade erfreulich. Er schlägt deshalb seinen Eltern noch eine Lösung vor, die seine Reklamation eventuell in Gang bringen kann.

Könntet Ihr aber nicht schreiben falls die Krgsgesellsch Euch nicht ununtrbr Bezug gestattet daß Ihr auch ebensogut um Eueren Betrieb nicht stillstehen zu lassen sowie im Intresse d. Heeres für die Militärbehörde liefern wolltet? Na wie gesagt ich überlasse es Euch vollkommen wieweit Ihr Euch die Sache angelegen sein lassen wollt. (10.10.)

Ihm ist klar, dass diese Lösung für seine Eltern viel Arbeit nach sich ziehen könnte. Sie wären wirklich in der Klemme, wenn er dann nicht reklamiert würde. Sie sollen sich also alles gut überlegen. So einfach geht es nicht! Wilhelm kennt sich im ganzen komplizierten Verwaltungs- und Verfügungssystem nicht aus. Seine Mutter versucht, ihn darüber aufzuklären:

> *Mit dem Kraut ist es so mein lieber Wilhelm, wer abgeschlossen hat, der hat Kraut & wer nicht abgeschlossen hat muß sich von der Landesverteilungstelle zuweisen lassen, & das wird so eingeteilt, daß jeder v. den kleinen etwas bekommt, wir bekommen 200 Ctr v. Mainzer Gemüse Verteilungst & was fürs Militär eingemacht wird ist Akkordkraut*[9] *& das ist schon alle längst vergeben, da können wir kleinen nichts davon tippen & das Militär-Lebensmittelamt muß auch abwarten bis es zugeteilt bekommt, weil das auch nicht abgeschlossen hat & nur eine Reserve (das Kraut) für sich ist. Der Mainzer Herr hat zu Deinem Vater gesagt es gibt nicht viel & die 200 Ctr kommen erst in 14 Tg. Es ist so ein verwirter Kram, man weiß manchmal selbst nicht was man machen soll, keine 2 können wir nicht dienen, & dann hat das mit dem MilitärLebensmittelamt auch wieder seinen Haken. Dein Vater hat es vorgelesen bekommen. Das kann ich Dir gar nicht mehr so sagen wie das alles so ist.* (14.10.)

Die Versuchung, Wilhelm »heimzulügen«, d. h., falsche Angaben zu machen, die eine Reklamation begünstigen könnten, ist groß. Wie andere Griesheimerinnen widersteht sie ihr:

> *Die Lipperts Gretch. hat auch ein Gesuch daheim liegen & von Jemand aufgesetzt bekommen, wo mehr Äcker angegeben sind als sie haben, Sie sagte auch zu uns, ich kann einfach so ein Gesuch nicht fortschicken, ich kann nicht lügen & uns geht es genau so, so etwas kann mann sagen hat keinen Wert.* (21.10.)

Wiederum heißt es: sich gedulden.

Wilhelm hatte, weil er keine Gelegenheit mehr zum Zeichnen hat, Block und Stifte längst nach Hause geschickt. Jetzt kommt er auf den Gedanken, er könnte seine Geige gut gebrauchen. Warum erst jetzt? Als Bursche hätte er früher viel mehr Zeit und Raum zum Spielen gehabt. Wollte er damals aus lauter Bequemlichkeit die Geige nicht mit sich herumtragen? Fehlte es ihm am nötigen Selbstvertrauen, vielleicht auch am nötigen Können, um vor anderen spielen zu wollen? Er hat mit seinem Vater und Heinrich Müller sen. zwar zusammen gespielt, aber ein geübter Spieler ist er nicht. Was hat sich geändert? Wirkt die Freude noch nach,

9 Kraut, dessen Preis und Menge die Kriegsgesellschaft für Sauerkraut vertraglich regelt.

die er in Harlebeke empfand, als er in Gegenwart der Damen spielte? Machen sich wie beim Bild des flandrischen Mädchens sublimierte sinnliche Bedürfnisse geltend? Empfindet er stärker als zuvor das Bedürfnis, wenigstens auf einige kurze Augenblicke der ihn umgebenden Welt zu entfliehen und die vermisste Heimatwelt heraufzubeschwören? Dass Philipp Lippert auf Urlaub nach Hause fährt und ihm seine beste Geige auf dem Rückweg mitbringen kann, wird wohl auch bei dieser Entscheidung eine Rolle gespielt haben. Ein anderer übernimmt die ganze Schlepperei! Seine Mutter soll ihm neben der Geige und allem Zubehör ein Heft schicken, das den Walzer »Gold und Silber« enthält, ebenso wie das Lied »Verschmähte Liebe«. (21.10.) Das Vorhaben billigt sie nicht. Ihrer Meinung nach wäre es viel gescheiter, Lippert zu bitten, die zehn Pfund Kartoffeln mitzubringen, um die er gebeten hat. Immer praktisch denken! Eine Geige dagegen wäre ihm nur eine Last. Sei es infolge ihres Rates, sei es aus irgendeinem anderen Grund, auf jeden Fall besinnt sich Wilhelm anders und widerruft seine Bitte. Seine Mutter wird den ihr wohltuenden Eindruck gewonnen haben, er habe sich schon wieder ihrer Weisheit und ihrem Willen gebeugt. Auch in Zukunft dürfte sie damit rechnen, seine Entscheidungen nach ihrem Geschmack zu lenken.

In den vorhergehenden Jahren hat das in den Zeitungen ausposaunte Ergebnis der jeweiligen Kriegsanleihe Wilhelms Vater immer stolz und optimistisch gestimmt. Das Ergebnis der 1917er bildet keine Ausnahme. Nur entgehen ihm diesmal die Schattenseiten nicht:

> *Nun mein Lieber die Kriegsanleihe hat sich wieder gut bewertet über 12 Milliarden man sollte kaum glauben, daß so viel Geld in Deutschland wäre es macht ja allerdings seinen Kreislauf im Vaterland es kommt aber doch auch ins Ausland namentlich das Gold u. Silber.* (21.10.).

Das Bedürfnis, bei einem zukünftigen Friedensvertrag dem Feind erhebliche Kontributionen abzuverlangen, wird dadurch noch größer. Sonst müssten fleißige Zeichner wie Herr Müller leer ausgehen.

Gerade weil die Zeiten so hart und unsicher sind, wollen Wilhelms Eltern ihr Bestes tun, um ihn bei möglichst guter Stimmung zu halten. Zu diesem Zweck bestätigen sie quasi amtlich ihre bisherige Praxis, ihn gelegentlich mit Heiterem zu versehen. In Zukunft wollen sie neben »Interessantem« und »Neuem« ausdrücklich als »Unterhaltung« bezeichnete Abschnitte in ihre Briefe einbauen. Das Faszinierende an diesen Abschnitten ist, dass sie im Griesheimer Dialekt geschrieben sind. Beide Eltern haben nur die Grundschule besucht. Sie sind keine Liebhaber von Dichtung und Belletristik und zeigen kein Interesse an Heimatdichtung oder an volkstümlichen Sagen und Legenden. Mit einem in Dialekt geschriebenen Werk hätten sie sich nicht abgekämpft. Trotzdem geben sich beide große Mühe, den Griesheimer Dialekt phonetisch genau wiederzugeben. Man spürt deutlich, dass sie an dieser Herausforderung Spaß haben. Beim Gebrauch von Griesheimerisch ist es ihnen, als überwänden sie die räumliche Trennung von Wilhelm. Es wird alles gemütlicher, heimeliger. Nicht dass diesem Vorhaben keine Widersprüche innewohnen. Einen ungehobelten Bauernburschen, der nur ein breites Griesheimerisch redet, hat Frau Müller nie um sich gewollt. Ihr Wilhelm soll sich gesellschaftlich bessern. Dazu gehört eine gepflegte Sprechweise. Diesem Wunsch läuft jedoch ein anderer, ebenso starker Wunsch entgegen. Keine Kluft, auch keine sprachliche, darf zwischen Wilhelm und seinen Eltern entstehen, denn dann könnte Frau Müllers Alptraum wahr werden, dass er ihnen fremd wird. Je mehr er dazu überredet werden kann, griesheimerisch zu schreiben, desto mehr wird er sich hoffentlich mit ihnen und Griesheim identifizieren und desto weniger in Versuchung kommen, sich nach fremden Städten und Regionen – und fremden Mädchen! – zu sehnen.

Und wie verhält sich Wilhelm selbst zum neuen Programm? Sein Deutsch ist gehobener, »gebildeter« als das seiner Eltern. Ab und zu wirkt es gestelzt, prätentiös. Gelegentlich gewinnt man den Eindruck, als experimentiere er damit, mache stilistische Übungen und ahme schriftstellerische Vorbilder nach. Er liest ja Romane und Lyrik. Auch bei ihm spielen gesellschaftliche Faktoren eine Rolle. Wer mit Offizieren verkehrt und beruflich als Kaufmann in einem vornehmen Darmstädter Geschäft oder sonst irgendwo vorankommen will, von dem erwartet man, dass er ein gewisses sprachliches Niveau erreicht und innehält. Es stünde demnach zu erwarten, dass er dieser neuen elterlichen Regelung nicht gerade freundlich gesinnt wäre und sie höchstens als eine ihrer Launen tolerierte. Aber im Gegenteil: Er macht gern mit. Hier wittert er ein gutes Mittel, um von Ernsthafterem abzulenken und den leeren Bogen Briefpapier leichter als sonst vollzubekommen. Das Ganze macht ihm sichtlich Spaß. Nur birgt für ihn der Gebrauch des Dialekts die Gefahr, Wilhelm in der engen Griesheimer Welt seiner Eltern festzubannen – genau das, was diese bewusst oder unbewusst wollen!

Ohne den Krieg hätte man im Oktober 1917 in Hessen das 400-jährige Jubiläum der Reformation groß gefeiert. Mitten im Krieg verbietet sich das. Die Gefühle der katholischen Untertanen des Großherzogs müssen geschont werden. Die Zeitungen enthalten zwar Sonderteile, in denen von Luther dem Deutschen usw. geschwärmt wird; nur tritt man viel kürzer, als man es in Friedenszeiten getan hätte. Nicht allen Evangelischen – darunter Pfarrer Gerhard – ist diese schonende

Zurückhaltung recht. Wie die Müllers traut er Katholiken, sei es dem Papst, den treulosen Italienern oder den rachdurstigen Franzosen, allesamt nicht viel zu. Wilhelm selbst, der für die Franzosen, Belgier, Engländer und Russen keine Spottnamen hat, ist jedoch im Blick auf Italiener genauso voreingenommen wie seine Eltern. Dass sie am Isonzo eine große Niederlage einstecken müssen, freut ihn:

> *Na die Italiener bekommen mal tüchtig das Leder versohlt? Die werden wohl keine Isonzooffenzive anstellen diese Magarronibrüder. Ihren Triumphbogen in Rom können sie einstweilen anstatt ihren Truppen den deutschen u Österreichern überlassen.* (30.10.)

Diese wie immer amtlich verbürgten Erfolge stärken die Hoffnungen von Wilhelms Vater, der Krieg werde bald zu Ende gehen. Er hat, so schreibt er, »diesen Schwindel u. Wucher [...] gerade satt bis oben hin«. (28.10.) Leider bietet er nichts Präzises über diesen Punkt. Man würde fehlgehen, wollte man daraus die Schlussfolgerung ziehen, er verwandle sich in einen Sozialisten!

Ende Oktober 1917 treffen die Eltern eine wichtige Entscheidung. Da es um die ihnen zuzuteilenden Mengen Weißkraut immer noch sehr unsicher bestellt ist, entscheiden sie sich für eine neue Option: das Herstellen von Rübensauerkraut. So ohne Weiteres geht das jedoch nicht: Dazu ist eine teure Spezialmaschine notwendig. Das Kapital dafür ist vorhanden und Herr Müller findet eine passende bei Jung und Grimsen in Magdeburg zum stattlichen Preis von 875 Mark. Die Firma teilt ihm mit, er werde sie in acht bis zehn Tage erhalten. Ein blinder Sprung ins Ungewisse ist das Vorhaben nicht. Herr Müller hat schon in Darmstadt sondiert, ob die Stadt an Rübensauerkraut interessiert sei. Ja! Nur ist Vorsicht geboten:

> *Lebensmittelamt (Militär) Darmstadt hat uns vergangene Woche angerufen ob wir zwei bis drei Waggon Rüben einmachen wollten natürlich haben wir noch nicht zugesagt, da wir noch nicht wissen was wir dabei verdienen können denn die hauen einen gern übers Ohr u. da muß man sich erst über alles vergewissern.* (28.10.)

Es wird an die Kriegsgesellschaft in Berlin geschrieben, denn:

> *diese setzen ja über alles eben die Höchstpreise natürlich nicht gerade schlecht. Ich habe diese auch gleich angefragt, wie das Rübensauerkraut eingemacht u. behandelt wird.* (28.10.)

Er hat keine Lust, mit einer Menge Rübensauerkraut dazustehen, die den Bestimmungen nicht genügt und die niemand ihm abnehmen bzw. bezahlen will. Dieses Schicksal ist anderen widerfahren:

> *Budesheim hat voriges Jahr viel Rüben eingemacht u. auch anderes Sauerkraut ist aber in die Brüch gefallen er hat für dieses Jahr also noch gar nichts eingemacht auch die Hintergässer* [das Einmachgeschäft von Georg Müller] *haben noch gar keines eingemacht nun da kannst Du Dir denken wie es so ist nicht wahr mein Lieber.* (28.10.)

Also nichts übereilen!

Der Nahrungsmittelmangel in Griesheim nimmt zu. Obgleich die Müllers selbst im Vergleich zu vielen anderen dabei relativ gut wegkommen, geraten auch sie bei einer Ware in arge Not: Tabak. In den ersten Kriegsmonaten sind Tabakwaren als Liebesgabe haufenweise an die Soldaten geschickt worden. Diese Zeiten sind längst vorbei. Infolge der alliierten Seeblockade ist Tabak zu einer Mangelware geworden, deren Preis aufgrund der Tabaksteuer enorm gestiegen ist. Als starke Raucher – er raucht Zigarren, sie Zigaretten – sind die Müllers arg betroffen. Wilhelms Vater wird zwangsweise zu einem fanatischen Tabakjäger, der auf Tabakpirsch überall hinradelt. Über alles, was er auftreiben kann, ist er herzlich froh. In Pfungstadt erwischt er bei Frau Wolf ein Kistchen Zigarren zu 12 Mark – »freilich Ausschuß«. (4.11.) In der Not raucht der Teufel Ausschuss! Auch in Darmstadt geht er während seiner Geschäftsfahrten auf Suche:

> *Am Mittag waren wir mit der Fuhr in Darmstadt da habe ich bei Firma Schade u. Füllgr*[abe] *auch zwei Kistchen bekommen zu 15 M u. so muß man sich eben*

Nicht einmal über den schlechtesten Tabak schimpft man jetzt.

> *forthelfen wie es am besten geht denn man bekommt in den Geschäften u. Wirtshäusern keine C. unter 20 Pfennig das St.«* (4.11.)

So wichtig ist ihm sein Bericht über Tabakvorräte und -preise, dass das Neueste aus Griesheim erst hinterher kommt:

> *Etwas neues mein Lieber Der Bürgermeister Kunz ist gestorben u zwar heute der arme Kerl ist auch noch nicht alt gewesen ich glaube er ist 51 oder 52 Jahre alt.*

Thema erledigt! Von den Eigenschaften und Leistungen des Bürgermeisters kein Wort. Wilhelm kann seinem Vater in seiner Tabaknot helfen. Lippert lässt er Zigarren für ihn heimbringen – zusammen mit Kartons und Blechschachteln zum Recyceln.

Die Stille vor dem Rübensauerkrautsturm nutzt Frau Müller aus, um mit dem Rad Hamsterfahrten nach Wolfskehlen zu unternehmen. Dort wird sie von ihrer Freundin Emma mit Käse gut bedient. Öfter wird auch zu einem »Fräulein Hamst.« geradelt, »daß ich Ihr Loos erleichtere verstehst Du wohl?«. (5.11.) Den Brief, in dem sie Wilhelm dies alles mitteilt, beendet sie zum einen, weil sie keine Neuigkeiten mehr weiß, aber auch weil sie um 10 Uhr, »wenns Gas da ist«, seinem Vater beim Kraut etwas helfen will. Auf ununterbrochene Gaslieferungen vom Griesheimer Gaswerk können sich Betriebe mit Gasmotoren nicht mehr verlassen. Müllers haben aber wenigstens Vorrang vor privaten Haushalten. Nicht nur Gas, sondern auch alle sonstigen Brennmaterialien zum Heizen und Kochen müssen sparsamst gehandhabt werden. Weil Kohle streng rationiert wird, gewinnt Holz einen erhöhten Wert und die Preise klettern in die Höhe. Das merkt Wilhelms Vater, als er ein Quantum Gemeindeholz ersteigert: »früher kosteten 4 Rmr. 26 M heute kosten 2 Rmr 70–80 M welch ein Unterschied, was der Saukrieg nicht alles mitbringt.« (4.11.) Nachdem sie diese Briefstelle gelesen hat, fühlt sich Wilhelms Mutter dazu angeregt, eine Liste von verschiedenen Produkten aufzustellen, bei denen die Teuerung stark zu spüren ist. An erster Stelle nennt sie Waren, die ihren Wilhelm als Fachmann auf diesem Gebiet am meisten interessieren dürften:

> *denke mal 1 Gebünche Wolle kostet 80 Pfg & ist noch nicht das, welches Ihr bei Hachenb*[ur]*g*[er]*, als mit 6 Pfg verkauft habt, ein Kartoffelkorb, früher cirka 40–60 Pf. kostet heut 4, 50 & ein großer Packkorb wie wir sie gebrauchen zu Gummern hineinzuwaschen kostet heute ja nach Größe 9–10 M früher 1, 60 M – 2 M, Reifleisten z. 100 kg, 50 M früher 15–16 M welche Unterschiede, eine Flasche Rotwein früher 1 M 1 Ltr, heut 1½ Schoppen Flasche 6 M u. so vieles noch mehr.*

Schuh-Kursus!

Der geehrten Einwohnerschaft von Griesheim zur gefl. Kenntnis, daß ich gesonnen bin, **Mittwoch, den 26. d. Mts.** einen **Schuh-Kursus** abzuhalten im Anfertigen von **Haus-, Winter- und Straßenschuhen aus alten Stoffen.**

Der Preis des Lehrkurses beträgt 4 Mk.; er dauert 6 Tage und zwar von 2—6 Uhr nachmittags und von 7—11 Uhr abends.

Anmeldungen werden im Gasthaus „Zum grünen Laub" entgegengenommen. — Um geneigten Zuspruch bittet

Frau Christian.

Schicke Stiefeletten sind längst nicht mehr im Angebot.

Die Liste der beschlagnahmten Waren verlängert sich ständig. Leder steht seit einiger Zeit ebenfalls darauf. Beim enormen Bedarf des Heeres müssen für die Zivilbevölkerung Ersatzlösungen gefunden werden. Bei Schuhwerk wird der Lederinhalt auf ein Minimum reduziert. Holzschuhe verschiedener Art werden von den Behörden wärmstens empfohlen und in der Zeitung wird für Kurse geworben, in denen man das Herstellen von Stoffschuhen lernt. Kinder sollen im Sommer barfuß herumlaufen. Wilhelm kauft sich ein Paar Holzschuhe von einem Kameraden, der sie seinerseits von einem Urlauber gekauft hat. Er findet sie höchst praktisch: »mann hatt immer trockene u warme Füße.« (9.11.) Das wird nicht immer der Fall sein. Ein zweiter Vorzug besteht darin, so die Behörden, dass man Strümpfe spart. In der Heimat sitzt nicht mehr ein Heer von Frauen und jungen Mädchen, das, über einen reichlichen Vorrat an Wolle verfügend, jeden Soldatenfuß eifrig bedecken will. Der Soldat muss sich selbst mit Nadel und Zwirn Strümpfe aus den Stoffen zusammenbasteln, die er aufgreifen kann. Da darf man nicht zimperlich sein:

> *Ich habe mir 3 paar Socken aus Deckenstoff gemacht die sich in diesen Dingen gut tragen, muß ich die Langschaften anziehen so habe ich immer paar frische Strümpfe zu Hand und das macht wieder daß man in den Stiefeln weniger friert.* (9.11.)

Die Furcht, dass Wilhelm kalte Füße haben könnte, löst automatisch mütterliche Ermahnungen aus, den ganzen Körper warmzuhalten: Kniewärmer anziehen, die Unterjacke über Rücken und Leib recht herunterziehen, eine Leibbinde tragen usw. Er kennt das Lied!

Statt den lahmen Betrieb neu zu beleben, droht das Rübensauerkrautvorhaben anfangs in ein Desaster auszuarten. Telefonisch werden Müllers benachrichtigt, dass ein Waggon Rüben am Griesheimer Bahnhof eingetroffen sei. Als sie dort ankommen, stellen sie fest, dass die Rüben zwar schön aufgehäufelt daliegen – nur leider fehlt die Schneidemaschine. Bei der Wahl des Modells hat es etwas Verwirrung gegeben. Die Folge: Die Lieferung verzögert sich. Wilhelms Vater wird beinahe krank davon. Zum Glück behält seine Frau ihren Kopf und ihren Witz. Ihren Buben Wilhelm setzt sie sich gleichsam auf den Schoß und erzählt ihm ein Märchen für Erwachsene:

> *nun will ich Dir das Weißrüben-Märchen erzählen. Dein Vater war vor ungefähr 3 Wochen in Mainz bei der Landes Gemüse Stelle & hat sich mal erkundigt über das Rüben einmachen, da hat Ihn ein Herr gefragt wie viel er ungef. einmachen könnte Dein Vater gleich etwas groß & sagte 1000 Ctr, natürlich würde er sie erst bestellen, wenn unsere Maschine da wäre, sie sollten nur keine schicken bevor er bestellen würde, natürlich sagt er, er stehe in Verhandlung mit der Stadt.* (18.11.)

Das Chaos lässt nicht lange auf sich warten:

> *Am Montag mittag rief uns Verwaltung Griesheim an ein Wagg Weißrüben für Ferd. Müller eingetr. Nun wir waren sehr erstaunt darüber & die Landesgemüsestelle hatt uns mal einen Wagg. geschickt & da haben wir ihn ausgeladen.*

Kaum ist das getan, kommt der Griesheimer Revisor Hubach zu den Müllers:

> *da sagte er wir wollten den Finger davon lassen, wenn die Gesellsch. das Rübenkraut nicht brauchen könnte würde sie es einfach uns lassen, Budesheim wäre es auch so gegangen voriges Jahr.*

Budesheim bestätigt, was Hubach gesagt hat:

> *Da hat Dein Vater Budesheim getroffen & Ihn gefragt was er für Erfahrungen gemacht habe mit Rübenkraut er sagte sehr schlechte, die Gesell. hätte es Ihm gelassen oder vielmehr zurückgesandt mit dem Bemerken es wäre so viel da, daß*

man in Mainz oder Wiesbaden genau weiß ich es nicht mehr dem Bürgermeister dort die Fenster einwerfen könnte.

Was tun? Nach einigem Hin und Her trifft man die Entscheidung: Man will es riskieren. Ist damit alles unter Dach und Fach? Schön wär's! Am Dienstag trifft noch ein Waggon Rüben ein. Sofort wird in Mainz angerufen und dem Herrn erklärt, sie hätten doch keine bestellt. Die Antwort: »hier stehen 1000 Ctr.« Das Gespräch setzt sich auf folgende Art und Weise fort:

ich sagte wir haben nichts bestellt & nehmen auch keine mehr an, da wir keinen Platz hätten zum Unterzubringen. Da sagte der Herr ich sollte sie nach Mainz zu Hirschler & Comp. laufen lassen, was ich auch tat natürlich mußte ich die Fracht bis Griesheim bezahlen. Ich hätte Ihn verweigern können, da sagte mir der Herr Vorsteher, wir sollten uns nicht verkrumzeln mit der Gesellsch, da sie Budesheim voriges Jahr sein Rübenkraut wieder zurückgeschickt hätten, also wir sollten lieber entgegenkommen & so machen wir wie sie uns am Telefon sagten, also weiter laufen lassen & die Fracht bezahlen. 33,10 M. (18.11.)

Alles geregelt also? Natürlich nicht!

Dann sind weitere 2 Waggon eingelaufen & wir bezahlten jedesmal die Fracht, der eine ging noch nach Mainz und der andere mußten wir nach Niederingelheim Wilh. Heiser Sauerkraut Fabr. gehen lassen.

Frau Müller schreibt nach Mainz wegen der Fracht – 81 Mark zusammen: keine Antwort. Telefonisch versucht sie alles zu klären:

Wie der letzte Waggon da war, fragte ich wie es werden solle mit der Fracht, da sagte der Herr am Telephon, nun Frau Müller es wird schon gut werden & sagte warum haben Sie sich dann gemeldet Rüben einzumachen, ich hatte nämlich gesagt, daß wir keine Fabrik besitzen nur ein Einmachgesch, der Herr sagte ich weiß schon Sie haben einen kleineren Betrieb, Sie bekommen es ja auch nicht zugemutet, daß Sie mehr einmachen, die Gesellsch. hat aber ohne unser Wissen & Willen ohne uns in Kenntnis zu setzen einfach 1000 Ctr Rüben an uns gehen lassen.

Allmählich blickt der Leser durch. Die Gesellschaft für Sauerkraut, die extra geschaffen worden ist, um von Berlin aus alles effizienter als früher zu dirigieren, hat das bürokratische Chaos nur noch gesteigert. Eine große Menge Rüben steht ihr im Oktober zur Verfügung. Anscheinend findet sie im Moment keinen dringenden Abnehmer dafür. Um sie loszuwerden, wird sie der Landesgemüsestelle in Mainz überwiesen. Was soll diese damit anfangen? Ein Herr dort erinnert sich an das Angebot Herrn Müllers, vergisst oder achtet absichtlich nicht auf dessen Vorbedingungen. Die Folge: Waggons voller Rüben fahren kreuz und quer durchs Hessenland. Kann man jetzt aufatmen? Keineswegs. Die Rüben aus Mainz sind nicht die einzigen, die von den Müllers zu verarbeiten sind. Weil sie nicht wissen konnten, welche Menge Rüben ihnen zugeteilt würde und wann, haben sie sich dankbarst verpflichtet, für die Volksküche 80 Zentner und für die Kriegsküche 60 Zentner Rüben zu Rübensauerkraut zu verarbeiten. Diese Kunden drängen jetzt. Zur großen Erleichterung der Müllers wird aus Magdeburg telefonisch bestätigt, die Schneidemaschine sei abgeschickt worden und dürfe in den nächsten Tagen ankommen. Nur muss sie noch eingebettet und montiert werden, ehe sie in Betrieb genommen werden kann. Selbst das ist eine Kleinigkeit im Vergleich zu etwas anderem, das sie nicht vorausgesehen haben: Ehe sie geschnitzelt werden können, müssen die Rüben geschabt und gewaschen werden. Während die Fabriken dafür eine Waschmaschine haben, müssen die Müllers alles per Hand erledigen. Auch kommt die Angst auf, sie hätten die falsche Maschine gekauft: »Budesheim hat Brocken & dergl. gehabt & unsere Maschine macht Schnitzel wie Kraut.« (18.11.) Zum Glück ist die Maschine doch die richtige: »Die Kriegsgesellsch hat also Fäden vorgeschrieben & Budesheim wird ein schönes Gemuschel gehabt haben.« Man ist froh, die Mainzer nicht vor den Kopf gestoßen zu haben:

> *Die Mainzer Landesgemüse St welche uns die Rüben zugeteilt hat, die verteilt auch wieder das Sauerkraut davon, also deßhalb haben wir die Wagg auch nicht verweigert & da können Sie unsere Anträge später auch nicht rundweg verweigern verstehst wol?*

Endlich ein Happy End! Und die Moral des Märchens? Da hat Frau Müller wieder eine ihrer alten Volksweisheiten zur Hand: »Da siehst Du mal wieder, lieber ein Wort zu wenig als ein Wort zu viel sprechen.«

Noch im letzten Augenblick droht das Happy End aber zu platzen: »Deinem Vater seine Gestellungs Befehl in Hilfsdienst ist dieser Tage gekommen.« (18.11.) Gleich wird reklamiert: Er arbeite für die Kriegsgesellschaft. Belege werden beigelegt. Die ganze bürokratische Maschinerie kommt in Gang: Die Belege kommen mit dem Vermerk zurück, die Reklamation sei weitergegangen. Ein Beamter kommt vorbei, sieht das Geschäft an, um festzustellen, ob es nicht allein mit einem

Arbeiter zu machen sei: »natürlich hat der gesehen, daß unser Gesuch berechtigt ist, & hat gefragt für wieviel Geld Waren wir stehen haben.« Das Ergebnis: Vom Hilfsdienst ist nicht mehr die Rede. Das bürokratische Chaos setzt sich jedoch fort:

> *Jetzt will ich Dir von den Weißrüben berichten Die Landesgemüsestelle hatt uns noch 4 Waggon ohne bestellt zugehen lassen, welche wir natürlich durch unsere Beschwerden weiter laufen lassen durften, wir haben gerade genug mit dem einen Waggon.* (25.11.)

Schon am ersten Tag stellt man fest, dass das Waschen und Schaben der Rüben eine heillose Arbeit ist. Selbst Frau Müller, sonst so resolut, bekommt es mit der Angst zu tun: »jetzt sieht es Dein Vater ein, ich habe Ihn immer sehr gewarnt davor, er hatt sich Arbeit gekauft, sonst gar nichts.« (25.11.) Zum Glück finden sie Hilfe:

> *am Samstag haben wir 10 Ctr weg gemacht. Da haben 3 große & 3 Schulkinder geschapt, kannst Du denken welche Arbeit, nun wir werden sie weg bringen.*

Herr Müller, Valtin, Adam, »die kleine Bekermarie oder sonst eins oder zwei Mädchen, ein paar halbwüchsige Schulbuben u. einige Schulmädchen sitzen im Bau beim warmen Ofen u schaben u. waschen«. Neben der Chance, ein bisschen Geld oder einige Naturalien für ihre Familien zu verdienen, wird die Wärme, ein immer rarer werdender Genuss, die mühselige Arbeit attraktiver gemacht haben.

Aus heiterem Himmel tut sich eine neue Möglichkeit auf, Wilhelm zu reklamieren. Herr Müller ist im Darmstädter Ständehaus zu einer so angesehenen Person geworden, dass die Stadt ihn zum Unterkommissionär ernennen will. Die Müllers lehnen »natürlich« sofort ab. Die Stadt fragt in Griesheim überall herum, findet aber niemanden. Der Oberstadtsekretär kommt persönlich vorbei, bittet Herrn Müller nochmals, den Posten anzunehmen. Geistesgegenwärtig schaltet sich seine Frau schnell ein:

> *er sehe ja dass wir es nicht machen können, wir wollten ihm aber einen Mann vorschlagen, der könnte der Stadt darin große Dienste leisten.* (25.11.)

Wilhelm! Es überrascht sie eigentlich nicht, dass der Bescheid bald eintrifft, Unterkommissionär für Griesheim sei kein nennenswerter Posten und rechtfertige eine Reklamation nicht. Nichts gewagt, nichts gewonnen!

Das Benehmen Philipp Delps sorgt weiterhin für eine Mischung aus Belustigung und Beunruhigung:

> *Ach Wilhelm man könnt sich grad verkotze über den Delp Also jetzt ist er bei den Flugzeugschüler, gestern war er bei uns & da sagten wir, ach bei de Flieger, da sagte er ja ich habe mir ein Gesuch gemacht, daß ich 2 Jahr Schloss gelernt u. dergl. m. & bin zu den Flugschülern auch gekommen ich bin schon einpaar mal über Euern Garten geflogen Da sagte ich, da freß ich heute noch einen Besen wenn das war ist Dein Vater sagte ich fresse 2 Besen, der Delp sagte, das glaubt ihr nicht, das ist war ich bin Flugzeugführer. Trasers Ellis war da, die hatt sich fast kabutt gelacht. Dein Vater sagte da wirst Du bald herunter fliegen & wirst Dir ein Mädchen mitnehmen. Delp sagte sein Vater hätte gesagt er hätte sich sehr getäuscht hinter seinem Philipp Delp sagte wieder er hät sein Gesuch selbst gemacht & wäre glatt alles gegangen, er hätte noch mehr Leut gemacht & die wären gutgeheisen worden. Da sagte Dein Vater Philipp da kannst Du ja unserm Wilhelm auch eins machen, da sagte er ja ich will Ihm eins machen, in der Schule war ich immer von den dümmsten, aber jetzt bin ich einer von den hellsten. Da sagte Dein Vater, aber Philipp wenn der Krieg nicht kommen wär, da hättest Du bei Merks gewiß schon den Dktr Titel, vieleicht auch den Dktr sein Kittel. Delp sagte ja den Titel hätte ich, da er aber jetzt nicht mehr in der Fabrik ist sagte er zu Deinem Vater, daß er es bei den Flugschülern bis zum Hauptm bringe. Jetzt siehste mal Wilhelm was Dir Dktr Delp vormacht, da mußt Du noch lange daheim bleiben, wann wirst Du dann mal Hauptmann.* (25.11.)

Bei allem vordergründigen Spaß steckt ein tiefer Ernst, ein diskreter Tadel dahinter. Der Hintergedanke blickt durch: Es ist doch eigentlich an der Zeit, mein Lieber, dass Du beförderst wirst! Das schuldest Du Dir selbst und auch uns, Deinen Eltern. Wie stünden wir alle blamiert da, wenn der Philipp, der Simpel, es schafft, Du aber nicht. Die offene Geheimbotschaft verrät sich in dem, was Frau Müller anschließend erzählt:

> *Jetzt sagte Dein Vater zum H. Dkt. Delp, Philipp Du kannst jetzt gleich unserm Wilhelm sein Gesuch machen, also machen gleich hier bei uns, ich sagte na kanns ach daham machen, Dein Vater bestand aber darauf, daß er das Gesuch hier bei uns machen sollte, im Nu 1, 2, 3 war Herrn Hautpm. Delp verschwunden. Halt ich hab noch vergessen Dktr Delp sagte zu Deinem Vater noch Wilhelm hatt mir früher etwas vorgemacht, heute mach ich Ihm etwas vor, siehst mein Wilhelm so ennern sich die Zeiten Also wenn Delp kommt,*

das ist ein reines Ergötzen für uns, den Gefr[eiten] *Knopf hatt er noch immer in der Tasche.*

Wenn Wilhelm den seinen in der Tasche nur hätte! Er weiß Bescheid!

Trotz aller Arbeit findet Frau Müller jeden Freitag- bzw. Samstagabend Zeit und Kraft genug für ihre Hamsterfahrten nach Wolfskehlen: »ich hole mir gewöhnlich Schmierkäse auch bekomme ich Geisemilch.« (23.11.) Zeit hat sie auch, um weiter Wilhelm seine eierhaltigen Küchelchen zu backen. Nur will ihr, der stolzen Kuchenbäckerin, das nicht mehr so gelingen wie früher. Die »Marktgretj« bietet die Erklärung dafür: Es liege an der schlechten Hefe. Später wird sie sich auch damit abfinden müssen, dass sie es bei dem schlechten Kriegsmehl selbst mit einem teuren Gasherd nicht fertigbringt, die allerfeinsten Kuchen zu backen.

Griesheimer fallen weiter. Mit Blumen geschmücktes Grab Valentin Feuerbachs – am 4.11.1917 gefallen – auf einem Schlachtfeld im Westen. Seine Angehörigen gehören zu den wenigen, die »nach langer Unsicherheit« sogar ein Bild des für Artilleriebeschuss und Panzerraupen allerdings sehr anfälligen vorläufigen Grabes erhalten.

Todes- Anzeige.

Nach banger Ungewißheit erhielten wir jetzt die traurige Nachricht, daß mein innigstgeliebter treuer Mann, der treusorgende Vater seiner Kinder, unser lieber Sohn, Schwiegersohn, Biuder, Schwager und Onkel

Valentin Feuerbach

Schütze in einer Maschinen-Gewehr-Scharfschützen-Abteilung

Inhaber des Eisernen Kreuzes 2. Kl. und der Hessischen Tapferkeits-Medaille

am 3. November v. Js. nach nahezu dreijähriger treuer Pflichterfüllung im Alter von 28 Jahren auf dem westlichen Kriegsschauplatz auf dem Felde der Ehre gefallen ist.

Griesheim, am 9. Februar 1918.

In tiefer Trauer:

Rosine Feuerbach und Kinder.
Philipp Liederbach und Familie.
Jakob Feuerbach und Familie.

Es ist bestimmt in Gottes Rat,
Daß mon vom Liebsten was man hat —
Muß scheiden!
Wiewohl doch nichts im Lauf der Welt,
Dem Herzen ach so sauer fällt —
Als scheiden!

Es gibt ein Scheiden lavaheiß,
Wo keinen Trost die Seele weiß,
Wenn's Herz sein All im Fassen,
Sein Teuerstes muß lassen.

Es gibt ein Scheiden, wie keins so schwer,
Ein Scheiden ohne Wiederkehr.
Wenn Augen, die Liebe sprechen,
Im jähen Tode brechen.

Nie auf dieser Erde mehr,
Blickst Du zärtlich auf uns her.
Hand, die treulich uns geleitet,
Die uns nichts als Liebe gab,
Freud und Trost um uns bereitet,
Ruhet nun im fremdem Grab.

Unermüdlich war Dein Fleiß
Und Dein Tagewerk war heiß. —
So schlaf denn wohl den süßen Frieden,
Dich wecken niemals unsere Tränen.
Aufs Herz preßt bebend sich die Hand,
Du nahmst uns viel, o Vaterland.

Wiederseh'n war seine und unsere Hoffnung!

Valentins Todesanzeige. Die von der Familie bestellten Verse verwenden Standardformeln.

Weiterhin fallen Griesheimer. Valentin Feuerbach fällt am 4. November. Erst im Februar 1918 wird sein Tod jedoch bestätigt. Wilhelm werden weitere im *Griesheimer Anzeiger* stehende Todesanzeigen mitgeteilt: »der Noerch [Georg Noä] am Flurgraben u einer Namens Roß [Georg Ross] in der Pfützenstraße«. (25.11.) Da beide Herrn Müller nicht bekannt sind, überrascht es nicht, dass ein anderer Todesfall ihn eigentlich mehr beschäftigt:

> *dem Höhle Bäcker ist sein Braun krepiert u. hat sich auch noch keinen anderen Gaul gekauft infolgedessen kann er uns auch nicht mehr fahren.* (25.11.)

Dass das Pferd gerade an dem Tag stirbt, an dem er zum ersten Mal den neuen, erhöhten Fahrpreis von 3 Mark pro Stunde aufbringen muss, scheint ihm mehr als bloßer Zufall zu sein:

> *sonderbar, da mußte er den Braun in Darmstadt ausspannen u heimführen u. als ich gegen Abend hin ankam u. nach seinem Befinden fragte, da kreppierte er in meiner Gegenwart das ist doch wirklich sonderbar meinst Du nicht auch mein Lieber.*

Eine Fügung Gottes, eine Strafe wegen Wucher? Er braucht sich nicht zu beklagen: Der Tod des alten Gauls erweist sich als ein wahrer Segen für ihn, denn die Maschinengewehrkompanie auf dem Schießplatz erklärt sich bereit, ihn zu einem wesentlich billigeren Preis zu fahren. Deren Pferde seien schöne, robuste Tiere. Es bleibt bei dieser Regelung.

Im März hat man der russischen Revolution keine bestimmte Bedeutung für das Zustandekommen des Friedens beigemessen. Dass die deutsche Regierung Lenin aus der Schweiz und durch ganz Europa hindurch nach Russlang geschleust hat, weiß man natürlich nicht. Die Machtergreifung der Bolschewiki im Oktober scheint aber einen Waffenstillstand im Osten näherzubringen, denn diese melden gleich den Wunsch nach Friedensverhandlungen. Auch die laut verkündeten Erfolge gegen die Italiener und die sie unterstützenden Engländer fachen die Sieges- und damit Friedenshoffnungen der Müllers neu an. Selbst als die Verhandlungen mit den Russen ins Stocken kommen und England und Frankreich den deutschen Friedensbedingungen gegenüber kühl-abweisend bleiben, erblickt Frau Müller darin keinen Grund, große Sorgen zu hegen:

> *Neues weiß ich weiter nichts, als daß der Kaiser gesprochen hat der Krieg geht wieder weiter, unsere Feinde wollen nochmals Ihr Glück probieren nun sie werden sehen nicht wahr.* (7.12.)

Der Hindenburg-Spruch ist längst fester Bestandteil ihres reichen Vorrats geworden! Zwei Tage später schätzt sie aufgrund der neuesten Zeitungsberichte die Erfolgschancen der Verhandlungen positiver ein:

> *Die Verhandlungen mit Rußland gehen weiter, auch Rümänien hat sich Rußland angeschlossen* [...] *also ein Anfang vom Ende* [...] *bis 17. Dez. hat Deutschl. mit Rußland Waffenstillst. vereinbart & Rußland schreibt, nach dem Waffenstillst. sollen sofort die Friedensverhandlungen aufgenommen werden.*

Die Informationen, die Nachbarn ihr aus den Briefen von Soldaten in Russland kolportieren, verstärken diesen Optimismus:

> *Mein lieber Wilhelm, mit den Russen ist die Sache ganz fest, & die Friedensverhandlungen beginnen schon, es greift kein Russe mehr an, das kann ich Dich versichern denn die Griesheimer, welche an der russischen Front liegen schreiben alle, daß sie hierüber & herüber gehen & sich unterhalten & die Zeit vertreiben.* (18.12.)

Soldaten, die früher reklamiert werden wollten, wollen jetzt im Osten bleiben:

Backsteinpeter wie mann so sagt, wollte seinen Sohn rekl lassen, warscheinlich in eine Fabrik oder sonst, dieser hatt seinen Eltern geschrieben, daß er nicht nach Hause gehe, jetzt wäre es so schön bei Ihnen, wenn ihr dieses nur auch mal sagen könnt. (18.12.)

Es steht diesen Soldaten eine böse Überraschung bevor. Viele von ihnen werden im Laufe der kommenden Wochen und Monate in den Westen verladen. Frau Müller hat noch Interessantes aus diesen eingelaufenen Briefen zu berichten:

Delle Kathr Ihr Mann hat geschrieben, daß die Russen gar keine Offiziere mehr bei sich hätten, dies müßten ganz retour, der Russe sagt einfach zu Ihnen, wenn er bis Weihnachten nicht zu Hause wäre, ginge er einfach fort & ließe alles liegen, diese machens auch. (18.12.)

Wichtig für sie ist, dass diese Entwicklungen »amtlich« bestätigt werden:

Heute ist amtlich die Verhandlg mitgeteilt, daß unter anderm auch die Leute an der Front sich gegenseitig Waren austauschen, auch dürfen Waren hierüber & von unsern hinüber, natürlich mit Erlaubnißschein (Handel & Wandel geht schon los) auch Briefe dürfen hinüber & herüber aber offen müssen diese sein, alle Verhandlg & Paragraphe werden amtlich veröffentlicht.

Die Zeitung bestätigt, dass bereits viele Divisionen in den Westen versetzt worden sind. Diese großen Truppenbewegungen merken Müllers am Schicksal ihrer Fässer:

glaube nur vor nichts & wieder nichts hat Hindenburg nicht so viele Divis. nach Westen abgehen lassen, der Mann weiß daß es mit der Rusky sicher ist, man spricht v. 70 Divisionen welche nach Westen abgegangen waren, bei Euch wummelt jetzt alles mit Feldgr. Also was ich Dir hier geschrieben kann ich als Wahrheit versichern, der Russe greift nicht mehr an er hatt sein Sach. Der Verkehr war hier ganz außer Takt, wie das viele Milt. nach Westen abgegangen ist, leer Fässer retour wurden eine Zt lang gar nicht angenommen & dergl. mehr. Jetzt wird der Engl. sein Rezept erhalten in England ist jetzt sehr Mangel an Lebensmittel was die engl. Pressen selbst jetzt leise zustimmen & fragen sogar warum die Frauen so lange stehen müßten bis sie ihr nötiges erhielten. (18.12.)

Fern liegt Frau Müller der Gedanke, dass innerhalb des deutschen Heeres eine ähnliche Auflösung der Disziplin mit Autoritätsschwund der Offiziere vorkommen könnte.

In Griesheim wie im übrigen Deutschland werden im Dezember 1917 die Verhältnisse noch schwieriger, als zu allem anderen eine lang anhaltende eiskalte Periode hinzukommt. Die sowieso schon schwindenden Kohlevorräte drohen schnell auszugehen. Gas zur Beleuchtung und zum Kochen fällt mit wachsender Häufigkeit aus. Kerzen – wie alle Sorten Öl und Fett – sind kaum mehr zu bekommen. Als Wilhelm einen kleinen Vorrat davon heimschickt, schenkt seine Mutter sie dankbaren armen Griesheimer Familien, die sonst ohne jegliche Beleuchtung wären. Sie hat ja Gasbeleuchtung und wird, was Kerzen angeht, schon reichlich vorgesorgt haben. Arme Familien sind auch für Wilhelms heimgeschickte völlig abgetragene Strümpfe dankbar, an die sie selbst keine gute Wolle mehr hängen will. (16.12.) Der Schleichhandel blüht. Überall werden die Höchstpreise überschritten. Tante Apollonia wird bei einem krummen Geschäft ertappt – sie hat in Groß-Gerau Gemüse eingeladen und die Höchstpreise überschritten. Die Strafe: 2.700 Mark. (26.12.)

In der Adventszeit wenden sich die Gedanken vieler Menschen dem Weihnachtsfest und dessen Bedeutung zu. Mancher Gläubige wird sich gefragt haben, warum der Herrgott dieses schreckliche Morden weiterlaufen lässt. Da haben Müllers – wohl in Anlehnung an Pfarrer Gerhard – immer noch ihre bewährte Antwort parat: Viele »gottlose« Deutsche hätten sich wieder zu Gott bekehrt, aber leider nicht alle: »viele fluchen ganz erbärmlich u lästern Gott den Höchsten u unsern Heiland.« (23.12.) Solange dies fortdauert, wird Gott den Deutschen den Frieden nicht gewähren – geschweige denn den Sieg. Herr Müller malt sein naiv-kindhaftes Weihnachtsbild aus:

> *Wie ist das doch so schön wenn mann das schöne Weihnachtsfest so bedenkt wie der kleine Jesus in der Krippe lag, u die weisen aus dem Morgenland sind gekommen u haben Ihn das liebe Cristinchen angebetet u wenn der Geistliche auf diesen Tag alljärlich verkündet Euch ist heute der Heiland geboren welcher soll Jesus Christus heißen was ist das doch so schön wenn man sich so ein Bild macht darüber aber viele wollen es deshalb nicht wissen weil sie sich keine Zeit verloren gehen lassen wollen um die Sache ein bischen zu verfolgen.*

Normalerweise überlässt er theologische Exkurse seiner Frau. Diesmal steigt er selbst ins Theologisieren ein. Die vorgetragene These hat er entweder direkt vom

Pfarrer oder aus einem der Sonntagsblätter. Es gibt, so schreibt er, zwei Arten Polizei. Die erste nehme die normalen Verbrecher fest. Eine zweite, unsichtbare Polizei greife dagegen ein, wenn die Menschen die göttlichen Gebote nicht achteten. Diese zweite Polizei habe die Menschen zu dreieinhalb Jahren Krieg verurteilt. Seine Schlussfolgerung:

> *Es wäre sehr zu wünschen wenn diese Polizei noch sehr aufräumen würde ohne daß unseren Feldgrauen Gefahr läufe totgeschossen zu werden.*

Wie dieses Aufräumen, von dem seine Frau schon geschrieben hat, konkret zu bewerkstelligen sei, sagt er nicht. Das Endziel dieser globalen Geheimpolizeiaktion lässt sich aber skizzieren: Mit den schuftigen Engländern, Amerikanern und Franzosen wird reiner Tisch gemacht; gleichzeitig räumt man mit den »gottlosen« Deutschen, vor allem den bösen Sozialisten, ordentlich auf. Ist man besonders gnädig, kann man sie internieren, züchtigen, umerziehen. Lassen sie sich nicht zum guten Glauben bekehren, muss man sie leider Gottes ausmerzen. Das einzig Problematische an der ganzen Operation ist, wie die unschuldigen, gottgefälligen Feldgrauen dabei geschont werden können.

Auf Frau Müller wirkt der Gottesdienst am 26. Dezember erhebend:

> *Heute morgen hat Herr Pfarrer Gerhardt wieder sehr schön gesprochen, überhaupt von draußen, daß ein jeder wenn er früher auch nur weltlichen Vergnügen nachgegangen wäre, jetzt im Felde doch im Stillen an die Weihnachten zu Hause denken würde, was ich auch glaube.* (26.12.)

Immer wieder merkt man, welch großen Eindruck Pfarrer Gerhards Predigten auf sie machen. Viel stärker als die Reden des Kaisers, die Sprüche Hindenburgs und alle Schlagzeilen der Propaganda sind es seine Worte, die ihr den Mut zum Ausharren und Durchhalten einflößen. Er ist es, der ihr immer wieder den Sinn des Weiterkämpfens erklärt, der sie immer wieder überzeugt, dass Gott sie und alle frommen Deutschen nicht täuschen wird.

Wilhelm selbst verlebt ein typisches Soldatenweihnachtsfest in Feindesland:

> *Gestern abend haben wir (die ganze Kolo*[nne]*) bei Kerzen beschmückten Tannenbäumen auch ein wenig W. gefeiert. Ein jeder bekam ein kleines Geschenk das er durch Ziehen eines Loses bestimmte. Auch Freibier hats gegeben. Ganz gemütlicher Abend. Außerdem haben wir 2 Schweine geschlachtet sodaß auch das Essen feiertäglich ausfiel.* (25.12.)

Er stellt weder religiöse noch sonstige Betrachtungen an. Willkommenen Stoff zum Schreiben bietet ihm das Treffen mit einem Griesheimer:

> *Als ich dieser Tage mal ins Soldatenheim kam traf ich mal wieder ein Griesheimer. Heute will er mich besuchen. »Schwäch« ein Enkel von dem blinden Mann am Bessungerweg er ist 20 Jahre alt. Er hat mich gleich gekannt. Aber ich grüsste nicht vorhin mit ihm.*

Am 22. Dezember haben die Friedensverhandlungen mit den Russen in Brest-Litowsk begonnen. Die Rumänen nehmen auch daran teil. Anlass bei den Müllers zu erneutem Optimismus. Vielleicht, so Frau Müller, müsse der Franzmann noch einen Hieb erhalten, aber vielleicht besinne er sich noch ohne; und der Spitzbube Engländer werde es auch bald satt haben. (26.12.) Sie versucht, Wilhelm die Begriffe Friedensinstrument und Präliminarfrieden zu erklären. Für sie ist die Hauptsache aber, »daß der Friede zustande kommt, & er kommt auch bald, kannst versichert sein, mein Sohn«. Auch ihr sind die riesigen Truppenbewegungen aufgefallen:

> *Von Euch rückwärts die Front bis Mainz wimmelt alles mit Reserven. In Mainz lägen Östereicher & andere Bundesgenossen. Nach Griesheim sollen auch solche kommen, nun wir werden sehen.*

Zu Weihnachten taucht ein unwillkommener Gast in Griesheim auf: Dina in Begleitung von Gretel Krause. Sie erzählt Frau Müller, Wilhelm habe lange nicht geschrieben, habe sich dann wieder gemeldet und ihr seine neue Adresse mitgeteilt. Herrn Müller erzählt sie, ihr Vater sei in den letzten acht Tagen am Abend betrunken gewesen. Er trifft die beiden Damen, gerade als er aus dem Kino seines Bruders Georg kommt. (26.12.) Frau Müller hält das Kino für ein frivoles Teufelswerk, für das man sein gutes Geld nicht ausgibt – in der heiligen Weihnachtszeit allemal nicht. Dass ihr Schwager Georg der Besitzer des Central-Theaters ist, stellt für sie noch einen Minuspunkt dar. Ob Wilhelms Vater ebenso kinoabstinent ist? Wahrscheinlich. In seinen Briefen schreibt er nie von Filmen und man kann sich auch kaum vorstellen, dass seine Frau ihm Kinobesuche erlaubt. Ihm muss es reichen, wenn er abends bei Kaut sein Schöppchen trinken darf. An diesem Tag hat er wohl Langeweile, will sich etwas Spannendes ansehen. Was soll's?!

Seinem Bruder Georg geht es geschäftsmäßig außerordentlich gut. Ein Unternehmertyp, der sich vom einfachen Schreiner zum Besitzer einer »Möbelfabrik« emporgearbeitet hat, in der er elegante Möbeleinrichtungen für die bessergestell-

Dieses heute noch imposante Gebäude in der Groß-Gerauer Straße beherbergte Georg Müllers »Central-Theater«. Kein Wunder, dass er, mit seiner »Möbelfabrik« und seiner noch hinzukommenden Beteiligung am Flugzeugbau mit August Euler, auf seinen jüngsten Bruder und dessen Frau in ihrem bescheidenen Haus herabschaut.

ten Griesheimer herstellt, hat er sich von Anfang an für den Flugzeugbau interessiert und arbeitet – wie bereits erwähnt – mit August Euler zusammen. Bei seiner Schwägerin Maria erweckt Georg starke Ressentiment- und Eifersuchtsgefühle. Sie hat es ihm nie verziehen, dass er auf sie als Ferdinands Braut herabgesehen und sie und ihren Mann nie als seinesgleichen betrachtet hat. Dass er den stillen, scheuen Wilhelm auch nie ernst genommen hat, schmerzt sie am meisten. Georgs drei selbstbewusste Söhne hält sie wie deren Vater für lauter Angeber. Was ihr Mann ihr von einem Besuch bei Georg an Neujahr erzählt, ruft ihre sämtlichen negativen Gefühle wach:

> *Er sagte, Onkel wäre lauter Geld & Geschäft & wollte nach dem Kriege Dampfmaschine & 30 Hobelbänke anschaffen damit er 30 Mann beschäftigen kann, er hat natürlich 3 Söhne welche Aufsicht darüber haben können erst muß er aber abwarten ob nach dem Kriege die Geschäfte so gehen wie er sich denkt, nun er wird sehen, weiter weiß ich im Augenblick nichts von Bedeutung.* (2.1.)

Als Postskriptum fügt sie hinzu: »Onkel Georgs Kino ist immer so voll daß sie noch stehen müssen, er nimmt kolosal viel Geld ein & will immer noch mehr haben.« Ihr und Gott wäre es zweifellos lieber, wenn diese begeisterten Kinobesucher sich in ebenso fleißige Kirchenbesucher verwandelten. Dann würde das Kriegsende näher rücken.

Am 30. Dezember bietet Herr Müller die übliche Jahresbilanz sowie seine Betrachtungen zum neuen Jahr: »Das Geschäft geht ganz gut, u. werden wir nach jetziger übersicht auch in diesem Jahr wieder einige Mill[ionen] erübrigen.« Die Friedensaussichten sind unsicherer. Seiner Meinung nach gibt es zwei Möglichkeiten: Entweder kommt ein aus deutscher Sicht »ehrenvoller« Frieden zustande; der wird aber, wenigstens im Westen, in den ersten Tagen nicht kommen. Oder, sollte der Feind nicht auf die deutschen Bedingungen eingehen, es wird weitergekämpft. Mit seinem üblichen Bombast hat Kaiser Wilhelm diese zweite Möglichkeit schon vorweggenommen: »so werden wir mit eiserner Faust die feindliche Pforte einschlagen u. wir werden der Welt den Frieden bringen.« Der selbst ernannte »Friedenskaiser« gebärdet sich immer noch mit Vorliebe als mittelalterlicher geharnischter Recke! Würde sie nicht so viel Menschenopfer kosten, würde Herr Müller die zweite Möglichkeit für die bessere halten:

Denn der hochmütige Engländer u. der racherfüllte Franzose müßte kurz u. klein geschlagen werden, denn ehe dieses Werk nicht vollbracht ist, bekommen wir keinen dauernden Frieden.

Der Bombast des Kaisers färbt ab. Dessen verbale Theatralik mit ihrer feudalen Metaphorik fördert bei seinen treuen Untertanen solche Stammtischtöne! Herr Müller möchte so gern einen langen Neujahrsbrief an seinen Sohn verfassen. Nur will ihm nichts Substanzielles mehr in die Feder fließen:

Nun mein Lieber was ich Dir hier schreibe, ist ja nicht von Belang ich weiß aber doch auch nicht viel u. Du möchtest doch gerne was geschrieben haben u. deshalb schreibe ich was ich gerade so weiß ist's recht mein Lieber?

Da ihm selbst Triviales nicht in den Sinn kommen will, bleibt ihm nichts anderes übrig, als die Waffen zu strecken:

Nun mein Lieber ich bin gezwungen meinen Brief zu beendigen ich sitze jetzt bereits eine Stunde dabei u. zerbreche mir den Kopf fällt mir aber nichts mehr ein.

Eines fällt ihm doch noch ein: Wenn Wilhelm wieder Zigarren heimschickt, soll er sie diesmal an seine Mutter schicken, »damit sie auch zufrieden gestellt wird nicht wahr«. So altruistisch, wie das klingt, ist es nicht. Seine Frau raucht nur Zigaretten. Der alte Schalk will vielleicht auch einen kleinen Spaß bewerkstelligen.

8. 1918
»Wer hätte das je gedacht?«

Der Herzenswunsch beider Eltern für Neujahr ist, dass der lang und heiß ersehnte Frieden endlich zustande kommen mag. Ein bescheidenerer, aber ebenso sehnlicher Wunsch steht bei Frau Müller mit oben auf der Liste. Der weihnachtliche Besuch Dinas, wenn auch erleichternd kurz, lässt ihr keine Ruhe mehr. Wenn es stimmt, was Dina ihr erzählt hat, nämlich dass Wilhelm ihr seine neue Adresse und eine Karte geschickt hat, dann hat sie guten Grund, Verdacht zu schöpfen und auf der Hut zu sein. Sie möchte das Mädchen endgültig aus Wilhelms Umkreis entfernt wissen. Nur wenn Dina allerlei Mängel und Sünden restlos überführt werden kann, wird sich ihr Sohn hoffentlich besinnen. Über Dinas schlechte Behandlung ihres Vaters ist er schon voll im Bild. Also muss sie wegen anderer Fehler auf die Anklagebank. Es lassen sich leicht welche finden. Von ihrer Arbeitsscheu ist schon die Rede gewesen, aber es kann nicht schaden, sie nochmals zu betonen:

> *Dina ist überhaupt nichts gewöhnt, Ihre Mutter hat alle Dreckarbeiten geschafft & jetzt glaube ich kommt so manches was Dina nicht paßt.* (1.1.)

Ihr Jammern und Selbstmitleid seien auch unverzeihliche Charaktermängel:

> *Wie sie bei uns war sagte sie, o ich möchte mich manchmal aufhängen, das sind so mißmutige Dinger, wenn da mal etwas nicht paßt, werfen sie gleich die Flinte ins Korn.*

Noch ein Defätist und Drückeberger! Die militärische Metaphorik dringt überall ein. Als vierter Anklagepunkt dient der Religionsunterschied. Eine konfessionell gemischte Ehe wäre nach Frau Müllers Ansicht eine reine Katastrophe. Die passende Abschreckungsanekdote fehlt nicht:

> *Dein Vater war gerade bei Tante Aplone, wie D. auch dort war. Onkel Jakob war so glatt rasiert, da sagte Dein Vater so unvorsichtig, Jakob Du siehst aber aus, gerade wie ein katholischer Pfarrer, siehst Du Wilhelm, so sagt mann oft manches & wenn da bei 2 Eheleuten eins katholisch ist, da kannst Du Dir mal

die Folgen daraus ziehen so fragt mann aber oft noch manches mehr & was gäbe das doch für Mißstimmunge, welche mann sich ganz & gar ersparen muß, ich habe das hier nur angeführt, damit Du auch siehst, wie Deine Mutter oft sehr recht hatt.

An ihre Rechthaberei braucht er wirklich nicht erinnert zu werden! Das aus dem Vormärz und dem Kulturkampf der 1870er stammende Bild des schmierigen, aalglatten, teuflischen Jesuiten wirkt immer noch stark nach. Damit ist die Litanei von Anklagepunkten aber noch nicht erschöpft. Dinas Vorstellungen vom Idealehemann werden als Nächstes aufs Korn genommen:

Ich sagte auch zu Dina sie sollte doch einen Bauer heiraten, damit Ihr Vater Hilfe hätte, das wäre doch dem Mann angenehm, da sagte sie der kann mich gehen lassen, ich könnte einen Bauer haben, nein, nein ich will keinen, meine Mutter hat gesagt D. heirat nur keinen Bauer, da sagte ich die andern Leute haben auch Ihre Last, sehe mal was ich all zu tun habe, da sagte sie einen Geschäftsmann wollte ich überhaupt gar nicht, das war aber auf meiner Geis geritten nicht war Wilhelm, der Fuchs sagt wenn er nicht rankommen kann, die Trauben sind sauer, ich mag sie nicht, so ists doch nicht war Wilhelm?

Hätte Dina einen Kaufmann wie Wilhelm nicht gewollt, hätte seine Mutter vielleicht mehr Ruhe gehabt. Die Sache wird für Dina hochnotpeinlich, aber auch für Wilhelm. Gleich erkennt er, was geboten ist, um einen Waffenstillstand herbeizuführen:

Ich will Euch aber zur Beruhigung sagen, daß ich schon blos aus Vernunftsgründen an eine Verbindung mit D. nicht im entferntesten denke.

Gerade die Unbedingtheit seiner Erklärung wirkt verdächtig. Er traut es sich offensichtlich nicht zu, als Dinas Fürsprecher aufzutreten. Die Folgen eines Plädoyers für sie kann er gut voraussehen: Ärger ohne Ende. Hauptsache für ihn ist, seiner langfristigen Strategie treu zu bleiben und sich seine Mutter vom Leib zu halten, auf gut Deutsch: sie still zu kriegen. Das tut man wohl am besten, wenn man ihr Recht gibt und gehorcht. Damit gewinnt man hoffentlich Zeit. Kommt Zeit, kommt Rat.

Für eine schöne Überraschung sorgt Dina selbst: Mitte des Monats verrät ihr Brief an die Müllers bisher ungeahnte Dimensionen ihres Lebens. Darin ist die Rede von ihrem lieben Albert, einem jungen Oberleutnant, der am 10. Januar 1917 gefallen ist. War dieser Albert vielleicht ihre erste Wahl und Wilhelm nur Ersatzkandidat? Glaubt Frau Müller, dass Dina ihren Wilhelm bei der Bräutigamsmusterung lediglich als Ersatz im Auge gehabt hat, so kann ihr Ressentiment gegen sie nur noch wachsen. Diese Offenbarung macht sie noch überzeugter, dass Dina in Sachen Bräutigam eine langfristige, listige Eroberungspolitik verfolgt. Ihr Wille wird umso stärker, Dinas nächsten Annäherungsversuch von vornherein zu ersticken. Diese appelliert nämlich wieder an Frau Müllers Mitleid: Gerade die angebliche Trauer um ihren Albert und ihre verstorbene Mutter hätten in ihr eine große Sehnsucht nach ihrer lieben Frau Müller aufkommen lassen: »ich habe doch keinen Menschen, dem ich mein großes Leid klagen kann.« (16.1.) Der Appell stößt auf taube Ohren. Anfang März kommt Tante Bettchen aus Frankfurt, um Gemüse zu laden. Sie erzählt, dass Dinas Vater weiter »bechert«. Was Frau Müller aber viel mehr interessiert, weil sie es als scharfe Munition gegen Dina verwenden kann, wird bis zum Schluss des Briefes an Wilhelm aufgehoben:

> *Von Dina ist Tante Bettchen auch nicht gerade begeistert. Sie sagte, auch wer Sie mal bekommt, ist übel dran seiner Lebtage.* (3.3.)

Falls Wilhelm immer noch hinter ihrem Rücken mit Dina korrespondieren sollte, kann die Warnung seiner Tante vor einer lebenslangen Qual nicht schaden!

Die geballte Offensive seiner Mutter gegen Dina hofft Wilhelm durch seine scheinbare Kapitulation gestoppt zu haben. Hoffentlich kann er ihrem lästigen Pakettrommelfeuer auch ein Ende setzen. Auf diesem Gebiet meint er eigentlich, eine für beide Seiten akzeptable Regelung schon ausgehandelt zu haben: Seine Mutter schickt ihm nur Schmiersel, d.h. Quark, weiter nichts. An die Vereinbarung hält sie sich aber nicht. Als herauskommt, sie habe vor Weihnachten vier und danach weitere vier Pakete abgeschickt, wird Wilhelm »energisch«. Viel erzielt seine Energie nicht. Sein schwacher Punkt ist seiner Mutter nur allzu gut bekannt: »ich dachte nun so ein bischen Kuchen ißt Wilhelm sehr gern.« Der mit Zucker bestreute Apfelkuchen zu seinem 24. Geburtstag und als Reisebegleiter ein mit Kakao bestreuter Kuchen hätten allein gereicht, um seinen Ärger ins Wanken zu bringen. Als aber noch ein Kotelett nachgeschickt wird, das Emma in Wolfskehlen extra für ihn mitgegeben haben soll, schmilzt der kleine Rest an Widerstand zusammen. Sein Vater, so versichert sie ihm, hätte in keinem Fall ein für Wilhelm gedachtes Kotelett essen wollen, auch wenn ihm der Appetit danach stand. Jetzt, wo Wilhelms Zunge nach den Leckerbissen schon ausgestreckt ist, kommt der Todesstoß:

> *Dieses mache Dir in einer Pfanne heiß habe es mit Fett gestrichen, das andere Fett kannst Du für Geröstete verwenden.* (6.1.)

Der Kampf ist schon verloren, ehe seine Mutter die letzte Frage stellt:

> *Willst Du mal einen sauren Handkäs essen von denen die ich selbst vabriziert habe andere gibt es natürlich keine so schreibe es gleich.* (9.1.)

Schmiersel steht doch im Vertrag drin als erlaubte Ware! Sonst saumselig beim Schreiben, bestellt sich Wilhelm gleich einen. Sein Vater trägt zur Operation Verführung bei:

> *Cottlett ist mit Gänseschmalz bestrichen, das kannst Du Dir abschaben u. kannst Dir's auf's Brot schmieren dasselbe schmekt vorzüglich und ist sehr gesund für die Brust.* (3.2.)

In diesem Fall geht es nur um die misslungene Abwehr von Esspaketen. Das kleine Gefecht lässt aber schwere Zweifel aufkommen, was den Ausgang ernsthafterer Auseinandersetzungen betrifft. Dieser süß-fette Waffengang veranschaulicht das fundamentale Problem: Wilhelm bringt es einfach nicht fertig, sich von der ihm aufgedrängten mütterlichen Nahrung zu entwöhnen und sich der Dominanz seiner Mutter zu entziehen.

Treugläubig folgt er der Empfehlung seines Vaters und schickt seiner Mutter Zigarren. Zigaretten legt er ebenfalls bei. Die beiden Eltern tauschen um. Nur ist die Geschichte damit nicht zu Ende. Was ihr Mann wohl als harmlosen Spaß konzipiert hat, wird von Frau Müller anders aufgefasst: Wilhelm habe sie verulken wollen! Er ist in die harmlose Falle seines Vaters ganz schön hineingetappt. Ob dieser mit der negativen Reaktion seiner Frau gerechnet hat, ist fraglich, aber er hält es jetzt für seine Pflicht, Wilhelm über den mütterlichen Unmut zu informieren. Dieser versucht, sie zu beschwichtigen. Wie könnte die liebe Mama auf so einen Gedanken kommen? Beim genüsslichen Rauchen der Zigarren wird sein Vater ihm seine Tat höher angerechnet haben. Tabakwaren werden nämlich noch rarer, noch teurer. Bei Herrn Haas kostet eine der billigsten Zigarren inzwischen 40 Pf.:

> *Ich bin bald auf den Hintern gefallen aber auch sonst hör ich daß die Ciggarren 35.30, u. selten einmal zu 25 Pf. das St. zu haben ist.* (20.1.)

Im *Griesheimer Anzeiger* ist öfter von den Hamsterfahrten der Darmstädter die Rede. Auch Pfarrer Gerhard beschreibt sie in der Kirchenchronik. In den Müller-Briefen dagegen wird bloß eine einzige erwähnt und dann nur, weil sie zu einer Trauung führt. Von dieser Hamster- bzw. Brautfahrt erfährt Frau Müller von Lehrer Höreth:

> *Dein Schulkamerad Keller (Hebamme) ist diese Woche auch getraut worden mit einer Darmstädterin Lehrer Höreth sagte uns, sie & Ihre Mutter hätten im Sommer mit einem kleinen Wägelchen Gemüse hier geholt, Keller war zurückgekommen wegen Verwund. & da wird er sie sich angeschafft haben. Seine Eltern sind nich erbaut davon. Seine Mutter war bei Einehmer* [Peter Kunz] *& Dein Vater auch & da hat sie gefr nach Dir, Dein Vater hatt zugl auch nach Ihren Söhnen gefragt, da sagte sie unser ältester der heiratet ja, da hat Dein Vater gleich gemerkt, daß es ihr nicht gefällt, wir hätten auch geglaubt er würde sich etwas anders suchen, nun das sind ja seine Sachen nicht war mein lieber Wilhelm.* (9.1.)

Der Grund, warum sie Wilhelm die ganze Geschichte erzählt, dürfte klar sein. Ihr Alptraum ist ja, dass er eine – aus ihrer Perspektive gesehen! – ähnliche Dummheit begehen könnte. Die Geschichte wird hoffentlich abschreckend wirken.

Das Geschäft läuft ausgezeichnet. Da Rabbiner Strauß eingezogen worden ist, fasst Herr Müller mit Lehrer Höreth seine Steuerveranlagung ab. Sie stellen fest, dass ein Reinvermögen von 50.000 Mark und etwas über 7.000 Mark Jahreseinkommen zu versteuern sind. Aus dem kleinen Tante-Emma-Laden-Besitzer ist ein wohlhabender Mann geworden. Laufend werden beträchtliche Summen kassiert:

> *Wir waren letzte Woche dreimal hineindander mit Gurken in Darmstadt also für über 2200 M. Durch die schönen Preisen läuft der Kram gehörig in's Geld u. kommende Woche werden wir 50–60 Ztr Sauerkraut packen für MilitärLebensmittelamt Darmstadt, dieses hat die Versandfässer dazu gestellt u. holt es auch ab.* (20.1.)

Das Rübensauerkraut kommt bei den Leuten gut an:

> *Nun zu den Rüben. Die Volksküche u. Kriegsküche in Darmstadt haben schon einige Mal bekommen, obwohl dieselben noch nicht richtig vergoren sind werden sie als ausgezeichnet geschildert.* (20.1.)

Herr Müller selbst will lieber noch eine Zeit lang warten, ehe er die neue Ware probiert:

Ich, oder wir wollen sie später mal versuchen u. wenn uns dieselben schmecken werden wir Dir auch mal schicken davon nicht wahr mein Lieber guter stinkicher große Briefschreibende Bub.

Die derbe Anredeform fällt wieder auf. Sie verrät noch einmal seinen sehnlichen Wunsch, Wilhelm immer noch als Windelträger vor sich zu haben. Dieser wird sich frustriert gefragt haben, ob seine Eltern ihm je erlauben werden, groß und unabhängig zu werden.

Dank ihrer Menagerie bringt Frau Müller auch etwas in die Kasse:

wir haben unsre G schon alle gemarkt bis auf drei u. mit den drei wollen wir mal langsam tun ob sie legen u der Gansert ob er auch Eier legt vielleicht weil's eben Krieg ist u. man braucht's u dann wollen wir sehen, ob sie brüten und dann wollen wir uns selbst junge ziehen denn wir glauben daß sie dieses Jahr wieder sehr teuer werden u. da hat man doch etwas meinst Du nicht auch mein Lieber? (20.1.)

Die Bestimmung, nach der auch Hähne bei der Hühnerbestandsaufnahme miteingerechnet werden müssen, ist bereits erwähnt worden. Den für die Gänse erzielten Preis verrät sie nicht. Hat sie den Höchstpreis überschritten? Einen guten Preis wird sie auf jeden Fall kassiert haben.

Mitte Januar sorgt ein tragischer Bahnunfall, bei dem elf Urlauber ums Leben kommen, für große Aufregung in Griesheim. Die grausame Ironie daran ist, dass alle Unfallopfer die blutigen Kämpfe in Feindesland überlebt haben und, schon auf deutschem Boden, der Heimat freudig entgegenfuhren. Die Geschichte wird für die Müllers noch spannender dadurch, dass sie alles von einem Augenzeugen geschildert bekommen:

der kleine Müller Heiner ist letzte Woche auf Urlaub gekommen u. hat bei seiner Heimreise etwas schauriges erlebt er hätte schon ein Tag früher zu Haus sein müssen das kam so, durch die große Wasseransammlung aller Flüsse u. Bäche hat's auch als sie der Nahe entlang fuhren einen Dammrutsch gegeben u. sind infolgedessen die Lokomotive u. die vordersten Wagen in die Nahe gestürzt und hat infolgedessen 25 Tote u. mehrere schwer u. leichtverletzte gegeben. [...] *Hei-*

ner sei in dem hintersten Wagen gesessen, sie seien herausgesprungen, Autos aus Kreuznach hätten sie abgeholt u. konnten so von dort aus die Weiterfahrt beginnen auch Wirts Heiner ist 2 Tage vorher über diese gefährliche Stelle gefahren es war aber da zur Zeit noch kein Hochwasser Gefahr vorhanden. (20.1.)

Die Ursachen des Unglücks und die eines zweiten bei Königsberg sind Herrn Müller klar: So viele Frauen oder vielmehr Mädchen seien an der Bahn beschäftigt, weshalb die Gleise nicht mehr gründlich nachgesehen würden. Dass nach Kriegsende das »Weibervolk« entlassen und entweder ins traute Heim oder in Frauenberufe zurückgescheucht wird, dürfte er als gerecht und naturgemäß empfunden haben.

Mutmaßungen über einen eventuellen Frieden sind 1918 nie weit weg. Man spürt, dass der Krieg nicht ewig dauern kann. Die Kriegsmüdigkeit ist fast universell. Nicht dass die Müllers von ihrer Überzeugung abrücken, dass der Herrgott die Engländer gehörig strafen wird:

Der Herr wird es doch gut machen mit unserer Sache, mit dem Maß wo die Engländer allen andern Völkern (Buren, Juden u. d. g. mehr) wird ihnen der Herr auch messen, eben schreien Sie gar nicht mehr zu groß, unsere Uboote sorgen schon kräftig, Holland [die mit einem Deutschen in Holland verheiratete Engländerin, von der bereits die Rede war] *schreibt ab & zu, die Engländer müßten jetzt ihren Leibriemen enger schnallen & die Herrn Engländer rufen das Volk auf, sparsam mit allen Sachen umzugehen, nun noch so manches mehr, was dem Herrn ganz & gar unangenehm kommt, welches aber sehr gut ist für Ihre Großkrischer.* (21.1.)

Aus einem seiner Briefe gewinnt Fräulein Büscher den Eindruck, dass auch Wilhelm – »Sie ungläubiger Thomas« – endlich ihren Glauben teilt, dass der Frieden vor der Tür stehe. (9.1.)

Bei dem Mangel an Lebensmitteln, Kleidungsstücken, ja, an fast allem, ist es kein Wunder, dass in Griesheim Diebstähle und Einbrüche zunehmen. Der *Griesheimer Anzeiger* bietet eine faszinierende Palette davon: von Gemüse, das aus Gärten gestohlen wird, bis hin zu Wäsche, die von der Leine verschwindet. Andere Diebstähle sind gravierenderer Art: Mit wichtigen Ersatzteilen lässt sich im Schleichhandel ein ordentlicher Batzen Geld verdienen. Ein Einbruch bei der forst- und landwirtschaftlichen Samenhandlung Nungesser ist in aller Munde. Er bietet Frau Müller erneut eine gute Gelegenheit, eines ihrer Lieblingsthemen durchzuexerzieren: die Erziehungsfehler anderer Eltern.

(a)

(b)

(c)

Anzeigen im Griesheimer Anzeiger *spiegeln die längst nicht mehr heile Welt wider.*

Mein lieber Wilhelm es haben mal wieder 3 junge Burschen 16 & 17 Jahre alte beim Nungässer Treibriemen gestohlen (wertwolle) & dieselben nach Darmstadt verkauft für 2400 M es sind die Söhne 1. von Schwarz Eke Hofmans & Sandgasse in der Nähe von uns 2. Sohn von Helfmanns Christoph in Frankfurter str., der Christoph hat mit Kahl unsern Bau gemacht, wirst Dich noch erinnern können & ist der einzige Sohn seiner Eltern, 3. Sohn von Massing in der Schafgasse (Hutgeschäft). Die Leute wollen jetzt diese Bengel ganz verdammen, aber ich mache die Eltern verantwortlich, denn wenn die Kinder von kleinem auf heim bringen dürfen, wächst die Sache mit auf & vieleicht haben die Eltern schon heimgebracht, welches diese Kinder mit angesehen haben, also jedem das Seine & an keinem andern seinen Sachen vergreifen, ist doch so eine Sache wenn ein einziger Sohn seinen Eltern solchen Kummer bereitet. (21.1.)

Die Briefstelle offenbart, unter welchem Druck Wilhelm als Junge und Teenager aufgewachsen ist, alles, aber auch wirklich alles zu unterlassen, was seinen Eltern Kummer und – noch schlimmer – Schande bereiten könnte. Das von seiner Mutter im Laufe von zwei Jahrzehnten mühsam erworbene Ansehen wäre im Nu verloren. Sie fährt fort:

> *Unser Valtin wohnen neben daran & da haben sie gehört wie sich beide Eltern einander gegenüber Vorwürfe machten da* [richtig: der] *Vater sagte zur Mutter, Du hast ihn gezogen Du bist Schuld, denke Dir mal, welche Vorwürfe müssen sich die Eltern machen, also immer den geraden Weg gehen & was nicht einem gehört liegen gelassen, da kannst Du Dir mal wieder eine Lehre*

daraus ziehen auch wenn Du jetzt älter geworden bist nicht wahr mein lieber Wilhelm.

Durch ihre ganze Erziehung hat sie dafür gesorgt, dass die Angst, sich selbst wegen der Selbstvorwürfe seiner Mutter Vorwürfe zu machen, bei Wilhelm fast unausrottbar ist. Will er in der Zukunft etwas tun, was diese Wirkung auf sie hätte, so wird er starke Hemmungen überwinden müssen. Das schon vor dem Begehen der Tat empfundene Schuldgefühl könnte seinen Tatwillen lähmen. Seine Mutter wird nicht davor zurückschrecken, diese Waffe rücksichtslos einzusetzen.

Die Griesheimer, die Zeichen von Kriegsmüdigkeit zeigen, finden immer noch keine Gnade bei den Müllers. Herr Müller schreibt:

wenn unser deutsches Reich nur durchhält, so wird der Frieden schon kommen denn wenn wir einen faulen Frieden bekommen sollten, wäre für uns nicht gut u. das Volk träge die Schuld daran meinst Du nicht auch mein Lieber? Das ist doch selbstverständlich nicht war. (27.1.)

Mit anderen Worten: Das Militär werde einen Siegfrieden noch erzwingen können, aber nur unter der Voraussetzung, dass die Bevölkerung zu Hause seine Anstrengungen weiterhin unterstütze. Die Anfälligkeit der Müllers für die spätere »Dolchstoßlegende« sticht ins Auge. Ist ein Soldat wie Heinrich Müller jun. jetzt kriegsmüde, wird dies nur als Reflex seines schlechten Charakters und seiner mangelhaften Erziehung gedeutet. Dass er bei Lenz und Verdun gekämpft und das EK II verliehen bekommen hat, kann ihn nicht retten:

Das Müllerheinerchen ist's schon ganz müde was sollt Ihr da machen. Den Scheitel schön friesieren den geschwollenen spielen ins Theater [= ins Kino] *gehen ist auch schöner als in der Front stehen u. den Feind uns vom Leibe halten, wie meinst Du.* (27.1.)

Wilhelm dagegen – immer noch ohne EK II! – wird wegen seiner schlichten Standhaftigkeit gelobt:

Nun mein Lieber die paar Wochen werden auch noch vergehen u. Ihr braucht Euch von den Drückeberger auch nichts sagen lassen. Ihr habt dann standhaft Eure Schuldigkeit getan, was gar nicht genug hervorgehoben werden kann.

Herr Müller kommt sogar auf die Idee, die seelische Krankheit von Jacob Müllers Mutter Katharina sei erheuchelt. Sie gehe nur aus Geiz ins Philippshospital. Die Sätze von ihr, die er wiedergibt, sprechen eine andere Sprache:

> *Sie sagt nämlich immer sie hättens ja so lassen – warum haben sie denn die Welt nicht so gelassen – können wie's war gell es ist nicht wahr, ich bin nixnutz und anderes mehr.* (27.1.)

Ein bisschen Heuchelei fehlt bei ihm nicht. Bei aller Verdammung von Drückebergern drückt er sich davor, Wachdienst zu leisten:

> *Letzte Woche haben mich der Einberufungs-Ausschuß wieder mal beordert zur gef. Kenntnisnahme, daß ich wenn ich einen Wachdienst annehmen würde von übrigen Hilfsdienst befreit wäre, natürlich habe ich sofort dagegen reklamiert, u. hoffentlich wird's wirken, denn wenn ich Hilfsdienst tue kann ich selbstverständlich nichts anderes tun.* (3.2.)

Noch zu dieser späten Stunde, wo alles fehlt, soll Wilhelm um Gottes willen nicht auf die Idee kommen, die Not in Deutschland sei nicht mehr auszuhalten. Sein Vater täuscht ihm eine geregelte Normalität, ja sogar luxuriöse Zustände vor:

> *Das Geschäft geht ja seinen gewöhnlichen Weg weiter u. die das nicht haben, die haben ihre Unterstützung es sind sogar wie man sagt Leute da, die gar nicht wissen, was sie mit dem vielen Geld anfangen sollen. Da werden teure Kleider u. stolze elektrische Klaviere u. alles Teufelszeug gekauft und anderes mehr.* (27.1.)

Eine Griesheimer Wirtschaft hat tatsächlich eines dieser teuflischen Geräte angeschafft und Pfarrer Gerhard wird wohl gegen diese Unsitte gewettert haben. Dass viele Griesheimer ein üppiges Leben führen, ist aber nicht glaubhaft.

Innenpolitische Entwicklungen haben bisher in den Briefen der Müllers überhaupt keine explizite Rolle gespielt. Die Spaltungen innerhalb der sozialistischen Partei, die verschiedenen Friedensresolutionen im Reichstag usw. haben sie nie erwähnt. Die Polemiken der regierungstreuen Müllers gegen einen »faulen« Frieden sind jedoch nur vor diesem Hintergrund zu verstehen. Selbst für sie ist es inzwischen schier unmöglich geworden, sich und Wilhelm vorzumachen, dass die Einigkeit aller Deutschen und der sogenannte Burgfrieden immer noch herrschen. Am

3. Februar äußert sich Herr Müller gezielt zur Streikbewegung, die in gewissen deutschen Großstädten ausgebrochen ist:

> *Natürlich haben unsere Sozze im inneren den Krieg eigentlich jetzt selbst verlängert indem sie in Berlin Wien München Hamburg Bremen u in noch anderen Großstädten einfach streikten u Unruhe stifteten denn diese Elimenten wissen nicht was sie tun.* (3.2.)

Das sind neutestamentliche Töne! Gott der Vater möge ihnen ihr sündhaftes Tun verzeihen. Eine gerechte Strafe würde auch nicht schaden! Das scharfe Vorgehen der Regierung findet sein volles Lob:

> *Die Regierung ist aber bei der Hand u. das mit Recht indem sie den Unfug sofort enerschich unterdrückten. Ich zolle der Regierung lebhaften Beifall aber auch die meisten Leute in unserem Lande tun das, denn diese Elementen sind es, die auch im Frieden niemals zufrieden sind u. wenn sie den Himmel auf Erden haben. Natürlich ist das unseren Feinden gerade recht, denn die warten ja darauf auf Unruhe im Inneren sie werden sich aber irren denn der Sieg muß doch unser werden.*

Im Frühling kommt er noch einmal auf die gottlosen Arbeiter zurück:

> *Das Leben war bei den meisten Menschen zu üppig und sie waren mit allem nicht mehr zufrieden* [...] *besonders aber die Arbeiterwelt wollte fast nicht mehr arbeiten sie glaubten nicht mehr an einen Gott u ob's jetzt besser wird, das wird sich lehren.* (23.6.)

Für ihn sowie für seine Frau ist dies des Pudels Kern: Die gottlosen, faulen Sozialisten seien es, die an allem schuld seien. Sie seien es, die das einige deutsche Volk spalten und die tapferen Soldaten im Feld verraten. Mehr noch: Gerade ihre Gottlosigkeit und ihre üppige, faule Lebensweise hätten den Krieg ausgelöst; denn dadurch hätten sie Gott quasi dazu gezwungen, das ganze deutsche Volk zu züchtigen, um es zu reinigen und zu erneuern.

Bei aller Rede von der Einigkeit der Stände ist das alte Standesdenken intakt geblieben. Wer z. B. Offizier werden will, muss sich eine standesgemäße Gattin aussuchen. Diesmal ist Lehrer Höreth nicht nur der Überbringer eines neuen Skandälchens: Seine eigene Tochter spielt eine der beiden Hauptrollen darin:

Herr Döll [Daniel Dell] *Bildhauer Frankfurterstr. sein Sohn ist Leutnant geworden & der Herr Leut. hatte doch Verhältnisse mit Herrn Lehrer Höreth seine Tochter & wie Döll seine Mutter mal wußte, daß er vorgemerkt war z. Lt. haben Sie dem Frl. Höreth allerlei Fallen gestellt sie sollte nämlich franz. & Englisch lernen, denn das würde sein späterer Stand verlangen & das hat Herr Höreth nicht getan er sagte, wenn man die Sprachen nicht übt, hat es doch keinen Wert & da sind sie zu dem Schluß gekommen, daß Sie Ihr Verhältnis lösten, Frau Höreth sagt mir daß Döll seine Mutter …* (3.2.)

Leider ist der Brief unvollständig. Die Worte Frau Dells werden auf ewig ein Geheimnis bleiben. Im *Griesheimer Anzeiger* kann man den unaufhaltsamen Aufstieg des jungen Dell Stufe für Stufe verfolgen. Frau Müller wird ihn mit etwas Neid verfolgt haben. Liest man den Brief, so fragt man sich, ob bei der Abneigung von Wilhelms Mutter gegen eine Kriegsverlobung der Gedanke nicht eventuell eine Rolle spielte, dass Wilhelm wie der junge Dell sich nicht binden soll – wenigstens vorläufig nicht. Zwar wäre Gretel im Vergleich zu Dina ein wahrer Segen; aber soll das notwendigerweise heißen, dass man für Wilhelm nicht höhere Ambitionen hegen darf? Eine Bauerntochter als Schwiegertochter zu haben bietet allerdings viele Vorteile, vor allem solange die Lebensmittelnot herrscht; aber nach einem deutschen Sieg sähe die Lage ganz anders aus. Dann erschlösse sich der Zugang zu Lebensmitteln und Rohstoffen in Ost und West. Das Hungergespenst wäre gebannt. Wilhelm böten sich neue Möglichkeiten. Ist es daher nicht gescheiter, abzuwarten und nichts Voreiliges zu tun?

Die Verhandlungen mit den Russen schleppen sich im Frühjahr 1918 langwierig hin. Trotzki und die russische Delegation spielen ein gekonntes, die Deutschen bitter frustrierendes Hinhaltespiel. Bei den Müllers gibt dies keinen Grund zum Pessimismus ab. Bei Fräulein Büscher ebenfalls nicht. Auch wenn die Bolschewiki weiterkämpfen wollten, könnte man einen Teilfrieden mit dem neu geschaffenen unabhängigen ukrainischen Staat schließen. Damit wäre viel gewonnen:

Als fruchtbarster Teil des alten russischen Kaiserreichs könnte die Ukraine die Esswaren liefern, die in Deutschland dringend gebraucht sind.

Am 9. Februar erfüllt sich ihr Wunsch:

Endlich einmal ein Feind weniger in der Welt! Ich hoffe bestimmt, daß dieser erste Schritt zum Weltfrieden bald recht viel Nachahmung findet.

Herr Müller freut sich auch, nur verharrt er bei seiner Überzeugung, dass der Frieden erst dann kommen wird, wenn »der Sauengländer seine Haue« bekommen hat. Dieser Tag dürfte nicht mehr weit entfernt sein. Er merkt, wie sich immer mehr Truppen im Westen sammeln und wie Soldaten, die bis jetzt reklamiert waren, neu eingezogen werden:

> *Soeben bekam ich Besuch Herr Küfer Wieland Du weißt ja der dicke aber nicht um Geschäfte zu machen sondern um morgen wieder ins Feld zu gehen er war längere Zeit für Kölsch Nachf. reklamiert jetzt muß er auch wieder fort u war fast 2 Stunden bei uns u. hat mit uns Kaffee getrunken. Er meint auch dieses Jahr müßte es fertig werden.* (10.2.)

Dem ehemaligen Krankenträger Fritz Ermert, der Anfang 1917 als Kupferschmied reklamiert worden ist, widerfährt dasselbe Schicksal. Er kommt wieder nach Frankreich. Am 17. Februar läuft der Waffenstillstand mit den Russen aus. Wilhelms Vater nimmt die Nachricht gelassen hin:

> *ich glaube die Bolschewike u rote Garden bekommen noch mal ihren Hinteren oder deutlicher gesagt ihren Arsch gehauen.*

Die bösen Buben! Ein tapferer, trotziger deutscher Mann braucht bei seiner Wortwahl nicht zimperlich zu sein. Nachdem die beiden Eheleute die Zeitungsberichte miteinander diskutiert haben, fasst Wilhelms Mutter das Wesentliche darin für ihn zusammen:

> *Waffenstillst. mit Rußland ist heute Abend zu Ende. Finnland, Estland & Kurland haben Deutschl. um Hilfe angerufen, weil die Revolutionären (Trotzkis rote Garde) ihre Schreckensherrschaft spielen lassen & alles zusammen morden, wir glauben, daß Herrn Trotzki sein Doppelspiel seinen Kopf kosten wird & daß die genannten Länder freiwillig zu Deutschland übergehen werden und jetzt kann schon Deutschl. diktieren & braucht nicht mehr auf Rußlands Launen zu werfen, so wird es, so Gott will auch bald im Westen gehen. Nun wir müssen & wollen warten, es wartet & hofft ja die ganze Welt, wir zu Haus & Ihr braven da draus, wir haben Kameraden & Ihr habt Kameraden Hoffentlich läßt es uns der Herr gelingen.* (17.2.)

Zunächst also ein Siegfrieden im Osten und dann nach der gewonnenen Entscheidungsschlacht im Westen ein den Westmächten mehr oder weniger oktroyierter Friedensvertrag, der Deutschlands »gerechte« Forderungen erfüllt. Als die Verhandlungen mit den Russen wieder aufgenommen werden und Rumänien in Friedensverhandlungen mit Deutschland tritt, wagt Frau Müller eine Prognose:

> *so wird als einer nach dem andern kommen bis die 2 Hauptfeinde im Westen noch erledigt sind, wird auch nicht mehr alzulange dauern.* (24.2.)

In Griesheim selbst sind die Folgen der neuesten Entwicklungen zu beobachten: »Die Ukraineer Gefangene vom Übungsplatz sind schon fort & ganz neu eingekleidet worden.« (24.2.) Aus den Briefen von Griesheimer Soldaten an ihre Angehörigen machen sich die Müllers ein Bild der Entwicklungen im Osten:

> *auch unsere kommen aus der Ukraine heraus und viele sind schon aus Rußland durchgebrannt, auch ein Griesheimer ist an den deutschen Linien eingetroffen ein Wormser hat seinen Eltern von der Front telephoniert als er v. Siberien dort ankam er war schon seit Nov. auf der Reise & so kommen sehr viele hin durch.* (24.2.)

Ein Mensch, der früher im Krieg eine Schlüsselrolle in Wilhelms Leben spielte, taucht seit geraumer Zeit in den Briefen selten auf: Wachtmeister Schmidt. Er fehlt aber nicht ganz. Im April 1917 schrieb Wilhelm heim, er sei froh, nicht mehr in dessen Batterie zu sein:

> *ich habe wieder gehört, daß W. Schmidt von seinen aktiven Angewohnheiten inbezug auf Dienst u. Disziplin nicht im Geringsten abgeht.* (1.4.1917)

Für seinen Vater bleibt Schmidt »der rote Halunke«, dem man nichts Gutes wünscht:

> *er wird doch hoffendlich noch sein Lohn bekommen dafür meinst Du nicht auch? Was bildet sich so einer ein, man meint überhaupt nicht, daß noch solche Kreaturen geben könnte.* (6.4.1917)

Eine Zeit lang ist von Schmidt dann überhaupt nicht mehr die Rede. Die Müllers haben ihn aber nicht vergessen. Auch wenn sie ihn nicht leiden können, kann er ihnen vielleicht immer noch sehr nützlich werden! Diesmal fällt Herrn Müller die Aufgabe zu, bei Wilhelm die Anfangssondierung zu machen. Im Januar fragt er, ob er noch etwas von dem roten »Hailunken« hört. Wilhelm antwortet, er sei seit dem 19. Januar wieder ganz in dessen Nähe. Wo das sei, dürfe er aber wegen Spionagegefahr nicht schreiben. (20.1.) Einen Monat später berichtet er, er sei »so ziemlich zwei Stunden« beim »roten Schmidt« gewesen. (25.2.) Dieser lasse die Eltern vielmals grüßen. Sie hätten miteinander Urlaubsfragen besprochen. Schmidt hätte ihn gefragt, warum er sich nicht wieder zu ihm gemeldet habe. Man merkt schnell, wo es langgeht: Schmidt gibt Wilhelm einen Wink, dass er ihm vielleicht behilflich sein könnte, wenn er wieder bei ihm wäre. Es versteht sich von selbst, dass einige teure Zigarren von den Eltern gern entgegengenommen würden! Wilhelm, der ihm die Gründe kaum erklärt haben wird, warum er sich bei ihm nicht gemeldet hat, hat aber im Moment keinen dringenden Wunsch, versetzt zu werden:

> *Mir geht es bis jetzt noch gut.* [...] *Ich habe schon seit meinem Hiersein ein paar prachtvolle Stangenpferde feiste Kerle die so leicht nichts sehen lassen. Habe wirklich Spaß daran.* (25.2.)

Normalerweise hätten sich Wilhelms Eltern über die Nachricht gefreut, er sei gut aufgehoben und mit allem zufrieden. Diesmal wäre es ihnen lieber, wenn er von seinem gegenwärtigen Posten wegwollte! Wie soll sein Vater taktisch vorgehen? Er versucht, Wilhelm eine Versetzung zu Schmidts Batterie schmackhaft zu machen:

> *Es werden in der sechsten Batt wie auch in anderen Batt noch wenig oder gar keine aktive Leute mehr sein, ich glaube ja, daß Du es jetzt bedeutend besser hättest bei ihm als früher denn erstens wird Er, Schm. durch die lange Dauer des Krieges etwas gediegener worden sein u. dann wie gesagt wenn man einen aktiven anständigen Kerl wieder mal sieht, dann ist es leicht erklärlich, daß Herr Schm. froh war.* (3.3.)

Man merkt, wie der Hase läuft. Er macht Wilhelm einen Vorschlag, betont allerdings, er solle alles als Spaß betrachten; aber es steckt viel mehr als Spaß dahinter. In diesem Spätstadium des Krieges – der Sieg steht anscheinend vor der Tür – wollen Wilhelms Eltern etwas für ihn – und natürlich auch für sich –, was ihm noch fehlt und was ihnen Freude und Ehre machen würde, nämlich seine Beförderung zum Gefreiten. Andere Freunde und Schulkameraden sind längst befördert worden. Heinrich Kunz ist sogar Leutnant geworden. So hoch braucht Wilhelm nicht zu steigen, aber gelingt ihm die bescheidene Beförderung zum Gefreiten, hat man wenigstens etwas, was man den Nachbarn endlich stolz melden kann. In der

Nachkriegszeit, wenn die siegreichen Veteranen ein ebenso hohes Ansehen wie die Veteranen des 1870er Krieges genießen werden, bräuchte man sich seinetwegen nicht zu schämen.

> *Nun mein Lieber Du bist jetzt doch nicht mehr ängstlich wie vor fünf Jahre als du Rekrut warst nicht wahr mein Lieber es ist doch immer so ein Zeit die Rekrutenzeit. Nun mein Lieber ich hätte Dir einen Vorschlag zu machen nämlich Du kannst den r Sch von uns lebhaft grüßen u. ihm sagen, ich hätte einen Extra Gruß für ihn u. Du gingst auf seinen Wunsch wieder in die sechste Batt in dem Fall, daß er Dich bald zum Gefreiten vorschlägt andernfalls hätte ich gesagt aber nicht, ja ja ja was wird er da lachen kannst ja alles auf mich schieben ich will Dich aber hiermit nicht belästigen mein Lieber es ist mir im Grunde genommen ja einerlei ob du Gefr. oder Hauptmann wirst ich meine nur um einen Spas halber ich weiß ja nicht, ob Du dies dem r Schm die Kurasche hast zu sagen nun also Schwamm darüber.* (3.3.)

Der gequälte Ton verrät seine Verlegenheit. Ein Vorschlag ist kein Befehl, aber immerhin setzt er Wilhelm unter erheblichen Druck. Früher hat seine Mutter ihn ermahnt, sich nicht einschüchtern zu lassen. Jetzt soll er sich nicht als ängstlicher Rekrut benehmen, sondern Mut zeigen. Und wenn er es nicht tut? Dann gilt er wohl in den Augen seines Vaters als ein Feigling, in seinen eigenen auch. Er erklärt sich zu dem »Spaß« bereit: »Natürlich bleibt es nur beim Spaß, daß er ein ganz anderer geworden ist habt Ihr ganz recht.« (7.4.) Die Sache kommt aber nicht voran. Später behauptet Wilhelm, er habe keine Gelegenheit gehabt, Schmidt den Vorschlag zu machen. Ob das stimmt? Er wird sich keine große Mühe gegeben haben, sich mit ihm zu treffen. Es wäre zwar schön, Gefreiter zu sein, aber andererseits mag er Schmidt nicht und will nicht dauernd mit ihm zu tun haben. Vor allem wäre es schön dumm, seinen jetzigen angenehmen Posten bloß wegen einer eventuellen Beförderung aufzugeben. Befördert wird Wilhelm nicht. Später erfährt er während der Frühlingsschlacht von Mitgliedern aus Schmidts Batterie, dieser sei zu nervös. (1.4.) Vom »roten Schmidt« hören wir nichts mehr. Korrupt mag er gewesen sein, aber er hat sich um Wilhelm und seine Eltern doch verdient gemacht.

Auch wenn es ihnen recht wäre, Wilhelm als Gefreiten zu wissen, haben seine Eltern im Großen und Ganzen das beruhigende Gefühl, dass es ihm im Moment gut geht. Das sehen sie schon an einem – leider nicht erhaltenen – Gruppenbild der Kolonne. Seine Mutter findet, er sehe wirklich gut aus. (17.2.) Dagegen fällt es beiden Eltern auf, wie blutjung manche von seinen Kameraden sind:

Wie wir daraus ersehen, sind auch hierbei jüngere Jahresklassen vertreten mit ihren Milchsuppengesichtelchen, nun das ist eben so, nicht wahr. (17.2.)

Beide Eltern hamstern fleißig weiter:

Vorgestern war Dein Vater in Leeheim & hat 14 Pfund Käsematte[1] *geholt, Käsematte ist nicht verboten, diese darf man haben und da hab ich wieder 27 große dicke wie die Deinige sind, welche ich gestern abschickte gemacht.* (16.2.)

Frau Müller ist oft unterwegs:

Ich war diese Woche wieder 2 mal auf Reisen in Nordheim b. Biblis bei einer guten Freundin von früher & bin sehr gesegnet heimgekommen, auch hatte ich eine Portion Weichkäse, sobald sie wieder gut ist werde ich Dich wieder regelmäßig versorgen denn ich habe nicht mehr viel & will Deinem Vater z. Frühstück ab & zu auch Stinker[2] *geben, was er eben sehr gerne ißt, früher hat er immer gesagt, ach Du mit Deinem Käse, heute ist er froh, daß ich solche machen kann.* (3.3.)

Sie ist stolz darauf, Wilhelm »Schmiersel & 3 St schöne selbst gemachte Handkäs« schicken zu können. Bezeichnenderweise zitiert sie voller Lob ihre eigene Mutter:

meine Mutter hatt immer gesagt ihr mußt alles können & wenn Ihr es mal nicht braucht ist es gut für Euch was bin ich so froh, daß ich Handkäse machen kann.

Sie radelt regelmäßig zu ihrer Freundin Emma nach Wolfskehlen. Dort heimst sie nicht nur Käse ein. Lebende Gänse sind inzwischen so teuer geworden, dass sie froh ist, von Emma Gänseeier zum Ausbrüten zu bekommen:

Wir haben heute eine von unseren Gänse gesetzt mit acht Eier welche Deine Mutter gestern in Wolfskehlen holte das St. zu 2.50 M. Da wirst Du Augen machen wenn Du das liest es soll dieses Jahr ein Gänschen heute aus dem Ei geschlüpft 15–17 M kosten das war ja noch nicht da, meinst Du nicht auch mein Lieber da hat mann früher 5 fette für ein so aus dem Ei geschlüpften bekommen es ist

1 Quark; Kurzform: Matte.
2 Hand- oder Stinkkäse.

nun einmal so und ist nicht zu ändern. Ein Krieg bringt Hunger u Pestilens ins Land u. das haben wir alle schon gehabt u. wir in Deutschland konnten immer zufrieden sein, daß wir nicht noch schlechter daran wären. (7.4.)

Wilhelm gegenüber wird noch immer betont, er solle sich keine Sorgen machen:

Die Hauptsache ist daß genug Kartoffel da sind & Gemüse habe wir schon viel neues gegessen, auch habe ich noch viel eingemachtes, Bohnen & Obst, auch habe ich mir etwas Sauerkraut weg getan, also fehlen tut es uns nicht. (19.5.)

Selbst an »Vollkuhmilch«, die nur an gewisse genau definierte Gruppen und auch dann nur in kleinen festgeschriebenen Mengen ausgehändigt werden darf, kommt Frau Müller heran. Magermilch holt das Mädchen »immer ein übern andern Tg bei Emma in Wolfskehlen (Magermilch) & Vollmilch bekomme ich wöchentlich 2X auch b E.« (19.5.) Ihre Parole ist immer noch: »nur richtig einteilen.«

Nicht alle sind so begnadete Profis im Hamstern wie die Müllers. Auf dem Weg nach Leeheim zu der Bauernfamilie Winter, um »weiche Käs« und ein Pfund Butter zu holen, begegnet Herr Müller Lehrer Höreths zwei Töchtern und kommt mit ihnen ins Gespräch:

ich sagte ich wollte Käs holen da sagte die älteste ach da dürfen Sie uns auch ein Pfund Käs geben nun sagte ich, ich will mal sehen ob ich auch bekomme u. richtig ich habe bekommen u. habe ihnen auf dem Heimweg ein Pfund gegeben. Da haben sie gelacht. (7.4.)

Für Städterinnen wie Fräulein Büscher nimmt der Hunger ganz andere Ausmaße an. Für sie sind Hamsterfahrten unerlässlich geworden. Trotz der Entfernung und der beschränkten Fahrmöglichkeiten – die Verfrachtung der vielen Soldaten gen Westen nimmt die Bahn immer mehr in Anspruch – nimmt sie die Einladung Wilhelms an und stattet seinen Eltern einen zweiten Besuch ab: »denn an Gemüse irgendwelcher Art ist nicht zu denken & zum Frühjahr wird es ja auch nicht besser.« (8.2.) Am 10. März kommt sie um 8 Uhr morgens bei ihnen an. Schon um 10 Uhr muss sie nach Darmstadt weiterfahren. Ihre Beute ist nicht gerade reichlich: ein Eimerchen voll Sauerkraut und etwas Lauch:

Sie wollte es ja bezahlen auch hat sie den Morgenkaffee bei uns eingenommen ihr Brod welches sie bei sich hatte, mit Butter u. außerdem noch obendrauf mit Latwerg belegen dürfen. (10.3.)

Eine Kantine auf dem Übungsplatz im Februar 1918. Als Morgenkost bietet man 200 g Kartoffelsuppe an; zu Mittag bekommt man 30 g Grützen-Suppe, 200 g Nudeln und 30 g Mischobst. Die Abendkost besteht aus 50 g Kr(aut?) und 200 g K(artoffeln?). Die schlichten Frisuren der Frauen dürften der von Frau Müller gleichen.

Ihr mitgebrachtes Brot mit Butter und Latwerge belegen zu dürfen, ist schon eine Gnadentat, ein Genuss ohnegleichen! Mit dem Eimer Sauerkraut und dem Lauch in der Hand macht sie sich auf den Weg zur Bahn. Auf dem Truppenübungsplatz lebt man auch nicht in Saus und Braus.

Am 21. März wird die seit Langem von Herrn Müller vorausgesehene und herbeigesehnte Großoffensive im Westen gestartet. Er geht davon aus, dass eine Riesenschlacht ausgetragen wird, die alle Schlachten der Befreiungskriege und des 1870er Krieges in den Schatten stellen wird. Deren Ausgang wird noch ruhmreicher sein. Die Anfangserfolge bezeichnet die Presse mit vollem Recht als »glänzend«, denn die deutschen Sturmtruppen überrennen die Stellungen der 5. britischen Armee und gewinnen viel Gelände. Wilhelms Eltern vermuten, er sei »im Schlachtengetümmel drin«. (14.3.) Er dürfte also Heldentaten vollziehen helfen, die die seines Großvaters übertreffen. Er könnte ohne Schmidts Hilfe befördert und ausgezeichnet werden. Nicht dass ihre Sorgen um sein Wohl schwinden. Diese werden sogar dadurch intensiviert, dass alle Post gesperrt wird. Ein auf die

Post gebrachtes Paket muss Frau Müller wieder nach Hause zurückbringen. Der Bescheid: Erst nach Ostern dürfe die Sperre aufgehoben werden.

Im Einmachgeschäft wird der übliche Jahresrhythmus eingehalten. Vorsichtshalber sondiert Herr Müller früh per »Ratt« die Lage bei Herrn Spies in Crumstadt, damit das Reparieren der Fässer gleich nach dem Fahren der letzten Gurken nach Darmstadt beginnen kann. Über diese letzte Fahrt berichtet er am 7. April:

> *Wir waren Mittwoch u Donnerstag noch einmal mit Gurken in Darmstadt bei unserer sämtl. Kundschaft jedesmal eine schwere Rolle voll es war für über 2000 Mark wo wir gepackt hatten jetzt haben wir nur noch einen kleinen Rest da stehen den ich reservieren muß auch im Hause haben wir sehr viel verkauft u. ich könnte noch ein paar schöne tausend verkaufen jedoch beziehen wollen wir keine weil sie doch alle nicht so gut sind wie die unsrigen.*

Bei solchem Gewinn will man nicht klagen. Das einzig Unsichere ist, ob Valtin noch lange bei ihm bleibt, denn er muss bald zur Musterung. An und für sich wäre selbst das nicht tragisch. Die Soldaten, so seine Prognose, werden entweder bis zur Einmachzeit zurück sein oder bis dahin ist Frieden.

Die euphorischen Zeitungsberichte über die Offensive werden frohlockend verschlungen. Über die Intensität des Kampfes kann niemand im Zweifel sein:

> *Nun mein Lieber was mag das für ein Gedonnern u Getöse sein bei Euch einfach fürchterlich mann soll das Schießen sogar in Mainz hören oder vielmehr spüren.* (24.3.)

Dass der Frieden im Osten endgültig hergestellt ist, steigert noch Herrn Müllers Siegeszuversicht. Es ist keine Utopie mehr, wenn er eine Heimkehrfantasie ausmalt:

> *Es ist jetzt 5 Uhr Sontag Nachmittag u. wir wollen jetzt Kaffee trinken wenn Du mithaben willst mein Lieber so müßt Du Dich beeilen nun wir reservieren Dir noch ein bißchen.* (24.3.)

Wilhelms Mutter, die die Zeitungsberichte über das zurückeroberte Terrain fleißig liest, setzt den Brief fort:

so viel ich gehört habe, wenn Ihr so weiter glücklich vorwärts kommt, solltet Ihr bald nach Paris kommen, von Reims nach Paris wäre nicht mehr sehr weit, wenn der Herr will gelingt es Euch.

Die Augusttage 1914, wo Paris die nächste Haltestelle war, scheinen wieder da zu sein.

Wilhelm selbst bietet nur die spärlichsten Informationen über die Offensive: »Daß die Engländer mal tüchtig gewickelt werden lest Ihr ja.« (1.4.) Der Windelträger ist diesmal nicht er, sondern es sind die bösen Engländer! Für diese Informationsdürre gibt er dieselben Gründe wie 1914 an:

Ich würde ja öfter schreiben aber ich weiß durchaus nicht immer was. Erzählen könnte ich ja genügend aber das kann man doch nicht alles schreiben. Ihr werdet Euch denn ein wenig gedulden wenn ich etwas wenig schreibe. (1.4.)

Wir kennen das Lied und auch den Verfasser! Die Eltern auch:

Du schreibst weiter Du wüßtest nicht viel zu erzählen das macht auch nichts wenn wir nur ab u. zu ein paar Zeilen haben von Dir. (7.4.)

Zu seiner Entlastung muss allerdings gesagt werden, dass in der Anfangszeit das deutsche Heer so stürmisch vorwärtsdringt, dass er Briefe kaum hätte schreiben können, auch wenn er den besten Willen dazu gehabt hätte. Muss er als Fahrer sein Gespann bis zum Äußersten über schon bei früheren Kampfhandlungen zerwühltes Gelände voranpeitschen, hat er abends weder Zeit noch Energie übrig, um Briefe zu schreiben. Total abgekämpft wird er froh sein, sich etwas zu essen und zu trinken zu ergattern und einige kurze Stunden zu schlafen, ehe es am nächsten Tag wieder losgeht. Nach den »glänzenden« Anfangserfolgen kommt die Offensive jedoch zum Stillstand. Die Zeitungen melden dennoch stetig weitere Erfolge. Im Laufe dieses Frühlings und Sommers startet Ludendorff noch eine Reihe von Offensiven. Ihnen allen ergeht es wie der Märzoffensive. Über deren Scheitern wird in der Presse natürlich nicht berichtet.

Es kommt das vierte Osterfest seit Kriegsbeginn. Wilhelms Eltern greifen alle Indizien auf, die ihre Überzeugung bestätigen, dass die Griesheimer weder darben noch mittellos dastehen:

Mein Lieber heute werden die Mädchen konfiermierrt u. ich sehe die Leute zum Schmaus gehen wie im Frieden Die Leute schaffen halt immer wieder etwas

> *herbei da gibt's Hasen oder auch junge Gäschen u. dergleichen mehr. Der Wein ist sehr teuer u trotzdem kaufen ihn die Leute.* (7.4.)

Als ehemaliger Weinhändler schätzt Herr Müller einen edlen Tropfen:

> *Wir werden uns jetzt auch ein Fäßchen zulegen Das Liter kostet 1915ener weiße für uns aus Oppenheim M. 6.50 u. so ein edler Tropfen bekommt einem immerhin gut.*

Die Rechnung der Weinhandlung Lawall in Oppenheim ist erhalten. Ihrem Grundsatz treu sorgt Frau Müller vor. Ein neuer »Rekrut« wird in der Küche einquartiert:

> *es war von dem Transport etwas erkältet, denn ich habe es in Groß-Zimmern bei einem Schweinehändler geholt nun ist es aber munter. Macht auch Kunststücke es steigt mit seinen Vorderfüße auf den Rand der Küste u. sieht uns mit zu u. wenn wir ihm zurufen da bewegt er seine zwei Schlappohren u. da lachen wir wir wollten Du könntest dabei sein Du Lieber.* (21.4.)

Das Mädchen der Müllers verlässt sie. Frau Müller könnte leicht dazu verurteilt sein, lange auf Ersatz warten zu müssen, da die meisten jungen Frauen die Arbeit in der Industrie wegen der besseren Verdienstmöglichkeiten bevorzugen. In diesem Fall müsste sie ernsthaft daran denken, schon vor Kriegsende eine Schwiegertochter ins Haus zu bringen. Zu ihrer Erleichterung bekommt sie eine Schulabgängerin namens Morgenroth: »ihre Eltern wohnen im Armenhaus u. haben eine große Familie u. da kann diese leicht abkommen.« (11.6.) Über diese Tagelöhnertochter erfahren wir weiter nichts. Im Sozialgefüge befindet sich solch ein Mädchen auf einer noch niedrigeren Stufe als die Töchter »geringer« Leute. Als Braut für Wilhelm käme sie nie infrage. Abgesehen von Anna Liedtke, dem Mädchen aus dem Odenwald, das bei Frau Müller einen großen Stein im Brett hatte und bei den einquartierten Soldaten sehr beliebt war, bleiben die anderen Mädchen gesichts- und namenlos.

Die Müllers sind natürlich nicht die Einzigen, die gespannt auf Nachrichten von der Front warten. Viele zittern mit. Kommt die amtliche Todesnachricht an, ist alle Hoffnung zu Ende. Wird aber gemeldet, ein Soldat sei verwundet oder vermisst, fangen Hoffen und Bangen erst recht an. Bei vermissten Soldaten kann es Wochen, Monate, ja sogar Jahre dauern, bis die Angehörigen, wenn überhaupt, eine definitive Nachricht über deren Schicksal erhalten. Im günstigsten Fall wird entweder amtlich oder vom Soldaten selbst gemeldet, er sei noch am Leben, sei es heil bei seiner Einheit, verwundet im Lazarett oder in Gefangenschaft. Von einem solchen glücklichen Ausgang berichtet Frau Müller:

> *Der schwarze Greth ihr Sohn wo ich Dir neulich mitteilte er soll gefallen sein bewahrheitet sich nicht, denn er hat sich inzwischen wieder schriftlich bei seinen Angehörigen gemeldet so wird nochmal reines Blech geschwätzt nur schade daß man das Blech nicht verarbeiten kann wenn man das könnte, da hätten die Spengler viel Arbeit.* (21.4.)

Andere Familien kennen dieses Glück nicht: Die Feldmanns werden benachrichtigt, ihr Sohn Philipp sei schwer verwundet worden; nur wird nicht angegeben, in welchem Lazarett er liegt. Endlich kommt ein Paket an: »Pflästerers haben von ihrem Philipp sein Nachlaß zurück bekommen also ist er doch gestorben der arme Kerl.« (19.5.) Der Tod von Wilhelms Freund Philipp Rotenberger, seit Langem in Russland vermisst, wird auch nach langer, langer Zeit endlich amtlich bestätigt. Frau Müller, die Frau Rotenberger als ihre ausgesprochene Feindin bezeichnet hat (24.12.1916), meint, man solle sich mit Gottes Ratschluss zufriedengeben. Dass er einen »Gottlosen« nicht geschützt hat, wird sie kaum überrascht haben. Wilhelm, der sich zu den Nachrichten über Gefallene sonst nie äußert, macht jetzt eine Ausnahme: Philipp ist sein enger Freund gewesen und er kennt Frau Rotenberger auch gut:

> *Da nun Rotenbergers wissen wo Ihr Ph. geblieben ist werden sie vielleicht beruhigter sein als wenn sie noch immer in Ungewissheit lebten. Oder wird sich seine Mutter überhaupt nicht trösten lassen. Es ist ja hart aber ich denke immer wenn sich die Menschen in ihr zugedachtes Schicksal fügen und sagen sich daß es Gottes Wille war müssen sie doch ihr Leid auf leichten Schultern tragen können.* (21.6.)

Mitte Mai tritt das Befürchtete ein: Valtin soll im Juni einziehen. Die Eltern setzen sich zusammen, überlegen, was zu tun sei. Frau Müller macht ihre Position klar:

> *ich habe zu Deinem Vater gesagt, wir wollten nur ganz wenig einmachen für Schießplatz & Griesheim, wir haben es uns auch ganz fest vorgenommen, also wieder einen anlernen, das geht nicht, es hängt dann zu viel an mir und Deinem Vater, wir können uns auch nicht mehr zumuten, als wir leisten können, wir stehen beide im 51. Lebensjahre. Da hat man seinen größten Sprung gemacht. Da geht es abwärts, wir haben ja beide schon sehr viel gearbeitet.* (20.5.)

Wilhelms Vater hört wohl still, geduldig zu. Da sind sich Vater und Sohn notgedrungen sehr ähnlich! Gegen eine so radikale Reduzierung seiner Tätigkeit hat er schwere Bedenken und möchte sich alles noch ein bisschen überlegen. Er kennt die oft fragwürdige Vorliebe seiner Frau für radikale Optionen, die sie dann später bereut. Auch tut es ihm wohl weh, den über lange Jahre langsam aufgebauten Darmstädter Kundenkreis aufzugeben. Vielleicht hegt er im Stillen die Hoffnung, Wilhelm werde eines Tages das florierende Geschäft übernehmen. Gut möglich ist auch, dass er in einem auf Griesheim beschränkten Geschäft nicht das große Glück erblickt. Seine vielen auswärtigen Geschäftstouren würden ihm sehr fehlen. Sein Spielraum wäre viel enger und er käme viel weniger aus dem Kontrollgebiet seiner Frau heraus. Seine Strategie ist folglich die von Wilhelm bevorzugte: sich gegen den Rat bzw. Befehl seiner Frau nicht direkt aufzulehnen, sondern stattdessen, in der Hoffnung, es biete sich eine andere Lösung, sie zu bremsen und dadurch Zeit zu gewinnen.. Sein Tabakbedarf hingegen duldet keinen Aufschub:

> *Mein lieber wie steht es jetzt bei Euch mit Tabak u Ciggarren, bei uns sehr knapp und teuer auch vielfach nur Ersatz aus Buchenkraut u. dergleichen mehr.* (18.6.)

Wilhelm antwortet, es sei auch bei ihm mit Tabak flau; Buchenkraut kenne man auch, nur werde es meistens weggeworfen. (28.6.) In der Heimat entwickelt die Mutter Notlösungen, die appetitlicher sind:

> *Die Leute sind jetzt auf die Idee verfallen sich selbst für ihren eigenen Gebrauch in den Gärten Tabak zu pflanzen u auch ich will es versuchen mir einige Setzlinge zu stecken u ich habe nicht weit zu gehen Die Förster Maria hat mir sogar angeboten die hat ein Land angesät gerade neben unserm Garten unter ihrem Kirschbaum* […] *was der Krieg nicht alles mit sich bringt nicht wahr mein Lieber.* (18.6.)

Wilhelms Vater geht gleich an die Arbeit:

> *heute hat Dein Vater ein Land gegraben & morgen frühe setze ich ihm noch 40 St. Tabak, ich habe gestern die Pflanzen geholt, es hatt im Blatt gestanden, alle Leute pflanzen sich Tabak Bei Groß-Rohrheim u Kleinhausen & Lorsch wurde schon Tabak gepflanzt wie ich noch ledig war, den haben die Leute eingefaßt & aufgehängt & daß er trocken wurde, das ist ganz einfach nun wenn es mal so weit ist, bekommst Du auch mal dein Teil davon nun wir wollen mal sehen wie die Geschichte geht.* (5.7.)

Es wird eine Weile dauern, bis man weiß, ob Unternehmen Tabak gelingt oder nicht. Bis dahin muss Herr Müller seine oft vergeblichen Suchoperationen in der Gegend fortsetzen:

> *Ich habe jetzt auch noch sehr wenig Vorrat na wenn gar nichts mehr da ist, nehmen wir der Katz ihren Schwanz meinste nich auch mein Lieber?* (7.7.)

Wilhelm rettet ihn – und die Katze! – aus der Not, indem er ihm 28 Zigarren schickt.

Ist dieses brennende Problem vorläufig gelöst, taucht ein neues, ein gravierendes auf. Bereitet es den Müllers 1917 Sorgen, dass das Sauerkraut lange bei ihnen gelagert bleibt, ohne dass sie darüber verfügen dürfen, verursacht ihnen jetzt das Schicksal ihres Rübensauerkrauts erhebliches Kopfzerbrechen. Im Winter haben die Deutschen so viele Rüben und Rübenprodukte essen müssen, dass es sie davor ekelt:

> *Nun mein Lieber noch etwas vom Geschäft* [...] *Es gab letztes Jahr ausnahmsweise viele Rüben da lokte es mich an auch mal Rüben einzuschneiden, sind auch gut gelungen nun kam die Zeit zur Abnahme seitens der Reichsstelle aber ach es wären überall in den Fabriken noch viel u. es wurde warm & kein Mensch wollte noch Rübensauerkraut also immer noch keine Hungersnot behüte uns der liebe Gott dafür.* (18.6.)

Als die Reichsstelle angefragt habe, ob er das Rübensauerkraut übersommern wolle, habe er sich natürlich dazu bereit erklärt. Nur müsse geprüft werden, ob alles noch gut und für menschliche Nahrung genießbar sei. Herr Hubach wird eingespannt, um ein positives Gutachten darüber zu schreiben. Ein Aufsichtsbeamter von der Reichsstelle kommt vorbei. Er findet, alles sei in gutem Zustand. Der amtliche Bescheid: Alles wird von der Reichsstelle Berlin bezahlt und abgenommen. Die Müllers atmen auf.

Das Bangen um Wilhelm setzt sich dagegen so lange fort, bis von ihm die Nachricht eintrifft, er sei auf dem »Marsch zur Ruhe« und komme vermutlich nach Belgien. (21.6.) Dass er mitten im tobenden Kampf Seelenerquickung bei den ihm zugeschickten Sonntagsblättern gefunden hat, wird seine Mutter gefreut und ihr Vertrauen bestätigt haben, Gott werde ihn weiterhin schützen. Er hat aber nicht nur überlebt. Besser noch: Er kommt aus dem Feld ins Büro. Damit verwirklicht er seine seit der Rekrutenzeit gehegte Ambition. Der Posten ist zwar befristet, aber immerhin. Ob Schmidt oder sonst einer der von den Müllers bewirteten Wachtmeister seine Hand im Spiel hat? Im Besitz dieser guten Nachricht malt Wilhelms Mutter ihre Vision der Nachkriegszeit aus:

> *Ich denke immer der Krieg wird doch einmal herum gehen, und wenn der liebe Gott will & wir leben wieder zusammen, denke ich immer, da wollen wir ganz still & ruhig wieder unsere Arbeit zusammen aufnehmen & uns an auswärtige Sachen gar nicht kehren & dem Herrn dienen wenns uns der Herr bescheeren will.* (23.6.)

Was an diesem Zukunftsbild auffällt, in dem man, abgeschottet von der bösen Außenwelt, idyllisch-einfach zu dritt lebt, ist die stillschweigende Annahme, Wilhelm werde mit von der Partie sein. Gesagt wird nicht, dass er das Einmachgeschäft übernehmen soll; er mag weiterhin bei Hachenburger bleiben; aber – darauf kommt es an – er wohnt zu Hause mit den Eltern unter einem Dach. Von einer Braut ist signifikanterweise nicht die Rede. Dass Wilhelm eventuell eine andere Zukunft anvisiert, fällt seiner Mutter nicht ein. Oder doch? Ist es gerade ihre Angst, ihm könnte anderes vorschweben, die sie dazu treibt, ihn in dieses Zukunftsszenarium fest einbetten zu wollen?

Der Brief geht nicht sofort auf die Reise. Geleekochen und Einmachen nehmen Frau Müller voll in Anspruch. Noch einmal beruft sie sich auf einen Spruch ihrer Mutter, in deren bäuerlicher Welt ihre eigene geistige Welt fest wurzelt:

> *Meine liebe verstorbene Mutter hat als zu uns ein gutes Wort gesagt. Wer in der Heuernte nicht gabelt & in der Ernte nicht zappelt & im Herbste nicht früh aufsteht, der mag sehen wie es im Winter geht. Hat sie da nicht recht gehabt mein lieber Wilhelm.* (30.6.)

Der Ton, wie so oft bei ihr, klingt biblisch:

> *Zu uns ist mal ein Gottesmann gekommen, hatt uns vielmehr besucht & als ich Ihm alles schön gezeigt hatte sagte er zu mir: Lobe den Herrn der Deinen Stand sichtbar gesegnet.*

Eine Wortwahl, die an die Verkündigungsszene im Neuen Testament erinnert. Kein Wunder also, dass sie Wilhelm das Sonntagsblatt beilegt: »kannst auch die Geschichte lesen welche Fortsetzung haben oder einzel sind lese es vonvorn bis hinten, & da wirst Du manches leereiche finden.« Solche erbaulichen Fortsetzungsgeschichten sind mehr nach ihrem Geschmack als der Roman von Hedwig Courths-Mahler, der im *Griesheimer Anzeiger* in Fortsetzungen erscheint.

Die ersehnte zukünftige Familienidylle zu dritt hängt stark mit den teuren Erinnerungen beider Eltern an Wilhelms zarteste Kindheit zusammen:

> *Nun will ich schliesen, bin müde & gehe in mein Bett ¾ 10 & wollte ich könnt Dich auch ins Bett heben, wie so manchmal früher, hoffentlich läßt es uns der Herr erleben.*

In ihren Gedanken bringt sie das Kleinkind ins Bett und lullt es mit Geräuschen aus ihrer Menagerie ein:

> *unser Geis macht mäh, mäh, unser Wutze grunzt, unser Gänscher gacken, eine schöne Musik, viel schöner wie der baß macht, wenn ihn der Heiner* [Heinrich Müller] *streigt.*

Einen Einblick in Herrn Müllers tiefste Bedürfnisse und Sehnsüchte bietet sein Bericht über seinen letzten Traum:

> *Mein Lieber ich hatte in einer der vergangenen Nächte einen schönen Traum u zwar haben wir beisammen in der Wohnstube gesessen ich Deine Mutter u. das Mädchen Die Stubenthür war zu auf einmal stand mein Vater der doch jetzt schon 27 Jahre nicht mehr unter den Lebenden in der Stube blieb an der Thür stehen wir waren natürlich nicht erschreckt darüber als wenn es immer so wäre, u. sagte in freundl. Ton ja wenn Du die Kenntnisse besessen hättest, hättest Du auch Lehrer werden können. Er meinte hiermit mich u. dann sang er kräftig u. schön das schöne Kriegslied Morgenrot Morgenrot leuchtest mir zum frühen Tod u. s. w. Er sang 2 Ferse u. auf einmal klopfte es am Laden ich wachte auf u. meinte mein Lieber W. sei da ich sah eben heraus es war aber niemand zu sehen. Man meint nicht daß einem im Zeitraum v. 27. J. eine liebe Gestalt so deutlich frisch u gesundes Aussehen noch vor Augen treten könnte es tut mir jetzt noch sehr leid, daß es nicht Wirklichkeit war obwohl man die toten ruhen lassen soll.* (29.6.)

Volksschullehrer ist er nicht geworden, aber er hat es trotzdem zu etwas gebracht. Der väterliche Tadel, wenn es Tadel ist, ist freundlich. Er kann auf seinen Sohn stolz sein. Er singt Hauffs Lied kräftig und schön. Nicht der Tod steht im Vordergrund.

Seine Hoffnung, Wilhelm könne befördert werden, hat sich immer noch nicht erfüllt. Abends kann er in der Wirtschaft immer noch nicht von den Heldentaten seines Sohnes erzählen. Jetzt lebt seine Hoffnung neu auf. 1916 ist Wilhelm die hessische Tapferkeitsmedaille verliehen worden – zu keinem besonderen Anlass. Jetzt wird ihm das EK II verliehen – ebenfalls zu keinem besonderen Anlass. Die Verleihungszeremonie beschreibt Wilhelm nicht und er zeigt auch keine große Freude über die Auszeichnung. Seine Eltern dagegen freuen sich sehr. Dass sie sich öfter gefragt haben, warum es damit so lange gedauert hat, gibt sein Vater in seinem Gratulationsbrief beinahe zu:

> *Noch vorige Woche dachte ich mal dran, daß unser Wilhelm das E. Kr. nicht auch schon erhalten hat, da ich grade einen Soldaten der mit demselben geschmückt sah aber doch nicht für etwas seltenes vorgekommen war. Denn schon tausende hat man seit Kriegsanfang gesehen da dachte ich schon öfters, daß mein lieber Wilhelm dasselbe nicht auch schon hat er ist jetzt doch auch schon fünf Jahre beim Zeug u. manches der es vielleicht gar nicht mal verdient hat's bekommen.* (29.6.)

Seine Worte werden Wilhelm das bestätigt haben, was er als Erwartungsdruck seit Langem empfindet. Im Stillen wird er den Tag oft herbeigesehnt haben, an dem er, der Nichtheld, ausgezeichnet wird – allerdings ohne aber halsbrecherische Heldentaten vollbringen zu müssen! Die Verleihung des EK II nimmt ihm eine gewisse seelische Last ab. Nur ist ihm klar, wie enttäuscht sein Vater ist, dass er mit keiner Heldentat prahlen kann. Für Wilhelm selbst ist es viel wichtiger, heil ins Büro gekommen zu sein! Hoffentlich werden seine Eltern nach reiflicher Überlegung ähnlicher Meinung sein. Sein Vater schreibt zumindest:

> *Und nochmal Gratulation, daß Du auch mal das Glück hattest auf die Schreibstube zu kommen wenn auch nur auf kurze Zeit.* (29.6.)

Die biblische Pestilenz, von der früher die Rede war, lässt nicht lange auf sich warten. Ende Juni 1918 wird in den Briefen zum ersten Mal die Grippeepidemie erwähnt, die ganz Europa erfasst. Wilhelms Vater erkrankt daran:

> *Mein lieber Wilhelm ich war letzte Woche plötzlich erkrankt u. war recht hart mitgenommen es war eine Krankheit ähnlich wie Influenza (oder Faulenzia bei ziemlich gutem Appetit) nun ist die Kowel wieder vorbei bis auf ein kleines z. B. Husten u. s. w.* (29.6.)

Seine Mutter beschreibt den Verlauf der Krankheit:

> *Dein Vater hatte auch die Spanische Krankheit und unser Dienstmädchen war krank und ich auch Das heißt ich habe Abends angefg, zu frieren & Hitze bekommen.* (4.7.)

Es kommt ihr nicht in den Sinn, zum Arzt oder in die Apotheke zu gehen, die übrigens wegen Personalmangel die alten Öffnungszeiten nicht beibehalten kann:

> *nun da tue ich immer Mutters Rezept benützen, tüchtig schwitzen, & den andern morgen ist mir es aus der Nase furchtbar gelaufen & war mir dann noch ein bischen dorzelich & da war die Krankheit schon vorüber. Deinen Vater & unser Mädchen hatte es mehr angegriffen, die hatte so 3 Tg mit zu tun, also das ist so eine Art Influenza die grasiert eben so unter den Leuten.* (4.7.)

Viel Aufhebens macht man wegen so etwas nicht! Auch bei Wilhelm grassiert die Grippe. Eine ganze Anzahl Kameraden eigener und fremder Truppenteile sei schon davon betroffen und alle seien noch lange nicht gesund. Er selbst sei bis jetzt noch davon verschont geblieben. (8.7.) Sein Mittel dagegen ist eines, das ihm in gesunden wie in kranken Tagen mundgerecht ist:

> *Wie Ihr wißt ich fresse doch auch alles zusammen was ich nur haben kann als kalt als warm ist. Ich denke immer der Körper bleibt wiederstandsfähiger.*

Hat der Mangel an einem Arbeiter die Müllers schon veranlasst, ernsthaft eine drastische Reduzierung des Einmachgeschäftes zu erwägen, so lässt Herrn Müllers körperliche Schwäche nach der Grippe diesen Schritt noch ratsamer erscheinen:

> *Dein Vater müßte unbedingt einen jungen Mann haben wenn wir einmachen wollten, er hatt aber auch wieder den bösen Husten, & die Gummern Säcke abtragen erfordert Kraft, & allein quälen will ich absolut nicht haben geht auch nicht, also wir niemand bekommen machen wir nichts ein.* (4.7.)

Schon seit Jahren leidet er an Steifheit. »Herr Doktor Hammer« nimmt ihn jetzt wegen Husten und Rheumatismus in Behandlung. Seine Bedenken lassen sich nicht leicht überwinden:

Dein Vater war sehr schwer zu diesem Schritt zu bewegen, (nichts einzumachen) ich sehe aber daß es doch nicht anders geht, wenn ihm oder mir etwas vorkäme (Krankheit) & da würde das andere sich tot schaffen & hätte dann große Sorgen & eben haben wir unser Geld noch in der Hand, ein bischen wollte er trotzdem noch einmachen. (4.7.)

Bei Gurken hat er weniger Hemmungen, sich dem Drängen seiner Frau zu beugen. Der amtliche Bescheid, dass diese, roh sowie auch konserviert, jetzt der Reichsstelle für Gemüse und Obst unterstehen und jeder, der den strengen Bestimmungen zuwiderhandelt, mit einer hohen Strafe rechnen muss, erleichtert ihm die Entscheidung. Er soll außerdem 500 Mark einschicken und den Namen unterschreiben: »Da hatt aber Dein Vater einen Ekel bekommen.« (4.7.) Er schickt die Formulare unausgefüllt zurück und teilt der Reichsstelle mit, er leide an Gicht (Gichthusten) und könne den Kleinbetrieb nur dann fortführen, wenn Wilhelm reklamiert wäre. Darüber spricht er mit einer »Persönlichkeit« vom Bezirk. Der Bescheid: Es sei ganz ausgeschlossen, dass jemand von der Front für solche Geschäfte beurlaubt werde. Andererseits wollen die Müllers nicht alle Brücken hinter sich abbrechen:

Unser Gesch. melden wir in keinem Falle ab, & bezahlen die Steuer weiter, man kann ja nicht wissen wie mann anderseits doch noch Hilfe bekommen könnte, aber so wie das letzte Jahr will ich durchaus mich nicht quälen, daß wir uns so verschaffen, bis 1 & 2 ja sogar 3 Uhr nachts, daß man ganz zu grunde geht, das ist auch nicht Deine Ansicht, das weiß ich auch ganz genau mein lieber Wilhelm, wenn Dein Vater sich mal etwas erholt wird ihm doch recht gut sein, & ists ihm auch zu gönnen. (4.7.)

Der Husten lässt nach. Herr Müller trinkt einen Spezialtee, um seine Steifheit zu lindern. Das Einmachen, allerdings in stark reduziertem Maße, läuft wieder an.

In vielem setzt sich Frau Müller gegen das Neue hartnäckig zur Wehr; aber nicht in allem. Eine Kochrevolution im Müller'schen Haushalt führt sie ein, indem sie einen Gasherd kauft:

Mein neuer Gasherd kommt mir sehr zugute morgens wenn ich aufstehe, drehe ich meinen Hahn auf & da habe ich Feuer, & das ist sehr bequem für mich. (4.7.)

Nicht dass sie immer mit einer ununterbrochenen Gaszufuhr rechnen kann:

Wenn das Gas da ist koche ich auch darauf es ist aber nicht immer da weil auch eingeschrenkt wird. Regnet es so ist es den ganzen morgen bis 1 Uhr mittags da & dann kommt es wieder um 6 Uhr Abends ist es aber schönes Wetter, dann ist es von 8–11 ausgeschaltet, weil da die Leute für die Motoren viel brauchen, & da muß dann eingeschrenkt sein.

Für den Gasherd begeistert sie sich ebenso sehr wie ihr Mann für seinen Gasmotor und seine Rübenschneidemaschine:

ich sage Dir es ist einfach etwas herrliches. Der Gasherd hat 4 Löcher & ist fast gerade wie ein anderer Herd, auch z. Backen eingerichtet. Er kostet 250 M & habe ihn von einer Schulkameradin besorgt bekommen.

Auf das Standesgemäße wird geachtet:

Alle geringe Leut haben Gasherde natürlich, so keinen massiven, solche welche an der Wand festgemacht sind, ich denke ich will mir aber gleich etwas richtiges kaufen.

Für seinen Gasmotor und seine Schneidemaschine hat Herr Müller Geld willig ausgegeben; bei dieser neuen teuren Anschaffung seiner Frau sträubt er sich dagegen, tief in die Tasche zu greifen. Sie muss ihn sanft hinters Licht führen:

Ich hatte 50 M anbezahlt & wie er montiert war habe ich oder vielmehr meine Freundin hat sich das Geld geholt, da hat Dein Vater ihr 210 M noch gegeben, wenn ich es ihm gleich gesagt hätte, daß es so viel kostet wäre er schließlich abgeneigt worden & wie er bezahlt war habe ich es ihm gesagt Da sagte er, aber Frau Du schaffst das ganze Geld fort, denke mal, wenn man so ein Vermögen versteuert, wird man sich doch eine Spar & Bequemlichkeit machen dürfen, meinst Du nicht auch mein Wilhelm.

Auch das Briefschreiben geht leichter:

soeben kocht mein Nachtessen & da sitze ich neben am Gasherd ich brauch ja nicht Feuer zu schieren & da kann ich gerade ein paar Zeilen an Dich schreiben. (5.7.)

Gasherd und Tiermenagerie geraten durcheinander: »ich sitze soeben bei meiner Herde Gase, ach Gasherd wollte ich sage.« (20.7.)

Kritik an den Erziehungspraktiken anderer Mütter übt Frau Müller nach wie vor gern. Diesmal ist ihre Zielscheibe die Nachbarin Frau Feldmann:

> *denke mal ich war vorm Nachtessen einmal in Pflästerers der Sohn Peter hat auch die Spanische Krankheit. Seine Mutter sagte mir, daß sie sehr großen Last hätte mit Peter, er könne nicht alles essen, die Suppe müßte Sie alle für Ihn durchschlagen, sie müßte oftmals morgens schon um 4 Uhr aufsteigen & Herrn Peterchen sein Essen kochen, denke Dir mal, was so ein Feiner seinen Eltern, vielmehr der Mutter nicht alle für Mühe macht, das wäre gerade so etwas für mich, meinst Du nicht auch, ich glaube wenn er an die Front käme verginge ihm seine Narrheit, meinst Du nicht auch, da würde er geheilt werden von seinen Manövern.* (5.7.)

Die militärische Metaphorik dringt überall ein! Gleich stellt sie die Frage: »Wer ist denn eigentlich hier Schuld an diesen seinen Manövern, ich glaube niemand anders als die Mutter selbst.« Dass Peter vielleicht schwer krank ist, kommt ihr nicht in den Sinn; auch nicht, dass Frau Feldmann schon in diesem Jahr einen anderen Sohn verloren hat. Vielleicht steckt in allem eine diskrete Warnung an Wilhelm, nicht zu erwarten, dass sie nach seiner Heimkehr zu seiner Dienerin wird. Andererseits kann man sich gut vorstellen, was für ein ängstliches Herumrennen ohnegleichen es geben würde, wenn ihr lieber Bub ernsthaft an der Grippe erkrankte. Wilhelms Kommentar schlägt der Wahrheit ein Schnippchen:

> *Ihr meint für Pflasters Peterchen wäre es eine gute Kur, als so ein halbes Jahr im Felde wäre. Na mir hats ja nicht schwer gefallen mich an die feldgraue Kost zu gewöhnen.* (10.7.)

Fast als symbolischer Auftakt zum Frieden, den jeder will und jeder kommen sieht, dreht sich Kehrs Karussell zum ersten Mal seit Kriegsanfang:

> *wie viele kleine 6–7 jährige Keilstösser werden da herum laufen u. das Karusell bewundern denn sie haben solches noch nicht gesehen wenn auch genug dabei sind die bis zu zwei Jahren alt waren als sie mal eins sahen das denkt den kleinen Keilstößern doch nicht mehr.* (7.7.)

Das Kriegskarussell dreht sich weiter und niemand darf absteigen:

Ich habe in letzter Zeit wieder viele Urlauber gesehen aber alle müssen bald wieder fort man könnte bald glauben es mußte so sein es würde überhaupt nicht mehr anders u. doch hofft die ganze Welt auf Frieden der ja auch mal kommen wird. (7.7.)

Die Voraussetzungen dazu sind jedoch nach Ansicht der Müllers noch nicht gegeben. Dass die Offensiven im Westen den endgültigen Sieg bisher nicht gebracht haben, hat in ihren Augen weniger mit der mangelnden Führungskunst Hindenburgs oder der Stärke des Gegners zu tun als vielmehr mit der fortdauernden »Gottlosigkeit« vieler Deutscher. Freuten sie sich zu Weihnachten darüber, dass der Krieg viele Leute zum christlichen Glauben zurückgeführt hatte, merkt Wilhelms Vater zu seinem Leidwesen, dass dieser Trend nicht anhält:

ich war heute morgen zur Kirche u. da sieht man so recht daß die Leute nichts mehr für die Kirche geben denn es war sehr schlecht besetzt. (7.7.)

Sein Schluss: »ich glaube so lange sich die Menschen nicht zu unserem Gott wenden, so lange gibt es noch keinen Frieden.«

Am 9. Juli feiern die Eltern ihre Silberhochzeit. Am Sonntag gehen sie zusammen in die Kirche, aber sonst wird nicht groß gefeiert. Frau Müller behauptet sogar, das Datum vergessen zu haben. Misst sie dem Tag also keine große Bedeutung bei? Schaut man näher hin, drängt sich der Verdacht auf, sie habe ein Ablenkungsmanöver ausführen wollen. Erst auf Wilhelms Bitte hin hat sein Vater ihm das betreffende Datum geschickt. Woher kommt diese Geheimnistuerei? Auf diese Frage gibt es eine einfache Antwort. Im Besitz dieses Datums kann Wilhelm leicht erkennen, dass seine geliebte Mutter, die so auf Tugend pocht, als Braut ihren heiligen Grundsatz nicht beachtet hat, immer Vorsicht, ja doppelte Vorsicht zu üben. Die Trauung hat am 9. Juli stattgefunden, Wilhelm ist am 7. Januar auf die Welt gekommen. Oder hat sie doch Vorsorge getroffen? Hat sie, die ledige Bauerntochter, Mitte 20 und mit vielen Geschwistern, ihren Ferdinand fest an sich binden wollen? Ist das der Fall gewesen, versteht man besser, warum sie sich so viele Sorgen macht, dass ihr Wilhelm, der arglos-naive Bursche, von einem heiratslustigen Mädchen, einer der von ihr verschrienen listigen Schlangen, verführt werden könnte. Dies böte auch eine Erklärung dafür, dass sie Dina alles zutraut und streng vermeiden will, dass sie mit Wilhelm überhaupt zusammenkommt.

Man kann es ihr leicht nachempfinden, dass sie diesen Tag mit Unbehagen, ja mit Angst hat näher rücken sehen. Umso verständlicher ist es dann auch, dass für sie der eigentliche Höhepunkt des Tages die Entgegennahme eines Riesenblumenstraußes ist, den der Lehrer Friedrich Boller zum stattlichen Preis von 18 Mark in Wilhelms Auftrag besorgt hat. Beide Eltern sind zutiefst gerührt:

> *Ich war gerade im Hofe, als das Mädchen mit Deinem schönen Blumengeschenk ankam, ich dachte da kommt ja wieder eine wo Blumen verkaufen will & wollte gerade sagen ich kann keine Blumen gebrauchen, anstandshalber sagte ich, nun was wäre gefällig & da gab sie mir ein Guvert mit unserer Adresse & sagte das soll ich v. Lina Hardt hier abgeben ich dachte die bleibt ja stehen mit Ihren Blumen, nun da machte ich das Guvert auf & laß. Zur silbernen Hochzeit gratulier ich Euch herzlichst aus weiter Ferne u. wünsche Euch ein gesundes frohes Wohlergehen. Und damit stellt das Mädchen seinen Blumenkorb, ja Blumenwald zur Erde, & da wußte ich auch sofort von wem dieses schöne Geschenk ist. Dein Vater saß gerade im Garten da rief ich, a Ferdinand geh doch mal her, was unser Wilhelm uns geschickt hatt. Der wußte gar nicht im Augenblick was das bedeuten sollte, denn wir haben alle beide an keine silberne Hochzeit gedacht umso überraschender war es uns. So bin ich in meinem ganzen Leben nicht geehrt worden, als wie am 9. Juli von meinem lieben Wilhelm, wir konnten alle beide den ganzen Morgen nicht arbeiten vor Rührung.* (10.7.)

Aus einem potenziellen Tag der Unehre und der Schande ist ein Tag der Ehre geworden. Eine Frau, die während so langer Jahre in dieser Gesellschaft keinen Respekt genoss, wird vom wichtigsten Menschen in ihrem Leben, ihrem Sohn, auf diese augenfällige Art geehrt. Ihr Mann käme nie auf die Idee, eine solche Summe für Blumen auszugeben. Die heftige Reaktion, die dieser prachtvolle »Blumenwald« bei Frau Müller auslöst, hängt wohl mit ihren unerfüllten Bedürfnissen und Sehnsüchten zusammen. An überschwänglichen, »romantischen« Gefühlen dürfte es bei Ferdinand von Anfang an gefehlt haben. Wirts Gretchen wird herbeigerufen:

> *Da sagte sie gell Dein Wilh. ist da, ich sagte nein komm nur mal mit, & was sind ihr die Augen übergegangen, wie sie es gesehen hatte, auch einige Nachbarn habe ich gerufen, die waren ganz erstaunt darüber.*

Die Blumen werden in den kommenden Tagen mit der liebevollsten Sorgfalt behandelt.

Von der Grippe inzwischen einigermaßen erholt, gießt, hackt und gräbt Wilhelms Vater bald wieder im Garten. Er sieht sich jedoch nicht nach einem Arbeiter um:

> *mit einem Bub v. 15–16 Jahren kann Dein Vater nicht arbeiten & ein Mann welcher so alt ist wie Dein Vater sind alle im Hilfsdienst beschäftigt & wo sie in einer Fabrik arbeiten, da bekommen sie viel Lohn Auch geben diese Fabrikanten den Leuten keinen Abkehrschein & ohne denselben dürfen wir niemand einstellen, nehmen wir einen 17 Jährigen, so haben wir wieder ¾ Jahr einen & bis er angelernt ist muß er auch einrücken, denn alle 17jährige müssen sich jetzt wieder zur Stamrolle melden, also müssen wir in Gottesnamen mal aussetzen; hoffentlich ist nächstes Jahr der Saukrieg zu Ende, & da wird es vieleicht wieder leichter werden.* (14.7.)

Wilhelm haben seine Eltern zum letzten Mal im vorigen September gesehen. Tante Apollonia und Onkel Jakob Landau dagegen haben ihren Sohn Peter seit 1914 nicht mehr gesehen. So lange ist er in französischer Kriegsgefangenschaft gewesen. Nicht dass man keinen Kontakt mit ihm gehabt hat. Seine Angehörigen haben mit ihm korrespondiert, ihm Pakete und Geld geschickt. Er selbst hat sich auf den offiziellen Postkarten dafür bedankt. Jetzt berichtet Herr Müller Wilhelm Erfreuliches:

> *Ich war gestern bei Tante Apelone auf dem Heimweg vom Futterholen. Sie hat mir Wurst mit Brot u. einen guten Schluck Schnaps vorgesetzt, welches ich entschieden ablehnte zu essen, Du weißt ja wie die Tante Apelone ist, sie bringt einen dazu ja dann erzählte Sie mir, das ihr Peter bald ausgetauscht würde u. sich sehr freue, die Heimat wieder sehen zu dürfen, ich glaub's ja auch.* (20.7.)

Die Erklärung dafür, dass er nicht sofort zugegriffen hat, ist vermutlich, dass er zu einer festgesetzten Zeit mit dem Futter fürs Kleinvieh zurück sein soll. Kann seine Frau ihre Menagerie zur gewohnten Zeit nicht füttern und muss sie mit dem Essen warten, gibt es dicke Luft. Er kann aber nicht widerstehen: Die Chance, ein schönes Stück Wurst und ein Schnäpschen zu genießen, kann man nicht vorbeiziehen lassen. Anscheinend ist er rechtzeitig zu Hause angekommen!

Wie jedes Jahr verfolgen die Müllers aufmerksam das Wetter. Optimismus ist am Platz:

> *Die Ernte hat bei uns begonnen u. fällt sehr gut aus* […] *wenn unser Herr so weiter hilft so wird Er uns auch über das Kriegsende helfen damit unserer Feinde*

ihre räuberische Absicht uns zu vernichten besonders aber uns zu ihrem Vasall zu machen nicht gelingt. (20.7.)

Im Juli kommt eine Sorgen erregende längere Trockenzeit, aber dann der Segen bringende Regen:

Der Aushungerungsplan dieser Schuften von Engländern, denen man den langweiligen Kriege verdankt, wird wieder scheitern. (20.7.)

Seit Wilhelms letztem Urlaub ist eine Person gleichsam von der Bildfläche verschwunden: Gretel Keller. Erst am 25. Juli fragt er nach ihr. Der Ton seines Briefes ist alles andere als der eines leidenschaftlich verliebten Mannes. Man spürt vielmehr eine gewisse schuldbewusste Neugierde, einen guten Schuss Unbehagen und Unsicherheit. Er tut, als ob die Angelegenheit eigentlich von keiner großen Bedeutung sei, ihn nicht sehr angehe:

Dann und wann fällt mir mal die Valtin Kellers Gretel ein. Sie wird Euch inzwischen noch nicht wieder besucht haben. Oder hat sie schon mal gesprochen mit Euch?

Es liegt auf der Hand, dass er mit ihr keine rege Korrespondenz geführt hat. Befürchtet er, sie könnte sich bei seinen Eltern darüber beschwert haben, dass er sie vernachlässigt? Der Ton, in dem seine Mutter seine Frage beantwortet, lässt ihren Missmut deutlich erkennen:

Valtin K. Gr. war seit dieser genannten Zeit nie wieder bei uns gewesen. Ich war schon 2 bis 3 mal dort & wollte allerhand haben natürlich haben sie immer nichts mehr v. der Sache. Mein Lieber Wilhelm, Du mußt doch selbst verständlich denken, daß Du in diesem Falle einen Korb gegeben hast, & der Bauernstolz läßt doch so etwas nicht zu. Als ich dort war kam ich mal so auf die Sprache, daß ich von einer Frau etwas bekommen hätte für Dich, & da hat mich Ihre Mutter & sie so angehört & gar nicht mal gefragt nach Dir, da sind aber die Bauern doch viel zu stolz, daß Sie das noch mal tun würden. (6.8.)

Dass er ihren Rat bzw. Befehl nicht befolgt und an Gretel nicht regelmäßig geschrieben hat, ist ihr gar nicht recht. Solcher Ungehorsam! Solche Dummheit! Noch schlimmer: Sie erkennt am Ton seiner Frage, dass Gretel in seinen Gedanken keinen großen Platz einnimmt. Ihr Plan, ihn durch diese Beziehung gegen Dinas

Reize immun zu machen, scheint ihr demnach nicht gelingen zu wollen. Auch in anderer Hinsicht droht ihre ganze langfristige Planung zu scheitern. Sie basiert ja darauf, dass die Beziehung zu Gretel weiterbesteht, ohne dass es zu einer offiziellen Kriegsverlobung kommt. Gerade durch seine Lässigkeit hat Wilhelm die Gefahr heraufbeschworen, dass die Kellers auf einer solchen Verlobung bestehen. Erfolgt keine, muss der Beziehung ein Ende gesetzt werden. Kommt die Lage Frau Müller aber so kritisch vor, warum befiehlt sie Wilhelm nicht, sofort zu handeln? Hegt sie die Angst, eine allzu autoritäre Bevormundung könne selbst bei ihm einen Aufstand provozieren? Oder will sie trotz allem ihre Hinhaltetaktik immer noch nicht aufgeben?

Die Zahl der Briefe, die bei den Müllers von früher Einquartierten eintreffen, ist klein geworden. Die fleißigsten Korrespondenten wie Arthur Bonrath, Willy Israel und Fritz Ermert melden sich nicht mehr. Die Müllers werden geglaubt haben, sie seien gefallen. Ende Juli meldet sich Wilhelm Ermert wieder. Er liege in Roye-sur-Matz; es gehe ihm gut, aber leider sei sein Bruder Fritz seit dem zweiten Pfingsttag vermisst. Dieser war, wie schon erwähnt, als Kupferschmied reklamiert, aber wegen der 1918er Offensive wieder eingezogen worden.

> *Das rote Kreuz schreibt meinen Eltern, das er sich in englischer Gefangenschaft befinden sollte. Er hat aber bis dahin noch nichts von sich hören lassen. Ich bin ja nun durch Gottes Gnade und Güte immer glücklich durch die großen Schlachten durchgekommen.* (27.7.)

Nach Empfang dieser Karte hat Frau Müller offenbar an die Ermerts in Struthütten, Kreis Siegen geschrieben. Von dort kommt eine Karte der Schwester an:

> *Bruder Fritz hat inzwischen aus der Gefangenschaft geschrieben. Wir sind froh, daß wir ihn noch unter den Lebenden wissen, hat man doch immer die Hoffnung des Wiedersehens. Daß es unseren Gefangenen nicht so gut geht, kann man sich denken, dafür ist der Nationalhaß unserer Feinde zu groß. Der Herr wolle geben, daß bald der schreckliche Krieg aufhöre und all unsere Lieben in die Heimat kehrten. Von Bruder Walter haben wir bis dahin noch gute Nachricht.* (9.8.)

Die Stimmen mehren sich, die dem Frieden den Vorrang vor allem anderen geben und bereit sind, alle Annexionswünsche und Forderungen nach Kontributionen aufzugeben, um einen Verständigungsfrieden zu erlangen. Die Müllers dagegen rücken von ihrem bisherigen Standpunkt nicht ab. Im festen Vertrauen auf einen endgültigen Sieg sind sie selbst zu dieser späten Stunde noch immer bereit weiterzumachen:

> *Unser Loos ist nur noch aushalten u. durchhalten nun wir haben uns ja schon daran gewöhnt* [...] *Es sind aber viele da, die sich nicht dran gewöhnen wollen natürlich desto schwerer fällts ihnen dann.* (28.7.)

Als Beispiel wird Georg Scherer, ein Gastwirt auf dem Schießplatz, angeführt:

> *heute wie wir zu Mittag gegessen haben war alter Scheerer Übungsplatz da & sagte, was für eine Kost, wir hatte geröstete & grünen & war sehr fein, natürlich hatte Scheerer vor dem Kriege eine andere Kochwirtschaft als heute, die Leute, welche zu viel Fleisch & dergleichen hatten empfinden es eben viel mehr als die anderen, welche mäßig gelebt hatten.* (6.8.)

Sie verharren bei ihrer Ansicht, gerade diese fetten Jahre hätten die mageren Jahre und die göttlich verschriebene Abmagerungskur nötig gemacht.

Ohne viel Fleisch kommen die Müllers aus, ohne Fahrrad nicht. Das Rad brauchen sie sowohl für Geschäfts- als auch für Hamstertouren. Herr Müller will außerdem nicht auf seine Vergnügungstouren verzichten. Aber die Lage ist prekär. Da Gummi seit Langem eine beschlagnahmte Mangelware ist, ist das Radfahren auf diejenigen beschränkt, die das Rad für Geschäfts- oder sonstige kriegsnotwendige Zwecke brauchen. Herr Müller hat deswegen sein geliebtes Fahrrad behalten dürfen, seine Frau auch. Wilhelms Rad hat man in einer stillen Ecke abgestellt. Wenn man die Räder nebenbei auch für Hamsterfahrten und Tabakjagden benutzt, wen geht das was an?! Ohne Reifen wird es aber schwierig:

> *Jetzt will ich mal bischen vom Rad erzählen. Also mein Lieber Da die Gummi Bereifung für Fahrrad sehr knapp ist oder in öffentlichen Geschäften überhaupt keine mehr zu haben ist, hat man nach langem Grübeln einen oder mehrere Ersatz geschaffen welche vielleicht in absehbarer Zeit die Gummi Bereifung vollständig verdrängen wird, denn das lästige Flicken des Schlauches fällt hier vollständig weg.* (28.7.)

Er beschreibt und zeichnet zwei Arten Ersatzbereifung, die er in Darmstadt im Schaufenster eines Fahrradgeschäftes vorgestellt gesehen hat. Die eine findet er nicht sehr praktisch, die andere nicht sehr schön. Er fragt nach dem Preis: 24 Mark.

Sehr teuer! Er kauft sie nicht. Zunächst möchte er wissen, ob sie sich überhaupt bewähren. Am besten sich bei einem erkundigen, der einen der neuen Reifen probiert hat. Bald bietet sich ihm die Gelegenheit dazu. Auf dem Weg nach Darmstadt trifft er auf einen Soldaten, der in die entgegengesetzte Richtung fährt und den neuen Reifen montiert hat. Obgleich er sofort merkt, dass der Reifen etwas Lärm macht, fehlt es ihm an der nötigen Geistesgegenwart, um den vorbeistrampelnden Soldaten zum Stehenbleiben zu bringen. Ehe er seine Fragen stellen kann, ist dieser weitergefahren. Ein zweiter Gang in den Laden nutzt auch nicht viel:

> *Ich habe natürlich in dem Geschäft gefragt ob sich diese Bereifung bewähren würde die sagten mir ja. Sie hätten letzte Woche 6 Garnituren bekommen u. wären bald verkauft worden.*

Als alter Geschäftsprofi, der den Wert solcher Hand-aufs-Herz-Erklärungen kennt, bleibt er skeptisch. Als Wilhelm nach Empfang seines Briefes von den Radtouren schreibt, die sie während seines Urlaubs machen könnten, löst das bei ihm teure Erinnerungen aus:

> *Mein lieber Wilhelm, die schönen Sonntag im Frieden fallen mir auch oftmals ein, man könnte fast glauben es wären Märchen gewesen wir hätten in einer Märchenwelt oder im Schlaraffenland gelebt & haben es auch, nur daß wir es nicht wußten.*

Wird die Rückkehr in diese Märchenwelt ihnen gegönnt werden? Werden Vater und Sohn auf Fahrrädern das Paradiesgärtlein verlassen und nach einer Strampeltour wieder hineindürfen?

Noch dringender als sein Bedürfnis nach Reifen ist Herrn Müllers Bedürfnis nach Tabak. Da ist er wirklich in arger Not. Zum Glück wird er als alter Kunde von Herrn Feitler in Darmstadt bevorzugt behandelt: Er bekommt für 4,50 Mark eine Menge Tabak, die laut Feitler sonst 12 Mark kosten würde. Vorläufig ist er gerettet.

Wilhelms Strategie ist es geblieben, potenziell brisante Themen möglichst zu vermeiden. Dass seine Mutter einen förmlichen Hass auf Romane hat, weiß er seit Langem. Für sie sind sie »dummes Zeug« ohne jeglichen Wert. (20.8.1916) Er selbst liest sie aber gern und Fräulein Büscher und andere schicken ihm welche. Von dieser verbotenen Lektüre schreibt er nie nach Hause. Fachbücher schickt er heim, Romane nicht. Jetzt verrät er sich. Er kann nicht anders, denn er muss einige Romane nach Hause schicken, wenn er sie behalten will. Bei sich lassen sie sich nicht mehr aufbewahren. Die von seiner Mutter zu erwartende Reaktion bleibt nicht aus. Sie warnt ihn nochmals vor Romanen: »So ein bischen in dieser Hinsicht muss Mutter sich immer noch um Ihren Sohn bekümmern, meinst nicht auch?« (28.7.) Und wie reagiert er darauf? Wie immer! Er tritt den sanften, diplomatischen Weg an und verteidigt sich – das muss man zugeben! – sehr geschickt:

> *dann muß ich mal betreffs der Bücher d. l. Mama ein kleinwenig Ihre nicht vorurteilsfreie Meinung widerlegen. Sie sagt »Romane« hätten keinen Wert und ich sollte mir keine anlegen. Was das Letztere angeht so habe ich ja bis jetzt für Romanbücher noch kein Geld verausgabt denn die welche ich nach Hause sandte bekam ich so nach und nach geschenkt. Was aber das erste betrifft l. Mama so laß Dir gesagt sein, daß sie zur gesellschaftlichen Bildung sowie zur allgemein Bildung ein wesentlich Teil beitragen und da Du in dieser Hinsicht doch auch mein Bestes willst so hoffe ich, daß Du in Zukunft nichts mehr gegen das Lesen »klassicher« Romane hast. Ich meine natürlich nur klassische d. h. Werke die von der Öffentlichkeit als vorbildlich anerkannt und deren Verfasser berühmte Leute sind. Im Gegensatz zu den sogenannten Schundromanen die natürlich zu verwerfen sind.* (2.8.)

Es ist noch eines der Paradoxe, die immer wieder auffallen: Während auf den Schlachtfeldern Vertreter der sogenannten Kulturvölker einander zermalmen, verstümmeln und zerfleischen, trägt ein gemeiner Soldat aus Griesheim mit seiner Mutter einen kleinen brieflichen Streit um den Sinn vom Romane Lesen aus! Neben »klassischen« Romanen wird Wilhelm auch viele andere gelesen haben, aber lieber schreibt man von der Sorte nicht! Er bleibt seinem Grundsatz treu, alles zu verschweigen, was ihm von seiner Mutter Ärger einhandeln würde. Seine sprachlichen Experimente hängen mit seiner Lektüre zusammen. Bei der Romanlektüre öffnet sich ihm eine Welt, von der seine Mutter nichts weiß, nichts wissen will. Hier entdeckt er neue Denk- und Gefühlsdimensionen, neue Kategorien und Perspektiven. Wenn er »klassische« deutsche Romane liest, werden Bildungsromane darunter sein, die den oft schmerzhaften Selbstentdeckungsweg des Helden verfolgen und auf dessen Auseinandersetzung mit Familie, Schule, Kirche, Gesellschaft, Berufswelt usw. eingehen. Solche Romane regen Wilhelm wohl dazu an, auf ähnliche Weise den Weg zu sich finden zu wollen und sich nicht einfach in der Welt seiner Eltern einsperren zu lassen. Liest er deutsche Übersetzungen fremdsprachiger Werke – fraglich ist, ob seine Französischkenntnisse ausreichen, um selbst mit einfachen französischen Texten fertigzuwerden –, kommt er dadurch mit noch mehr anderen Werten und Welten in Kontakt. Schade ist, dass er es für sinn- und zwecklos hält, seinen Eltern einen Einblick in seine Lesestoffe zu gewähren; sonst hätten wir die Ansätze eines interessanten Bildungsprozesses mitverfolgen können. Seine leider nicht erhaltenen Briefe an Fräulein Büscher hätten sicher auch manches offenbart. Wenn er den Krieg heil überlebt, wird er die nötige Entschlossenheit aufbringen, um sich gegen seine Mutter zur Wehr zu setzen und um eine Lebensform zu kämpfen, die neue Werte verkörpert?

Gegen Ende Juli starten im Westen die Alliierten eine massive Gegenoffensive. Am 8. August, dem Tag, den Ludendorff später den schwarzen Tag des deutschen Heeres nennt, will Fräulein Büscher im »nichtendenwollenden Krieg« wieder einmal »Luftschlösser« bauen. Es sind zwei: erstens »ein gesundes, baldiges Wiedersehen« und zweitens »der Friede, der doch endlich einmal kommen muß«. Ihre Zweifel sind ihr wiedergekommen: »Oder sollen unsere Feinde Recht behalten und uns nach 4 bangen Kriegsjahren dennoch unterwerfen?« Als schäme sie sich solcher defätistischen Töne, fügt sie gleich hinzu: »Der Gedanke ist fürchterlich und ich weise ihn mit aller mir zu Gebot stehenden Energie von mir.« Nur lassen sich ihre Zweifel nicht vertreiben: »Die Aussichten sind eben durchaus nicht erfreulicher Natur.« Die vorwurfsvolle innere Stimme meldet sich gleich wieder:

> *wenn ich es mir aber so recht überlege, begehen wir mit einem solchen Gedanken eine große Undankbarkeit gegen unser braves Heer, für das die Strapazzen und Entbehrungen kein Ende nehmen.*

Trotz allem will sie sich überzeugen, dass alles noch gut ausgehen wird:

> *Und von anderer Seite die Sache beleuchtet, verliert unser Gegner den Mut trotz aller bisherigen Mißerfolge? An all diese Betrachtungen klammere ich mich so oft, wenn triste Gedanken mich heimsuchen. Also »Kopf hoch« unsere gute Sache muß & wird siegen!*

Nach Sieg sieht es nicht gerade aus. Sie möchte eine Rheinfahrt machen; nur droht der Feind jeden Augenblick die Partie zu verderben: »Wenn uns nur die Flieger keinen Schrecken in die Glieder jagen.« Solche Luftangriffe kommen immer häufiger vor. Die früher als »Frechdachse« bezeichneten Flieger können nicht mehr leicht verjagt werden.

Von Hermann Tepper ist seit Langem nicht einmal das kleinste Lebenszeichen in Griesheim eingetroffen. Aus heiterem Himmel kommt aus Hamburg ein am 28. August geschriebener Brief seiner Frau an. In seiner schlichten Unbeholfenheit wirkt er erschütternd. Die jahrelange Unsicherheit und die tödliche Angst dieser kinderlosen, wohl auch mittellosen Frau schlagen stark durch:

> *Lieber Herr Müller und Frau. Sie werden sich gewiß wundern von unbekanter Weise ein liebes Briefchen erhalten, ich glaube ganz unbekant sind wie doch nicht mit ein andern, und es freut mich, Ihnen mal zu schreiben wo mein guter Mann jitzt ist, können sich noch etsinnen Hermann Tepper mein Mann war bei Ihnen in Quartier und hat mir immer erzählt daß mein Mann es so gut bei Ihnen hat, wozu ich mich noch immer gefreut habe, und kann Ihnen garnicht genug meinen Dank dafür aussprechen Lieber Frau Müller. Der böse Krieg will noch kein Ende nehmen, ich fühle mich so verlassen, auf der Welt zumal keine Kinder, und so dieses Leben in Hamburg ist nicht mehr schön, alle Tage Kohlendampf schieben, alleine ist nicht leicht, es wird uns ja alles zugeteilt, daß was wir bekommen, reicht nicht für einen Tag, soll mann die ganze Woche mit, da kommt mann so runter. Lieber Herr und Frau Müller, ich mache nächste Woche fort, aufs Land bei sehr netten Leuten, da giebt es zu Essen. Ist ja jetzt die Hauptsache. Hoffentlich hat der Krieg bald ein Ende und mein Lieb guter Mann wieder bei mir sein kann. Liebe Frau Müller, es sind nun 3 Jahre wo ich mein Mann nicht gesehen, und noch dazu in Russischer Gefangenschaft 2 Jahre, und jetzt Vermißt aus der Gefangenschaft 1½ Jahr keine Post. und immer ohne Nachricht, ich bin schon ganz verzagt, und mutlos, mein Mann ist zuletzt in Kiew gewesen und jetzt nicht mehr in Kiew sind nun keine dort und ich habe keine Post mehr. Lieber Frau Müller, ich mache mich solche Gedanken um mein guter Mann, und hoffen thue ich doch, er müßt wieder kommen, mein stolzes Glück war mein guter Mann, habe nur Glückliche Stunden gekannt. Ich hoffe auf Glückliches Wiedersehen, und daß der liebe Gott Ihm noch erhalte. Nun lieber Frau Müller schreibe Sir mir bitte* […] *Es grüßt Ihnen herzlich. Frau Mimi Tepper.*

Die Müllers werden ihr wohl geschrieben haben. Eine erfreuliche Nachricht können sie ihr aber nicht bieten.

Ihnen dagegen steht hoffentlich Erfreuliches vor: Wilhelm soll im September auf Urlaub heimkommen. Aus dem Urlaub wird jedoch in der letzten Minute nichts:

> *Ich hab's im Leib, Durchfall auch bischen Schmerzen dabei. Ich bin im Revier. Hoffentlich wirds nicht weiter schlimmer. So gerade vorm Urlaub krank melden zu müssen ist ja dumm. Na aber krank will ich doch auch nicht fahren.* (24.9.)

Bis er sich erholt hat, ist sein Urlaub vorbei. Damit verschwindet auch die Gefahr einer großen Krise, ja eines bitterbösen Kampfes in Griesheim. Denn was Wilhelms Mutter nicht weiß: Er hat ihrer Feindin Dina die Daten seines Urlaubs geschrieben. Dies verrät ein Brief seiner Kusine Gretel an ihn vom 15. Oktober, in dem sie erzählt, wie ihre Schwester Elisabeth in Studernheim gewesen sei: »da sagte Dinchen ihr, sie habe schon eine Karte von Deiner Abreise erhalten.« Anscheinend hofft er, Dina in Griesheim zu treffen. Sein bisheriger scheinbarer Gehorsam gegenüber seiner Mutter, den man leicht als lauter Feigheit hätte kritisieren können, rückt in ein neues Licht. War es doch der klügste Kurs, sich den Vorschriften und Befehlen seiner Mutter nicht offen zu widersetzen, sondern anscheinend klein beizugeben und den Augenblick geduldig abzuwarten, wo er etwas Handfestes, etwas Entscheidendes tun kann? Hält er diesen Augenblick jetzt für gekommen? Traut er sich auch den Mut und das diplomatische Geschick zu, zwischen Dina und seiner Mutter zu vermitteln? Kann er wirklich der ehrliche Makler sein, der einen Verständigungsfrieden zwischen den beiden erzielt?

Dass seine Mutter, wenigstens im ersten Augenblick, diesen von ihm herbeigeführten Besuch Dinas als trotzigen Auflehnungsakt, ja als Kriegserklärung deuten könnte, dürfte ihm nicht entgangen sein. Nur rechnet er wohl damit, sie beschwichtigen und konziliant stimmen zu können. Es scheint ihm machbar, dass sie ihm genügend Zeit gewährt, um Dina näher kennenzulernen, und erst dann zu entscheiden, ob er sich entweder mit ihr, mit Gretel Keller oder mit keiner der beiden verloben will. Kraft wird es ihn gekostet haben, den Mut zu dieser Heldentat aufzubringen. Das Anfangsdatum der Offensive steht fest. Dann kommt seine Erkrankung und er hat einfach keine Zeit, um alles abzusagen: Dina kommt also termingerecht bei Müllers an. Ohne vom Komplott der beiden etwas zu wissen, teilt ihm seine Mutter ihre Ankunft mit: »Nun etwas Neues mein Lieber Fräulein Dinchen Sauer ist gestern Samstag auch wieder einmal zu uns gekommen.« (22.9.) Obgleich wohl schwer enttäuscht, ist Dina schlau genug, um nichts zu verraten. Der Besuch verläuft katastrophal:

> *das Luhter stellt das Häuschen auf die Spitze Du weiß doch sie kann gar nichts babbeln Sie ist auch so schichtern dazu. Ich soll Dir viele Grüße ausrichten von Ihr.*

Der Besuch macht Frau Müller nur noch entschlossener, ihren Präventivkrieg gegen Dina zu intensivieren. Ehe der Krieg zu Ende geht und Wilhelm heimkehrt, muss das Mädchen unbedingt aus dem Weg sein.

Ausgabe von Suppen-Artikeln und Butter.

Da Gries nicht vorhanden, findet an Kranke mit diesbezügl. Bescheinigung eine **Ausgabe von Teigwaren** (Nudeln) statt, an eine Person 1 Pfund zu 60 Pfg. für einen Zeitraum von 14 Tagen. Die Ausgabe ist nur

Montag, den 2. September, vormittags von 8½ bis 11½ Uhr.

Ferner findet für Jedermann eine **Ausgabe von Suppen** statt und zwar lose Suppen ½ Pfund zu 46 Pfg. und Suppen in ½ Pfundpaketen zu 47 Pfg. Ausgabe nur

Montag, den 2. September, nachmittags von 2 bis 5½ Uhr.

Die Ausgabe von Butter findet statt, an eine Person 50 Gramm zu **34** Pfg.:

Dienstag, den 3. September, vormittags von 8½ bis 11½ Uhr, an Buchstabe **A** bis **F**.

Dienstag, den 3. September, nachmittags von 2 bis 5½ Uhr, an Buchstabe **G** bis **K**.

Mittwoch, den 4. September, vormittags von 8½ bis 11½ Uhr, an Buchstabe **L** bis **P**.

Mittwoch, den 4. September, nachmittags von 2 bis 5½ Uhr, an Buchstabe **R** bis **Z**.

Lebensmittelscheine und Gefäße bezw. Düten sind mitzubringen.

Verkauf von alten Kisten u. s. w.

Donnerstag, den 5. September, nachmittags 5 Uhr, werden im Hofe der Bürgermeisterei eine größere Anzahl alte Fässer, Kisten und Kartons, gegen gleich bare Zahlung öffentlich versteigert.

Griesheim, am . August 1918.

Großherzogliche Bürgermeisterei Griesheim.

J. V.: **Feldmann.**

Im September fehlt sogar Grieß für die Kranken. Dem brutalen Aushungerungsplan der Entente kann man nichts mehr entgegensetzen.

Die Hungernot nimmt zu. Auf politischer Ebene zerbricht der Burgfrieden endgültig. Nicht nur die Einigkeit der Hauptparteien innerhalb des Reiches zerfällt, sondern auch die zwischen Deutschland und Österreich. Der österreichische Kaiser Karl wendet sich an die Ententemächte mit einem eigenen Friedensvorschlag. Herr Müller hält nichts davon:

> *ich glaube aber es wird auch nichts damit. Ich glaube ja wie immer die Heeresleitung sagt es wird nicht eher u. nicht später Frieden als bis der Feind einsieht daß er uns nicht vernichten kann also seinen Vernichtungskampf aufgibt. Wir müssen uns halt gedulden.* (22.9.)

Bei aller Aufmerksamkeit gegenüber Entwicklungen in der weiten Welt hört Frau Müller nicht auf, Entwicklungen im Ort aufmerksam zu verfolgen. Vorgänge innerhalb der Familie ihres Schwagers Georg beschäftigen sie sehr. Wilhelm wird sie früher im Jahr – in einem nicht erhaltenen Brief – vom Tod von Georgs ältestem Sohn, auch Georg genannt, bei einem Flugzeugunfall in Russland berichtet haben. Dies ist der erste große Schlag, der Georg mit seinen großen Ambitionen getroffen hat. Im Stillen mag sie bei sich gedacht haben, es hätte den beiden Georgs doch mehr genutzt, in die Kirche zu gehen, statt sich mit Flugzeugen und Kinos zu beschäftigen. Was sie im Moment beschäftigt, ist die Verlobung Jakobs, eines jüngeren Sohnes, mit der Tochter eines bei Bieler wohnenden Mühlenbesitzers, auch namens Müller. Nach der Lektüre eines leider ebenfalls nicht erhaltenen Briefes seiner Eltern schreibt Wilhelm bissig:

> *Des Schreiners Jakob wird wohl ein fetten Bissen geschnappt haben oder ists nicht so enorm wie es der üblichen Prahlerei entspricht. Es Müllert sich alles Müller und Müllerstochter klingt ganz großartig. Na dann müßte ich eigentlich auch gratulieren, habe aber ja noch keine Verlobungsanzeige.* (24.9.)

Wilhelm wurmt es seit alters her, dass man ihn zu seinen Ungunsten mit seinen Vettern vergleicht. Während seine Mutter ihm alle Prahlerei und Großmannssucht hat austreiben wollen, sind seine Vettern aus demselben Holz geschnitzt wie sein Onkel. Deren überbordendes Selbstvertrauen kontrastiert stark mit seiner scheuen Bescheidenheit. Das aufgestaute Ressentiment gegen Jakob bricht hier durch. Seine Mutter schürt es:

> *Was Schreiners J. Verlob. anbetrifft, wird der Bissen nicht gar so fett sein, Ihre Schwester hat in Darmstadt einen Unteroffizier, es sind 9 oder 10 Geschw.* (4.10.)

Den passenden Spruch hat sie parat:

> *meine Mutter hatt immer gesagt »viele Brüder schmale Güter«, so wirds auch hier sein, sie haben uns bis jetzt noch nicht besucht die Brautleute, der Herr Jakob wird zu so geringen Verwandten zu gehen, es nicht für angänig halten. Onkel Georg hat sehr großartig von der Müllerstochter & der Steinmühle bei Bieler gesprochen, Onkel & Tante waren vor der Verlobung dort gewesen, Onkel war bei uns & kann nicht von Wunder sagen, was ist dort Sach & noch Sach, nun wir gönnens ihm wenn es so ist.*

Ihre Kritik fällt vielleicht deswegen so scharf aus, weil sie ihrem Wilhelm genau solch eine Partie gönnen würde, wo »Sach zu Sach käme«. Am 6. Oktober fährt sie fort:

> *Was den Prahlhans Schreiner Jakob anbetrifft so weiß ich noch nichts näheres über die Müllerstochter daß er aber ein großer Prahlhans ist weißt Du auch* […]

die Tante Apelonne hat mir neulich erzählt der Schreineronkel wäre neulich mal in der Markthalle gewesen bei Frau Lauinger in Frankfurt u. der Tante Bettche u. da hat er das Gespräch eröffnet kurz u. gut über den Reichtum u. da sagte er zu Lauinger, Kätchen ich sein alleweit der reichste Mann in Griesheim ja ja ja was sagst Du dann dazu?

Dass der Krieg nicht mehr zu gewinnen ist, hat Ludendorff widerwillig akzeptieren müssen. Sein Vabanquespiel ist gescheitert. Jetzt sollen die Politiker einen Waffenstillstand möglichst schnell zustande bringen, damit die Ehre des Heeres gerettet wird. Der Kaiser ernennt einen neuen Kanzler, Max von Baden. Alles, was von seiner kaiserlichen Majestät kommt, findet immer noch Herrn Müllers Beifall:

Wieder eine Woche verstrichen u. der Friede ist noch nicht da, wenn Gott will kommt er aber u. vielleicht schneller als wir alle glauben denn man glaubt allseitig daß man in dem neuen Reichskanzler den richtigen Mann für Deutschland gefunden zu haben. Welch ein Jubel u Freude wieviele Freuden u. Schmerzensthränen würden fließen wenn ihr Lieben da draußen bald einziehen werdet nun wir wollen sehen was der Allmächtige mit uns vorhat soll's noch nicht sein, nun so kämpfen wir in Gottes Namen weiter, so hatten wir nur wieder einmal ein sehr frohes Herz das natürlich schwer getäuscht wäre allerdings nur Augenblicke denn wir haben uns ja in diesem schrecklichen Krieg an Enttäuschungen gewohnt nicht wahr mein Lieber. (6.10.)

Noch glaubt er, es komme ein ehrenvoller Friedensvertrag zustande und das deutsche Heer werde stolz und unbesiegt heimkehren.

Je näher das Kriegsende rückt, desto mehr rückt die Gretel-Keller-Geschichte ins Zentrum von Frau Müllers Überlegungen. Auch wenn es ihr immer noch nicht nötig scheint, Wilhelm eine offizielle Verlobung aufzudrängen, hält sie es für ihre mütterliche Pflicht, ihm die Verdienste der Keller-Familie klarer als bisher herauszustreichen:

Mein lieber Wilhelm, war gestern Ab[end] *noch in Valtin Kellers & habe meine Zwiebel bezahlt sie hatten mir 10 Pfund verkauft & wollen uns noch 5 Pfund geben. Sie waren sehr freundlich. Ihr Hannes war schwer verwundet & ist jetzt auf dem Übungspl. Gretel war gerade aus dem Theater gekommen & ist auch immer sehr freundlich, natürlich fragt niemand von Ihnen nach Dir, wenn ich auch manchmal aufs Gerede komme (wie Url. & dergl) fragen sie nicht einmal wie es Dir geht, da kannst mal den Bauernstolz sehen, mir liegt es ja nebeneinander ob sie fragen oder nicht, aber sie sind doch so recht, ich weiß nicht wie ich sagen soll, sie halten auf Ihre Ehre.* (14.10.)

Da Zwiebeln inzwischen eine kostbare Ware sind, liegt Frau Müller wohl richtig, wenn sie das Entgegenkommen der Kellers als ein klares Zeichen dafür deutet, dass sie es trotz aller bisherigen Frustration immer noch begrüßen würden, Wilhelm als Schwiegersohn zu bekommen. Ihre Hinhaltetaktik scheint sich bewähren zu wollen. Aus ihrem Besuch werden die Kellers ihrerseits die Schlussfolgerung gezogen haben, dass die Müllers daran interessiert sind, die Sache voranzutreiben. Frau Müller nutzt die Gelegenheit, Gretel zu beobachten. Sie überzeugt sich davon, dass sie mit einer solchen Schwiegertochter gut zusammenleben könnte. Während Dinas Kinobesuche sehr negativ beurteilt werden, werden die von Gretel signifikanterweise nicht kritisch kommentiert. Alles an ihr kann nicht perfekt sein. Sie wird sich auch sicher zu Besserem hinführen lassen! Wilhelm wird immer fester umstrickt. Nach jedem Besuch wird es für ihn umso schwieriger, sich aus der Beziehung zu befreien.

Das Futterholen für die Menagerie und die Hamstertouren nach »Hamsterbach« werden fortgesetzt:

Dein lb. Vater ist eben fort in Wald Streue holen für unser Vieh & ich wüßte jetz gar nichts mehr zu schreiben, nur daß ich heute wieder nach Hamsterbach gehe, wie gewöhnlich, eben kann ich doch meiner Sache ein bischen abwarten, wenn wir noch Geschäft hätten, müßten wir manchmal Notleiden, weil ich da gar nicht aus dem Haus hinaus konnte & bringen tut kein Mensch etwas, bei dieser Zeit eben. (14.10.)

Dass der Frieden vor der Tür steht, spürt jeder. Wilhelms Kusine Gretel freut sich am 15. Oktober derart über diese Aussicht, dass sie die ganze Welt, Wilhelm zuerst, umarmen möchte. Auch bei ihm an der Front ist das Thema Waffenstillstand natürlich Thema Nummer eins. Schnell stellt sich jedoch heraus, dass die Bedingungen der Alliierten viel härter als erwartet sind. Man hatte gehofft, dass nach der Ernennung eines für die Ententemächte akzeptableren Kanzlers Wilsons 14 Punkte die Grundlage für die einzuleitenden Friedensverhandlungen abgeben würden. Man hat sich schwer getäuscht. Bis vor Kurzem hätte man so harte Bedingungen glatt abgelehnt. Wilhelms Kommentar dazu:

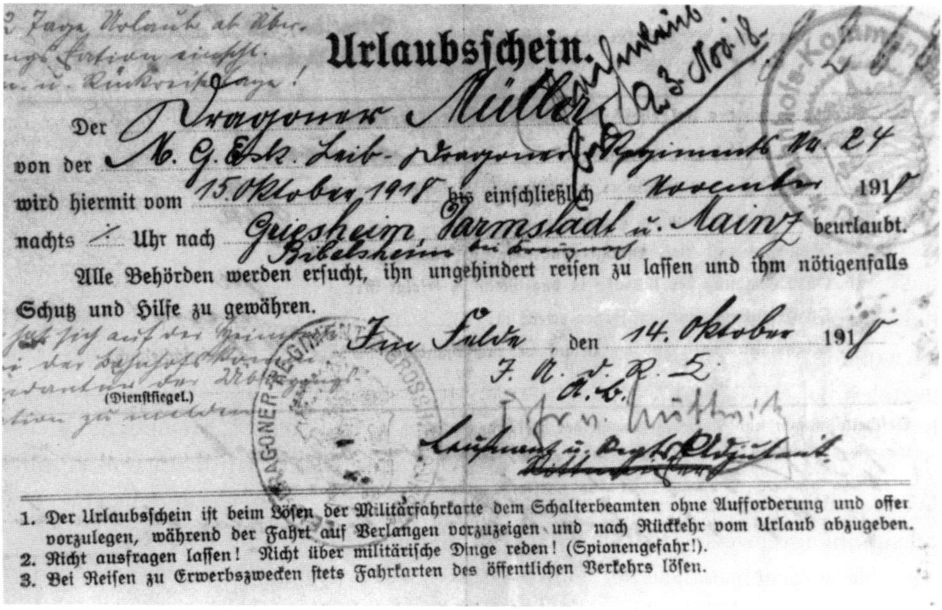

Urlaubsschein.

Der Dragoner Müller

von der M. G. Esk. Leib-Dragoner-Regiments Nr. 24

wird hiermit vom 15. Oktober 1918 bis einschließlich … November 1918

nachts … Uhr nach Griesheim, Darmstadt u. Mainz beurlaubt.

Alle Behörden werden ersucht, ihn ungehindert reisen zu lassen und ihm nötigenfalls Schutz und Hilfe zu gewähren.

Im Felde, den 14. Oktober 1918

(Dienstsiegel.)

1. Der Urlaubsschein ist beim Lösen der Militärfahrkarte dem Schalterbeamten ohne Aufforderung und offen vorzulegen, während der Fahrt auf Verlangen vorzuzeigen und nach Rückkehr vom Urlaub abzugeben.
2. Nicht ausfragen lassen! Nicht über militärische Dinge reden! (Spionengefahr!).
3. Bei Reisen zu Erwerbszwecken stets Fahrkarten des öffentlichen Verkehrs lösen.

Der wohl sehnlichst erwartete Urlaubsschein Georg Müllers, Oktober 1918. Ohne den Waffenstillstand hätte er nach Brest-Litowsk zurückgemusst.

> *Hier spricht man viel von Waffenstillstandsverhandlungen. Räumung der besetzten Gebiete usw. Trotzdem man diese Gerüchte als Propaganda für die 9te* [Anleihe] *auslegen könnte, so glaube ich diesmal doch mehr denn je dran. Werden die Vertreter der Kriegführenden aber nicht einig, dann glaube ich so leicht noch nicht an ein Ende. Urlaub ist wieder für 14 Tg gesperrt.* (16.10.)

Er freut sich, mit einem Griesheimer reden zu können:

> *Gestern hat mich der Hartmanns Franz aufgesucht und da haben wir auch mal par Dreckschippen voll Geröste gegessen und uns allerlei von Griesheim erzählt. Ich bin nur mal neugierig wie es mit den Friedensverhandlungen noch ausgeht. Ob etwas Rechtes zu Stande kommt? Na wir wollen das Beste hoffen.* (19.10.)

Am 20. Oktober nimmt seine Mutter das Thema Gretel Keller wieder auf. Jetzt, da ein Waffenstillstand immer näher rückt, duldet die Angelegenheit keinen Aufschub mehr. Die Nachkriegszeit, das erkennt sie klar, wird eine harte sein. Ihre frühere Zuversicht, ein deutscher Sieg würde alle Nahrungsmittelprobleme lösen und die Attraktivität einer Bauerntochter als Braut Wilhelms erheblich reduzieren, muss sie aufgeben. Der jetzt einzuschlagende Kurs ist klar: Eine geballte Offensive wird gestartet. Hat sie früher die vielen Gründe hervorgehoben, die gegen eine Ehe mit Dina sprechen, ist die neue Taktik, die Gründe herauszustreichen, die für eine Verlobung mit Gretel sprechen:

> *Ich komme natürlich nochmals auf Valtin Kellers Gretel zurück. Valtin K. selbst sind nur achtbare gemütliche gute Leute & die Gretel natürlich genau dasselbe, die sind wirklich gut, wenn mann so zu Ihnen kommt, kann man immer so etwas ernstes, rechtschaffenes v. dieser Familie hören, als ich in den letzten Tagen dort war, kam auch Ihr Hannes* [Gretels Bruder] *heim er liegt auf dem Übungsplatz jetzt, weil seine Verwundung noch nicht ganz geheilt ist.*

Sie muss einem Stärkeren weichen: »Lieber Wilhelm eben war ich überm Schreiben eingeschlafen & da habe ich halt bogig geschrieben, kann aber nichts dafür.« Nach dem Nickerchen wird die Offensive fortgesetzt:

> *Hannes war auch sehr freundlich & ist auch sehr gemütlich, ich glaube ganz sicher, daß Du hir gar nicht mal schlecht ankämst, auch ist diese Familie eine sehr gestandene das sind ja alles Deine Sache, ich glaube auch, daß die Gretel uns beiden sehr gut wäre nun das sind meine oder vielmehr unsere Ansichten, wie Du diese Sache ansiehst & auffaßt sind ganz Deine Sachen natürlich etwas gutes sagen kann man, oder vielmehr muß mann in diese Sache seinen Kindern gegenüber tun nun fertig damit, weiß nichts mehr davon.*

Zuerst wollte sie »das sind meine Ansichten« schreiben, hat sich aber schnell korrigiert. Jetzt heißt es: »oder vielmehr unsere Ansichten«. Mit wessen Ansicht wir hier zu tun haben, liegt auf der Hand. Noch einmal rechtfertigt sie ihre ganzen Bevormundungs- und Bemutterungspraktiken. Sie mag sich davor hüten, Wilhelm einen Befehl zu erteilen, aber nur ein sehr ungehorsames, undankbares Kind könnte solche weisen »Ansichten« mutwillig ausschlagen. Das Wort »Verlobung« fällt aber nicht! Hat sie immer noch Angst, einen Aufstand zu provozieren, wenn sie ihn zu sehr tyrannisiert? Soll er das Gefühl haben, alles selbst entschieden zu haben? Seine Antwort auf diesen plumpen Wink ist nicht die eines leidenschaftlich Verliebten, sondern die eines Menschen, der sich besinnen und Zeit gewinnen will. Ironischerweise drohen gerade die Charaktereigenschaften und Grundsätze, die seine Mutter ihm anerzogen hat, ihre eigenen Pläne zu vereiteln:

Was Valtin Kellers Gretel anbetrifft, so kann man die Sache ja noch reiflich erwägen im Grunde genommen bin ich ja eigentlich gar nicht abgeneigt. Na das wird man noch sehen wie sich alles fügt. (27.10.)

Die Worte »im Grunde« und »gar nicht abgeneigt« sowie der letzte Satz sprechen Bände. Die Reaktion seiner Mutter lässt sich leicht erraten. Einen Akt direkten Ungehorsams begeht Wilhelm nicht, aber sein Interesse an Gretel ist höchstens lauwarm. Sich selbst überlassen, wird er – das kann seiner Mutter nicht entgehen – die Angelegenheit nie zügig voranbringen. Ihre eigene starke Hand ist also nötig, um sein Schiffchen in den Hafen zu steuern, den sie dafür bestimmt hat.

Ihre Gedanken marschieren nicht in Reih und Glied. Gleich nach der Rede von einer eventuellen Schwiegertochter wird im nächsten Satz zum lieben Schweinchen hinübergesprungen. Der Zusammenhang ist nicht so willkürlich, wie er beim ersten Blick scheinen mag. Gerade eine zukünftige Schwiegertochter wird die Aufgabe haben, für Schweine und das gesamte Kleinvieh mitzusorgen. Alle Vorfreude über den immer wahrscheinlicher werdenden Waffenstillstand darf einem nicht so zu Kopf steigen, dass man das Praktische aus dem Blick verliert:

Unser Schweinchen nimmt recht zu, es ist für den Selbstzüchter 400 gr. auf den Kopf für die Woche gerechnet, also 40 Pfund pro Kopf auf das Jahr, das ist etwas ganz anders als 100 gr. oder 80 gr. frisches Fleisch was wir das ganze Jahr pr. Kopf die Woche erhalten haben manchmal ¼ Pfund & die Fleischlosen Wochen. (20.10.)

Dass die kommende Zeit hart sein wird, ist schon unverkennbar. In Zukunft möchte sie deshalb auch bei Milch und Käse Selbstversorger sein:

Wenn wir gesund bleiben, ziehe ich weiter Schweine auch wollen wir uns Frühjahr 2 frisch melkende Ziegen kaufen, damit wir Milch & Käse bekommen, vorausgesetzt wenn uns der lb. Gott am Leben & gesund läßt, die Hasen lasse ich dann abgehen, wenn ich alle Tg. Milch habe ist besser, als ab & zu mal einen Haas. Gänse sind auch sehr vorteilhaft & diese werde ich auch weiter halten wegen Ihrem guten Fett. (20.10.)

Die Zusammensetzung der Menagerie wird sich etwas ändern, aber mit neuen Rekruten versehen in Friedenszeiten noch überleben.

Seelisch beschäftigt Wilhelms bevorstehende Heimkehr seine Mutter immer mehr:

> *Ich habe Dich immer noch so um mich herum, wenn Du auch in weiter Ferne bist, bist Du doch in meiner Nähe, wenn ich Dir so diese Sachen schreibe, meine ich immer Du wärst bei mir mein Lieber, so wird es Dir vieleicht auch gehen, schreibe nur etwas mehr mein Sohn, denn seit dem 30. Sept ist doch gar zu lange, wenn es nur eine Karte ist, nun für heute Schluß.* (20.10.)

Hat sie ihn nach vier Jahren Abwesenheit wieder in der Heimat, ja im Haus und um sich herum, wird sie ihn kaum fortlassen wollen.

Am 10. November, am Vorabend des Waffenstillstandes, der vier Jahre Krieg im Westen beendet, beschreibt Wilhelms Vater seinem Sohn eine Entwicklung, die bis vor Kurzem für ihn völlig undenkbar gewesen wäre. Das Wort »Revolution« gebraucht er nicht. Vielleicht ist es für ihn leichter, sich mit allem abzufinden, wenn er stattdessen das Wort »Umwälzung« verwendet:

> *Nun meine Lieber ich muß Dir heute einige Neuigkeiten mitteilen, jedenfalls werdet Ihr draußen auch schon wissen davon nämlich: hat jetzt bei uns eine große Umwälzung stattgefunden, welche von großer Tragweite ist. Deutschland ist kein Kaiserreich mehr es ist mit einem Schlag demokratisiert wer hätte das gedacht fast alle Bundesfürsten sind, so weit sie nicht selbst abdanken von der neuen Volksregierung abgedankt wer hätte das je gedacht. Bayern ist als erster Staat vorne gegangen. Die übrigen folgen nach es verläuft alles ruhig u. ohne Blutvergießen. Der Krieg geht zu Ende u. hofentlich werden wir uns wieder bald auf immer wieder sehen. Das heißt der Waffenstillstand geht ja voran u. Ihr werdet ja immerhin noch eine Weile draußen sein müssen wenn Du inzwischen aber Urlaub haben kannst, so komme nur ja mein Lieber Nehm Dir Urlaub so viel Du haben kannst u. so oft Du haben kannst.*

Wer hätte das je gedacht?! Welche Gefühle und Gedanken überkommen ihn? Zwar ist es tröstend, dass Deutschland anscheinend nicht in einen Bürgerkrieg gestürzt wird, aber weder das noch die bevorstehende Heimkehr Wilhelms können das Scheitern so vieler Hoffnungen aufwiegen. Haben die jüngsten Entwicklungen nicht sämtliche Denkkategorien der Müllers völlig zerstört? Hat nicht der gerechte Herrgott von seinen geliebten Deutschen sein Gesicht abgewendet und ihren Glauben an ihn kläglich verraten, indem er den schuftigen Engländern und Amerikanern, den rachdurstigen Franzosen, den treulosen Italienern, den Serben und Rumänen – dieser ganzen Bande von Schuften – den Sieg gewährt? Oder – zumindest nachdem sich der Anfangsschock gelegt hat – fassen die Müllers alles vielleicht anders auf? Haben nicht die Drückeberger, die Defätisten und die Sozialisten den Kaiser, Hindenburg und das deutsche Heer verraten? Haben sie nicht einen schmählichen Friedensvertrag akzeptiert, obwohl das ungeschlagene Heer und die kaisertreuen Deutschen in der Heimat im festen Glauben an Gottes Ratschluss weitergekämpft hätten? Muss man die Schmach und das Elend, die auf Deutschland zukommen, nicht als gerechte Strafe Gottes dafür betrachten, dass katholische, gottlos-linke und jüdische Politiker die guten, gläubigen Deutschen verraten haben? Bleibt dem Allmächtigen keine andere Option offen, als sein geliebtes deutsches Volk mit väterlicher Strenge weiter zu züchtigen, bis es sich von solchen Elementen völlig reinigt?

Noch in diesem Endstadium des Krieges fallen Griesheimer wie Siegfried Mendel. Andere wie der Nachbar Heinrich Wirth gehören zu den Überlebenden:

> *Der Wirts Heiner war jetzt 5 Wochen zu Hause 14 Tagen Urlaub u. 3 Wochen wegen Urlaubssperre sind zus. 5 Wochen, er wollte am Freitag an die Front zurück wurde aber wieder heimgeschickt es gehen keine Transportzüge mehr nach dem Westen auch haben die Urlauber ihre Waffen abgeben müssen u. wurden einfach heimgeschickt. Nun vieles mündlich wenn Du heim kommst. Nicht daß Du Dir Sorgen müßtest machen, nein es geht alles schön seinen Gang weiter wie seither auch. So nun weiß ich für heute nichts mehr mein Lieber u. will ich mein Schreiben schließen in der Hoffnung auf ein baldiges Wiedersehen grüßt u. küßt Dich Deine Eltern Dein Vater.* (10.11.)

Seine Mutter setzt den Brief fort:

> *Mein lieber guter Wilhelm im Felde Uns geht es noch gut & hoffen dieses auch von Dir. Mein lieber guter Wilhelm soeben lesen wir die Bedingungen für den Waffenstillstand, sollte dieser zustande kommen dann müßten wir in 14. Tg. 1. Räumung sofortige von Belgien, Frankreich & Elsaß.Lothringen, was von Truppen nach dieser Zeit (14 Tg.) übrig bleibt, wird interniert oder kriegsgefangen, die Gefg. müßten dann arbeiten für die Entente.*

Praktisch gesinnt, wie sie ist, denkt sie vor allem anderen an eines:

> *Mein lieber guter Sohn* – [die Anrede »mein lieber bzw. junger Krieger auf dem Feld der Ehre bzw. auf dem Schlachtfeld in Frankreich bzw. Belgien« passt nicht

mehr!] – *dann laufe was Du kannst daß Du über die Grenze kommst, falls es angenommen wird. Das heißt mit Deinen Kameraden da ist dann kein Augenblick zu verlieren, wenn der Waffenstillst. zu Stande kommt. Also wir haben Dir dieses zur Aufmerksamkheit geschrieben, damit Du Dich darauf richten kannst, sage aber Deiner Umgebung kein Wort davon. Da wirst Du auch kein Urlaub mehr bekommen, also sei bei den schnellen, wenn es zu Stande käme, denn man weiß nicht wann wir uns hernach wiedersehen würden, andernfalls geht der Krieg dann weiter. Heute wüßten wir nichts mehr v. Bedeutung. Gott sei weiter mit Dir und allen Deinen lb. Kameraden Der Herr segne Euch. Gott schütze Deutschland. Herzliche Grüße & Küsse senden Deine Eltern*

Ihm etwas »zur Aufmerksamkeit schreiben« soll etwas anderes sein, als ihm Vorschriften zu machen oder Befehle zu erteilen! Als Postskriptum fügt sie hinzu: »Diese letzte Gefgschaft würde dann vieleicht Jahre dauern, weil Frankreich wieder aufgebaut wird.« Als Griesheimerin kann sie ein Lied über das Schicksal von Kriegsgefangenen singen. Ihr Wilhelm soll sich ein solches hartes Schicksal in Feindesland ersparen. Besser ist es für ihn, schnell ein paar Sachen und etwas zu essen in den Tornister zu packen und den Weg Richtung Heimat einzuschlagen.

Am 14. November schickt Wilhelm seinen Eltern eine für ihn typische Kurzmeldung: »Befinde mich noch sehr wohl was ich von Euch ebenfalls hoffe. Hoffentlich ist der Friede nicht mehr ferne.« Was alles wird ihm nicht durch den Kopf gegangen sein! Er hat überlebt. Diese brutal-gewaltsame Kampfwelt, die ihm die langen Kriegsjahre hindurch so fremd geblieben ist, darf er hinter sich lassen und sein Zivilleben neu aufnehmen. Jetzt kann er sein Leben den Kategorien gemäß gestalten, die er sich inzwischen angeeignet hat. Er kann die Träume verwirklichen, die er sich in den Tausenden von langweiligen bzw. tiefst beängstigenden Stunden ausgemalt hat. Nach mehr als vier Jahren wird er Dina endlich wiedertreffen. Bricht nicht für ihn an allen Fronten ein neues Leben an?

Dieser Brief ist die letzte Post von ihm bis zum 16. April 1919. Von seinen Eltern ist aus der Zwischenzeit überhaupt keine Post erhalten. Wie viele Briefe und Karten sie Wilhelm geschrieben haben, wissen wir nicht; auch nicht, ob sie ihn erreicht haben, denn der Feldpostdienst funktioniert nicht mehr. Ihre Briefe dürften faszinierende Details über die sehr bewegte Zeit nach dem Waffenstillstand bis hin zu den Reichswahlen im Januar 1919 enthalten haben. Sie können ihm die Rückkehr der Truppen, die Tätigkeiten der Soldatenräte, den Einmarsch der Franzosen usw. beschrieben und mit ihrer üblichen Derbheit kommentiert haben.

Hat Wilhelm die ihn aus Griesheim erreichende Post nicht mehr aufgehoben bzw. nicht mehr heimschicken wollen und können?

Aus seinem letzten erhaltenen Brief lässt sich nicht ersehen, wo er liegt, geschweige denn, was er seit dem Waffenstillstand alles erlebt hat. Er wäre wohl früher entlassen worden, hätte nicht der Verdacht bestanden, er und andere Soldaten litten an Scharlach und könnten die Krankheit zu Hause einschleppen. Er schreibt:

> *Durch Peter* [Becker?] *Eure Paketchen sowie Seife und Brief erhalten. Seife braucht Ihr keine mehr zu schicken, denn ich habe auch noch die alte. Die Krankheitsfälle hier sind nur scharlachverdächtig gewesen. Scharlach ists ja keiner. Die Suppe wird ja immer heißer gekocht als gegessen. Im übrigen bin ich vorsichtig. Etwas zum Schmieren könnte Ihr wieder schicken. Der Stabsarzt war auch heute hier und sagte, daß es nicht schlimm wäre und wir nicht länger bleiben müßten. Hoffentlich tritt kein neuer Fall auf die unsere Hoffnung auf prompte Freilassung zu nichte macht. Sonst weiß ich wirklich nichts weiter als herzliche Grüße und Küsse.*

Wie 1914 muss er ermahnt werden, den Eltern mehr und öfter zu schreiben. Am 17. setzt er den Brief fort:

> *Peter sagte, ich solle Euch mal wieder schreiben, ja na was denn eigentlich; ich könne Euch höchstens ausschelten, weil Ihr Euch wieder so viel am Mund abspart und es mir zukommen läßt. Neues gibt es hiernichts. Einiges Einerlei immer dasselbe Schauspiel na reingefügt habe ich mich schon und die Hauptsache ist die Hälfte der Zeit ist bereits um. Es ist ja auch weiter gar nichts Schlimmes dabei es belästigt uns niemand und unser Essen bekommen wir sogar noch gebracht. Wenn Ihr Taback haben könnt, könnt Ihr paar Pakete mitschicken für mich und einige zum verkaufen. Wenn nicht reichlich nur für mich etwas. Ich weiß jetzt aber wirklich nichts Wesentliches mehr und grüße und küsse Euch deshalb Euer Wilhelm.*

Die ganze Palette von uns vertrauten Themen kehrt hier ein letztes Mal wieder. In vielerlei Hinsicht ist Wilhelm der alte Adam geblieben. Wie seine Mutter hat er einen Spruch parat; wie sie betont er immer noch die Vorsicht. Der Apfel fällt wirklich nicht weit vom Stamm! Wilhelm, sei es als Rekrut oder als der bald zu entlassende Gemeine, fügt sich in alles. Er glaubt, aus der Gefangenschaft im Heer in die Freiheit einer Friedenswelt zurückzukehren, in der er selbst der Schmied seines Glückes sein wird. Er täuscht sich gewaltig. Seine Mutter hat ihn schon längst für die Verwirklichung ihrer Vision einer paradiesisch-idyllischen Kleinwelt beschlagnahmt und die gebührende Eva für ihn ausgesucht.

Wilhelm ist kein Held, kein Widerstandskämpfer. Er fügt sich in alles. Am 1. Mai 1920 findet die Trauung von Georg Wilhelm Müller und Margarethe Keller in der Griesheimer Kirche statt. Wilhelm bleibt bis zu seinem Tod im Juli 1945 in Griesheim als Gurken- und Sauerkrauteinmacher. Sein Sohn, ein künstlerisch veranlagter Mensch, weigert sich, das Geschäft fortzuführen, und bleibt Junggeselle. Sein Schwiegersohn muss in die Bresche springen. Dina heiratet 1920 den Polizeidiener Stephan Müller.

Weitere Lektüre

R. Chickering, Das deutsche Reich und der Erste Weltkrieg, München 2002

U. Daniel, Arbeiterfrauen in der Kriegsgesellschaft. Beruf, Familie und Politik 1914–18, Göttingen 1989

B. Hamann, Der Erste Weltkrieg. Wahrheit und Lüge in Bildern und Texten, München und Zürich 2004

G. Hirschfeld, G. Krumeich und I. Renz, Enzyklopädie. Erster Weltkrieg, Paderborn 1994

G. Hirschfeld, G. Krumeich und I. Renz (Hg.), »Keiner fühlt sich hier mehr als Mensch.« Erlebnis und Wirkung des Ersten Weltkriegs, Essen 1993

G. Hirschfeld, G. Krumeich, D. Langewiesche u. H.-P. Ullmann (Hg.), Kriegserfahrungen. Studien zur Sozial- und Mentalitätsgeschichte des Ersten Weltkriegs, Essen 1997.

K. Knapp, Griesheim. Von der steinzeitlichen Siedlung zur lebendigen Stadt, Griesheim 1991

G. Knopp, Weltenbrand. Die Kriege der Deutschen im 20. Jahrhundert. München 2012

I. Krüger, Fronterfahrung und Heimatalltag im Ersten Weltkrieg, München 2010

W. J. Mommsen, Die Urkatastrophe Deutschlands. Der Erste Weltkrieg 1914–1918, Stuttgart 2002

E. Müller und K. Knapp, Griesheim. Hundert Jahre in Bildern, Griesheim 1999

S. Neitzel, Blut und Eisen. Deutschland im ersten Weltkrieg, Zürich 2003

C. Regulski, Bibliographie zum Ersten Weltkrieg, Marburg 2005

C. Regulski, Klippfisch und Steckrüben. Die Lebensversorgung der Einwohner Frankfurts am Main im Ersten Weltkrieg 1914–1918, Essen 2012

A. Roerkohl, Hungerblockade und Heimatfront in Westfalen 1914–18, Stuttgart 1991

U. Schneider/Th. Lange (Hg.), Kriegsalltage. Darmstadt und die Technische Hochschule im Ersten Weltkrieg, Darmstadt 2002

M. Stöcker, »Augusterlebnis 1914« in Darmstadt. Legende und Wirklichkeit, Darmstadt 1994

B. Ulrich, Die Augenzeugen. Deutsche Feldpostbriefe in Kriegs- und Nachkriegszeit 1914–33, Essen 1997

B. Ulrich u. B. Ziemann (Hg.), Frontalltag im Ersten Weltkrieg. Ein historisches Lesebuch, Essen 2008

H.-U. Wehler, Deutsche Gesellschaftsgeschichte, 4. Band, 2. Aufl., München 2003. S. 3–230 (»Das Kaiserreich im Ersten Weltkrieg 1914–1918«)

W. Wette (Hg.), Der Krieg des kleinen Mannes. Eine Militärgeschichte von unten, München 1992

K. Wiegrefe und S. Bergdorff (Hg.), Der Erste Weltkrieg. Die Urkatastrophe des 20. Jahrhunderts, München 2008

J. Winter, G. Parker und M. R. Habeck, Der Erste Weltkrieg und das 20. Jahrhundert, München 2001

B. Ziemann, Front und Heimat. Ländliche Kriegserfahrungen im südlichen Bayern 1914–1918, Essen 1997

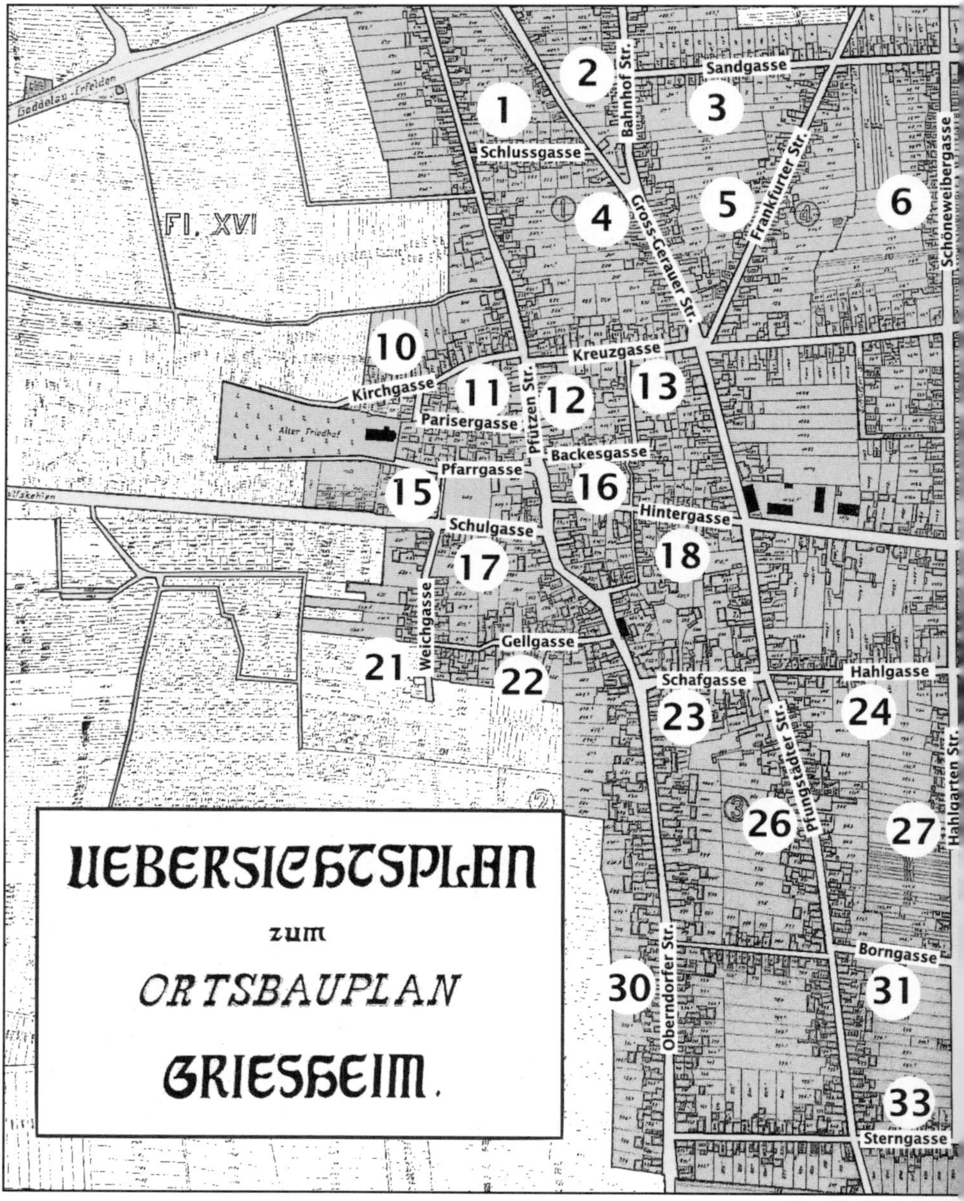

UEBERSICHTSPLAN
zum
ORTSBAUPLAN
GRIESHEIM.
Fl. XVI
Alter Friedhof
Sandgasse
Bahnhof Str.
Schlussgasse
Gross-Gerauer Str.
Frankfurter Str.
Schöneweibergasse
Kreuzgasse
Kirchgasse
Parisergasse
Pfützen Str.
Backesgasse
Pfarrgasse
Hintergasse
Schulgasse
Weichgasse
Gellgasse
Schafgasse
Hahlgasse
Pfungstädter Str.
Hahlgarten Str.
Borngasse
Oberndorfer Str.
Sterngasse
1
2
3
4
5
6
10
11
12
13
15
16
17
18
21
22
23
24
26
27
30
31
33

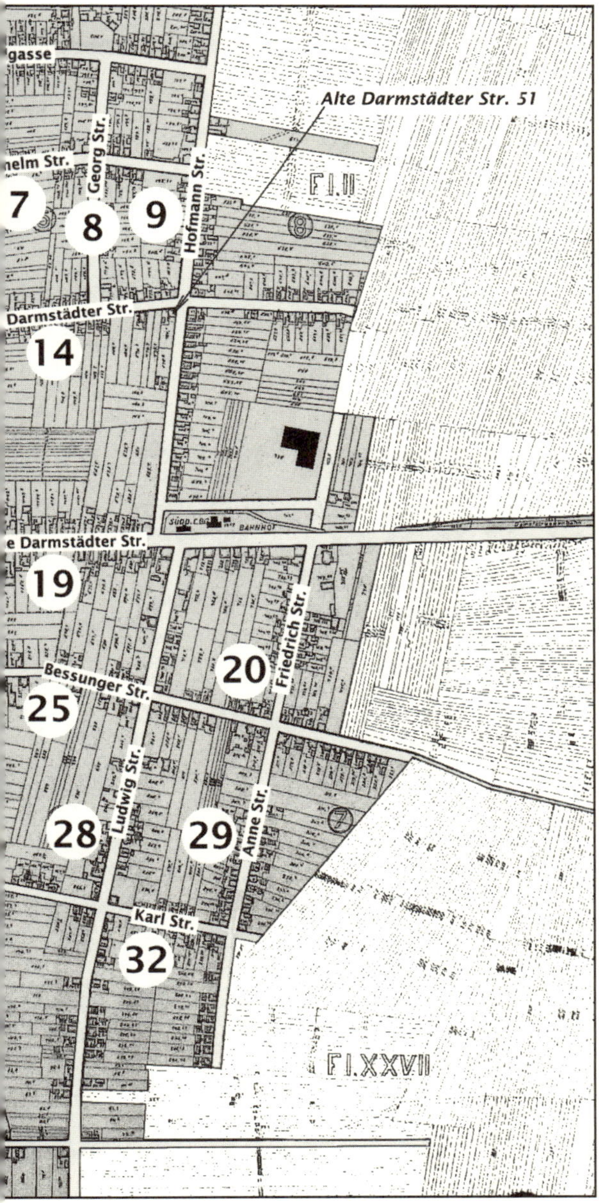

Straßenverzeichnis

Alte Darmstädter Str.	14
Anne Str.	29
Backesgasse	16
Bahnhof Str.	2
Bessunger Str.	25
Borngasse	31
Frankfurter Str.	5
Friedrich Str.	20
Gellgasse	22
Georg Str.	8
Gross-Gerauer Str.	4
Hahlgarten Str.	27
Hahlgasse	24
Hintergasse	18
Hofmann Str.	9
Karl Str.	31
Kirchgasse	10
Kreuzgasse	13
Ludwig Str.	28
Neue Darmstädter Str.	19
Oberndorfer Str.	30
Parisergasse	11
Pfarrgasse	15
Pfungstädter Str.	26
Pfützen Str.	12
Sandgasse	3
Schafgasse	23
Schlussgasse	1
Schöneweibergasse	6
Schulgasse	17
Sterngasse	33
Weichgasse	21
Wilhelm Str.	7

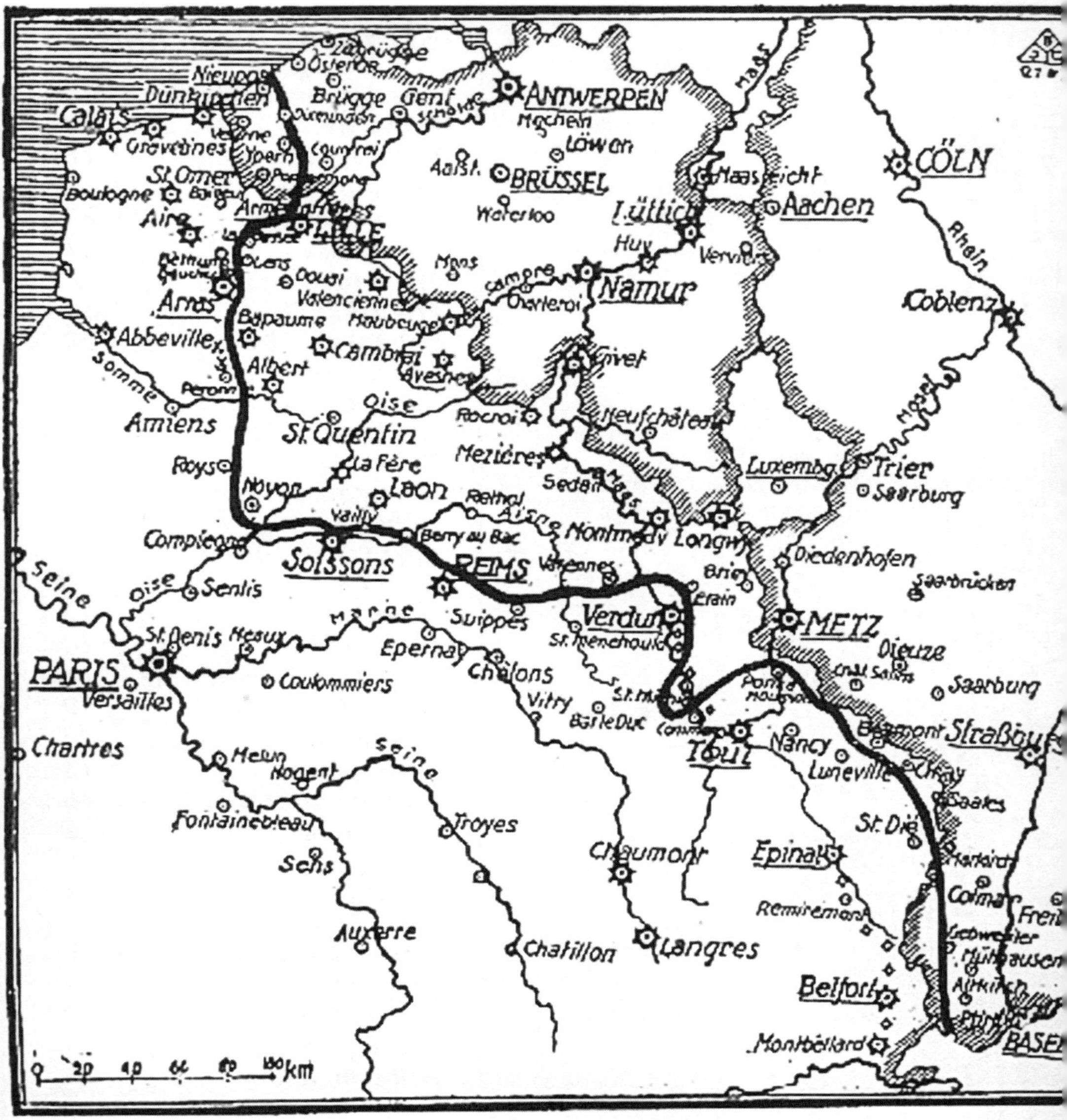
ANTWERPEN
Brügge
Gent
Mecheln
Löwen
BRÜSSEL
Waterloo
Lüttich
Aachen
CÖLN
Rhein
Maas
Calais
Gravelines
St. Omer
Boulogne
Aire
Armentières
LILLE
Douai
Valenciennes
Mons
Charleroi
Namur
Huy
Verviers
Coblenz
Arras
Bapaume
Maubeuge
Cambrai
Abbeville
Albert
Avesnes
Somme
Amiens
Oise
St. Quentin
Rocroi
Neufchâteau
Mosel
Roys
La Fère
Mezières
Luxembg.
Trier
Saarburg
Noyon
Laon
Sedan
Rethel
Aisne
Compiegne
Soissons
Berry au Bac
Montmedy
Longwy
REIMS
Diedenhofen
Seine
Senlis
Varennes
Briey
Saarbrücken
St. Denis
Meaux
Marne
Suippes
Verdun
Etain
METZ
PARIS
Versailles
Coulommiers
Epernay
Chalons
Dieuze
Saarburg
Vitry
Bar le Duc
Toul
Nancy
Luneville
Straßburg
Chartres
Melun
Nogent
Fontainebleau
Troyes
St. Dié
Sens
Chaumont
Epinal
Colmar
Remiremont
Auxerre
Chatillon
Langres
Belfort
Montbéliard
BASEL
Mülhausen
Altkirch
0 20 40 60 80 100 km

Im Westen

Rossieny
Keidany
Swenta
Wilkomir
Swenzjany
Dokschizy
Tauroggen
Wilija
Tilsit
Njemen
Kowno
WILNA
Smorgon
Wileika
Borisow
Oschmjany
KÖNIGSBERG
Insterburg
Gumbinnen
Marjampol
Kalwarija
Olita
Orany
Radoskowitschi
Pillau
Woloshin
MINSK
Meretsch
Beresina
Goldap
Suwalki
Lida
Njemen
ANZIG
Elbing
Lötzen
Lyck
Augustow
Grodno
Nowogrudok
Mir
Skidel
Djatlowo
Neswish
Allenstein
Marienwerder
Ossowiez
Sokolka
Wolkowysk
Selwa
Schara
Slonim
Klezk
Barannowitschi
Sluzk
Graudenz
Lomza
Narew
Bialystock
Bitten
Barannowitschi
Weichsel
Ostrolenka
Rushany
Bromberg
Thorn
Prasniz
Rozan
Prushany
Kartusskaja Beresa
Jasselda
Luninez
Pultusk
Bug
Chomsk
Pinsk
Wloziawek
Plock
Nowo Georgiewsk
Antopol
Drogishin
Kobrin
Weichsel
WARSCHAU
Siedlce
Bjela
Brest-Litowsk
Rokitno-Sümpf
Pripjet
Wissozk
Styr
Warthe
Skiernewize
Weichsel
Ratno
Kamen Kaschirskij
Dombrowiza
Wladimirez
Bereshniza
Kalisch
LODZ
Pilica
Iwangorod
Wlodawa
Czartorysk
Stepan
Beresnow
Wieprz
Kowel
Petrikau
Radom
Lublin
Cholm
Kolki
Bug
Korez
Luzk
Rowno
Krasnik
Ostrowiez
Zamosc
Janow
Kielce
W o l y n
Dubno
Ostrog
Czenstochau
Sandomir
Sokal
Belz
Sasslaw
Kremenez
Oppeln
Brody
Bug
Kultschiny
Basilija
Beuthen
Oder
Weichsel
Rzeszow
Tarnow
Jaroslau
Jaworow
LEMBERG
Tarnopol
Skalat
Ratibor
Weichsel
Krakau
Tarnow
Przemysl
Grudek
Przemysl
Mähr. Ostrau
Neusandec
Chodorow
Dukla P.
Stryj
Buczacz
Tatra G.
Dolina
Stanislau
Djestr
Zaleszczyki
Uzsoker P.
Kolomea
Kaschau
Ungvar
Munkacs
Pruth
Czernowitz
Sereth
Waag
Gran
Bukowina
Radautz
Maramaros Sziget
Theiss
Miskolcz
Salgotarjan
Erlau
Nyiregyhaza
Szatmar Nemeti
Kimpolung
Neuhäusel
Hajduböszörmény
Komorn
Gran
Theiss
Gr. Szamos
Raab
Bistritz
BUDAPEST
Jasbereny
Szolnok
0
50
100
150
200 Km.

Im Osten